国家出版基金項目
NATIONAL PUBLICATION FOUNDATION

陝西出版資金資助項目

「十二五」國家重點圖書出版規劃項目

關學文庫·關學文獻整理系列

總主編 劉學智 方光華

李顒集

U0413117

[清] 李顒 著

張波 編校

西北大學出版社

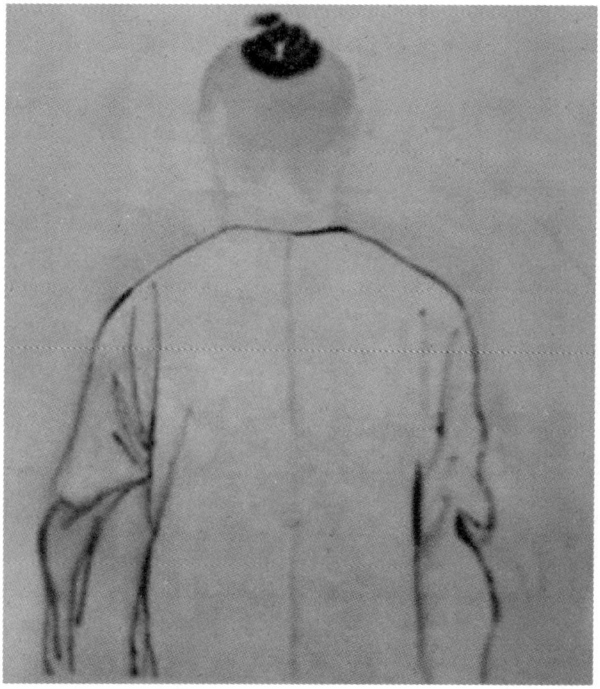

李顒先生背影像

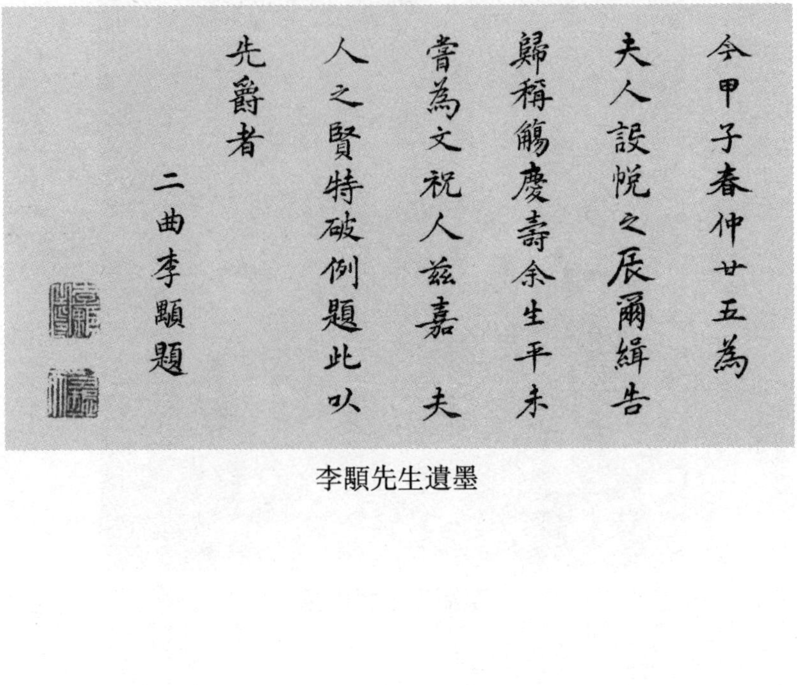
今甲子春仲廿五為
夫人設帨之辰爾緝告
歸稱觴慶壽余生平未
嘗為文祝人兹嘉　夫
人之賢特破例題此以
先爵者
二曲李顒題

李顒先生遺墨

總序

張載（一〇二〇—一〇七七），字子厚，宋鳳翔府郿縣（今陝西眉縣）人，祖籍大梁，宋仁宗嘉祐二年（一〇五七）進士。張載出身於官宦之家。祖父張復在宋真宗時官至給事中、集賢院學士，死後贈司空。父親張迪在宋仁宗時官至殿中丞、知涪州事，贈尚書都官郎中。張迪死後，張載與全家遂僑居於鳳翔府郿縣橫渠鎮之南。因他曾在此聚徒講學，世稱「橫渠先生」。他的學術思想在學術史上被稱爲「橫渠之學」，他所代表的學派被後人稱爲「關學」。張載與程顥、程頤同爲北宋理學的創始人。可以説，關學是由張載創立并於宋元明清以至民國初年，一直在關中地區傳衍的地域性理學學派，亦稱「關中理學」。

關學基本文獻整理與相關研究不僅是中國思想學術史的重要課題，也是體現中國思想文化傳承與創新的重要舉措。關學文庫關學文獻整理系列以繼承、弘揚和創新中華文化爲宗旨，以文獻整理的系統性、全面性爲特點，是我國第一部對上起於北宋、下迄於清末民初，綿延八百餘年的關中理學的基本文獻資料進行整理的大型叢書。這項重點文化工程的完成，對於完整呈現關學的歷史面貌、發展脈絡和鮮明特色，彰顯關學精神，推動傳統文化創造性轉化、創新性發展無疑具有重要意義。因爲文庫關學文獻整理系列的各部分均有整理者具體的前言介紹和點校説明，我這裏僅就關學、關學與程朱理學的關係、關學的思想特質、關學文庫關學文獻整理系列的整體構成與學術價值等談幾點意見，以供讀者參考。

一、作爲理學重要構成部分的關學

衆所周知，宋明理學是中國儒學發展的新形態與新階段，一般被稱爲新儒學。但在新儒學中，構成較爲複雜。比較典型的則是程朱理學與陸王心學。南宋學者呂本中較早提到「關學」這一概念。南宋朱熹、呂祖謙編選的近思録較早地梳理了北宋理學發展的統緒，關學是作爲理學的重要一支來作介紹的。朱熹在伊洛淵源録中，將張載的「關學」與周敦頤的「濂學」、二程（程顥、程頤）的「洛學」并列加以考察。明初宋濂、王禕等人纂修元史，將宋代理學概括爲「濂洛關閩」四大派別，其中雖有地域文化的特色，但它們的思想内涵及其影響并不限於某個地域，而成爲中國思想文化史上重要的一頁，即宋代理學。

根據洛學代表人物程顥、程頤以及閩學代表人物朱熹對張載關學思想的理解、評價和吸收，張載創始的關學本質上當是理學，而且是影響全國的思想文化學派。過去，我們在編寫中國思想通史第四卷、宋明理學史上册的時候，在關學學術旨歸和歷史作用上曾作過探討，但是也不能不顧及古代學術史考鏡源流的基本看法。

需要注意的是，張載後學，如藍田呂氏等，在張載去世後多歸二程門下，如果拘泥門户之見，似乎張載關學發展有所中斷，但學術思想的傳承往往較學者的理解和判斷複雜得多。關學，如同其他學術形態一樣，也是一個源遠流長、不斷推陳出新的形態。關學沒有中斷過，它不斷與程朱理學、陸王心學融合。明清時期以至民初，關學的學術基本是朱子學、陽明學的傳入及與張載關學的融會過程。因此，由宋至清末民初的關學，實際是中國理學的重要組成部分，它是一個動態的且具有包容性和創新性的概念，它開啓了清初王船山學術的先河。

關學文庫關學文獻整理系列所遴選的作品，結合學術史已有研究成果，如宋元學案、明儒學案、關學編及關學續編、關學宗傳等，均是關中理學的典型代表，上起北宋張載，下至晚清的劉光蕡、民國初期的牛兆濂，能够反映關中理學的發展源流及其學術内容的豐富性、深刻性。與歷史上的關中叢書相比，這套文庫文獻整理更加豐富醇純，是對前賢整理文獻思想與實踐的進一步繼承與發展，其學術意義不言而喻。

二、張載關學與程朱理學的關係

佛教傳入中土後，有所謂「三教合一」說，主張儒、道、釋融合滲透，或稱三教「會通」。唐朝初期可以看到三教并舉的文化現象。當歷史演進到北宋時期，由於書院建立，學術思想有了更多自由交流的場所，從而促進了學人的獨立思考，使他們對儒家經學箋注主義提出了懷疑，呼喚新思想的出現，於是理學應時而生。理學主體是儒學，兼采佛、道思想，研究如何將它們融合爲一個整體，這是一個重要的課題。從理學產生時起，不同時代有不同的理學學派。譬如，在「三教融合」過程中，如何理解「氣」與「理」(「理」的問題是迴避不開的，華嚴宗的「理事説」早在唐代就有很大影響)的關係？理學如何捍衛儒學早期關於人性善惡的基本觀點，又不致只在「善」與「惡」的對立中打圈子？如何理解宇宙？宇宙與社會及個人有何關係？君子、士大夫怎麽做才能維護自身的價值和尊嚴，又能堅持修齊治平的準則？這些都是中國思想史中宇宙觀與人生觀的大問題。對這些問題的研究和認識，不可能一開始就有一個統一的看法，需要在思想文化演進的歷史進程中逐步加以解決。宋代理學的產生及不同學派的存在，就是上述思想文化發展歷史的寫照，因而理學在實質上是中國思想文化的傳承創新，具有重要的歷史意義。

張載關學、二程洛學、南宋時朱熹閩學各有自己的特色。作爲理學的創建者之一，張載胸懷「爲天地立心，爲生民立命，爲往聖繼絶學，爲萬世開太平」的學術抱負，在對儒學學説進行傳承發展中做出了重要的理論貢獻。北宋時期，學者們重視對易的研究。易富於哲理性，張載通過對易的解説，闡述對宇宙和人生的見解，積極發揮禮記、論語、孟子等書中的義理，并融合佛、道，將儒家的思想提升到一個新的高度。

張載與洛學的代表人物程顥、程頤等人曾有過密切的學術交往，彼此或多或少在學術思想上相互產生過一定的影響。宋仁宗嘉祐元年(一〇五六)，張載來到京師汴京，講授易學，曾與程顥一起終日切磋學術，探討學問(參見二程集河南程氏遺書卷二上)。張載是二程之父程珦的表弟，爲二程表叔，二程對張載的人品和學術非常敬重。通過與二程的切磋與交流，張載對自成一家之言的學術思想充滿自信：「吾道自足，何事旁求！」(呂大臨横渠先生行狀)

因爲張載與程顥、程頤之間爲親屬關係，在學術上有密切的交往，關學後傳不拘門戶，如呂氏三兄弟呂大忠、呂大鈞、呂大臨，蘇昞、范育、薛昌朝以及种師道、游師雄、潘拯、李復、田腴、邵彦明、張舜民等，在張載去世後一些人投到二程門下，繼續研究學術，也因此關學的學術地位在學術史上常常有意無意地受到貶低甚至質疑（包括程門弟子的貶低和質疑）。事實上，在理學發展史上，張載以其關學卓然成家，具有鮮明的特點和理論建樹，這是不能否定的。反過來，張載的一些觀點和思想也影響了二程的思想體系，對後來的程朱學說及閩學的形成也有重要的啓迪意義，這也是客觀的事實。

張載依據易建立自己的思想體系，但是，在基本點上和易的原有內容并不完全相同。他提出「太虚即氣」的觀點，認爲沒有超越「氣」之上的「太極」或「理」世界，換言之，「氣」不是被人創造出的產物。又由此推論出天下萬物由「氣」聚而成；物毁氣散，復歸於虚空（或「太虚」）。在氣聚、氣散即物成物毁的運行過程中，纔顯示出事物的條理性。張載說：「太虚不能無氣，氣不能不聚而爲萬物，萬物不能不散而爲太虚，循是出入，是皆不得已而然也。」（正蒙卷一）他用這個觀點去看萬物的成毁。這些觀點極大地影響了清初大思想家王船山。

張載在西銘中說：「乾稱父，坤稱母。予兹藐焉，乃混然中處。故天地之塞，吾其體；天地之帥，吾其性。民，吾同胞；物，吾與也。」天地是萬物和人的父母，人是天地間藐小的一物。天、地、人三者共處於宇宙之中。由於三者都是氣聚之物，天地之性就是人之性，所以人類是我的同胞，萬物是我的朋友，歸根到底，萬物與人類的本性是一致的。進而認爲，人們「尊高年，所以長其長；慈孤弱，所以幼其幼。聖，其合德；賢，其秀也。凡天下疲癃殘疾、惸獨鰥寡，皆吾兄弟之顛連而無告者也」。這裏所表述的是一種高尚的人道主義精神境界。

二程思想與張載有別，他們通過對張載氣本論的取捨和改造，又吸收佛教的有關思想，建構了「萬理歸於一理」的理論體系。在人性論方面，二程在張載人性論的基礎上進一步深化了孟子的性善論。二程贊同張載將人性分爲「天地之性」和「氣質之性」。但二程認爲「天地之性」是天理在人性中的體現，未受任何損害和扭曲，因而是至善無瑕的；「氣質之性」是氣化而生的，也叫「才」，它由氣禀決定，禀清氣則爲善，禀濁氣則爲惡，正因爲氣質之性不可避免地受到了「氣」的侵蝕而出現「氣之偏」，因而具有惡的因素。在二程看來，善與惡的對立，實際上是「天理」與「人欲」的對立。

朱熹將張載氣本論進行改造，把有關「氣」的學說納入他的天理論體系中。朱熹接受「氣」生萬物的思想，但與張載的氣本論不同，朱熹不再將「理」看成是「氣」的屬性，而是「氣」的本原。天理與萬事萬物是一種怎樣的關係？朱熹關於「理一分殊」的理論回答了這一問題。他認爲：「太極只是個極好至善的道理。人人有一太極，物物有一太極。」又説：「太極非是別爲一物，即陰陽而在陰陽，即五行而在五行，即萬物而在萬物，只是一個理而已。」（朱子語類卷九四）「理一分殊」理論包括一理攝萬理與萬理歸一理兩個方面，這與張載思想有別。

總之，宋明理學反映出儒、道、釋三者融合所達到的理論高度。這一思想的融合完成於兩宋時期。張載開創的關學爲此做出了重要的學術貢獻。正如清初思想家王船山所説：「張子之學，上承孔孟之志，下救來茲之失，如皎日麗天，無幽不燭，聖人復起，未有能易焉者也。」（張子正蒙注序論）船山之學繼承發揚了張載學説，又有新的創造。

三、關學的特色

關學既有深邃的理論，又重視經世致用。這可以概括爲以下幾個方面：

首先，學風篤實，注重踐履。黃宗羲指出：「關學世有淵源，皆以躬行禮教爲本。」（明儒學案師説）躬行禮教、學風樸質是關學的顯著特徵。受張載的影響，其弟子藍田「三呂」也「務爲實踐之學，取古禮，繹其義，陳其數，而力行之」（宋元學案呂范諸儒學案），特別是呂大臨。明代呂柟其行亦「一準之以禮」（關學編）。清代的關學學者王心敬、李元春、賀瑞麟等人，依然守禮不輟。

其次，崇尚氣節，敦善厚行。關學學者大都注意砥礪操行，敦厚士風，具有不阿權貴、不苟於世的特點。張載曾兩次被薦入京，但當發現自己的政治理想難以實現時，毅然辭官，回歸鄉里，教授弟子。明代楊爵、呂柟、馮從吾等均敢於仗義執言，即使觸犯龍顏，被判入獄，依舊不改初衷，體現了大義凜然的獨立人格和卓異的精神風貌。清代關學大儒李顒，在皇權面前錚錚鐵骨，操志高潔。這些關學學者「窮則獨善其身，達則兼善天下」，體現出「富貴不能淫，貧賤不能移，威武不能屈」的「大丈夫」氣節。

最後，求真求實，開放會通。關學學者大多不主一家，具有比較寬廣的學術胸懷。張載善於吸收新的自然科學成果，不斷充實豐富自己的儒學理論。他注意對物理、氣象、生物等自然現象做客觀的觀察和合理的解釋，具有科學精神。後世關學學者韓邦奇、王徵等都重視自然科學。三原學派的代表人物王恕以治易入仕，晚年精研儒家經典，强調用心求學，用心考證，求疏通之解，形成了有獨立主見的治國理政觀念。關學學者堅持傳統，但并不拘泥於傳統，能够因時而化，不斷地融合會通學術思想，具有鮮明的開放性和包容性特徵。由張載到「三呂」、呂柟、馮從吾、李顒等，這種融會貫通的學術精神得到不斷承傳和弘揚。

四、關學文庫關學文獻整理系列的整體構成與學術價值

關學文獻遺存豐厚，但是長期以來沒有得到應有的保護和整理，除少量著作如正蒙、涇野先生五經說、少墟集、元儒考略等在清代收入四庫全書之外，大量的著作仍以綫裝書或手抄本的形式散存於陝西、北京、上海等地的圖書館或民間，其中有的已成孤本（如韓邦奇的禹貢詳略、李因篤的受祺堂文集家藏抄本），有的已殘缺不全（如南大吉集收入的瑞泉集殘本，現重慶圖書館存有原書，國家圖書館僅存膠片；收入的南大吉詩文，搜自西北大學圖書館藏周雅續）。即使晚近的劉光蕡、牛兆濂等人的著述，其流傳亦稀世罕見。二十世紀七十年代以來，中華書局出版了張載集，并將藍田呂氏遺著輯校、關學編、正蒙合校集釋、涇野子內篇、二曲集等收入理學叢書陸續出版，這些僅是關學文獻的很少一部分。全方位系統梳理關學學術文獻仍係空白。

關學典籍的收集與整理，是關學學術研究的重要基礎。這次關學文庫文獻的整理與編纂者在全國范圍的圖書館和民間廣泛搜集資料，一是搶救性發掘整理了一批關學文獻，二是對一些文獻以新發現的版本進行比對校勘、輯佚補充，從而使關學文庫關學文獻整理系列成爲目前最能反映關學學術史面貌，對關學研究具有基礎性作用的文獻集成。關學文獻整理系列圖書共涉及關學重要學人二十九人，編訂文獻二十六部，計一千八百六十餘萬字。這些文獻分別是：張子全書、

藍田呂氏集、李復集、元代關學三家集、王恕集、薛敬之張舜典集、馬理集、呂柟集涇野經學文集、呂柟集涇野子內篇、呂柟集涇野先生文集、韓邦奇集、南大吉集、楊爵集、馮從吾集、王徵集、王建常集、王弘撰集、李顒集、李柏集、李因篤集、王心敬集、李元春集、賀瑞麟集、劉光蕡集、牛兆濂集以及關學史文獻輯校等。其中的韓邦奇集、南大吉集、李柏集、李因篤集、牛兆濂集屬于搶救性整理；李復、王恕、薛敬之、呂柟、馬理、楊爵、王建常、王弘撰、王心敬、李元春、賀瑞麟等學人文獻屬于首次系統整理出版；張子全書、藍田呂氏集、李顒集、劉光蕡集、關學史文獻輯校是在進一步輯佚完善的基礎上整理出版的。總之，關學文獻整理的系統性和全面性得到了體現。

關學文庫文獻整理力圖突出全面性、系統性和深度整理的特點。就全面性和系統性而言，就是保證關學史上重要學人的文獻資料不被遺漏，這裏所選的二十九位學人，都是關學史上較爲重要的和代表了關學發展某一環節的學人。其中如張載、藍田「三呂」、馬理、呂柟、楊爵、馮從吾、王弘撰、李顒、李柏等人的著作集，是迄今文獻收集最爲齊全的。同時對於有關關學史的文獻也進行了全面系統的搜集和整理，如關學史文獻輯校，不僅重新點校整理了馮從吾的關學編，收録和點校整理了王心敬、李元春、賀瑞麟以及由劉光蕡、柏景偉重加整理校勘的關學續編，還首次點校整理了清末民初張驥的關學宗傳，并從諸多史書中輯録了一些零散的關學史資料，使之成爲目前能全面反映關學史面貌的文獻輯校本。關學文庫關學文獻整理系列，以豐富的關學史文獻，證明了「關學之源流初終，條貫秩然」，關學有其自身發展演變的歷史。就深度整理來說，關學文獻整理系列遵循古籍整理的傳統做法，采用繁體字、竪排版，標點、校勘，并對專用名詞做下劃綫處理。其目的不僅在於使整理與編纂者在文獻整理中提高自身的學術素養，同時也爲以後文獻研究者提供方便，推動關學研究深入開展，這也是關學文庫關學文獻整理系列圖書出版的重要目的。

關學文庫係「十二五」國家重點圖書出版規劃項目，國家出版基金項目、陝西出版資金資助項目，得到了中共陝西省委、陝西省人民政府、國家新聞出版廣電總局以及陝西省新聞出版廣電局的大力支持。文庫的組織、編輯、審定和出版工作在編輯出版委員會領導下進行，日常工作由陝西省人民政府參事室（陝西省文史研究館）和西北大學出版社負責。本文庫歷時五年編纂完成，凝結着全體參與者的智慧和心血。總主編劉學智、方光華教授，項目總負責徐曄、馬來同志統籌全書，精心組織，陝西師範大學、西北大學、西北政法大學、中國人民大學、華東師範大學、鄭州大學等十餘所院校的數十位專家學者協力攻關，精益求精，體現出深沉厚重的歷史使命感和復興民族文化的責任感。他們孜孜矻矻，持之以恒，任勞任怨，樂於奉獻，以古人爲己之學相互勉勵，在整理研究古代文獻的同時，不斷錘煉學識，砥礪德行，努力追求樸實的學風和嚴謹的學術品格。出版社組織專業編輯、外審專家通力合作，希望盡最大可能提高本文庫的學術品質。作爲文庫編輯出版委員會主任，我謹向大家卓有成效的工作表示衷心的感謝。由於時間緊迫、經驗不足等原因，文獻整理中存在的疏漏差錯難以完全避免。希望讀者朋友們在閱讀使用時加以批評指正，以便日後進一步修訂，努力使文庫文獻整理更加完善。

張豈之

二〇一五年一月八日

于西北大學中國思想文化研究所

前言

李顒是清初著名的思想家，在清初學術界，李顒以「堅苦力學，無師而成」〔一〕著稱，不僅被時人稱之爲「海内眞儒，關中正脈」（二曲集學憲高公書），而且與孫奇逢、黄宗羲被並譽爲清初「三大儒」，〔二〕與李因篤、李柏被並譽爲「關中三李」，〔三〕與王弘撰、李因篤、孫枝蔚被並譽爲「關中四君子」。〔四〕其著述豐富，刊刻時間不一，雖然目前已佚失多種，但其重要著作屢經刊刻，流播久遠，惠澤於世。

李顒，字中孚，陝西盩厔人。生於明熹宗天啟七年（丁卯，一六二七）正月二十五日，卒於清康熙四十四年（乙酉，一七〇五）四月十五日。元和郡縣圖志云：「山曲曰『盩』，水曲曰『厔』。」〔五〕「二曲」乃爲盩厔地名的代稱，故李顒在著述中常自署二曲中孚子、二曲野夫等，後學者稱之爲「二曲先生」。由於避清仁宗顒琰名諱，在清史列傳、關中人文傳、鮚埼亭集、國朝學案小識等典籍中乃至在某些二曲著述的刊刻本中，李顒又屢屢被易名爲「李容」。

〔一〕顧炎武：亭林詩文集，顧炎武全集第二十一册，上海：上海古籍出版社，二〇一一年，第一九七頁。

〔二〕全祖望：二曲先生窆石文：「當是時，北方則孫先生夏峰，南方則黄先生梨洲，西方則先生，時論以爲三大儒。」

〔三〕「關中三李」史有異説，國史儒林傳、鄠縣志、吴懷清關中三李年譜、賀瑞麟清麓文集祠堂記等以李顒、李柏、李因篤爲「三李」；王士禎居易録、張驥關學宗傳、鳳翔府志等以李楷叔則、李柏、李因篤爲「三李」；唐鑑國朝學案小識、錢林輯、王藻編文獻徵存録等又載以李顒、李念慈、李因篤爲「三李」之説。王葵圃關中人物考略云：「李因篤與李中孚及李柏稱『關中三李』。或曰『三李』有叔則無中孚，論文章也。」

〔四〕王弘撰：山志，北京：中華書局，一九九九年，第二八一頁。

〔五〕康熙字典釋「盩」時援引正字通：「山曲曰『盩』，水曲曰『厔』，因以名縣。」釋「厔」時又援引正韻：「盩厔縣，在京兆。水曲曰『盩』，山曲曰『厔』，因以名焉。」

二曲父李可從（字信吾）隨陝西巡撫汪喬年征討李自成農民起義軍至襄城，戰死疆埸。二曲母彭氏，守節育子，母子相依爲命。二曲九歲入學，但因家境貧寒，身體羸弱，疾病不斷等，除了隨舅父短暫學習大學、中庸外，便輟學自讀。順治二年（乙酉，一六四五），二曲偶得周鍾制義，見其中言及忠孝節義，尤爲喜愛，流連玩摹；但當他得知周鍾不能持守志節後，怒焚制義。又借讀性理大全、伊洛淵源録等書，認爲「此吾儒正宗，學而不如此，非夫也」！此後，二曲廣泛涉獵儒家典籍，尤其是宋明理學家的論述，借讀了小學、近思録、程子遺書、朱子大全集、九經郝氏解、十三經註疏、資治通鑑等，並撰有十三經註疏糾繆、廿一史糾繆。此外，二曲「上自天文河圖、九流百技，下至稗官野史、壬奇遁甲」，無不一一研讀，終成飽學之士。

順治十三年（丙申，一六五六）六月，二曲請前盩厔縣令樊嶷爲自己新著悔過自新説作序。樊嶷認爲，「悔過自新則李子所得切實功夫，拈以示人，不作英雄欺人語也」；並說「先是余知其必爲大儒者，茲固人人而皆知爲大儒無疑也」，「横渠、涇野而後，道不在茲乎」。次年春秋之交，二曲患病靜攝，效仿先賢「默坐澄心」，久而豁然頓悟，感覺到「靈機天趣，流盎滿前」，在其精神世界中呈現出無限光明，從而見道。

康熙七年（戊申，一六六八）四月，同州（今陝西大荔）學者白煥彩（字含章）和王化泰（字省菴）肅禮幣，遣党克材到盩厔迎接二曲東行同州、蒲城講學。二曲接受了邀請。其門人趙之俊將這次講學見聞整理爲東行述。值得注意的是，二曲在講學期間闡發了其學術宗旨，即現存由白煥彩筆録並定名的學髓一文。

康熙九年（庚戌，一六七〇）十月，二曲遠赴襄城爲父招魂。自崇禎十五年（壬午，一六四二）李可從殉身襄城至此時已有二十九年，歷史久遠，滄海巨變，二曲遍覓襄城也無法找到其父骨骸；但其招魂之事感動了襄城令張允中及當地士紳，並爲其父建祠起塚。期間，二曲接受前盩厔縣令常州知府駱鍾麟的邀請，前去江南講學。其講學見聞，後被其門人王心敬整理爲南行述，部分講學内容被整理成兩庠彙語、靖江語要、錫山語要、東林書院會語、傳心録等。

康熙十二年（癸丑，一六七三），陝西總督鄂善修復關中書院，再三延請二曲前去講學。二曲講學關中書院轟動了陝西士林，聽衆甚多，規模宏大。時人曾感歎說：「自少墟（馮從吾）後，講會久已絶響，得先生起而振之，力破天荒，默維綱常，一髮千鈞。」期間，二曲撰寫了關中書院會約，爲書院的日常活動制定了規定。是年，鄂善因清廷頒發了求賢令，與撫軍阿席熙上疏推薦二曲。二曲再三以病疾辭拒。次年四月，又有旨復徵，二曲再次以疾相辭，不獲。七月被擡至西安城南興善寺後，又以死自矢。督院知不可強，乃會同撫軍以實病具題，清廷不得不回復「奉旨疾痊起送」。康熙十四年（乙卯，一六七五）八月，二曲挈家避兵富平，與李因篤交往甚密，期間顧炎武、王弘撰等學者曾前來論學。康熙十七年（戊午，一六七八），清廷開設博學鴻詞科，再次徵召二曲。二曲絶食抗拒，役吏強行舁榻應徵。二曲滴水不入口者五晝夜，總督知其不可強，不得不又以「俟疾稍有痊，卽便呈報」爲由下了檄文，清廷以「痊日督撫起送」回復。二曲拒徵之事震動全國，被時人譽爲「鐵漢」。

在經歷了辭辟事件後不久，二曲返回盩厔故居，閉門謝客。康熙四十二年（癸未，一七〇三）十月，康熙西巡山陜時，欲召見二曲。此時二曲已臥病在床，身體虛弱不堪。康熙無奈之下，只好以「高年有疾，不必相強」的諭令下達地方官吏，並隨賜手書「操志高潔」的匾額及所作詩章。此外，康熙又向其子李慎言索要了二曲著述，以彌補多年未見其人之憾。康熙四十四年（乙酉，一七〇五）四月十五日，二曲在困窘中走完了其豐富充實的一生，時年七十九歲。

値得注意的是，自康熙十九年（庚申，一六八〇）到康熙四十四年（乙酉，一七〇五）二曲去世這二十五年中，他教授了王心敬、王吉相、張志坦等弟子，這些弟子積極推動了二曲思想學説在關中乃至全國的傳播。二曲著述四書反身録與二曲集也分别由時任陜西督學的著名詩人許孫荃和學使高爾公、司寇鄭重捐俸刊刻，這也進一步促進了二曲思想學説的傳播。

從二曲學術發展的歷程看，其成熟時期的學術選擇應以陸王爲本、兼攝程朱。他説：「學術之有程朱，有陸王，猶車之有左輪，有右輪，缺一不可，尊一辟一皆偏也。」（四書反身録孟子下）「姚江、考亭之旨，不至偏廢，下學上達，一以貫之矣。故學問兩相資則兩相成，兩相辟則兩相病。」（二曲集富平答問）二曲認爲，程朱、陸王均是儒家不可偏廢的思想學説，各有其所得，需要兼收並蓄，相資相成，不可輕易相詆毁。二曲的這種看法是十分開放的，反對清初武斷地崇程朱黜陸王的學界主流思想。在他看來，程朱、陸王各有所長，均有大功於世教人心，但在各自的發展過程中衍生了「往往略工夫而談本體，捨下學而務上達，不失之空疏杜撰鮮實用，則失之恍忽虛寂雜於禪」或「高者做工夫而昧本體，事現在而忘源頭；卑者没溺於文義，葛藤於論説，辨門戶同異而已」（四書反身録孟子下）的弊端。可見，二曲批判的並不是程朱、陸王，而是程朱、陸王之學在發展過程中所衍生的流弊。基於此，二曲認爲應「鑑偏救弊，捨短取長，以孔子爲宗，以孟氏爲導，以程朱、陸王爲輔，『先立乎其大』『致良知』以明本體，『居敬窮理』『涵養省察』以做工夫」（四書反身録孟子下），試圖在推崇孔孟之道的前提下，融程朱、陸王之學於自己的思想體系中，以陸王「先立乎其大」「致良知」明本體，以程朱「居敬窮理」「涵養省察」做工夫的學術理路。具體而言，筆者認爲二曲思想可以從以下方面考察：

一、以盡性爲指歸：二曲的人生本原論

在儒家傳統思想中談及的形而上本體，往往具有道德屬性。宋明以來，儒家學者在描述本體時常常用道體、性體與心體來言説。道體就天道而言，乃指創生萬物的宇宙本性（天道、天命）。這種宇宙本性附有道德性，其下貫到個體之中，就客觀方面説則爲性體，這也是人的道德實踐之所以可能的超越根據；從主觀方面説則爲心體，即爲内在於人而又能夠産生道德行爲的形上本心，而非血肉之心、心理學之心，也不是認知之心。道體、性體、心體三者雖異名但實爲一體。在二曲著述中，言及「本體」處甚多，不僅從道體處揭示，更從性體、心體處闡述，而其中對「人生本原」的揭示則是其本體論的重心。

二曲在悔過自新説中説：「天地之性，人爲貴。人也者，禀天地之氣以成身，即得天地之理以爲性。此性之量，本與天地同其大；此性之靈，本與日月合其明。本至善無惡，至粹無瑕。」禀天地之氣而有人之身形，得天地之理而有人之性。「至善無惡，至粹無瑕」的天地之性，即爲人生本原。二曲常以「靈原」喻指人生本原。在學髓中，二曲描述「靈原」時説：「此天之所以與我者也。生時一物不曾帶來，惟是此來；死時一物不能帶去，惟是此去。故學人終生孜孜，惟事此爲人生

第一要務」；「人人具有此靈原，良知良能，隨感而應」；「形骸有少有壯，有老有死，而此一點靈原，無少無壯，無老無死，塞天地，貫古今，此皆靈原之實際」，等等。在二曲看來，「靈原」乃是人人先天具有的至善本性（性體），也是天地萬物得以存在的根據（道體），當然也是學者所要追求的最終價値目標。可見，二曲對「靈原」的描述在於爲人性提供至善的形上保證。人之所以爲人，人之所以存在，在於這種具有道德意義的形上本體。

從思想理路上看，二曲對「靈原」的分析轉化了孟子的良知良能說，張載、朱熹的「天地之性」，陸九淵的「先立乎其大」，王陽明的「良知」等思想。値得注意的是，王陽明提出「靈明」說：「天地萬物，與人原是一體，其發竅之最精處，是人心一點靈明」[一]，「充天塞地中間，只有這個靈明，人只爲形體自間隔了。我的靈明便是天、地、鬼、神的主宰」[二]。在陽明看來，靈明既是人心至善境界的展示，又是良知良能的體現。當人的主體精神擴充至萬事萬物並與之融爲一體時，主體之外的事物無不受良知良能、道德本心的支配與涵攝了。顯然，二曲以「通塞天地萬物，上下古今，皆次靈原之實際」（二曲集學髓）、「虛而靈，寂而神，量無不包，明無不燭，順應無不咸宜」（二曲集學髓）等描述的「靈原」和陽明的思想並無二致，均是對心體的有效揭示。

與以往的宋明理學家相較，二曲對本體的闡發是十分充分的。他說：「先哲口口相授，止傳工夫，未嘗輕及本體，務使人一味刻苦，實詣力到功深，自左右逢源。」（二曲集答張濬菴）二曲認爲，以往的儒家學者重視以「體認」爲主要特徵的工夫講習和傳授，忽略對本體的闡發；而自己則和盤托出，「吐人不敢吐之隱，泄人不敢泄之祕，無非欲高明直下，敦大原，識本體耳」（二曲集答張敦菴），這也是「不容己之苦衷」。又說：「誠識得本體，循下學之規，由階級而進，則收攝保任，好做工夫。做得工夫，纔算本體。」（二曲集答張濬菴）先識本體卽立乎其大者，爲工夫昭揭方向，階級而進。

[一] 王守仁：王陽明全集，上海：上海古籍出版社，一九九二年，第一〇七頁。

[二] 王守仁：王陽明全集，上海：上海古籍出版社，一九九二年，第一二四頁。

二曲描繪本體的言論很多，僅對其詮釋人生本原圖時涉及的言論略作分析： 在詮釋人生本原圖時，二曲以「大圓鏡」擬喻無限而又圓滿的靈原本體，揭示其「無聲無臭、廓然無對」「寂而能照，應而恒寂」的特徵。就「無聲無臭、廓然無對」言，「無聲無臭」源自詩經大雅文王「上天之載，無聲無臭」，原指天道玄奥深遠，雖默言無味，但化育萬物； 中庸則喻指爲君子德性，其後更被宋明理學家所吸收： 或被視爲道體，若「上天之載，無聲無臭，而實造化之樞紐，品彙之根柢也」[一]； 或視爲心體，若「無聲無臭獨知時，此是乾坤萬有基」[二]。 二曲說「無聲無臭，渾然太極矣。 所謂『有物先天地，無形本寂寥，能爲萬物主，不逐四時彫』」（二曲集兩庠彙語），又說「無聲無臭，本體之約也」（四書反身録孟子下）。可見，二曲論靈原本體之「無聲無臭」乃襲承宋明理學家思想，不僅指道體言，也指心體、性體言，附之「廓然無對」則揭昭一個無善無惡、理欲全泯的「至善」世界。

就「寂而能照，應而恒寂」言，與易傳「寂然不動，感而遂通天下之故」，陽明之「聖人之心如明鏡，只是一個明，則隨感隨應，無物不照」、「寂而恒照，照而恒寂」等意義相通。「照」「應」爲本體「寂」的描述，二曲認爲具有「虚明寂定」四種特徵：「虚若太空，明若秋月，寂若夜半、定若山嶽」（二曲集學髓）。「虚」即「事不累心，心不累事，恒若太虚，毫無沾滯，即此是性，即此是聖」（四書反身録孟子下），承續陽明「本體只是太虚」[三]義，指本體的「虚靈無滯」特徵； 「明」即「自虚生白，天趣流盎，徹首徹尾，涣然瑩然，性如朗月，心若澄水，身體輕鬆，渾是虚靈」（二曲集答張敦菴）義，指本體的「光明」特徵； 「寂」指本體的「寂靜」特徵； 「定」指本體的「永恒、穩定」特徵。可見，二曲所論靈原本體並非寂靜不動，而是像鏡子般能不將不迎，即照即寂，靜中有動，動中有靜，具有「活潑潑」的特徵，這也是對靈原本體「寂感」作用的形象描述。二

[一] 朱熹：太極圖說解，朱子全書第一三冊，上海： 上海古籍出版社，合肥： 安徽教育出版社，二〇〇二年，第七二頁。
[二] 王守仁： 王陽明全集，上海： 上海古籍出版社，一九九二年，第七九〇頁。
[三] 王守仁： 王陽明全集，上海： 上海古籍出版社，一九九二年，第一三〇六頁。

曲之所以揭示靈原本體具有無聲無臭、虛、明、寂、定等特徵，無非提醒世人人生本原、人之本性原是無滯、無執、無累於心；只有察悟本體，時時提撕，進而達到安身立命。

除了以「靈原」來言說本體之外，二曲還採用「良知良能」「性靈」「明德」「聖胎」「本面」「虛靈」等詞語。諸如，「人人具有此靈原，良知良能，隨感而應」（二曲集學髓）、「自識性靈，自見本面」（四書反身録孟子下）、「『明德』之在人，本與天地合德而日月合明」（四書反身録大學）、「天賦本面，一朝頓豁，此聖胎也」（二曲集錫山語要）。在二曲看來，表達本體時應該隨處言說，不必拘泥於固定用語。其門人王心敬云「先生生平之學以盡性爲指歸」〔二〕，在「盡性」的意義上，詞語不過是起到「言詮」作用而已。

二、以生命踐履爲工夫入門：二曲的工夫修養論

關於二曲學說的特點，二曲本人及時人的論述略有不同。諸如二曲說：「雖各家宗旨不同，要之總不出『悔過自新』四字。」（二曲集悔過自新說）王心敬云：「先生生平之學以盡性爲指歸，以悔過自新爲心課，以倫常綱紀出處取予爲實致之地，以靜坐體認喜怒哀樂未發氣象爲知性之方，以讀六經四子及諸儒之言、反身體驗爲窮理入門之要。」〔三〕駱鍾麟云：「其學以慎獨爲宗，以養靜爲要，以明體適用爲經世實義，以悔過自新爲作聖入門。」（歷年紀略）劉宗泗云：「其學以尊德性爲本體，以道問學爲工夫，以悔過自新爲始基。」（盩厔李徵君二曲先生墓表）龔百藥認爲：「其立教教人學，以悔過自新爲宗，靜坐爲始。」（二曲集李氏家乘）岳宏譽認爲：「其學以靜爲基，以敬爲要，以返己體認爲宗，以悔過自新爲日用實際。」（二曲集南行述）就上述記載看，作爲注重生命體驗、真修實證的思想家，二曲在繼承陸王「先立其大」「致良知」的本

〔二〕王心敬：涇周新創二曲先生祠記，豐川續集卷二五，清乾隆十五年刻本。
〔三〕王心敬：涇周新創二曲先生祠記，豐川續集卷二五，清乾隆十五年刻本。

體論思想外，主要存在「悔過自新」「慎獨」「靜坐」「主敬」等工夫修養方法，並將其落實於生命踐履之中。

（一）悔過自新

悔過自新是二曲早年爲學體驗的成果，也是其日後道德實踐的入門工夫，主要闡發於悔過自新說中。「悔過自新」被二曲視爲古今名儒論學術宗旨，在其思想中佔據著重要地位，且終身持守。

二曲認爲，人稟天地之氣而有形體，人得天地之理而有至善本性。然而，在現實中卻存在許多人寡廉鮮恥，昧於功利，這似乎與人人先天具有的至善本性存在捍牾？爲何會出現這種現象？二曲說：「本至善無惡，至粹無瑕；人多爲氣質所蔽，情欲所牽，習俗所囿，時勢所移，知誘物化，旋失厥初。漸剥漸蝕，遷流弗覺，以致卑鄙乖謬，甘心墜落於小人之歸，甚至雖具人形，而其所爲有不遠於禽獸者。此豈性之罪也哉？然雖淪於小人禽獸之域，而其本性之與天地合德、日月合明者，固未始不廓然朗然而常在也；顧人自信不及，故輕棄之耳。辟如明鏡蔽於塵垢，而光體未嘗不在；又如寶珠陷於糞坑，而寶氣未嘗不存，誠能加刮磨洗剔之功，則垢盡穢去，光體寶氣自爾如初矣，何嘗有少損哉！」（二曲集悔過自新說）現實生活中之所以出現衆多不良現象，並不在於至善的靈原本性。靈原本性是廓然朗然而常在的，但因爲人生而所稟的氣質之性存在厚薄之分，造成了後天受情欲、習俗、時事、知誘等外界因素的左右，從而遮蔽了靈原本性，使其無法呈現。如果深度遮蔽，則會發展爲小人甚至禽獸的境地。如果做「刮磨洗剔」的工夫，摒棄種種遮蔽，便能呈現靈原本性。可見，二曲這一思想存在張載、程朱的天地之性、氣質之性學說的痕跡，又吸收了陸王以情欲、環境闡述「惡」的理路。在此思想基礎上，二曲提出了「悔過自新說」。

何謂「悔過自新說」？二曲認爲，「過」既可指如陳元不孝、徐庶任俠、周處橫行類惡行（身過），也可指張載、謝良佐、吳澄、王守仁、羅念菴等理學家爲學時的歧出（心過），因此「悔過」包括思過與改過兩個方面。「新」爲復、反的過程。二曲說：「性，吾自性也；德，吾自得也。我固有之，曷言乎新？新者，復其故之謂也，辟如日之在天，夕而沉，朝而昇，光體不增不損，今無異作，故能常新。若於本體之外，欲有所增加以爲新，是喜新好異者之爲，而非聖人之所謂新矣。」（二曲集悔過自新說）可見，「自新」是恢復人人所具有的靈原本性。「悔過」與「自新」都是通過摒除遮蔽，呈現靈原本體的工夫，「自新」即「悔過」，二者是二而一的關係。「悔過自新說」強調的是通過人的主體能動性，進行「復性」「反本」工夫。在二曲看來，復性、反本工夫恰是以往儒家學者持守的不二法門。他認爲，「古今名儒倡道救世者非一」：朱熹的「主敬窮理」、陸九淵的「先立乎其大」、楊簡的「心之精神爲聖」、陳獻章的「自然」、薛瑄的「復性」、王守仁的「致良知」、湛若水的「隨處體認」，等等，均不離「悔過自新」四字，只是他們未曾明確揭示出而已。可見，二曲在闡述時，試圖彌合程朱、陸王等學說在心性修養方面的差異，爲其悔過自新說尋找思想根據。

如何「悔過自新」？二曲認爲要從起心動念處入手，以轉念的方式悔過。他說：「殊不知君子小人、人類禽獸之分，只在一轉念間耳。苟向來所爲是禽獸，從今一旦改圖，卽爲人矣；向來所爲是小人，從今一旦改圖，卽爲君子矣。」（二曲集悔過自新說）又說：「同志者苟留心此學，必須於起心動念處潛體密驗。苟有一念未純於理，卽是過，卽當悔而去之；苟有一息稍涉於懈，卽非新，卽當振而起之。若在未嘗學問之人，亦必且先檢身過，次檢心過，悔其前非，斷其後續，亦期至於無一念之不純，無一息之稍懈而後已。」（二曲集悔過自新說）在這裏，二曲提出了「念」的思想。一念之間，君子與小人、人類與禽獸截然判別爲二，轉念之間小人可以爲君子。但是，每個人的先天稟賦不同，所過也存在差別，因此不僅要分析是身過還是心過，更要區別對待不同人之過選擇不同的方法，進而悔過自新。首先，二曲根據對象的不同，將「過」分爲「衆見之過」與「獨處之過」。「衆見之過，猶易懲艾；獨處之過，最足障道。何者？過在隱伏，潛而未彰，人於此時最易忽；且多容養愛護之意；以爲鬼神不我覺也。」（二曲集悔過自新說）「衆見之過」顯而易見，很容易被發現，容易改過。而「獨處之過」不同，常常隱潛於幽微之處，沒有得到彰顯，多被人所忽略。因此，這類「過」具有較強的隱蔽性，克制難度較大；且因未被察覺，而長期遮蔽人心靈原，造成了巨大危害。顯然，克制「潛而未彰」的「獨處之過」乃是二曲強調的重點。

其次，二曲提出了兩種不同的悔過自新途徑：一是頓悟頓修的「解悟」，一是漸修漸悟的「證悟」。人們因所禀受的氣質不同，內省和體證的能力也存在諸多差別。二曲察覺到這種差別，提出了頓悟頓修與漸修漸悟兩種實踐途徑。他說：「悔過之學，可以語中才，即可以語上士。上士之於過也，知其過皆由於吾心，直取其根源，劃除之已耳，故其爲力也易。若中才則必功積之久，靜極而明生，而後可以懲忿窒欲，故其爲力也難，然至於悟，則一也。」（二曲集李氏家乘）悔過自新不外乎是恢復人的靈原本性。雖然悔過自新可以適用於上士、中才之人，但是因先天的禀賦存在差異，上士與中才所做的工夫也存在不同：上士面對「過」，能立刻明瞭根源所在，直截了當地從心入手，其工夫簡易便捷；而中才面對「過」需要長期體證參悟，只有靜默潛修到一定程度纔能懲忿窒欲，體證到過的根源，所做工夫自然是艱難煩瑣的。進而，二曲又說：「蓋上根之人，頓悟頓修，名爲解悟；中才之人，漸修漸悟，名爲證悟。吾人但期於悟，無期於頓可矣。」（二曲集悔過自新說）在二曲看來，雖然最終的「悟」，都是要恢復靈原本體，但爲力有深淺、繁簡之別，因此對絕大多數中才之人來說，還是需要持守較爲平實的證悟之塗。

事實上，無論二曲如何詮解悔過自新，其歸根在於補救世道人心。二曲認爲：「惡人肯自新，惡人可以爲善人；小人肯自新，小人可以爲君子」（四書反身録孟子下），「天子能悔過自新，則君極建而天下以之平；諸侯能悔過自新，則侯度貞而國以之治；大夫能悔過自新，則臣道立而家以之齊；士庶人能悔過自新，則德業日隆而身以之修，又何弗包舉統攝焉」（二曲集悔過自新說）。通過悔過自新，使人人具有的至善而又光明的靈原得以顯現，整個社會的道德水準必然會得到極大地提陞，社會風貌也必然爲之一新。

（二）慎獨

「慎獨」源自大學與中庸。大學說：「所謂誠其意者，毋自欺也。如惡惡臭，如好好色，此之謂自謙，故君子必慎其獨也。」「慎其獨」即爲「慎獨」，當指人們在獨處閒居之時，應該誠實毋自欺，謹慎自己的意念與行爲。中庸說：「天命之謂性，率性之謂道，修道之謂教。道也者，不可須臾離也，可離非道也。是故，君子戒慎乎其所不睹，恐懼乎其所不聞。莫見乎隱，莫顯乎微，故君子慎其獨也。」中庸明確主張獨處時，要戒慎於不可睹聞的內心隱微之處。如果不戒慎，意念欲望萌生，則會遮蔽天命下貫於人的性體，也便遠離了道。中庸將「慎獨」的工夫與儒家的終極之道相聯繫起來，這對後世儒家學者影響甚大。到了劉宗周則明確以「慎獨」作爲學問宗旨。二曲對「慎獨」工夫的認識受到上述影響。

二曲在悔過自新說中已經區分了「衆見之過」與「獨處之過」，但是如何克制「獨處之過」？這則需要「慎獨」的工夫。關於「慎」，二曲認爲：「『慎』之云者，朝乾夕惕，時時畏敬，不使一毫牽於感情，滯於名義，以至人事之得失，境遇之順逆，造次顛沛，生死患難，咸湛湛澄澄，內外罔間，而不爲所轉，夫是之謂『慎』。」（二曲集靖江語要）從表面看，二曲以「朝乾夕惕，時時畏敬」論「慎」和程頤的「主一之謂敬」〔一〕，朱熹的「收斂此心，不容一物便是敬」〔二〕等具有相通相似之處，也存在程朱的「專一」「虛靜」之義，強調收攝身心，體認靈明本體，摒除對本體的種種遮蔽，這是以工夫合本體的塗徑。關於「獨」，二曲弟子以朱熹「獨者，人所不知而己所獨知之地也」的訓釋來請教時，二曲說：「不要引訓詁，須反己實實體認。凡有對便非獨，獨則無對，卽各人一念之靈明是也。」（二曲集靖江語要）在二曲看來，朱熹以訓詁的方式所得到獨知之說，停留於字詞層面，是不可取的；眞正的「獨」當是「無對」，卽人人具有的靈明本體。也只有這種靈明本體纔能作爲「仁義之根，萬善之源，徹始徹終，徹內徹外，更無他作主，惟此作主」（二曲集靖江語要）。在南行述中也記載二曲對「慎獨」的闡發，他說：「慎獨乎，獨慎耶？知慎獨，獨慎之義，而後慎可得而言也。……『慎』之云者，藉工夫以維本體也；『獨慎』云者，卽本體以爲工夫也。藉工夫以維本體，譬之三軍然。三軍本以聽主帥之役使，然非三軍小心巡警，則主帥亦無從而安；非主帥明敏嚴整，則三軍亦無主，誰爲之馭？」「卽各人心中一念惺惺者是也。此之謂一身之主，再無與偶，故名曰

〔一〕程顥、程頤：二程集，北京：中華書局，二〇〇四年，第一六九頁。

〔二〕朱熹：朱子語類，朱子全書第一四冊，上海：上海古籍出版社，合肥：安徽教育出版社，二〇〇二年，第五七一頁。

『獨』。慎之者，藉巡警以衛此主也。」(二曲集南行述)此處，二曲以主帥與三軍來擬喻「慎」與「獨」的關係。「獨」是從本體上說，「慎」是從工夫上論。從「獨」看，人生的大本大原朗然呈現，人生的價值意義得以挺立，這是首要之事，是「立乎其大」；從「慎」看，避免了「心意散亂」，無所適從，人生有了目的和追求。「慎獨」是「藉工夫以維本體」；「獨慎」是「即本體以爲工夫」。本體與工夫相即不離，工夫與本體合而爲一。可見，二曲的慎獨說雖然試圖以程朱工夫耦合陸王的道德本體，但從總體上看，走的仍是陸王心學之路，強調的是內省與體證。

(三)靜坐

「靜坐」作爲涵養心性、體證本體的工夫塗徑，素爲宋明理學家所樂道。諸如，周敦頤、程顥、楊時、李侗、陳獻章等人均注重「靜」或「靜坐」。至王陽明，早年以「靜坐」授徒，但後因門人誤入喜靜厭動的枯槁之弊，極少言「靜坐」，晚年更專提「致良知」的工夫，從而忽視了周、程、楊、李、陳大談的主靜工夫。但在陽明後學聶豹、羅汝芳等人及東林學者的推動下，「靜坐」工夫重新被重視，屢屢被認爲是初學者的入門工夫。二曲深受前儒影響注重靜修、靜坐的工夫。

二曲說：「靜坐一著，乃古人下工之始基，是故程子見人靜坐，便以爲善學。何者？天地之理，不翕聚則不能發散；吾人之學，不靜極則不能超悟。況過與善界在幾微，非至精不能剖析，豈平日一向紛營者所可辨也。」(二曲集悔過自新說)可見，二曲早年已認識到靜坐爲儒家學者收攝精神，體證天理的重要修養工夫，在「下手處在靜則涵養」(二曲集兩庠彙語序)，知幾而悔過自新。二曲在撰寫悔過自新說的次年又「患病靜攝，深有感於『默坐澄心』之說，於是一味切己自反，以心觀心。久之，覺靈機天趣，流盎滿前，徹首徹尾，本自光明」(歷年紀略)。「默坐澄心」源自宋儒李侗「爲學不在多言，默坐澄心，體認天理」語，而此語激發了二曲病中靜攝，默坐澄心，進而悟道。自此，靜攝默識成爲二曲工夫論的重要內容。

二曲在其學髓中將靜坐之法進行程式化，諸如其中說：「水澄則珠自現，心澄則性自朗。故必以靜坐爲基，三炷爲程，齋戒爲功夫，虛明寂定爲本面。靜而虛明寂定，是謂『未發之中』；動而虛明寂定，是謂『中節之和』。」通過靜坐，澄心朗性，使虛明寂定的道德本心如清水明鏡般自現。換言之，靜坐無非是通過切己自返的涵養工夫，證悟虛明寂定之本體。如果說上述論「靜坐」注重以工夫合本體的「復性」思維，那麼在以下諸處論「靜坐」「默坐澄心」時則側重由本體所牽帶的「涵養」工夫。其云：「靜默返照，要在性靈澄徹；性靈果徹，寐猶不寐，晝夜昭瑩，如大圓鏡」（二曲集答張伯欽），「『默而識之』，謂沉潛自認，識得天命本體、自己眞面目，卽天然一念，不由人力安排，湛然澄寂，能爲形體主宰者是也」（四書反身録論語上），「只是要主靜，靜極明生。無事時自不起念，有事時自不逐物。如明鏡，如止水，終日鑒而未嘗馳，常寂而常定，安安而不遷，百慮而一致，無聲無臭，渾然太極矣。」（二曲集兩庠彙語）在二曲看來，靜坐澄心雖爲體認無聲無臭之本體的工夫進路，但也因本體的呈露而使工夫具有了明確指向，靜坐不僅僅是「下手處」，也爲「究竟處」。在靜坐的過程中，明鏡般的心體將無所迎亦無所將，靜默處如止水，感應處則卽寂卽定，渾然如太極之理，心理合一。可見，二曲主靜工夫一方面指向的是本體的朗現，另一方面又揭示只有虛明寂定之本體纔能引領工夫，涵養保任，省察克治，心與理一。

基於上述靜坐工夫的雙向維度，二曲認爲做靜坐工夫時要注意一些問題：

其一，注意理欲之辨。他說：「靜坐而不嚴理欲之辨，固不可。靜坐而先横一理欲之辨於胸中，亦不可。」（二曲集靖江語要）靜坐中爲何要辨理欲？在於靜坐乃是追求心體虛明，由「窮理克欲」進階至「無欲」的過程；「先横一理欲之辨於胸中」之先入之見，實際上是學髓所論「有意爲善，雖善亦私」，這種善是造作之善，並非是心體自然而然的朗現。

其二，強調學固該動靜。人們在日常生活中往往應物紛亂，動多於靜，「全副精神俱用在外」（二曲集學髓）。因此，二曲認爲應矯偏救弊，多注意「靜多於動」，凝聚精神。在回答門人爲學「得力之要」時，二曲又說：「學固該動靜，而動則必本於靜。動之無妄，由於靜之能純；靜而不純，安保動而不妄」。（二曲集學髓）可見，二曲並不是一味地反對動，不僅將靜坐視爲涵養省察自現本體的工夫，也提倡在體悟本體後遵循本體的無妄之動。

其三，揭示「偏靜近禪」之弊。二曲說：「學須該動靜；偏靜，恐流於禪。」（二曲集學髓）爲何偏靜近禪？在二曲看來，佛教擺脱了心官之思，雖然悟得本體，但恰是麻木心官，如同枯木死灰，陷入了枯寂的境界。這異於儒家重視心官之思，「心一定，靜而安，寂然不動，感而遂通，廓然大公，物來順應，猶鏡之照，不迎不隨」（四書反身録大學），由思到無思，既朗現本體，又顧諟明命，超凡入聖，動靜合一，體用不二的情況是截然不同的。即便如此，二曲靜坐澄心、以心觀心，動靜結合的工夫與禪宗還是十分接近，尤其是與曹洞宗的默照禪禪法相似；甚至二曲所主張靜坐時，「以三炷爲程，以齋戒爲工夫」也與慧能的無分法身香（戒香、定香、慧香、解脱香、解脱知見香）十分類似，均主張通過靜坐證悟自性。

（四）主敬

在宋明理學中，主敬多爲程朱理學家所推崇。二曲之學雖立本於陸王，但十分注重主敬工夫，「以養敬爲要」（二曲集歷年紀略），試圖兼取程朱、陸王思想。如果説靜坐側重的是主體精神的收攝，那麽主敬則強調在應事接物中保持涵養操存，乃至其靈原本體。二曲所説的「敬」較爲複雜，擬就以下幾個方面加以論述：

其一，敬爲常惺惺法。在宋明理學家中較早揭示「敬」之「惺惺」義的爲謝良佐，認爲：「敬是常惺惺法，心齋是事事放下，其理不同。」[一]朱熹解釋説：「惺惺，乃心不昏昧之謂，只此便是敬。」[二]陳淳北溪字義云：「所謂敬者無他，只是此心常存在這裏，不走作，不散漫，常恁地惺惺，便是敬。」[三]可見，在程朱學者中，常惺惺之法強調的是内心擺脱昏昧；時時警覺、警醒，即「涵養須用敬」義。主體心靈的常惺惺不昧，離不開窮理致知。而王陽明則説：「『不思善不思惡時認本來面目』，此佛氏爲未識本來面目者設此方便。『本來面目』即吾聖門所謂『良知』，……『隨物而格』，是『致知』之功，即佛氏

[一] 謝良佐：上蔡語録卷中，朱子全書外編第三册，上海：華東師範大學出版社，二〇一〇年，第三〇頁。
[二] 朱熹：朱子語類，朱子全書第一四册，上海：上海古籍出版社，合肥：安徽教育出版社，二〇〇二年，第五七三頁。
[三] 陳淳：北溪字義，北京：中華書局，一九八三年，第三五頁。

之『常惺惺』，亦是常存他本來面目耳。」〔二〕王陽明不僅指出惺惺多爲佛教用語，爲「本來面目」義；而且以「良知」釋「本來面目」，以「常惺惺」釋「致良知」，常惺惺即其隨處指點的工夫，顯然迥異於程朱學者。

在二曲言論中，以「惺惺」論敬是十分普遍的。二曲說：「能敬則心常惺惺，自無不在」（四書反身録大學），「敬則中恆惺惺，即此便是心存」（四書反身録孟子下），「（主帥）即各人心中之一念惺惺者是也。此之謂一身之主，再無與偶，故名曰『獨』。『慎之』者，藉巡警以衛此主也。然主若不明，雖欲慎，誰爲慎？吾故曰：『慎獨、獨慎之義明，而後慎可得而言』者，此也。」（二曲集南行述）上述言論中，二曲將惺惺視爲慎獨之法。何謂「獨」？二曲明確說：「『獨』則無對，即各人一念之靈明是也。天之所以與我者，與之以此也。此爲仁義之根，萬善之源。」（四書反身録中庸）「獨」爲靈明本體，惺惺之敬則爲體悟本體之工夫，顯然二曲此處論敬、論惺惺更多的是吸收了陽明心學。

其二，居敬爲戰兢自持。「居敬窮理」爲朱子所宣導，認爲「學者工夫，唯在居敬、窮理二事。此二事互相發。能窮理，則居敬工夫日益進；能居敬，則窮理工夫日益密」〔三〕，將「居敬」視爲涵養工夫，其目的在於「窮理」，辨析理欲。二曲在居敬時，積極吸取了涵養收攝之義。他說：「『居敬』，則終日戰兢自持，小心嚴翼，湛然純一，惺惺不昧，清明在躬，氣志如神。」（四書反身録論語上）二曲以戰兢自持爲主敬，實爲主體內心提撕省察修養工夫，慎獨、涉世、經世等雖遇事不同，但無不需要內心提撕，這又表明二曲此處論敬具有程朱學說的痕跡。

其三，敬爲聖賢心傳，徹上徹下功夫。關於以「徹上徹下」描述敬，在宋明理學家思想并不鮮見。諸如程顥說：「『居

〔二〕王守仁：王陽明全集，上海：上海古籍出版社，一九九二年，第六七頁。
〔三〕朱熹：朱子語類，朱子全書第一四册，上海：上海古籍出版社，合肥：安徽教育出版社，二〇〇二年，第三〇一頁。

處恭，執事敬，與人忠』，此是徹上徹下語，聖人元無二語。」〔二〕朱子亦云：「敬已是包得小學。敬是徹上徹下工夫。」〔三〕在朱子處，徹上徹下工夫，即「於事事物物上窮理」。王陽明雖以「四句教」爲徹上徹下工夫，但無不提倡「在事上磨練」，「離事事物物爲學，卻是著空」，也蘊含著徹上徹下之義。二曲則說：「用功莫先於主敬。敬之一字，徹上徹下功夫，千聖心傳，總不外此，須實下苦功。如人履危橋，惟恐墮落，不敢稍懈怠」（二曲集傳心録），「成始成終，不外一敬。敬之一字，是聖賢徹上徹下的工夫，自灑掃應對，以至察物明倫，經天緯地，總只在此。是絕大功業，出於絕小一心」（二曲集兩庠彙語）。二曲將敬視爲聖賢心傳，作爲儒家一以貫之的修養工夫看待，這種工夫不僅融於窮理盡性的成聖成賢、察物明倫、經天緯地的「上達」之教中，也呈現於灑掃應對、整頓威儀的「下學」之道中。可見，作爲注重生命踐履的思想家，二曲反對「高談性命，卑視矩矱，樂舒放而憚檢束」（四書反身録論語下），以「徹上徹下」論敬則承繼了宋明理學家注重「事事物物上窮理」「事上磨練」的即事言工夫的理論，強調從日用常行的淺近之處，從視聽言動之處謹言慎行，涵養德性。

其四，敬則內外澄徹。靖江語要載：「問：『如何操存，方克臻此？』先生曰：『只是要敬，敬則內外澄徹，自無物欲之累，高明廣大之域，自不難致。』曰：『如斯而已乎？』先生曰：『學者胸中能有此景況，不發則已，發則自無不善。遇親自能孝，遇兄自能弟，當惻隱時自惻隱，當羞惡時自羞惡，當辭讓時自辭讓，當是非時自知是非，溥博淵泉而時出之，經綸酬酢變通，夫焉有所倚！』」二曲以「敬則內外澄徹，自無物欲之累，高明廣大之域，自不難致」答復如何「操存」之問，並進行了景況描述，認爲「發則自無不善」，孝弟、惻隱、羞惡、辭讓、是非等皆由敬所致。實際上，此處論合內外之「敬」與王陽明「良知」說有相通之處。王陽明認爲「知是心之本體，心自然會知」，從心體的起用上說，良知知善知惡。而二曲此處所論之敬已不再限於主體的涵養工夫，而是承體起用。「敬」之內外澄徹乃爲靈原本體的呈露，其下貫於日用常行中必然

〔二〕程顥、程頤：二程集，北京：中華書局，二〇〇四年，第一三頁。

〔三〕朱熹：朱子語類，朱子全書第一四冊，上海：上海古籍出版社，合肥：安徽教育出版社，二〇〇二年，第一二六頁。

是呈現合乎道德規範之用。

從總體上看，二曲論主敬的工夫兼取了程朱、陸王學說，但是程朱的下學工夫相對於陽明心學更容易入手。作爲注重生命踐履的思想家，二曲對程朱主敬説必然進行更多的吸收和轉化。然而，這種吸收和轉化並非是十分成功的，畢竟程朱、陸王的工夫論有各自的理論基礎和指向，二曲所能做到的不過是在積極地調合，諸如其云「無聲無臭，本體之約也；『敬』之一字，聖學所以成始而成終，此工夫之約也」（四書反身録孟子下）。可見，與其説二曲爲調合程朱、陸王思想而不惜割裂程朱、陸王，不如説從其内心深處即認爲程朱的主敬工夫不僅不會破壞陸王的本體，相反可以拯救陸王之學因過度詮釋本體而帶來的流弊。

三、明體適用：二曲的全儒之學

在「悔過自新説」提出之後，二曲闡發了另一個重要的思想——「明體適用」。明體適用見之於二曲所作的盩厔答問：「儒者之學，明體適用之學也。」大致而言，二曲之所以有此論，乃著眼於兩個方面而言：一方面是基於儒學本身的特點。與佛、道相比較儒學具有强烈的入世性質，是現世的學問，以「經世致用」爲其重要的内容，所以二曲説：「吾儒之教，原以『經世』爲宗。」（二曲集盩厔答問）另一方面，如果從「明體適用」學説的發展歷史看，早在北宋胡瑗處就標榜「明體達用之學」，到了明代舒芬、吕坤、劉宗周等儒家學者，又進一步提出並論證了「明體適用」思想。至二曲直截了當地説「儒者之學，明體適用之學也」是有其思想淵源可尋的。

何謂「明體適用」？二曲説：「窮理致知，反之於内，則識心悟性，實修實證；達之於外，則開物成務，康濟羣生。夫是之謂『明體適用』。」（二曲集盩厔答問）在二曲看來，明體適用乃是儒家學説的特色，其内容包括「反之於内」的「識心悟性，實修實證」與「達之於外」的「開物成務，康濟羣生」兩個方面。再聯繫二曲所説的「明道存心以爲體，經世宰物以爲用」（二曲集答顧寧人先生）可以看出，二曲所説的「體」乃是「明道存心」，「用」則是「經世宰物」。「識心悟性，實修實證」

是「明體」，「開物成務，康濟羣生」爲「適用」。換句話說，體證超越的靈原本體、修心養性是「明體」，爲儒家的「內聖」工夫；本體的現實呈現，經世宰物則爲「適用」，即儒家的「外王」實踐。顯然，二曲明體適用說採用的是儒家傳統的「體用」思維模式，表達的是儒家內聖外王的理想追求。

在宋明儒學中「體用」作爲一種哲學範疇，常常被以不同的方式論及，不僅討論體用之別，更討論體用不離、體用一源的現象。二曲對體用關係的討論也不例外。在二曲論述「明體適用」的言論中，最典型處在其對大學中三綱（明明德、親民、止於至善）、八目（格物、致知、誠意、正心、修身、齊家、治國、平天下）的分析。從總體上看，大學中三綱、八目強調的是「修己以安百姓」，修己乃治人的前提，修己的目的是爲了齊家、治國、平天下，將儒家思想中的道德論與政治論結合起來，熔內聖與外王、天德與王道於一爐。據四書反身録大學記載：「問體用？曰：『明德』是體，『明明德』是明體；『親民』是用，『明明德於天下』，『作新民』，是適用。格、致、誠、正、修，乃明之之實；齊、治、均平乃新之實。純乎天理而弗雜，方是止於至善。」在二曲這段分析中，從體用有別看，二曲將何爲體，何爲用一一標舉出來：「明德」爲體，「明明德」爲明體，格、致、誠、正、修則爲「明」的工夫；「親民」爲用，「新民」爲適用，齊、治、均平乃爲「新」的工夫。然而，當明明德（明體）於天下而成就新民則是「適用」，「體」中便有了「用」，「用」中也又有「體」，體用則爲一源。再如二曲說：「明德即心，心本至靈，不昧其靈，便是『明明德』。心本與萬物爲一體，不自分彼此，便是『親民』。」（四書反身録大學）至靈本心即爲靈原本體，本體呈現於萬物，即爲「親民」，也是在闡述體用不離之義。

也正是基於對儒家傳統思想中體用關係的深刻理解，二曲在闡述「明體適用」時，強調有體有用的「體用全學」。他說：「明道存心以爲體，經世宰物以爲用，則『體』爲眞體，『用』爲眞用。……苟內不足以明道存心，外不足以經世宰物，則『體』爲虛體，『用』爲無用。」（二曲集答顧寧人先生）「道德而不見之經濟，則有體無用，迂闊而遠於事情；經濟而不本於道德，則有用無體，苟且而雜乎功利：各居一偏，終非全儒。」（四書反身録論語上）二曲認爲，明道存心之道德與經世宰物之經濟二者對於人來說，均是日用所需，一日不可無。換言之，前者之體與後者之用，相得益彰，便是眞體眞用；而一味關注道德而忽略經濟則是「有體無用」，或一味關注經濟而忽略道德則是「有用無體」，各淪爲一偏，非全儒所爲。可見，二曲認爲的全儒、眞儒當具備「明體適用」「全體大用」的修爲與實踐。換句話説，道德修養與經世致用的實踐應當具有一致性，內聖與外王應當融爲一體。因此，二曲在闡述「明體適用」時堅持體用不離，反對各居一偏的情況，甚至認爲：「明體適用，乃人生性分之所不容已，學焉而昧乎此，卽失其所以爲人矣！明體而不適於用，便是腐儒；適用而不本明體，便是霸儒；既不明體，又不適用，徒滅裂於口耳伎倆之末，便是異端。」（二曲集盩厔答問）

在闡述體與用（明體與適用）時，二曲又並非是將二者置於同等的高度，而是認爲「大本立而道行，以之經世宰物，猶水之有源，千流萬脈，自時出而無窮」（二曲集富平答問附授受紀要），強調「體」的優先性，強調明體。「學問要識本體，然後好做工夫。」（四書反身録論語下）只有「先立乎其大」，實證實修，才能有效地推動經世宰物的適用實踐，並使之永獲精神支撐，常駐生命力，自強不息。此外，爲了避免在因「人多事事而不事心，好奇而不好平」、功名利禄等迷失了方向，二曲認爲，在適用實踐中要「返本返源」，提撕自己，體證靈原本體，所以他説：「若事功節義，一一出之至性，率自平常，而胸中絕無事功節義之見，方是眞事功、眞節義、眞中庸。」（四書反身録中庸）所謂的眞事功、眞節義是本體在實踐中的呈現，而不是受制於心智與欲望。

值得注意的是，二曲爲門人張珥所開列的「明體適用」書目，充分展現其「明體適用」思想。首先，就「明體」類書而言，二曲分爲兩類：「明體中之明體」書與「明體中之工夫」書。「明體中之明體」書爲象山集、陽明集、龍溪集、近溪集、慈湖集、白沙集。此類書主要爲陸王學派著作。「明體中之工夫」類書爲朱子語類大全、吳康齋集、薛瑄讀書録、胡敬齋集、羅欽順困知記、呂涇野語録、馮少墟集。此類書主要爲程朱學派著作。再就書籍內容看，「明體中之明體」，強調的是閱讀該類書籍可以洞契本體，乃是「上達」之學。諸如，他認爲陸象山教人「一洗支離錮蔽之陋，在儒中最爲儆切，令人於言下爽暢醒豁，有以自得」（二曲集靖江語要），王陽明則針對陸象山於「本體猶引而不發」的現象，「始拈『致良知』三字，以洩千載不傳之祕。一言之下，令人洞徹本面，愚夫愚婦，咸可循之以入道，此萬世功也」（二曲集體用全學），陳獻章之學則「以自然爲宗，去耳目支離之用，全虛圓不測之神，見之詞翰，從容清眞，可以觀其養矣」（二曲集體用全學），等等。「明體中之工夫」，強調的是道德實踐的內容和指向，爲「下學」之學。諸如，二曲認爲，朱子語類大全「訂偏釐弊，折衷百氏；巨細精粗，無一或遺，集諸儒之大成，爲萬世之宗師。讀其書，味其學，誠格物窮理之權衡也」（二曲集體用全學），吳與弼「資本中庸，用功刻苦，其所著日録，專以戒怒懲忿，消磨氣習爲言，最切於學者日用」（二曲集體用全學），胡居仁「學重躬行，以敬而入；言論篤樸，粹乎無瑕，初學所當服膺也」（二曲集體用全學）。可見，通過「明體中之明體」與「明體中之工夫」，即以本體合工夫，又以工夫達本體，啟迪學者讀書明理要兼顧本體與工夫，不可將二者割裂而失之一偏。故二曲說：「自象山以至慈湖之書，闡明心性，和盤傾出，熟讀之可以洞斯道之源。夫然後日閱程朱諸録，及康齋、敬軒等集，以盡下學之工。收攝保任，由工夫以合本體，由現在以全源頭，下學上達，內外本末，一以貫之，始成實際。」（二曲集體用全學）

其次，就適用書看，「適用」類依次爲大學衍義、衍義補、文獻通考、呂氏實政録、衡門芹、經世石畫、經世挈要、武備志、經世八編、資治通鑑綱目大全、大明會典、歷代名臣奏議、律令、農政全書、水利全書、泰西水法、地理險要等書。這些書籍涉及政治、經濟、法律、軍事、農政、水利、地理等方面。二曲認爲這類書「咸經濟所關，宜一一潛心」（二曲集體用全學），可見其目的在於克服晚明以來的空疏學風，使形上的道德本體能切實地貫注下落於現實事務之中，康濟時艱。

總之，在二曲的「明體適用」思想中，「明體」是基礎，「適用」爲「明體」的呈露，是外化的實踐行爲。通過證悟本體，提撕道德修養，進而自覺有效地承擔治平天下，教化社會的責任。這樣以來，二曲所謂的「體用全學」乃成爲了有「體」有「用」的實學，這也是對儒家內聖外王思想的時代詮釋。

四、以經世爲宗：二曲的眞儒之教

明中期以來，面對國事流弊、學風空疏等現象，一些儒家學者紛紛發掘儒學中重視經世致用的傳統，提倡經世實學。

如王廷相提出「惟實學可以經世」〔一〕，高攀龍主張「學問不貴空談，而貴實行」〔二〕。學貴實用，注重躬行的學術實踐影響到晚明以來的學風。至清初，由於反思明亡教訓，經世學風更爲盛行。如黄宗羲説「儒者之學，經緯天地」〔三〕，王夫之主張「盡廢古今虚妙之説而返之實」〔四〕。

二曲生逢明清易代之際，深刻體察當時政治、經濟、文化上的各種現象，認爲「吾儒之教，原以經世爲宗」（二曲集盩厔答問）。何謂經世？林樂昌認爲經世的内涵包括三個方面：「第一，是制度或政治的層面，包括典章法制的沿革，政治準則的釐定，對國家、社會事務的掌管和治理；還包括對以上諸項的批評或重構等。……這一層面，直接關係著國家和社會的治亂。第二，是物質或經濟的層面，亦即『開物成務』，諸如農工商賈、水利漕運、兵馬錢糧等一應有關國計民生的實際事務都包括在内。這一層面，直接關係著國家的强弱和社會的盛衰。第三，是精神或文化的層面，其重心在於建構、完善和維護社會的精神文化價值系統，以範導和整合『世道人心』，它關係著社會各階層道德水準的高低、精神氣質的優劣、社會風氣的好壞等等。」〔五〕此論詳細揭示儒家的經世觀。二曲經世觀也涵蓋了上述三個方面：

首先，就制度或政治層面的經世看，二曲二十餘歲時，「即以康濟爲心，嘗著帝學宏綱、經筵僭擬、經世蠡測、時務急著諸書，其中天德王道，悲天憫人，凡政體所關，靡不規畫」（二曲集匡時要務序）。雖然二曲後來謝絶世故，焚毁了上述著作，但從名稱看是關於「帝學」「經筵」「時務」類著述，展現了青年二曲對政治的熱情和看法。雖然這些著作因二曲「絶口不道」「雅意林泉，無復世念」而被焚棄，但貫穿於思想深處的濟世情懷卻未有絲毫的消弱，乃至其弟子王心敬在司牧寶鑑

〔一〕王廷相：王廷相集第二冊，北京：中華書局，一九八九年，第四一九頁。

〔二〕高攀龍：高子遺書卷五，無錫文庫本。

〔三〕黄宗羲：南雷詩文集，黄宗羲全集第十冊，杭州：浙江古籍出版社，二〇〇五年，第四三三頁。

〔四〕王敔：大行府君行述，船山全書第一六冊，長沙：嶽麓書社，二〇〇一年，第七三頁。

〔五〕林樂昌：李二曲的經世觀念與講學實踐，中國哲學史二〇〇〇年第一期。

序中說：「蓋先生之心，萬物一體之心；先生之學，萬物一體之學。嘗自言曰：『離人無所爲我，此心一毫不與斯世斯民相關，便非天地之心，便非大人之學，便是自私自利之小人儒，便是異端枯寂無用之學。吾輩須爲天地立心，爲生民立命。窮則闡往聖之絶詣，以正人心；達則開萬世之太平，以澤斯世。豈可自私自利，自隘其襟期。』」二曲正是立足於儒家「萬物一體」「民胞物與」的仁體，闡發出恤民、濟民、利民、教民的牧民仁政。

其次，就物質或經濟層面的經世看，二曲雖然一生隱逸，但他又不斷發表對一些關於農工商賈、水利漕運、兵馬錢糧等有關國計民生的看法。諸如其輯於康熙十八年（己未，一六七九）年的司牧寶鑑一文，該文擇選了眞德秀、呂坤、魏校、呂祖謙、段堅、張需等人爲官時注重民生、造福一方的言行事蹟，突顯儒家教養、教化風俗的仁政措施，但其中也無不蘊含二曲從物質或經濟層面的經世思想。此外，在康熙三十年（辛未，一六九一）關中大旱，饑民流離之時，二曲又分別撰寫了與董郡伯、與董郡伯第二書、柬欽差查荒諸公等書信，積極呼籲當政者救濟災荒，並屢次條陳救荒之策；甚至爲了更好地救荒安民，二曲提出了「厚卹善類，培植人才」的道德教化措施。

再次，就精神或文化層面的經世看，這是二曲最爲看重的經世途徑。在康熙九年之前，二曲尚側重關注制度或政治層面的經世，但是在是年之後，「雅意林泉，無復世念，原稿盡付『祖龍』，絶口不道；惟闡明學術，救正人心是務」（二曲集匡時要務），其經世觀轉向了精神或文化層面。這種轉向與二曲對社會時局的認識有密不可分的關係。二曲說「若夫今日吾人通病，在於昧義命，鮮羞惡，而禮義廉恥之大閑，多蕩而不可問。」（二曲集南行述）「所習惟在詞章，所志惟在於名利。」（二曲集匡時要務）「自教化陵夷，父兄之所督，師友之所導，當事之所鼓舞，子弟之所習尚，舉不越乎詞章名利，此外，茫不知學校爲何設，讀書爲何事。」（二曲集匡時要務）面對世人「昧義命」「鮮羞惡」「習惟於詞章」「志惟在於名利」等「教化陵夷」現象，二曲不僅要重新思考儒家學說的宗旨，而且要深刻思考個人的出處與安身立命問題。作爲有強烈濟世情懷的儒家思想家，二曲認爲：「天下之大根本，莫過於人心；天下之大肯綮，莫過於提醒天下之人心。然欲醒人心，惟在明學術，此在今日爲匡時第一要務。」（二曲集匡時要務）天下治亂的根本原因在於人心的正邪，而人心的正邪又由學術的明暗所決定，所以他又認爲：「今日急務，莫先於講明學術，以提醒天下之人心」（四書反身録論語上），「立人達人，全在講學；移風易俗，全在講學；撥亂返治，全在講學；旋乾轉坤，全在講學。爲上爲德，爲下爲民，莫不由此」（二曲集匡時要務）。二曲將「明學術，醒人心」作爲匡時救蔽的良藥，講學也成爲了踐履明體適用思想，實踐「有體有用」之學的最有力明證。

總之，就上述二曲的思想而言，以其廣度和深度而論，其原創性遠比不上宋明時期的二程、張載、朱熹、王陽明等學者，但是二曲對宋明理學各派學説的得失都進行了較爲深刻的檢討，尤其對陸王、程朱思想進行了總結和改造，在清初思想界產生了重大影響。僅就關學的發展而言，全祖望評價二曲説：「關學自横渠而後，三原、涇野、少墟，累作累替，至先生而復盛……先生起自孤根，上接關學六百年之統。」〔一〕王心敬亦説：「蓋關中道學之傳，自前明馮少墟先生後寥寥絶響，先生起自孤寒，特振宗風。」〔二〕事實上，此類評價與表彰乃是基於二曲在關學發展演變史中的地位和作用。關學最初作爲濂、洛、關、閩四大理學流派之一，由北宋張載開創，但其「再傳何其寥寥」，直到明季王恕、王承裕父子所開創的三原學派纔得以復興，繼後呂柟、馮從吾的崛起，方使關學大振。但是，馮從吾之後，關學的發展又走向低落，至二曲倡道關中，再次復興關學。二曲門人或私淑後學衆多，知名者有鄠縣王心敬，邠州王吉相，同州馬棫士、張珥、李士瑸，郃陽康乃心，富平惠龗嗣，涇州文佩，寶鷄李修，蒲城寧維垣，雒南楊堯階、楊舜階，興平楊屾等。然而能有效傳其學者爲王心敬、王吉相和楊屾，其中又以王心敬、楊屾爲著。在體用觀上，王、楊二人均繼承了二曲思想。王心敬之學以「全體大用，眞知實行」〔三〕爲宗

〔一〕全祖望：二曲先生窆石文，全祖望集彙校集注卷一二，上海：上海古籍出版社，二〇〇〇年，第二三五—二三八頁。
〔二〕王心敬：關學續編，關學編（附續編），北京：中華書局，一九八七年，第八七頁。
〔三〕王心敬：語録二，豐川全集卷二，清康熙五十五年額倫特刻本。

旨，即把心性論方面的道德本體與修養論方面的「工夫」（眞知實行）有機地結合在一起。楊屾之學亦有「二命」之説，以「天德」爲「大本之命」，以「王道」爲「助修之命」，即體達用。然而，「二曲學派」二代之後，雖有王心敬門人韓城強嶽立及其強氏門人澄城張秉直、楊屾門人長安鄭世鐸、臨潼齊倬等人名聞於世，但缺乏有力傳播二曲之學者。隨著顏李學派、朱子學在關中的迅速傳播，不僅一些二曲後學「皆以顏先生之學爲然」〔一〕，也有諸多關中學者改崇程朱之學；但是，二曲及其學派注重兼取諸家與經世實踐的特徵卻被後代學者所延續，進一步推動了關學在清代的轉型和發展，擴大了關學在全國的影響。

張波

二〇一三年九月

〔一〕李塨：與王崑繩書，恕谷後集卷五，清雍正刻後增修本。

編校說明

現存李顒的著述主要包括二曲集、四書反身録、垩室録感、盩厔三義傳、司牧寶鑑等。從總體上看，現存上述著作在內容與卷次編排上存在一些差別，諸如不同刊刻本四書反身録存在前後部分文字置換、分卷不同的情況；不同刊刻本二曲集不僅內容編排順序有所不同，而且在其收録原單獨梓行的垩室録感、盩厔三義傳、司牧寶鑑、歷年紀略、潛確録時也存在編排不同、收録不一的情況。因此，在整理時，盡量遵循原刻體例，按原刻各自爲帙的情況逐次編排。以下擬就李顒著述及其相關著述的刊刻、流傳及本次整理情況簡述之：

二曲集爲李顒最重要的著述之一，由其門人王心敬編次。據王心敬序「辛未秋，今司寇富沙鄭公、學憲昆陵高公慨然以興起絶學爲己任，捐俸合刻，而諸同人亦相與量佐，共襄盛舉。工始於辛未仲冬，竣於癸酉季秋」知，是集於康熙三十年（辛未，一六九一）秋，由司寇鄭重及陝西學憲高嵩佀捐俸刊刻，工始於是年仲冬，竣工於康熙三十二年（癸酉，一六九三），這即二曲集的原刻本。該本爲李顒生前所見，極有可能經其刪定。清康熙四十四年（乙酉，一七〇五）年，也是李顒去世之年，坊間又出現其他刊刻本，從內容看乃是不同程度地補充原刻本，最典型者爲增入了康熙四十四年李彥瑯序文一篇。該本（簡稱鄭重、高爾公刻後印本），除增入李序外，其餘內容與編排順序與原刻本一致，仍總爲二十六卷。[二] 李彥瑯與李顒交往甚密，據王心敬記載「二曲先生存時，歲中必一過盩厔相與商訂」。[三] 李序云：「癸未冬，天子西巡，詢先生動定，諭令

[二] 四庫全書存目叢書收録該本時記爲「私藏清康熙三十二年鄭重、高爾公刻本」，續修四庫全書收録時則記爲「清康熙三十三年高爾公刻後印本」。

[三] 王心敬：三原李重五先生墓誌銘，豐川全集續編卷二十二，清康熙五十五年額倫特刻本。

兩臺徵詣行在，欲有咨詢。先生堅以疾辭，大中丞鄂公遂以反身録、二曲集進。」可見，康熙四十二年（癸未，一七〇三），康熙西巡時二曲集得到進呈，故可以推測，鄭重、高爾公刻後印本實爲呈送康熙的原刻本，只不過在進呈後刊印時增附了李序，其內容、卷數、編次均和原刻本一致。〔一〕前十五卷依次爲悔過自新說、學髓、兩庠彙語、靖江語要、錫山語要、傳心録、體用全學、讀書次第、東行述、南行述、東林書院會語附應求録、匡時要務、關中書院會約、盩厔答問、富平答問附授受紀要，爲二曲講學教授之文章與言行録，或爲二曲自撰，或爲其弟子輯録；第十六卷至二十一卷爲二曲所著書信、題跋、墓誌、行略、墓碣、贊等，均爲二曲自撰；第二十二卷爲觀感録，亦爲二曲自撰；第二十三卷以下爲襄城記異、義林記、李氏家乘、賢母祠記，乃爲他人所撰。另外，陳俊民先生云：「康熙四十四年……盩厔縣程正堂重刊此本時，在二十六卷之後增入了李顒康熙十七年、二十二年所輯撰的司牧寶鑑和堊室録感，還在集末增加了由門人惠龗嗣等人所編撰的歷年紀略和潛確録。」（見陳氏點校二曲集前言。按：據乾隆盩厔縣志，康熙四十四年縣正堂爲趙士灼）該刊本增入了司牧寶鑑、堊室録感、歷年紀略、潛確録。

鄭重、高爾公刻後印本流傳較廣，在常州、皋蘭、永寧、璧山等地出現多種翻刻本，均爲二十六卷。諸如女史完顔惲珠在常州翻刻本的基礎上進行校整，於清道光八年（戊子，一八二八）重梓刊刻。該本題爲李二曲先生全集（簡稱長白完顔本）。嘉慶元年（丙辰，一七九六）皋蘭楊春和始謀刻二曲集，因資斧拮据，川匪擾攘，一度中斷，直至嘉慶十五年（庚午，一八一〇）方竣工（簡稱皋蘭楊氏本）。咸豐間張晉齋、楊敬修又據皋蘭楊氏本重刻於璧山。同治五年（丙寅，一八六六）由山陰趙必達倡刻，隴右牛樹梅在永寧、璧山兩處刻本的基礎上重梓，並增補了歷年紀略、司牧寶鑑、堊室録感、盩厔三義傳、潛確録（簡稱隴右牛氏本）。其編排順序則將歷年紀略別置於卷首，襄城記異與義林記合爲一卷，盩厔三義傳附於各傳之後。此外，坊間其他二曲集尚有嘉慶十五年（庚午，一八一〇）蘭山書院本、光緒二年（丙子，一八七六）龍雲齋本、光緒九

〔一〕四庫全書總目著録二曲集時云「二十二卷」，但據其內容介紹則爲二十六卷。

年（癸未，一八八三）新鄭劉大來重刻本、光緒十七年（辛卯，一八九一）鬱文堂刻本、民國五年（丙辰，一九一六）盩厔縣署刊印本、民國八年（己未，一九一九）上海文瑞樓石印本、湘陰蔣氏小瑯嬛山舘重校刊本、上海掃葉山房石印本等多種。值得注意的是，新鄭劉氏重刻本在內容編排上將悔過自新說、學髓、兩庠彙語、靖江語要、錫山語要、傳心録、讀書次第、體用全學、關中書院會約、盩厔答問、富平答問附授受紀要，東林會語附應求録、匡時要務、司牧寶鑑、觀感録，書、傳附三義傳、贊誌、雜著、堊室録感作爲正編列於全書的前半部分，而東行述、南行述、襄城記異、李氏家乘、序録則作爲外編置於後，雜著中又附補刻四篇。上海文瑞樓石印本在湘陰蔣氏小瑯嬛山舘重校刊本（二十六卷）的基礎上增入了堊室録感、司牧寶鑑，爲二十八卷。

四書反身録亦由王心敬輯録。康熙二十五年由陝西學使許孫荃首次刊刻，其後屢屢被增補重印或翻刻。諸如，現存最早的康熙二十五年思硯齋刻本在流傳中增入了康熙二十七年（戊辰，一六八八）康乃心序與康熙三十一年（壬申，一六九二）三原李彦瑁序各一篇；康熙三十一年，肇慶知府三原李彦瑁重刻該書於肇慶；嘉慶二十二年（丁丑，一八一七）江蘇督學使蕭山湯金釗重刻於吳中；道光十一年（辛卯，一八三一）廣信府知府三韓銘悳在肇慶本、吳中本的基礎上集信江書院諸生校讐，又刻於江西（簡稱三韓銘悳本）。此外尚有湖南巡撫錢寶琛刻本、武定李鍾麟潮州刻本，璧山高春山、張晉齋璧山刻本，戴瑤等人什邡刻本，隴右牛樹梅利用刻二曲集餘資刻本，高陽王世濟刻本，陽湖呂耀緯刻本、臯蘭楊春和重刻本、京都官書局石印本、湘陰蔣氏重校刊本、求寡過齋刻本、上海掃葉山房石印本等。

值得注意的是，清光緒三年（丁丑，一八七七）石泉彭懋謙將二曲集、四書反身録合集重刊，題爲關中李二曲先生全集（簡稱石泉彭氏本）。該書前二十六卷編排與鄭重、高爾公刻後印本、長白完顏本等無異，二十七卷爲堊室録感，二十八卷爲司牧寶鑑，二十九卷至四十四卷則爲四書反身録（即將原八卷，包括續補的四書反身録析爲十六卷），四十五卷爲歷年紀略，四十六卷爲潛確録。至此，形成了四十六卷本二曲集。其後又有多種刊本沿用此編排，典型者爲民國十九年（庚午，一九三〇）靜海聞承烈鉛印本（簡稱靜海聞氏本）。然而，石泉彭氏本、靜海聞氏本等所收録的四書反身録不僅在卷次標註上異於較早的思硯齋刻本、三韓銘𢡟本等刻本，甚至在内容上有脱漏和前後顛倒的現象。

本次整理二曲集，以鄭重、高爾公刻後印本爲底本，該本與原刻本内容、編排順序一致，僅增入李彦瑀序一篇，爲現存最早刻本。以長白完顔本、石泉彭氏本、靜海聞氏本二曲集爲主要校本。四書反身録則以增補康乃心序與李彦瑁序的康熙二十五年思硯齋刻本爲底本，以三韓銘𢡟本、石泉彭氏本與靜海聞氏本二曲集中的四書反身録爲校本。

堊室録感爲二曲自録所感之文。初由時任岐山縣令的茹儀鳳刻於康熙二十一年（壬戌，一六八二），康熙二十二年（癸亥，一六八三）書已刻成，梓行礪俗。道光二年（壬午，一八二二）吴縣徐學巽重刻於吴中，同治八年（己巳，一八六九）吴中學者又集資重刻徐本（即現存毋自欺齋本，簡稱吴中重刻本），光緒元年（乙亥，一八七五）三原劉質慧又據吴中重刻本重刻（即現存述荆堂本，簡稱三原劉氏本）。此外，堊室録感還有同治六年（丁丑，一八六七）悔廬居士本、光緒二年（丙子，一八七六）刻本、清麓丛书本、民國二年（癸丑，一九一三）朱啟濂、朱啟瀾刊本、民國七年（戊午，一九一八）李氏三種本、民国十二年（癸亥，一九二三）鉛印本等；亦被收録於石泉彭氏本、靜海聞氏本、上海文瑞樓石印本等各種版本的二曲集（或關中李二曲先生全集）中及光緒十八年（壬辰，一八九二）馬忠信堂本二曲先生摘要中。茹儀鳳、徐學巽原刻本或久已佚失。石泉彭氏本二曲集中的堊室録感僅録有二曲弟子王吉相撰於康熙二十二年之序，故其刻録時所據版本當爲較早刻本。因此，本次整理以石泉彭氏本二曲集中的堊室録感爲底本，以吴中重刻本、靜海聞氏本二曲集中的堊室録感爲校本。

盩厔三義傳爲二曲自撰，收録王心敬識言一篇及餓死全節婦侯氏傳、難兄傳、孝婦傳三篇文章。盩厔三義傳不爲鄭重、高爾公刻後印本、長白完顔本、石泉彭氏、靜海聞氏等諸多刊刻本二曲集或二曲先生全集所收録，故推測最初以單行本行世。整理時以陝西師範大學圖書館藏康熙二十二年後刻本堊室録感複印本所附盩厔三義傳爲底本、以隴右牛氏本、盩厔縣署本二曲集中的三義傳爲校本。

司牧寶鑑爲二曲輯於康熙十七年。康熙三十二年（癸酉，一六九三）王心敬曾録爲二册，並作序。康熙三十六年春，無錫倪雝梧摄盩厔邑篆時謁訪二曲，在獲贈此書後，序而梓行。爲現存二曲遺書本、光緒元年湖南荷池書局本、光緒三年石泉彭氏本、靜海聞氏本、隴右牛氏本、上海文瑞樓石印本等二曲集所收録。此外，道光二十九年宜黄黄秩模又重校刊刻（簡稱宜黄黄氏本），現收入於遜敏堂叢書。整理時以石泉彭氏本二曲集中的司牧寶鑑爲底本，以宜黄黄氏本、靜海聞氏本爲校本。

關中李二曲先生履歷紀略，由二曲富平門人惠龗嗣摭次，記録了二曲康熙二十八年前事蹟。最早由時任盩厔縣令的程奇略捐刻，題署爲關中李二曲先生履歷紀略，而是書内容則稱作歷年紀略。雖然書中惠龗嗣序與馬棫士跋均未記年月，但據是書記載二曲事蹟截止於康熙二十八年（己巳，一六八九），且馬跋云「郃州王太史一見如獲拱璧……擬授之梓。會疾病作，弗果。頃盩厔程令君得之亟捐俸梓行」。王吉相卒於康熙二十八年八月（見詳請王天如太史入祀鄉賢事實八條），程奇略約在康熙二十四年至三十二年間知盩厔（見乾隆盩厔縣志），故可推測是書在康熙二十八年王吉相去世後不久刊刻。[一]本次整理以程氏刻本關中李二曲先生履歷紀略爲底本，以石泉彭氏本、靜海聞氏本二曲集中歷年紀略爲校本。

潛確録爲惠龗嗣編録，記録了康熙四十二年，康熙西巡欲召見二曲及二曲臥病謝拒應召之事。整理時以石泉彭氏本二曲集中潛確録爲底本，以隴右牛氏本、靜海聞氏本二曲集中的潛確録爲校本。

除了上述内容外，本次整理本着「片善不遺」的原則，輯有二曲著述補編，收録不見於底本或校本的二曲詩、歌、文共十篇及其他輯文四十九則，置於潛確録後；並附録序跋提要、祭文、墓表、窆石文及傳記資料選編等，盡可能地爲李顒研究提供有价值的参考資料。

[一] 該書題署爲「盩厔縣正堂程捐俸梓行」，據乾隆盩厔縣志記載，在康熙期間盩厔縣程姓知縣僅程奇略一人，且任職時間始於康熙二十四年，至三十二年改爲蔡毓藍，故推測是時盩厔縣正堂程當爲程奇略。

在整理過程中，凡底本刊誤、校本爲正的，依校本改正並出校； 凡底本爲正，校本爲誤的，一般亦出校，以便讀者識鑑； 凡明顯俗字、古體字、後世避諱字，均逕行改正。

一九九六年，中華書局曾出版了陳俊民先生點校的二曲集，該書的點校整理頗見功力，其華路藍縷之功不可磨滅，對本次整理起到了重要幫助，特致以感謝！ 感謝馬平編審、劉學智教授、林樂昌教授、黄偉敏先生、姚軍博士、劉林魁博士、胡明麗女士、姚愛君女士、張永紅先生、高嵩先生、陳張林博士、李剛先生、覃安兵同學等在本書整理過程中給予的大力支持和熱情幫助； 感謝愛人紅艷犧牲自己許多寶貴的科研時間，多年來承擔大部分家務和幫助處理各類瑣事，爲本書的順利完稿提供了時間保障。

限於學識，在整理中缺點和錯誤當在所多有，敬請讀者批評指正。

目録

二曲集

卷十九……二一四

題跋

雜著

卷二十

卷二十一

垩室録感

盩厔三義傳

司牧寶鑑

四書反身録

關中李二曲先生履歷紀略

潛確録

二曲著述補編

附録

附録一……五八九

序跋提要

附録四……

二曲集

序

鄭重

儒者之學，所以順陰陽，明教化。凡天地終始之端、仁義道德之理、死生性命之分、成敗理亂之經，莫不修之於身而措之於事。及其被於物而薰陶[一]長育以成就之也，如江海之浸、膏澤[二]之潤，渙然怡然，相率於不自知。蓋以學術而正人心，其重且大如此。

盩厔李先生以理學倡關中，以躬行實踐爲先務，自人倫日用、語默動靜，無一不軌於聖賢中正之説，而尤以「悔過自新」一語，爲學者入德之門，建瓴挈綱，發矇起瞶。學者或親受業於先生，或聞先生之緒餘而私淑嚮往者，幾遍天下也。

予嘗考有宋諸儒，及元明以來相承之次第，爲學之本末、立説[三]之同異，蓋三致意焉，而先生亦論[四]之詳矣。謹之於視聽言動，由之於學問思辨，博文約禮，下學上達，循序以致精者，考亭之學也。先之以立大本，繼之以求放心，曰「易簡」，曰「覺悟」，其後「良知」之繼興，使人靜時常覺，動時常定，澄瑩本體，以去其逐物之流者，則自金谿以至姚江之學也。顧其詆訶齟齬，則以著意精微爲陸沉，以留心傳註爲榛塞，訓詁支離，考辨玩物，重爲朱門遺議；而攻象山、陽明之短者，以其守虛無之説、昧天理之眞，詆訾聖賢，捐棄經典，甚至大乘上根、聖胎聖果，直筆於書，是口談東魯，而手援西竺，此流分派別之所以異也。然朱子之學，先之以「窮理」，要之以「居敬」，歸之以「主一」。淳熙中，還自浙東，見士習馳騖於外，每語學者以

[一]「薰陶」，石泉彭氏本、靜海聞氏本作「栽培」。
[二]「澤」，石泉彭氏本、靜海聞氏本作「脂」。
[三]「立説」，石泉彭氏本、靜海聞氏本作「文章」。
[四]「論」，石泉彭氏本、靜海聞氏本作「言」。

孟子「道性善」及「求放心」兩章，務收斂凝定。又與何叔京書，以爲靜中須體認大本，未發時氣象分明，此龜山門下相傳指訣。深悔當時方好章句訓詁之習，無一的實見處，則亦未嘗不合於象山之説。而觀象山文集所載，又未嘗不教其徒讀書；其亟所稱述以誨人者，曰「居處恭，執事敬，與人忠」，曰「克己復禮」，曰「萬物皆備於我，反身而誠，樂莫大焉」。陽明之在螺川，與諸生談論，謂：「吾儕以困勉之資，而悠悠蕩蕩，坐享生知安行之成功，豈不誤己？」又曰：「良知之妙，眞是周流六虛，變動不居。若假以文過飾非，爲害至大。」此時亦似隱隱已知流弊，而漸還轅於新安矣。此歧塗合轍之所以同也。今先生會萃羣儒之説而折衷之，以[一]獨見其大要，以尊德性爲本體，以道問學爲工夫，兼盡姚江、考亭之旨。先生之言曰：「末流多玩，實致者鮮，往往捨下學而希上達，失之恍惚虛寂，故須救之以考亭。而世之闢姚江，至諱言上達，惟以見聞淵博、辨訂精密，爲學問之極；有稍知向裏者，又衹以克伐怨欲不行爲究竟，大本大原，類多茫然，亦非所以善學考亭也。」觀此，則可以知先生修己立教之大凡矣。

曩者毘陵守駱公敦請先生講學江左時，予令驥沙，得晨夕奉教，深與定交。別後，先生德愈邵，道益尊，爲當宁所重，屢徵不起，惟孜孜以闡明學術、救正人心爲至急。歲辛未，高子嵩佀視學秦關，究心理學，因式廬而請見焉。適先生及門高第弟子王爾緝心敬彙先生散稿成集，遂捐俸付剞劂，癸酉冬刊成，屬[二]予序其簡端。程子曰：「聖人之學不傳，則無眞儒；無眞儒，則天下貿貿焉莫知所之矣。」世有先生，學者考道問業，因以上追關、閩、濂、洛之遺緒，其有功於人心學術者，顧不大歟？因書此以質之先生。

康熙甲戌之孟春，閩中鄭重拜題

[一] 「以」，石泉彭氏本、靜海聞氏本作「竟」。
[二] 「屬」，原本脱，據石泉彭氏本、靜海聞氏本補。

附

司寇鄭公書

驥沙講學之年，早親絳帳；秦國持衡之日，希晤芝眉。私計生平所服膺者，惟我徵君先生之理學德業，迄今猶令人仰企山斗也。向以承乏鄉貳，夙夜在公，遙望二曲之間，愧莫能馳候左右，常耿耿爾。敝門人高子居恆仰慕道範，每以無由親炙爲憾；近幸視學關隴，禮謁講壇，擬捐清俸，求著述鴻篇，登諸梨棗，果肯出其緒餘以傳世否？兹值敝門人惠生以登第錦旋，特附小函，奉訊道履。知惠生夙奉榘訓，久列門牆，計其將來有需次民社之責，還祈高明所見，豫示以修己治人、化民成俗之方，俾行其所學，有以仰報君父者，卽因以不負師傳，是所厚望也。新任富平令君蔣諱陳錫雅慕道範，幸進而教之，諸不盡佈。

又

恭讀二曲集，知老先生力學彌篤，著述彌勤，洵當代之眞儒也。每思濂、洛、關、閩之後，相距數百年，求其留心道脈，繼往開來，不啻晨星落落。今西望而有李二曲，南望而有王姚江，竊爲斯文之幸。敬擬一序，文未雅馴，而獲附於大集以並傳，實與有榮焉。特託高子耑函馳候，不盡依切。

學憲高公書

恭惟老先生海內眞儒，關中正脈，道惟實踐。折衷朱陸樞機，學有淵源；炳烺呂馮薪火，彌縫絶業。不習太平十二策之文，汜獲〔一〕高風；止結金華四先生之隱，鳳翔千仞。卓爾不羣，詔避三峰，灑然無累，誠士林之矜式，而學圃所儀型者矣。

憶自道杖南來，曾聆提倡於皋比座下，未得摳衣請益，私心竊以爲憾。嗣値還山高臥，道德彌尊，趨嚮徒勤，未由親炙，猥以黯識，謬任衡文。雖密邇通德名賢，擬附式閭之義，俾得聞所未聞，藥其固陋，祇緣鹿鹿星軺，尚稽造謁，有違大君子之教。望風企仰，時切怦怦，而瓣香攸屬，不能自外也。頃出春明，時往别，敝老師鄭少司寇拳拳以名山著述爲念，命措百金，仰佐剞劂。玆先具四十金，耑役馳到，餘容續致外；又鄭夫子寄贈四十金，一併賫奉。素稔老先生一介辭受，於義必嚴；但從嘉惠後學起見，存此纖屑，得襄盛舉。雖不敢謂仁者之粟，實出薄俸所分，非世俗應酬可比，萬希勿卻，頒發工人，得副鄭夫子千里敦勸之意，則爾公竊叨有榮施矣。伏惟台茹，臨啟曷勝翹瞻。

〔一〕「汜獲」，石泉彭氏本、靜海聞氏本作「矩矱」。

二曲集序

范鄗鼎

二曲李先生所著諸書，予最嗜愛如四書反身録，亦既僭爲之序矣。近關中諸同人謀刻先生平日著述，總顔之曰二曲集，予得而卒業。竊窺先生之學，全在躬行；其躬行之實，在安貧改過。或曰：呂文簡語録二十七卷、馮恭定全書二十四卷，諄諄於安貧改過之間，關中士大夫，夫人而能言之矣！予謂先生之安貧改過，蓋非託之空言，實有見諸行事之深切著明者。明崇禎壬午，太翁勤王事，以討賊歿於中州之襄城。先生尚幼，日夜泣血，太夫人在堂，不可遠訪遺骸。太夫人歿，服闋。康熙庚戌，步詣襄城，虔禱城隍，招魂抱主歸。至誠感神，羣鬼夜哭，闔邑共聞，詳邑宰張公記中。太夫人之生也，督學杜公旌節；歿也，督學鍾公表墓，閫司張公修塋，總臺鄂公建祠，將臺馮公、撫臺巴公、道臺郎公等致祭，郡守董公等增廡建坊。先生顯親揚名，亦可告無罪於二人矣！乃先生終不自安，每謂魂歸齒葬，不如瘞玉之爲愈也；節旌名傳，不如資養之無闕也。從此食不甘，衣不華，獨居堊室，自號「罪人」，覺終身在過中，終身在欲改未改之中，視僅僅較一言一行之偶誤而圖維日新者，其深淺何如也？或曰：布衣韋帶之士，夙限於時而不得不貧；垂紳戴縱之儒，偶失其勢而不能不貧。先生布衣，其貧也宜。予謂先生可以貧，可以不貧。可以貧而貧，人能之；可以不貧而貧，人不能也。

自癸丑督撫以地方隱逸薦，奉旨促之起，屢辭以疾。戊午，當路又以「海内眞儒」薦，徵書如雷，終以疾辭。辭不允，絕飲食者五晝夜，遂圖自盡。觀顧寧人諱炎武日知録載贈先生詩有曰：「從容懷白刃，決絕卻華輈。」然則先生之貧、先生之學之力之擔爲之也。使先生之學之力之擔不至此，則其貧未必至此。或曰：此番舉動，固非石隱者流，當與吳康齋並傳。予又聞王心齋之答陳御史曰：「伊傅之事我不能，伊傅之學我不由。」跡先生生平之學，未必以康齋爲由也。泰和羅氏稱康齋辭官一節，足以廉頑立懦；江浦吳氏稱康齋疏凡四上，清風峻節，凜乎千古。按：康齋辭官時，年已七十矣，廉頑立懦，清風峻節，固加人一等。戊午之役，先生方壯年，止以二人生無資養，歿未祔葬，極之蹈白刃、卻丹詔，毅然爲之而不悔。

所謂躬行，大率類此。方今年益高，養益邃，閉戶謝客，過此以往無論，康齋非駐足之地，即文簡、恭定，恐亦不足歇腳也！知先生之躬行，而後讀先生之諸書，庶可以得先生之萬一也乎！

時康熙庚午夏六月，洪洞同學弟范鄗鼎敬識於木鐸樓下

二曲集序

高爾公

自古道學之傳，先河後海，源流井然。其間絕而復續，起墜振衰，固由天心啟佑，實人事有以纘承之，紹往緒而迪來茲，匪偶然也。曩者臨安駱公以命世才來守吾郡，惓惓於人心世道之防。一日，學宮講藝，謂諸生曰：「當代有二曲李先生者，諸生聞其人乎？余向令盩厔，知爲理學儒宗，執弟子禮師事之。今當遣介折簡，延致毘陵，與諸君子修明正學，濂、洛、關、閩之盛，可復見也！」已而，先生至皋比書院，執經問業者雲集，毘陵人士無不知爲李先生者。余是時方釋褐歸里，聽其微言緒論，欣然嚮往。居未幾，駱公憂去，先生西歸，余亦以赴選入都，未遑卒業。歲辛未，余奉有視學西秦之命，竊幸典型在望，仰止匪遙。下車後，造廬而請見焉，即其氣宇冲和，狀貌淵古，較之在毘陵時，道氣更深。爰受其書讀之，貫徹本原，折衷同異，一洗支離蔽錮之習，邃然歸於至正，益信先生之書，蓋以身言而不徒以言言者也。方先生生長西陲，崛起於荒崖寂寞之間，不由師資，毅然以正學術、紹微言爲己任。其爲學也，身體力行，由下學以漸幾乎上達，篤志潛修，不求聞譽。當路大臣訪知其學行，疏薦於朝，屢檄嚴催，堅臥不起。其高風峻節，塵視軒冕，屹然有鳳翔千仞之概，跡其道高身隱，雅不欲以著述自鳴。門人哀輯其所見聞，計若干卷，彙而成集，其發揚道妙，類皆感觸於學者。質疑請益之際，而於吾郡爲尤詳。間考吾郡之先，龜山楊文靖北學程門，歸而講道東南，留毘陵十有八載。一時名士，咸左右之。歷元及明，絕續不一，維東林號稱最盛。然黨禍一起，諸君子相繼羅織，七十餘年斯道失傳，學者不復知有身心性命之理。先生起而闡揚先緒，炳然日月中天，疑者析，迷者悟，若昏夢之方醒，若沉痾之驟起。豈非其心源印合，上接文靖，而下與高顧諸君子後先一轍乎？

余服膺先生之教已久，而又忝司文衡，具有表章斯道之責。使先生之書不傳，則先生之教不顯，非所以崇實學、示後世也。適司寇鄭夫子由京邸致書，亦諄諄以名山著作爲念。余因仰承師志，割俸付梓，用襄盛舉。工竣之日，將以刊布澤宮，風勵後進。庶幾關中之士知所景從，且使海內之有志斯道者，尊所聞，行所知。由此而進德修業，富有日新，上接諸儒之傳，遠窺千聖之奥，是則先生立言之志也夫！

康熙甲戌季夏，三秦學使高爾公敬題於長安官舍

新刻二曲先生集序

王心敬

聖學至明季而大明，實至明季而大晦。蓋自門戶之弊興，重悟者眇實修，重修者罕實悟；眇實修者或至以力行爲徇跡，罕實悟者或至以眞知爲鶩空。東林雖嘗折衷調停，而持論過刻，至以深文鍛成姚江莫須有之罪，而沒其探本窮源不可掩之功，亦終無以服天下萬世公是公非之心，而消其不平之鳴。迄於今，朱陸、薛王之辨，紛紛盈庭，而千聖同歸一致之理，遂不復可問。諸儒先補偏救弊之旨，亦遂如齊楚、秦晉之分疆別域，而不可〔一〕相藉；又甚者，如吳越之大怨深寃，而終不可〔二〕相能。一門〔三〕之內，自尋矛盾，洪水猛獸之禍，不烈於是矣。其弊始於倡教者矯枉之過直，而其後遂中於人心世道而不可卒解。

二曲先生崛起道敝學湮之後，不由師傳，獨契聖眞，居恆所以自治與所以教人，一洗從前執方拘曲之陋，而獨以大學「明新止善」之旨爲標準。其言曰：「眞知乃有實行，實行乃爲眞知。有眞本體乃有眞工夫，有眞工夫乃爲眞本體。體用一原，天人無二。」信斯言也！博文約禮、天德王道，一以貫之。不惟世儒門戶之獄，片言可折，卽朱陸、薛王之學殊塗同歸，百慮一致，不惟不悖，而反相爲用；並異同之形，亦可以不存，蓋自是而聖學始會極歸極於孔孟矣。自昔論者謂朱子集諸儒之大成，王文成接孔孟之眞傳，然皆不免於偏重之勢，以啟天下後世紛紛之爭。自先生出而不爲含糊兩可之說，而

〔一〕「可」，石泉彭氏本、靜海聞氏本脫。

〔二〕「可」，石泉彭氏本、靜海聞氏本脫。

〔三〕「一門」，石泉彭氏本、靜海聞氏本作「二說」。

數百年不決之訟，獨能悉泯於無形，以融諸一塗，相攜〔一〕而論，將所謂集諸儒之大成、接孔孟之眞傳者，識者知其端有攸歸矣。

先生之書，南北雖傳布已久，而小種零碎，讀者每以不獲快睹大觀爲憾。辛未秋，今司寇富沙鄭公、學憲毘陵高公慨然以興起絶學爲己任，捐俸合刻，而諸同人亦相與量佐共襄盛舉。工始於辛未仲冬，竣於癸酉季秋。昔眞文忠表章朱文公之學於帥長沙之日，王文成刊布陸文安之書於撫江西之年，一時學者，翕然丕變。朱陸之學傳天下而大行後世者，君子以爲二公羽翼之力居多。今以先生大中至正之學，得二公以名德重望表章而刊布之，行見家傳戶誦，雖五尺童子，莫不曉然，知聖學自有正宗嫡派；而數百年紛爭是非之端自此悉泯，孔孟久湮之學自此日昌而日著，則二公闡興正學之功，文忠、文成不得專美於前矣。其集末附義林記事及李氏家乘者，見先生一門忠貞道德，先後輻萃，世濟厥美，抑又可以風世勵俗，是又二公振頽興偷之盛心云。

鄠縣受業門人王心敬百拜沐手題

〔一〕「攜」，石泉彭氏本、靜海聞氏本作「提」。

二曲集序

李彦⿰王幼

二曲先生之書反身録，梓於學憲灃水許公，家長兄輯五重梓於肇慶府署。其平日論學之書，四方既各梓有專種，而少司寇富沙鄭公、學憲武進高公仍復彙爲二曲全集行世。蓋先生之書，南北傳布久矣，而或者謂先生之論學也，立本主盡性，守身主循禮，致用欲其成己成物。至其論讀書，又專主反身實踐，似先生之學樸且迂，於世俗嗜好習尚或相違焉。嗟乎！聖賢之學何爲者？所以學爲人也。爲人之道，内之存心，外之守身而已。推之人，欲其同歸於善；考之古，欲其實獲於己而已。今試思：立本而非盡性，本可得立乎？守身而非循禮，身可得守乎？致用而非己物兼成，亦何貴此用者？且讀書而不能反身實踐，則讀書又奚爲？豈學專主於記誦詞章，供吾輩掇科第、希富貴、取悦當世而已乎？

癸未冬，天子西巡，詢先生動定，諭令兩臺徵詣行在，欲有咨詢。先生堅以疾辭，大中丞鄂公遂以反身録、二曲集進。上命詞臣細心看閲，一時翰苑諸公進奏云：「李某反身録，發明四書之理，大指欲人明體適用，反身實踐。人人能反身實踐，則人人可爲君子，世世可躋唐虞，眞堪羽翼朱註。此書流行，有裨聖治不淺。其二曲集亦皆醇正昌明，與反身録相爲表裏。」至哉斯言！先生之書，大旨於此可見；先生之學，其要歸亦於此可知。而謂可與世俗記誦詞章之學比類而觀乎？彼以先生之學爲樸爲迂者，得毋以世俗口耳之見參之歟！

⿰王幼夙佩先生之教，讀其書者數十年於兹矣。竊有見於先生之學，爲孔孟有體有用、經世善俗之學。今讀諸公進奏之語，深服其見之精卓，而得我心之同然也。於是，附記諸序之末，以告吾黨讀先生之書者。

康熙四十四年歲次乙酉冬十月朔日，三原李彦⿰王幼重五氏譔

小引

王心敬

吾師二曲先生崛起關中，以一身任綱常名教之重，繼往開來，爲世儒宗。海內學士大夫仰若泰山北斗、祥麟瑞鳳，渴欲睹其言論風旨，以當親炙；而先生平日講學明道之言，散見於同、蒲、富平、江左、山右，板行者各自爲種，睹彼遺此，未窺全豹。小子曁二三同志，每思彙輯合刻，顧卷帙浩繁，爲費不貲。茲謬不自度，除自新説、觀感録、關中書院會約三種乃先生手筆，學髓係先生傳心要典，不敢妄有芟減；其餘學人所録先生答問之語，謹撮其要，同書牘、雜著勒爲斯集。庶觀者無望洋之歎，而先生言論風旨之概具是矣。言言發於天籟，出自性靈，不離日用常行，洩千古不傳祕密。明眼人觀之，當自莫逆於心。然觀先生之言，固足以淑身心，振頹俗；抑先生生平，足以淑世而振俗者，僅言也乎哉？有先乎言者矣！壁立萬仞之操，百世而下，聞其風者，猶將頑廉懦立，矧生同其時乎！懿德之好，人有同然；因好興感，毅然思奮，則先生扶植世教，砥礪名節之功，有不可得而誣者矣！

鄠縣門人王心敬沐手謹識

卷一

悔過自新說序

樊嶷

曩余令二曲，治先訪賢，得李子，弱冠潛修，聖賢自命，卽已知其必爲大儒無疑也，以處士禮禮之。癸巳，再遊華嶽，得一晤，麈言娓娓，道氣翩翩。自先生大人以及擔夫樵子，無弗知其躬行實踐、學問淵源，且共推余物色之。先是，余知其必爲大儒者，茲固人人而皆知爲大儒無疑也。今夏杪，以悔過自新一册覯余。噫嘻！「悔過自新」則李子所得切實功夫，拈以示人，不作英雄欺人語也。或不無淺近視之，以爲「悔過自新」一〔一〕中材能事，未必便稱聖修。余謂「下學上達」，聖教炳如〔二〕；「明德新民」，初非二事。「仁者以天地萬物爲一體」，卽當以天地萬物爲「新」；以天地萬物爲「新」，卽當以天地萬物爲「過」。天一日不「新」，便不能覆，便是天「過」；地一日不「新」，便不能載，便是地「過」；物一日不「新」，便作腐朽，便是萬物之「過」。天地萬物有一日之不「新」，便非位育，便是君子而不能「致中和」之「過」。就一人言之，則一身之「悔過自新」，固無窮盡；就天地萬物言之，則爲天地萬物之「悔過自新」，更無了期。孔子「五十學易，可無大過」，顏氏子「克己復禮」，稱「不貳過」，然則志道君子洗心內治，痛自刻責者，當何如其皇皇也！余知李子者，必不以一己之「過」爲「過」，一己之「新」爲「新」。「悔過自新」之時義大矣哉！先儒有言：「滿街都是聖人。」余謂滿街能「悔過自新」，安見滿

〔一〕「一」，石泉彭氏本、靜海聞氏本作「爲」。
〔二〕「如」，石泉彭氏本、靜海聞氏本作「然」。

街之不可爲聖人？又云：「個個人心有仲尼。」余謂個個能「悔過自新」，安見個個之不可爲仲尼？此誠李子窮年所得切實功夫。捨是而尚頓悟，墮野狐禪，縣獵神化，虛譚性命，不過英雄欺人語！李子之所不道，余之所不願聞。余故蚤已知其爲大儒無疑也。横渠、涇野而後，道不在茲乎！

順治歲在柔兆涒灘瓜月〔一〕之朔，前令盩厔十罪翁〔二〕友人樊嶷謹題〔三〕

小引

余小子童年喪怙，三黨無依，加以屢罹變故，飢寒坎壈，動與死鄰；既失蒙養之益，又乏受學之資，由是耳目所逮，罔非俗物，薰炙漸久，心志頗移。有百惑以叢身，無一善而可録，負天地生成之德，孤慈親家門之望。每一念及，惘然自失！茲幸天誘厥衷，靜中有悟，謹識其意於册，仍引證以前言往行，聊代韋弦，私用儆醒。既已失之於始，猶獲慎之於終。雖不克盡人道於垂髫之前，庶或脱禽獸之歸於弱冠之後云爾。同志者，雖無過可悔，亦不妨更勉之！

多慚夫李顒

〔一〕「瓜月」，長白完顏本作「七月」。
〔二〕「前令盩厔十罪翁」，長白完顏本作「前任盩厔縣知縣」。
〔三〕「題」，長白完顏本作「序」。

悔過自新説

盩厔李顒中孚著

天地之性人爲貴。人也者，稟天地之氣以成身，卽得天地之理以爲性。此性之量，本與天地同其大；此性之靈，本與日月合其明。本至善無惡，至粹無瑕。人多爲氣質所蔽，情欲所牽，習俗所囿，时勢所移，知誘物化，旋失厥初，漸剥漸蝕，遷流弗覺，以致卑鄙乖謬，甘心墮落於小人之歸；甚至雖具人形，而其所爲有不遠於禽獸者，此豈性之罪也哉？然雖淪於小人禽獸之域，而其本性之與天地合德、日月合明者，固未始不廓然朗然而常在也。顧人自信不及，故輕棄之耳。辟如明鏡蔽於塵垢，而光體未嘗不在；又如寶珠陷於糞坑，而寶氣未嘗不存。誠能加刮磨洗剔之功，則垢盡穢去，光體寶氣自爾如初矣，何嘗有少損哉！

世固有抱美質而不肯進修者，揆厥所由，往往多因一〔二〕眚自棄。迨其後，雖明見有善可遷、有義可徙，必且自諉曰：「吾業已如此矣，雖復修善，人誰我諒耶？」殊不知君子小人、人類禽獸之分，只在一轉念間耳！苟向來所爲是禽獸，從今一旦改圖，卽爲人矣；向來所爲是小人，從今一旦改圖，卽爲君子矣。當此之際，不惟親戚愛我、友朋〔三〕敬我、一切人服我，卽天地鬼神亦且憐我而佑我矣。然則自諉自棄者，殆亦未之思也。

古今名儒倡道救世者非一：或以「主敬窮理」標宗，或以「先立乎大」標宗，或「心之精神爲聖」標宗，或以「自然」標

〔二〕「一」，靜海聞氏本脱。
〔三〕「友朋」，靜海聞氏本作「朋友」。

宗，或以「復性」標宗，或以「致良知」標宗，或以「隨處體認」標宗，或以「止〔一〕修」標宗，或以「知止」標宗，或以「明德」標宗。雖各家宗旨不同，要之總不出「悔過自新」四字，總是開人以悔過自新的門路；但不曾揭出此四字，所以當時講學，費許多辭說。愚謂不若直提「悔過自新」四字爲説，庶當下便有依據，所謂「心不妄用，功不雜施，丹府一粒，點鐵成金也」。

或曰：「從上諸宗，皆辭旨精深，直趨聖域，且是以聖賢望人。今吾子此宗，辭旨麤淺，去道迂遠；且似以有過待人，何不類之甚也？」愚曰：「不然。皎日所以失其照者，浮雲蔽之也，雲開則日瑩矣。吾人所以不得至於聖者，有過累之也，過滅則德醇矣。以此優入聖域，不更直捷簡易耶？」

疑者曰：「六經、四書，卷帙浩繁，其中精義，難可殫述。『悔過自新』寧足括其微奥也？」殊不知易著「風雷」之象，〔二〕書垂「不吝」之文，詩歌「維新」之什，春秋「微顯闡幽」，以至於禮之所以「陶」，樂之所以「淑」；孔曰「勿憚」，曾曰〔三〕「其嚴」，中庸之「寡過」，孟氏之「集義」，無非欲人復其無過之體，而歸於日新之路耳。正如素問、青囊，皆前聖已效之方，而傳之以救萬世之病，非欲於病除之外，別有所增益也。曰：「經書垂訓，實具修齊治平之理，豈專爲一身一心，悔過自新而已乎？」愚謂：「天子能悔過自新，則君極建而天下以之平；諸侯能悔過自新，則侯度貞而國以之治；大夫能悔過自新，則臣道立而家以之齊；士庶人能悔過自新，則德業日隆而身以之修，又何弗包舉統攝焉！」

殺人須從咽喉處下刀，學問須從肯綮處著力，「悔過自新」乃千聖進修要訣。人無志於做人則〔四〕已，苟眞實有志做人，須從此學則不差。

〔一〕「止」，石泉彭氏本、靜海聞氏本作「正」。
〔二〕「象」，原本作「勇」，據石泉彭氏本、靜海聞氏本改。
〔三〕「曰」，石泉彭氏本、靜海聞氏本作「寓」。
〔四〕「則」，長白完顏本作「而」。

天地間道理，有前聖偶見不及而後聖始拈出者，有賢人或見不及而庸人偶拈出者；但取其益身心，便修證斯已耳！予固庸人也，懵弗知學，且孤苦顛頓，備歷窮愁，於夙夜寐旦、苦搜精研中，忽見得此說。若可以安身立命，若可以自利利他，〔一〕故敢揭之〔二〕以公同志。倘以言出庸人而漫置之，是猶惡貧女之布而甘自凍者也。

前輩云：「人生仕宦，大都不過三五十年；惟立身行道，千載不朽。」愚謂：「捨『悔過自新』，必不能立身，亦非所以行道，是在各人自察之耳。」

今人不達福善、禍淫之理，每略躬行而資冥福，動謂祈請醮謝，可以獲福無量。殊不知天地所最愛者，修德之人也；鬼神所甚庇者，積善之家也。人苟能悔過於明，則明無人非；悔過於幽，則幽無鬼責。從此刮垢磨光，日新月盛，則必浩然於天壤之內，〔三〕可〔四〕以上答天心而祈天永命矣，又何福之不臻哉！

吾之德性，欲圖所以新之，此際機權，一毫不容旁貸。新與不新，自心自見。辟如飲水，冷暖自知。久之，德充於內，光輝發於外，自有不可得而掩者矣。厥初用功，全在自己策勵。

性，吾自性也；德，吾自得也。我固有之也，曷言乎新？新者，復其故之謂也。辟如日之在天，夕而沉，朝而昇，光體不增不損，今無異昨，故能常新。若於本體之外，欲有所增加以爲新，是喜新好異者之爲，而非聖人之所謂新矣。

同志者苟留心此學，必須於起心動念處潛體密驗。苟有一念未純於理，卽是過，卽當悔而去之；苟有一息稍涉於懈，卽非新，卽當振而起之。若在〔五〕未嘗學問之人，亦必且先檢身過，次檢心過，悔其前非，斷其後續，亦期至於無一念之不純，

〔一〕「他」，石泉彭氏本、靜海聞氏本作「人」。
〔二〕「揭之」，石泉彭氏本、靜海聞氏本作「振筆」。
〔三〕「內」，石泉彭氏本、靜海聞氏本作「間」。
〔四〕「可」，石泉彭氏本、靜海聞氏本作「卽」。
〔五〕「在」，石泉彭氏本、靜海聞氏本作「夫」。

無一息之稍懈而後已。蓋人之所造，淺深不同，故其爲過亦巨細各異，搜而剔之，存乎其人於以誕登聖域，斯無難矣。

衆見之過，猶易懲艾；獨處之過，最足障道。何者？過在隱伏，潛而未彰，人於此時最所易忽；且多容養愛〔一〕護之意，以爲鬼神不我覺也。豈知莫見乎隱，莫顯乎微，舜蹠、人禽，於是乎判，故慎獨要焉。

幾者，事之微，而吉凶之所由以肇端者也。易曰：「知幾其神乎。」又曰：「君子見幾而作，不俟終日。」子曰：「顔氏之子，其殆庶幾乎。有不善未嘗不知，知之未嘗復行也。」夫「有不善未嘗不知」，故可與幾也；「知之未嘗復行」，故無祇悔也。吾儕欲〔二〕悔過自新，當以顔氏爲法。

吾儕既留意此學，復悠悠忽忽，日復一日，與未學者同爲馳逐，終不得力，故須靜坐。靜坐一著，乃古人下工之始基，是故程子見人靜坐，便以爲善學。何者？天地之理，不翕聚則不能發散；吾人之學，不靜極則不能超悟。況過與善界在幾微，非至精不能剖析，豈平日一向〔三〕紛營者所可辨也。

「悔過自新」，此爲中材言之也，而卽爲上根言之也。上根之人，悟一切諸過皆起於一心，直下便剗卻根源，故其爲力也易；中材之人，用功積久，靜極明生，亦成了手，但其爲力也難。蓋上根之人，頓悟頓修，名爲「解悟」；中材之人，漸修漸悟，名爲「證悟」。吾人但期於「悟」，無期於「頓」可矣。

聖人之學，下學上達，其始不外動靜云爲日用平常之事，而其究則必曰「窮理盡性，以至於命」。人苟有纖微之過，尚留方寸，則性必無由以盡。性既不能盡，則命亦無由以至，而其去聖功遠矣。故必悔之〔四〕又悔，新而又新，以至於盡性至命

〔一〕「愛」，石泉彭氏本、靜海聞氏本作「惜」。
〔二〕「儕欲」，石泉彭氏本、靜海聞氏本作「嘗謂」。
〔三〕「一向」，石泉彭氏本、靜海聞氏本作「旁騖」。
〔四〕「之」，石泉彭氏本、靜海聞氏本作「而」。

而後可。

悔而又悔，以至於無過之可悔；新而又新，以極於日新之不已。庶幾仰不愧天，俯不怍人；晝不愧影，夜不愧衾。在乾坤爲肖子，在宇宙爲完人；今日在名教爲賢聖，將來在冥漠爲神明，豈不快哉！

昔人云：「堯舜而知其聖非聖也，是則堯舜未嘗自以爲無過也；禹見囚，下車而泣，是則禹未嘗自以爲無過也；湯改過不吝，以放桀爲慚德，是則湯未嘗自以爲無過也；文王望道未見，武王做几銘牖，周公破斧缺斨，〔一〕孔子五十學易，是則文、武、周、孔並未嘗自以爲無過也。等而上之，陽愆陰伏，旱乾水溢，即天地亦必且不見以爲無過也。」然而，兩儀無心，即置勿論。至於諸聖，固各有其悔過自新之旨焉；但聖人之悔過處及其自新處，與凡人自不同耳。蓋必至於無一念之不純於理，無一息之或間於私，而後爲聖人之「悔過」，必至於「與天地合其德，與日月合其明，與四時合其序，與鬼神合其吉凶」，而後爲聖人之「自新」。夫卑之雖愚夫婦有可循，高〔二〕之至於神聖不能外。此「悔過自新」之學所爲括精粗、兼大小、該本末、徹終始而一以貫之者歟！

横渠先生少喜談兵，嘗欲結黨取洮西之地。康定中，聞范文正公仲淹爲陝西帥，遂上書條陳兵務。仲淹異其氣貌，又甚少，惜之，質責之曰：「儒者自有名教，何事於兵？」手中庸一編授焉。先生乃大感，歸讀之，遂翻然志於道。然未知所從入，溺於釋老者累年；後悟其非，始反求之六經。嘉祐初，至京師見程氏二先生。二先生於先生爲外兄弟之子，卑屬也，而學詣奧淵。先生與語道學之要，厭服之，因渙然信曰：「吾道自足，何事旁求！」於是盡棄異學，淳如也。

上蔡先生少博洽，見程子於扶溝，從受學，語次舉書史無遺失。程子曰：「賢記憶何多也？抑亦可謂玩物喪志

〔一〕「斨」，原本作「戕」，據長白完顏本、石泉彭氏本、靜海聞氏本改。
〔二〕「高」，石泉彭氏本、靜海聞氏本作「深」。

矣？」先生慚，汗浹背，面發赤，因請爲學之要。程子告以靜坐。於是，遂時時靜坐，又作簿自記日用言動禮，若〔一〕非禮以自繩。其言曰：「克己，須從性偏難克處克將去。」患恐懼，旦旦於危階上習之。得善筆，愛之，患長愛欲，書令壞乃已。患喜怒，日消磨〔二〕令盡而內自省。大患乃在矜，痛克之。與程子別，一年來見。問所學，對曰：「惟去得一『矜』字。」曰：「何謂也？」先生曰：「懷固蔽自欺之心，長虛驕自大之氣，皆此之由。」程子喜而告人曰：「是子爲切問近思之學者也。」

晦菴先生初年學靡常師，出入於經傳，泛濫於釋老，自云：「某年十五六時，留心於釋，蓋嘗師其人尊其道而篤好之。年二十四，始見延平李先生，言及學禪。李先生只說『不是』，某倒疑李先生理會此未得，再三質問。李先生爲人簡重，卻不甚會說，只教看聖賢言語。某遂將那禪來權倚閣起，意中道禪亦自在，且將聖人書來讀，讀來讀去，一日復一日，覺得聖賢言語漸漸有味，卻回頭看釋氏之說，漸漸破綻，罅漏百出。自此悔悟力改，無復向來病痛矣。」

草廬先生五歲，日誦數千言，夜讀書達旦。母憂其勞過，節膏火調適之。先生伺母寢，輒篝燈誦習，遂博通經傳。行省掾元明善以文學自負，問經傳奧義，服之，太息曰：「與吳先生言，如探淵海，不可測也。」所著易、春秋，盡破傳註穿鑿，以發其蘊，精明簡潔，〔三〕而禮纂言，於禮學爲尤切。〔四〕晚歲，頗悔悟，遂專以尊德性爲主，作學基、學統二篇，使人知爲學之本。其言曰：「天之所以生人，人之所以爲人，以此德性也。然自聖傳不嗣，士學靡宗。漢唐千餘年間，董韓二子，依稀數語近之，而原本竟昧昧也。逮夫周、程、張、邵〔五〕興，始能上通孟氏而爲一。程氏四傳而至朱，文義之精密，又孟氏以來所未有者，其學徒往往滯於此而溺其心。夫既以世儒記誦詞章爲俗學矣，而其爲學亦未離乎言語文字之末，此則嘉定以後，朱門

〔一〕「若」，石泉彭氏本、靜海聞氏本作「與」。
〔二〕「磨」，石泉彭氏本、靜海聞氏本作「除」。
〔三〕「潔」，石泉彭氏本、靜海聞氏本作「切」。
〔四〕「切」，原本作「功」，據靜海聞氏本、長白完顏本改。
〔五〕「邵」，靜海聞氏本作「朱」。

末學之敝，而未有能救之者也。夫所貴乎聖人之學，以能全天之所以與我者爾。天之與我，德性是也，是爲仁義禮智之根株，是爲形質血氣之主宰。捨此而他求，雖行如司馬文正，才如諸葛武侯，亦不免於行不著、習不察；況止於訓詁之精，講說之密，如北溪之陳，雙峰之饒，於記誦詞章之學，相去何能以寸哉！聖學大明於宋，而踵其後者乃如此，可嘆已！澄也鑽研於文義，毫分縷析，每以陳爲未精、饒爲未密也，墮此科臼中垂四十年，而始覺其非。自今以往，一日之內子而亥、一月之內朔而晦，一歲之內春而冬，常見吾德性之昭昭，如天之運轉，如日月之往來，不使有須臾之間斷，則於尊之道，殆庶幾乎！」

敬軒先生初欲以詩文鳴世，後從魏范二公講周、程、張、朱諸書，歎曰：「此道學正脈也！」遂焚所作詩賦，專心於是，至忘寢食。嘗曰：「吾奮然欲造其極而未能者，其病安在？得非舊習有未盡去乎？舊習最害事，吾欲進彼則止吾之進，吾欲新彼則舊吾之新。甚可惡！當刮絕之。」又曰：「一毫省察不至，卽處事失〔二〕宜，而悔吝隨之，不可不慎。」

近溪先生年十五從新城張洵水學。洵水每謂人：「須力追古人，不當埋沒於舉業，自棄厥身。」於是，一意以正學自任。一日，誦敬軒語錄云：「萬起萬滅之私，亂吾心久矣；當一切決去，以全吾澄然湛然之體。」遂焚香叩首，矢心力行，數月而體未復。壬辰，閉關臨田寺。几上置鏡與盂水，對之令心與水鏡無二，久之成疾。父憂之，授以傳習錄一編。循其言求之，病漸愈。庚子，入省，赴大會，見顏山農，自述遘危病，生死得失，能不動心。山農不許，曰：「是制欲，非體仁也。」先生曰：「非制欲安能體仁？」山農曰：「子不觀孟子之論『四端』乎？知皆擴而充之，如火之始燃、泉之始達。如此體仁，何等直截。子患當下日用而不知，勿妄疑天性之息也。」先生是時如大夢得醒，遂於稠人中稽首師事焉。後忽遘重病，倚榻而坐，夢一翁來言曰：「君身病康矣，心病則未也。」先生不應。翁曰：「君自有生以來，遇觸而氣不動，當倦而目不瞑，擾攘而氣不分，夢寐而境不昏，此君心痼也。」先生愕然。曰：「隨物感通，原無定執，君以宿生操持太甚，遂成結

〔二〕「失」，長白完顏本作「大」。

習。君今漫喜無病，不悟天體漸失，豈惟心病而身亦隨之矣。」先生大驚，伏地叩謝，汗下如雨，從是執念漸消。

陽明先生之學凡三變，其爲教也亦三變：少之時，馳騁於詞章，已而出入二氏，繼乃居夷處困，豁然有得於聖賢之旨，是三變而至道也。居貴陽時，首與學者爲「知行合一」之説；自滁陽後，多教學者「靜坐」；江右以來，始單提「致良知」三字，直指本體，令學者言下有悟，是教亦三變也。

南瑞泉大吉守紹興時，從學陽明先生，時時請益焉。嘗曰：「大吉臨政多過，先生何無一言？」陽明曰：「何過？」瑞泉歷數其事。陽明曰：「吾言之矣。」瑞泉曰：「何言？」曰：「吾不言，何以知之？」曰：「良知自知之。」陽明曰：「良知卻是我言。」瑞泉笑謝而去。居數日，復自數過加密，來告曰：「與其過後悔改，不若預言無犯爲佳也。」陽明曰：「人言不如自悔之眞。」瑞泉笑別而去。居數日，復自數過益密，曰：「身過可免，心過奈何？」陽明曰：「昔鏡未開，可得藏垢；今鏡明矣，一點之落，自難住腳，此正入聖之機也。勉之！」瑞泉拜謝，由是得學問致力肯綮處。

董蘿石澐年六十有八矣，以能詩聞江湖間，與其鄉之業詩者十數輩爲詩社，旦夕吟詠，至廢寢食，遺生業，以爲是天下之至樂也。已遊會稽，聞王陽明講學山中，以杖肩其瓢笠詩卷訪之。入門長揖，踞上坐。陽明異其氣貌，且年老矣，禮敬之；又詢知其董蘿石也，與之語，連日夜。蘿石退，謂何秦曰：「吾聞〔二〕夫子『良知』之説，而忽若大寐之得醒，然後知吾向之所爲，日夜弊精勞力者，其與世之營營利禄之徒，特清濁之分，而其間不能以寸也。幸哉！吾非至於夫子之門，則幾於虛此生矣。吾將北面夫子而終身焉，得無以既老而有所不可乎？」秦起拜賀曰：「先生之年則老矣，先生之志何壯哉！」入以請於陽明。陽明喟然歎曰：「有是哉！吾未或見此翁也。雖然齒長於我矣，師友一也。苟吾言之見信，奚必北面而後爲禮乎？」蘿石聞之曰：「夫子殆以予誠之未積歟？」辭歸兩月，棄其瓢笠，持一縑而來，謂秦曰：「此吾老妻之所織也。吾之誠積若茲縷矣，夫子其許我乎？」秦入以請。陽明子曰：「有是哉！吾未或見此翁也。今之後生晚進，

〔二〕「聞」，長白完顏本作「問」。

苟知執筆爲文辭，稍記習訓詁則已，侈然自大，不復知有從師學問之事；間有或從師問學者，則鬨然共非笑，指斥若怪物。翁以能詩訓後進，從之遊者遍江湖，蓋居然先輩矣。一旦聞予言，而棄去其數十年之成業如敝屣，遂求北面而屈禮焉，非天下大勇，其孰能與於此？則如蘿石固吾之師也，而吾豈足以師蘿石乎！」蘿石曰：「甚哉！夫子之拒我也，吾不能以俟請矣。」入而強納拜焉。自是日有聞益，充然有得，欣然樂而忘歸也。其鄉黨之子弟親友與其平日之爲社者，或笑而非之，或爲詩而招之返，且曰：「翁老矣，何自苦若是耶？」蘿石笑曰：「吾方幸逃於苦海，方知憫若之自苦，而乃以吾爲苦耶？去矣，吾將從吾之所好。」

楊庭顯少精悍，視天下事無不可爲者。居常自視無過，視人則有過。一日，自念曰：「豈其人則有過，而吾獨無過，殆未之思也！」思之，遂知所過，旋又知二三，已而紛然，乃大恐，痛懲力改。讀書聽言必自省，每見過內訟不置，卽夢寐中怨艾深切，至於感泣。念慮智識之差，毫無自恕。嘉言善行，不曠耳目。書之盈室，著之累帙。嘗曰：「如有樵童牧子謂余曰『吾誨汝』，我亦當敬聽之。」其自刻責者，類非形見，獨發明以示戒，檢身嚴而安所止，取善博而知所擇。人患忿懥，則容物若虛；人患吝嗇，則捐財若無。或歎其不可及，庭顯曰：「昔甚不然，吾改之耳。」

仇覽爲陽遂亭長，好行教化。有陳元不孝，其母詣覽言元。覽呼元，責以子道，與一卷孝經，使讀之。元深自感悟，到母牀前謝罪，曰：「元少孤，爲母所驕。諺云：『孤犢觸乳，驕子罵母。』乞今自改。」母子相向而泣。於是，元遂修行孝道，究成佳士。

徐庶少好任俠擊劍，嘗乘忿殺人，白堊突面，披髮而走，爲吏所得。問其姓字，閉口不言。吏乃於車上立〔二〕柱維磔之，擊鼓以令於市廛，莫敢識者；而其黨伍共篡〔三〕解之得脫。於是感激，棄其刀戟，更練布單衣，折節學問，始詣精舍。諸生

〔二〕「立」，原本作「位」，據石泉彭氏本、靜海聞氏本改。

〔三〕「篡」，原本作「纂」，據長白完顏本改。

聞其前作賊，不肯與共止。乃卑躬早起，常獨掃除，動靜先意，聽習經業，義理精熟。與諸葛亮相友善，俱爲一時名士。

周處性兇狠，縱情肆欲，州里患之。一日，問父老曰：「今時和歲豐，何苦而不樂耶？」父老嘆曰：「三害未除，何樂之有？」處曰：「何謂也？」答曰：「南山白額猛獸、〔二〕長橋下蛟，並子爲三矣。」處曰：「若此爲患，吾能除之。」乃入山射殺猛獸，因投水搏蛟。蛟或沉或浮，行數十里，而處與之俱，經久之不出。人謂處已死，皆相慶賀。處果殺蛟而反，聞鄉里相慶，始知人惡己之甚，乃入吴尋二陸。時機不在，見雲，具以情告，曰：「欲自修而年已蹉跎，恐將無及。」雲曰：「古人貴朝聞夕改，君前塗尚可；且患志之不立，何憂名之不彰？」處遂勵志好學，志存義烈，言必忠信。期年，州府交辟，卒爲節義名臣。

子張，魯之鄙家也；顔濁聚，〔三〕梁父之大盗也，學於孔子。段干木，晉國之大駔也，學於子夏。高何、縣子石，齊國之暴者也，指於鄉曲，學於子墨子。索盧參，東方之巨狡也，學於禽滑黎。此六人者，刑戮死辱之人也。今非徒免於刑戮死辱也，由此爲天下名士顯人，而吾曹乃多以一眚自棄，惜哉！

〔二〕「獸」，石泉彭氏本、靜海聞氏本作「虎」。

〔三〕「聚」，石泉彭氏本、靜海聞氏本作「鄒」。

卷二

學髓序

張珥

盩厔李先生之振絶學於關中也，不肖珥耳其名，葵如焉；炙其範，玉如焉，醇如焉；紬其論議，穹如淵如焉，奥〔一〕窔如焉，而復日如月如焉。於爍哉，其殆横渠先生、恭定公後一人耶！戊申夏，先生至同，不肖珥追隨於廣成觀，復追隨於含章子之書室，首請「朝聞夕死」之義。先生開示大指，鞭策篤摯；且曰：「年踰半百，不急了當心性，終日沉酣糟粕中，究於自心何得爾！」時茫然自失，恨見先生之晚，而先生亦不以不肖爲弗可語，遂以學髓見示。學髓者，先生口授含章子以切要之旨，而含章子手録者也。讀之，戚戚於心，亦手録而歸。

未幾，偶繙學蔀通辨，疑團四起，牴牾弗入。適承先生遠詢近修之况，輒狂妄請質朱陸異同及陽明先生挽朱歸陸之説。先生復札，娓娓近千言。大抵謂：「誠得本體，循下學之規，由階級而進，則龍侍御聖學十二關亦可借以收攝保任。若學證不徹性地，卽闡理道，做工夫，總是門外輥煮空鐺耳！將何成耶？」又曰：「行年如許，未必再如許。不但文章功名至此靠不得，卽目下種種見解果終靠得否耶？須當自覷自認，自覓主宰。」既而，先生再至吾同，細加迪誨，兼示以「全體大用」之學。不肖珥於是悉然汗下，始知先生之學以陽明先生之「致良知」爲明本始，以紫陽先生之「道問學」爲做工夫，脈絡原自井然。私心妄生枝節，今試取聖經一章，詳加翫味。「平」也、「治」也、「齊」也、「修」也、「正」也、「誠」也，而必先「致

〔一〕「奥」，原本作「宎」，長白完顔本作「窔」，據石泉彭氏本、静海聞氏本改。

知」，是知之必先致也，審矣！「致良知」之説，有漏義乎？「物格而後知至」，是物無格之功，則知之必不至也，又審矣！「誠、正、修、齊、治、平」於何措手？「道問學」之説，有漏義乎？先生獨探奥祕，勘破朱陸兩氏，補偏救弊之苦心而一以貫之，滴骨之血，一口道盡，有功於斯道，有功於天下萬世，豈鮮小哉！學髓之旨，蓋專爲含章子及不肖珥下鍼砭。觀「年踰半百」及「行年如許」之言，可以會矣。含章子不忍祕之枕中，刊公同志。不肖珥因述迷悟之關，賴先生惓惓開發者如此。其欲立欲達之心，蓋廓乎無垠哉！嗟夫！人誠致力於斯髓也，皮骨通靈矣。

教下生張珥題

序[一]

王四服

余之獲久侍盩厔李先生也，實自今日始；乃余之深知盩厔李先生也，非自今日始。蓋自十年前族姪客盩邑，備傳邑有李夫子者，幼孤無師，自奮自立。其志以萬物爲一身、萬世爲一世，任道擔當，風力甚勁；其學以會衆理、一天人、内外兼盡、無所不被爲實際。上自當道諸公、紳衿哲士，下至農工商賈、兒童走卒，賢愚共仰，遠邇翕推。余聞之，心肅神往，亟欲就正。顧年衰多疾，跋涉爲艱，郵筒請教，往返有年，每以不獲同堂覿面爲憾。丁未春，先生東遊太華。余喜之如狂，遂偕二三同志拜見。未幾别去，夢寐不忘。友人省菴王君與先生合志同方，素稱莫逆，今夏偕含章白君肅車奉迎。比至，多士擁侍，請益踵接：志淹博者，則以淹博質；志經濟者，則以經濟質。先生爲之衷經史之謬，酌事機之宜。聆者震悚踴躍，自謂有得；然急末緩本，是謂學之膚，非學之骨也。既而，志道德者以進修質。先生諄諄迪以懲忿窒欲，窮理集義，晝有存，宵有養，瞬息有考程。聆者咸戚戚然動於中，自謂得所從入。然治病於標，可謂得學之骨，非學之髓也。最後，白君

[一]「序」，長白完顏本作「學髓序」。

以向上一機請。先生欣然告以安身立命之旨，脱去支離，直探原本；言約而道大，詞顯而理精。白君題曰學髓。誠哉！其爲學髓也。隨付梓以廣其傳。學者誠斂華就實，惟髓是急。得其髓，則骨自健，膚自豐，無所往而不可；否則，膚骨雖或無恙，而元髓不充，盧扁將望而卻走矣，恐未見其能濟也。余故亟序之以爲多士諗。

同堤枕流居士王四服題

序〔一〕

白焕彩

先伯兄嘗受學於少墟馮子，故余自髫年卽聞有所謂正學者，輒私竊嚮往。顧汩於俗學，苦無從入，荏苒積習，祇是舊人；魚魚魯魯，徒增老大之悲。茲幸天假良緣，得拜見二曲李先生。乃始抉祕密藏而剖示之，有圖有言，揭出本來面目，直捷簡易，盡撤支離之障，恍若迷津得渡，夢境乍覺者。先生無隱之教、有造之德，天高地厚，何日忘之！時六月六日也。越翼日，叩以下手功夫。先生又爲之圖，列其程序，次其說，反覆辨論，極其詳明，惟恐惑於他歧。始信先儒所謂「有眞師友，乃有眞口訣」也。此千聖絕響之傳，余何敢私？故梓之以公同志。

同州白焕彩識

〔一〕「序」，長白完顏本作「學髓序」。

學髓

二曲先生口授

同州教下生白煥彩手録
同州　門人馬　梂
李士瓚
馬逢年
馬棫士
蒲城縣門人甯維垣同校

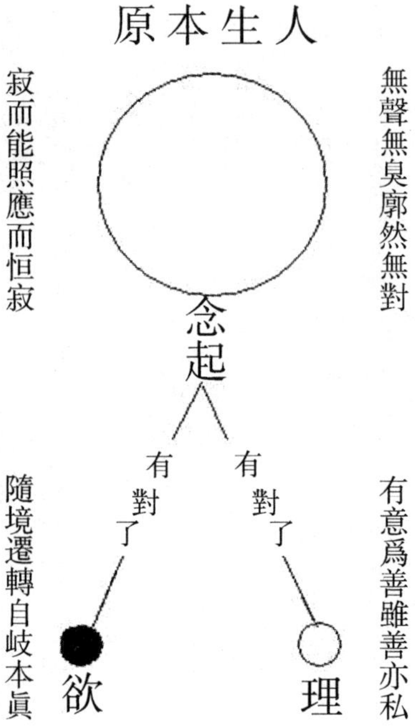

此天之所以與我者也。生時一物不曾帶來，惟是此來；死時一物不能帶去，惟是此去。故學人終日孜孜，惟事此爲人生第一要務。動作食息，造次顛沛，一注乎此而深造之，以求自得，居安資深，左右逢原。安此，謂之安身；立此，謂之立命。

目賴此而明，耳賴此而聰，足賴此而重，手賴此而恭，四端五常、三百三千、經綸參贊賴此以爲本。本苟不立，徒以意見擬議，徇跡摹彷，則「襲」之與「集」、「行」之與「由」，毫釐之分，天淵之謬。

形骸有少有壯，有老有死；而此一點靈原，無少無壯，無老無死，塞天地，貫古今，無須臾之或息。會得此，〔一〕天地我立，萬化我出，千聖皆比肩，古今一旦暮。

問：「此不過一己之靈原，何以塞天地，貫古今？」曰：「通天地萬物、上下古今，皆此靈原之實際也。非此靈原，無以見天地萬物、上下古今；非天地萬物、上下古今，亦無以見此靈原。是以『語大語小，莫載莫破』。」

人人具有此靈原。良知良能，隨感而應。日用不知，遂失其正，騎驢覓驢，是以謂之百姓。學之如何？亦惟求日用之所不知者而知之耳。曰：「知後何如？」曰：「知後則返於無知未達，曰『不識不知，順帝之則』。」

知體本全，不全不足以爲知。仁者見之以爲仁，知者見之以爲知。見相一立，執著未化，終屬半鏡。

一内外，融微顯；已應非後，未應非先。活潑潑地本自周圓，有所起伏，自窒大全。

無聲無臭，不睹不聞；虚而靈，寂而神；量無不包，明無不燭，順應無不咸宜。若無故起念，便是無風興波。即所起皆善，發而爲言，見而爲行，可則可法，事業烜卓，百世尸祝，究非行所無事。有爲之爲，君子不與也。

無念之念，乃爲正念。至一無二，不與物對，此之謂「止」，此之謂「至善」。念起，而後有理欲之分，善與惡對，是與非對，正與邪對，人禽之關，於是乎判。所貴乎學者，在愼幾微之發，嚴理欲之辨。存理克欲，克而又克，以至於無欲之可克；

〔一〕「此」，原本作「時」，據石泉彭氏本、靜海聞氏本改。

存而又存，以至於無理之可存。欲理兩忘，纖念不起，猶鏡之照，不迎不隨。夫是之謂「絕學」，夫是之謂「大德敦化」。

問：「遷轉由境，遠而不見，安有遷轉？」曰：「若要不見，除非世上無境，自己無目。學問之道，正要遇境徵心。心起卽境起，境在卽心在。心境渾融，方是實際。」

「境」不止於聲色貨利，凡人情之逆順、世路之夷險、窮通得喪、毀譽壽殀，皆境也。一有所動，皆欲也。自岐自離，愈趨愈遠。「不遠而復」，足稱「大勇」。

當下便是不學不慮，無思無爲。一用安排，卽成乖違，是自梏眞趣，自死生機。

哀莫大於心死，而形死次之。順此生機，方是活人。日充月著，完其分量，方是人中之人。立人達人，轉相覺導，由一人以至於千萬人，由一方以至於千萬方，使生機在在流貫，便是「爲天地立心，爲生民立命」。

虛　明　寂　定

此神明

齋戒其德之**靜坐**

要務也

昧爽香　鷄鳴平旦，與此相近。起而應事，易於散亂，先坐一炷以凝之。

中午香　自朝至午，未免紛於應感。急坐一炷，以續夜氣。

戌亥香　日間語默動靜，或清濁相乘。須坐一炷以驗之，果內外瑩徹，脫灑不擾否？

問「得力之要」。曰：「其靜乎。」曰：「學須該動靜，偏靜恐流於禪？」曰：「學固該動靜，而動則必本於靜。動之無妄，由於靜之能純；靜而不純，安保動而不妄。昔羅盱江揭『萬物一體』之旨，門人謂『如此恐流於兼愛』。羅曰：『子恐乎，吾亦恐也。心尚殘忍，恐無愛之可流。』今吾輩思慮紛拏，亦恐無靜之可流。」

新建論「動靜合一」，此蓋就已成言。方學之始，便欲動靜合一，猶未馴之鷹，輒欲其去來如意，鮮不颺矣。即新建之盛德大業，亦得力於龍場之三載靜坐。靜何可忽也？

「然則程必以香，何也？」曰：「鄙懷俗度，對香便別。限之一炷，以維坐性，亦猶猢猻之樹，狂牛之栓耳。」曰：「每日三坐，不亦多乎？」曰：「吾人自少至長，全副精神俱用在外，每日動多於靜。今欲追復元始，須且矯偏救弊，靜多於動，庶有入機。三度之坐，蓋爲有事不得坐，及無坐性者立。日〔一〕夜能持久，則不在此限。」

水澄則珠自現，心澄則性自朗。故必以靜坐爲基，三炷爲程，齋戒爲功夫，虛明寂定爲本面。靜而虛明寂定，是謂「未發之中」；動而虛明寂定，是謂「中節之和」。時時返觀，時時體驗。一時如此，便是一時的聖人；一日如此，便是一日的聖人；一月如此，便是一月的聖人；終其身常常如此，緝熙不斷，則全是聖人，與天爲一矣。「齋」者，齊也，所以齊〔二〕其不齊也。或靜或動，覺有一念之不如此，便是不齊，即齊之使。「齋戒」者，防非止惡，肅然警惕之謂也。終日乾乾，保攝乎此而已矣。此外，種種才技，凡可以震世耀俗而垂休聲於無窮者，皆役此戕此之賊〔三〕也，夫我則不暇。

問：「虛明寂定之景若何？」曰：「即此是景，更有何景？虛若太空，明若秋月，寂若夜半，定若山嶽，則幾矣；然亦就景言景耳。若著於景，則必認識神爲本面，障緣益甚，本覺益昧。」

問：「醒時注意本眞，亦覺有此趣；夢裏未免散亂，奈何？」曰：「夢裏散亂，還是醒不凝一。醒果凝一，自然無夢，即夢亦不至散亂。」

〔一〕「日」，原本作「若」，據石泉彭氏本、靜海聞氏本改。
〔二〕「所以齊」，長白完顏本作「所不齊」。
〔三〕「賊」，長白完顏本作「則」。

寐時漫無主張，死時又將何如？寐爲小死，死爲大死，不能了小死，何以了大死。故必醒如此，寐亦如此；生如此，自然死亦如此矣。「存順沒寧」，是善吾生者正所以善吾死也。

歲月易過，富貴如電。吾身尚非吾有，身以外何者是吾之有？須及時自策自勵，自作主宰，屏緣滌慮，獨覷本眞；毋出入，毋動搖，毋昏昧，毋倚落。湛湛澄澄，內外無物；往復無際，動靜一原；含衆妙而有餘，超言思而迥出。此一念，萬年之眞面目也。至此，則無聖凡可言，無生死可了。先覺之「覺後覺」，覺此也；六經之「經後世」，經此也；大學之「致知」，致此也；中庸之「愼獨」，愼此也；論語之「時學習」，學習乎此也；孟子之「必有事」，有事乎此也；以至濂溪之「立極」、程門之「識仁」、朱之「主敬窮理」、陸之「先立乎其大」、陽明之「良」、〔一〕甘泉之「認」，〔二〕無非恢復乎此也。外此而言學，卽博盡羲皇以來所有之籍，是名玩物；著述積案充棟，是名喪志。總之，爲天刑之民。噫！弊也久矣。

問：「心何以有出入？」曰：「心無出入。有出有入者，妄也。須令內緣不出，外緣不入，不爲窮通、得喪、毀譽、生死所動搖；時振時惺，不使懈惰因循生昏昧，不倚見聞覺知，不落方所思想，始可言心。」

跋〔三〕

王化泰

余以性命大事就正於二曲李先生，已三詣二曲矣，似有醒發，終未了徹。友人白〔四〕含章氏學邃識淵，近以年迫遲暮，於

〔一〕「之『良』」，石泉彭氏本、靜海聞氏本作「良知」。
〔二〕「之『認』」，石泉彭氏本、靜海聞氏本作「體認」。
〔三〕「跋」，長白完顏本作「學髓跋」。
〔四〕「白」，石泉彭氏本、靜海聞氏本作「曰」。

斯益切切焉，遂同挽党生惟學肅迎先生。先生高蹈有年，而淑世覺人之念，未嘗少懈，故不憚跋涉。比至，遠邇名流，咸驩然喜，忘貴忘年，一時爭趨其門。博辯者訥，倨傲者恭，朝夕寅侍。先生爲之剖惑析疑，令人惕然深省，如滄溟瀛海，莫窺其際。精快之語，各有紀録。學髓一編，尤爲祕要，啟人心之固有，闡昔儒所未發，洵正學之奧樞、羣經之血髓也。非超然神悟，其孰能與於此！白君契若宿習，珍惜槧鉛，用廣於世，俾同志者獲睹是編。渙然怡然，憬悟斯旨。嘉惠之功，不亦宏且多乎！余竊歎服，迺不揆蕪陋，敬跋數語，以誌始末云。

蒲城王化泰跋

卷三

兩庠彙語序

王邁

大道之在兩間也，如日月之經天，不可一息之或冥焉；如江河之行地，不可一息之或壅焉。故有斯道而後有人心，有人心而後有風俗。堯、舜、禹、湯闡其傳，伊、關、濂、洛[一]衍其祕，賢聖相承，心源遥印，無非爲天下萬世存此幾希一脈耳。第人心易於汩沒，即讀書道古者窮年呫嗶，祇不過爲青紫之階，而於先聖先賢之精意，不啻塵土視之、糟粕棄之。關中二曲先生力學多年，毅然以斯道爲己任。太府駱公前令盩厔，躬詣其廬，見風雨不蔽，德容道氣，望而知爲隱君子。公餘之暇，輒就正辨論焉。蓋芝蘭同室，自爾芬芳，氣洽也。今守毘陵，先生賁然玉及大道之南，非特一邦之幸。余小子司鐸郡庠，愚陋何知！太府駱公命傳集多士於明倫堂彙講。先生之言，以正心術、勵躬行爲要，而下手處在靜則涵養，動則省察。一時薦紳暨弟子員環堵而聽，猶聾者忽聞鐘鼓之聲，盲者忽睹五彩之華也，無不歡欣暢悦，如夢斯覺。夫道必講而後明固已，第學者必身體力行，則行遠自邇，登高自卑，不患不到聖賢地位。不然聆其言而不返之於身，則今日一堂論辨，過此以往，安知不内戰於嗜欲，外戰於紛華乎。於先生諄諄面命之旨，太府駱公傳集之雅意何當焉？蘭陵陸生，篤信人也，隨録其言，付之剞劂，由此刊布海内，共知正心術、勵躬行爲入門第一義，將見斯道如日月之經天焉、江河之行地焉。先生之言在一時，先生之功在萬世，不甚弘鉅也哉！

時康熙辛亥仲春之吉，金沙王邁題於蘭陵荒署

[一]「伊、關、濂、洛」，長白完顏本作「濂、洛、關、閩」。

常州府武進縣兩庠彙語

門人吳發祥、陸士楷同録
教授王邁、王琰同校

先生曰：「明倫堂爲設教之地。教化必自學校始，未有教化不行於學校，而可以言教化者也。然教化不在空談義理，惟在明此心，體此理。人人有此心，即有此理。自聖賢以至愚夫愚婦，此心同，此理同。譬〔一〕如眼中黑白，古人見是白的，今人亦見是白的，黑白何嘗以古今異？可見，心理同然，古今一轍。但古人之學多爲己，今人之學多爲人。夫子教子夏，所以有『君子儒』『小人儒』之分；而君子、小人之分，只在立心上辨別。『爲己之學』，事事從自己身心上體認，絶無一毫外炫；『爲人之學』，不但趨名趨利，爲聖賢所棄，即聰明才辨，無一可恃。故聖門如子貢，夫子不取，而獨取顏子。顏子何等聰明！夫子只取他『不遷怒，不貳過』，蓋顏子一味爲己，只在心地上用功故也。人能從爲己上用功，不論資稟高下，個個可造到聖賢地位。故顏子而下，如曾子得之於『魯』，子夏得之於『篤信』是已。『爲己之學』，不過明此心，體此理，修此身。此心未發之前要涵養，既發之後要省察，總不外日用常行、綱常倫理間，隨時隨處體認而已。夫子説『三畏』，説『九思』，中庸説『戒懼慎獨』，孟子説『求放心』，總是令人收拾身心，不致放逸。此便是聖賢爲己根本。古人學知求本，父兄相戒，子弟相規，只在此處，别無他道。今人教子弟，自六七歲讀書時，惟是富貴利達。子弟自受學之初，便已種下務外的種子。故朝夕所從事者，名利而已。與人會聚，言及名利則欣悦，言及修己治人，不以爲迂則以爲異。此古今人之所以不相及也。而猶居之不疑，自以爲功名，卻不知『功名』二字，今人亦多認錯了。所謂功名者，有功於一方，有功於天下，有功於

〔一〕「譬」，石泉彭氏本、靜海聞氏本作「正」。

萬世。如伊、周、孔、孟，得志則經綸參贊，兼善天下；不得志則紹前啓後，兼善萬世，自然天下頌之，後世傳之。不求名而名自隨，如形之必有影，是有功，卽有名也。而今童子進學、舉人登第，只知肥身家、保妻子，謂之富貴則可，謂之功名則未也。若謂眞正學問，卽功名已落第二意〔一〕了。人要明心見性，本源澄澈，此心凝然不動，常變如一，不豫期功名，而時至事起，隨感而應，功自建，名自立，故求功名者，須以道德爲本、社稷生靈爲念。否則，富貴未必得，而此心先亡。此心既亡，多一富貴，則反受一富貴之累。然此非讀書人之咎，亦學術不明，勢使然也。爲今日計，惟在明學術。學術明，則人才興；人才興，則風俗正，而治化翔洽矣。」

或言及「異端」。先生曰：「『端』字亦須體認。吾人發端起念之初，其端果仁、果義、果禮、果智？此是正念，此便是心術端，此便是端人正士。否則，便是邪念，便是心術不端，便非端人正士。卽此便是大異端，不待從事於楊、墨、釋、老而後爲異端也。」

座中偶言及鷄鳴章，先生曰：「昔潘侍郎求教於伊川先生，先生並無他說，只令在鷄鳴而起時辨別爲善爲利，俱在此處。蓋以今之所謂『善』，乃古之所謂『利』也。潘竦然拜謝而去，終身佩服不忘。今農、工、商、賈求利，原以資衣食。士爲四民之首，當正誼明道，表正四民；乃汲汲於利，反更甚若輩。其有閉戶讀書，鷄鳴吟誦，人人便欽其篤志，稱其好學；卻不知彼終日揣摸者，全在富貴利達，起心結念，滿胸成一利團。如此爲學，卽終日懸梁刺股，囊螢映雪，忘食忘寢，亦總是孜孜爲利，與大舜分塗者也；卽學富二酉，文工一世，占狀頭，躋顯要，適足以爲濟惡之資而已。故發端起念之初，不可以不察也。學者慎諸！」

問：「學問之要，全在涵養省察，當何如？」先生曰：「也須先識頭腦。否則，『涵養』是涵養個甚麼？『省察』是省察個甚麼？若識頭腦，『涵養』涵養乎此也，『省察』省察乎此也。時時操存，時時提撕，忙時自不至於逐物，閒時自不至於

〔一〕「意」，石泉彭氏本、靜海聞氏本作「義」。

著空。」

敢問：「如何是頭腦？」先生曰：「而今問我者是誰？」在座聞之，咸言下頓豁，相與歎曰：「先生一言之下，令人如還故鄉，此古人所以貴親炙也。」

先生曰：「成始成終，不外一『敬』。『敬』之一字，是聖賢徹上徹下的工夫，自灑掃應對，以至察物明倫、經天緯地，總只在此。是絶大功業，出於絶小一心。」

又曰：「爲學不要騖高遠，但從淺近做起。手足耳目，神明之符也，須是整頓精神，中恆惺惺，足重手恭，視明聽聰，對境不遷，斂之又斂，以至於無時無事之不斂。如是，則吾身之官器治，萬物之官器亦治；吾身之性情和，萬物之性情亦和。所謂修身立命、成己成物、一貫之道也。故最上道理，只在最下修能。」

問：「官器之治、性情之和，在己一身，何以便至萬物之官器、性情亦治亦和？」先生曰：「禮記一部，開卷〔二〕第一義便曰：『毋不敬，儼若思，安定辭，安民哉。』而論語之稱『安人，安百姓』，以至中庸所謂『篤恭而天下平』，莫不本於修己之敬。蓋己身莊敬不肆，儼然人望而畏之，默有以律其驕肆多矣。己身安定和平，人對之則鄙吝自消，是不言而飲人以和，鮮有不和者矣。此所謂正己而物正，一正百正，一了百了。心和則氣和，氣和則天地之和亦應矣。乃位育參贊之實際也，夫何疑？」

問：「鷄鳴平旦，此衷亦覺清楚。一與物接，未免隨境紛馳，奈何？」先生曰：「當境紛馳時能知紛馳，即不紛馳矣。」

問：「入門下手之要，可得聞乎？」先生曰：「我這裏論學，本無定法，本無一定下手之要，惟要各人自求入門，自圖下手耳。」曰：「學人若知自求入門，自能下手，則何敢過問，以滋煩聒？」先生曰：「我這裏論學，卻不欲人閒講泛論，只

〔二〕「卷」，石泉彭氏本、靜海聞氏本作「篇」。

要各人迴光返照，自覓各人受病之所在，知有某病，卽思自醫某病，卽此便是入門，便是下手。若立定一個入門下手之程，便不對症矣。譬猶所患在虛寒，教以服溫補之劑；若卽以此概投之強壯之人，誤人不淺！」

先生曰：「人之病痛各別，或在聲色，或在貨利，或在名高，一切勝心、妒心、慳心、吝心、人我心、是非心，種種受病，不一而足。須是自克自治，自復其元。苟所病不除，卽終日講究，祇成畫餅，談盡藥方，仍舊是個病人，可慨也已！」

先生曰：「孔、顔、思、孟，及宋之濂、洛、關、閩，明之河、會、姚、涇，俱是醫人的名醫；五經、四書及諸儒語録，俱是醫人的良方。乃吾人自少至長，終日讀其方，祇藉以爲富貴利達之資，實未嘗以之按方服劑，自療其病，豈不辜負明醫立方之初心。」

問：「學問之要，在於自治其病，固矣。但道理無窮，學問亦無窮，病去之外，可遂無進步乎？」先生曰：「噫！何言之易也？夫以文王之聖，猶稱『望道未見』；尼父論學，一則曰『未能』，再則曰『未能』。二聖之心，卽堯舜猶病之心也。若文王、尼父自以爲已見、已能，便是自畫，便是大病。惟見而不自以爲見，能而不自以爲能，乾乾惕厲，日進不已，此二聖之病，病所以卒能無病也。」

先生言已，又喟然曰：「吾人諸病，猶易拔除；惟葛藤好名之病，病在膏肓，卒未易除。」衆請其故。先生曰：「不講學者，可無論已。乃有挺身號召，名爲講學者，及察其實，仍舊只是掣章句、論書旨。如此只是講書，非講學也。卽眞正不泥章句，不滯故紙，能以理道爲務，則又捨目前各人進步之實，茫不究〔一〕心，往往言『太極』，談『理性』，辨『朱陸異同』，指『陽明近禪』，葛葛藤藤，惟鼓脣吻，此其一病也。淺之爲富貴利達之名，深之爲聖賢君子之名。淺深不同，總之爲大病。此病不除，卽謹言愼行，終日冰兢，自始至終，毫無破綻，亦總是瞻前顧後，成就此名根，畢生澆灌培養的是棘蓁，爲病愈深，死而後已。此皆膏肓之症，盧扁之所望而卻走者也。」

〔一〕「究」，長白完顔本作「毫」。

府學博請問：「陽明『良知』之說，何如？」先生曰：「此千載絶學也。」「然則人疑其近禪，何也？」先生曰：「此不知者之言也。天若無日月，則遍地咸昏暗，安得〔二〕出作入息；人若無良知，則滿身成僵屍，安能視聽言動。自己一生大主宰，抵死不認，支離纏繞，摹擬仿效於外，所謂『道在邇而求諸遠』，騎驢覓驢，可哀也已！」

問：「『致良知』三字，洩千載不傳之祕，然終不免諸儒〔三〕紛紛之議，何也？」先生曰：「此其故有二：一則文字〔三〕知〔四〕見，義襲於外，原不曾鞭辟著裏，眞參實悟；一則自逞意見，立異好高，標榜門戶，求伸己說。二者之謬，其蔽則均。若眞正實做工夫的人，則不如是。譬猶嬰兒中路失母，一旦得見，方刻刻依依之不暇，又何暇摇脣鼓舌，妄生異同也。」

一友問君子欲訥於言章。先生嘆曰：「『君子』二字要看。惟君子方訥於言而敏於行，否則敏於言而訥於行矣。世之無志於學者，固勿論已；即號爲有志者，亦往往辯論有餘，而實體不足，是道之所寄，不越乎語言文字之間而已。申公有言：『爲治不在多言，顧力行何如耳。』今爲學亦不在多言，亦顧力行何如耳。誠能於四書中，著著寔寔力行一二言，即終身無議論，無著述，亦不害其爲君子。否則，論辨雖精，撰著雖富，不過巧言而已。夫巧言亂德，學人所當痛戒也！」

問：「承先生懒切之誨，今後當勵志躬行，杜門杜口，不敢徒講。」先生曰：「人患不著實躬行。誠肯著實躬行，則不可一日不講。講則神情娓娓，日精日進；不講則自作自輟，率意冥行。辟猶杜門安坐之人，終日講盡無窮路程，而自身卻依然在家如故，此則可羞可戒。若啟程就塗，不詳講路程，而曰『貴行不貴講』，未有不北轅南轍、入海而上太行者也。」

問：「静坐所以收斂此虛靈也，而一念省存，隨一念逐外，奈何？」先生曰：「此切問也。然亦無他捷法，惟有隨逐

〔二〕「得」，石泉彭氏本、静海聞氏本作「能」。
〔三〕「諸儒」，石泉彭氏本、静海聞氏本作「後人」。
〔三〕「字」，石泉彭氏本、静海聞氏本作「章」。
〔四〕「知」，石泉彭氏本、静海聞氏本作「表」。

隨覺，隨覺隨斂而已，久則自寂自定。靜坐時如此，紛擾繁冗時亦如此矣。譬猶濁水求澄，初時猶濁，既而清濁各半，久則澄澈如鏡，自無纖塵。」

問：「隨逐隨覺，隨覺隨斂，猶從流遡源也。不知可於未流時得其主宰，自不至逐否？」先生曰：「亦無他法。只是要主靜，靜極明生。無事時自不起念，有事時自不逐物，如明鏡，如止水，終日鑑而未嘗馳，常寂而常定，安安而不遷，百慮而一致，無聲無臭，渾然太極矣。所謂『有物先天地，無形本寂寥，能爲萬物主，不逐四時彫』是也。」

岳華山先生問：「天命之性，三教同否？」先生曰：「同而異。在天爲於穆不已之命，人稟之爲純粹至善之性，直覷原本，不落思想，不墮方所，以臻無聲無臭之妙，是則同；持之以戒慎，濟之以窮理，聰明睿智，寬裕溫柔，發強剛毅，文理密察，立大本，綸大經，參贊位育，溥博淵泉而時出之，則異而異矣。以彼眞參實悟，其有見處，非不皎潔，而達之於用，猶無星之戥、無寸之尺，七倒八顛，迴視儒者眞實作用，何啻霄壤！」

熊別駕見堂聯有「學以致道，致堯、舜、禹、湯、文、武、周公、孔子之道」一語，因以「致道」爲問。先生曰：「性本人人各具之性，則道爲人人當由之道，非堯、舜、禹、湯、文、武、周公、孔子所得而私也。然人人當由，而人人不能盡由，惟堯、舜、禹、湯、文、武、周公、孔子能率其性所固有，由其日用之所當然。如堯之『允執』、舜之『精一』、禹之『祗承』、湯之『以義制事，以禮制心』、文之『不聞〔二〕亦式，不諫亦入』、武之『敬勝怠，義勝欲』、周公之『思兼』、孔子之『敏求』，皆是也。後之學者，誠能如羣聖已然之效，而率之、由之，尊所聞，行所知，見羣聖之心而因以自見其心。始也，就其效先覺之所爲，而若致堯、舜、禹、湯、文、武、周公、孔子之道；終也，自返自照，自戒〔三〕自證，乃各人自致其各人當由之道也。於堯、舜、禹、湯、文、武、周公、孔子乎何有？若執爲堯、舜、禹、湯、文、武、周公、孔子之道而致之，是義襲於外也，是捨己之田而芸人之田

〔二〕「聞」，原本作「臨」，據長白完顏本、詩經改。

〔三〕「戒」，原本作「成」，據石泉彭氏本、靜海聞氏本改。

也；其摹擬仿效、畔援歆〔二〕羡之私，中心不勝憧憧，乃行仁義者之所爲，而非由仁義之實際也。」

〔二〕「歆」，原本作「欣」，據石泉彭氏本、靜海聞氏本改。

卷四

靖江語要序

鄭重

從來政治之得失，世運之盛衰，未有不與學術、人心相推挽者也。稽自漢唐而下，以逮今日，當定鼎之時，多資禦侮之才；而垂拱之後，必重循良之吏。凡以興學校、崇教化爲治之首務而師帥一方者，每以講學興行爲念，一遇倡道崇修之儒，不啻式廬而請益，且執贄而師事之。於頽風流俗之下，令人知尊先聖之宗風，而復三代之盛治，非旁求之主所欲股肱賴之而寤寐不遑者歟！

二曲李先生，關中鉅儒也。不屑章句之學，以闡明學術、救正人心爲己任，一時賢士大夫，無不翕然宗之。當事欲疏薦於朝，辭不就道。足以康濟天下，而其志終不欲以功名之士自期，是先生之素矢也。郡守駱大人令二曲時，簿書之暇，必造廬晤對，以證所學，凡天德、王道、修己、治人之事，罔不日相摩切，務體之於心而達之於政，不徒託諸空言而後已。蓋公之居官，不以材技〔二〕而以學問，所蒞之區，惟孳孳以講學興行是重。而先生方存省一室，位育人寰，與之相得益彰。豈非欲藉先生宣迪之力，上以翔洽治化，下以振興末俗也乎！及公守毘陵，復欲以先生之學惠敷南國，折簡相邀，劍佩遽出，斯道一燈，幾遍大江南北，邦人之幸也。明倫鐘鼓，啟發多方，環擁而觀聽者，得其片詞隻語，莫不頓生覺悟，咸謂「人心之陷溺，由於教化之陵夷」。今日非公之雅意興學，何以致先生發矇振聵，木鐸江區，俾後輩如夢初覺，如飢得食也哉。嗟乎！世所

〔二〕「技」，原本作「指」，據石泉彭氏本、靜海聞氏本改。

謂「良二千石，日矻矻治程書」。彼方以俎豆爲匏瓜，無問縫掖；今公獨以文學興吏治，匪特此邦之幸，而天下之幸也！陞堂開示之餘，間有隨侍精舍，詢疑辨難諸語，並彙而梓之，附於諸刻之末，以見學術人心，無在不足以關於政治云耳。

時康熙辛亥仲春既望，閬中鄭重題於驥沙公署

靖江語要序

陸士楷

靖江語要者，吾師李二曲先生應靖邑鄭令君及袁學博先生之聘以答多士語也。令君政崇風教，雅意學校，聞先生闡道毘陵，遂與袁先生具舟肅迎，爲多士開示津要。先生在郡，預悉令君與袁先生之賢，力疾以赴。至則請益踵接，各質所疑。先生隨叩而鳴，人遂其欲。語多不具録，姑録其要，以誌靖邑一時之盛云。

時康熙辛亥春仲既望，晉陵門人陸士楷謹識

靖江語要

晉陵門人　吳發育、尤霞、朱士蛟　張允復、鄒隆祚、羊球　同録

先生曰：「吾之教人，使其鞭心返觀，重本輕末，久則自覺意思安閒，襟懷瀟灑，一切外物，自不入慮。」問：「據先生所言，不惟富貴利達，區區浮名是『末』，卽文章功業亦莫非『末』也？然富貴、利達、浮名『末』，視之可也；乃文章功業，可盡廢乎？」先生曰：「曷嘗欲其盡廢？顧爲學先要識『本』。誠識其『本』而本之，『本』既得則『末』自盛。譬之於水，水惟其有源，自然混混時出，流於巴蜀則爲岷江，流於豫章則爲九江，流於金山則爲鎮江，流於滄溟則爲東海，隨所在而名之，源初不知也。吾人學苟知本，實體於躬，則爲道德而不知所謂道德也。宣之於言則爲文章，初非有心於文章也；見之於事則爲功業，初非有心於功業也；不幸值變則爲氣節，初非有心於氣節也。亦猶水之隨在得名，不期然而然耳！若捨本趨末，專意文章，則神思所注，止知有文章是『本』，爲文章所汩矣。志在功業者，所急惟在功業，遇之則意氣飛揚，矜功恃業；不遇則精神消沮，垂首喪氣，甚至所志不展，蘊之於胸，不勝技癢，作祟不淺。氣節亦然。蓋志在氣節，則必以客氣爲氣節，其害事尤復不淺。凡此者，皆由無本故耳。甚矣！學貴敦『本』也。」「敢問『本』？」先生曰：「卽各人心中知是知非，一念之靈明是也。此之謂天下之大本。立者，立此而已，無他肫肫，此卽肫肫；無他淵淵，此卽淵淵；無他浩浩，此卽浩浩。時出者，由此而時出也；朝聞者，聞此也；夕死而可者，既覿本面，一證永證，一了百了，生順死安，無復餘憾也。」

問：「性善之說，諸家紛紛，敢質諸先生？」先生曰：「子七歲時，早已念過『定說』矣，何又疑？」曰：「某七歲時所念者，不過是三字經，何曾見『定說』？」先生曰：「三字經開章第一句，便云『人之初，性本善』，此非『定說』乎？」曰：

「三字經雖有此言，然『性本善』之説，終覺茫然。」先生曰：「其未發也，沖漠無朕，萬善同涵；發而見於外也，惻隱、羞惡、辭讓、是非之端，隨感而現，一一不待學而知，不待慮而能。此非性之本善而何？」「然則夫子謂『相近』，何也？」先生曰：「性本不可以『近』『遠』論，『相近』者就稟質而言也。性雖無不善，而稟質有純駁。其純者清明融粹，於本原之善毫無蔽昧；駁則拘於形氣之私，於是乎發於外者，有善有不善矣。然雖或有不善，其於本然之初，猶爲相近。逮牽於情感，移於時勢，展轉反覆，不啻倍蓰。人以其倍蓰也，遂疑有生之初便有不善，誤矣！」曰：「近有講學者，專主『性善』，言及於『氣質』，便以爲非，然乎？」先生曰：「言『性』而捨『氣質』，則所謂『性』者，何附？所謂『性善』者，何從而見？如眼之視，此氣也，而視必明，乃性之善；耳之聽，此氣也，而聽必聰，乃性之善；手之執，此氣也，而手必恭，乃性之善；足之運，此氣也，而足必重，乃性之善；以至於百凡應感，皆氣也，應感而咸盡其道，非性之本善而能之乎？若無此氣，性雖善，亦何從見其善也？善乎！程子之言性也，曰『論性不論氣則不備，論氣不論性則不全』，此紛紛之折衷也。」曰：「陽明『無善無惡』之旨，諸儒終不謂然，何也？」先生曰：「此諸儒文字知〔二〕見，學不洞其大也。所見者形而下，其形而上者，原未之深契也。性本沖漠無朕，不可以『善』言。凡言『善』者，皆就其『繼之者』而名也。若論『無聲無臭』之本，『善』猶不可以強名，況『惡』乎！故『無善之善，乃爲至善；有意爲善，雖善亦私』，此陽明立言之本意也。」

問：「中庸以何爲要？」先生曰：「慎獨。」因請示慎之之功。先生曰：「子且勿求知『慎』，先要知『獨』。『獨』明，而後『慎』可得而言矣。」曰：「註言『獨者，人所不知，而己所獨知之地也』。」先生曰：「不要引訓詁，須反己，實實體認。凡有對便非獨，獨則無對，卽各人一念之靈明是也。孟子謂『天之所以與我者』，與之以此也。此爲仁義之根、萬善之源，徹始徹終，徹內徹外，更無他作主，惟此作主。慎之云者，朝乾夕惕，時時敬畏，不使一毫牽於情感，滯於名義，以至人事之得失，境遇之順逆，造次顛沛，死生患難，咸湛湛澄澄，內外罔間，而不爲所轉，夫是之謂『慎』」。

〔二〕「知」，石泉彭氏本、靜海聞氏本作「之」。

問朱陸異同。先生曰：「陸之教人，一洗支離錮蔽之陋，在儒中最爲儆切，令人於言下爽暢醒豁，有以自得；朱之教人，循循有序，恪守洙泗家法，中正平實，極便初學。要之，二先生均大有功於世教人心，不可以輕低昂者也。若中先入之言，抑彼取此，亦未可謂善學也。然辨朱辨陸，論同論異，皆是替古人擔憂。今且不必論異同於朱陸，須先論異同於自己，試反己自勘，平日起心動念，及所言所行，與所讀書中之言同耶？異耶？同則便是學問路上人，尊朱抑陸亦可，取陸捨朱亦可；異則尊朱抑陸亦不是，取陸捨朱亦不是。只管自己，莫管別人。」

問：「思慮起滅不定，奈何？」先生曰：「無主故也。有主，則奴僕咸就約束。」問：「如何是『主』？」曰：「惺惺一念是也。能常惺惺，無事時澄然湛然，何思何慮。事至，則隨感而應，思其所當思，自不妄思；慮其所當慮，自無雜慮。蓋賊盜竊發，多乘夜半。太陽一出，而屏跡匿影之不暇，又何敢肆？」

先生曰：「學苟眞實用力，操存久則自覺身心爽泰。當其未與物接，必有湛然虛明時，卽從此收攝保任，勿致汩昧，馴至常虛常明，浩然無涯。所謂『夜深人復靜，此境對誰言』，樂莫樂於此。孔曰『樂在其中』，顏曰『不改其樂』，皆是此等景況也。」問：「如何操存，方克臻此？」先生曰：「只是要敬，敬則內外澄徹，自無物欲之累，高明廣大之域，自不難致。」曰：「如斯而已乎？」先生曰：「學者胸中能有此景況，不發則已，發則自無不善：遇親自能孝，遇兄自能弟，當惻隱時自惻隱，當羞惡時自羞惡，當辭讓時自辭讓，當是非時自知是非，溥博淵泉而時出之，經綸酬酢變通，夫焉有所倚！」

先生曰：「李延平有云：『爲學不在多言，默坐澄心，體認天理。』此二語乃用功之要也，學須從此下手始得力。」

又曰：「莊敬靜默，整頓威儀，刻刻照管，步步提撕，須臾少忽，則非鄙滋而悔吝隨矣。愼之，愼之！」

問：「靜坐而不嚴理欲之辨，昏昏昧昧，未免無從下手？」先生曰：「靜坐而不嚴理欲之辨，固不可。靜坐而先橫一理欲之辨於胸中，亦不可。心齋有云：『只心有所向便是欲，有所見便是妄。既無所向，又無所見，便是無極而太極。良知一點，分分明明，停停當當。此神聖之所以經綸變化而無窮也。』」

問：「『無思無慮』之旨，與中庸『愼思』、洪範之『睿思』，以至管子『思之，思之，又重思之』之言，未免二致？」先生曰：「此心空洞無物便是道。人能寂然不動，感而遂通，廓然大公，物來順應，非『無思無慮』而何？『愼思』『睿思』及『思之，又思之』言，正思此『無思無慮』之實，勿致疑。且易言『何思何慮』，又云『擬之而後言，議之而後動』，卽此擬議，豈非思慮，而其究仍歸於『無思無慮』。故曰『思盡還源，性體常住，但恐思之不精耳』。又曰『禮云「儼若思」』者，『儼然若思』而實無思，不起意，不逐物，內外澄湛，而實無一物之或遺。盡此，謂之盡性；立此，謂之立命。『大本』『達道』，同體異名。如是，則形骸肢體雖與人同，而視聽言動，渾是天機，通身是眼，十目十手，猶其末也。人盡而天全，『朝聞之，夕死可矣』。」

先生曰：「天道不翕聚，則不能發散；風之積也不厚，則負大翼也無力。夫物亦有然者矣。是故學問得力之要，莫要於靜。程子見人靜坐，便歎[一]其善學。詹阜民請教，象山令其閉目靜坐。阜民靜處者一月，往見象山。象山目逆而笑曰：『此理已顯也。』問：『何以知之？』曰：『瞻之眸子而已。』問：『道果在邇乎？』象山曰：『萬善皆是物也。』葉元吉應貢抵京，聞鼓聲而有契，通身汗出，歎曰：『此非鼓聲也，如還故鄉。』梭山昆季聞風震窗響，亦憬然有悟。由諸子觀之，學須以悟爲得，否則道理從聞見而入，皆古董塡塞以障靈原者也。」又曰：「若只要議論明快，娛目賞心以圖傳遠，則罄南山之竹亦書不盡。苟眞正切己，實做一兩字，猶不勝用，那消許多。」

先生曰：「邇來講學者，頗有其人，道其明矣乎？而不知其憂，方大也。往往講之以口，而實未嘗驗之於身。逞臆見，爭門戶，祇以增勝心，此亦通人之通患也。昔有衆將爭談殺賊之略，一將獨否。或詰其故，答曰：『諸君以口殺賊，不才要以手殺賊。』斯言可爲吾曹深鑑。」

〔一〕「歎」，石泉彭氏本、靜海聞氏本作「稱」。

卷五

錫山語要

毘陵門人徐超
張濬生同録

無錫吴令君、郝學博素重風教，康熙辛亥仲春朔，具啟迎先生，爲多士發明心要。次晨舟發，是晚抵邑。初三日，大會於明倫堂，紳衿庶民環聽者千餘人。先生告衆曰：「不肖幼孤失學，昏庸罔似，衹緣浮慕先哲，以致浪招逐臭。十餘年來，偶爲一二先達謬垂許可，此所謂純盜虛聲，毫無實詣者也。晉陵爲人才之藪，文獻甲天下。不肖方洗心滌慮，傾懷承教之不暇，又何敢妄有論說，以瀆衆聽。惟是東林書院一事，不可以不商。竊念斯地之有東林，猶新安之有紫陽，南康之有白鹿，南嶽之有嶽麓。四書院並爲宇内不朽名區，所以考德問業，以存吾道之羊者也。今三書院之在彼處者，地方以時修葺，學會相沿不替，獨斯區非復疇昔之舊，講會亦寥落無聞。愚竊傷之，區區輒不自揆，欲望地方諸君子相與圖之，以紹前徽，俾前哲已墜之緒，絕而復續，亦諸君子正大光明之美舉，生平不朽之快事也。東林諸君子之在當時，不恤讒毁，力肩正學，道德風節，表正海内。雖一時不幸，厄於羣小，然光彩煥發，流馨無窮，千秋萬禩，傳爲美談。廉頑立懦之功，有不可得而誣者矣。士人立身，無論顯晦，俱要有補於時。在位，則砥德礪行，表正人倫於上；在野，則砥德礪行，表正人倫於下。所謂在朝在野皆有事是也。」

問「格物」。先生曰：「『格物』二字，諸説紛紛，猶若聚訟。吾人生於其後，不妨就資之所近取益，不必屋上起屋，再添葛藤。『格物』，猶言窮理也。物格知至，理已明也。物卽身、心、意、知、家、國、天下之物，皆當有以格之。然有序焉，由知、意、心、身深究密詣，循序漸進。本立，然後家、國、天下可得而言矣；否則，後其所先，而先其所後，何繇近道？『格物』，首要格『爲物不貳』之物。此物格則大本立，從而漸及於家、國、天下之物，方不外本內末，遊衍馳騖。格之之方，須先掃除廓清，不使塵情客氣、意見才識，一毫牽滯於胸中。夫然後學問思辯，務使精神志慮，全副盡歸之理路。掃除廓清果力，則脱灑極而性光自朗；學問思辯果毅，則研幾透而全體具呈。到此田地，如麻木者甦、醉夢者醒，始悟我之所以爲我，惟此一知。天賦本面，一朝頓豁，此聖胎也。戒愼恐懼，保而勿失，則意自誠，心自正，齊治均平於是乎出。有天德自然有王道，夫焉有所倚！『萬物皆備於我』，苟一物不格，則一物不備矣。故君子於學也，隱而幽獨危微之介，顯而人倫日用之常，以至古今致治機猷，君子小人情僞，及禮、樂、兵、刑、賦、役、農、屯，皆當一一究極，而可效諸用，夫是之謂大人之學。蓋大人所期，原自與小人異：小人於稼圃之外，無復關懷；大人則志在天下國家。苟一物不格，則一理未明；一理未明，則臨事應物，又安能中窾中會，動協機宜？此不學無術，寇相之所以見誚於張公也。」

「然則一一究極，非資於外乎？」曰：「非然也。致知以格物，格物以致知，蓋莫非良知之用也。格物窮理，貴有補於修齊治平。否則，誇多鬥富，徒雄見聞。若張茂先之該博，陶弘景之以一事不知爲恥，是名『玩物』。如是，則喪志愈甚，去道愈遠矣。此等駁雜之弊，學人所當深戒。日月易邁，人壽不常，倏而青顏，倏而白髮，此智者悲寸陰之易去，楊億哭老年之不逢也。念及於此，眞可慄骨！宜自覷自認，自覓主宰，稍涉依違，大事去矣。必聯五七同志，朝夕聚首，交發互勵，振委靡因循之氣，堅果確奮迅之心，時時打點，刻刻幹辦，力到功深，豁然炯悟。如此，則形骸耳目雖與人同，而所以視聽言動，渾是一團天理，可以達天，可以補天。『先天而天弗違，後天而奉天時』。在乾坤謂之肖子，在宇宙謂之完人；今日在名教謂之賢聖，將來在冥漠謂之神明，方不枉活人一場也。」

問易，先生曰：「不知。」又問，先生曰：「不知。」其人固問不已，先生曰：「子之問易也，何爲？」曰：「易乃經中之要也。」先生曰：「子欲知經中之要也，何爲？」曰：「諸名公咸尚易也。」先生曰：「然則子之治易也，〔一〕爲諸名公而治易，非爲己而治易也。不爲己而治易也，則其平日之所以朝研而夕討者，乃欲解衆人之所不能解，發衆人之所不能發，誇精鬥奧，作一場話說而已。此其爲力甚苦，而其用心亦可謂太勞已。」

「聞先生亦嘗著易說及象數蠡測，今乃云云，何也？」先生曰：「此不肖既往之祟也。往者血氣用事，學無要領，凡讀書談經，每欲勝人，以爲經莫精於易，於是疲精役慮，終日窮玄索大，務欲知人所不知，一與人談，輒逞己見以傾衆聽。後染危疾，臥牀不談易者半載。一息僅存，所可以倚者，唯此炯炯一念而已。其餘種種理象繁說，俱屬葛藤，無一可倚。自是，閉口結舌，對人不復語及。蓋以易固學者之所當務，而其當務之急，或更有切於此也。」

曰：「據先生所云，則易遂可以不治乎？」先生曰：「易何可以不治也，特治有急於此者，不可以不之先也。」曰：「然則所謂先者安在？」先生曰：「吾人爲學，自有次序，今於四書之顯且易者，尚未能躬行實踐其萬一，又安敢貪高慕遠，過用其心於晦且難者乎！」其人默然。

先生語已，又不欲重違其意，則謂之曰：「吾爲子試言易之大旨可乎？」其人欣然拱聽。先生又謂之曰：「吾子姑且靜坐片晌。」良久，先生告曰：「今且不必求易於易，而且求易於己。人當未與物接，一念不起，卽此便是『無極而太極』；及事至念起惺惺處，卽此便是『太極之動而陽』；一念知斂處，卽此便是『太極之靜而陰』；無時無刻而不以去欲存理爲務，卽此便是『天行健，君子以自強不息』；人欲淨盡，而天理流行，卽此便是『乾之剛健中正，純粹精』；希顏之愚，效曾之魯，斂華就實，一味韜晦，卽此便是『歸藏於坤』。親師取友，麗澤求益，見善則遷，如風之疾；有過則改，若雷之勇；時止則止，時行則行；見險而進，知難而退；動靜不失其時，繼明以照四方，則兌、巽、震、艮、坎、離，一一在己而不在易矣。吾子其果信然乎？」其人大喜，再拜而謝。又問「用九，見羣龍無首。吉。」先生笑曰：「此又是葛藤。適區區

〔一〕「也」，靜海聞氏本脫。

所言，猶未之鞭辟深體，而復拈章引句，縱發明得極其精妙，亦與吾子切己要務有何交涉？夫『用九』不過是體乾，乾之六爻不言『吉』，而此獨言『吉』，蓋必無首迺吉，天德不可爲首故也。以此知人固貴有善，尤貴不自居其善。有其善，喪厥善；有意爲善，雖善亦私，此學易之三昧也。」

先生深懲末俗展轉於語言文字，支離蔽錮，故其論學因病發藥，隨說隨掃，戒超等毋得竊録。蓋恐一落言詮，咸以知解承而不以實體得也。錫山之行，庠中及東林書院講論，娓娓答問不倦，聞者莫不踴躍。惜哉！俱未之記也。郝元公先生索以付梓，超等茫無以應，不得已，聊録數則以復。掛一漏萬，超、濬等之罪也夫！超、濬等之罪也夫！

康熙辛亥春仲五日，毘陵門人徐超、張濬生沐手謹識

卷六

傳心録序

陸士楷

人之所以爲人，以其有是心也；心之所以爲心，以其虚靈不昧，備「四端」而兼萬善也。無人不具，無時不然，推之南海、北海，千百世之上、千百世之下，無弗同也。聖之所以聖，賢之所以賢，愚之所以愚，不肖之所以不肖，統於是焉分之，故不可以不学也。學之如何，亦惟全其心之所同，不至於自昧其靈，自趨於愚不肖之歸而已。然而，未易言也。蓋必有傳而後學可得而言，有學而後心可得而言。昔人所謂有眞師友，然後有眞口訣是也。楷生也鈍，自舞象時，蒙家嚴口授以曾大父聚岡公、大父鳳臺公家訓，諄諄以治心爲務。自是雖頗知所嚮，而鞭策無人，作輟乘之，荏苒虚度，祇是舊人。辛亥春，始獲受學於吾師二曲先生之門，晨夕趨侍，解惑啟蔽，叨益良多，而大要歸於治心。楷聞之如飲瓊露，不覺神思融暢。噫！使非彼蒼默佑，得聞心要，則虚此生矣。今師範日遠，就正無從，謹述其概，題曰傳心録，以見儀範雖遠而心範則存，尊所聞，行所知，庶爲無負。否則，即日侍函丈，亦何益哉！吾曹勗諸。

時康熙辛亥清和朔，晉陵門人陸士楷介侯氏拜題於居敬堂

傳心録

晉陵門人陸士楷手録

楷問心。先生曰：「無心。」曰：「心果可以無乎？」曰：「行乎其所無事則無矣。其未發也，虚而靜；其感而通也，廓然大公，物來順應。如是，則雖酬酢萬變，而此中寂然瑩然，未嘗與之俱馳，非無心而何？」

又曰：「洪範、皇極之敷言，吾人宜默存深體。如『無偏無陂，蕩蕩平平』等語，可謂至言。中懷如此，便是心得其平；世運如此，便是世得其平。」

又曰：「道理本是平常，此心惟貴平常。若厭平常而好高奇，卽此便是勝心，便是心不得其平。善乎！羅惟德之言曰：『聖人者，常人而安心者也；常人者，聖人而不安心者也。』」

問：「心體本然，既聞命矣，養之之功，奈何？」先生曰：「終日乾乾，收攝保任，屏緣息慮，一切放下，令此心湛然若止水，朗然如明鏡，則幾矣。」

「先生每言學須著裏，敢問如何是『裏』？」先生曰：「裏也者，對外而言也。爲學所以自盡其心，自復其性，非以炫彩矜名也。須是刊落聲華，潛體密詣，纔有一毫露聰明、逞修能之意，便是表暴，便是務外。務外則心勞日拙，縱使行誼超卓，亦總是因人起見，本實先撥，天機絕矣，烏足言學？」

「然則，著裏之學，當如何下手？」先生曰：「別無他法，各從自己病痛上著工夫。務令病去，則本體自全。自古聖賢，未嘗於本體外有所增益也。如所病不除，雖終日講究，總是閒圖度；終日祇修，總是不貼切。故『悔過自新』，乃爲學入門第一義。於此若忽，則其所不忽者可知矣。」

「請問『自新』之功，當從〔一〕何處著力？」先生曰：「最上道理，只在最下修能，不必鶩高遠，説精微，談道學，論性命，但就日用常行、綱常倫理、極淺極近處做起。須整頓精神，中常惺惺，一言一動，並須體察，必使言無妄發，行無妄動。暗室屋漏，一如大庭廣衆之中，表裏精粗，無一或苟。明可以對人對天，幽可以質鬼質神。如是，則潔淨透脱，始可言功。」

「敢問下學立心之始，當以何者爲主？」先生曰：「用功莫先於『主敬』。『敬』之一字，徹上徹下的工夫，千聖心傳，總不外此。須當下發憤，拚一個你死我活，實實下一番苦工，猶如人履危橋，惟恐墮落，不敢稍懈。雖隱微幽獨，無人指視，而在我一念之知好知惡，知是知非，炯然於心目；卽十目十手，萬耳萬目之指示，莫過於此。豈可悠忽虛度，姑息自恕。」

問：「爲己之學，固得聞所未聞矣。安身立命法，可得聞乎？」先生曰：「李延平有云：『爲學不在多言，默坐澄心，體認天理。』二語實爲用工之要。務期莊敬靜默，從容鎮定。靜以培動之基，動以驗靜之存，刻刻照管，步步提撕；須臾少忽，則非鄙滋而悔吝隨矣。誠能屏緣息慮，常寂常定，口無他言，目無他視，耳無他聞，心無他念，內想不出，外想不入，潔潔淨淨，灑灑脱脱，此卽一念萬年之眞面目也。勿先講論，以滋葛藤；勿先著書，以妨實詣；勿執臆見，於門面上爭閒氣。去耳目支離之用，以全虛圓不測之神，則身安命立，天賦之本然復矣。」

「先生云『爲學必先立志』，請問吾人立志當何如？」先生曰：「立志當做天地間第一項事，當做天地間第一等人，當爲前古後今著力擔當這一條大擔子，自奮自力。在一方，思超出一方；在天下，思超出天下。今學術久晦，人失其心，闡而明之，不容少緩。當與一二同心，共肩斯事，闡揚光大，衍斯脈於天壤。『救得人心千古在，勳名直與泰山高』，則位育參贊事業，當不藉區區權勢而立矣。」

〔一〕「從」，石泉彭氏本、靜海聞氏本作「向」。

家嚴問：「如某等日暮塗窮，凡聰明才辨、事業文章，覺與我本來真性，皆無干涉。趁[一]此眼光未落[二]時，必如何策勵，臨时方不散亂？」先生曰：「年登七旬，便稱古稀；矧幾八旬，尤爲稀少。縱生平著述絶世，聰明過人，聲名溢四海，勳業超古今，至此總與性命毫無干涉，毫無可倚。若不著意究心，晝夜深體，大事臨期，悔恨何及？爲今之計，力將從前種種牽纏，盡情擺脱，如魚鳥之脱網羅、鹿麋之離陷穽，尋一安身立命、歸原結果之處，此卽『此中一念之炯炯者』是也。時時返照，刻刻打點，上不知有天，下不知有地；前不知有人，後不知有物，惟知有此而已。一意凝此，萬慮俱寂，力到功深，豁然頓契。又須急急收攝，愈沉愈寂，以至於一念不起，鬼神莫測，中獨惺惺，寸絲不掛，如秋陽，如江漢，天機任運，内外不著；無聲無臭，渾然太極。盡此，謂之『盡性』；立此，謂之『立命』。感長者鍼芥之投，骨肉至愛，率爾狂談，洩盡祕密，可謂直[三]吐心血。惟願勒諸骨髓，千萬努力，無更因循，稍涉依違，大事去矣。急急！」

[一]「趁」，原本作「稱」，據長白完顔本、石泉彭氏本、靜海聞氏本改。
[二]「落」，石泉彭氏本、靜海聞氏本作「廢」。
[三]「直」，石泉彭氏本、靜海聞氏本作「眞」。

卷七

識言

張珥

儒者之學，「明體適用」之學也。欲爲「明體〔一〕適用」之學，須讀「明體適用」之書；未有不讀「明體適用」之書，而可以「明體適用」者也。珥生也鄙，幼梏制舉，長逐風塵，於風雲月露之外，茫不知學問爲何事。戊申夏，獲見盩厔李先生，始知學問之實，始悔從前荏苒積習，虚度半生。自是痛自淬礪，一惟先生之傳，是體是遵。茲先生東遊太華，因便過珥。竊喜如狂，遂舘先生於家塾，晨夕參究，因獲聞所未聞。郡人士亦聞風爭造，咸質所疑。先生隨資開發，諄懇不倦。其接人有數等：中年以後，惟教以返觀默識，潛心性命；中年以前，則殷殷以「明體適用」爲言。大约謂：「『明體』而不『適用』，失之腐；『適用』而不『明體』，失之霸。『腐』與『霸』，非所以言學也。」珥因請「明體適用」當讀之宜，先生遂慨然告語，珥謹載筆而臚列之，用以自勗，並爲同臭味者勗。

时康熙八年己酉十月十四日午時也，〔二〕敦菴張珥謹識

〔一〕「體」，原本作「禮」，據石泉彭氏本、靜海聞氏本改。
〔二〕「也」，長白完顏本脫。

體用全學

二曲先生口授　　左輔張珥手録

明體類

象山集

先生在宋儒中，横發直指，一洗諸儒之陋。議論剴爽，令人當下心豁目明。簡易直捷，孟氏之後僅見。今其書具存，然學者第讀其年譜、語録及書答可也。

陽明集

象山雖云「單傳直指」，然於本體猶引而不發。至先生始拈「致良知」三字，以洩千載不傳之祕。一言之下，令人洞徹本面，愚夫愚婦，咸可循之以入道，此萬世功也。其書如年譜、傳習録、尊經閣記、博約説、諸序及答人論學尺牘，句句痛快，字字感發，當視如食飲裘葛，規矩準繩可也。

龍溪集

集凡二十卷，皆發明良知之藴。宏暢精透，闡發無餘，可謂前無往古，後無來今，後有作者，不可尚矣。然讀之亦須挈其要，如往來寧國、水西諸會語及書答，每日當讀一過，以豁心目。若夫記序等作，未免時有出入，姑闕之。

近溪集

近溪先生之學，肫懇篤摯，日精日進，可謂大而化矣，眞近代第一了手人也。其集發明經書要旨處，娓娓千言，捐去世儒蹊徑。初學讀之，驟難契入，姑閲陶石簣所纂要語可也。

慈湖集

慈湖楊敬仲之學，直挈心宗，大悟一十八遍，小悟無數，在宋儒中可謂傑出。人多以近禪訾之。先生之學，豈眞禪耶？明眼人當自辨之。

白沙集

白沙之學，以自然爲宗，去耳目支離之用，全虚圓不測之神，見之詞翰，從容清眞，可以觀其養矣。「出辭氣，遠鄙倍」，其先生之謂乎！讀其集，令人心融神怡，如坐春風中，氣質不覺爲之默化。

右數書，明體中之明體也。

二程全書

二程中興吾道，其功不在禹下。其書訂於朱子之手，最爲精密，此孔孟正派也。

朱子語類大全

訂僞釐弊，折衷百氏；巨細精粗，無一或遺，集諸儒之大成，爲萬世之宗師。讀其書，味其學，誠格物窮理之權衡也。第卷凡百餘，初學驟難遍覽，先讀録要，然後漸及可也。

朱子文集大全

温醇典雅，議論精密，而奏、議數十篇，尤見天德王道之學。

吳康齋集

康齋資本中庸，用功刻苦，其所著日録，專以戒怒懲忿、消磨氣習爲言，最切於學者日用。

薛敬軒讀書録

讀書録，效横渠讀書之法，隨得隨録，而成切近精純、篤實輝光之學也。無論知學者不忍釋手，即絶不信學者覽之，未有不肅然收斂、鞭辟近裏者也。

胡敬齋集

先生學重躬行，以敬而入；言論篤樸，粹乎無瑕，初學所當服膺也。

羅整菴困知記

辨吾儒異端眞似是非之分，不遺餘力。衛道之嚴，足見良工苦心。

呂涇野語録

當嘉隆間，天下言學者，不歸王，則歸湛。其末流之弊：高者言「無知」，慧者言「歸寂」。守程朱之説，卓然不變者，在南惟整菴，在北惟先生而已。先生生平不爲宏闊高遠之論，其言布帛菽粟，其文藹若穆若。有德者之言，風味自别。共二十七卷，馮恭定修之，畢侍御表之，學者不可不置之案頭。此外，如二程張朱鈔釋，亦時有精到之語，要在覽者之善擇也。

馮少墟集

先生與曹眞予、鄒南皋、焦弱侯、高景逸、楊復所同時開堂會講，領袖斯文。然諸老醇厚者乏通慧，穎悟者雜竺乾，〔二〕惟先生嚴毅中正，一遵程朱家法。集凡二十二卷，如辨學録發明儒佛之分，疑思録剖晰四書之蘊，講學説、做人説、序記、書牘，咸足以堅學人之志，定末流之趨。凡人賤近而貴遠，言及於先生，未免「東家丘」視之，可慨也！

右明體中之功夫也。

自象山以至慈湖之書，闡明心性，和盤傾出，熟讀之則可以洞斯道之大源。夫然後日閱程朱諸録，及康齋、敬軒等集，以盡下學之功。收攝保任，由工夫以合本體，由現在以全源頭，下學上達，内外本末，一以貫之，始成實際。

鄒東廓集、王心齋集、錢緒山集、薛中離集、耿天台集、呂氏呻吟語、辛復元集、魏莊渠集、周海門集

以上諸集，純駁相間，捨短取長，以備參考。

〔二〕「竺乾」，原本作「竺乾」，長白完顏本、石泉彭氏本、靜海聞氏本作「佛氏」。

適用類

大學衍義

眞文忠公取經史要語，勒成斯編。誠吾人修己治人之著蔡，治天下國家之律令格式也。本之則治，違之則亂。然止於「修身齊家」而止，其意以爲人君苟能修身齊家，國與天下之治，由斯而推之耳。

衍義補

邱文莊公集古今經制之要，而斷以己意。其申治也詳，其危亂也確。事事足法，言言可行。精研熟玩，因時損益，有志經國，執此以往可也。

文獻通考

江西馬貴與著，元儒也。當元時，義不輕出，折衷於古今朝典，以成此書。上至天官輿地，以及禮、樂、兵、農、漕、屯、選舉、曆數、士卒、典籍，無不條晰。

呂氏實政録

寧陵呂新吾先生著。此老卓識諳練，經濟實學也。在世儒中，最爲適用。實政録皆其所經歷者。學人無志於當世則已，苟有志於用世，則此書必不可一日無。

衡門芹、經世石畫

辛復元修。中有確論，可備採擇。

經世挈要

屯田、水利、鹽政，以及國計、選將、練兵、車制、火攻，無不挈其要。

武備志

凡八十册。古今戰陳機關，備萃此書。視登壇必究加詳，而孫子、吴子暨紀效新書、練兵事實，尤爲兵學之要。

經世之法，莫難於用兵。俄頃之間，勝敗分焉，非可以漫嘗試也。今學者無志於當世，固無論矣；即有志當世，往往於兵機多不致意，以爲兵非儒者所事。然則，武侯之偉略、陽明之武功，非耶？學者於此，苟能深討細究而有得焉，則異日當機應變，作用必有可觀。

經世八編〔一〕

凡二十套。惟馮應京實用編、鄧元錫函史下編可備參考，其餘勿覽。

資治通鑑綱目大全

凡二十套。乃格物之淵藪、興亡治亂之成案也。宜恆玩之，論其世以熟吾之識。

大明會典

明已亡矣，典則在也。雖時異世殊，然朝政之所關，故事之所詳，學者安可不知？

歷代名臣奏議

學人貴識時務，奏議皆識一時之務者也。當熟玩之，以爲奏記之助。

右自衍義以至奏議等書，皆適用之書也。噫！道不虛談，學貴實效。學而不足以開物成務，康濟時艱，眞擁衾之婦女耳，亦可羞已！

律令

律令，最爲知今之要。而今之學者，至有終其身未之聞者。讀書萬卷不讀律，致君堯舜終無術，夫豈無謂而云然乎！

〔一〕「編」，長白完顏本作「綱」。

農政全書、水利全書、泰西水法、地理險要

以上數種，咸經濟所關，宜一一潛心。然讀書易，變通難。趙括能讀父書，究竟何補實際？神而明之，存乎其人，識時務者在於俊傑。夫豈古板書生所能辦乎？噫！

卷八

識言[一]

李士瓚

夫讀書之法，前賢亦有目次矣。然或博而不要，或要而不醇，何也？書多而學人、文人其所讀者殊也。客歲戊申，瓚受學於吾師二曲先生，始略聞大本所在，未遑言及讀書也。己酉十月，師復來遊太華，往返兩經荒郡，瓚肅奉起居間，頗有緒聞，然皆因瓚施教，亦未遑言讀書也。洎是月十五日辰時，瓚率兒襄以侍，蒙師垂慈，慨然呼襄而命之曰：「小子可教也。」顧瓚執筆，口授讀書次第若干款。出辭成經，口占如流，令瓚筆不暇泚，手不得輟，頃刻間，長翰數紙立滿。瓚録畢，凝神覆省，由小學漸入大學，自經傳徐及文史，步步有正鵠，書書有論斷，眞入聖之正門，爲學之上路也。踏破鐵鞵不遇去來人，何處覓此門，詢此路乎！此等書程，自童蒙以至大人，皆不外此。學人據此，固無偏駁支離之弊；文人據此，亦自無風雲月露之習矣。過此以往，又有全體大用之目授張襄陵，可並傳之，以爲書程合璧。

同州門人李士瓚文伯恭題

〔一〕「識言」，長白完顔本作「讀書次第序」。

讀書次第

二曲先生口授　　同州門人李士瓚手録

小學

小學一書，朱文公彙古今嘉言善行，以爲後生作聖之基也。易曰：「童蒙，吉。」又曰：「蒙以養正，聖功也。」蓋王道莫急於教人，而養正莫先於童蒙。使蒙時養之不得其正，及其既長，將責之以向上之事，何可得乎？故子弟須於小學熟讀力踐，以爲大成之基本。然中間多引四書五經之語，未免重複；且多古禮及難字，不便童習，宜撮其要，並童蒙須知同讀可也。

近思録

近思録，朱文公與呂成公類萃濂洛之精而成者也。初學宜時閲之，以爲格物致知之階。

四書蒙引

晉江蔡虚齋著。兢兢焉，惟文公之訓是遵，頗便初學。此外，如淺説存疑、微言直解，明白正大，可備參閲。

四書疑思録

凡四卷，長安馮恭定公著。

四書因問

高陵呂文簡公著。

右二書，爲德業而作，非復制舉之故套也。爽快明晰，最爲儆策，學者宜致意焉。

禮記大全

子云："不學禮，無以立"，則禮爲初學入德之門，不可以不先之者也。中間雖多漢儒附會，然曲禮、檀弓、學記、表記、坊記、儒行、樂記等篇，多粹語至論，宜日讀一過以薰心。元儒吳草廬纂要一書，熟讀成誦尤佳。

禮記疏

視集註頗詳，治禮者不可無。然多汗漫瑣冗，節讀之可也。

周禮註疏

周禮一書，乃周公經國之遠猷、萬世制治之良規也。王莽假之而篡漢，荆公膠之而禍宋，後人遂以周禮爲諱，豈眞知周禮者哉？近代柯尚遷、舒國裳，咸諄諄發明，魏莊渠尤三致意焉，其註皆可觀也。

儀禮註疏

儀禮十七篇，最切於日用，乃禮中之經也。雖時異世殊，難以盡遵；然斟酌損益，隨時變化可也。

儀禮經傳通解

士生於三代之後，欲見三代以前禮儀，賴有儀禮一書，而禮記乃其傳也。後人以禮記列於學宫，而儀禮遂置之不講，古禮之不盡復也有由矣。宋慶元間，朱文公先生嘗欲表儀禮爲經、禮記爲傳，累疏請於朝，開局編纂，會學禁大作，不果。門人黄勉齋成其志，而附以秦漢以來史典之有及於禮者於其下，名曰儀禮經傳通解，去取精嚴，所宜深究。

文公家禮儀節

邱瓊山增損文公原書而成者也，詳明可閲。

四禮翼

呂新吾著。最切日用。

詩經大全

詩雖可興，然古人之治詩，如今人之習曲，被之管絃，發之聲音，有高下、抑揚、清濁、疾徐之節，令人聽之心爽神怡，颯渢乎有入，不自覺其變也。今人則執冊板誦，卽老師宿儒亦漠焉無動，矧初學乎？今雖不能盡如古法，亦須從容玩味，抑揚頓挫，庶涵育薰陶，養成德性。

詩經註疏

醇駁相間，要在讀者之善擇。

書經大全

惜無折衷，亦在讀者之善擇。

春秋大全

無折衷。

春秋左氏傳

左氏一書，春秋之全案也。治春秋而不先讀左氏，猶斷獄訟而不用兩造，未有能得其情者也。先讀句解，後讀杜註。

春秋穀梁傳

穀梁赤著。

春秋公羊傳

公羊高著。

右二傳，皆爲解經而作，經學之入門也。然多穿鑿，公羊解尤甚。

春秋胡氏傳

宋紹興間胡文定公著。明暢剴切，議論英發，誠經學之粹者也，過於諸家遠矣。然中間亦多有爲而發，讀者不可不知也。

春秋啖氏傳

四傳而外，惟此乃得肯綮。此外，如陸氏、趙氏，亦多可取。

周易大全

惜無折衷。

周易古今文全書

文雖浩汗，然須閱之，以盡古今之變。

周易程氏傳

程傳義理淵深，辭旨高古，誠易學之楷模也。

易經本義

朱文公先生著。謂易本爲卜筮而作，故是解遵程而輔以卜筮之義。

謹按：漢晉以還，說易者無慮數十百家，獨荀爽、鄭玄、何晏、王弼、王肅等九家爲最著，然皆舉一廢百，各執一察以自好。宋儒則程伊川主理，而時失之鑿；楊誠齋優程，而中多牽合。近代惟鄧徵君元錫易繹，宏暢精深，發昔人所未發。此外，如孫淮海易譚、辛天齋易象歸元，亦各有透髓之見。要之，亦未免束於教，而易象則幾微矣。若夫剖象外之蘊，晰卦畫之隱，還當以來註備參考。來本蜀人。西蜀自楊子雲、薛翁以來，世傳象數之學。來生於其鄉，當隆萬間，絕意軒冕，入求溪萬山中，研精殫思幾三十年，而後有悟於錯綜之旨，勒爲一註，共十六卷。其序文高自標詡，學者驟覽之，未免河漢其言；然去短集長，是在讀者之自酌。雖然造化混沌而後開闢，晦塞而後文明，是故「歸藏於坤」，乃聖學第一義。噫，斯其爲天根乎！吾人須是「洗心藏密」，深造默成，其於易也，始庶幾乎！

五經繹

鄧潛谷著。思深識正，粹然自成一家。

九經解

郝京山著。闢古今拘曲之見，妙發心得，過於諸家遠矣。

資治通鑑胡氏註

經既治，可以觀史矣。觀史須先觀編年，而編年莫詳於司馬氏通鑑，上下數千年，治亂興亡之跡，爛若指掌。又得天台胡三省爲之註，有評有駁，誠編年之折衷也。

宋元通鑑

武進薛方山著，於宋元事跡最詳。此外，如李燾長編、紀事本末等書，不閱可也。

皇明憲章録

先是廣東陳建有皇明通紀一書，久已行世，然蕪穢不倫，識者病之。薛方山於是撰憲章録，大書特書，粹然一歸於正。始自明祖，終於正德十六年。若夫正德以後，則有沈氏嘉隆聞見記。此二書於明事頗挈其要。他若吾學編、皇明大政記、續藏書，勿覽。

函史上編

凡四十冊。鄧元錫著，約二十一史而成之者也。學者讀編年之後，固宜讀史以盡其詳。然歷代正史，簡帙浩繁，難以遍覽，惟此編提綱挈微，誠史學之要刪〔二〕也。宜留意焉。

函史下編

上自天官曆法，下自賦役漕屯，援古證今，靡不折衷，經世者之所不能外也。

八大家文鈔

史既通，可以肆文矣。文自先秦兩漢之外，莫雄於韓昌黎、柳柳州、歐陽子、三蘇、王荆公、曾南豐。然八家全集，未能

〔二〕「刪」，石泉彭氏本、靜海聞氏本作「冊」。

遍讀，惟文鈔乃歸安茅鹿門選，去取甚精，宜熟讀之，以暢其筆。

皇明十大家文選

明人李北地，首以古文辭爲多士倡。繼其後者，如李滄溟、王元美、汪道昆、董潯陽、王陽明、王慎中、茅坤、王維楨、唐荆川等，咸錦心繡口，旗鼓中原。然惟北地之文，雄渾古勁；陽明之文，明暢爽豁；荆川之文，清明俊潔，便於諷誦，似不可不知也。

右經史文，乃學人之急務。有餘力，則老、莊、管、韓、檀子、鴻烈等集，或間一披覽，以廣其識可也。地理書，惟大明一統志、寰宇通記，於郡邑、形勢、戶口、錢糧，臚列周詳，宜購之以備參閱。又有廣輿記、皇輿圖、職方考鏡，然終不若一統志之詳，甚〔二〕勿觀覽以分精力。

康熙八年十月十五日辰時録

〔二〕「甚」，長白完顏本作「慎」。

卷九

東行述

門人趙之俊述

丁未春，先生餞邑侯駱公赴京師，始東行，登華嶽。

先生性不喜遊，足未嘗踰邑境，是時因餞駱侯東行，始爲華麓之陟。駱侯者，浙人，莅邑有異政，尊賢敬士，詳見河汾賈發之養賢記中，故先生遠送之。先是，蒲城有高士省菴王翁者，耄而篤志，數就先生質所學。至是，復詣盩厔，盤桓者二旬，歸而偕党兩一、王思若、白含章，奉候先生於同蒲。党爲少墟先生及門，年踰八旬，樂善不倦；王高尚其志，坦夷樸澹，有陶靖節之風；白博洽羣籍，爲月旦所崇重，咸稱先生心契。於是，過党齋、王園及白氏軒。白貯書數屋，先生覽而樂之，抽所未見，借之以西。

戊申夏四月，含章、省菴肅禮幣，耑党生惟學奉迓。

十九日，惟學至盩厔拜呈書贄。

二十四日，先生徘徊妣墓，泣奠告行。

二十五日，別姊乃發，晚宿興平之定村。明日，迂道詣茂陵，遂次畢郢。

詣茂陵，謁漢武帝也。又東五十里至畢郢，謁周文、武、成、康四陵，及太公、周公二塚。

二十七日，次涇干之瓦村，會逸士王爾德。

逸士介潔有守，數詣盩厔。先生念其年逼桑榆，恐難再覿，故往會之。逸士喜甚，請曰：「敝邑士人，斗仰先生久矣。曩有託先生姓字，寓茲古刹行誑者，敝邑至今以爲談柄，願先生少留，以慰衆望。」先生以旅次疲劇辭焉。逸士追隨遠送，至高陵之北境而別。

二十八日，至下邽，謁寇萊公祠，弔其遺址。

二十九日，至蒲城，謁横渠張子祠。時有邑紳索雲老、王伯仁等諸公，刺見啟延，先生例不報謁，辭之。

五月初二日，抵車都。省菴預治靜室以俟，先生舘焉。

晉謁者無虚日，室隘不能容，乃假他氏空舍之宏敞者棲之。先生爲之發明固有之「良」，喚醒人心。大約謂：「此『良』昭昭於心目之間，蔽之不能昧，擾之不能亂，減之無所損，增之無所益，與天地合德而日月同明，通乎晝夜之道而知，順而行之，便是天則。不必支離葛藤，義襲於外，捨眞求假，空自擔閣。」

又曰：「此固有之『良』，本自炯炯，本是廣大，妄念一起，即成昏隘。然光明廣大之實，未嘗不存。要在時覺時惕，致愼幾微。」

一友謂：「連日深荷先生之誨，頗知打點身心，自尋歸結。」先生曰：「肯尋歸結，足徵所志，但恐立本不固，世俗富貴利達之念，乘間發生，不知不覺，漸爲轉移，日復一日，大負初心。須是勇猛省克，拔去病根，俾心若死灰，不致緣境出入，方有實際。昔姑蘇有盛寅者，人以椒寄其家，十五年矣。一旦夢有客急欲用椒，啟其封，取少許，覺而痛自咎責：『豈吾義利有不明耶，何以有此夢？』亟整衣冠而坐，數日猶不釋然。噫！人能若此用功，何患無歸結也。」

是時，在侍諸友，有自多其知者，則迪之以忘知；有自雄其抱者，則詔之以放下。一友談鋒甚暢，論辯泉湧。先生憮然歎曰：「默而存之，希顔之愚，爲曾之魯，到謇訥不能出口時，纔是有進。若神馳於舌，恐非所謂『塞兑』之學也。」其友慚謝。先生在車都，不惟士友因感生奮，多所興起，即農商工賈，亦環視竊聽，精神躍勃。有農民李正，父祖三世，從事白蓮教。正遵其教，戒葷酒、虔焚修者已歷數十載。先是，奉旨厲禁異端，里鄰恐禍連保伍，相與力勸力攻。

正惟刑戮是甘，終不少變。至是有感，卽日對衆焚毁經像，飲酒開葷，幡然歸正。闔里醵酒相慶，傳爲美談，同蒲士大夫多爲詩歌以嘉之。

十七日，先生赴同之戶軍里，舘於白君書屋。

是日也，車都士民擁車瞻送，李正等追隨至同之白君書屋，再拜垂泣而別。先生在白君書屋，焚香默坐，晤對簡編，閉扃謝客，客弗止也。白君乃延客別舘，晨起入揖，相與一〔二〕會。會時不遽與之談，必坐久氣定心澄，方從容商量所疑，意懇旨暢，詞平氣和，士之承謦咳者，各亹亹有當於心。耆儒馬翁逢年輩，或年踰古稀，或壽届八旬，咸甘心北面焉。

六月初九日，先生遊州城東闗之廣成觀。郡紳張襄陵諱珥、李淮安諱子燮等，執刺來會。

張、李俱世家，蓄書甚富，延先生臨觀，先生例不履顯達之門，辭之。城東有廣成觀，幽邃甲一郡。張邀先生避暑於中，於是士紳聞風爭造。雖少長叢雜，而規模靜定；天時酷熱，渾若涼爽。

會間，或謂：「聖人本是生知，衆人止是學知，稟來便不同？」先生言：「衆人俱是生知，聖人方是學知，稟來個個同。」咸訝其言。先生曰：「孩而知愛，長而知敬，見赤子之入井而知惕。一切知是知非、知好知惡之〔三〕眞知，日在人心，敢問『此知』衆人與聖人同耶？否耶？」咸曰：「同。」曰：「敢問『此知』學之而然耶，抑不學而然耶？」曰：「此原不待學而然。」曰：「然則此非生知而何？非稟來個個之皆同乎！聖人肯學，所以兢業保任，能全此知，是以謂之『聖』；衆人不肯學，所以隨起隨滅，自負其知，是以謂之『凡』。是聖凡之分，在學與不學之分、非知之有分、稟來之原不同也。」

〔二〕「一」，石泉彭氏本、靜海聞氏本脫。

〔三〕「之」，原本衍「之」，作「之之」，據長白完顏本改。

或又言：「聖賢之道，不外孝弟。事親從兄，莫非實學，捨此無學可言。」曰：「能孝能弟，固是實學；然此能孝能弟之端，從何而發？滿孝滿弟之量，賴何而充？侍父兄而可以言事言從，有時離父兄之側，則將何若？有父兄而善事善從是學，無父無兄又將何若？」或無以對。先生曰：「聖賢之道，雖不外於孝弟，而知孝知弟，則必有其源。源濬則千流萬派，時出無窮，萬善猶〔一〕裕，矧孝弟乎！故不待勉於孝，遇父自能孝；不待勉於弟，遇兄自能弟。存則或事或從，自然盡道；亡則立身行道，大孝顯親。隨在是心，隨在是學。『等閒識得東風面，萬紫千紅總是春』。非『春』，則〔二〕安得『萬紫千紅』；非『識東風面』，又安知『萬紫千紅』之『總是春』也。」

是夕，乘涼坤成閣，樹鳥時鳴，清風徐來，相與默坐。久之，先生因詢曰：「此際〔三〕，俱各神閒氣定，沖融和平，不審各人胸中自覺何若？」襄陵云：「此際殊覺輕活暢適，生意勃發，清明洞達，了無一物。」先生莞然首肯，曰：「惟願無忘此際心。一時之清明無物，便是一時之仁體呈露。趁此一時之清明，延之時時皆然，積時成日，積日成月，積月成年，緜緜密密，渾然罔間，徹始徹終，表裏湛瑩。如是，則形骸肢體雖與人同，而所以視聽言動，渾是天機，可以達天，可以補天矣。珍重，珍重！毋自辜負！」

十六日，赴朝邑，謁韓恭簡公祠。明日，觀於河，遂歸廣成觀。同州距朝邑僅舍，恭簡公祠在焉，故先生特往拜謁。至次日，邑南諸同志及學博劉先生咸來見，且柬請，俱辭。遂臨河觀渡而歸。

十八日，觀蓮於九龍池，晚抵沙苑。

〔一〕「猶」，長白完顏本作「尤」。
〔二〕「則」，靜海聞氏本脫。
〔三〕「際」，長白完顏本脫。

九龍池在東城南十里，蓮花盛開，李淮安固邀先生臨觀。是日，環池人士先期集候，叩學質疑。先生隨資開發，脱去見聞，聽之者骨悚神豁，喜溢顔面。薄暮將別，咸慫恿李公挽留；而沙苑馬立若、馬仲任等力請之西臨，是晚遂抵沙苑。

至白君居有三路：一由七里村，一由銅堤，一由沙苑。先是，沙苑人日望先生之至，馬仲任等會人偵候。筮之，其兆爲「大過」，咸喜曰：「大過，大者過也，大人必過無疑。」至是，馬族生儒二十餘人，接見羅坐榻傍，剪燭請教，夜分就寢。

十九日，謁馬二岑先生祠，閱遺集。

二岑先生爲大學士文莊公之從孫，兵憲之冢嗣。明末，建書院，開講倡學，慨然以師道自任。後宦山東，死於國難，大忠大節，人共追慕。先生拜其遺像，從先生長子馬棫士索其遺集覽焉。

棫士致審於經書同異之辨，先生爲之逐段析疑。既而，問六經大旨，先生默然示之以「寂」。棫士頓醒拜謝。或詰其故，棫士曰：「無聲無臭，六經之所以出，亦六經之所以歸也。」在座諸君，咸請開示。先生爲之直指大本，令各反身潛體，洞識眞我。諸拘方守轍、炫文飾義者，莫不如寐獲覺，盤桓數日而西。棫士卽席賦詩三章以誌感：

其一

天地無終極，大道日蓁莽。鄒魯不復作，千古懷令想。嗟吾關中士，絕學嗣邁往。横渠啟趙宋，高陵復振響。長安少墟翁，芳躅爲世仰。誰能嗣徽音，復使斯道晃。夫子特地起，天授非人強。奥徹危微機，探穴千聖朗。從茲盩厔功，直駕姚江爽。

其二

人爲萬物靈，靈者詎形骸。大立小不奪，此語良不乖。天清夜月明，纖翳何容排。所以陽明子，「良知」探聖涯。此理固非誣，何事獨塵埋。上下千載間，師也豁其霾。願言誨無倦，先覺迪吾儕。

其三

十年勞夢想，神交仰山斗。投契斯須問，[一]此遇良非偶。所恨多間闊，親炙苦未久。白駒不少停，空谷頓成走。何以慰吾情，相對一杯酒。後會諒無遐，踟蹰徒搔首。

二十七日，歸於白君書屋，立若、仲任、棫士等隨侍。

明日，李習之、王思若、張襄陵、王盛伯等至，爾時從容商議，朝夕不輟。先生丘隴興思，歸心頗亟。衆弗能留，肅觴奉餞。李孝廉、李淮安等聞之，傍晚馳二十里，渡渭來送。

七月初六日，先生別歸。

別之時，諸老依依相戀，有泣下者。王省菴、寧維[二]垣等遠送，其僕王昭泣不自勝，遂借白僕執御以西。

初八日，至高陵，謁呂涇野先生祠，次於涇干之文塔寺。

塔在涇野先生祠之西二十五里，爲關中第一勝概，故過而陟眺。適高陵于翁憩息大雄殿，遙見先生，即具衣冠趨迎，曰：「此必盩厔李先生也，不才方擬入冬造訪，不意邂逅於此，此中大有機緣，殆天作之合也。」亟潔舘安置，披瀝衷悰。

初九日，兩邑名流聞之者，咸來拜謁，盤桓塔下。

禪師琳峨亦環視傾聽，歎「未曾有」！一士酷好内典，細質所疑，先生一一響答，凡楞嚴、圓覺、心經、壇經、涅槃、止觀、廣録、宗鏡録、大慧、中峰諸語録要旨，及三藏中「眞似是非之辨」，咸爲拈出。既而，喟然嘆曰：「吾儒之道，至簡至易，至平至實，反而求之，自有所得。故不必借津竺乾，索之無何有之鄉，空虛莽蕩，究無當於天下國家也。」遂作

[一]「問」，原本作「間」，石泉彭氏本、靜海聞氏本作「間」。

[二]「維」，原本作「惟」，據學髓及下文改。

別。衆苦留，爲之再宿而行。

十一日下午，抵咸陽北郭。學博湯君諱日躋聞先生過，大喜，亟延以館餼，苦留不可。

十二日，至興平，寧維垣別去。

是行也，先生偶患痢。維垣追隨調侍，至是別焉。

先生既歸，語俊以諸君高誼。俊於是述厥始末如右。〔一〕蓋先生素未遠行，茲其發軔，故謹誌之。吾輩其尚堅乃志，一乃心，服膺所聞，不以合離生作輟，庶無負先生跋涉之意云。

康熙七年秋仲朔日述

念二曲先生書牖〔二〕

馬逢年

吾見先生其人矣，式金式玉；吾聞先生之語矣，切性切身。果然朱李之儔，展矣周程之侶。豈因博雅，徒步西征，爲述典型。甘心北面，恨「三偏」之爲害；常憶格言，愧「四勿」之未能。每思德範，而今而後，捨舊從新。雖云年老力衰，何憚「朝聞夕死」。立名胡必於文藝，崇德惟在於躬修；苟實行之無稱，奚餘能之足羨。端有兩大，曰「行」與「言」：出聲則循理而談，舉趾則擇方而蹈。一言之舛，尚憂見惜於先生；一事之違，豈可使聞於夫子。但恐一朝而奮，時久而遷。若非豎誠於〔三〕當前，何以淑身於去後。以故書茲揭牖，用代嚴師，坐起常觀，庶幾身無妄動；朝昏時誦，庶可口無妄言。嗚

〔一〕「右」，原本作「左」，據靜海聞氏本校註改。
〔二〕「念二曲先生書牖」，長白完顏本作「東行述跋」。
〔三〕「於」，原本作「以」，據石泉彭氏本、靜海聞氏本改。

呼！千載篤生，學公匪易，若欲遽臻乎賢哲，其將能乎？一言既出，反汗實難。雖欲自處於不才，不可得也。爰公同志，共勵克終。時康熙戊申孟秋之十九日也。

二曲先生，盩厔人，諱顒。其人則矩方規圓，因物而付；其學則天通地徹，隨叩而鳴。窮則可以善身，達則可以淑世。斯文之寄，其在斯乎！不肖年久耳香名，每以修阻不得從遊爲恨，幸白含章社丈於今歲五月間，安車迎至道，遂以東。豈含章閔近世學之不講，又憐人之不能盡涉長塗就有道，欲以先生公之吾儕，使府左之人共沾化雨乎！甚盛舉也，可以鼓舞人心矣。故一時有志之士，多就之者。僕不自揣，亦徒步拜訪，適先生素昔與談性命之學者蒲城王省齋兄又迎之去。意者省齋復閔其鄉之老而癯如年者，並以近涉五六十里爲苦，故欲使其藉便見先生，同登覺路，亦如含章之公先生於府左意乎？於戲，省齋、含章俱可以爲難矣！是時，余以未見先生，惄如調饑。無何，先生自蒲返，年復訪諸党孝子兩一兄之齋，亦先生之故人也。坐談竟日，至是始了夙心，仍復候之王思若會丈園中，以思若前有字來達不肖於園中相會。蓋先生與思若彼此以品德相欽重，爲數百里神交，手[二]書相往復者有年。余之知先生也，實以思若，故雖見諸兩一於此，復趣其命，且不負思若成就不才之雅意也。凡三謁矣，自此之後，幾於自廢，遂幡然思更舊轍。至六月終，先生又以拜恭簡公墓，兼晤余妹丈李河濱，復有朝邑之行。道經吾州，縉紳諸公暨通國庠友之前未識先生者，咸於茲以瞻藉[三]輝光，張襄陵、李文伯尤稱慕道最篤。及旋，前茲之相從者族尊立若、族弟仲任，復藉先生遊蓮池之便，邀至荒鄉。鄉之士詣先生者十之八九，袁宗則少長不遺一人，共擬投轄，爲十日之留。時先生適感風邪，欲歸調藥餌，信宿卽返含章之舍矣。余坐以不知先生之夙駕宴起，未及一送爲悵也，去後前言書牖。

門人馬逢年書時年七十三

[二]「手」，原本作「寸」，據石泉彭氏本、靜海聞氏本改。
[三]「藉」，石泉彭氏本、靜海聞氏本作「挹」。

卷十

南行述序

王心敬

鄠二曲先生江南之行，舊學徒張仁覆執御以從，歸而備述所至見聞之詳，及門二三子嘗譜之簡策矣。既而，駱公外艱，讀禮之餘，有事獲鹿旅次，遇士大夫多詢及先生，緣是有感。因憶先生曩寓毘陵日，雖值憂居，弗獲日侍几杖，而動靜語默未嘗不日有所聞，遂詮次其概，爲道南後紀，並幕客孫容也先生所撰毘陵盛事，郵致秦中。「後紀」云者，蓋以龜山昔嘗自洛而南，闡道毘陵。越數百年而後，復得先生自秦而南，闡道毘陵，先後一揆，所關匪鮮。而「盛事」云者，見毘陵〔一〕諸君子懿德之好、盍簪之殷，在近世實空谷足音，絕無而僅有也。二編及初譜南行之詳，亦云備矣！顧各自爲書，覽者弗便，兹故挈要就簡，合併歸一，統名南行述，與東行述庶稱合璧云。

鄠縣門人王心敬沐手百拜識

〔一〕「毘陵」，石泉彭氏本、靜海聞氏本作「前後」。

南行述

鄠縣門人王心敬纂

康熙九年冬十月既望，先生赴襄城招魂。

崇禎壬午二月，太翁隨汪總制征闖賊於河南之襄城，師覆殉難。是時，先生尚幼，母子不得凶問，猶日夜望其生還。及闖賊入關，乃始絕望。居恆抱痛，思及襄城流涕，願一往。以母在也，難之；惟奉太翁遺齒，晨夕嚴事。母歿，奉以合葬，曰「齒塚」。服闋欲往，苦無資斧。至是，貸於鄉人，得四金，齋沐籲天，哭告母墓啟行。

十一月初七日，抵襄。

是日，抵襄之北郊，訪太翁原寓主人，求其指引，不得；則訪襄人昔所瘞戰亡之骨，繞城遍覓，滴血無從，乃爲文禱於社，晝夜哭不絕聲，淚盡血繼，觀者惻然。邑宰張公諱允中聞而哀之，詢知爲先生，亟躬迎入城，飾館設宴。先生以齋戒堅辭，宿於社。張公亦爲文禱於社神。越三日，先生爲位於太翁原寓，致祭招魂，以太翁出征時尚未命名，自呼乳名以告，聞者莫不泣下，哀動闔邑。祭畢欲返，適駱公遣使來迎先生倡道於南。先生意不欲往，而襄之官紳方謀爲太翁舉祠起塚，以慰孝思。先生念非旬月可就，遂南行以俟其成。

二十五日，宿六合。

是日，遇雨，宿六合之南郭。邸主劉安石，色目人也，睹先生氣貌，異之；與之語，則大驚。遍告同類之掌教者曰：「客學淵源，洞天人之蘊者也。」相與瞻禮致恭，邀遊所奉之禮拜寺。入門，衆共拜天，先生從容散步而已。因語：「以事天之實，在念念存天理、言言循天理、事事合天理，小心翼翼，時顧天命，此方是眞能事天。若徒以禮拜勤渠爲敬天，末矣！」「然則拜可廢乎？」曰：「何可廢也？繁則瀆。終日欽凜，勿縱此心。此心純一，便足上對天心。

天無心，以生物爲心，誠遇人遇物，慈祥利濟，惟恐失所，如是則生機在在流貫，卽此便是『代天行道』『爲天地立心』；則其爲敬，孰有大於此者乎？」衆憮然拜謝，歎「未曾有」！於是，退而易席以待，作禮問道，徹夜不散。黎明就程，依戀遠送。

二十七日，至揚州南郊，謁范文正公祠。

祠有黄冠，長眉皓髯，與衆談道。見先生入，遜座揖談，因問先生：「亦好此道乎？」先生笑曰：「日用常行之謂道。吾性自降衷來，五德具足，萬善咸備，率性而行，自然愛親敬長。保此不失，自然君臣有義、父子有親、夫婦有別、朋友有信。惟其自然，所以爲天下之達道，切於人身日用之間，無一時一刻而可離，豈非常行之道乎！若夫五金八石，服養以鍊形；抽坎塡離，結胎圖冲舉，違天地常經，乖人生倫紀，雖自謂『玄之又玄』，卻非『可道』之『道』。」衆謂：「先生所論固正，然修行亦未可盡闢？」先生曰：「修者，修其所行也。檢點治去之謂『修』，必有事焉之謂『行』。吾人身心，本粹白無染，只因墮於氣習，失卻本色。若欲還我本體，必須用功於日用常行間，有不仁、不義、不禮、不智、不信之行，便是吾身之玷，一一治去，使所行皆天理，此修行之見於外也；反之，一念之微，覺有不仁、不義、不禮、不智、不信之私，卽是吾心之疵，必一一治去，使念念皆天理，而無一毫人欲之雜，是修行之密於内也。内外交修，行誼無忝，『存順沒寧』，何快如之！」衆躍然而起，黄冠亦斂衽曰：「此中庸之道也！」

十二月朔，抵常州。

駱公出城郊迎，舘於府治之左。先生喜寂厭囂，移寓郡南龍興院。郡人見其冠服不時，相顧眙愕。既而知爲先生，漸就論學，至者日衆，憧憧往來，其門如市。一時巨紳名碩，遠邇駢集。答問汪洋，不開知見戶牖，不墮語言蹊徑，各隨根器，直指要津。於是，爭相請益，所寓至不能容，郡人詫爲「江左百年來未有之盛事」。宿儒吴野翁先生諱光太息曰：「斯道晦塞極矣！今日之盛，殆天意也！」巨紳有治宴延款者，例不赴，亦不報謁。其答衆要語，從遊之士各有紀録，散言數則附此：

千古聖賢皆從兢業中成。吾人不眞實爲己則已，苟眞實爲己，須終日乾乾，如涉春冰。如是，則天理常存，而此心不死。故區區嘗謂堯舜十六字「心傳」，須濟以「戰戰兢兢，如臨深淵，如履薄冰」十二字工夫，方有下落。

此事須盡脫聲華，一味收斂，斂之又斂，如枯木寒灰。一念不生，則正念自現。故學問不大死一番，則必不能大徹。

先生因在座士友語及陽明之言「天」，乃曰：「人之一身，皆天也。」請問其故，曰：「目之視、耳之聽、手之執持、足之運奔，孰爲之哉？自然而然，莫非天也。入宗廟而生欽，遇丘壠而興哀，知孝、知弟、知仁、知義，以至應事接物，皆非人爲。事至念起，自有照應。不學不慮，本自渾然，參以人爲則僞矣。故『僞』字從人。昔象山門人侍坐於象山。象山起，門人亦起。象山笑曰：『還用安排否？』此正所謂『不學不慮』之實，乃吾心本有之天也。若求天於天，便遠了。」

一夕月下，及門咸集，茶罷請誨。先生默坐良久。衆見其不語，又請，乃莞爾笑曰：「吾已講矣！夫講之以言，何如其無言；講之以口耳，何如講之以身心之爲得耶！今日吾儕切磋，非是學聖賢、講理學，只要各人時時澄心反觀，自認自勘。自認則主人不昧，自勘則疵吝不容。」

先覺倡道，皆隨時補救，正如人之患病，受症不同，故投藥亦異。孟氏而後，學術墮於訓詁詞章，故宋儒出而救之以「主敬窮理」；晦菴之後，又墮於支離葛藤，故陽明出而救之以「致良知」，令人當下有得；及其久也，易至於談本體而略工夫，於是東林顧高諸公及關中馮少墟出而救之以「敬修止善」。若夫今日吾人通病，在於昧義命、鮮羞惡，而禮義廉恥之大閑，多蕩而不可問。苟有眞正大君子深心世道、志切拯救者，所宜力扶義命，力振廉恥，使義命明而廉恥興，則大閑藉以不踰，綱常賴以不毁，乃所以救世而濟時也。當務之急，莫切於此。

「義命廉恥」，此四字乃吾人立身之基，一有缺焉，則基傾矣。在今日，不必談玄說妙，只要於此著腳，便是孔孟門下人。否則，萬語千言，字字足以成經而傳世，吾不欲觀之矣。

於出處、進退、辭受、取與、飲食、男女間見操持。此處不苟，方可言道，方可言學。一友謂：「世路崎嶇，日趨日下，奈何？」曰：「世路固日趨日下，而自己跟腳，則不可不堅定。中立不倚，毫無變塞，方爲強哉能矯；否則，人趨亦趨，隨俗浮沉，見紛華靡麗而悅，遇聲色貨利而移。如是，則雖日日講道德、談性命，不過口頭聖賢、紙上道學，其可恥爲何如耶！」

康熙十年正月朔，設祭謝客。

自寓龍興，卽以襄城公所製魂牌爲位安奉，晨夕焚香瞻禮。是日，設祭飲泣，終日概不見客。

初三日，弔烈婦海氏。

海氏拒姦而死，故弔之。

初九日，謁唐襄文公荆川祠。

荆川曾孫雲客先生諱宇昭、聞川先生諱宇量咸隱居不仕，數詣龍興會先生請益。是日，集親知於祠，宴次問學。

十一日，駱公偕張別駕諱榜邀先生遊虎丘。

姑蘇人聞之，相與問學者甚衆。三日始別，衆依依不捨。顧雲臣寫先生像，鄭素居諱珏題贊云：「其服甚古其容舒，其情甚深其心虛。博聞多識，不讀非聖之書；存誠主敬，不求當世之譽。遡洙泗之淵源，而繼濂洛之正統者，斯爲二曲先生歟！」

十四日，旋寓。

是時，問學者絡繹不斷。先生晝答夜批，暇無片晷，終日不暇一餐。當事以其太勞，約間日統會於府庠明倫堂及武進縣庠明倫堂。上自府僚紳衿，下至工賈耆庶，每會無慮數千人，旁及緇流羽士，亦環擁拱聽。教授王君諱邁、教諭王君諱琰公録兩庠彙語梓行。

二十七日，無錫宰吳公諱興祚同教諭郝君諱毓參肅啟奉迎。

其略云：「人南則道從而南，幸紹前賢之蹟；教善則學從而善，允稱多士之師。無辜倒屣以迎，共切摳衣而侍，〔二〕先生允焉。」月晦，舟發。二月朔，至錫，謁文廟畢，趨高忠憲公祠。適公姪前學憲彙旃先生諱世泰來謁，遇之塗，遂陪先生瞻禮忠憲遺像。徘徊殉難止水，不覺泫然。學憲具宴以待，先生以學憲克承家學，紹東林墜緒，遂相歡如平生。

初二日，吳公偕郝君設座明倫堂，請先生開示。

是日，闔邑紳衿咸集，堂上庭墀，環擁稠疊，門外衆庶，莫不遙望竊聽。講畢，吳公暨郝君梓其語以傳，是爲錫山語要。

初四日，高學憲偕邑之名宿，又設講座，延先生大會於東林書院。略具東林會語，學憲梓行。

初五日，遊惠山。

山麓有邵文莊公祠，因便晉謁。學憲語及文莊「願爲眞士夫，不願爲假道學」之言，先生曰：「斯蓋一時有感而云也。『假道學』固可恥，然使士夫而弗從事於學，學焉而弗由於道？立身行己，無道、無學，亦豈得爲『眞士夫』乎？自此言出，而士夫之不學者，得以借口自便；流俗之醜正者，得以借口肆詆。矯枉過直，所關匪細，故言不可不愼也。」

初六日，講學於淮海祠

燈巖秦子諱松岱潛心陽明之學，構願學齋，肖像嚴事，志篤力勤。聞先生講學明倫堂，趨赴拱聽；又會講於東林，徘徊不忍去。是日，同其兄對巖太史諱松齡邀先生於淮海宗祠，聚宗人及諸同志各質所疑。先生隨機響答，莫不灑然有契。講畢，具宴以待。語次，先生因曰：「常人本是聖人，聖人亦是常人。」衆請其故。曰：「常人不學不慮之

〔二〕「侍」，原本作「待」，據石泉彭氏本、靜海聞氏本改。

『良』，原各完完全全，不少欠缺，豈非是『聖』？ 特各人隨起隨滅，自汩其『良』，自甘暴棄，是以謂之『常人』。『聖人』之爲『聖』，非於不學不慮之『良』有所增加，只是隨起隨著，不使乖戾耳！ 信得及時，自然不枉了自家。」

時在座有辨經書解義者，謂之曰：「經書所載，莫非修己治人之道，皆前人苦心，爲吾人晰疑指迷，作路引也。講明一程，即行一程；行了一程，不妨再講一程。若閉門安坐，盤桓不行，講了又講，解過又解，片刻可說萬里，其實未移跬步，此學人通患，願相與力矯其弊。」

次晨，秦子詣寓所致謝，以縑表忱。先生固辭。秦子曰：「昔董蘿石之北面陽明夫子也，持一縑而前曰：『某之誠積若茲縷矣。』乃許以師友之間。〔二〕岱不敏，獲奉教於先生，慰二十年之夙心，竊不揣鄙陋，願附斯義，故亦以一縑爲敬；而先生辭之，其未許我乎？」退而，與陳子介夫諱世祉敍其答語，爲梁溪應求録梓行。

初八日，應江陰官紳之聘。

瀕發，吳公偕邑紳餞行於東林。語及史學，上下古今，靡不折衷。吳公歎曰：「昔元明善謂『與吳草廬言，如探淵海』，今先生不啻過之，非世儒所能測也！」再拜惜別，傾邑瞻送。是晚，次澄江，念及門徐斗一超、張子邃濬生、吳英武、邵公甫等追隨嗜學，爲立學程數則。陸孝標先生諱卿鵠梓行。次午，抵縣。邑宰周公諱瑞岐偕學博郊迎。十一日，開講於明倫堂，聽者雲擁。其答問語要，原册偶失，僅存數則：

孟子謂「逸居而無教，則近於禽獸」，余亦謂逸居而不學，則近於禽獸。

學則天理常存，而人欲弗雜；不學則人欲易迷，而天理難復。人禽之判，判於此而已。

易曰：「君子進德修業，欲及時也。」故必朝乾夕惕，存所固有；日淘月汰，去所本無。一有縱逸，便非及時，斯德無由進而業無由修，人道或幾乎息矣。

〔二〕「間」，石泉彭氏本、靜海聞氏本作「誼」。

人苟知學，須時時向自心隱微處自參自求，自體自認，不拘有事無事，閒中忙中，綿密勿輟，積久自徹，仍須在應感上隨事磨練，務使內外無間，心境如一，方可言學。

一士言及聖人「不思不勉」。曰：「聖人之『不思不勉』，即孩提之『不學不慮』，故曰：『大人者，不失赤子之心者也。』」

一士問「格物」。曰：「身、心、意、知、家、國、天下，皆物也，而知爲主。烱烱於心目之間，具衆理，應萬事，與天地合德，而〔二〕日月合明，通乎晝夜而知，即章首所謂『明德』也。『格物』，格此而已。此物明，則知致；知一致，而意之發動有善有不善，便一一自知。實實爲善，去不善，便是『明明德』於『意』；心有正、有不正，亦惟自知，正其不正，便是『明明德』於『心』；以此修身，便是『明明德』於『身』；以此齊家，便是『明明德』於『家』；以此治國，便是『明明德』於『國』；以此平天下，便是『明明德』於『天下』。若如世儒之論『格物』，要物物而知之，是『博物』於天下，非『明明德』於天下。」

問：「伏羲仰觀俯察，遠取諸物，故能知周乎萬物，纔算『格物』？」曰：「言及『知周乎萬物』，甚妙！蓋必智周萬物，始能經綸萬物。物物處之，咸盡其當，而後可以臻治平之效。然『遠取諸物』，必先『近取諸身』，知明善誠身爲本；而本之本既格，方可由本以及末，察於人倫，然後明於庶物，使萬物皆備於我，何樂如之！」

十三日，靖江尹鄭公諱重偕教諭袁君諱元來迎。

是日，宜興紳士慫恿邑令學博，肅啟奉迎先生臨其邑講學。而鄭公先至，毘陵諸紳以江闊水險爲慮，深不欲先生行。鄭公再四固邀。次晨，先生遂渡，日昃抵岸。紳士迎者相屬於塗，抵館謁見者踵接。十五日，鄭公設座於明倫堂，延先生登座開示。闔邑紳衿畢至，鎮將戍卒亦瞻禮傾聽，門外觀者如堵牆。録其答問，爲靖江語要，鄭公梓行。

〔二〕「而」，石泉彭氏本、靜海聞氏本作「與」。

邑宿儒鄒錫箎諱隆祚號樗隱子，聆先生講言，私語同志曰：「區區七十年來，閱歷談道宗匠多矣，痛切醒快，言言血脈，未有如關西夫子者也。眞學人指南，不可以失！」俟衆退，復偕同志趨舘就教，以所著三教貌呈正。先生閲訖，笑曰：「『三教貌』，貌也。三教之神，非貌所能貌也。卽貌其神而一一畢肖，究於自己安身立命何關？翁年踰古稀，此非所急，盍於當急者是急乎？」鄒竦然再拜請示，遂告以反己自認之實。於是，深慶晚始有聞，知所歸宿，附於及門之末。

先生連旬講授，晝夜無暇，勞劇疾作。次日，紳衿公席請講，力辭旋郡。闔邑惜別，送至江岸。江陰官吏師生，維舟南岸以待，固邀入城，弗許。父老擁舟，請留一言，以當晤對。先生大書「安分循理」，並「勤儉忍」三字以貽之。衆歡呼而退。

無錫、江陰、靖江之講會畢，邑宰及學博、鎮將並士大夫，感先生闡明絕學，大有造於地方，各具禮幣展謝。先生概卻，未嘗納一錢一物。衆引「交以道，接以禮，雖孔子亦受」爲言。先生笑曰：「僕非孔子，況孔子家法，吾人不效者多矣，豈可偏效其取財一事！」衆不能強。

十八日，抵龍興舊寓養疾。

客至，概不之見。其往來榻前盤桓者，唯楊雪臣先生諱瑀、龔浪霞先生諱百藥、陳椒峰先生諱玉璂〔二〕、馬一菴先生諱負圖、潘易菴先生諱靜觀、楊陟瞻先生諱球暨弟逢玉先生諱玾〔三〕、唐雲客崑玉並吳野翁、鄭素居諸名德。既而，疾日甚，門人吳濬長發祥率其弟發育、子英武晝夜侍側，延醫調理，藥必嘗而後進，扶掖備極勞瘁。陸孝標以客猶不止，遂密舁先生至其家塾，聲言「業已歸陝」。於是，來者始息，得以一意靜養。其子士楷偕甥張涵生、濬生躬侍湯藥。楷姻楊孝

〔二〕「璂」，原本作「基」，據長白完顏本改。

〔三〕「玾」，石泉彭氏本、靜海聞氏本作「理」。

廉亭玉諱珂，時時過從證學，其弟虞玉諱瑄善醫，因爲之診調。居旬日，疾愈。士楷以聖學宗傳呈正。先生謂之曰：「聖學宗傳一書，海門周子著也。周子學見其大，故其論撰多於向上一機，三致意焉。是編上自羲皇，下至〔一〕明儒，凡有得於性命之微，而不依傍前人口吻、妙發心得者，咸纂入之，而評釋於其下。其桎梏於文義者，驟閲之，固足以解縛而啟悟。顧去取弗嚴，引敍失中。中間如趙文肅之生憶宿命，及無垢、慈湖諸人過高之論，初學見之，未免滋惑。其爲勸者固多，而其爲害者亦復不少。余嘗謬不自揆，欲删正而未遑。後之覽者，尚知鑑哉！」

涵生季父兼山北面問道，持所録慎獨説就正。先生笑曰：「慎獨乎？獨慎耶？知『慎獨』『獨慎』之義，而後慎可得而言也。」請問之。曰：「慎之云者，藉工夫以維本體也；獨慎云者，即本體以爲工夫也。藉工夫以維本體，譬之三軍然。三軍本以聽主帥之役使，然非三軍小心巡警，則主帥亦無從而安；非主帥明敏嚴整，則三軍亦無主，誰爲之馭？」因問「主帥」。曰：「即各人心中之一念惺惺者是也。此之謂一身之主，再無與偶，故名曰『獨』。慎之者，藉巡警以衞此主也。然主若不明，雖欲慎，誰爲慎？吾故曰：『「慎獨」「獨慎」之義明，而後慎可得而言』者，此也。」兼山躍然曰：「由先生之言觀之，覺從前紛紛之説，眞若射覆，而今而後知所從事矣。」遂再拜而退。

初三日朔，旋龍興舊寓。

杭州西湖比丘素懷春初嘗謁先生於虎丘，聽講有感。自是，徘徊不捨，隨卓錫龍興，寓先生舍旁，時時竊聽答衆之言，擊節嗟歎，自謂：「生平遍參名宿，至此方獲聞韶，言言透頂，語語當機，儒由之固足盡性至命，釋由之未始不可明心見性，範圍三教而無遺，金湯五常而愈峻。老僧法嗣雲仍，雖不能如德公之見化於魯齋，謝遣生徒，然從此佩先生大中至正之訓，不敢於日用平常外別涉荒幻矣。」是日，接見，喜甚，慰問畢。次晨告别，持卷丐題，以識不忘。先生雅不與二氏作緣，辭焉。退而求得門人所梓先生傳心録，珍襲以歸。

〔一〕「至」，原本作「自」，據長白完顏本改。

鄭素居、吳野翁咸年倍於先生，時趨侍問道，執禮甚虔。至是，又偕其同社四老晤言。先生諗之曰：「流光迅速，歲月有限，緊做工夫，勿自悠忽。所謂工夫，非是『無生有』，只要『有』歸『無』。惟將平日所蘊，一切放下；閑思雜慮，盡情屏卻，務令此中空洞虛豁，了無一物，便是工夫，便是得力。若再有工夫可進、得力可言，非誑卽妄。」諸老感謝。

學人有寫先生像者，唐雲客爲之贊曰：「粤我襄文，斯文是仔。迨我奉常，〔一〕先訓克持。或聞〔二〕或見，小子竊知。五十餘禩，此道寖微。守先待後，乃在關西。二曲先生，三千里至。異代同方，特咨先世。嗟余後昆，感惶無似。仰止泰巖，望洋海澨。古貌古心，主靜爲事。詎敢讚辭，庶託聲氣。疇附姓名，曰毘陵裔。」

先生丘壠興思，擬期西返。駱公自正月中旬丁內艱，不獲時至龍興，唯時令子婿通起居。至是，衰服稽顙，函丈泣留。郡人聞之，如有所失，咸皇皇挽留。潘易菴亦出山固留，繼之以書曰：「竊聞大道之興廢，全賴唱導之一人。此一人者，固造物篤生，以爲天地立心、生民立命，爲一切人起死回生者也。先生崛起關中，倡明正學，從姚江、盱江以遡濂、洛、關、閩，以遡源於洙泗。其制行之高，任道之勇，不啻泰山喬嶽，豈非造物篤生，以爲後學倡導之一人哉！道駕甫到敝邑，春風一披，勾萌畢達，上至達官貴人，下逮兒童走卒，無不傾心歸命，自非一點眞機鼓舞，何以致此！此山野觀所竭蹶而未逮，望塵而恐後者也。夫斯人皆吾與宇宙總一家，亦何必終日戚戚，思戀故鄉，棄從遊於中道耶？」先生告以「久違先壠，痛切於心」，言與淚俱。易菴亦泫然無語。衆知不能留，相與惜陰款聚，晝夜盤桓焉。〔三〕時餞者環擁纏綣，自寅至未，始獲解維。操舫而送，帆〔四〕蔽水面。先生力辭，次晨始別。陸孝標率其子士楷、甥張濬生隨至丹

〔一〕「常」，原本作「嘗」，據長白完顏本、石泉彭氏本、靜海聞氏本改。
〔二〕「聞」，長白完顏本作「問」。
〔三〕「焉」，原本脫，據石泉彭氏本、靜海聞氏本補。
〔四〕「帆」，原本作「汎」，據石泉彭氏本、靜海聞氏本改。

陽，大慟分袂。吴濬長獨涕泣追隨，踰京口，渡大江，歷瓜洲，抵維揚，始肖像拜别，嗚咽不自勝。

諸名公撰文賦詩以記其事者甚衆，不能備録，聊附數首，以見其概，餘具全集。

岳宏譽

盩厔李先生之來毘陵也，毘陵之人從之者如歸市，是何毘陵之人聞道之速，向道之篤乎？抑先生之德有以入人之深而聞聲響應，不介以孚也？竊聞先生之爲人也，濟濟穆穆，無所求於世。其學以「静」爲基，以「敬」爲要，以「返己體認」爲宗，以「悔過自新」爲日用實際。兹何以來毘陵也？曰：「與郡伯有舊也。」郡伯昔爲盩厔令時，折節嚴事養其母，舉其喪，朔望必枉駕於先生之廬，登其堂而就教焉。然先生足跡未嘗一入縣治也。郡伯在盩厔，先生不入縣治；郡伯在毘陵，而先生何以來也？曰：「感郡伯之德，應郡伯之聘，思欲行道設教以助郡伯德化之成，藉以報郡伯也。」於是，毘陵之賢士大夫爭往候於其門，而就教者接踵焉。毘陵之下邑賢有司，爭往致於其邑，大會紳士於明倫堂，以請先生之教。就正者環四面，聞風而至者雲集，豈非〔二〕毘陵之人聞道之速而向道之篤乎？

夫毘陵亦聲名文物之邦也，自龜山楊夫子講學以來，學者知所宗尚；嗣後，唐薛諸公正誼明道，代有傳人。然龜山夫子寓居十八載而從遊者始盛，先生來不數月而人之徘徊眷戀於先生者，何其盛也！今先生行矣，有出郭而送先生者，有裹糧買舟而送於數十里或百里之外者，有牽衣泣下不忍别〔三〕去者，有願隨至關中受業者，非先生之德，果有以入人之深而能至此耶！

先生以康熙九年十二月朔來毘陵，以十年三月六日去，勉留於毘陵者凡兩月，往來於梁溪、荆溪、江陰、靖江之間凡一月，毘陵之人物大略可睹矣。自此毘陵人士循循好學，慕道不倦，人心風俗一大變焉，則先生與郡伯功豈在孟子下乎？

〔二〕「豈非」，石泉彭氏本、静海聞氏本作「非羡」。
〔三〕「别」，静海聞氏本作「舍」。

古今有治統有道統，治統不可一日無人，道統亦不可一日無人，而道統與治統嘗相爲盛衰而終始，故治統開道統始開，而道統盛治統愈盛。道統之大成集於孔子，至程朱而繼其統。然天下之生久矣，一治一亂，而道統之中又有治亂焉。正學出而反經興行，道統之一治也；僞學出而近理奪朱，道統之一亂也。道統亂而以學術殺人心，孟夫子所以不得已而好辯也。近今以來，學之不講，知有利不知有義，偶一齒及，不以爲迂則以爲腐。衆少年望望然去之，若將浼焉，即求一假道學亦不可得矣，況乎其眞者耶？迺鄙性實迂且腐，不能詭隨，竊意天下之大，四海九州之廣，豈無空谷足音跫然而至者？何幸一旦天之賜我以木鐸也！

二曲先生倡道關中，一掃從來支離破碎、耽空守寂之病，以「致知力行」爲教，而教行俗美，馮翊皆爲鄒魯。我郡侯駱公正誼明道，嘉惠江南後學，敦禮先生來遊於茲，俾人人沐春風化雨中，甚盛典也！而先生以省墓遄歸，攀留無策，諸同人謀所以送先生者而問於余。余曰：「孟子之在當時，道統有其寄；先生之在今日，道統又有其續。而天下之山，東有岱宗，西有華嶽，抑吾聞『山曲曰「盩」，水曲曰「厔」』，二曲之間，先生産焉。『維嶽降神，生甫及申』。太華石樓，蒼巖翠壁，[一]層折而盤旋；灃、涇、河、渭，碧水澄瀾，瀠洄而澹蕩。其靈秀淑清之氣匯聚於斯，則岱宗之生孟子，華嶽之產先生，豈非卓然兩絕千古者哉！而予夢想數十年，尚不得登明星玉女之峰，搔首問青天，悵悵迷塗，罔知適從也；而一見先生，如見太華焉。異日策杖而往，執圖書一卷，問津於二曲先生，其攜我上希夷之峽乎！先生歸矣，治統開道統始開。先生歸而與關中諸子力扶正學，以天下爲己任，道統盛治統愈盛。猗歟休哉！」光敬書此，偕諸同人拜送先生而爲天下賀。

吳光

辛亥履端有告予者曰：「關中李先生至此，郡之人爭識之，子獨無意乎？」予曰：「李先生爲誰？」曰：「太守

[一]「壁」，原本作「璧」，據長白完顏本、石泉彭氏本、靜海聞氏本改。

所師也。」予聞而謝之。既又曰：「先生幼孤，克自樹立，北方之學者也。」予聞而異之。既又曰：「衣冠極古，操履甚嚴，斯世之砥柱也，吾道之楷模也。」且曰：「卻葉太守之聘幣，辭白撫軍之薦剡者也。」予乃聞之而起敬曰：「異哉！當斯世而有斯人也，吾將識之。」雖然，猶未敢以人言而遽信也，及得先生所著匡時一册，則以講學爲首務也，其言多推許陽明子之言也。予作而曰：「異哉！講學之事，末世所諱，乃以爲匡時之要耶！陽明之學，尤今人所諱，乃舉其言而是信是崇耶！李先生者，吾將識之矣！」雖然，猶未知其所自得者何如也，既而又得先生所著學髓，則以本原示人，而繼之以持循之法者也。予更作而曰：「異哉！言學者多矣，求其爲知本者幾人哉？知本者間有之矣，求其知而能行，且亟以之覺人者又幾人哉！然則李先生者，雖在數千里外，猶當間關以識之，況儼然在望而可咫尺失之耶？」於是，齋宿而造其舘舍。望其容，盎如也；即其言，粹如也；觀其動作威儀，彬彬如也；聽其語，則又秩秩而莫可淆也，浩浩而莫可窮也。其所論學，上者語上，下者語下，老者、壯者、少者各隨其宜，因人以立教者也。予不覺恍然自失，退而歎曰：「異哉！當斯世而有斯人也，吾黨之幸也！」於是，往而聞之兄，聞之弟，聞之友生，攜吾子若姪日就教於先生。先生亦以瑀所志所學皆同，而加之以悃款之辭；且以吾二子之少而可進也，又往往於稠人之中而申之以策勵鼓舞之辭。異哉！吾毘陵之去盩厔不下數千里，胡乃天作之合，使吾父子得見先生，而蒙先生之惠愛如此也！踰五旬而先生行。瀕行，執吾子之手而諄諄語之曰：「吾行矣，不復時時晤言矣。雖然，此心神交，千里如一日也。吾十餘年後聞東南有人傑，必二子矣！」吾父子聞言，感而欲泣，胡〔二〕先生屬意至誠，惻怛至此也！因顧二子曰：「小子識之，其勿忘先生之言！」嗟嗟！先生行矣，後晤何期？有叩先生所居之區，爲他日造訪之謀者。先生不答，但曰：「吾茲之出，不獲已也。今而後，當處亂山虎豹之中，閉戶不出，以全吾身，不復爲世所物色。相見之期，未可量也！」嗟乎哉！先生之藏修也，以不求聞達爲心；先生之此出也，以覓父遺骸爲念；先生之甫出而遽歸也，

〔二〕「胡」，長白完顔本作「何」。

斯實遁世不悔，不見是而無悶者，其爲人顧何如哉！於先生之歸，敬述瑀之所以見先生，與先生之所以加意瑀父子者，亦以見一旦傾蓋，心在千秋，非偶然也。

楊瑀

尼山天縱後，道統在布衣。秦焰不能灰，六經炳朝暉。漢儒拾餘燼，聖學存幾希。唐人重詩賦，文盛質乃稀。訓詁日以廣，與聖漸相違。斯道原不墜，有宋學重輝：濂溪見其大，明道得其歸；象山徹其源，考亭集其徽。鵝湖義利辨，千古聖狂機。明興尊制藝，朝夕詩書依。後人競工巧，志道皆依稀。高士擅〔二〕文名，下者惟輕肥。卓哉王文成，「良知」闡道微。功名副道德，今古聲巍巍。後起東南士，聞風設講幃：毘陵有襄文，文介接其微；梁溪有忠憲，端文啟其幾。長安與吉水，書院倡帝畿。先子當其世，後先同編韋。皐比一時盛，乃構薄俗譏。宵人佐閹逆，斥爲僞學非。誅逐終黨錮，沒世長歔欷。斯文幸未喪，絕學啟關西。遡矣李夫子，南遊震羣迷。相見卽相勗，勿爲「物論」齊。躬行實維艱，議論眞「筌蹄」。主靜自探本，寡過斯日躋。匡時矢鳴鳥，惜陰效聞雞。方期共砥礪，乃復生睽離。千里命相思，同志敢永締。願言各努力，聊爲聖道隄。

鄭珏

大道在千古，相續如薪傳。形異性本同，皓月落萬川。此理苟不失，今古無愚賢。其如習俗〔三〕殊，所賦疇能全。聖哲別性反，知覺分後先。矧茲初學儔，能不恃「蹄筌」。羲文啟精蘊，集成尼父宣。漢唐鮮眞儒，晦蝕數百年。濂洛接遙緒，光輝發殘編。時則有關學，周程共聯翩。西銘明理一，仁量稱如天。風氣自此開，血脈今獨延。赫赫忠孝胄，道統獨仔肩。湛然原本際，智識都可捐。學崇禮愈卑，夕惕朝乾乾。上公勤式廬，邑宰問道虔。東吳菰蘆中，引領踰

〔二〕「擅」，原本作「檀」，據長白完顔本、石泉彭氏本、靜海聞氏本改。

〔三〕「俗」，原本作「悟」，據石泉彭氏本、靜海聞氏本改。

蓀荃。賴我五馬交，千里而惠然。親炙匪聞風，猥蒙道契堅。示我東行述，爰及南行篇。學髓宗伯安，窺見精一源。憶昔我毘郡，講學賢駢闐。是維賢牧倡，淳風故淪漣。今也來大儒，侯德洵映前。會講集黌宮，奧義星日懸。奈何吾祜薄，仁君泣粥饘。深恐大君子，興思丘壠旋。儀型忽已遠，稀聞璧水絃。謖謖天上風，泠泠山下泉。文德藉之懿，眷正需言詮。麗澤倘不繼，頻復其可湔。皎彼空谷駒，遐心尚無遄。願言執鞭隨，佩服尤拳拳。

楊球

始信當年立雪甘，發矇開聵有微談。一揆先後欣親炙，歷世箕裘愧未堪。繙帙斜陽看冉冉，停杯時鳥聽喃喃。不知杖履安西去，果否還稱吾道南？

唐宇昭

忽枉名賢共訂盟，離羣此日悵遄征。臯比江左初談道，夫子關西舊有聲。長夜發蒙雙眼豁，千年希聖寸心明。春深無恙歸帆穩，綠樹青山贈遠行。

潘靜觀

鹿洞重開大雅存，成蹊桃李發孤根。春江浪靜人初渡，華嶽雲深道自尊。魯國多言勗端木，漢庭曲學戒公孫。他年負笈遊關洛，立雪還承時雨恩。

賀麒徵

聞公德業類文成，繼倡「良知」道復明。慨昔通家文舉謁，願今得御李君行。墮甑愧乏安行孝，避雨猶難不踞情。冀返吟風並弄月，免歌白露水盈盈。

鼎成

仙人初下説經臺，瀍洛宗風〔一〕世共推。釁序虎皮留講易，離亭麈〔二〕尾佐銜杯。衣冠不讓商山老，詞賦眞輕鄴下才。極目函關春色遠，何時紫氣更東來？

離人昨夜哭庭闈，仗劍從戎去不歸。血染殺場愁皓月，魂飛故國弔斜暉。荒原草長銅駝没，上苑花深戰馬肥。今日孤兒眞義士，同仇還與賦無衣。

爭看車馬出咸陽，又送西行返建章。古寺頻過情轉切，孤舟欲別語偏長。雲開嶽色千峰綠，日落河流萬里黄。我亦關西稱後裔，清風應許漢廷楊。

十年牢落掩柴荆，謬竊江東處士聲。敢向千秋論大業，寧於一日比浮名。才非命世羞年少，念切匡時仗老成。海内同心能有幾，歌殘折柳不勝情。

楊昌言

右別言四章〔三〕

秦中自古稱神州，黄河九曲東北流。其源高高天路修，龍門直下乾坤浮。砥柱兀峙狂瀾收，碣石倒瀉奔滄洲。先生學海何湯湯，我欲遡之苦無梁。

右河流一

弘農之西褒谷東，層〔四〕盤高矗秦離宫。棼橑複閣相周通，嘉葩碧樹鬱灌叢。朝霞爭絢春融融，御溝流香香咽風。

〔一〕「宗風」，原本作「風宗」，據靜海聞氏本校註改。
〔二〕「麈」，原本作「塵」，據石泉彭氏本改。
〔三〕「右別言四章」，長白完顔本脱。
〔四〕「層」，原本作「增」，據石泉彭氏本、靜海聞氏本改。

光生門牆桃李多，我欲攀之遠若何？

右秦宮二

太華削削高亙天，蓮峰岌嶪陰崖緣。泉飛夜月寒生煙，層冰積雪凍欲堅。中有仙人高枕眠，漫漫極目迷其巔。先生結廬青雲端，望之峨峨情所歡。

右太華三

楊文言

二十五日，抵襄城。

邑宰張公聞先生至，大喜遠迎。時祠碑已就，唯供案未竣。是晚，先生齋沐宿於隍廟。祠在南郭，工徒十餘人砌案，夜分將寢，忽鬼聲大作，衆皆震慄。次晨，闔城喧傳。公聞之愕然，遂爲文以記其異，率僚紳陪先生致祭。起塚西郊，鐫太翁字諱生卒年月誌壙，共樹松柏楸楊，森列成林，仍豎碑林前，題曰「義林」。先生斬衰以奠，恭取塚土升餘，同魂牌捧歸。公同鎮守遊擊將軍王君諱天錫、教諭馬君諱奪錦暨闔城鄉官舉貢生員，祖餞於十里鋪，泫然而別。其遠鄉紳衿有未及見者，追至郟縣謁送。襄城紳衿哀挽甚衆，詳具招魂記及義林誌。

四月初四日，抵家。詣太母墓，告旋。擇吉以所奉塚土附墓致祭，斬衰持服如初喪。

附

請建延陵書院公呈

常州府武進縣兩學廩增附生員屠迴、張涵生、陸士楷等呈，爲崇正學以端風尚，葺書院以育人才，公呈詳憲舉行，以垂永久事。其略云：

近關中李二曲先生來常，闡昔賢之奧義，續先哲之正傳，披宣不下數百萬言，傳録共計一十八種。議論務在躬行，學問必期心得，聾聵咸開，醉夢皆醒，誠毘陵之厚幸，憲臺之恩施也。但氈壇已撤，吾徒之討論無從，肄業各方，願學之諸生復渙，因思錫山有東林書院，荆溪有明道書院，下邑皆有會講之區。乃東林書院已湮，龜山書院復廢，郡中獨無考業之地；況鄉約次第舉行，凡民各有聽習，豈正學百年未墜，多士反缺觀摩。公叩大宗師老大人詳請各憲，特敕葺修，仿關、閩、濂、洛之成規，儼具瞻於一郡，則春夏禮樂，秋冬詩書，五邑沾時雨之化於無窮矣。

康熙十年四月　日具

請詳看語：

本府看得學術之晦明，係人心之邪正；人心之邪正，關世道之污隆。念昔求芻二曲，有處士李先生某者，好學本乎立行，性功兼乎經濟。常從簿書之暇趨領教言，至今星散之餘不忘道範，爰修尺素，延致毘陵，思以興起教化，弘長流風。乃行旌甫定，多士之執贄如雲；講席方開，先達之問難若渴。諦聞格語，紀録成編，所輯有匡時要務及兩庠彙語等集共一十八種，五邑傳爲金鏡，一方奉若元龜。在設帳之日，從學蒸蒸聿起；茲返旆之後，諸生戀戀彌殷，請修書院以爲會講之區，復集生徒以廣居稽之益。伏乞俯順輿情，准令修葺，仿鵝湖白鹿成規，以時會講。庶廉頑立懦，遠紹季子高風；敬業樂羣，近接龜山懿緒云云。隨奉各憲批准。庠生吳發祥毁産倡衆經營，不數月工竣，自是安奉所肖遺像，遵其教規，以時會晤切磋。

卷十一

東林書院會語

晉陵門人徐超、張濬生手録

盩厔李先生童時嘗讀天啟朝事，雅慕高忠憲公之風節。自是每遇吳人，即訪其履歷之詳及所著書，而卒無從得，耿耿於衷，蓋有年矣。庚戌季冬，駱郡伯迎先生至郡，首詢忠憲後裔，衆以猶子彙旃先生能世其家學對。先生慨然約郡伯同謁忠憲公祠，因晤彙旃先生。會郡伯丁内艱，不果。仲春朔，梁溪吳令君暨學博郝元公先生具舟奉迎，先生欣然不辭，蓋欲乘此了宿願也。初二日，薄暮抵邑。次晨，展謁先聖畢，即趨忠憲祠，瞻禮遺像，徘徊故池，不覺泫然。與彙旃先生鍼芥相投，歡若平生。次日，會講於東林書院，邑中諸賢達環集，各質所疑，語多難記，姑録與彙旃先生共商之一二，以見兩先生之同心云。

一友講學而時習章。高先生曰：「『之』字要體認，凡書上虛字眼，須照定本章章旨看。如『吾斯之未能信』，『斯』字便指『仕之理』而言；如『如切如磋，其斯之謂與』，『斯』字便指『未若之理』而言，此猶爲舉業做文字者言也。若首章『學』字，註中是『效先覺之所爲』，『爲』字著力；又補以『坐如尸，坐時習也；立如齊，立時習也』，豈不是一個『敬』字！即如君子九思章，豈不是一個活『敬』字？『非禮勿視聽言動』，豈不是一個活『敬』字！朱子曰『習静，不如習敬』，信哉！」

先生曰：「學固不外乎敬，然敬乃學中之一事。謂由敬以復初則可；若直指『之』字爲敬，則是『效先覺之所爲』以復敬，非復初也。心也性也，其猶鏡乎！鏡本明而塵溷之，拂拭所以求明，非便以拂拭爲明也。知此則知敬矣。敬者，『乾乾惕厲』之謂也。一日十二時，時乾時惕，以至於念念不懈、刻刻常惺，則此心存而不放，然後可望善明而初復。是敬乃工夫，非本體也。做得工夫方復本體，恐未可以工夫爲本體也。若指『之』字爲敬，則是『學而時習』明其敬，復其敬，所謂大本大原者安在？是以工夫學工夫、習工夫，非由工夫以復本體。不肖庸愚之見，終覺未安！」

又曰：「學非辭章記誦之謂也，所以存心復性，以盡乎人道之當然也。其用功之實，在證諸先覺，考諸古訓，尊所聞，行所知，而進修之序，敬以爲之本，靜以爲之基。博學、審問、慎思、明辨而躬踐之，一有缺焉非學也。其見於內也，戒慎恐懼，涵養於未發之前；迴光返照，致審於方發之際；察念慮之萌動，炳理欲之[一]幾先；懲忿窒欲，遏惡擴善，無所容乎人欲之私，而有以全乎天理之正，皆所以養其中也。其見之于外也，足容重，手容恭，頭容直，目容端，口容止，氣容肅，聲容靜，立容德，坐如尸，行如蟻，息有養，瞬有存，晝有爲，宵有得，動靜有考程，皆所以制乎外以養其內也。內外交養，打成一片，始也勉強，久則自然。喜怒哀樂中節，視聽言動復禮，綱常倫理不虧，辭受取與不苟，造次顛沛一致，得失毀譽不動，生死患難如常，無入而不自得。如是，則心存性復，不愧乎人道之宜，始可以言學。」

高先生曰：「馮子有言：『效先覺之所爲。』説『爲』便不落空。」先生曰：「學，覺也。覺以覺乎其固有，非覺先覺之固有也。然不效先覺之所爲，則覺亦未易言也。先覺所爲，如堯之『執中』、舜之『精一』、禹之『祇承』、湯之『以義制事，以禮制心』、文之『不聞[二]亦式，不諫亦入』、武之『敬勝怠，義勝欲』、周公之『思兼』、孔子之『敏求』、顔之『愚』、曾之『魯』、元公之『主靜』、二程之『主敬』、朱子之『窮理致知』、象山之『先立乎其大』、陽明之『良知』、甘泉之『隨處體認』，皆是也。學者，誠效其所爲，就資之所近而時習焉，則覺矣。始也，效先覺之所爲而求覺；終也，覺吾心之固有，而爲己之所當爲。若

[一]「之」，石泉彭氏本、靜海聞氏本作「於」。
[二]「聞」，原本作「臨」，據長白完顔本、詩經改。

自始至終，事事效先覺之所爲，是義襲於外也，是行仁義，非由仁義也。所爲雖善，終屬外入，又安能左右逢原，以稱自得哉！」

一友論舉業之陋。高先生曰：「馮恭定有言矣：『漢、唐、宋之制科，本無關於身心，殊非聖賢之務，若八股之業，所讀者聖賢之書，所摹擬者聖賢之語，只是不曾發得聖賢之心，故不能做聖賢之事，立聖賢之品。』今亦不須易業，只就其先資之言，而勉爲實行，便是聖賢了。無奈以書本爲敲門瓦，科名到手，書本棄去，一一盡是反做。此之謂『言不顧行，行不顧言』，不但是背聖人之言，卽自己平生之言，自己全不照管，那得成人？」

先生曰：「『舉業』云者，言其修明體適用之業，舉而用之也，其制曷嘗不善？試以五經四書，欲人之明其體也；試以論，欲人之有醞藉也；試以策，欲人之識時務也；表以觀其華，判以驗其斷。從是科者，果能一一本之躬行心得之餘，而可效諸用，則『舉業』卽『德業』矣。」

高先生曰：「言滿天下無口過，其惟紫陽朱子乎！『六經皆我註腳』，是陸子之口過也；『滿街都是聖人』是王文成之口過也。學者一啟口，而不可不愼如此。」

先生曰：「紫陽之言，言言平實，大中至正，粹乎無瑕，宛然洙泗家法。陸王矯枉救弊，其言猶藥中大黃、巴豆，疏人胸中積滯，實未可概施之虛怯之人也！」

高先生曰：「『行滿天下無怨惡。怨惡在人，如何免得，要知不是求免怨惡。』此兩句原是發明孝子不登高、不臨深的念頭。」

先生曰：「『行滿天下無怨惡』卽堯舜亦不能必。天地之大也，人猶有所憾，君子亦惟盡其在己，無惡於志而已，他何容心焉！」

附

梁溪應求録

天泉後學秦松岱録

二月初四日，過東林書院，聽中翁李先生會講，既以前五問相質，並蒙印示。越二〔一〕日，燈巖秦兄偕羣季〔二〕邳仙、梟仙、漢仙、瀛仙，合延李先生會講淮海先生祠中。燈巖因託時晉王君召予，予復過從聽講。講畢，飲友善堂，予因進問李先生：「『孝弟爲仁之本』，古人從孝弟做起，推而仁民愛物，一貫將去，並無沮塞。如今學者，亦有事親思孝、事長思弟的，門内似乎可觀，及到待人接物、居官涖事，卻又貪昧刻薄，截然與孝弟相反，意者有所沮塞而不行乎？」先生曰：「孝弟而不能爲仁，只恐這個『孝弟』還從名色上打點，未必是眞孝眞弟。若是眞孝眞弟的人，愛敬根於中，和順達於外，一舉足不敢忘父母，一出言不敢忘父母。推之待人接物、居官涖事，不敢刻薄一人，不敢傲慢一事，豈不是爲仁之本！故學者之患，只患孝弟不眞。若孝弟既眞，正不必患爲仁之沮塞也。」諸同人聞之，無不踴躍稱快。

既又問：「良知之『知』與知識之『知』如何分別？」先生曰：「良知之『知』與知識之『知』分別迥然。所謂良知之『知』，知善知惡，知是知非，念頭起處炯炯不昧者是也。知識之『知』有四：或從意見生出，或靠才識得來，或以客氣用事，或因塵情染著。四者皆非本來所固有，皆足以爲虛明之障。從古英雄豪傑，多坐此四者之誤。即如劉先主何等英雄，只因報讎一念不能忍，遂致『江流石不轉，遺恨失吞吳』，豈非客氣使然乎？學者必先克去知識之『知』，使本地虛明，常爲

〔一〕「二」，石泉彭氏本、靜海聞氏本作「三」。
〔二〕「季」，靜海聞氏本作「李」。

主宰，此即『致良知』的訣也。」吁！指點心源最超豁，非先生其誰與歸！

康熙辛亥仲春，晉陵晚學陳世祉介夫氏敬録於梁溪之友善堂

賦贈關中李二曲先生並敍〔一〕

陳世祉

關中李先生諱顒，字中孚，世居西安府盩厔縣。少孤且貧，奉母至孝，一介不輕取予。早歲絕意仕進，殫心理學，於書無所不讀，而宗尚晦菴、陽明；然深自韜晦，時人但知其爲「李孝子」，而不知其理學之精粹也。會駱郡公曾令其地，聞孝子名，造廬親訪之，已而大服其所學，事以師禮；且爲其親營葬事，並經紀其家。先生辭受，一於禮而不苟。每朔望，駱公必虔謁先生，而先生足跡未嘗一至縣庭，蓋八年如一日也。去年庚戌，駱公既涖吾郡，遣使奉迎南來，意欲藉先生倡道東南。甚盛心也！無何，先生至而駱郡公忽丁内艱，是非吾郡之不幸歟！先生既不欲久留，然生平愛慕忠憲高子，欲了夙心，遂過梁溪謁忠憲祠。因會講東林及淮海先生祠中，予小子得親奉周旋。眞所謂言如淵海，曠若發矇者歟！越三日，放棹澄江，並遊姑蘇而返。所在郡縣，不入其門，惟與當事者作汲長孺一揖而已，餽遺一無所受。予重嘆其厚德清風，服其爲道學眞種子，而又不能永朝永夕得以少致吾情也。用是草得數言，臨風寄贈，蓋亦好德之心，不能自已，不復計其詞之工拙云。

太華峰高高插天，巨靈掌劈蓮華懸。月巖龍嶺倒空碧，誰能獨立揮雲煙？遐哉横渠古張子，西銘透闢乾坤理。後起馮公曰少墟，淵源直接閩江水。年來絕學付狂瀾，砥柱何人耐歲寒？紛紛功利爭談道，汨汨詞章侈流言。何意先生從嶽降，千仞丹崖開曉絳。讀書好讀朱與王，盡掃支離還浩蕩。二十年前舊草廬，一心奉母樂于于。和靖幾曾規利禄，白沙非

〔一〕「並敍」，長白完顏本作「有序」。

是愛閒居。幽人高臥千山曲，明月梅花春草綠。不知軒蓋訪崇阿，三代高風此堪續。古人幾見駱明府，拜道橫經在環堵。黃金白璧等浮埃，麥飯葱湯式歌舞。五馬南來憶蓋公，蒲輪迎向渭橋東。直下龍城過蓉水，東林會語開羣蒙。清襟雅量曾無比，淮海祠中風日美。傾崑倒峽胡足奇，鸞翔鳳翥羣欽只。指點心源最超豁，依稀口耳非眞學。止水虔參忠憲公，遺書相印心如昨。歸來石屋稱高子，洛閩宗傳本如此。拂衣去看大江春，春江萬里浩無塵。一介不輕莘野志，三公莫換柳禽心。吁嗟世網何拘束，未得從遊悵空谷。何時立雪華山傍，學參子半觀初復。

聖學自姚江夫子倡明之後，繼其盛者，莫如東林。東林雖爲敝邑諸先生講學之區，而師友之盛，實關乎天下。一時豪傑之士勃然興起，共[一]以綱常名教爲己任者，蓋吾鄉端文顧子、忠憲高子，與吉水鄒南皋先生，更倡迭和之力爲多云。夫一人爲之，二人從而翼之，已而翼之者益衆焉。雖有難爲之事，其弗成者鮮矣。然則師友之助，其可少哉？明之衰也，典型凋喪，風俗日頽。維先叔祖弱水先生與彙翁高先生砥柱波流，於人心剥復之交，而斯道之不絶者如線。然而，吾儕小子猶知嚮学者，以早遊先叔祖之门，及闻先正之緒論也。先叔祖既歿，吾道益孤，幸同門同志之友數十人惕焉追念教澤，相與遡其統緒而表章之。既私謚「文孝」而祠之千[二]休舘；又以先叔祖之學原本忠憲，上接程朱，宜嗣道南之統。今二月朔，遂從祀東林書院。越三日，[三]盩厔中翁李先生應駱郡公之聘，倡道東南而至吾邑，與彙翁高先生歡若平生，假舘於東林之來復齋。家伯兄對巖先生命松岱偕諸弟輩，因晉陵賢從徐斗一、張子邃兩尊兄請於李先生，延講先淮海祠，會於友善堂。同志之臨斯會者，爲介夫陳君，時晉王君，芾南邵君，存華施君，從叔天乳、清聞，從弟

[一]「共」，石泉彭氏本、靜海聞氏本作「其」。
[二]「千」，靜海聞氏本作「於」。
[三]「日」，石泉彭氏本、靜海聞氏本作「月」。

一原、次蜚，凡十有六人。自陳君而外，皆先叔祖之及門與子姓；[一]而存華則易學名家，嚴祺先先友之高弟也。質疑問難，各罄所懷。李先生答決如流，推誠接引；臨別尤以會講切磋，興復東林遺緒，三致意焉。諸同人既推明道統，以先叔祖繼東林之後，夫舉尊師之禮，必弘道統之傳；而李先生適遠自西土，來會一堂，迎機立決，沛若江河，於是交相慕悅，翕然心許。易曰：「同心之言，其臭如蘭。」又曰：「同聲相應，同氣相求。」其弗信矣乎！李先生去錫之六日，家伯兄訂同門四十餘人釋菜千[二]休舘，遂定朔望會講之約。又數日，同門子壎談君出所與李先生問答書貽示。蓋李先生之論學也，以「默坐澄心」爲悟入之功，而子壎方由博返約，專事靜坐，深相契合。又數日，時晉王君邀讀介夫陳君節録答語，並賦贈詩。昔横渠張子撤虎皮而使其子弟從講於二程，百世而下稱之，蓋非天下之大勇無我者不能也。今陳君與王君推服之勇，何以異此！又數日，子邃張君貽書致李先生別語，命與松岱聯兩地同志之會。岱也謬承印可，獲訂久要，又得從兩地諸君子之後，行見羣倡百和，斯文蔚興，正宜力肩重擔，共報師恩，敢不黽勉以從業。復書議以春秋二仲，互主姚江夫子釋菜之禮，爲講習砥礪之地。遂述其會合之奇，取陳君所記答語並詩，題曰梁溪應求録而付之梓。

辛亥季春，天泉後學梁溪秦松岱敬跋

[一] 「姓」，石泉彭氏本、靜海聞氏本作「姪」。
[二] 「千」，靜海聞氏本作「於」。

卷十二

匡時要務序

駱鍾麟

匡時要務，關中二曲先生語也。先生甫弱冠，即以康濟爲心，嘗著帝學宏綱、經筵僭擬、經世蠡測、時務急著諸書。其中天德王道，悲天憫人，凡政體所關，靡不規畫。既而，雅意林泉，無復世念，原稿盡付「祖龍」，絕口不道；惟闡明學術，救正人心是務。賢士大夫咸師尊之。葉郡伯闢關中書院，延以式多士，終不就；撫軍白大中丞，欲疏薦於朝，以隆大任，毅然力辭。生平孤介成性，杜門卻埽，人罕睹其面。

予筮仕二曲，幸咫尺先生居，獲時時請益，雖不能進窺堂奧，其不致於身名隕越者，得力於先生教誨之益居多。去秋，予量移毘陵，恐典型日邁，鄙吝復萌，臨歧訂先生爲東南遊。先生首肯，蓋亦欲藉此出桃林，歷嵩洛，越江淮，順流抵浙，溯洄而入豫章，遍覽名山大川之勝，弔先哲遺蹤，晤中原偉人，因以共證所學，以力弘大道。嘉平之月，空谷足音，跫然及我。首以移風易俗、明學術見勉，以爲是匡時第一要務。大約謂：「天下治亂，由於人心之邪正；人心邪正，由於學術之明晦；學術明晦，更由於當事之好尚。」歷引王陽明、馮少墟諸先達爲鑒，誠以居高而呼：「牖民孔易，斯實風化之標準、致治之樞機、位育參贊之大關頭也！」予聞之，爽然失，涊然汗，愧學疏資淺，力莫能與。幸各憲臺及邦之名公鉅卿，方以明倫興化，砥礪頹俗爲任，遂手録其語，付之剞劂，以備採鑒。懿德之好，人所同然。是必有聞風競奮，慷慨〔二〕力倡，不特陽明、

〔二〕「慷慨」，靜海聞氏本作「慨慷」。

少墟諸先達芳規再振於今日，將見東南學術，由斯益甲於天下，雲蒸霞蔚，化理翔洽。昔儒所謂「斯道若明如晝日，世風何慮不陶唐」，此固先生之志也，邦國之光也，亦予小子之幸也。是爲序。

時康熙庚戌季冬之吉，中憲大夫晉陵守駱鍾麟謹題

匡時要務

二曲先生口授　　晉陵守駱鍾麟手述

大丈夫無心於斯世則已，苟有心斯世，須從大根本、大肯綮處下手，則事半而功倍，不勞而易舉。夫天下之大根本，莫過於人心；天下之大肯綮，莫過於提醒天下之人心。然欲醒人心，惟在明學術，此在今日爲匡時第一要務。謹次其概，以俟有心斯世者鑑焉。

經書垂訓，所以維持人心也；學校之設，所以聯羣會講，切劘人心也。自教化陵夷，父兄之所督、師友之所導、當事之所鼓舞、子弟之所習尚，舉不越乎詞章名利；此外，茫不知學校爲何設？讀書爲何事？嗚呼！學術之晦，至是而極矣；人心陷溺之深，至今日而不忍言矣。昔墨氏之學，志於仁者也，視天下爲一家、萬物爲一體，慈憫利濟，唯恐一夫失所。楊氏之學，志於義者也，一介不取，一介不與；從其學者，人人一介不取，一介不與。此其爲學，視後世詞章、名利之習，相去何啻天淵！孟子猶以爲「愛無差等」「理亂不闢」，辯而闢之，至目爲「無父無君」，比之「洪水猛獸」，蓋慮其以學術殺天下後世也。夫以履仁蹈義爲事，其源少偏，猶不能無弊。矧所習惟在於詞章，所志惟在於名利，其源已非，流弊又何所底止？此其以學術殺天下後世尤酷！比之「洪水猛獸」，尤爲何如也？

洪水猛獸，其爲害也，止於其身。學術不明，其爲害也，根於其心。身害人猶易避，心害則醉生夢死，不自知覺，發政害事，爲患無窮，是心害酷於身害萬萬也！非大有爲之君子，以擔當世道、主持名教爲己任，則學術何自而明？心害何自而拯？

天下之治亂，由人心之邪正；人心之邪正，由學術之明晦；學術之明晦，由當事之好尚：所好在正學則正學明，正學明則人心正，人心正則治化淳；所好在詞章則正學晦，正學晦則人心不正，人心不正則治化不興。蓋上之所好，下卽成俗；感應之機，捷於影響。

近世士大夫，欲興起文教，命題課士，名曰「觀風」，此其舉非不稱美。若論有補於風化，則猶未也。善乎！呂中丞新吾之言曰：「有司豈無所汲汲皇皇，而學校獨不加意；有加意者，不過會課、改文、供饌、給賞而已。砥德礪行，引而出之迷塗，則全不在念。」噫！弊也久矣。

民之於仁，甚於水火。人或可以一日無水火，必不可一日無學；不可一日無學，則不可一日不講。講則人知所嚮，日淘月汰，天理常存，而人心不死；不講則貿貿焉莫知所之，率意冥行，不免任氣滋欲，隨俗馳逐而已。

立人達人，全在講學；移風易俗，全在講學；撥亂返治，全在講學；旋乾轉坤，全在講學。爲上爲德，爲下爲民，莫不由此。此生人之命脈、宇宙之元氣，不可一日息焉者也。息則元氣索，而生機漓矣！

隨人開發，轉相覺導，由一人以至千萬人，由一方以至多方，使生機在在流貫，此便是「爲天地立心，生民立命」。眞正豪傑，方能無待而興，其餘則全賴有位之人，勞來匡直，多方鼓舞。陽明先生自爲驛丞，以至宰廬陵，撫江西，總督四省，所在以講學爲務，挺身號召，遠邇雲從。當秉鉞臨戎，而猶講筵大啟，指揮軍令，與弟子答問齊宣，直指人心一念獨知之微，以爲是王霸、義利、人鬼關也，聞者莫不戚戚然有動於中。是時，士習蔑裂於辭章記誦，安以爲學。自先生倡，而天下始知立本於求心，始信人性之皆善，而堯舜之皆可爲也。於是，雨化風行，雲蒸豹變，一時學術，如日中天。

少墟先生協理院事，與掌院南皋鄒公立會開講。十三道御史爲闢首善書院，以定會期；[一]二八[二]則都中縉紳聽講，四六則舉貢生員及軍、民、工、商一切雜色人等聽講。是時，邊警告急，賊寇縱橫，中外交訌，人情震動。或曰：「此何時也而講學？」先生曰：「此何時也而可不講學？講學者，正講明其父子君臣之義，提醒其忠君愛國之心，正今日要緊第一著

[一]「會期」，石泉彭氏本、靜海聞氏本作「講學」。
[二]「二八」，石泉彭氏本、靜海聞氏本作「三八」。

也。」或曰：「父子君臣之義、忠君愛國之心，原是人人有的，何必講？」曰：「如是人人沒有的，眞不該講，如磨磚求明，磨之何益？如原是人人有的，只被功名勢利埋沒了，豈可不講？講之者，只講明其所本有，提醒其所本有者也，如磨鏡求明，磨何可無。昔吾友陶石簣赴京，一客勸曰：『在仕塗且勿講學。』石簣笑應曰：『仕塗更急緊要學使用。』其客大爲解頤，余於今日亦云。」

先生嘗上疏於朝曰：「竊惟世道之所以常治而不亂者，惟恃有此理學之一脈，亦惟恃有此講學之一事。講學創自孔子，而盛於孟子，故孟子以作春秋、闢楊墨爲一治。至孟子沒，而異端蜂起，列國紛爭，禍亂相尋，千有餘年，良可浩歎！至宋儒出，而始有以接孟氏之傳，然中興於宋而禁於宋。是宋之不競，以禁講之故，非講之故也。」

又疏曰：「臣幼承庭訓，即知有講學一事；比壯歲登朝，即與一時同志如楊起元、孟化鯉、陶望齡諸臣立會講學。三四年間，寒暑風雨，未嘗少輟，世道人心，頗覺可觀。自臣壬辰告病歸，而京師學會遂廢，不講者三十年。臣昨秋入京，見人心世道，不及曩者：邊臣不知忠義，而爭先逃走；妖賊不知正道，而大肆猖獗；中外貪肆成風，縉紳奔競成俗。諸如此類，正坐道學不講之過。臣因與左都御史鄒元標立會講學，凡同講諸臣，彼此皆以忠孝大義相勸勉，使人人皆知正道，皆知君親之大倫，或可以少挽江河狂瀾於萬一，此正臣與元標風紀大臣之責任也。」

嘉隆時，江左徽、寧之間，經學憲耿天台之倡率，郡守羅近溪之提撕，講會尤多，興起尤衆。不特縉紳衿士能領略其微詮，而風聲鼓舞，習尚蒸陶；即他塗小道，亦皆有渾樸不雕之風。似從學問中來，蓋俱〔一〕以無意得之而不知所由。異哉！講學之風，入人甚神也。假若諸郡邑在在講貫，在在提撕，大知覺小知，小知覺無知，大覺覺小覺，小覺覺無覺，相與知覺者益衆，則人之承流感化者愈多。是故人欲化爲天理，則身心太平；小人化爲君子，則世運太平。人皆可以爲堯舜，世豈不可以爲唐虞？昔羅近溪以外吏入覲，遇縉紳，即諄諄告以留意正學，又數勸首揆徐文貞公曰：「相公當啟主上以正學爲

〔一〕「俱」，原本作「具」，據石泉彭氏本改。

務，奈何僅循內閣故事，以塞其職耶？」徐公大以爲然，出而歎曰：「諸君講學，只三五巷談，不足風世。得君相同心斯事，則寰宇受其福矣。」至哉，言乎！仁哉，心乎！此近溪先生之所以爲近溪先生也。倘仁人君子以近溪之心爲心、近溪之言爲言，與當事會晤，非此學不談，非此學不講，俾當事曉然知講學之風所關甚大，倡率鼓舞，極力主張，裨益豈淺鮮哉！

卷十三

會約序

洪琮

古之人左右起居，盤盂几杖，有銘有戒，有箴有規，動息皆有所養，故橫渠之西銘、伊川之四勿箴，莫非講明義理，晨夕自警，以修其身。平日識之明、習之熟，則制於外者所以養其內，謹於始者使其要於終，勉之以當然，而待之以積久，是以其教不肅而成。

二曲先生仰承上臺圖化民成俗之意，而以學爲先，於是述古聖賢教人爲學之要，以爲具存於經，迺首儒行，次會約，而終以學程揭其條目，俾學者觸目警心，有當於古人銘戒箴規之義焉。其心虛，其念切矣。考宋制，新進士各賜儒行、中庸二篇，濂、洛、關、閩，實際其盛。先生學有淵源，詞無枝葉，諸所論述，大要在著實從一念獨知處，本體功夫，一時俱到，豈非近裏著己之實學哉！今士子務爲詞章，漫謂苟可干祿，何事講學！夫王公大人，自幼至長，未嘗去於學之中，故能收其切磋追琢之益，以成其盛德大業之隆。昔衛武公作大雅抑之篇，使人日誦於其側以自警。大學釋「有斐」之詩，歸美於道學自修，至今頌睿聖之德於不衰。方今上臺生負睿智之質，出秉節鉞之尊，威行愛立，文武爲憲，其所輔理承化之功，已盡章章如是；而猶虛左下士，誠心訪問，勤勤懇懇，意不少倦焉。況諸士正[一]當鼓篋遜業、博習親師之日，又當何如其孜勉歟！

余初擬刻朱子白鹿洞規以頒示多士，今讀關中書院學規，其爲學之序與修身接物之要，實與白鹿之旨深相發明。在秦

[一]「正」，原本作「政」，據石泉彭氏本、靜海聞氏本改。

言秦，歸有余師。誠能請事斯規，服膺勿失，銘之座右，書諸紳佩，則出入動息之間，所以操存而涵養者久而自熟。是於先生之言如江海之浸、膏澤之潤也。使一人之行修移之於一家，一家之行修移之於鄉黨郡邑，則三秦之風俗成，人材出矣。教化之行、道德之歸，上之人實切有望焉。諸士勉乎哉！

康熙癸丑，提督陝西學政新安洪琮謹書

關中書院會約

盩厔李顒中孚識

儒行

士人儒服儒言，咸名曰「儒」，抑知儒之所以爲儒，原自有在也。夫儒服儒言，未必眞儒；行儒之行，始爲眞儒，則儒行篇不可以不之監也。是篇雜在禮記，兹謹表出，以式同志。懿德之好，人有同然。誠因觀生感，因感生奮，躬體力踐，有儒之實，斯儒服儒言，無愧儒之名矣！

魯哀公問於孔子曰：「夫子之服，其儒服與？」孔子對曰：「丘少居魯，衣逢掖之衣；長居宋，冠章甫之冠。丘聞之也，君子之學也博，其服也鄉。丘不知儒服。」

哀公曰：「敢問儒行？」孔子對曰：「遽數之不能終其物，悉數之乃留，更僕未可終也。」哀公命席，孔子侍曰：「儒有席上之珍以待聘，夙夜強學以待問，懷忠信以待舉，力行以待取。其自立有如此者。」

儒有衣冠中，動作愼；其大讓如慢，小讓如僞；大則如威，小則如愧；其難進而易退也，粥粥若無能也。其容貌有如此者。

儒有居處齊難，其坐起恭敬；言必先信，行必中正；道塗不爭險易之利，冬夏不爭陰陽之和；愛其死以有待也，養其身以有爲也。其備豫有如此者。

儒有不寶金玉，而忠信以爲寶；不祈土地，立義以爲土地；不祈多積，多文以爲富；難得而易禄也，易禄而難畜也。非時不見，不亦難得乎？非義不合，不亦難畜乎？先勞而後禄，不亦易禄乎？其近人有如此者。

儒有委之以貨財，淹之以樂好，見利不虧其義；劫之以衆，沮之以兵，見死不更其守；鷙蟲攫搏，不程勇者；引重鼎，不程其力；往者不悔，來者不豫；過言不再，流言不極；不斷其威，不習其謀。其特立有如此者。

儒有可親而不可劫也，可近而不可迫也，可殺而不可辱也。其居處不淫，其飲食不溽，其過失可微辨而不可面數也。其剛毅有如此者。

儒有忠信以爲甲胄，禮儀以爲干櫓；戴仁而行，抱義而處；雖有暴政，不更其所。其自立有如此者。

儒有一畝之宮，環堵之室，篳門圭窬，[一]蓬戶甕牖；易衣而出，並日而食；上答之不敢以疑，上不答不敢以諂。其仕有如此者。

儒有今人與居，古人與稽；今世行之，後世以爲楷；適弗逢世，上弗援，下弗推；讒諂之民有比黨而危之者，身可危也，而志不可奪也；雖危起居，竟信其志，猶將不忘百姓之病也。其憂思有如此者。

儒有博學而不窮，篤行而不倦；幽居而不淫，上通而不困；禮之以和爲貴，忠信之美；優游之法，慕賢而容衆，毀方而瓦合。其寬裕有如此者。

儒有內稱不辟親，外舉不辟怨，程功積事，推賢而進達之，不望其報；君得其志，苟利國家，不求富貴。其舉賢援能有如此者。

儒有聞善以相告也，見善以相示也；爵位相先也，患難相死也；[二]久相待也，遠相致也。其任舉有如此者。

儒有澡身而浴德，陳言而伏，靜而正之，上弗知也；麤而翹之，又不急爲也；不臨深而爲高，不加少而爲多；世治不輕，世亂不沮；同弗與，異弗非也。其特立獨行有如此者。

[一]「窬」，石泉彭氏本、靜海聞氏本作「竇」。

[二]「患難相死也」，原本脫，據長白完顏本、石泉彭氏本、靜海聞氏本、禮記儒行補。

儒有上不臣天子，下不事諸侯；慎靜而尚寬，強毅以與人，博學以知服；近文章，砥礪廉隅；雖分國如錙銖，不臣不仕。其規爲有如此者。

儒有合志同方，營道同術；並立則樂，相下不厭；久不相見，聞流言不信；其行本方立義，同而進，不同而退。其交友有如此者。

溫良者，仁之本也；敬慎者，仁之地也；寬裕者，仁之作也；遜接者，仁之能也；禮節者，仁之貌也；言談者，仁之文也；歌樂者，仁之和也；分散者，仁之施也。儒皆兼此而有之，猶且不敢言仁也。其尊讓有如此者也。

儒有不隕穫於貧賤，不充詘於富貴。不慁君王，不累〔一〕長上，不閔有司，故曰「儒」。今衆人之命「儒」也妄，常以儒相詬病。孔子至舍，哀公館之，聞此言也，言加信，行加義：「終沒吾世，不敢以儒爲戲」。

右揭此，以爲制行之準。行有不若此，便是制行有虧；制行一虧，所學何事，縱有他長，斯亦不足觀也已。

會約

關中書院，自少墟馮先生而後，學會久已絕響。今上臺加意興復，此當今第一美舉、世道人心之幸也！諸同志川至雲集，相與切劘，雖以顒之不肖，亦獲濫厠會末，振頹起惰，叨益良多。衆謂會不可以無規，促顒揭其概，誼不得固辭，謹條列於左。

一每年四仲月，一會講。講日，午初擊鼓三聲，各具本等服帽，詣至聖前四拜禮，隨至馮恭定公少墟先生位前，禮亦如之。禮畢，向各憲三恭，然後東西分班，相對一揖就坐。以齒爲序分，不可同班者退一席。講畢，擊磬三聲，仍詣至聖前，肅

〔一〕「累」，原本作「畏」，據長白完顏本、石泉彭氏本、禮記儒行等改。

揖而退。

一先輩開講，恐學者乍到氣浮，必令先齋戒三日，習禮成而後聽講。先端坐觀心，不遽與言。今吾輩縱不能如此，亦須規模靜定，氣象安閒，默坐片晌，方可申論。

一先輩大堂開講，只統論爲學大綱，而質疑晰惑，未必能盡。蓋以大堂人士衆多，規模宜肅；不肅，則不足以鎮浮囂、定心志。私寓則相集略少，情易孚，意易契，氣味浹洽，得以暢所欲言。吾輩既效法先覺，不可不循其漸次。大堂統論之外，如果眞正有志進修，不妨次日枉顧顒寓，從容盤桓，披衷相示。區區竊願謬竭愚悃，以效矇瞽之誦。

一先輩講學大儒，品是聖賢，學是理學，故不妨對人講理學，勸人學聖賢。顒本昏謬庸人，千破萬綻，擢髮難數；既非卓品，又無實學，冒昧處此，靦顔實甚，終不敢向同人妄談理學，輕言聖賢。惟願十二時中，念念切己自反，以改過爲入門、自新爲實際。諸同人質美未鑿，固無過可改；然盛德大業，貴乎日新，亦不妨愈加淬礪，勉所未至。

一吾人苟能奮志求新，痛自洗剔創艾，不作蓋藏，方始有益。昔齊宣王自謂好勇、好貨、好色，肯將自己所受之病，一一向孟子面前陳說，略無一毫隱諱，所以孟子惓惓屬意於王，以爲足用爲善。譬之病人不自諱忌，肯將自己病源一一述出，令醫知其標本所在，藥始中病。苟爲不然，卽有萬全良劑，與症不對，亦何補哉！今吾人相聚切磋，愼勿漫衍泛談，所貴就症言症，庶獲見症商症，以盡忠告之益。

一晤對之餘，各宜打拼精神，默坐澄心，務令心澄神怡，表裏洞然，使有生以來，一切嗜好、一切外慕，及種種技能習氣，盡情融銷。潔潔淨淨，無一毫牽纏粘滯，方有入機。

一用力喫緊之要，須著著實實，從一念獨知處自體自認，自愼幾微，此出禽入人、安身立命之大關頭也。此處得力，如水之有源，千流萬派，時出而無窮矣。若秖在見解上湊泊、格套上摹仿，便是離本逐末，捨眞求妄，自蔽原面，自梏生機。

一語稱「疑思問」，中庸謂「有弗辨，辨之弗明弗措」。吾人苟眞實刻苦進修，則「問」與「辨」又烏容已。譬之行路，雖肯向前直走，若遇三岔歧路，安得不問？路上曲折，又安得不一一辨明？故遇歧便問，問明便行，方不託諸空言。若在家依然安坐，只管問路辨程，則亦道聽塗說而已矣。夫道聽塗說，爲德之棄，吾人不可不戒。

一邇來有志之士，亦有不泥章句，不墮訓詁，毅然以好學自命者，則又捨目前進步之實，往往辨名物，徇象數，窮幽索大，妄意高深。昔人所謂「自笑從前顛倒見，枝枝葉葉外頭尋」，此類是也。吾輩宜深以爲戒，要在切問近思，一味著裏。

一昔者吴密山年八十餘矣，猶孜孜問學。見焦澹園，自述：「向訪羅近溪先生，適羅他往。往從姑山房累月，求悟轉迷。張斗陽云：『公胸中聞見太多，蔽卻聰明，須盡數傾倒，方可受教。』從其言。後承羅師指點，因得領悟。久之，以語王龍溪先生。王曰：『汝此一悟，亦須忘卻。』今復數年矣，不知當作何究竟？」焦曰：「將『悟』與『忘』，一齊放下。」吴躍然。由斯以觀，則知學固不廢聞見，亦不專靠聞見，要在〔二〕深造默成，令胸中瞀然自得，始有下落。得後又能忘其所得，空空洞洞，一如赤子有生之初，則幾矣。

一靜能空洞無物，情悰渾忘；而徵之於動，猶有滲漏，終非實際。故必當機觸境，此中瑩然湛然，常寂常定，視聽言動復禮，喜怒哀樂中節，綱常倫理不虧，辭受取與不苟，富貴貧賤一視，得失毀譽不動，造次顛沛一致，生死利害如常。如是則動靜協一、體用兼盡，在一家表正一家，在一鄉表正一鄉，在一國表正一國，在天下表儀天下。爲法於天下，可傳於後世，方不枉今日往來書院，羣聚切劘；否則，一行玷缺，便虧生平，不但明爲人非，幽爲鬼責，卽反之自己靈明，亦覺氣餒神歉，踧踖弗寧；且貽口實於無窮，曰：「此關中書院平日志學之人也。」今乃如是。是學之無益於人也，其爲學脈之蠹，孰大於是！吾儕慎諸。

以上數條，躬所未至，姑誦所聞，竊比工瞽。諸同人倘不以人廢言，願相與共勉之！

〔二〕「在」，石泉彭氏本、靜海聞氏本作「任」。

學程

余至不肖，荷諸子誤愛，相與問道於盲。余愧無以益諸子，聊書數言以訂。

一每日須黎明卽起，整襟危坐少頃，以定夜氣；屏緣息慮，以心觀心，令昭昭靈靈之體，湛寂清明，了無一物，養未發之中，作應事之本。

一坐而起也，有事則治事，無事則讀經數章。註取其明白正大、簡易直截；其支離纏繞、穿空鑿巧者，斷勿寓目。

一飯後，看四書數章，須看白文，勿先觀注；白文不契，然後閱注及大全。凡閱一章，卽思此一章與自己身心有無交涉，務要體之於心，驗之於行。苟一言一行不規諸此，是謂侮聖言，空自棄。

一中午，焚香，默坐，屏緣息慮，以續夜氣。飯後，讀大學衍義及衍義補，此窮理致知之要也，深研細玩，務令精熟，熟〔二〕則道德、經濟胥此焉出。夫是之謂「大人之學」。

一申酉之交，遇精神懶散，擇詩文之痛快醒發者，如漢魏古風、出師表、歸去來辭、正氣歌、卻聘書，從容朗誦，以鼓昏惰。

一每晚初更，燈下閱資治通鑑綱目，或濂洛關閩及河會姚涇語録。閱訖，仍靜坐，默檢此日意念之邪正、言行之得失。苟一念稍差，一言一行之稍失，卽焚香長跽，痛自責罰。如是日消月汰，久自成德，卽意念無差，言行無失，亦必每晚思我今日曾行幾善。有則便是日新，日新之謂「盛德」；無則便是虛度，虛度之謂「自畫」。昔有一士自課，每日必力行數善。或是日無善可行，晚卽自慟曰：「今日又空過了一日！」吾人苟亦如此，不患不及古人也。

〔二〕「熟」，靜海聞氏本脫。

一每日除萬不容已者，只得勉應，其餘苟非緊急大事，斷勿出門一步。終日不見人，則神自清、品自重。有事往來親友之家，或觀田疇，或赴地方公務，行步須安詳穩重，作揖須舒徐深圓。周中規，旋中矩；坐如尸，立如釘；手與心齊，莊而和；從容閒定，正己以格物。不可輕履市肆，不可出入公門，不可狎比匪類，不可衣服華美。

一立身以行檢爲主，居家以勤儉爲主，處人以謙下爲主，涉世以忍讓爲主。

一習學，先習不言，無論見未透、行未至者，不言；即見已透、行已至者，一概靜默不言。始也勉強力制，數日不發一語，漸至數月不發一語，極至於三年不輕發一語。如是，則所蓄者厚、所養者深。不言則已，言則成經矣！人不聞則已，聞即信服矣！所謂「三年不言，言乃雍」是也。萬一尊長或平日知契固問，惟就所聞，坦懷以對，必誠慎，務要簡當。

一聯五七同志，每月朔望兩會，相與考德問業，夾輔切劘。公置一簿，以記逐月〔一〕同人言行之得失。得則會日公獎，特舉酒三盃以示勸；失則規其改圖，三規而不悛，聽其出會。

一會日，坐久腹枵，會主止設肉蔬四器，充飢而止甚，勿盃盤狼藉，以傷雅風。會中所講之書，如康齋日録、涇野語録、文清讀書録、陽明傳習録，此數種明白正大，最便後學。所論之言，毋越身心性命、綱常倫理；不得語及各人私事，不得語及閨門隱事，不得語及官員賢否及他人得失，不得語及朝廷公事及邊報聲聞。違者罰備次會一會之飯。

以上數條，乃順手偶成，原不足示範，感諸子誠切，聊助鞭影耳！諸子倘不以爲謬，謹守力行，慎終如始，相期於必至之域，豈惟區區之光，即百二河山，亦與有榮施矣！

〔一〕「月」，石泉彭氏本、靜海聞氏本作「日」。

卷十四

小引

張密

盩厔問答者，録二曲先生答人問學之語也。先生平日啟迪後學不倦，士之承謦咳者，俱〔一〕述録之以自益，隨問輒答，隨答輒録，總計不下數千紙。大都正學術、拯陷溺，殊有補於世道人心。余友王劉二君，深嚮慕之。立夏，介余走盩厔，謁先生於里塾。退而録其答語數條，私用醒發，繫以「盩厔」，明不忘所自云。先生嘗謂：「天下之治亂，由人才之盛衰；人才之盛衰，由學術之明晦。」故是録一主於明學術，其用心可謂遠且仁矣！讀者當自知之，無俟余贅。

順治丙申陽月，古豫張密書

〔一〕「俱」，原本作「與」，據石泉彭氏本、静海聞氏本改。

盩厔答問

嵩麓門人王所錫、劉鑛同録

問「立志」。曰：「大凡立志，先貴脱乎流俗。是故行誼脱乎流俗，則爲名人；議論脱乎流俗，則爲名言。果能擺脱流俗，自然不埋〔一〕於俗、安於俗；而不思脱俗者，斯其人固已惑矣。欲脱俗而又欲見信於俗，則其惑也不亦甚乎！孟子云：『君子之所爲，衆人固不識也。』不識則疑，疑則忌，忌則訾毀排陷，自其〔二〕常事。若於此瞻前顧後而動心焉，必且終歸於俗矣。可不戒歟！」

問「儒」。曰：「德合三才之謂儒。天之德主於發育萬物，地之德主於資生萬物，士頂天履地而爲人，貴有以經綸萬物。果能明體適用而經綸萬物，則與天地生育之德合矣，命之曰『儒』，不亦宜乎！能經綸萬物而參天地謂之『儒』，務經綸之業而欲與天地參謂之『學』。儒而不如此，便是俗儒；學而不如此，便是俗學。俗儒、俗學，君子深恥焉。」

「然則又有『道學』，何也？」曰：「儒者之學，明體適用之學也。秦漢以來，此學不明，醇厚者梏於章句，俊爽者流於浮詞，獨洛閩諸大老，始慨然以明體適用爲倡，於是遂有道學、俗學之別。其實道學即儒學，非於儒學之外別有所謂道學也。儒學明晦，不止係士風盛衰，實關係生民休戚、世運否泰。儒學明，則士之所習者明體適用之正業，處也有守，出也有爲；生民蒙其利濟，而世運寧有不泰？儒學晦，則士之所攻者辭章記誦之末技，處也無守，出也無爲；生民毫無所賴，而世運寧有不否？」

〔一〕「埋」，原本作「理」，據石泉彭氏本、靜海聞氏本改。
〔二〕「其」，石泉彭氏本、靜海聞氏本作「是」。

問：「何爲〔二〕『明體適用』？」曰：「窮理致知，反之於內，則識心悟性，實修實證；達之於外，則開物成務，康濟羣生。夫是之謂『明體適用』。明體適用，乃人生性分之所不容已。學焉而昧乎此，即失其所以爲人矣！明體而不適於用，便是『腐儒』；適用而不本明體，便是『霸儒』；既不明體，又不適用，徒滅裂於口耳伎倆之末，便是『異端』。楊墨，異端也；佛老，異端之異端也；徇華廢實，吾教中之異端也。教外之異端，其害淺；教內之異端，其害深。先儒謂：『攻乎異端，斯害也已。』孔子時，佛教未入中國，雖有老子，其說未行，卻指何者爲異端？蓋『異』字與『同』字爲對，雖同師堯舜，而所學異緒，與堯舜不同，此所以爲異端也。今吾輩同讀儒書，同以儒自命，不審與儒者全體大用之實果同乎？否耶？此處須切己體察，慎勿終其身醉夢於異端，而猶居之不疑，曰：『我儒也！我儒也！』」

一友謂：「近日朋友，幸蒙開發，亦漸知從事儒學，顧功名之念，終是未忘，奈何？」曰：「朋友中果知矢志功名，此正世道之慶、吾儒之光，可以爲病乎？但恐所志不在功名耳。」因問其故。曰：「『功名』二字，余曾聞其說矣。功被一方，則不待求名一方，一方自然傳其名；功被天下，則不待求名天下，天下自然傳其名；功被萬世，則不待求名萬世，萬世自然傳其名。若夫登科取第，謂之『有功於己』則可，謂之『有功於人』則不可；謂『有富貴之名』則可，謂『有事業之名』則不可。前人惟以事業爲功名，當其志學之始，便以王道爲心、生靈爲念。故朝夕之所從事者，在於明治體、識時務；及其學成業就，自爾功建名立。吾人惟以富貴爲功名，當其志學之始，便以逢時爲心、悅人爲念。故朝夕之所從事者，在於綴浮詞、較拙工；〔三〕及其學成業就，究竟無功可名。嗚呼！自『功名』二字之義不明，士生其間，不知枉用了許多精神，人材之不振，治道之不古，職此故耳！可勝嘆哉！」

「然則登科取第，非耶？」曰：「人能登科取第，正好借此立功名，何可非也？但不當逐末捨本，肯留心於事業，則善

〔二〕「爲」，長白完顏本作「謂」。
〔三〕「拙工」，石泉彭氏本、靜海聞氏本作「工拙」。

矣。人於事業，儘學之有素，及一當事任，猶有滅裂莽蕩、不克負荷者；況未嘗學之有素，而欲望其臨時有所建立，不亦悖乎？」

問「三教」。曰：「夫道一而已矣，教安有三耶？使教有三，則道亦有三矣。然姑就世俗所謂『三教』者言之：吾儒之教，原以『經世』爲宗，自宗傳晦而邪説横，於是一變而爲功利之習，再變而爲訓詁之習；浸假至今，則又以善筆札、工講誦爲儒教〔一〕當然，愈趨愈下，而儒之所以爲儒，名存而實亡矣。老氏之教，原以『無爲』爲宗，自宗傳晦而怪幻興，於是一變而爲『長生』之説，再變而爲『符籙』之説；浸假至今，則又以誦經咒、建齋醮爲道教當然，愈趨愈下，而道之所以爲道，名存而實亡矣。釋氏之教，原以『圓寂』爲宗，自宗傳晦而詐僞起，於是一變而爲『枯禪』之説，再變而爲『因果』之説；浸假至今，則又以造經像、勸布施爲釋教當然，愈趨愈下，而釋之所以爲釋，名存而實亡矣。然使二教盡亡，則風俗之蠹可息；儒教若亡，則風俗之蠹愈滋。噫！安得信心之士，與之崇正闢邪，共明儒教哉！」

「從來無百年不死之人，或七十而死，或六十而死，或五十、四十而死，甚有稟齡未壯而死者。壽夭之不可預定如此，何若勉其易死之身，做性分當然之事。『爲天地立心，爲生民立命，爲往聖繼絶學，爲萬世開太平。』」

天下之患，莫大於學術不明。近世士風所以多謬者，未必皆士之罪，亦學術不明有以陷之也。先生深悼乎此，故其與士友講切，直就共〔二〕迷共〔三〕惑者爲之發明。士人乍聞其説，始而譁，既而疑；久之，疑者釋，譁者服，咸戚戚然有動於中，自謂「如大寐之得醒」，而且恨其知學之晚。自關中、河南以及江右、兩浙其間興起者漸衆，學之大明，端有待於今矣。猗歟！盛哉！此非獨士風之幸，實斯世斯民之幸也！錫等蔽於見聞習染垂四十年，茲蒙先生慈訓，半生

〔一〕「教」，原本脱「教」，據石泉彭氏本、靜海聞氏本補。
〔二〕「共」，石泉彭氏本、靜海聞氏本作「其」。
〔三〕「共」，石泉彭氏本、靜海聞氏本作「其」。

迷障一朝頓豁，遂再拜稽首，書諸册以蚤夜祗承先生之教。

門人王所錫、劉鑛謹識

卷十五

小引

惠霔嗣

富平答問者，吾師二曲先生答人問學之語也。先生原籍盩厔，頃因兵氛，流寓富平，閉關養疴，不與世通，居恆惟三五舊遊。往來起居，緣是得以時近臥榻，親承謦咳，有問必答，聞所未聞。凡進修之要、性命之微、明體適用之大全、內聖外王之實際，靡不當可而發，因人而啟，要皆口授心受，期於躬體實詣，不以語言文字爲事。以故語多未録，茲僅録其切於通病者，聊以自警。昔周子寓濂溪而濂溪著，程子寓龍門而龍門顯，以至康節之於洛、晦菴之於閩，咸地以人重，聲施無窮。今不腆下邑，亦何幸而獲先生之至止耶？隨在施教，語因地傳，是以恭題曰富平答問，紀實也。庶觀者知其所自云。

富平門人惠霔嗣沐手謹識

富平答問

富平門人惠龗嗣録

問：「近年屏去閒書，朝夕惟〔一〕六〔二〕經、四書是讀。讀來讀去，亦覺微有所得，但愧筆力非其所長，不能見之論著，有所發明耳。」

先生曰：「讀書特患無得。若果實有所得，則居安資深，施於四體，四體不言而喻，卽此便是發明。縱終其身無一字論著，亦不害其爲善讀書。」答訖，又太息曰：「六經、四書，儒者明體適用之學也。讀之者果明體乎？果適用乎？夫讀書而不思明體適用，研究雖深、論著雖富，欲何爲乎？不過誇精鬥奧，炫耀流俗而已矣。以此讀書，雖謂之未見六經面，弗識四書字可也。噫！聖賢立言覺世之苦心。支離於繁說，埋沒於訓詁，其來非一日矣。是六經、四書不厄於嬴秦之烈火，實厄於俗學之口耳！抱隱憂者，宜清源端本，潛體密詣，務期以身發明，正不必徒解徒訓，愈增葛藤，以資唇吻已也。」

問曰：「爲學須是無所不知？」

先生曰：「無所不知固好，然須先知其在己者； 否則，縱事事咸知，猶無知也。故無所不知者，有大不知，逐末迷本，智者固如是乎！」

問：「何爲『在己』？」

先生曰：「卽天之所以與我者是也。此爲仁義之根、道德之樞、經綸參贊之本。故講習討論、涵養省察，無非有事於

〔一〕「惟」，石泉彭氏本、靜海聞氏本脫。

〔二〕「六」，原本脫，據長白完顏本、石泉彭氏本、靜海聞氏本補。

此耳！捨此而他求，是猶茫然於自己家珍而偏詳夫鄰里器用，此之謂『不知務』」。

「然則家珍既知之後，其他可遂不知乎？」

先生曰：「君子爲學，貴博不貴雜；洞修己治人之機，達開物成務之略。如古之伊、傅、周、召，宋之韓、范、富、馬，推其有足以輔世而澤民，而其流風餘韻，猶師範來哲於無窮，此博學也；名物象數，無賾不探，典故源流，纖微必察，如晉之張華、陸澄，明之昇菴、弇山，叩之而不竭，測之而益深，見聞雖富，致遠則泥，此雜學也。自博雜之辨不明，士之繙故紙、泛窮索者，便侈然以博學自命，人亦翕然以博學歸之，殊不知役有用之精神，親無用之瑣務；内不足以明道存心，外不足以經世宰物，亦祇見其徒勞而已矣。以余之不敏，初昧所向，於經、史、子、集，旁及二氏兩藏，以至九流百技、稗官小說，靡不泛涉；中歲始悟其非，恨不能取疇昔記憶，洗之以長風，不留半點骨董於藏識之中，令中心空空洞洞，一若赤子有生之初，其於眞實作用，方有入機。乃同志反以是爲尚，亦可謂務非其所務矣！」

問：「朱陸之學，久有定論。今學者猶辯駁不已，其將誰適與？」

先生曰：「自孔子以『博文約禮』之訓，上接虞廷『精一』之傳，千載而下，淵源相承，確守弗變；惟朱子爲得其宗，生平自勵勵人，一以『居敬窮理』爲主。『窮理』卽孔門之『博文』，『居敬』卽孔門之『約禮』。内外本末，一齊俱到，此正學也，故尊朱卽所以尊孔。然今人亦知闢象山尊朱子，及考其所謂『尊』，不過訓詁而已矣！文義而已矣！其於朱子内外本末之兼詣，主敬提躬之實修，吾不知其何如也？況下學循序之功！象山若疏於朱，而其爲學「先立乎其大」，峻義利之防，亦自有不可得而掩者。今之尊朱者能如是乎？不能如是，而徒以區區語言文字之末，闢陸尊朱，多見其不知量也！」

曰：「以某愚魯之資，固守考亭之訓，於先生内外本末一齊俱到之旨，實未信及。」

先生曰：「窮理而不居敬，則聞見雖多，而究無以成性存存，便是俗學；居敬而不窮理，則空疏無用，而究不足以經世宰物，便是腐儒。故必主敬以窮理，使心常惺惺，方能精義入神，隨博隨約，庶當下收斂，不至支離外馳。德業與學業並進，知行合一，其在斯乎！故内外本末，必一齊俱到，庶用功著力，始爲喫緊。」

問：「無事時，瞑目靜坐，反覺意慮紛拏，如何得靜？卽靜矣，此心將何所寄耶？又吾人主敬，固是徹上徹下工夫，但所應之事有限，所接之人亦有限，亦可以稱『安人』『安百姓』否？亦可以稱『位育』，稱『參贊』否？又孔子疏水曲肱，樂在其中；顔子簞瓢陋巷，不改其樂，不知所樂者何事也？何物也？萬一飢餓而死，此樂亦可言歟？又釋道兩門與吾儒眞實作用固不同矣。嘗見先儒有坐化者，釋與道亦有坐化者，一靈炯炯，不知皆往何處去也。輪迴之說，然乎？否乎？報應之說，眞乎？幻乎？今之行善者未必蒙福，而爲惡者反以遠禍，無怪乎顔子之夭折，而盜蹠以壽終也。此皆所不可解者也。」

先生曰：「瞑目靜坐，反覺思慮紛拏，此亦初入手之常，惟有隨思隨覺，隨覺隨斂而已。然緒出多端，皆因中無所主。主人中苟惺惺，則閒思雜慮，何自而起？靜時心無所寄，總緣未見本地風光，見則心常灑灑。無事時，湛寂凝定，廓然大公；有事時，物來順應，弗逐境馳。倘以始焉未遽如斯，不妨涵泳聖賢格言，使義理津津悅心，天機自爾流暢。以此寄心，勝於空持硬守，久則內外澄徹，打成一片。所存於己者得力，則及於人者自宏。自爾在在處處，轉移人心，縱居恆所應之事、所接之人有限，而中心生生之機，原自無窮。此立人達人、位育參贊之本也。欲知孔顔之樂，須知世俗之憂；胸無世俗之所以憂，便是孔顔之所以樂。心齋云：『人心本自樂，自將私欲縛。私欲一萌時，良知還自覺。一覺便消除，此心依舊樂。』樂則富貴、貧賤、患難、流離無入而不自得，卽不幸至於飢餓而死，俯仰無怍，莫非樂也。二氏作用與吾道懸殊，而一念萬年之實際，亦有不可得而全誣者。區區坐化之跡，當非所計；輪迴之說，出於瞿曇，吾儒口所不道。君子唯盡其所在己者，三塗、八苦、四生、六道，有與無任之而已。若因是而動心，則平日只之砥修，乃是有所爲而爲，卽此便是貪心利心，又豈能出有超無，不墮輪迴中耶？積善有餘慶，積惡有餘殃，報應之說，原眞非幻；卽中間善或未必蒙福，惡或未必罹禍，安知人之所謂善，非天之所謂惡？又安知人之君子，非天之小人耶？人固有勵操於昭昭，而敗檢於冥冥，居恆謹言愼行，無非無刺，而反之一念之隱，有不堪自問者。若欲就一節一行顯然易見者，便目以爲善，是猶持微炬而遍照八荒之外也。卽表裏如一，粹乎無瑕，而艱難成德，殷憂啟聖，烈火猛焰，莫非鍛鍊之藉，身雖坎壈，心自亨泰。至於惡或未卽罹禍，然亦曷嘗終不罹禍？明有人非，幽有鬼責，不顯遭王章，便陰被天譴；甚或家有醜風，子孫傾覆。念及於此，眞可骨慄！以形骸言之，固顏夭蹠壽；若論其實，顏未嘗夭而蹠亦曷嘗壽也。噫！盡道而夭，雖夭猶壽，況又有不與亡俱亡者乎？昧道而壽，雖壽猶夭，況又有不與存俱存者乎？詩稱『文王在上，於昭於天，在帝左右』，原非誑語；而孟氏所謂名之曰『幽厲』，雖孝子慈孫，百世不能改，然則生前之享[一]年雖永，識者蓋所羞齒，夫亦何可並衡也？理本至明，何不可解之有？總之，學貴知要而晰疑，須是循序，方談靜功；而輒泛及於『位育參贊』等說，未免馳騖，恐非切問近思之初意也！」

問：「良知之說何如？」

先生曰：「良知卽良心也。一點良心便是性，不失良心便是聖。若以良知爲非，則是以良心爲非矣！」

問：「吾人嚮往前修，則姚江、考亭宜何所宗？」

先生曰：「姚江當學術支離蔽錮之餘，倡『致良知』，直指人心一念獨知之微，以爲是王霸、義利、人鬼關也。當幾覿體直下，令人洞悟本性，簡易痛快，大有功於世教；而末流多玩，實致者鮮，往往捨下學而希上達，其弊不失之空疏杜撰鮮實用，則失之恍惚虛寂雜於禪，故須救之以考亭。然世之從考亭者，多闢姚江，而竟至諱言上達，惟以聞見淵博、辯訂精密爲學問之極，則又矯枉失直，勞罔一生；而究無關乎性靈，亦非所以善學考亭也。卽有稍知向裏者，又祇以克伐怨欲不行爲究竟，大本大原，類多茫然。必也以『致良知』明本體，以『主敬窮理』『存養省察』爲工夫，由一念之微致慎，從視聽言動加修，庶內外兼盡，姚江、考亭之旨，不至偏廢；下學上達，一以貫之矣。故學問兩相資則兩相成，兩相闢則兩相病。」

問：「羅整菴何如？」

先生曰：「整菴，學考亭者也。生平距釋排聃，不遺餘力。所著困知記，於近理亂眞之辨，析入毫芒；衛道之嚴，可謂良工苦心。方今學術不明，淳厚者梏於章句，俊爽者淫於浮辭，疲精役慮，茫不知學問爲何事。間有略覺其陋而反之於

[一]「享」，原本作「亨」，據長白完顏本、石泉彭氏本、靜海聞氏本改。

內者，又往往馳心虛寂，借津竺乾，〔二〕託其身於不儒不衲、不圓不方之間，其爲世道人心之害，曷可勝言！區區深爲此懼，欲表彰困知記暨胡致堂宗正辨以救之，而力有所未逮，不能不望於世之有心人。整菴之後，又有少墟馮子，亦惓惓以息邪放淫爲事，所著辨學録，言言痛切正大，程尺謹而堤防固，均吾道之長城也。」

問：「習靜要一念不起。先賢謂『未來事勿想，過去事勿思，現在事勿著』。夫『現在事勿著』固也，若『未來事勿想』，則夫子何以曰『人無遠慮，必有近憂』乎？『過去事勿思』，則『溫故』亦不是？而伯玉行年五十，何由知四十九年之非乎？」

先生曰：「靜坐之要，固貴纖念不起，然非初學所能幾也。過去、現在、未來，一無所著，蓋恐人認妄爲真，前後塵不化，有累乎湛寂虛明之體耳。若果心不逐妄，惟理是思，則思又何妨？孔曰『再思』，中庸曰『慎思』，洪範曰『思，思作睿，睿作聖』，管子云『思之思之，思之不已，鬼神將通之』，而繫辭亦云『何思何慮』，又云『擬議以成其變化』，即此『擬議』，非『思』而何？但識得本體是無思無爲的，則雖終日思、終日擬議，其把柄固在己而不失也。故曰：『思盡還源，性體常住。』似未可以『遠慮』『溫故』『知非』爲疑也。」

問：「習靜要全放下，一晌〔三〕只學放下，遂將日用當行事，多有忘卻失誤者，當如之何？聖賢無論有事無事，總不著意，何以不著意而能不失誤與？」

先生曰：「進修之實，全貴靜坐。今之言『靜坐』者，曷嘗實實靜坐？全貴一切放下。今之言『放下』者，曷嘗實實放下？若果屏息萬緣，纖毫不掛，久之則心虛理融，物來順應，亦猶塵垢既去，而鏡體常明，無所不照，何誤之有？」

問：「靜坐之益，以何爲驗？白沙謂『養出個端倪，纔好商量』，不知『端倪』是何景象？」

〔二〕「竺乾」，長白完顏本、石泉彭氏本、靜海聞氏本作「佛氏」。
〔三〕「晌」，靜海聞氏本作「嚮」。

先生曰：「學須先難而後獲，期驗便不是。『靜中養出端倪』，此白沙接引後學之權法，未可便以爲準的也。近溪子論此甚詳，覽之當自知。」

問：「理欲之辨最細。昔賢謂『不慮而知，發於自然者，謂之良知，便是天理』。然好好色之心，何嘗待慮？何嘗不出於自然？如何卻謂之『人欲』？『七情』如此者甚多，此猶易認也；且有明似天理，而細心體之，實屬人欲者，此則難認矣！當念之初動時，學者何以辨別？」

先生曰：「好好色之心，固發於自然；而好色之跡，惟恐人知。卽此畏人知之心，亦曷嘗不自然乎！可見，一時之縱恣，終不能汩良知之本體，特明知而明昧之耳！眞似、似眞之辨，天理、人欲之界，所差只在毫釐間，非至明不能晰其幾，此君子之所以貴窮理也。」

問：「孩提愛親，謂之『良知』，以其不慮而知也。嘗思之，孩提愛親，似只爲乳，如早委之乳母，則只愛乳母，而反不知有生母矣。若從乳起愛，不過口味之性耳；欲從生身處起愛，似非學慮後不能也。然孟子立言自確，而璸心實未曉然，果何如與？」

先生曰：「知愛乳母，而不知有生母，乳爲之也，非天性之本然也。及其一知生母，而尚肯愛乳母若生母乎？吾恐雖百乳母，終不肯易天性一日之愛矣。若謂由學、由慮而後然，則夫甫能言而便知呼『孃』，亦孰使之然乎？」

問：「『君子思不出其位』，據註是因上章『不在其位，不謀其政』而類記之。璸竊思上章，似是夫子有爲而言，指身所居之位而言也，此章乃曾子稱『艮象』之辭，就君子之思而言也。『位』字從來未曉，果何所指與？」

先生曰：「『位』字與『素位』『位』字參看，庶幾知其所止，而無越俎之思矣。儼然若思而無思，朗然若覺而無覺，學能臻此，方是止其所而不動，本體常現，自無出位之妄。」

問：「璸從前留意詞翰，未嘗刻苦，但偶然感物觸情，或因事應付，興會所到，發而遂適，常以此爲樂事也。自吾師指點後，乃知玩物喪志，遂一意屏絕浮習，息心本眞，奈野鷹初拘，困悶不堪，心花枯萎，時或稍弄文墨，反覺機趣快活，〔一〕不審吾師以爲何如？」

先生曰：「此習性也。程子有言：『學者爲氣所勝，習所奪，只可責志。』而象山亦云：『今人多是附物以爲樂，若一旦失其所附，恰似猢猻失了樹。』諒哉！」

問：「嚮者瓚訟墳一事，蒙吾師見責，以爲無地理，或權教之，以息一時之訟與？抑果全無地理與？」

先生曰：「程子云『地美則神靈安』，朱子上孝宗山陵議尤娓娓言之，則地理之說，誠亦有之。〔二〕然有天理，而後可以言地理；未有天理，不足專恃地理而蒙昧者也。堪輿家茫然於天理而專講地理，於理便不通矣，烏睹所謂理哉！雪心賦、青囊經，人子須知地理正宗等書。吾嘗深研其說，尋龍倒杖之法，少時亦嘗留心；但惡夫世之人捨卻天理，而專靠地理，以故生平絕口不談，一味主張天理。天理若得，則地理在其中也矣。」

問：「參同、悟眞書。人謂朱子晚年亦好觀之，瓚嘗竊察其術，似於養身有補，未審可信否？」

先生曰：「漢末，魏伯陽擬周易納甲法，作參同契一書，其云『二用無定位，周流遊六虛』等語，於易道互相發明。是以文公晚年與其徒蔡西山間亦參閱。其後，張平叔又著詩數十首，以爲悟眞篇，中間抽『坎』補『離』、藥物火候、嬰兒姹女、金公黃婆之言，皆爲金丹刀圭而設。要之，別是一術，非知道者所貴也。程子云『我亦有丹君信否？用時還解壽〔三〕斯民』，而許魯齋亦謂『萬般補養皆虛僞，惟有操心是要訣』。」

問：「子曰『仁者壽』，而顏子乃夭，竊謂此特言『性與天道』之常，而不以身論也。至講『大德必得其壽』，而朱注云

〔一〕「活」，原本作「恬」，據石泉彭氏本、靜海聞氏本改。

〔二〕「之」，石泉彭氏本、靜海聞氏本作「定」。

〔三〕「解壽」，原本作「將濟」，石泉彭氏本、靜海聞氏本作「解濟」，據中華書局本二程集改。

『舜年百有十歲』，是僅以身論矣。瓊久惑之，竊謂舜之壽，當從宗廟享子孫保看出。蓋祖宗甚遠，子孫甚長，而德足以享保無窮，是以德言壽，而不止身之百有十歲也。不然，盜蹠老死，豈仁於顏子哉？老彭八百，豈德之遠過於舜哉？愚意如斯，敢祈剖示。」

先生曰：「君子修己，要在存理遏欲。久之，欲盡理顯耳！耳目口鼻，雖與人同，而所以視聽言動，渾是天理，可以達天，可以參天。天與之死，不妨速還造化；天與之生，不妨久待天工。『存，吾順事；沒，吾寧也』。區區壽夭，初非所計。即以壽夭言之，有形壽，有名壽，有神壽。七十百年，此形壽也；流芳百世，此名壽也；一念萬年，此神壽也。若氣斷神滅，則周公『不若旦多材多藝，能事鬼神』及『文王在上』之言，皆誑言矣，曾謂聖人而誑言乎哉！信得此，則盜蹠期頤之死，乃是眞死；而顏子三十二亡，未嘗眞亡也！」

問：「福、善、禍、淫，顯應者固多，而明錯者亦不少。人謂『天道難測』，固也。竊謂人但見其小體，而不見其大體耳。如『君子坦蕩蕩』，是大體已享其福矣，即貧賤患難，無入而不自得，小體不足累；『小人常戚戚』，是大體已受禍矣，即富貴榮華，而魂夢多有不安，小體何足羨。鄙見如斯，乞吾師指示。」

先生曰：「『積善有餘慶，積不善有餘殃』，此一定之理，無足疑者。天道固未易測，而錯則決不錯也。昔人謂『此翁無急性，卻有記性』，此眞知天者。大抵吾人涉世，一生禍福榮華，只看各人存心何如耳。存心若正，身雖貧賤患難，而自反無愧，無異三公之貴、陶朱之富；心若不正，身雖富貴亨通，而自反多慚，無異在囹圄糞穢中也。蕩蕩戚戚，大體享福受禍之言，最爲得之。」

先生答訖，徐謂之曰：「所問疑端，足徵別來用心。疑者，悟之基也。先儒謂『大道本無階級，以疑爲階級』。故『大疑』則大進，『小疑』則小進；其晝然而莫進者，由漫然而弗疑者也。然區區不患子不能疑，患疑而非其所當急耳！昔陸子靜先生講學於象山，一士忽問：『如何是窮理盡性以至於命？』先生笑曰：『公是泛然問，老夫卻不泛然答。』既而，又吟云：『自家主宰常精〔二〕健，逐外精神徒損傷。寄語同遊二三子，莫將言語壞天常。』今所問中間，多有疑乎其所不當疑、問乎其所不當問者，則亦近於泛然而壞天常矣，非區區所望於子也！」

附

授受紀要

二曲先生口授　寶鷄門人李修錄

肘後牌

肘後牌者，佩日用常行之宜於肘後，藉以自警自勵，且識之於不忘也，上帝臨汝，無貳爾心，其可忽乎！

恭　修九容
默　擴善端
提起　放下
虛明寂定
經綸參贊
化
無聲無臭

〔二〕「精」，石泉彭氏本、靜海聞氏本作「清」。

終日欽凜，對越上帝，篤恭淵默以思道。思之而得，則靜以存其所得，動須察其所得，精神纔覺放逸，卽提起正念，令中恆惺惺；思慮微覺紛雜，卽一切放下，令萬緣屏息。修「九容」，以肅其外；擴「善端」，以純其內。內外交養，湛然無適，久則虛明寂定，渾然太極，天下之大本立矣。大本立而達道行，以之經世宰物，猶水之有源，千流萬派，自時出而無窮。然須化而又化，令胸中空空洞洞，無聲無臭，夫是之謂盡性至命之實學。未至於斯，便是自棄。千萬努力，念茲在茲！

人之所以爲人，止是一心；心之所以常存，全賴乎學。孔子曰：「學而時習之。」孟子曰：「學問之道無他，求其放心而已矣」。若外心而言學，不是世俗口耳章句、博名媒〔二〕利之學，便是迂儒徇末忘本、支離皮毛之學，斯二者均無當於爲人之實，非孔孟之所謂學也。

學脈最怕夾雜，學術不可不醇。先覺之學脈正而學術醇者，宋則周、程、張、朱，明則薛、胡、羅、呂、顧、高、馮、辛，咸言中正，字字平穩，粹然洙泗家法，猶布帛菽粟、規矩準繩，一日不可無，無則不可以爲人。若厭平常而喜新奇，非狂卽妄。狂與妄，學者之深戒也。若夫良知之說，雖與程朱少異，然得此提唱，人始知契大原、敦大本。自識性靈，自見本面，夫然後主敬窮理，存養省察，方有著落。調理脈息，保養元氣，其與治病於標者，自不可同日而語。否則，學無來歷：主敬，是誰主敬？窮理，是誰窮理？存甚？養甚？省甚？察甚？故學問必相須而後成，尊一闢一，二者俱病，能去此病，學斯無病。噫！此惟可與知者道，未可與固矣。夫高叟言也。

學問貴知頭腦，自身要識主人。誠知頭腦，則其餘皆所統馭。識主人，則僕隸供其役使。今既悟良知爲學問頭腦、自身主人，則學問思辨，多聞多見，莫非良知之用。所謂識得本體，好做工夫；做得工夫，方算本體。尊德性，不容不道問學；道問學，乃所以尊德性。此正喫緊切務，自不得作第二義看矣。來翰「伊惠」以下，言言中正無偏，與區區所贈鄙說吻合，無俟剖析。若再剖析，反涉葛藤。易曰：「默而成之，不言而信，存乎德行。」願相與共勉之。

〔二〕「媒」，靜海聞氏本作「謀」。

周、程、張、朱、薛、胡、羅、呂、顧、高、馮、辛，乃孔門曾卜流派，其爲學也，則古稱先，篤信聖人。陸、吳、陳、王、心齋、龍溪、近溪、海門乃鄒孟流派，其爲學也，反己自認，不靠見聞，亦不離見聞。吾儒學術之有此兩派，猶異端禪家之有「南能北秀」，各有所見，各有所得，合併歸一，學斯無偏。若分門別戶，牢不可破，其識力學問，蓋可知矣。中無實得，門面上爭閒氣。噫！弊也久矣。

吾人既戴天履地而爲人，須參天兩地以有事。「爲天地立心，爲生民立命，爲往聖繼絕學，爲天下後世開太平。」志不如此，便不成志；學不如此，便不成學；做人不如此，便不成人。

立身要有德業，用世要有功業。德業須如顏、曾、思、孟、周、程、張、朱，功業須如伊、傅、周、召、諸葛、陽明，方有體有用，不墮一偏。

囑別

我這裏重實行，不重見聞；論人品，不論材藝。夫君子多識前言往行，原爲畜德。多材多藝，貴推己及人，有補於世。若多聞多識，不見之實行以畜德；人品不足而材藝過人，徒擅美炫長，無補於世。以之誇閭里而驕流俗可也，烏足齒於士君子之林乎！此歸務斂華就實，一味闇修，步步腳踏實地，刻苦力詣，希顏之「愚」，爲曾之「魯」，篤實輝光，行誼媲美古人，人品屹若山嶽，可以爲吾道之光，可以垂奕世之芳，則此來爲不徒矣。敬拭目以望！

日用之間，以寡欲正心爲主，以不愧天爲本。欲不止於[一]聲色貨利，凡名心、勝心、矜心、執心、人我心，皆欲也。寡而又寡，自念慮之萌，以至言動之著，務純[二]乎天理，無一毫夾雜，方始不愧於天。學至不愧於天，則行不愧影，寢不愧衾；

[一]「於」，石泉彭氏本、靜海聞氏本作「乎」。
[二]「純」，石泉彭氏本、靜海聞氏本作「納」。

內不愧妻子、僕御，外不愧鄉黨、親朋；前不愧往聖，後不愧來哲。如是，則光明正大，瑩然浩然，徹上徹下，躍魚飛鳶，日新又新，道斯大全。

卷十六

小引〔一〕

王心敬

先生息心人事，絶意應酬，其有不得已而應酬者，口授及門一二三子代書，多不屬草；間或屬草，但隨肺腑流出，達其所欲言而止，未嘗有意筆墨蹊徑，旋草旋棄，罕存稿。兹同人謀梓先生全集，心敬舊收得先生戊申年答張敦菴暨規友牘，癸丑、甲寅報各憲暨辭徵牘，並心敬壬戌侍側以來，耳聆手謄，退而竊録者，勒爲二卷。而壬戌以前，數十年之牘，無從搜輯，識者不無滄海遺珠之憾云。先生雖閉戶寂處，與世相忘，然事關風教，則耿耿在念，亟削牘言之當事，凡一節一行，靡不闡揚而表章，横渠、臯蘭、高陵、鳳翔暨關中書院崇祀議尤其大者。世不乏有心人，倘閱斯興感，加意風教，則世道人心有賴矣。

時〔二〕康熙歲次己巳夏至日，鄠縣門人王心敬沐手謹識

〔一〕「小引」，原本作「書一引」，石泉彭氏本、靜海聞氏本作「書牘引」，據長白完顏本改。
〔二〕「時」，長白完顏本脱。

書一[一]

鄠縣門人王心敬摭次

答張敦菴

曩謬竭愚衷，吐人不敢吐之隱，洩人不敢洩之祕，無非欲高明直下，敦大原，識本體耳。誠識本體，循下學之規，由階級而進，則收攝保任，好做工夫；做得工夫，纔算本體。

來諭謂：「『帶來帶去』等語，未免涉禪。」慚悚，慚悚！然荊川、龍溪亦曾有是言，可覈也。夫學必徹性地，而後爲眞學；證必徹性地，而後爲實證。若不求個安頓著落處，縱闡盡理道，總是門外輥；做盡工夫，總是煮空鐺，究將何成耶？學蔀通辯，陳清瀾氏有爲爲之也。是時，政府與陽明有郤，目其學爲禪。南宮策士每以尊陸背朱爲口實，至欲人其人，火其書，榜諭中外，通行禁抑。渠遂曲爲此書，逢迎當路，中間牽強傅會，一則曰「禪陸」，再則曰「禪陸」，借陸搯王，不勝詞費。學無心得，門面上爭閒氣，自誤誤人。識者正當憐憫，何可據爲定論？

來諭謂：「陽明之學，天資高朗者得力易[二]；晦菴之學，質性鈍篤者易持循。」誠然，誠然！然晦菴教不躐等，固深得洙泗家法，而其末流之弊：高者徇跡執象，比擬摹仿，畔援欣羨之私，已不勝其憧憧；卑者桎梏於文義，糾畫於句讀，疲精役慮，茫昧一生而已。陽明出而橫發直指，一洗相沿之陋。士始知鞭辟著裏，日用之間，炯然渙然，如靜中雷霆，冥外朗日，無不爽然自以爲得。向也求之於千萬里之遠，至是反之己而裕如矣。昔鳳麓姚公遇友以陽明爲詬病。公曰：「何

[一] 「書一」，原本作「書」，據長白完顏本、石泉彭氏本、靜海聞氏本改。
[二] 「得力易」，石泉彭氏本、靜海聞氏本作「易得力」。

病？」曰：「惡其良知之説也。」公曰：「世以聖人爲天授不可學久矣。自良知之説出，乃知人人固有之，卽庸夫小童，皆可反求以入道，此萬世功也。子曷病？」其人豁然有醒。由斯以觀，陽明之學，徹上徹下，上中下根，俱有所入，得力蓋尤易，豈必天資高朗者始稱易耶？然此本辯乎其所不必辯，目前緊要在切己自審。如欲做個德業名儒、醇正好人，則程氏遺書、朱子録要、薛氏讀書録、胡氏居業録，言純師，行純法，於下學繩墨，無毫髮走作，精研力踐，盡足自樹；若欲究極性命大事，一徹盡徹，一了百了，不容不以龍溪集爲點雪紅爐、嵐霧指南，輔以象山、陽明、近溪語録及聖學宗傳，日日寓目，食寢與俱可也。

噫！行年如許，未必再如許。不但文章功業至此靠不得，卽目下種種見趣、種種修能，果終靠得否耶？須自覷自認，自覓主宰，務求靠得著者而深造之，稍涉依違，大事去矣。必聯三五同志，朝夕聚首，交發互勵，振委靡縮餒之氣，堅果確奮迅之心，甚勿玩愒因循，虛度時日。昔近溪先生學邃德卲，猶參訪不倦，片語足取，雖隸卒人奴，無不稽首而師事之。嘗曰：「予初學時，每清晝長夜，只揮淚自苦。四十年來，此道關心，夜分方合眼，旋復惺惺，耳聽鷄鳴，未嘗得安枕席。」傅長孺官南奉常時，專力集友，瞬息不離。夜歸闔戶自參，不得，則長跪達旦。家人穴視，驚愕不知所爲。如是者累月，忽然有省，慷慨承當。吾人肯亦如此用功，而有不成者寡矣。詩云：「采葑采菲，無以下體。」高明其取節焉。

與友人

僕至不肖，足下不察，忘貴忘年，誤與之遊。僕自度無補足下萬一，是以每一會晤，未嘗不內懷慚恧。茲特述所聞於友朋者，聊效忠告，惟勿以芻蕘置之，幸甚！

一吾人立身涉世，務使人飲醇心醉，景我之盛德；毋令人羣吠虛聲，揚我之才鋒。且念「盛名之下，其實難副」，當以異地之風聞爲可懼，勿以遠方之傳播爲可喜。蓋茲事之任，甚重且大，當徐俟德成之候，四方之人企我如景星慶雲、祥麟威鳳，漸有向我求我，若飢若渴之懷，然後舉所得而昭示之。譬如順風之舟，一日千里矣。至此，方以道統自任，誰不信之？未至於此，且當埋頭獨詣，深自韜晦，以待吾德之熟可也。自不然者，德未立於此，而徒詡詡對人曰：「我欲繼往聖，我欲開來學！」毋怪乎瞰我者日笑於其旁，而我猶不之覺也。

一凡毀譽之來，聽其自然，一以空豁曠達之宇處之。何者？蓋賓實之名，雖經千謗而不墜；無根之譽，雖強護持而必湮。賓實之名，譬如佳木植於芳苑，經風雨而彌茂；無根之譽，譬如翦綵綴於宮樹，歷時日而隨敗。且夫謗之來也，有眞有僞，我有是而人謗之，方將修省痛改之不暇，烏容置辯。我無是而人謗之，則惟任其自起自滅，付之罔聞而已，又何必置辯。足下頗有辯謗之失，僕已嘗言之矣。而辯之之意，時忽發露，僕聞之深爲不滿。伏願自今以後，撤去一切彌縫支吾之念，而盡吾坦蕩闇修之實，所謂「除卻絲毫假，獨存一味眞」，顧不恢乎大哉！吾方圖其大，尚恐流於狹；若自處於狹，究將何成也？

一著述一事，大抵古聖賢不得已而後有作，非以立名也。故一言出而炳若日星，萬世而下，飲食之不盡。其次，雖有編纂，亦不必當時誇詡於人，或祇以自怡，或藏諸名山。至其德成之後，或既死之日，舉世思其餘風，想其爲人；或訪諸其子孫，或求諸其門人，思欲得其生平之一言以爲法訓。斯時也，是惟無出，一出而紙貴洛陽，千門傳誦矣。此正如華佗之青囊，一付丙丁，至今爲恨，惟恐其不傳也。所以然者，以華佗當年行之而有驗也。今有庸醫，方患羸疾，偶有奇方，不能自服以療其身，忽見世之同疾者，遂以此方授之，且曰：「此神方也，傳自異人，君宜敬修合而服之，毋輕忽也。」而彼患者，方且啞然而哂，茫然不敢信。何者？彼方見我尩羸日甚，我雖剖心相示，彼又安肯信我？此方之眞可以已疾哉！比見足下以其所著諸書，輒出以示人，人之服我者固多，而議我者亦復不少。其服我者，不過服我之聞見精博，能彙集而成書也；其議我者，直謂我躬行未懋，捨本趨末，欲速立名，適滋多事。況諸談詠，偏枯虛寂，大類釋子偈頌，而儼然列之簡冊，此尤諸人之所竊議，以爲未足者也。凡諸議足下之言，僕所得聞者，想猶其一二，然已覺切中足下之病。若夫所不得聞者，不知又當幾許耶？僕雖不肖，既蒙足下左愛，則不啻骨肉若矣。人之議足下，是議我也。足下之不能韜光剷彩，是僕夢寐所未恬也，是烏容以無言耶？言之雖過切直，想在所不罪也。

一凡語言氣象之間，吾人之學問於是乎見，大宜溫醇，切忌粗豪。嘗見足下不能無發動飛揚之氣於儕輩中，此大抵李卓老作之祟耳！不〔一〕則，其目空之所致也。夫目不可空，四壁之外，儘有具眼，況四海之廣乎？且吾輩苟僅以文章氣節自任，則縱橫揮霍，無不可者；若欲以茲事自任，則上之宜效尼父之溫良，次之宜效周程之光霽，豈得效卓老之決裂，使覘者有遺議耶？至於語言，不但不可輕發，卽凡以筆札與人，亦當審其人，果十分眞心求我方可，勿輕以長篇與人往還。

右足下微疵，雖是所養不足，亦由平日無眞正好友，大率獎譽者多，箴規者少，以致悠悠至是，年踰強立，德器未就，動履多錯。西河氏之嘆「離羣索居」，良有以也。忠告善道，僕敢辭其責耶？伏願自今以往，惟事闇修，削去一切道學名目，黜去一切妝點言詞，收回一切閑纂書籍，深藏韜晦，務期自信，勿求信人。十數年間，道明德立，將見「桃李不言，下自成蹊」，請益者不遠千里，問道者忘其爵位。彼時君雖欲不言，又烏可得耶？其所論著，欲不災木，又烏可得耶？無根浮謗，又何俟辯耶？權術鋪張，竟奚足爲也？昔人謂「士三日不見，當刮目相待」，別來數月矣，安知其德不〔二〕與日俱新？而過爲是杞憂者，則固不容已之情也。若夫以數得疏，豈所望於足下哉！豈所望於足下哉！

答張澹菴

學問最怕持志不堅，造詣不勇，欲進則不能果於力爲，欲退則又有所顧惜，往往騎兩頭馬。因循荏苒，光陰一去，百年

〔一〕「不」，靜海聞氏本作「否」。
〔二〕「德不」，原本作「不德」，據石泉彭氏本、靜海聞氏本改。

無再生之我，空自擔〔一〕閣，雖悔何及？須沉竈焚舟，持三日糧，示士卒以必死，作一背水陣，方始有濟。

接翰示，知遠囂寂居，靜體天良，志道之堅、進修之勇，令人歎仰無已！但不審所謂天良，〔二〕果何所指？日用之間，如何體認？此是學問大主腦、用工大肯綮。悟此，謂之悟性；見此，謂之見道。如果屏緣息慮，一切放下，反己自覷，確有所識。由是靜存動察，勿忘勿助，收攝保任，日充月著。人情有向有背，境遇有順有逆，而此一點天良，不爲情遷，不隨境移。虛明寂定，纔動便覺，一覺卽化，不遠而復。卽此，便是安身立命。身安命立，若水之有源，千流萬派，時出而無窮。遇則經綸參贊，一本至性，體卽爲用，道德卽爲事功，非猶夫他人之所謂事功！不遇則獨行其道，遁世無悶，區區身外浮名，有與無，原與天良毫無加損，夫何容心焉！假令聲望震四海，姓字馨千古，一朝長寢，究何可倚。其炯炯不昧之良，與天地相爲悠久者，實在此而不在彼。吾人鞭辟著裏，朝夕之所必有事，亦惟有事乎此而已。如鷄抱卵，如龍豢珠，用志不分，〔三〕乃凝於神，夫是之謂身安命立之實際。

來論深慮專志向內，恐有體鮮用。僕亦不能不慮所慮，向內不專，竊恐無體可云。有了天德，不患無王道。故曰：「其要只在慎獨，敬爲高明誦之。」此復。

又

承詢「天良」。夫「天良」之爲「天良」，非他！卽各人心中一念獨知之微。天之所以與我者，與之以此也。炯炯而常覺，空空而無適；寂然不動，感而遂通；孩而知愛，長而知敬，乍見而惻隱，嘑蹴而羞惡，一語窮而舌遁，一揖失而面赤，

〔一〕「擔」，靜海聞氏本作「耽」。
〔二〕「天良」，石泉彭氏本、靜海聞氏本作「天也」。
〔三〕「分」，石泉彭氏本、靜海聞氏本作「紛」。

自然而然，不由人力，非天良而何？日用之間，誠勿戕勿梏，則火燃泉達，無往非善，此本來眞面目、聖學眞血脈！象山謂「學苟知本，六經皆我註腳」者，此也；延平之「體認天理」，體認乎此也。而體認下手之實，惟在默坐澄心。蓋心一澄，而虚明洞徹，無復塵情客氣、意見識神爲之障蔽，固有之良自時時呈露而不昧矣。來書「當機覿體，分定自優，學問止此學問，工夫止此工夫」之言，最爲得之！惟緝熙不斷，終始如一，苗而秀，秀而實，是所望也。

又

炯炯常覺，則主人翁在室，不至認賊作子，以識神爲本面。空空無適，則自無不善之動。得其所止，而心如太虚，乃未發之中，本性眞體，不落思想，不墮方所，無聲無臭，渾然太極，大德之所以敦化也；當惻隱卽惻隱，當羞惡卽羞惡，知愛知敬，知是知非，隨感而應，小德之所以川流也。「未發」不是先，「已發」不是後，「體用一源，顯微原自無間」，先哲口口相授，止傳工夫，未嘗輕及本體，務使人一味刻苦，實詣力到功深，自左右逢源。今既言「體認」，若不明白昭揭，倘體認一錯，毫釐之差，便隔千里之謬。以故和盤託出，斯固不容已之苦衷也。幸諒！

又

學須屏耳目，一心志，向「無聲無臭」處立基。胸次悠然，一味養虚，以心觀心，務使一念不生。久之，自虚室生白，天趣流盎，徹首徹尾，渙然瑩然，性如朗月，心若澄水，身體輕鬆，渾是虚靈。秦鏡朗月，不足以喻其明；江漢秋陽，不足以擬其皜。行且徹塵六合，瞬息千古，區區語言文字，曾何足云。卽有時不得不言，或見之語言文字，則流於既溢，發於自然，不煩苦思，不費安排，言言天機，字字性靈，融透爽快，人己咸愜矣！

又

承索鄙言以爲宗守，夫儒先之言多矣，何俟鄙言？數年來，拙刻拙札之言，不爲不多矣，夫復何言？乃言外索言，何異騎驢覓驢！若言外贈言，眞同牀上疊牀！方慚道聽塗說，豈可吹波助瀾。蓋多言不如少言，有言不如無言，「於穆不言」之眞，絕無聲臭，終日乾乾，宗此守此而已矣。此内無煩於言，此外本無可言。議論多而成功少，從來書生通弊，當以爲戒。易曰：「神而明之存乎其人，默而成之，不言而信，存乎德行。」〔二〕請卽以此復命。

來翰詢及鄠邑王生。此子智圓行方，躬修允蹈，心若青天白日，品猶野鶴孤雲，氣魄弘毅，將來可望以任重致遠，僕甚屬意！此復。

答胡士偀

來書謂：「每遇傾覆流離之際，心意散亂，一思鄙人，不覺自定。」夫鄙人亦何足思而能因思心定？足徵隨境鍊心，念念操持。蓋聖賢千言萬語，無非望人鍊心；學者千講萬講，亦無非自求鍊心！學焉而不知隨境鍊心，則學非眞學；鍊心而不能念念操持，則鍊非眞鍊。縱聰明特達，穎悟邁羣，談玄說妙，講盡道理，敏言過於飛龍，躬行同乎跛鱉，仰愧天，俯愧人，晝愧影，夜愧衾，閉藏消沮，身未死而心先亡矣！終日雖衣冠言動，其實是行尸走肉，哀莫哀於此也！

來書請析大全「愼獨」「戒懼」諸說之疑，本文甚詳，何疑之有？區區方慨學者支離於章句，葛藤於訓詁，蔽錮一生，而

〔二〕「神而明之存乎其人，默而成之，不言而信，存乎德行」，原本作「默而成之，存乎其人；不言而信，存乎德行」，據長白完顏本、易傳繫辭上改。

自己心光不得透露，以故深以爲懲。居恆與二三同人切磋，惟是心心相印，豈可復蹈學究故習？姑就來書所謂「收攝散亂」者言之。當心意散亂之時，能知散亂者是誰，收攝者是誰，卽此能知能攝之心；不惟他人不及睹聞，卽自己亦不能睹聞，非「獨」而何？終日欽凜，保守此「獨」，勿令放逸，使中常惺惺，湛然虛明，卽此便是「慎獨」；或靜或動，覺有一念之昏惰，卽勿昏惰，卽此便是「提起」；惟恐有一念之非僻，務小心翼翼，卽此便是「防於未然」。此乃天命之本體，自然之兢業，非剜肉作瘡、平地興波。「先立乎其大」，立此也；「小者之不能奪」，不能奪此也。「溥博淵泉，而時出之」，由此而時出也。「惺惺」便是「常存」，「常存」自然「常覺」，猶鏡之照，不迎不隨，而妍媸自不能逃。「思」比〔二〕「覺」固屬有心，然洪範謂：「思作睿，睿作聖。」而羅豫章先生亦謂：「聖道由來自坦夷，休迷佛學惑他歧。枯木死灰渾無用，緣置心官不肯思。」由是觀之，則思之之功，初學亦何可遽廢？必也由思而至於無思，則朗然常覺，而本體常現，緝熙不斷。如是，則常寂而常定，安安而不遷，百慮而一致，「無聲無臭，於穆不已」。儒之所以顧諟明命、超凡作聖者，實在於此，夫豈釋氏參話頭，麻其心於無用者，可得而班耶！

區區閉關養痾，懶事應答。茲因吾契涉世未深，天良未鑿，質美而可造，故不覺縷縷。幸實體力詣而深造之，慎勿作一篇文字，看過便休也。勉之！勉之！

答友求批文選

曏足下刻意爲己之學，言及詩文，若將浼焉；其所服膺，惟居業傳習二録。竊以爲志趣如此，將來所就必卓。離索日久，頃有人自珂里來者，傳足下近日工課，惟聲律是哦、詞翰是攻，僕猶疑未之信；而台翰忽至，求批所纂昭明文選，前後

〔二〕「比」，靜海聞氏本作「此」。

不類，令人愕然。是書連篇累牘，莫非雕蟲，中間有何可取？而足下嗜之若飴，愈令人難解。程子有言：「學也者，使人求於內也。不求於內而求於外，非聖人之學也。何謂求於外？以文爲主是也。」又云：「詩是無用閒言語，不惟無用，抑且有害於道心。」莊渠先生遺王純甫書曰：「傳聞人言吾兄對客，間亦談及詩文，駸駸有好意，此固未必然；但恐不知不覺留下種子，他日終會發也。昔過太平門，見有老父與一童子並走爭先，因竊嘆：吾人既有志於道，而與詩人、文人輩爭長，亦何以異此老父哉！」虞長孺好談詩論文，金虛中謂之曰：「學道須學癡、學呆、學拙，混沌鴻濛，乃與眞合。子津津談詩論文，是賣聰明、釣聲譽也，去道遠甚。」由斯以觀，夫亦可以廢然返矣。僕非薄詩文，亦非厭人學詩文，實以足下質甚美，性甚淳，世味未染，天良未汩。既不弋名，又不媒[一]利，亦何苦疲精役慮，爲此玩物喪志之習？縱習之而工，文如班馬，詩如李杜，亦何補於身心，何益於世道耶？朋友之義，在長善輔仁；區區之心，願足下急本緩末，務爲志道據德之圖，俟德成仁熟而後藝可得而遊也。附去[二]朱子白鹿洞學規一篇，聊代文選，幸潛心焉！

答顧寧人先生

來書云：「承教謂『體用』二字出於佛書，似不然。易曰：『陰陽合德而剛柔有體。』又曰：『顯諸仁，藏諸用。』此天地之『體用』也。記曰：『禮，時爲大，順次之，體次之。』又曰：『降興上下之神，而凝是精粗之體。』又曰：『無體之禮，上下和同。』有子曰：『禮之用，和爲貴。』此人事之『體用』也。經傳之文，言『體』言『用』者多矣，未有對舉爲言者爾；若佛書如四十二章經、金光明經，西域元來之書，亦何嘗有『體用』二字？晉宋以下，演之爲論，始有此

〔一〕「媒」，靜海聞氏本作「謀」。
〔二〕「去」，原本作「來」，據石泉彭氏本、靜海聞氏本改。

字。彼之竊我，非我之藉彼也，豈得援儒而入於墨乎？如以爲考證未確，希再示之。」

頃偶話及「體用」二字，正以見異說入人之深。雖以吾儒賢者，亦習見習聞，間亦藉以立論解書，如「體用一源」，「費隱」訓註，一唱百和，浸假成習，非援儒而入墨也。繫辭暨禮記「禮者，體也」等語，言「體」言「用」者固多，然皆就事言事，拈「體」或不及「用」，語「用」則遺夫「體」。初未嘗兼舉並稱，如內外、本末、形影之不相離，有之實自佛書始。西來佛書，豈止四十二章經、金光明經未嘗有此二字，即楞嚴、楞伽、圓覺、金剛、法華、般若、孔雀、華嚴、涅槃、遺教、維摩詰諸經，亦何嘗有此二字？然西來佛書，雖無此二字，而中國佛書，盧惠能實始標此二字。惠能，禪林之所謂「六祖」也，其解金剛經，以爲「金者，性之體；剛者，性之用。」又見於所說法寶壇經，敷衍闡揚，諄懇詳備。既而，臨濟、曹洞、法眼、雲門、潙仰諸宗，咸祖其說，流播既廣，士君子亦往往引作談柄；久之，遂成定本。學者喜談樂道，不復察其淵源所自矣。

然天地間道理，有前聖之所未言，而後賢始言之者；吾儒之所未言，而異學偶言之者。但取其益身心、便修證斯已耳。正如肅慎之矢、氐羌之鸞、卜人之丹砂、權扶之玉目，中國之人世寶之，亦何嘗以其出於異域，舉而棄之，諱而辯之也。來教謂「如考證未確，不妨再訂」，竊以爲確矣！今無論出於佛書、儒書，但論其何「體」何「用」，如「明道存心以爲『體』，經世宰物以爲『用』」，則「體」爲「眞體」，「用」爲「實用」。此二字出於儒書固可，即出於佛書亦無不可。苟內不足以「明道存心」，外不足以「經世宰物」，則「體」爲「虛體」，「用」爲「無用」。此二字出於佛書固不可，出於儒書亦豈可乎？鄙見若斯，然歟？否歟？

又

來書云：「來示一通，讀之深爲佩服。『體用』二字，既經傳之所有，用之何害？其他如『活潑潑地』『鞭辟近裏』之類，則語不雅馴，後學必不可用。而中庸章句『體用』之云，則已見於喜怒哀樂一節，非始於費隱章也。至若所謂『內典』二字，不知何出？始見於宋史李沆傳，疑唐末五代始有此語，豈可出於學士大夫之口？推其立言之旨，蓋將內釋而外吾儒，猶告子之外義也，猶東漢之人以七緯爲內學，以六經爲外學也。莊子之書，有所謂『外物』『外生』『外天下』者，卽來教所謂『馳心虛寂』也。而君子內合外之道者，固將以彼爲內乎？」

「體用」二字相連並稱，不但六經之所未有，卽十三經註疏亦未有也。以之解經作傳，始於朱子，一見於未發節，再見於費隱曁一貫忠恕章，其文集、語類二編，所載尤不一而足。「活潑潑地」乃純公偶舉禪語，形容道體；「鞭辟近裏」亦藉以導人斂華就實，似無甚害。若以語不雅馴，則「活潑潑地」可諱，而「鞭辟近裏」一言實吾人頂門鍼、對症藥，此則必不可諱！不惟不可諱，且宜揭之座右，出入觀省，書之於紳，觸目警心。

「內典」二字，出於蕭梁之世。是時武帝崇佛，一時士大夫從風而靡，以儒書爲「外盡人事」，佛書則「內了心性」。「內典」之目，遂昉於此。歷隋、唐、宋、元以至於明，凡言及佛書，多以是呼之。視漢人以元命苞、援神契等七緯爲內，尤不啻內之內矣。然亦彼自內其內，非吾儒之所謂「內」也。彼之所謂「內」，可內而不可外；吾儒之所謂「內」，內焉而聖，外焉而王，綱常藉以維持，乾坤恃以不毁，又豈可同年而語！故「內典」之呼，出於士君子之口，誠非所宜，當以爲戒！

莊子「外物」「外生」「外天地」，良亦「忘形」「脫累」之謂，似非「虛寂」之謂也。老子言「致虛極，守靜篤」，莊子齊物論「成心」有見而不虛之謂，未「成心」，則眞性虛圓、天地同量，此後世談「虛」之始。然與佛氏之「虛寂」，又自不同。蓋老莊之「虛」是虛其心，而猶未虛其理；佛氏之「虛寂」則虛其心，而並欲虛其理，捨其昭昭而返其冥冥，雖則寂然不動，而究不足以開物成務，以通天下之故。此佛氏所以敗常亂倫；而有心世道者，不得不爲之辨正也。

又

來書云：「生平不讀佛書，如金剛經解之類，未曾見也。然『體用』二字並舉而言，不始於此。魏伯陽參同契首章云：『春夏據內體，秋冬當外用。』伯陽，東漢人也，在惠能之前。是則並舉『體用』始於伯陽，而惠能用之，朱子亦用之耳。朱子少時嘗註參同契，而『剛柔爲表裏』，亦見於參同契之首章，惟『精粗』字出樂記。此雖非要義，然不可以朱子爲用惠能之書也。至於『明道存心，經世宰物』之論，及表章崇正辨、困知記二書，吾無間然。」

不讀佛書固善，然吾人祗爲一己之進修，則六經、四子，及濂、洛、關、閩遺編，儘足受用。若欲研學術同異，折衷二氏似是之非，以一道德而砥狂瀾，釋典、玄藏亦不可不一寓目。辟如鞫盜者，苟不得其贓之所在，何以定罪？參同契，道家修仙之書也，禪家之所不肯閱；兼惠能生平絕不識字，亦不能閱，其所從入，不繇語言文字，解經演法，直抒胸臆，而謂用之參同，竊所未安。朱子弱冠，未受學延平時，嘗從僧開謙之遊，以故蚤聞其說。參同之註，乃訓定四書多年之後。六十八歲，黨禁正熾之際。蔡西山起解道州，朱子率及門百餘人，餞於蕭寺。瀕別，猶以參同疑義相質。事在慶元二年冬，非少時註也。況伯陽本納甲作參同，所云「二用無爻位，周流遊六虛」，及「春夏秋冬，內體外用」之言，皆修鍊工夫次第，非若惠能之專明心性，朱子之專爲全體大用而發也。然此本無大關，辯乎其所不必辯。假令辯盡古今疑誤字句，究與自己身心有何干涉？程子有言：「學也者，使人求於本也。不求於本而求於末，非聖人之學也。何謂求於末？考詳略，採異同是也。」而淮南子亦謂：「精神越於外，而事復反之。是失之於本而索之於末，蔽其玄光而求知於耳目也。」區區年踰「知命」，所急實不在此，因長者賜教，誼不容默。悚甚！愧甚！

答魏環溪先生

來書云：「僕行年七十矣，自念生平於五倫內，不知欠缺多少。若勉盡一毫，差免一毫惶愧。即如『朋友』一倫，益我者多，乃生平深慕而不獲一晤者：孫鍾元、黃梨洲、我中孚三先生耳。雖未覿面請教，然而往來有問答，著述有傳布，一字一句，都可取之以爲典型。曩有郭舍親每寄先生大稿，自其作古以後，聞先生之片言，亦難得矣。昨者附奉恩賜旋里詩，欲知僕爲林下人也，老而廢學，無敢言矣。承先生郵寄諸刻，千里如面，欣幸何如！竊窺其反躬克己，腳踏實地，異端曲學，不辨自除。讀至家戒，凜如也，僕亦不以不晤先生爲憾矣！反身録容另購。先生晚年珍重，吾道甚幸！」

久聞老先生爲當代正人，私竊景仰。不謂老先生念切幽巖，屢勤注存。區區自揣無似，徒深愧悚！昔富鄭公致政家居，藍田呂大臨與之書，勸其以道自任，振起壞俗，鄭公納其言，多所倡導。今學術不明，士自詞章記誦外，茫不知學問爲何事。老先生急流勇退，從容於綠野之堂。區區敢以是言進，伏望力振正學，爲吾道作干城，在上則表正人倫於上，在下則表正人倫於下，所謂在朝在野，皆有事也。若優悠〔一〕自適，留連於章句詩酒，以此耗壯心而消餘年，此碌碌者所爲。賢如老先生，知必不爾也。

答蔡溪巖隱君

来書云：「涇野先生每語人以『甘貧樂道，咬得菜根，百事可做』，夫子云『士志於道，而恥惡衣惡食者，未足與議也』。若於衣食分曉者，其亦入道之梯級乎？乞吾師剖示。」

世人止因「居食」二端，不知張皇了許多精神，枉用了許多馳騖！若能於此處看得破，於此關打得過，則知「貧」之一字，原無損於性靈；惡衣惡食，原無妨於學道，瀟灑快樂，何等自在！周元公有言：「見其大則心泰，心泰則無不足；無不足，故富貴貧賤處之如一。」陳白沙亦曰：「人惟覺，便我大而物小，物有盡而我無窮。夫無盡者，微塵六合，瞬息千古，生不知愛，死不知惡，尚何暇銖軒冕而塵金玉耶？」噫！學人果能見及此，則種種俗念不待擺脱而自擺脱。而區區甘貧甘淡，又不待言矣。

〔一〕「悠」，長白完顏本作「游」。

答楊雪臣隱君

客冬，吳君濬長自都門以先生所撰尋樂堂記見寄，喜慰無涯！ 闡「尋樂」之旨，並及堯、舜、伊尹，方體用兼該，不墮一偏，合之以敬。 庶學者當下知所從事，而致樂有由，痛快的確，發昔人所未發，乃天地間大文字、大議論！ 何幸借敝廬發之，此非弟一人之幸，實學術之幸也。 謝謝！

答吳野翁

客夏，承寄文集全部，易箋十卷。 文酷似韓歐，易不讓來註。 卒業之餘，吾無間然，惟今春所寄明儒參訂，與楊雪老明儒偶評，大同小異，中間不無可商。 縱一一至當，歸一毫無可商，推之南海、北海、東海、西海，千百世之上、千百世之下而準，亦與切己大事，有何干涉？ 區區蚤歲，過不自揆，嘗欲上自孔、曾、思、孟，下至漢、隋、唐、宋、元、明諸儒，以及事功、節義、經術、文藝兼收並包，勒爲儒鑑一書。 而細評之，俾儒冠儒服者，有所考鏡，知所從事，念非切己急務，遂輟不復爲。 鄒南皋簡一友人云：「吾輩冉冉老矣，無論在外在家，各各收拾舊頭顱，求不愧天之所以與我者。 自成自道，一眞百眞，口頭説得明，筆下寫得去，濟得甚事。」斯言深中吾人膏肓，僕常以之自警。 今敢獻諸左右，覽畢不妨轉示雪老。

答吳濬長

門下道德、經濟，江左翕推，年長於僕，巋然前輩典型； 乃賢不自賢，忘年折節，問道於僕，甘心北面。 疾病，爲之延醫；拙語，爲之刊布；瀕別，千里泣送；別後，時候起居，遙資兩豚以膏火之需。凡所以加意於僕者，靡不周至；即羅近溪之於顏山農，亦不是過。頃又爲先嚴徵詩以闡義，爲先慈徵文以記祠，雅誼肫摯，區區感人肺腑！顧暌離有年，晤言無由，每一念及，曷勝悵惘！兹令兄太史寄來尊札，承諭欲自燕入秦，迂道相訪，區區喜出意外，敬拭目以望。

又

鄭太學自江寧傳到華札，亟啟緘捧讀，知賢郎奮翮泮宮，弓冶克承。竊慶門戶有人，門下德盛澤深，地方公舉，足徵直道不泯！乃好事多撓，蜮沙詭射，恨地隔吳秦，不能效申胥之忱，其爲悵結，何可勝言！然涇陽先生於淮撫李三才一事，橫罹羣小之彈，處之自若，笑謂李曰：「老兄與我，被諸賢千磨百鍊，逼出個眞身子來。譬如赤金在烈焰中，借火之力，方見眞色。諸賢誠有功於吾輩哉！」而景逸先生亦云：「君子有一分眞精神，便受小人一分眞磨難。大丈夫不如是，安能精光照耀千古。」自是而之，一段致命樂天光景，當不草草漫過，想高明於此，亦決不漫過也。

又

近代理學書，讀書、居業二録外，惟馮少墟集爲最醇。馮與顧涇陽、高景逸，同時開壇倡學，大暢宗風。顧高學固醇正，然其集中猶多閒應酬，識者不無遺憾。馮集徹首徹尾，乾乾净净，粹然無瑕，方是醇乎醇！無論知學者讀之，不忍釋手；即平日絶不信學者乍見之，亦未有不曠若發矇。僕家藏一部，兹特遙贈，幸貯之延陵書院，與同人共焉。涇陽以文成「無善無惡」之言爲近佛，力駁之，以自標門戶，而其答諸景陽書則云：「異時無常到日，不至吃閻羅棒，此時一蹉，永劫難補。」斯言若出文成，不知尤當如何操戈？而景逸之序救劫感應篇，試檢馮集中有此否？區區平日尊信顧高如尊程朱，然其立言不自照管，自相矛盾，吾人亦不可不以之爲鑑也。

答邵幼節

久不得門下字，心甚耿耿。每思兩郎蚤世，侍養乏人，晚景若此，其何以堪！然賢如魏莊渠、楊復所，晚景皆然，不獨門下爲然也。不知數年來，曾擇近屬置後否？噫！人生至此，百念那得不灰？世念愈灰，則道念愈眞矣！一靈孤明，浩然獨存，終日欽欽，保此無價之珍而已，他非所恤也。

又

僕土室中人也，枯槁是甘，寂寞爲樂，灰心人事，絕意應酬。四方書問之來，非至不得已，未嘗輕答。兹所寄粵友來書萬餘言，以朱王異同爲訂，用心可謂勤矣！然未免捨目前切己之實，而葛藤已往公案，替古人耽憂。本非至不得已，僕不欲饒舌，幸爲我善辭可也！

答徐斗一

客冬，接來翰並所著易說，知玩易洗心，造詣日精日進，區區喜慰無涯。蒙卦之解，條暢妥確，大有可觀。原冊璧回，俟所解通完，當兼總條貫，細加商訂。

生與斗一暌隔兩地，多歷年所，晤言無由，夢寐徒勞。承諭：欲易解完日，親操至陝，然歟？否歟？果如所約，此生再獲一晤，何快如之！但恐究成空言，使區區徒增悵惘耳！

又

聞問不通數年矣，不知吾斗一近況若何？造詣若何？吾心甚耿耿也！前者書來，欲俟易稿通完，攜以入秦謁吾。彼時渴欲一晤，以話積懷，故復書望其必來。既而細思，三千里長塗，跋涉維艱；往返資斧，措辦甚難；西來之約，談何容易！能來則來，如不能來，不妨封易稿及他著，付貴郡城內開鹽店之三原盧修之，令其轉發，見稿猶見吾斗一也。然吾所望於斗一者，非區區著述之謂也。人生吃緊要務，全在明己心，見己性，了切己大事。誠了大事，焉用著述？如其未也，何貴著述？口頭聖賢、紙上道學，乃學人通病。篤實如吾斗一，知必不爾也。張立夫自題畫像云：「年已四十四，此理未眞知。晝夜不勤勉，遷延到幾時。」今斗一之年，蓋不止四十四矣！其所以日夜皇皇者，吾不知其何如也。吾與斗一暌隔兩地，見面未能，心期有在，千萬努力，勿負吾望！

答陸介侯

曩養痾尊府，令先公以八旬名賢，折節問道，執禮甚虔；吾介侯朝夕趨蹌，恭侍湯藥，此情此誼，感佩不忘！今令先公九原不可作矣，今而後刻苦實詣，砥行礪操，惟吾介侯是望。己德不朽，令先公亦藉以不朽。此程太中、朱韋齋所以流馨百世也。介侯勉旃！介侯寄來所著尚書彙纂必讀，簡潔醒暢，諸同人見之，莫不擊節稱快，爭相攜去。生案頭再無副本，今後遇便，希多寄是望。

答張子遂

南北暌孤，雙魚稀闊。言念昆玉，何日忘之！憶昔戌亥之交，相聚盤桓，不可謂無意斯道。別來十六載於茲矣，不知於斯道果何如也？聰明不及於前時，道德有負乎初心。昔人蓋嘗以是興感，而吾曹得無近是耶！噫！老將至矣，究結何局，念及於斯，不覺惕然！願相與共勉之。

答王心敬

昨所論，一一皆是，足徵聰明。諺云：「學道須要英靈子。」又云：「智過於師，乃堪傳授。」汝聰明過人，吾安得不喜！竭生平所藴而傳授之，捨汝其誰耶？顧聰明要須善用，用之反己自覷，洞識眞我，方是眞聰明。若明於識人，而暗於識己，卜度成性，明覺安在？李延平云：「二蘇聰明過人，天地間道理不過只是如此。有時見到，皆渠聰明之發也，但見到處卻有病。」今汝談論，凡有是處，亦皆聰明之發也。語雖無病，然縱語語皆是，千是萬是，終是捨己之田，而耘人之田，終靠不得一毫，無病亦是病！今而後，須黜汝之聰，墮汝之明，昏昏冥冥，自覷自覓，務求終身靠得著者而深造之。識得王心敬，纔算王心敬。一識永識，一得永得；超凡入聖，其在茲乎！一念萬年，其在茲乎！

又

學須剥皮見骨，剥骨見髓，洞本徹源，眞透性靈，脱脱灑灑，作世間快活大自在人，方一了百了。若不窺性靈，自成自證，徒摹仿成跡，依樣畫葫蘆，飾聖賢皮膚，爲名教優孟，後世有述焉，吾弗爲之矣！

答張伯欽

接来札，知刻苦實地做工夫，每晨向父母恭叩，區區喜慰無涯。夫君親一也，仕於朝者，每日必朝，以其食君禄也。食君之禄，猶不忘所自，矧身爲父母之身，反忘其所自可乎？汝能如此，得子道矣！此在悖逆之子，無禮於父母者聞之，必借口以爲此乃務理學而然；不思父母生我育我，顧我復我，晝夜劬勞，萬苦千辛，未寒而思爲製衣，未飢而思爲儲食，長成而爲之授室，竭盡心力，恩同昊天！此亦父母務理學而然耶！噫！父母存日，不能及時盡敬盡禮。一旦見背，雖欲刻刻周旋膝下，左右怡養，一日三朝，躬舁父母遊山玩景，何可得也？我寫至此，肝腸欲裂，涕下不能自制。嗟乎！李顒生爲抱憾之人，死爲抱憾之鬼，幽明咸無以自容矣！汝幸有親在，當及時盡孝，勉所未至，勿蹈我之覆轍可也。

又

覽所註靜坐說，用心雖勤，似非所急。以成己言之，則自己既曉，只宜依其說實實靜坐，何待自解自看？若欲示人成物，未有己尚未成而遽先成物者也。原稿不妨存之，且宜涵養。昔有人問耿楚侗先生以「天命之性」者，先生方欲訓解，其人曰：「意公自言其性耳！」先生爲之瞿然。馮慕岡先生會友於白下，凝然相對，寂無言說。或曰：「馮公何無講？」客曰：「此人渾身是講。」此皆以身發明道理，而不尚詮釋者。茲拈以示吾伯欽。

又

昔袁閎棲土室，范粲臥敝車，雖骨肉至親，亦不相見；而我之鎖扉幽居，二三宿契之來，不免啟鑰晤言，破戒壞例，爲害不淺。年來自怨自憾，不但宿契漸亦體諒不來，即嚮〔二〕學之士，爲學而來者亦多不見。二月初，有著書立言之人，自天文、地理、禮樂、制度、兵刑，一一皆精研論撰，攜其所著全部，肅贄願北面受學，叩扉兩日，亦未之納。惟湖廣傳良辰、張君明，年未三旬，不遠三千餘里，徒步來學。其人本市井貿易之微，能學敦大原。我嘉其學知近裏，始啟鑰納拜。侍我浹旬，終日寂坐，迴光返照，保守所得之端倪，眞機流盎，不貳以二，不參以三。略閱先儒格言數篇，少頃，隨即掩卷寂坐，蓋恐胸中端倪因閱書而或有散亂也。此方是篤於自修，眞實爲己。特示汝知。

昔者陸象山之於楊慈湖，止是「是者知其爲是，非者知其爲非，此即本心」三言，慈湖言下大悟。顏山農之於羅近溪，亦只知「皆擴而充之」一語，近溪言下大悟。往者我答尊翁前後諸札，句句血脈，字字骨髓，合盤托出，洩盡祕密，視象山、山農之開發，不啻倍蓰。汝一向視爲泛常，不知鞭辟自認，空過歲月，以故學不見道，性靈未徹。茲老漢婆心不死，復示此帖，汝其勗之！

又

靜默返照，要在性靈澄徹。性靈果徹，寐猶不寐，晝夜昭瑩，如大圓鏡。汝年來切實爲己，學雖精進，然只增得幾分知識見解而已，性靈尚未澄徹，內未凝一，故外鮮道氣，收攝不密，聰明盡露。昔人所謂「目擊而道存」，實未臻此，可不勉乎！須斂而又斂，如啞如癡，精神凝聚，斯氣象凝穆。凝！凝！凝！

又

學道最怕因循，一涉因循，便成擔閣，將來終無所見，終無所得，終無所成。縱有所見，亦不過是從外而入，聞見之見；

〔二〕「嚮」，原本作「響」，據長白完顏本、石泉彭氏本、靜海聞氏本改。

非豁然頓契，一徹盡徹之見。縱有所得，亦不過是日積月累塡塞之得；非原泉混混自得之得。縱有所成，亦不過是摹擬仿效，踐跡義襲之成；非超凡入聖，渾然天成之成。須勇猛奮勵，立堅定課，每日靜多於動，恭默寂坐，無思無慮，一念不生，則全體自現。至此，見方是眞見，得方是眞得。行住坐臥，終日欽欽，保而勿失，方是眞成。勗哉小子，千萬努力！

答馬仲章

曩見仲章面，知仲章質慤；今閲仲章書，知仲章至性。嗟乎！誰無父母，敬謹承歡者誰？誰非人子，歉然自罪者誰？書內謂：「幼時，父督之及時讀書，諄諄提訓，反以爲煩苦而不樂聞。」此病豈獨仲章，殆更有甚於仲章者。父在，漠不在意；父歿，雖欲日日跽聽父訓，樂受父責，何可得耶？吾少而喪父，居恆每見人之有父者，未嘗不私竊感傷。今閲悔文，於我心有戚戚焉！文尾「謹身」之語，確是實實落落、存沒無間的工夫。興言至此，已得要領，惟在黽勉無替，終始如一而已。

答王天如

來書疑「體用之有二致」，恐徒求諸文爲之末，而不本諸誠明之體。蓋以有天德，自然有王道，而唐虞之際，無書可讀，皋、夔、稷、契，不害其爲王佐齊、治、均平之效。卓乎！非後世章句書生所能及也。顧今時非同古時，〔一〕今〔二〕人不比古人。

〔一〕「時」，靜海聞氏本脫。
〔二〕靜海聞氏本「今」後衍「時」。

以孔子生知之聖，猶韋編三絶，問禮於柱下，訪官名於郯子，垂老不廢研討。朱子〔二〕謂：「盈天地間，千條萬緒，是多少人事；聖人大成之地，千節萬目，是多少工夫。惟當開拓心胸，大作基址，須萬理明徹於胸中，將此心放在天地間一例看，然後可以語孔孟之樂。須明古今法度，通之於當今而無不宜，然後爲全儒，而可以語治平事業。須運用酬酢，如探囊中而不匱，然後爲資之深，取之左右逢其原，而眞爲己物。」若懼蹈誦詩三百之失，而謂至誠自能動物，體立自然用行，則空疏杜撰，猶無星之戥、無寸之尺，臨時應物，又安能中窾中會，動協機宜乎？此不學無術，寇忠愍之所以見惜於張忠定也。故「體」非書無以明，「用」非書無以適；欲爲「明體適用」之學，須讀「明體適用」之書，否則縱誠篤虛明，終不濟事。兹〔三〕呂新吾先生論士説一篇寄覽，亦足以知空軀殼、餓肚腸，究無補於實用分毫也！前者所論「知覺」「存養」「省察」等説，乃一時有爲而言，原非定論。

來諭得之。人爭一個「覺」，能覺，則虛明融徹，洞識眞我；不覺，則昏惑迷昧，痹麻一生。能覺則爲賢爲聖，不能覺則爲愚爲狂。若夫行矣而不著，習矣而不察，終身由之而不知其道者，皆不能覺也。卽「仁者見之謂仁，知者見之謂知」，意見一偏，滯而不化，皆不足以語覺之大全。存養於未發之前，省察於已發之後，勿忘勿助，日新又新，則主人惺惺，此卽兢業本體，又何虛無矯制之有？都門行止，幸見諭以慰懸切，或出或處，咸宜善養；靜養之餘，日用功課，當以萬物一體爲心，明學術、正人心爲念，隨機開導，使人知畏天檢身，悔過自新。卽此便是「爲天地立心，爲生民立命」。世有自私自利之徒，竊養晦之名，闕其身而並闕其言，無補於世道人心，便與天心不屬，是自絶於天矣。願以爲戒，餘不悉。

〔二〕按：宋史、北溪語録作「陳淳」，以下引文爲陳氏語。
〔三〕石泉彭氏本、靜海聞氏本「兹」前衍「以」。

又

以心觀心，乃學問用功之要、高明廣大之域，必如此方可以馴至。始也，以心觀心，久則無心可觀。夫觀心而至於無心可觀，斯至矣。若謂墮落方所，捨心從事，不淪於空虛莽蕩，便滯於邊見方所，而千古聖賢用心存心之訓，皆剩語矣，可乎？況以心觀心，直從「無極太極」而入，卽本體以爲工夫，此正不墮邊見，不落方所。否則，雖欲不墮邊見，不落方所，何可得也？此復。

卷十七

書二

鄠縣門人王心敬摭次

報鄂制臺

僕本庸謬無似，明公不察，誤採虛聲，聘主關中書院講席。三辭不獲，冒昧從事。過承躬迎，屢辱左顧。僕非木石，寧不知感？所以不敢一詣憲轅謁謝者，實以生平安丘壑之分，未嘗投足公門。今若一旦破例，有負特達之深知，翻辱闡幽之盛舉，則其爲罪大矣！肅此鳴謝，伏惟鑑原！

報阿撫臺　報三司道府兩縣同

屢辱枉顧，惶愧殊甚！僕，庶人也。庶人無入公門之禮，倘不以禮自處，明公亦何取於僕耶？是以逡巡不敢報謁。賢如執事，必蒙鑑原！

答阿撫臺

承饋金數鎰，惠恤良至。僕璧謝再四，非敢矯情，實以辭受一節，乃人生操履所關。若隨來隨受，則生平掃地矣！且明公加意於僕者，以僕能安貧也。安貧而受金，則僕之安貧何在？以故不避方命之嫌，仍用返璧，萬惟垂察是幸！

上鄂制臺

明公以國家太平之業，必先於正人心，故思得碩儒以振起斯民，而又急無其人，不得不禮從隗始，誠吾道之中興，而生民之大幸也！顧僕實非其人，適以重爲斯文之辱。前者三辭不獲，靦顔應召，兩赴書院。言無可聽，行無可取，中夜自思，既負明公下問之誠，兼愧朋友琢磨之益。方欲束身告退，肆力耕耘，忽聞愚賤之名，上塵睿覽，驚魂欲墜，俯仰難安！自拜辭抵家，卽染寒疾，歷久不痊，遂至右足不仁，艱於步履。夫薦賢者，國家之大典，豈容以廢疾之人，濫膺宸命哉？況今接對賓客，皆倚杖而行，猶或顛躓，其必不能舞蹈丹墀也，不待問而可知矣。伏乞明公格外施仁，代爲題覆，使病廢之人，得以終安畎畝，則始之終之，其恩皆出於明公矣！若以前疏既上，後難復請，是甚不然！歷觀前代盛時，凡徵辟不就者，皆傳爲美談而誦薦舉者之知人；其有出就一職，名實俱喪者，往往取笑於當時，貽譏於後世。此前事之已驗，然則明公今日，寧傳爲美談乎？抑爲人譏笑乎？二者當知所擇矣！

又

前書已揭愚衷，而憲臺未察，又蒙鈞諭下頒。僕撫心自思，實非敢以退讓爲高，而拂憲臺爲國家起賢之至意也。夫事當權其輕重，而慮其始終。僕今日者廢疾家居，負朝廷旁求之意，其罪猶小；異日者名喪實忘，使天下咎憲臺無知人之明，且爲國典之辱，其罪甚大。不自知恥，應召而行，始之也甚易；以身事主，無忝所學，終之也甚難！故僕寧擇其輕，而不敢爲其易也。在憲臺之意，以爲僕雖不能有益於國家，亦不至有負於大典；而以僕計之，則甚不然！竊觀古人學貞行實，尚受謗於當時，往往困辱其身，況僕草野愚蒙，本無學術；即使之應對殿廷，亦且言無倫次，羣起而非之，殆不可以屈指計矣！僕固不足惜，獨是憲臺明無不照，而爲僕一人所累，致有不知人之譏，則雖擢僕之髮，又烏足以贖其罪哉？此僕之所以擇其輕而辭其重，圖其始而卽慮其終，非特爲僕一身之計，實所以爲憲臺計、爲國家計者！至悉而無以加也。如猶不獲所請，卽當以死繼之，斷不敢惜此餘生，以爲大典之辱也！存沒之誠，言盡於此！

辭徵

顒少失學問，無他技能，徒抱皋魚之至痛，敢希和靖之高蹤！不虞聲聞過情，上徹宸聰，部檄地方起送，蓋曠典也。顒，何人斯？敢辱斯典！若謬不自揆，冒昧奔趨，是借終南作捷徑，可鄙孰甚！有士如此，朝廷亦安用之？況顒近因汗後中濕，宿疾頓發，左足麻木，不能步履，豈堪遠涉長塗，趨走拜舞，對揚丹陛也。伏望矜鑑！特爲轉達，曲成石隱，使顒不至狼狽道塗，自速其斃，佩德頌仁於無窮矣！

又

竊惟朝廷之所以崇幽隱、嘉恬退者，原藉以砥囂俗，息奔競也。假令顒康健無恙，猶當仰體朝廷美意，益堅素守，終其身萬萬不敢出戶一步，以成朝廷激勵廉恥、保全石隱之盛德。矧顒中年蚤衰，宿病時發，輕則連旬〔一〕，重則彌月；近又左足不仁，不能動履，若使狼狽長塗，性命必且難保，辱盛典而貽口實，非所以昭示天下後世也。歷觀前代隱逸，凡屢徵不起，咸賴當事爲之善言題覆。今大憲慷慨倜儻，樂成人美，殘疾如顒，必在所矜憫！伏望始終玉成，曲垂保全。録顒前後辭牘，據以達部，免致薦頒敦促之命，益重至再違戾之罪。顒刻骨銘心，終身不敢忘施也。

又

顒前曾兩次陳情，意謂業已達部矣，乃猶未蒙矜鑑，督促愈嚴，惶悚跼蹐，莫知所措。顒外雖有虚名，内原無實學，千破萬綻，素鮮寸善。是以審己量力，死不敢謬膺盛典，以傷朝廷知人之明。重以迍邅多病，呻吟牀褥，夢幻泡影之身，諒亦非久。緣是百念俱灰，毫無身外之想，又安能以奄奄待盡之息，出逐風塵之苦，自速其斃耶？伏望特垂洪造，曲賜保全。備録顒前後辭牘，據以達部，庶部中知地方督促之殷、區區辭謝之堅，得以據情具題，誤恩不至再降。顒也不材，敢忘保全之仁？

又

顒於客歲九月中，因中濕成足疾，不能動履，已具情上控。乃自今歲正、二月間，緣去冬所服攻伐之劑過多，冬蘊春發，又增痰火，周身疼痛，徹夜難眠。雖視息無恙，而元氣索然。醫經屢易，藥罔奏功，遂成沉痼。傷心自憐，醫藥俱在，豈容假託？懇乞執事俯憐病軀，據實轉申，則顒有生之年，皆戴德之日也。

〔一〕「旬」，長白完顏本作「句」。

又

顒本庸謬無似，蒙朝廷過信誤薦，垂眷至再，心非木石，寧不悚感，卽欲匍匐詣京，一覲天顔，顧病勢日甚一日，萬難勉強。始則惟患足疾，近又增以痰火，遍身疼痛，度刻如年。耳聵目眩，時常昏暈，疲癃支離之狀，難以盡述。療治百方，卒未見效。因思顒之先人，祖父、伯叔咸以是疾畢命，顒亦何能得久？自去冬卧牀，纏綿至今，不扶不動，儼如眠屍。若力疾就程，勞頓致殞，委骸骨於旅次，貽天下以口實，曰：「朝廷以隱逸待李顒，而李顒爲隱不終，扶病趨榮，自速其斃。」失朝廷奬恬退、息奔競之初意。顒死有餘辜矣，爲此瀝血哀鳴！伏願具情申憲，轉籲皇仁，憐顒篤廢，容顒養痾，以昭朝廷保全石隱之盛德，未必非大典之一光也！伏枕口占以請，無任激切懇禱之至。

又

顒一介草莽，叨沐溫綸，使非廢篤，敢不力趨召命？不幸素染風痺，不時舉發；今歲增劇，竟致兩足不仁。始則跬步難移，繼而伏牀不起，醫藥罔效，一息僅存。昨已陳情本縣，詳達仁天，隨蒙憲駁。顒憂惕愈增，卽使身膏道塗，不幾有負盛典？懇祈垂恩，廣仁人之施，俯准轉達，俾顒跧伏田里，長爲堯舜之民。倘餘息獲延，世世徼二天之造矣！

康熙癸丑，督撫以「地方隱逸」薦，此其辭牘也。

康熙戊午，部中以「海內眞儒」薦，先生長卧不起，長君伯敏爲之上下力控，詳具別册。

答四川周總督

承迂塗相訪，折節榻前，位高而心下，非慕道誠切，何以至是！昔王文成官刑曹時，迎蔡鬖首於署，以禮請問。蔡曰：

「尚未。」頃之，至後亭，再拜請問。蔡曰：「尚未。」問至再三，蔡曰：「汝後亭禮雖隆，終不忘官相。」今公之於僕，可謂忘官相矣！僕感公摯誼，業已饒舌。

茲接來翰，勤勤懇懇，復以「入門下手」爲問。夫入門下手，無他祕密可拈，惟在從自己心上隱微處查考、安身立命處著急，日用立身行己處痛自檢束。目前戎務殷繁，莫非鍊心之藉。象山掌庫三年，學問大進；王文成謂「除了人情事變，別無工夫可做」；湛甘泉論「爲學吃緊之要，只在隨處體認天理」。若必待戎務有暇，而後整肅身心，料理工夫，則是閒時操存，忙時放過，心隨法華轉，非是轉法華！夫豈「造次必於是」之謂耶？故必不論有事無事、閒時忙時，隨在提撕，終日乾乾，無事恆若有事，有事行所無事。立身行己在此，安身立命在此！鄙言已盡於此，再晤之諭，不敢聞命。

僕杜門謝客，宴息靜攝，願公見愛以德，相亮以情。詧其已同袁閎，去矣無落〔一〕吾事，則曲成之雅，銘佩不忘。此復。

又

阿太守書來，述公口諭，謂：「自撫山左時，即聞名渴慕；及督兩廣，日與廣中二三賢紳，共佩教言，寤寐思服。昨獲登龍，深慰十年立雪之願。請益方始，乃咫尺不獲再侍函丈，豈誠有所未孚，而根器駑下不堪鞭策乎？」僕讀之，不覺顏忸怩而心悚懼，幾無以自容。

夫眞正闇修之人，洗心藏密，雖鬼神不能覷其微，況人乎？僕之浮名遠播，正是洗心不密，人得而窺，轉相告語，譽過其實。其名彌張，其罪愈大。識者方當憐憫，何可誤信虛聲，以傷知人之明？鄙說流於廣中，不知出自何人？迂腐之談，不足當明眼人一噱；而公嗜之若飴，嚮僕甚篤，自非根器過人、天性樂善，安能如是？僕所以啟戶一晤知己，而不敢靦顏再晤者，實以閉戶之人，數啟戶以接顯貴，閉戶之謂何？公愛我者也，愛我則必思所以成我，豈可令僕閉戶不終，壞例以開

〔一〕「落」，石泉彭氏本、靜海聞氏本作「忝」。

紛紛之端耶？ 況僕言苟可採，採其言如晤其人，不啻覿面討論；若言無可採，則雖日相晤對，奚益也？直布腹心，千萬原亮。〔二〕

答建威將軍

屢承誤愛，感荷無涯。茲又蒙垂注，惠貽種種，自揣病廢如僕，何以得此於麾下哉？在將軍行之，固爲盛德；在僕受之，則爲非義！僕生平百不逮人，惟於辭受之節，頗知自慎。若並此一失，將軍亦何取於僕耶？今後乞全愚守，惠無再貽，則僕也拜賜多矣！肅此報謝，臨風如見。

答許學憲

世道隆污，由正人盛衰；而正人盛衰，由學術明晦。故學術明則正人盛，正人盛則世道隆，此明學術所以爲匡時救世第一務也。顧明學術，不在標宗立旨，別樹門戶，只在就士所習，表章四書。今夫四書之在天下，家傳戶誦，童而習之，白首不廢，解者積案充棟，本自章明，何待表章？噫！正惟家傳戶誦，人人共習，而所習之得失，實世道生民治亂安危、善惡生死之關。有心世道者，誠就其所習而挽其失，救其積習，起其痼疾，令其反諸身，見諸行，是乃所謂表章也。

〔二〕「亮」，石泉彭氏本、靜海聞氏本作「諒」。

又

反身拙録，乃僕師弟子一時商證之談，不謂使君遽以災木。僕方私竊跼蹐，忽接來諭云云，愈令人駭愕。此書止期私下同病相憐，對症投劑，以「反身」二字與同人相切砥；若一經進呈，適滋多事，不觸嫌招忌，則搜山薰穴，僕將不知其所終矣！不知使君將何以爲我謀耶？幸寢斯念，曲垂保全，俾僕永堅末路，庶不貽羞知己！此復。

又

督學，學術之宗，人才、風教所從出也。以正學爲督，則人以正學爲尚。學正則心正，心正則立身行己無往非正。正人多，而後世道生民有所賴。薛、陳、耿、周諸公之提督學校也，先本後末，咸以倡明正學爲第一義。當是時，士謹繩墨，人崇禮教，各往往格物以窮理，居敬以反身，二者並修。日充月著，雖中庸之流，亦奉訓承式不敢悖；風聲所鼓，即閭巷父兄長老，亦知誦説古誼以自淑。故風習最淳，言純師、行純法之儒，後先輩出，或出或處，咸有補於世。嗚呼盛哉！其諸公風厲之實，謹揭其略於左：

薛文清公督學山東，教人一以朱子白鹿洞規爲式。所至誘掖獎勸，備極勤渠，爲一時督學使者之冠。

陳恭愍公督學河南，念學者不修實行，而競爲浮詞取科第，力欲變其故習，訓生徒一主於躬行。所巡歷不居公府，宿於學宫，端默危坐以率之。已而，徐行諦視，周旋磬折，絃管豆登，洋洋翼翼。比入夜，齋舘燈燭如白晝，討論之聲鏘然。公時以二燈前導省勸之，人人競奮。其教人必本於朱文公小學，以達於四書、五經、性理、通鑑，諸生翕然孚化，畏信如神明。既去，思之如父母，相與誦義不休。

耿天台公督學南直，毅然以斯文爲己任，隨機立教，多方開發。由其内者，公爲之推離還源，相與踊躍，如寐得覺；由其外者，公爲之易辟就裏，相與浣濯，如疾獲痊，摩〔一〕蕩鼓舞，天機自暢。是時，部内樵者朱光信、陶人韓樂吾及田夫夏雲峰稱「知學」，公皆極力敦禮表章，爲多士風。

周海門公督學廣東，嘗謂「學之不講，聖人爲憂」，此非特爲經生學子言，實經世宰物者之所不能外也。學無地而可離，則講無時而可輟。天下無人不可以學，則亦無人不可以講，況正一〔二〕所統之諸生乎！於是，巡歷所至，諄懇敷宣，移檄郡邑，到處提撕。當支離困敝之餘，直指本心以示之，學者霍然，如梏得脫、客得歸，始信人性之皆善，而個個心中原自有仲尼，士習爲之一變。

許敬菴公督學陝西，巡歷所至，首勗生儒以學，集衆講貫，每至夜分。幕賓或規其過勞，且曰：「校文足矣，何以講爲？」公笑曰：「如此則是督文，非督學也。」講勸愈力。見人之善，多方接引，闡幽隱，表節義，美政犂然。校士畢，旋省，則闢正學書院，拔郡邑諸生之俊乂者於中，朝夕提誨。自勞來至於振德，有等有序，仍申儀節，嚴盟約，頒行各庠，俾各立會會講。他若習公元山之督貴陽，魏公莊渠之督嶺南，蕭公鳴鳳之督京畿，宋公儀望之督八閩，亦皆敦本尚實，勤於訓迪。迨昌啟以還，柄其任者，無復此風，以致士自詞章聲利之外，不復知學問爲何事！日趨日下，而孔孟身心性命之學掃地矣。振鐸音於絶響，曉長夜而覺之，端有望於今日也。伏願使君凡至會所，下學之日，勿拘掣簽講書故事，一以理學爲多士倡。諸生中有器宇不凡、識度明爽、議論精簡、發揮入理者，假以顏色，優以禮貌。仍令校〔三〕官及地方各舉所知，明註某生理學有名、某生材堪經濟，詳列所長，衆論僉同。俟試士畢，問以學術，策以時務，觀其所答優劣，拔録而面察之。如果表裏允符，卓然不羣，則格外優異；獎一勵百，風聲所屆，自然士知嚮往。

〔一〕「摩」，原本作「摹」，據長白完顏本、石泉彭氏本改。
〔二〕「一」，石泉彭氏本、靜海聞氏本作「在」。
〔三〕「校」，石泉彭氏本、靜海聞氏本作「教」。

表章先哲，所以風厲後進。蘭州先哲段容思先生諱堅，以理學開先。秦州先哲周小泉先生諱蕙，奮跡戍卒。鳳翔先哲在成弘間，則有張默齋先生諱傑；昌啟間，則有張鷄山先生諱舜典，並倡學明道，爲世眞儒，流風餘韵，於今爲烈。其祠宇不知尚存與否？伏願移檄查訪，存則令地方以時修葺，無則禮以義起，不妨勉其設處捌舉；如力有未逮，不能三楹，卽一楹亦可以棲神，稍存眉目，以成地方勝跡。

興賢崇[一]德，古今令典；旌貞表操，學政首務。其有造詣不凡、道德著聞，或孝弟孚於鄉邦、節操人所共欽者，察訪的確，大則式廬，小則行獎。

鞏昌府秦安縣有已故高士蔡啟胤者，人稱爲溪巖先生。隱居不仕，閉戶闇修，孝友之行、淵源之學，西方人士仰爲楷模。十餘年前以事親成勞，先親而卒。臨卒，扶掖再拜辭親，依依不捨，囑家人斂以麻冠斬衰，以己不獲送終故也。卒之日，遠邇悼嘆，如喪私親，其德化入人之深如此！胞弟啟賢，亦言動不苟，品望素隆。胤子生員蕃，忠信樸茂，力田敦倫。可謂滿門孝弟，一家三代。下邑有士如此，可以風矣！宜思所以表之。

以上，皆學政所關。正人心、昭風猷，於是乎在！他學憲不皆如是，而使君獨如是，雖欲不謂之空谷足音，不可也。然歟？否歟[二]？統惟憲裁。

又

接翰示，知慨納鄙言。皋蘭、天水諸儒，先咸經表章，此百年以來學政之僅見也，執事於是乎加人一等矣！承詢關中理學書，可以進呈者將以進呈，味衆人之所弗味，闡衆人之所弗闡，使理學一脈不至落寞。大君子之作爲，超於尋常萬萬

[一]「崇」，長白完顏本作「育」。
[二]「否歟」，長白完顏本脫。

矣！横渠書無未刻祕本，其板行之書，西銘、正蒙列於性理；他若理窟、易説、文集之精確者，散見性理，已經前代表章，無容再贅。横渠之後，諸儒著述，惟呂涇野、馮少墟足以繼響。雖未洞本徹源，上達性天，而下學繩墨，確有發揮。呂之遺書，如四書因問、史約、文集，未免散漫，惟語録議論篤樸，切於日用；馮之全集與薛文清讀書録相表裏。馮與東林顧涇陽、高景逸同時鼎足倡道，領袖斯文。顧高學固醇正，然其遺集中間散作，猶未脱文字氣習；兼多閒議論、閒應酬，往往越俎而談，旁及世故，識者不無遺憾。馮則詞無枝葉，語不旁涉，精確痛快，豁人心目。如欲進呈，無過是書及涇野語録，抑區區尤有商焉。

呂、馮二集，理學之書也。理學、經濟原相表裏，進呈理學書而不進呈經濟之書，則有體無用，是有裏而無表，非所以明體適用、内聖而外王也。經濟書，大學衍義而外，莫切於呂氏實政録，言言痛切，字字吃緊，讀之令人躍然擊節。其書固板行有年，然眞知而實好之者，寥寥無聞，亦猶孟子，漢唐以来雖已行世，不過私相傳習；至宋，程朱始極力表章；明興，載入令甲，朝野始翕然崇尚。令誠乘詔求遺書，特疏上聞，請照康熙十二年頒賜大學衍義於各省大臣例，以實政録通飭天下督、撫、藩、臬、道、府、州、縣各衙門，俾各仿此修職業，勤政務，以圖實效。處處有快心之美政，則處處蒙至治之厚澤，三五熙皞，不難再見於今日矣。然是録止可以飭外吏，而非所以端治本。絳州辛復元所著衡門芹一書，卷首治本三綱，實探本至論，致治良畫，宜並進呈。鄙見如斯，統惟酌奪。

又

關學不振久矣！目前人物：介潔自律，則朝邑有人；孝廉全操，則渭南有人；風雅獨步，氣誼過人，則富平有人；工於臨池，詞翰清暢，則華陰有人；其次詩學專門，則郿塢、郃陽、上郡、北地、天水、皋蘭亦各有人。若夫留意理學，稍知斂華就實，志存經濟，務爲有用之學者，猶龜毛兔角，不但目未之見，耳亦絕不之聞。提倡振興，是在執事。聞試竣旋省，將集俊乂於關中書院，立會論學。如果見之施行，須以明體適用爲導，俾士知務實，學期有用。異日德成材達，不忘淵源所自。

又

承侍御許酉山先生以所著見貽，開緘捧讀，見其根極理要，不覺斂衽。既而，又得先生答無錫秦赤仙書，益悉先生之學，以「顧諟天之明命」爲宗旨，以「告天盡倫」爲日課，有頭腦，有夾持，與世之學昧本原而功鮮實際者，不可同日而語。三復之餘，私竊景仰。第土室中人，素不通京國之書。賢如先生，亦必貰我土室中人。希使君附便叱致是荷。

又

關中之學，横渠先生開先。郿縣横渠鎮乃其故里也。先生生於斯，長於斯，老於斯，葬於斯，則横渠之爲横渠，亦猶曲阜之闕里，英靈精爽，必洋洋於斯。宋明以來，建有横渠書院，春秋俎豆，以酬功德。萬曆、天啟間，當事之政崇風教者，嘗加葺修；今年久傾圮，僕竊嘆息！按二程、朱子書院之在洛陽、建陽者，地方以時葺修；此院之廢，獨無人過而問焉，好尚不同故也！幸遇執事，加意關學，敢以爲請，伏願量捐冰俸，亟圖修復，明振風猷，默維道脈，所關豈淺鮮哉！

又

昨承枉顧，面敍積懷，事關風教者，業已罄竭。别後寄來鷄山先生刻書遺稿，第四日卽已卒業。集中多洞源達本之談，發關學所未發，可謂近代眞儒、關中先覺！以地僻遂致失傳，今得使君表章，俾蕪没餘名，託以弗墜，百二河山實與有榮施矣。致曲言既欲板行，謹擇其尤切而不泛者請教，倘以爲可，幸勅筆吏另謄成冊，附一二尺牘之醒快者於後，同明德集，題曰張鷄山先生語要。梓成，當勉遵台命，略弁數字於前，發明使君表章至意。

答董郡伯

歲序更新，敬賀新節，抑鄙衷竊有願焉。願公秉青陽布令，景運維新，一新政治，益崇令德。政務有暇，閱實政録、衍義補、資治通鑑，可以敷求典刑，濬發神智，其受益當日異而月不同。每日思此生一過，再有此生否？少壯一過，能再少壯否？思則惕，惕則不容不及時勉圖樹立，以隨俗浮沉、碌碌無所表見爲可恥，以千秋豪傑、天下第一流自期待。從來世上官宦如麻，其間有彪炳天壤、垂芳無窮，有泯沒無聞與草木同朽者，此非關區區爵位之崇卑，特在乎能樹立不能樹立耳！英毅如公，足以有爲而可望樹立者也。故不避唐突之嫌，不恤迂腐之誚，冒昧附此，聊效工瞽之誦。伏惟鑑裁。

又

公邇來遭際，蓋莫非命也。公信命者也，信命則必安命，一窮通，齊得喪，泯順逆，語言動作，不失常度。況眞正大英雄，居恆無異於人；惟遭大變，遇逆境，安閒恬定，一如平常，規模器局，自是不同。公今有此遭際，斯亦藉境徵心，動忍增益之一助。知公於此，決不漫過。

又

公兩臨荒廬，瞻禮先慈遺像，閔先慈生前貞苦，特捐冰俸，委高縣丞督工葺修祠宇。區區跼蹐不安，曾與高縣丞言過，止以前銀蓋捲棚，葺門房，治垣牖，砌甬路，惟整飭祠内而止；祠外建坊之舉，不忍復以爲累。不意公當多事艱窘之際，復發坊價於高丞，區區愈難爲懷矣！肅此報謝，臨緘涕零！

又

前代諸名儒，凡建書院講學者，歿卽以書院爲專祠，崇祀於其中。關中書院，萬曆間當道諸公爲馮恭定公少墟先生講學建也。講堂六楹，左右各爲屋四楹，皆南向若翼；東西軒各六楹，前爲院門，堂後爲中天閣，以奉先師像。及先生歿，撫軍劉公會同巡按並在省各官，將書院更爲先生專祠，設先生木主於講堂，永爲禴祀之所，大書「馮恭定公祠」五字，額其院門。祠記，三水文太青撰，碑豎門側。後經明末之亂，堂屋軒舍摧毁，僅存堂後一閣，權寄木主於閣下，聊奉蒸嘗。康熙甲辰，葉郡伯承賈撫軍意，重建堂屋軒舍，煥然一新。舊院門止二楹，至是搆爲四楹，覆碑門房外，更拓而大之。又闢精一堂六楹，東西廳各六楹，號房二百楹，前爲二門四楹，又前爲大門四楹，門外建坊，榜曰關中書院。門內兩旁，又爲東園西圃，各構齋舍廚垣，規模宏敞甲天下。

工竣，拔所屬各庠秀士，餼養於中。聘僕切砥，力辭未應。癸丑夏，鄂督臺又再四敦延，不得已而後應。至則睹講堂所列祀位，混同帝王建學崇祀古先聖帝明王之制，私竊駭異。雖曰「敍道統」，然「敍道統」而敍之於前無祠宇、後無先師之書院則可；敍之於前係專祠、後有先師之書院則不可。區區有慨於中，而未遑言。既而，學憲洪公集衆會議屏去，安設張子木主，殊不思張子郿縣原籍自有專祠，其鳳翔本郡自有横渠書院，武功又有綠野書院，蒲城、三水、臨潼俱有祠宇，專祀張子。先生止有此區，此外再無別祠，乃以先生講學之堂安設張子，安在其爲馮恭定公專祠耶？亟擬致書洪公改正，會洪公離任弗果，耿耿於衷十三年於兹矣。夏初，承執事枉顧，僕首以斯舉瀆告，業蒙面俞，今特備述顛末上聞，以便集議改正，擇吉移先生木主於前，以先生生前講學之堂，止一專祀先生，則其英靈精爽，必洋洋於此，實天理人情之至！左翼宜題爲「報德祠」，以祀明右丞汪公、廉憲李公、憲副陳公、學憲段公以上諸公鼎建書院。榆林撫軍涂公曾捐俸爲書院置學田。葉郡伯雖非循良，而一力重建書院，有足多者。君子不以人廢功，當並祀以報之。右翼則貯藏祭器，其張子木主，移之堂後閣下，而以關學編所載關中繼張子而興之理學諸先哲，在宋元如藍田四呂，武功蘇季明，三水范巽之，高陵楊君美、楊元甫，乾州楊煥然，華陰侯師聖，奉元蕭維斗、同寬甫、韓〔二〕從善，蒲城侯伯仁，涇陽程悦古；在明如蘭州段容思，鳳翔張立夫，秦州周小泉，咸寧張大器、李介菴，渭南薛思菴、南瑞泉，高陵呂涇野，三原王平川、馬谿田，朝邑韓苑洛，富平楊斛山，涇陽呂愧軒、郭蒙泉，藍田王秦關，岐陽張心虞從祀，方成會城書院典制。

或曰：「若是，則先生仍失其所以爲專祠矣。」曰：先生正位於前堂，儼然自成其爲專祠。而張子則奉之先師閣下，使學人釋菜先師者，並獲景行關中從前諸名賢，亦先生生前著關學編表章先哲之初意也，抑區區尤有請焉。關學一脈，張子開先，涇野接武，至先生而集其成，宗風賴以大振。乃張子祠之在郿縣、鳳翔、武功諸處，及涇野祠之在高陵者，俱是塑像；獨先生至今尚未塑像，往來書院者，無所瞻仰，殊爲缺典。按嘉靖時，巡鹽御史洪覺山，捐俸爲泰州布衣王心齋搆東淘精舍，俾聚徒講學，歿即祀於其中。既而，督撫耿叔臺又另闢崇儒祠以祀，並係木主。至萬曆中，揚州推官徐躍玉始爲塑像，規制始備。區區之心，亦願執事向先生後裔索其所遺畫像，妙選良工，補塑以成盛舉。像成之後，確訪先生彼時及門高足，拔其造詣淵粹，品望素隆者，置主於側從祀。以僕所知，絳州有辛復元者，嘗受學於先生，著書體道，朝野欽仰，爲三晉眞儒，宜置主如四配例配享。他若長安祝副使萬齡，闖賊陷城，肅衣冠，入書院，拜先師及先生畢，自縊於側；三原前休寧党知縣還醇，臨難不屈而死；焦中丞源溥罵賊，支解而死。皆不愧師門，均宜列之從祀者也。仍取張子從祀諸先哲，及先生從祀諸高足，生平行實，略撮其要，每人無過二百字，揭之各人木主背後壁間，庶往來書院者，一舉目而知其履歷，爲勸不淺。若夫精一堂屏，宜大書先生當年講堂屏上所揭「綱常倫理要盡道，辭受取與要不苟」原語以明宗。東西兩壁，用木榜刊先生善利圖說及做人說、講學說示人。事竣之後，編次書院興廢事蹟，及今日舉措之實，以爲關中書院志，以垂永久，與江西白鹿、湖南嶽麓、新安紫陽、毘陵東林四書院志並炳天壤，亦一快也。鄙見如斯，統惟酌奪。

〔二〕「韓」，石泉彭氏本、靜海聞氏本作「諱」。

又

蒲城縣已故高士王化泰，同州已故高士王四服、白焕彩、孝子党湛，皆郡中人物之傑出者也。其在同州者，三年前西延督捕同知郝公諱斌適署州事，僕曾寄字託其表章。郝公卽一一豎碑墓前，躬親致祭，情文兼隆，遠邇翕然，傳爲美談。獨蒲城王化泰，僕與其縣宰不相知，無由寄字。今遇公政崇風教，敬以之上聞，伏望檄該縣官吏，豎碑墓前，大書「理學高士王省菴先生之墓」以表之，亦激勵頹風之一舉也。

與周星公太史

弟閉關養痾，久已與世睽絕，灰心槁〔二〕形，兀坐待盡，而耿耿不忘者，實以學術不明，人失其心。深望海内大有心人，提唱救正，力障狂瀾。海内同志，固不乏有心人；而同鄉之中，可望以留意斯事者，實惟台臺一人，故於台駕起服入都之初，曾以爲祝。近閱縉紳，知出守南康，區區喜慰無涯。蓋南康乃朱子過化之地，白鹿書院爲宇内第一講學名區，知必似續前徽，倡導風勵，以化育爲功課。土室病夫恨不能目擊其盛，竊願遥聞其盛。凡舉行次第，並書院舊誌，幸詳示以慰遠懷。居恆服慕吴康齋日録，深以未睹全集爲憾。崇仁雖非屬邑，然貴郡爲理學之鄉，多有其書，煩轉覓見惠，是望。

又

聞督蜀學，弟爲之喜而不寐，非以督學爲台臺喜，實以台臺素以倡明正學爲心。既柄此任，得以爲所欲爲，巡歷所至，

〔二〕「槁」，原本作「稿」，據靜海聞氏本改。

必以明學術、正人心爲第一義，使多士於詞章記誦之外，知所從事，則台臺大有造於西蜀，無異薛文清之振鐸山左，快何如也！

貴部射洪縣有楊愧菴者，諱甲仁，〔二〕其學不事標末，直探原本，見地卓越，遠出來瞿塘之上，弟所欽服。瞿塘雖河漢其言，高自標詡，然細讀其日録、全集，於學實無所得，彼時學使郭青螺尚極力表章，況此君言言透髓，學有心得乎？竊謂好賢如台臺，不知曾會其人否？如其未也，幸物色之；如或已故，亦宜表章以光學政。此聞。

與高陵許明府

僕素仰慕吕涇野先生，昨因赴同州講會，道經貴治，進城瞻禮先生遺像，睹廟貌摧圮，不禁嘆息！承明府聞風枉顧，雅誼殷篤，輒不自揣，敬以捐俸修葺爲懇。往者，當事奉部文裁革冒濫書香，並先生六世孫衣頂，亦在革中，此未悉先生之賢故也。望鼎力具文申復，俾世世相承弗替。夫表揚先儒，振起後人，乃守土者之責。執事之素心，自不待僕言之畢也。

答張提臺

昨台諭謂閩學不振，僕讀之不覺有感。噫！豈獨閩學不振，關學之不振，殆有甚焉！閩中目前牛耳斯文、守先待後、身繫道統之重者，固未之聞；然絕跡紛囂、潛心性命、操履堅卓、動有準繩者，所在猶不乏人，而關中則難言之矣！安得

〔二〕「仁」，原本作「仍」，據石泉彭氏本、靜海聞氏本改。

當事者，心同台臺之心，棫樸[一]作人，砥柱波流，於人心剥復之交，使後火前薪，似續一線，不至當今日而落寞，其大有造於關中爲何如耶？台臺欲到閩振興理學，表章名儒，此閩中之幸也！此行所過地方，如有理學名儒，雖非提封之内人物，亦不妨隨在造訪，以昭緇衣之好。常州南門内，有處士楊雪臣先生諱瑀者，理學眞儒也，絕意世務，羈足衡茅。二子昌言、文言，並學詣淵奥，華實兼茂，亦皆隱居不求仕進。父子著書體道，士林欽崇。台臺舟從南門外過，謂宜維舟片時，進門造訪，以快心型。二子之中，倘感其一，邀以同行，朝夕款聚，其裨益身心機務匪淺。又蘇州有徐法昭諱枋，吴中高蹈，當推獨步，亦不妨就便一晤。此復。

答岐山茹明府

昨公與小兒從容浹談，論及某某及某，有云：「三君雖皆闢陽明，而實不知陽明；雖自謂尊朱，而實不知所以尊朱。」小兒歸而向僕備述，僕聞之不覺驚異。憶昔承顧，竊見丰姿秀出，議論英發，私心以爲器識過人。及宰岐下，遥聞理煩治劇，遊刃有餘，私心以爲政事過人，不謂究極學術，洞悉内外本末之分，見地亦復過人，偶爾折衷，便足千古。宋人服歐陽公之才曰：「如歐陽修者，何處得來？」然則如公者，亦何處得來？自是每一言及公，未嘗不爽然自失，自慚從前知公不盡。僕新有四書反身録一書，未嘗輕令一人見。頃學憲許公向小兒索藏書，不得已聊以寄覽，一見遽以災木，私念惟公足以知此，則亦惟公可以閲此。輒寄台覽請正，並謝來意！此復。

[一]「棫樸」，原本作「樸棫」，據石泉彭氏本、静海聞氏本、詩經大雅改。

答秦燈巖

僕生而鈍，不知學，亦不能學；然喜人知學，喜人能學。而近時號稱知學能學者，不是標榜門戶，支吾外面；便是支離葛藤，墮於言詮。間有鞭辟著裏，肯刻苦實地做工夫者，又往往闖其籓而未窺其要，涉其麓而未登其巔，自謂深造，尚滯半塗。求其學敦大原，見徹底裏，身體力踐，務了性命如燈巖者，蓋不多見。此區區所以一晤而鍼芥相[一]投，形親神就，喜慰無涯也。分袂以來，身雖在陜，而心則繄燈巖是思。兹值便羽，謹候興居。大道無窮，燈巖竟之；聖學忌雜，燈巖純之。擔當世道，主持名教，非燈巖其誰耶？燈巖勗諸！

又

別來五載矣，夢魂之間，未嘗不晤，依稀盤桓東林景象也。燈巖見地之超、勵志之卓，僕甚欽服！雖時時逢人說項，而聚首無期，悵惘殊深。僕本物外野夫，久已絕意世故；近因有感，百念愈灰，不下牀，不見客，枯槁寂寞，已同死人矣！而耿耿一念不能自已者，惟燈巖是思耳！兹舊徒張旼京口省親，託以趨候興居。連年學道所獲，幸一一見示，以慰遠懷！

又

丙辰春暮，接手教並厚貺，過承垂注，區區感人肺腑。尊翁太老先生大事，僕僻在三千里外，不獲躬唁；四尺之封，無由執紼。今「將軍文子之喪」，已在禫除之日，不能恭致生芻，罪何可言！兹託敝及門代焚一陌，聊表遠忱。燈巖孝思肫

[一]「相」，原本脫，據石泉彭氏本、靜海聞氏本補。

摯，百倍恆情，捧讀來翰，觸緒傷心。今以往所得自致者，唯有進德修業，富有日新，使親爲聖賢君子之親，此太中、韋齋所以流光百世也。啞夫說妙甚，所惠青暘先生語録數冊，俱係第二卷，首卷何在？且「語録」云者，聆其語而録之也。是書所集，皆往來尺牘，標以「語録」，似屬未符，幸再酌。拙序一首請教，僕自癸丑以後，文戒持之甚堅，此乃六年前舊稿，未免佛頭著糞，倘有可採，煩細加刪潤，是荷。

又

昔人謂「生我名者殺我身」，僕不幸墮入名網，以致備罹阨難。癸丑、甲寅間，因臥病不能就徵，奉有「疾病稍痊，督撫起送」之旨。自是年年敦促，搜山薰穴，靡有寧期。今春，部官又以「安貧樂道，倡明絕學」推舉，督撫催檄雨至，嚴若秋霜，鎖拏經承，里鄰受累。牀舁至省，當事親臨臥榻苦勸，立迫起程。僕斷飲絕食，勺水不下咽者六日，氣息奄奄待盡。委官暨經承猶晝夜守催，僕情急勢迫，幾至自刎。當事憐其困憊，暫以調理回覆，仍嚴檄府縣官吏，時時驗看疾之痊否，時時申報，以憑起送。僕痛先母貧困而死，誓終身不獨享富貴。若將來強之不已，勢必以死報母。今僵臥牀褥，百念已灰，所恨川原遙阻，不獲與燈巖聚首盤桓，以盡衷曲，用是耿耿耳。伏枕口占，南望黯然！

又

道南從祀諸賢，濟濟盈庭，固爲盛事！顧表章既往，所以儀型將來，須是出處皭然，方慊輿議。苟身事二姓，大節有虧，祇因其生前論著推尊東林，便一概增入，則馮道、周鍾亦可以俎豆一堂矣！所關匪細，斷勿姑息。舍弟天生，文而俠，肝膽氣誼，有足多者。平日事僕誠敬，曲竭心力。居恆與之談及宇內同志，未嘗不津津燈巖。渠與湯中丞有舊，新臬司亦係同宗，俟其南遊，當令晉謁識荆。中丞公之賢，僕所久悉，今借重江南，眞一路福星也。許侍御曾以其所著，託敝省許學憲見寄。僕素不通京國之書，尚未之答。客冬，敝及門王生心敬所録四書鄙說，見者謬謂「足以救弊匡世」，爭鈔不給，許學憲捐俸梓行。茲來人立促回音，匆匆不及刷印，聊以草本寄覽。餘不悉。

與吳耕方太史暨龔楊張陳毛諸公

先嚴蚤歲沒於王事，遺顒隻身，別無次丁。先慈守寡鞠顒。是時，無一椽寸土之產，朝不謀夕，度日如年，飢寒坎壈，蓋不啻出百死而得一生。迨顒成童，鄉人憫其窶，甚或勸之給事縣庭，或導之傭力於人，謂可以活母命，免溝壑。先慈咸拒謝弗從，朝夕惟督以認字誦書、修己礪行爲務。顒所以不至失身他塗，墮落於小人禽獸之歸，皆顒母之賢，有以成之也。孀居三十年，未嘗一日溫飽，堅忍不渝之操，聞者莫不歎異。生前，當道以「芳追孟母」表閭；沒後，豎碑大書「賢母彭氏」表墓。總督鄂公捐俸，特建賢母祠以風世。雖有記載，未愜鄙意，幸徼惠如椽，發幽闡微，俾燕沒餘名，託以弗墜。不孝顒藉此鴻庥，少慰終天之憾。荷茲大德，寧僅有生之年，固將子子孫孫感佩不忘者也！南望遙叩，不盡欲言。

答友人

不肖自童年喪怙以來，無一椽寸土之產聊生，先母守貞，艱困而死。區區抱臯魚、朱百年之痛，乃天地間罪人也！晝行愧影，夜寢愧衾，不敢自比於人，杜門以待盡而已。人多不察，遂有「高人石隱」之目。廟堂諸公，往往聞聲遙慕，託人致意，抑豈知不肖情事異人，原無他長耶！人無所不至，惟天不容欺，不肖若謬不自揣，妄意高尚，是欺天也。不肖敢欺天乎？此行到京，有相問者，幸以實對，庶使不肖不至終爲久假不歸、有名無實之小人，則不肖受賜多矣。至祝。

又

僕之先世，俱係庶人。僕安庶人之分，因無衣頂庇身，衆侮羣欺，生平受盡磨難。小兒鑑僕覆轍，勉冒衣頂，聊藉以庇身家。歲考之外，未嘗應科考以圖進取；然每遇歲考，道塗之跋涉、資斧之艱窘，苦不堪言。幸叨選拔，免歲考，脱苦局。今而後，但得家無病人，衣食稍給，父子團聚，不至各天，於願足矣！此外他無所願，仕宦之榮，非寒家事也。開誠以復，並候近履。

答布方伯

僕養不逮親，天地間罪人也！緣是閉關尸居，不敢自比於人，原非以隱爲高。遠辱瑶函，目以高尚，僕何敢當？鄦公〔一〕總憲敝省，廉明仁惠，僕方喜地方之有好官，忽量移晉藩，私竊歎惜者久之。

來諭謂再經敝省，倘果天從人願，誠敝省之福。萬一弗獲如願，喬遷他方，或外或内，但願到處力行好事，事事爲萬姓造福，使萬姓戴之如天地，仰之如神明，愛之如父母。在敝省爲敝省第一好官，在晉省爲晉省第一好官，將來在天下則爲天下第一好官。德政凌駕當世，芳聲媲美古人，方不枉做官一塲。僕平日安幽巖之分，未嘗輕答顯貴之書，茲所以率意縷復者，心實敬公之賢也。質言不文，伏惟鑑原！

〔一〕「鄦公」，靜海聞氏本作「公曩」。

與馮君潔

文王雖大聖，得武周而益顯；孔子雖至聖，得子思而愈光。蓋前人幸已開先，全在後人表揚。令祖恭定先生與顧涇陽、高景逸兩公同時倡道，領袖斯文。顧高歿，而顧高之後人，勤勤懇懇，流布遺集，盛行海内；先生歿，而遺集不傳。鼎革以後，集板隨亡。癸丑之秋，僕慫恿洪學憲重梓，板固告竣，未嘗流布，海内士大夫未見先生之書，是以通不知先生之學。況望其表章崇尚，轉相祖述，延學脈於無窮，子子孫孫永錫之光乎！此必不得之数也。方今秦中固不乏時俊，然而，耿耿一念，曲竭心力，表章先生者，除僕之外，再有何人？是僕在先生爲異世之鍾子期，在冯門爲今日之申包胥也！宜多印遺書見貽，僕將代爲流布。望望！

答康孟謀

蒲柳之姿，虚度爲慚。前承雅注，寵以鴻章。小兒偶爾叨選，不過苟免歲試奔波之苦，乃並荷隆儀，益令人感愧無既矣！

四月十二日，忽承太尊攜樽枉顧，爲徹夜之談，坐久無以爲餐，黎明竟枵腹而去。曾話及近地人物，僕特爲門下屈一指，太尊欣然，有暴公子傾注雋不疑之風。緣政務殷繁，暇無片晷，未遑識荆，而中心則鄬往之矣！

與程邑侯

貧不爲恥，貧而動其心爲可恥；向人言及，爲尤可恥！僕邇來雖一貧徹骨，諸事窘逼，然內未嘗少動其心，外未嘗略向人言。頃因公話及扁額、祠像，區區之心，惟恐送扁人役到門，慚無以應，不覺偶吐。今冬不能懸扁、粧像、致祭之實，原欲公暫寢其舉，非望公粧像代結祠局也。不意公輒引爲己任，慨欲結局，僕送駕出祠，退而愧悔，跼蹐無以自容。次晨，令小兒向高少府力阻，勿喚畫工。昨畫工同工房到祠估顏料，僕託其代稟停止，不知果爲代稟否？

夫廉恥一節，所關甚大！粧像之舉，若捐冰俸，則廉恥何在？昔閔仲叔不以口腹累安邑，今豈可以祠工累公乎？數日來，僕思之熟矣，祠工之大者，幸已告竣，其小者不妨姑待來春，倘來春不能，則待來秋。日月常在，何須著忙。豈可拘定目前，貽累於公，自喪廉恥爲耶？與其喪廉恥而結祠局，何若不結祠局而全廉恥之爲得耶？肅此鳴情，幸寢其舉。是祝！

又

邑西南，距邑五里孟家村堡側，有宋名臣趙懿簡公墓諱贍。墓前豎有穹碑，世遠年久，其碑仆地。牧童視同廢石，往往踐擊；耕夫以爲棄物，不時摧蝕。僕聞而傷之，不禁嗟嘆。

謹按：自有盩邑以來，所產人物，無甚特出之傑以爲邑重，僅此公一人，事業、著述，頗有可觀，彪炳史册，增光邑乘；差足爲一邑吐氣，而不能保其墓前之碑，此地方之羞也！若不亟爲豎起，勢必化爲烏有。碑記一失，墓必滅跡。幸遇明府政崇風化，表章先哲，僕故不恤冒昧，敬以上聞。伏望命役糾同土人豎起，因而正其墳域，俾蕪沒餘名，託以弗墜，亦明府美政之一也。

答梁質人

頃承左顧，寠人倉卒無以爲款，抱歉殊甚。接來翰暨佳刻，能有古人心，乃能爲古人文。秦關之遊，憂時感事，壯懷激切，所籌邊陲情形，可謂天下之大有心人！僕閉戶養痾，久與世暌，戶外事毫無所知，對此益增愧赧。

承示張聲百秦遊草，皎皎異才，讀之不覺斂衽；但僕有微意，欲少效忠赤，不敢不以告也。昔胡澹菴以詩人薦朱子，朱子堅辭不應，懼人之以詩文小技目己也。聲百妙齡登科，將來前程萬里，與其爲一時春華之王、楊、盧、駱，何如爲千古卓犖之韓、范、富、歐。其中如西山、首陽、楊太尉墓等作，凜凜有世教綱維之思；曉行姑射、望嶽、望終南諸什，少年富貴，繁華中灑灑乎有超逸出塵之概。雖曰「庭訓有素」，而聰明得自天賦，則既優且厚矣。以此進道，何詣不可幾？何境不可造？孟子曰：「舜，何人也？予，何人也？有爲者亦若是。」周、程、張、朱，豈異人事？僕夙聞其尊甫先生以遠大期諸郎君。僕，山林迂病人，深荷其特達之眷，不能少效涓埃，更何忍不以朱子之自待者待聲百也。僕意謂天之生材實難，而時者難得而易失。聲百既具一日千里之姿，宜乘此英穎未鑿之時，力學友善，使盛德大業，富有日新。他日道德如周、程、張、朱，事功如韓、范、富、歐，天德王道，一以貫之，爲天地間第一流人物，庶幾其尊甫大人望子之盛心，亦庶幾聲百立身行道、顯親揚名之大孝！豈非千古盛事？若一刊詩，僕實懼世俗人僅以詩文小技目聲百也。

序言之命，非所敢承，矧僕學不爲文，生平未嘗應人以文，而顯者尤所嚴戒。若一旦破例，則開罪於前後知契不淺。白沙先生答林郡守書云：「僕平生拙學，於出處語默，有不容不致其慎者，守此戒來三十餘年。苟不自量，勇於承命，後有求者，將何詞以拒之？僕聞愛其人則必欲成其美。僕之辱愛於執事，不可謂不厚，特於此未之察耳。願執事終始此愛，不強其所不能，幸甚！」今僕於來諭亦云：「聲百緇衣之好，不減古人。」僕非木石，寧不知感？其所以圖報特達之知者，亦自有在也。

札内論魯仲連處，卓絕之識，發昔人所未發，足爲千古定評，無俟往返。此復。

卷十八

書三

鄠縣門人王心敬摭次

與當事者論出處 拾遺[一]

伏念顒以韋布之微，有此遭逢，欣感無既，尚何濡遲。惟是捫心慚懼，有不敢冒昧者四，不得不覼[二]縷陳之：

顒幼孤失學，庸謬罔似，祇緣浮慕曩哲，以致浪招逐臭，誠所謂純盜虛聲，毫無實詣者也。前督臺體朝廷旁求盛懷，誤加物色，遂塵宸聰。蓋以顒或有微長，可充葑菲；而不知顒學不通古今、識不達世務，上之既不足以備顧問，次之又不足以備器使。倘不審己量力，何以仰副當宁，不亦辱朝廷而羞天下之士哉！此其不敢一也。

顒父喪時，遺顒隻身，再無次丁。顒母彭氏守寡鞠顒，艱厄殊常，飢寒坎壈，蓋不啻出萬死而得一生。顒後雖成立，然無一椽寸土之產，資生罔藉，赤貧如故，三旬九食，衣不蔽形。顒母形影相弔，未嘗有一日之溫飽，竟艱難病亡。亡之日，無以爲殮，縣令駱鍾麟聞而傷之，捐俸具棺，始獲襄事，皆顒不能治生之所致也。使彼時稍有意外之遇，顒當如毛義之捧檄而

[一]「拾遺」，長白完顏本脱。
[二]「覼」，原本作「緬」，據石泉彭氏本、靜海聞氏本改。

喜。顒母之苦，豈遂如此其悽慘！顒風木之憾，豈遂永抱於終天！今九原不可作矣。昔賢有言：「祭之豐，不如養之薄也；殺牛而祭，不若鷄豚之逮親存也。」顒每念及此，未嘗不涕泣自傷。今養不逮親，不孝之罪，終身莫贖！今上方以孝治天下，豈可使不孝之人妄膺特典，以玷今上之化理耶？昔朱百年之母以冬月亡，亡之時身無綿衣，百年每以爲痛，遂終身不復衣綿。孫侔早孤，事母，志於禄養未遂。及母病革，自誓終身不仕。後客江淮間，劉敞知揚州，特疏薦聞，召之不赴。既而，沈遘、王陶、韓維又連薦之，詔地方起送，終不赴。當時朝廷亦憐其情而曲全之，史策至今傳爲美談。顒雖無二子之孝，而心則二子之心。今日之事，顒母既不及見，顒亦何忍遠離墳墓，獨冒其榮？此其不敢二也。

先儒謂：「士人之辭受出處，非獨其一身之事而已。其出處之得失，乃關風俗之盛衰，故尤不可以不審也。」今既以顒爲隱逸矣，若以隱而叨榮，則是美官要職可以隱而坐致也，開天下以飾僞之端。其不得志於科目者，必將退而外假高尚之名，內濟梯榮之實，人人爭以終南作捷徑矣。顒雖不肖，實不忍以身作俑，使風俗由顒而壞。此其不敢三也。

顒雖病廢草野，實蔭息今上化育之中，踐土食毛，莫非今上之恩。居恆念可以稱報於萬一者，惟有提撕人心，勸人改過遷善耳。以故謬不自揆，逢人開導，人見顒寒素是甘，以爲超然於名利之外，多所信嚮。今若一旦變操，人必以顒平日講勸，藉以爲立名之地、媒〔一〕利之階，轉相嗤鄙，灰其向善之念，將來縱千講萬勸，人亦不復信矣！顒亦何由而藉以默贊今上之化育耶？此其不敢四也。

其他曲折，難以遍舉。方今高賢大良，濟濟盈廷，亦何需於顒一人，而使之內違素心，外滋罪戾，恐非所以保全之也。況自古聖帝明王莫不嘉幽隱，奬恬退，故堯舜之於巢許，湯武之於隨光，西漢之於「四皓」，東漢之於嚴光，及周黨、徐穉，以至宋之陳摶、邵雍、林逋、魏野，元之許謙、劉因、杜本、蕭𣂏，皆安車蒲輪，屢徵不起，從而褒之，以端風化。蓋以其道雖未宏，志不可奪，足以立懦夫之骨，息貪競之風，所謂以無用爲用，乃激勵廉恥之一大機也。

〔一〕「媒」，靜海聞氏本作「謀」。

顒昏愚庸陋，懿修固不敢望古人；而絶跡紛華，亦不敢自外於古人。若隱居復出，杜門復開，是負朝廷之深知，翻辱闡幽之盛舉，則其爲罪大矣！且今上方比隆三五，超越百王，豈可使盛世無一石隱以昭風厲乎？顒是以反覆思維，瀝血剖心，不厭諄懇之瀆，非直爲身謀，實所以爲國謀也。伏望執事矜顒之苦衷，諒顒之非矯，俯賜保全，力爲轉覆，則曲成之仁，賢於推轂；而顒之頂戴洪慈，更萬萬矣！

此癸丑冬，與當事書也。稿被鞏郡友人攜去，近始得之，特補入。

寄子 戊午

我日抱隱痛，詳具堊室録感一書。祇緣身本奇窮，不能事吾母於生前，滿期永棲堊室，晨夕瞻禮供奉，聊事母像於沒後，不意爲虛名所累，繒弋屢及，倘見逼不已，惟有一死。死後，宜懷藏録感，斂以粗衣白棺，權厝像側，三年後方可附葬吾母墓旁。我生爲抱憾之人，死爲抱憾之鬼！斷勿掛紙開弔，輕受親友之奠。惟望封鎖祠宇，勿令閒人出入，以時灑掃，勿斷香火。稍有資力，卽圖葺治，垂戒子孫，虔修時祀。汝事母以孝，待弟以恩，刻意耕讀，謹身立德，則汝父爲不亡矣。勉之！勉之！

答友人

自古聖帝明王，莫不待士以禮，卽有十徵五聘不出者，並未嘗強之使出。今上寬仁，遠過前代。前番特徵隱逸一事，兩奉温綸。僕以病廢不能應詔，初未嘗令地方逼致；此番博學宏辭之選，僕寡學不文，原非淹雅之彥，又豈忍使之冒昧從事，抱病就徵乎？乃經承發檄，嚴如秋霜，抬牀驗視，實千古所未有，流聞四方，業已褻國體而羞天下之士！胥役繩之如囚，官吏立逼起程。僕受逼不過，深不欲生，滴水粒米不入口者五晝夜。犬子號慟，門人悲泣，僕一一遺囑訣別。幸督臺憐僕無罪，容僕歸家養痾。數日來，雖飲食稍進，略有生氣，然喉中覺有梅核，倘成膈噎之疾，恐難久生於世。歸家閉關謝客，一味靜養。臨行留此，聊以報謝，伏枕口占，不盡欲言。

答范彪西徵君

僕荆扉反鎖，久與世暌。唯敝友顧寧人之來，則爲破例啟鑰，聊一盤桓。語及明季諸儒先，僕深以未獲盡睹辛文敬遺書爲憾，渠遂退而以先生所寄四書說見貽，於序文中始知先生。隨即轉託知交，求先生所梓理學備考、廣理學備考、晉國垂棘、三晉語録、治學一貫諸大刻，見所未見，益知先生惠揚絶學，勤勤懇懇，曲竭心力，不覺起敬起仰。

六月十六日，僕抱疾臥牀，小兒忽自門隙傳進台翰暨佳刻，恍若從天而降，如獲拱璧。第獎借過情，非所敢當。歷讀佳刻諸弁言，咸痛快醒發，豁人心目。備考暨仁者贈諸名筆，業已煌煌簡端。僕何人斯，敢於佛頂著糞耶？兼區區素堅文戒，若一旦破例，後有求者，將何辭以謝？愛我如先生，知必相諒於常情之外，不我罪也。

抑備考一書，去取布置及中間書法，多有可商。既已鍥行，則無及矣。僕本奇窮，生平未嘗自購一書，皆借之他人，隨閱隨璧，未嘗久停，所示借單，愧無以應。然虎谷、虚齋、月湖、可久諸人，雖以理學著聲，其於理學實未深入，議論似無足觀。月川乃一質行君子，生平拳拳理學，固可欽；而夜行燭等書，膚拙無大發明，雖不閲可也。此復。扶枕口占，不盡欲言。

又

「有意爲善，雖善亦私」，此前人見道語。蓋心須「寂然不動，感而後通」，惻隱、羞惡、是非、辭讓，隨感而形，自然而然，莫非天則，非勉然而然，起爐作竈。若無所感而有意爲善，猶未見孺子入井而輒欲怵惕。失何思何慮、寂然不動之本體，便是起爐作竈。即一無所爲而爲，毫弗涉私，亦是出位逐外。行仁義非由仁義，非私而何？

鄒蕊靖江講會，在座諸名宿，咸襲門戶道學皮毛之見，力排「無善無惡」之旨。鄙意則謂人果眞實從事性功，惡固不可有，善亦豈可執。善與惡須一切放下，胸無一善可執，方爲至善，方是「盡性至命」之絶詣。若盡性而猶有爲善之見，横於胸中，物而不化，未免心爲善累，猶眼爲金玉屑障，性何由盡？命何由至？故必忘而又忘，並忘亦忘，令心如太虛，始獲庶幾。

去夏，倉卒狂率，妄謂理學備考，多有可商。書既發，而悚悔無及，謂宜開罪於先生。乃不惟不以爲罪，且俾論定，盛德虛懷，愈令人歎服欽仰。既欲續輯昭代理學備考，俟草本就緒，或不妨預先見示。竊願默佐下風，勉效一得，抑僕因是而竊有感焉。

士既業儒，則儒不可以無鑑。鏡以照面，則面之淨垢見；鑑以觀儒，則儒之得失見。見淨垢，斯知去垢以求淨；見得失，斯知捨失以求得。古今著述雖多，卻少一儒鑑。儒惟無鑑，以故業儒者無所懲勸，學術不明、人才不興，所從來矣！區區蚤歲，謬不自量，上自孔、曾、思、孟，下至漢、隋、唐、宋、元、明諸儒，以及事功、節義、經術、文藝，分門别類，淑慝並揭，勒爲儒鑑一書，而細評之。俾儒冠儒服者，因觀興感，知所決擇。草創尚未就緒，中遭亂離，原稿盡成烏有。二十年來，貧病相仍，精力弗逮，斯念遂灰，不復拈舉。今先生編纂勤懇，回視僕之疏慵隳廢，不覺瞠乎其後矣！

魏、應二子，皆文人中之有氣骨者。魏久已修文地下，應亦近傳作古。完名全操，蓋棺論定，則未死者一日未死，一日有下達之憂。易曰：「敦艮之吉，以厚終也。」田晝[一]語鄒志完曰：「願君勿以此自滿，士所當爲者，不止此也。」期相與共勉之。

[一]「晝」，原本、長白完顏本本、石泉彭氏本、靜海聞氏本作「畫」，據宋史改。

又

恭讀理學備考，辛集雖稱「去取精嚴，中間不無汎入」。正一開天明道，洞徹大原，有體有用。理學集成之大儒如姚江，反同「彼哉」之例，列於又目。次分註謂「學脈至姚江而一變」。夫姚江之變，乃一變而至於道也。當士習支離蔽錮之餘，得此一變，揭出天然固有之「良」，令人當下識心悟性，猶撥雲霧而睹天日。否則，道在邇而求諸遠，醉生夢死，不自知覺，可不爲之大哀耶！孫序視辛序，眞切警策，雖若稍遜，而集內明目張膽宗主姚江，不瞻前顧後徇流俗，不效鄉愿道學畏非刺。非學務著裏，心有獨契，烏能如是卓哉？鍾元可謂獨具隻眼，超出門戶拘曲之見萬萬矣！僕學兼採衆長，未嘗專主一家，非區區阿其所好，私一姚江，而眞是眞非之所在，實難自昧。

續補備考，往往有本非正一理學，或因其節烈，或摭及文學，或膚學淺士，本宜附見，而大書特書，儼然與先哲並列者，尤指不勝屈，簡冊濟濟，多固可喜；龐亦可慮，宜嚴其至正，尊其至眞，闡揚其至純，觀者斯無間然矣。

又按：萬曆、天啟間，蒲州有張淥汀先生諱煇字去浮者，與曹眞予同登辛卯鄉書，初任教諭，官終鄖陽同知，所至講學，發理明暢。其序馮少墟太華書院會語，見地筆力，遠過曹老，其履歷詳具仰山堂集中。今備考遠採他人，而近遺斯人。凡此，在高明必自有說；庸陋如僕，則不能無疑。敢質。

答許學憲

學術不明，人失其心，周旋馳騖於塵坌〔一〕中，滔滔而是。熊子以英齡而獨知所嚮，學務求心，味衆人之所不味，根器卓

〔一〕「坌」，原本作「坌」，據長白完顏本、石泉彭氏本改。

犖，可謂後來之彦。遠承西顧，深愧庸虚無以相益，「聞所聞而來，見所見而去」，有負跋涉，悵何可言！然一得之愚，亦頗罄竭，所以相期於必至之域者，夫固有不言而信者矣。此復。

答費允中

晤言無從，悠悠我思，得手教甚慰離索。吾輩冉冉老矣，身外浮名，及種種技能，至此無一可倚；惟有鞭辟返照，痛自淬礪，庶存順没寧，不至漫過一生。

來諭謂：「世務日淡，理境日豁。」興言及比，足徵近造，可喜！可喜！弟疇昔書院之入，合六州三十縣之鐵，不足爲此錯。今方追悔無及，豈可復蹈覆轍？曾有嚴誓在先，當事備悉鄙衷，業已寢其舉矣。

答张澹菴

世儒卑者汩利，高者修名。最高之儒，鶩名已矣。其名愈高，則心勞日拙，喪本眞愈甚。

來翰「清濁」之諭，足知〔一〕邇來見理愈透，爲己之心愈切。今而後力脱名網，一味務實。實盛而眞受用、眞快活在我。縱終其身不見知於人，亦不害其爲眞品、眞人、眞豪傑、眞君子。願言努力，永堅末路！

〔一〕「知」，長白完顏本作「矣」。

又

辭受取與，全要分明。「及其老也，戒之在得。」若犯「在得」之戒，冒昧屢受，則廉恥掃地，所失多矣。所得不補所失，其爲心病，何可勝言！往年糯稻之惠，原因弟病，蓋謂糯米可以養病，病愈常受，殊覺無謂。去秋之受，至今常如頑冰在心，此番若違心復受，愈增心病。弟老矣，豈堪中心多病耶？前札業已致意，誠恐再弗信心，茲故復致丁寧，今後千萬惠勿再貽，全弟晚節。是荷。

答學人

曏承遠臨問道，今春來柬云云，足徵念切性命；然性命之理，不外日用平常。果能眞正内養，制乎外所以養其内。大而綱常倫紀，細而飲食男女、辭受取與、語默動靜，必一毫不苟，方是眞養；否則，高談性命，借口内養，而品不卓，德不立，一行有玷，百長莫贖，遠邇指摘，傳爲笑柄，可恥孰甚！勉之，勉之！千萬自愛！

答惠含眞　庚午

吾兩人心孚意契，情同骨肉，四十年於茲矣！每念西山日短，相與有限，亟欲時常迎駕聚首，流連晚景；而年來貧病相仍，日窘一日，内外迫煎，狼狽萬狀，緣是因循荏苒。頃聞尊體違和，區區驚愕徬徨，夜不成寐。先令舍甥診候病勢，知飲食減少，愈增杞憂，恨閉户有年，不便躬詣榻前面晤，心焉如焚，行住坐臥不釋也。茲遣小兒代候，千萬珍調，以慰懸切。

又

十五日接手示，怦怦慟甚！讀至「去後再無一人談心」句，不覺撫地號天，肝腸欲裂。噫！世之密交有矣，孰有如吾二人之忘形骸，無爾我，心心相照者乎？孰有如弟之於兄知無不言，言無不盡者乎！倘萬一兄臘月三十日到，今而後弟將與誰披肝瀝膽，吐所難吐乎？弟殆無與樂餘生矣！所示之字，弟隨卽粘之座右，朝夕拱視，不禁涕零。一片紙無異峴山之「墮淚碑」也。

又

來論謂「言盡於斯」。弟方望兄多方珍調，轉危爲安，豈可遂以斯爲絶筆耶？

又

弟生平閲人多矣，心眞、言眞、行眞，坦夷樸淡，事事咸眞，實未有如足下者，可謂眞人品、眞善士、眞君子、眞邑中第一流！弟是以重之、欽之，親之踰骨肉，奉之如胞兄，愈久愈篤，四十年如一日也。每答友人書，言及足下，必稱之爲「粹德高士」，異日百年後，弟卽以此題旌。

憶昔致札於邑宰駱公、富平宰郭公暨今宰程公云：「惠君孝友，孚於鄉邦，忠信可貫金石，翦徹厓幅，於物無牴，于于施施，率意任眞，與陶靖節異代同揆。」將來弟卽以此立傳，梓布遠邇，行且載之邑乘，以光文獻。區區身外浮名，在足下固所不屑，而地方有美弗傳，實後死者之責也。至於令郎、令孫，今後弟當以子孫視之，善相勸，過相責。門戶之事，以身任之，以慰足下在天之靈。區區一腔心事，言盡於斯。

又

賢如濂溪、伯淳、象山、陽明，壽皆未滿六旬。今壽踰古稀，與先師同，夫復何憾？心如太虛，本無生死，尚何幻質之足戀乎？目下緊要在屏緣息慮，常寂常定，口無他言，目無他視，耳無他聽，内想不出，外想不入，潔潔淨淨，灑灑脱脱，此一念萬年之眞面目也。時至便行，虚靜光明，超然罔滯，夫是之謂善逝。以此作别耶，〔二〕以此送行。

示惠海 含眞子

邑俗告訃門牌，例書「清故」二字，殊覺混帳。夫生前爵位尊顯，係國大臣；或道德文章，卓然名世，凡有大關係於國者，歿而葬後，或墓前碣，或神道碑，方可題此二字，使後世見者，知其爲前代清朝之某公也。若生前本無大關係於國，其於始死告訃之門牌，豈可冒昧僭分，加以國號而書「清」？死未多年，豈可驟然無序，誤作已久而書「故」？下書「終」，則上不宜書「故」；上書「故」，則下不宜書「終」。上既書「故」，下又書「終」，上下重疊，自相矛盾，謬以襲謬，相沿而莫知其非，其來久矣。今宜力改此失，愼勿用此二字。

抱病而終，則書以「疾終」。闇修多年，一旦脾弱食減，知大數將盡，斷食凝神，虚靜光明，翛然而逝，此是好結果，不宜仍書「以疾〔三〕」二字，直書「終於正寢」可也。鄙見如斯，試質之親友何如？

與董郡伯 辛未

遁世之人，未嘗縈懷世務，杜門杜口，門外事居恆絶弗言及。茲値時勢孔棘，有不容不言者：頻年亢暘，今歲更甚，彌

〔二〕「耶」，石泉彭氏本、靜海聞氏本作「卽」。

〔三〕「以疾」，靜海聞氏本作「以疾終」。

天是火，遍地皆赤；加以蝗蝻，草木靡遺，十室九空，人多枵腹，所在抛男棄女，流離載道，顛連萬狀，慘不忍言。僕聞之痛心疾首，不禁淚零。昔王心齋遇歲饑，請於巡按御史徐芝南曰：「某有一念惻隱之心，是將充之乎？遏之乎？」芝南曰：「充之。」心齋曰：「某固不忍民饑，願充之以請賑於公，計公亦必不忍民饑，充之以及民何如？」於是，芝南慨然發賑。夫心齋一布衣耳，猶念切民艱，况執事爲郡民父母？闔郡百萬生靈皆其赤子也，忍坐視其流離而不思所以救之乎！願亟圖賑濟以救民命，力所得爲者爲之，當如拯溺救焚；力所不得爲者，宜力請督撫具題，使秦民之命，賴執事而延，其大有造於地方爲何如耶！此區區所以不避出位之嫌，爲執事懇也。幸賜俞音，以慰懸切。

又

公守郡九年，仁聲仁聞，久已洋溢遠邇。至今歲，陳請救荒一事，美意良法，盡關中百萬生靈，尤莫不誦之口而戴之心，公可謂不負朝廷，不負生民，不負所學矣！兹洮岷之擢，萬姓皇皇，如失怙恃。僕謂此時尤宜深仁厚澤，以深其去後之思。時也在公平日，念切民瘼，不啻恫瘝之在身，保赤誠求，想必百無一遺。〔二〕鄙人之迂見，應不出高明之範圍。區區所慮，事冗而機煩，且西行期迫，則念有紛奪。西安人當此嗷嗷待斃之秋，萬一一害不盡，皆休戚存亡之關，卽皆公去後追念而自悔之端也。用是不揣固陋，謹以目前所急，臚陳如左，以備採擇：

一公以饑荒力陳撫軍，撫軍業已題請。傳聞部議，有今歲錢糧三分蠲一之說。如其果然，則宜嚴飭各縣，使明白爲百姓豁除其蠲免之數，庶窮民實沾朝廷之惠，勿令朦朧作私，混征巧催，以重其流亡之心。〔三〕

一軍民皆係朝廷赤子，聞軍糧米豆，皆依部價折色，而民糧獨不蒙折色之恩，豈軍皆貧而民獨富，軍米豆無出而民

〔二〕「時也」句，静海聞氏本校記云：「『時也』句疑有衍文」。

〔三〕「心」，石泉彭氏本、静海聞氏本作「苦」。

獨有出乎？且西安之民，數倍於軍，豈軍之逃亡死喪可憫，而民獨不可憫乎？殊非當事仁均澤普之義！謂宜一視同仁，以恤偏苦。

一先王救荒有九政，而安富居其一。蓋國之所賴者財，財之所從出者在錢糧；而錢糧之可備緩急者，則富民居其大半。卽如今歲如此奇荒，貧民流亡大半，而州縣正項錢糧，皆已完過七八分有餘，是非此一二勤儉有積蓄之民，何以致此乎？是國家之所恃賴者，莫富民若也。且鄉里有富民，則一鄉之人緩急有恃，借貸貨賣尚有所出。若必盡此富民而迫之逃亡，則上下交無所恃矣。近聞州縣頗有疾富之病，如隣里本族不能輸糧者，或逼之貸完；或貧悍無賴之人，強貨產業，聲言找價霸業者，則逼之分外補賠。至於借官事而巧取，託小故而勒索。凡此之弊，在在而有。此之不禁，勢必至西安三十六屬之民，胥作流離餓殍之人，是宜特爲厲禁，杜此惡風。

一各屬錢糧已納者，多屬良富之民。若果有蠲免之命，已納者或領有餘分數，或免明歲正賦，倘州縣不與豁除明白，或吏書借端勒索使費，是朝廷有實惠，而百姓不得沾實惠也。是宜另請督撫預飭各屬，以杜其奸。

一救旱荒之策，莫要於興水利以灌田。見今天道又復酷旱，麥豆未種者，尚有大半；已種者，將及旱死。爲今之計，近山臨水者，須教之開渠築堰，導引水泉；高原之地，亦宜教之穿井灌溉，以爲明歲夏獲之望。

一今茲關中之荒，近世罕見，施粥既無救於大勢，蠲免僅少安其憂心。隆冬及春，饑寒交迫，生機窮絕，非大行賑濟，其阽危流亡，將有更不忍言者矣。然正賦既已奉旨蠲免，則朝廷將無有餘之財，是宜力請督撫題請，開設捐納一塗。夫朝廷以名器假人，雖非盛世美談，然以之救荒賑民，亦屬權宜。但西安既無外省可運之粟，而隣府又不通舟車之路，如必令其輸粟，則應例者，必無多人。無多人，則此事徒損國體，而無濟於實用。是宜力請督撫題請，議行折色，輕減數目。行折色，則納者便；減數目，則爲者衆。納便爲衆，則數十萬可旬月内坐而致也。

右數則，倘有可採，力所能爲者，願獨力斷然爲之；力所不能爲者，必明目張膽，力請於督撫以行。其或不從，一之至於再，至於三，三之不行，則不惜慟哭流涕以力懇。如是，則仁愛愈淪人心髓。區區所謂「益深去後之思」者，此也。然歟？

否歟？統惟酌奪。

答惠少靈

登第之始，正養德養望之始，善自匡持，凡百勿異平時。昔一峰念菴暨吾鄉涇野先生，並大魁天下，其居家處鄉，並謙謹恬静，一如處子。提學高汝白之諸父隱君子也，雖則教汝白以舉子業，每嘆曰：「可惜！可惜！假令得狀元，亦自枉過一生。」其後，汝白舉進士，以書督責之曰：「汝得一第，吾不爲喜而以爲憂，此後必駸駸放肆，可録逐日言行寄我。」汝白歎曰：「吾終日在側，豈不我知，而憂我放哉？」試問一老家人。曰：「比舊漸不同矣。」乃驚懼，置一簿，録其所爲，試自檢點，其過不可勝書，乃大激勵爲學，卒爲善士。

汝今後須斂而又斂，動輒檢點。寧謹勿豪，寧樸勿華，勿徇貨利，勿干有司，一味安閒恬退，不可一毫多事。能如高汝白之克自激勵，不至使旁人私竊訝爲「比舊漸不同」，則善矣。

又

汝昔事吾於擬山堂，朝夕依依，猶嬰兒之戀慈母，不忍一日離側。迨吾返里，悲不自勝。次年西顧，不禁涕零，退而私語塾師李孝思，意欲典田敝里，攜妻孥躬耕，事養吾夫婦終身，送終方回。今登第之初，他務未遑，惟以吾爲念，篤於師誼，卓有古風。吾以奇窮遭奇荒，保生實難，曾與雪木商及度荒之策，相約共適漢南。吾家累二十餘口，留半難割，通移維艱，因循荏苒，尚無定期，乃雪木則先我而往矣。乘吾未往，不知得與汝一面否？積懷種種，非面莫罄。

答李汝欽

來翰念我惓惓，足徵篤於師誼，然饑饉雖困我身，而不能困我心、我思之熟矣。年已六十有五，死不爲夭。若怕餓死，將來不病死乎？不老死乎？總之，終有一死，何如今日飢餓而死！竊附西山之義，得以照耀千古之爲愈耶？家口嗷嗷，無可奈何，聽之而已，惟是在在枵腹流離之慘，痛若身經。

往者敝及門常州吳濬長在日，每遇地方飢荒，多方拯救。吾今目擊飢民之危殆，而赤手空拳，不能略充其惻隱之心，愧何可言！雖嘗力勸當事救荒、題荒，顧杯水無補於車薪。奈何！奈何！

柬欽差查荒諸公　救荒〔一〕

僕土室中人也，荊扉反鎖，久與世睽，世務未嘗縈懷，世事絕口弗及，坐以待死，業同就木。昨緣秦地連歲奇荒，秦民死者所在枕藉，生者骨肉各天，危殆之形，俠圖難狀，是誠一大劫數，古今未有之慘！區區悃切於心，故乘使君枉顧，啟扉晤言，深望回朝復命，備陳秦民阽危之實，乃西土安危所係。痛哭流涕，力請拯救，使數百萬生靈，由使君而活，自然天地鑒之，鬼神鑒之。陰德積於一時，福慶流於子子孫孫矣！

〔一〕「救荒」，長白完顔本脫。

與布撫臺 壬申

三月十九日接憲札，啟緘捧讀，知明公之念僕，亦猶僕之念明公也。然僕之念明公，原爲全秦地方計，原爲數百萬生靈計。僕本草野間迂庸無用，於世道生民絶無關係之人，杜門待死而已，有何可念？而明公念之不置耶！頃朝廷軫〔二〕念民艱，於當朝千百人中選擇而任明公，是固以關中百萬生靈付明公也。關中殘黎，立湯蹈火，行三歲矣。聞明公撫秦，莫不延頸而祝，跂足而望，如飢兒之望慈母，大旱之望雲霓，以爲此嗷嗷遺民，將恃我公來而獲蘇也。朝廷明見萬里之外，百萬殘黎注望惠澤之施，一身而上下之責交備，知必孜孜矻矻，曉夜圖維，多方撫綏。凡可以加惠者，將無所不極其至，無容物外野夫饒舌。然野夫雖閉戶幽居，而一念己飢己溺之心，未嘗一刻少忘，兼我公心虛而禮恭，芻蕘是詢。工爲悅己者用，士爲知己者忠。僕雖欲守固陋，緘默避嫌，誼所難安，是以忘其迂庸之實，謹妄擬管見數條，以塵聽覽，當矇瞽之誦；至其中間畫不適於時宜，言多觸犯時忌，則僕山林草野之故態，抑以恃議論於明公之前，所謂士屈於不知己而伸於知己也。惟裁察而原諒之，是荷。

一安集保全遺民。方今西安之民，以十分論，飢餓、瘟疫死者十二三，逃亡及賣入滿洲者十六七，計今留者十不得三耳。向使此三分者皆足自保，永不流亡，而戶口減耗，田野荒蕪，明公猶難爲政；況於今茲去秋收之時，尚百有餘日，縱秋成可必，而餬口之資，愈窘愈迫，天氣愈炎愈長，一日猶不可空挨，矧百有餘日，而欲其不死喪流亡，不亦難乎！再有逃亡死喪，則並其三分，亦不可得。民愈寡，田愈荒，無論明公無與興治，朝廷慇慇懇懇，所以付畀明公者，

〔二〕「軫」，原本作「珍」，據長白完顏本本、石泉彭氏本、靜海聞氏本改。

亦恐不如是也。僕愚以爲宜急籌畫賑濟安集之策，或再請發內帑，或再請協鄰省，或作速開設捐納，務使有司悉以覈〔二〕實，計口均施，使強弱遠近，均霑實惠，不得仍前侵削苟且，罔上行私，以保全此秋成之前百餘日。夫民衆財難，賑濟雖非救荒全策，然在目前事急勢迫，則不得不剜心頭肉，以醫眼前瘡也；且爲國家者，非無財之患而無民之患。故古之賢君，不惜竭府庫之藏，以厚惠下民；古之良臣名佐，不惜冒矯制之罪、身家之命，以解民倒懸。誠以民爲國本，有人則自當有土有財也。明公爲國家長慮遠顧，當急爲陳請，以救此燃眉。稍遲以旬月，哀此遺民，又將逃亡無算矣！

一請招懷流離。方今西安民流諸關東諸省者，不下百萬；竄諸西北府、三邊及川蜀者，亦不下百餘萬；賣入本省、外省富商、滿洲者，亦不下十餘萬。賣者獲生矣，其流離者則去墳墓，棄田廬，離親戚，擔兒肩女，兩行露宿，沿門丐食，或空傭富家，或偷生娼門，甚者父食其子，夫殺其妻，兄弟奪一糠餅而推刃相戕。如此不已，不特數百萬怨結之氣，上干天和，蒸爲瘟疫、蝗旱之屬，亦恐生計窮絕；或見誘於奸猾，不知不覺，流入盜賊之羣。自昔國家之敝，多由饑荒時當事者不留心安插，民不聊生，以致釀〔三〕成亂階，爲國家患害。前代無論，明之季年，昭昭其可鑑也！今朝廷夙夜憂勞，在朝諸公必有博濟良謨。僕愚以爲諸流入關東、川蜀者，本明公赤子。明公爲國爲民，不得以責外謝之；而流入西府者，又皆在明公治屬之內，可坐視其死亡顛危而莫之恤乎？所宜悉心計籌方略，作速上請，務使逃者或歸或居，皆獲生路，無重陷溺，以仰體君仁，俯副民望，而中〔三〕彌意〔四〕外之患。大率此事所關者大，所係者重，所寓者至微而

〔二〕「覈」，原本作「覆」，據石泉彭氏本、靜海聞氏本改。
〔三〕「釀」，原本作「攘」，據長白完顏本、靜海聞氏本改。
〔三〕「中」，石泉彭氏本、靜海聞氏本作「早」。
〔四〕「意」，原本作「竟」，據長白完顏本本、石泉彭氏本、靜海聞氏本改作「意」。

至深。上而盡吾大臣仰體君心之職，使吾言之而用，流民安而國家無意外之患，朝廷固爲吾功，即使累請之而不盡用；萬一或生意外之變，而吾業已蚤及之，朝廷必且重思吾言而不至爲罪。下之而盡「民胞物與」之仁。吾言之而行，固不愧此嗷嗷數百萬流民之慈父母；即不行，亦可告無負於斯民，告無慚於天地神明矣！況其在本省西府者，行之固在明公轉移調度間也耶！

一請設督農掌水之官，以大興農田水利。方今西安之所以大饑者，天旱而田不足於水故也。夫關中横亙終南以爲終始，山之所在，河泉多有，故西安近山一帶，恆繞河泉；渭北雖復高仰，而涇、洛、漆、沮、清河、石川諸水，亦所在而是。故總西安而論，其不可引渠灌溉者固十七八，而可開渠引水者，亦不下十二三；兼以井泉，亦不下十三四矣。夫水利三四倍於旱田，以十分有三四之水田，勤力而專精其間，雖復天雨不時，亦足補旱田之闕而償其獲。即不足補，而此一半亨水利之民，亦足以自保，而再不至流離失所矣。但凡民愚而不知興，即有興之者而力微不足以興；而爲有司者又不留心於興，是以上下交困而無可如何也！夫天道不可知，今秋未必再旱；然亦不可不爲旱慮，況水利成固關中數世之利乎！是宜乘今秋穀布種之候，作速請設提督農田水利官一員。或恐設官勞費，即請於本省司道中擇精敏仁惠者，加以總管農田水利之權，使之專司農田水利。各州縣官於丞簿或紳衿中，擇公正好義、爲衆所素信服者，大縣四五人，小縣三四人，加以掌管之權，使之相視督責。其一切興利除害，辟舉任使，皆委以便宜，不從上制而重其廩禄，優其禮貌。凡近河者，雖一二十里内，但可引水，皆須築隄開渠，以資灌溉；無河泉者，皆須掘井而灌。按：萬曆間吕新吾公巡撫山西，惓惓勸諭農民，各於田内穿井。有云：「一時之費雖多，百年之利永賴。」檄各州縣正印官加意督催，公又不時躬親單騎查驗，精神勤於鼓舞，一時穿井之風，所在勃興，薄田化爲沃壤，至今民享其利。除井深太費力者，乃不令枉費功力。其或牛種資糧不給，官爲設法措置，大抵人情易於樂成，而難於慮始。下吏寡於奉法，而多懷欺誕。此法之行，州縣必多有以難上欺〔一〕者，卽不然，亦或苟且塞責，欺誕而苟且，則此事之設，亦徒勞擾而〔二〕煩費而已矣。是宜申明賞罰條格，預頒州縣。但是法立一〔三〕半月之間，各須據數申報，其冊須一樣三本：一留縣令，由州縣申提督官，提督官仍留一，而以一申院，以便他日按行賞罰。除專員相視外，明公亦宜廣詢博訪，何處可開河渠，何處宜於井灌，皆著録置左右，以便對照虚實；省察勤惰，以爲賞罰張本。又除專官巡督外，明公不時差的當忠誠人，各處巡視，隨卽親臨。稍遠一二州縣，以按行賞罰，稱職則不特掌管者有重賞，卽州牧縣令，亦宜厚褒；否則，不惟職掌其事者有重罰，卽州牧縣令亦難辭其愆。如此則雖不必躬親遍臨，而各屬固將畏法而恐後矣。大抵此番水利之興否，關西安遺民之休戚存亡，亦卽關明公之德業功名，非留心注措不可也。且不獨此也，西北七府三邊，歲雖稍登，然其俗素奢侈，不知積聚；兼以協濟西安，及西安轉販流民聚食，今已虚耗。天道自東而西，萬一秋夏之間，或雨澤愆期，或蝗蝻爲害，可且奈何？是宜與西安通興水利，以防未然。

一急變轉運西米之法，以蘇民困。救民之饑，如救水火，先從其甚急者而先救之。竊聞各屬派〔四〕輸車夫搬運西米一役，當事者慮兵糧之不足，不以征之西安，而議協於西府；西府送到者，運載不責之民力，而皆有脚價，此當事者仁之盡、義之至也。然衆議皆以爲其意固善，而其法則未盡善也。夫議協濟於西府者，非以爲西安奇荒、人民流離、米無從出乎？再給脚價者，非以爲食用艱貴，不忍空勞吾民，令其重費饑困也耶！夫不以米征西安民，而今者竟至使民勞費，幾於與出米等，以爲食用艱貴，議出脚價，而至使運轉六七石之價，不足供運一石之費。故此一役，民因而飢死

〔一〕「欺」，石泉彭氏本、靜海聞氏本作「阻」。
〔二〕「而」，石泉彭氏本、靜海聞氏本脱。
〔三〕「一」，石泉彭氏本、靜海聞氏本作「於」。
〔四〕「派」，原本脱，據石泉彭氏本、靜海聞氏本補。

病死、展轉委頓而死者無數；　折軸沒輪，墜〔一〕坑落塹，不能終事，而使民重出厚累者無數。　安坐而談，若無大害；　身親而履，眞可爲痛哭流涕長太息者也！　所以然者，粟匱財竭之時，在家猶父子夫妻相聚，而披剔草根木皮，以延殘喘；　今一旦驅諸三四百里之外，不特無可齎之錢粟，並其草根木皮，亦不能得矣。　又瘟後牛寡，久旱草枯；　兼之天雨不時，愁氣上結，疫癘大作，人病牛疫，且內懸室家，奄奄待斃而莫之恤，家人相望，嗷嗷望救而無如何。　故傳者皆謂郃長轉運之處，鬼哭神號，耗費不貲。　論者未達情實，或以爲皆有腳價，原未苦民，殊不念當此食貴如金之時，展轉留難於時月之間，所廩〔二〕於官者六七石，尚不足給一石之費，其餘之費究何從出耶？　且夫米既無從出，牛又食賣殆盡，將安從出乎？　借曰牛尚可尋，往返四五百里之內，遨延八九十日之間，草薪亦將何出乎？　自昔運糧之法，皆所經由〔三〕各州縣相時重輕有無，〔四〕其腳價自相遞送，以故無聚衆虛耗之費、逃亡死傷之患。　而議者不察，猥以均勞借口，以爲單責運遞所過州縣。　遠者可恤，近者何辜？　此又未盡達於調度區畫之說也！　夫令各屬輸運，不惟民苦資糧，亦且有廢耕、傷病、折牛、隕車之害。　本縣倒運，不惟無前數害，而且中含大利。　何者？　今茲彌望奇荒，斯民正苦營生無所、離家無資、居家計窮，今使籍名運夫，除官價外再令各屬外幫運價，則寄生有所，食用足給矣。　丁男負運，老弱婦女，披剔草根木皮，以給饋餉，百里之內，可以朝發夕至。　又米到即刻可轉；　未至，亦不復坐耗盤費，又無死喪疾病之患、折牛隕車之弊、離家廢農之憂、逃亡重賠之累，眞所謂一舉而公私兼便者也！　其爲可行，昭昭易見。　而前此者皆未及此，豈非天意欲留此一段美意良法以待明公，使爲撫陝發軔第一功德，令殘黎最先謳吟慰藉也耶！　明公尚急留

〔一〕「墜」，石泉彭氏本、靜海聞氏本作「墮」。
〔二〕「廩」，石泉彭氏本、靜海聞氏本作「領」。
〔三〕「所經由」，原本作「所經由由」，衍「由」。
〔四〕「皆所經由各州縣相時重輕有無」，石泉彭氏本、靜海聞氏本作「皆由所經各州縣相時重輕有無」。

意少緩以待日，則民重困矣。抑非獨此也，凡有招買，實照市公平發價，而印官責之總催，總催攤派花戶，轉相侵削，花戶得價無幾，補賠不啻倍蓰，當斯民窮財盡之時，救死不暇，何堪重以此累耶！宜痛懲而力禁之是望。此外，毒至衆而害最甚者，民甲中奸猾十排，軍屯中無賴旗甲。錢糧已赦矣，而借口雜差；米豆已蠲矣，而聲言使費。致令下里愚民鬻妻賣子之膏血，含恨抱冤而乾沒之、勒索之。下〔一〕將朝廷所發〔二〕賑濟飢民之銀米，假端虎嚇，奪諸良弱之口，以飽其無厭之腹。此又州邑中未死之魃鬼、無翼之飛蝗，所宜一體切戒者也。

一厚恤善類，以勵風教。善人，國之福、民之範、風俗之儀表也。故成周大賚四海，而善人是富。三代以來，雖風尚各殊，亦莫不崇獎善類，尊德惇行，以樹風聲而勵貪頑。今茲關中逢此奇荒，百姓死喪逃離，幾於十室九空。昔東海孝婦之冤未理，而致國三年不雨。今闔郡數百萬生靈中，其爲仁人、孝子、志士、悌弟、節婦、義夫及忠信篤實者何限？而皆使之顛連死亡，抱恨於無窮，恐非所以祈天和、調陰陽之道也。且當此風俗敗壞靡爛之時，正宜崇獎德義，砥勵名節，使愚民曉然知上意之所向，亦勵風移俗之一助也。愚意以爲宜申飭州縣，悉心查訪實德篤行，如仁人、孝子、節婦、義夫，及好學自修、守義狷介之人，詳開姓名、里居、子孫、男女、口數申報。除本縣均給皇恩銀米外，明公爲另設銀米，照月給散，務使足給一日兩食之資，勿致死亡流離，則明公德譽陰騭，相永於無極矣，是一舉而百美皆備者也。

一作養士氣，以培植人才。紳衿者，國家人才之所從出，故治國家者莫不以作養士類爲要務。今茲奇荒，而有司拘〔三〕執文法，以爲詔書無賑士之條，致令章縫衣冠之士，多委塡溝壑。夫荒旱遍千里，豈民皆飢而士不飢？皇恩溥及草木，又豈獨於士而遂恝然？特詔書未分明言之耳。明公爲國家培植人才，宜申飭州縣，令自後凡有賑濟，縱不能分

〔一〕「下」，石泉彭氏本、靜海聞氏本作「又」。
〔二〕「所發」，原本脫，據石泉彭氏本、靜海聞氏本補。
〔三〕「拘」，原本作「句」，據長白完顏本本、石泉彭氏本、靜海聞氏本改。

外加厚，亦宜與齊民一體通行。

一禁止樂户販賣良人子女。今茲關中荒饑異常，百姓計窮路絕，多以子女賣入樂户，以苟易升斗，偷活旦夕。夫娼優敗風傷化，王政之所大禁，仁人君子之所惻心。明公爲國家振勵風化，宜留心頻飭州縣，令樂户不得再買良人子女，其已買者，令州縣官設法贖回，不得隱匿。犯者，樂户及本地千總地方一體定罪。此萬世功德也！明公尤宜惓惓。

答朱字緑書

同學李拜[一]承手翰，匪但悉謙沖之度，兼稔姿秉之諒直、夙昔問學之精勤。閲未終幅，欣慰無既；亟呼門人子弟讀之，亦無不交口歎賞。甚矣！門下之善學也。陳公甫先生曰：「疑者進道之階，大疑則大進，小疑則小進。」古聖賢望道未見之心，欲從末由之意，亦只是善用其疑，故卒造絕詣耳。門下善疑善問如是，由此推而廣之，勉勉不已，德業之進也可量哉！小兒前者歸，稱述丰標，極爲聲百得友喜；兹述[二]心曲，更爲吾道得人慶矣。健羨之私，胡可喻也？承問云云，門下不鄙不佞，藹然以骨肉道誼相視，不佞忍自外耶！用竭固陋，以應嘉命，惟高明自取酌而教示之。

門下來書累幅，大意則謂：人性至善，徹乎終始。不佞學髓之圖最上渾淪一圈，同陽明「無善惡[三]」之旨，不免流於「性無善無不善」之說，而異乎周子「無極而太極」之義；圈下「善惡對峙」，同陽明「有善有惡意之動」，不免流於「有性

[一]「同學李拜」，原本脱，據黄山書社版整理點校本朱書集補。
[二]「述」，原本脱，據石泉彭氏本、靜海聞氏本補。
[三]「無善惡」，黄山書社版整理點校本朱書集作「無善無惡」。

善、有性不善」「性可以爲善，可以爲不善」之說，而異乎「秉彝〔一〕恆性」「率性謂道」「人性皆善」之旨〔二〕；其「有意爲善，雖善亦私」之疑，則總之與此疑異條而同本也。蓋其根起於疑陽明之言類告子之說，故因而疑不佞之圖同陽明之旨。然則，門下之疑不佞學髓，非苟然也，疑陽明也。不佞又何必一一爲鄙圖分疏乎？亦爲釋陽明之疑而已。陽明之是非明，卽不佞之圖說明也。

門下謂「無善而至善存」是也，而疑陽明剗卻「至善」二字，獨不思心之本體本至善乎？卽至善乎？孟子道「性善」，而魚我所欲章，則指爲本心，「心體」卽本心也。本心者，「道心」之謂也。「道心」卽善性也，但異其名稱耳。周子謂「無極而太極」，陽明謂「無善無惡心之體」，其言異，其旨一也。「無極而太極」之說無可疑，則「無善無惡心之體」亦猶是矣！知乎陽明之旨同乎周子，則知夫「無善無惡」之旨異乎告子矣。且性至善也，而明道則曰：「人生而靜以上不容說，纔說性，便已不是性也。」夫說性便不是性，則人爲之「善惡」不可爲「心體」明矣。人爲之「善惡」不可爲「心體」，則「無善無惡」卽至善之「心體」，何必更增「至善」二字於句內，而後知其爲至善乎？而學髓渾淪一圈，又何殊於太極圖之渾淪一圈乎？

門下謂「善徹終始」是也，獨不思感於物，動於意，而遂有善不善乎？謂「善與惡非對峙」是也，獨不思氣拘物蔽而意之動，遂有善有惡乎？有善無不善者，性也；拘於氣，蔽於物，而不能無不善者，情也。情本乎性，性無不善，故善與惡不可對也；情不能不拘於氣而蔽於習，故性雖善，而情不能無善不善也。意者，情之動也，猶之人性皆善，則宜皆爲君子；而世卒不能無小人者，則氣拘而物蔽之也。故小人與君子同一善性，原不可對峙；氣拘而物蔽之後，則亦遂從其分塗而對稱之爲君子、小人而已。六經、四書之以小人君子、善惡、邪正、是非對稱者，皆是義也，猶之水清而卒不能不清濁並有也，鏡明而卒不能不明暗並有也，一氣而卒不能不陰陽並有也。「繼善成性」，「秉懿帝則」，及孔孟之言，言乎天命本然之

〔一〕「彝」，黃山書社版整理點校本朱書集作「夷」。
〔二〕「旨」，黃山書社版整理點校本朱書集作「義」。

初；有善有惡，言乎意動於氣拘物蔽之後，本不相戾也。大抵門下所疑，皆爲護持一「善」字，惟恐「無善無惡」之説流於莽蕩，卽惟恐鄙圖之渾淪一圈，類於「無善無惡」。甚盛心也，而未及思夫「心體」卽「至善」也，而未及思夫學髓之渾淪一圈，卽太極圖之渾淪一圈也。太極圖渾淪一圈，不患其遺「太極」；學髓圖渾淪一圈，亦可知初非遺「至善」矣。抑〔一〕惟恐「有善有惡」之涉於對峙，卽惟恐鄙圖之善惡分〔二〕路有背乎「繼善成性」之旨。意良美也，而未及思「有善有惡」從乎意動之後而言，而非言乎本然之性眞有此對峙也，而未及思夫鄙圖之善惡兩行，亦指乎意動之後也。

「有意爲善，雖善亦私」，正恐僞儒義襲而取，不本諸心體之自然，不率諸〔三〕性分之固有，如五霸之假。南軒有所爲而爲之意，豈謂善不可以立意爲乎？所謂前輩苦心救弊之言也。芒硝、大黄，峻於參朮，而當其症之宜用，則良醫違衆議而用之。孟子之「勿正」、程子之「不須防檢操存」，皆是意也，豈獨象山哉？善學者，以意逆志，執其詞則「周餘黎民」，眞周果無遺民矣。且門下既知「無善」之爲「至善」，又胡爲疑於「有意爲善，雖善亦私」之説乎？

衰病中，言多未融，不知高明果以爲然否？朋友辨學，期於相長相益，不以苟讓爲貴。如有未安，不厭反覆。外有答洪洞范彪西公書，與此書互可發明，漫録一往，前疑或可釋然矣。臨池，神馳不既。

附啟

〔一〕「抑」，黄山書社版整理點校本朱書集作「至」。
〔二〕「分」，黄山書社版整理點校本朱書集作「兩」。
〔三〕「諸」，黄山書社版整理點校本朱書集作「夫」。

答洪學憲

恭惟使君，一代文龍，兩間威鳳。產紫陽之故里，羹牆先賢；接光禄〔二〕之遺風，淵源家學。承綸綍而儀型多士，奉簡書以模範三秦，豈徒回軋茁之奇，振頹波於八代，實乃砥中流之柱，續微緒於一燈！顧於斯道寂寥希闊之中，輒有古人扶持興起之力，誠近今所罕覯，而末世所希聞者也。

伏念顒草莽下士、山野庸人，環堵蕭條，置身名於度外；一經吟詠，消歲月於閒中。竊以學之不講，雖先聖以爲憂；行其所知，誰在今而加意？不虞使君，當下車之初政，發闡隱之盛心，渥恩誤及於庸材，曠典濫加於匪類，惠以嫩詞，賜之厚貺。不肖顒撫己生慚，捫心滋愧，雖見居釜甑生塵之日，方嘆無計以聊生。復念在涓埃未效之時，敢輒無功而叨惠，謹用返璧，幸賜鑑原。

答董郡伯

恭維明公，瀛陸名家，廣川嫡系。儒宗蔚起，重恢道誼之源；聖學攸歸，聿述天人之對。褰帷臨内史，節序依然漢二京；叱馭入長安，乾坤不改鄉三物。蓋祕閣之旂常未遠，而端門之步武方新；辰猷夙授於趨庭，上績爰登於領郡。羽書甫戢，文史多閒。惓茲行部之疆，垂及閉關之叟。朵雲下賁，照茅屋以生輝；雙鯉遙來，凌草亭而發篋。閭巷驚傳爲盛事，闗河頓覺其增顔。

〔二〕「禄」，靜海聞氏本作「録」。

治顒困守遺經，慚揚絶緒。生横渠之後，愁負西銘；處恭定之鄉，坐虚南指。質甘菲薄，學山不至於山；材復空疏，觀海徒嘆夫海。豈謂盜聲泉石，幾難安臥煙霞，而麋鹿終棲。菊松好在，既託帲幪之大，還叨存注之慈，何敢抱硜硜小諒，等閒自外於高深。所期竭碌碌餘生，耕鑿相依於畎畝，篆銜侵骨，瞻謁悚心。伏願鑑此愚蒙，寬其禮數，則知我恩如生我，而一天長戴二天矣！治顒臨啟，曷勝感激瞻依之至！

昔司馬溫公生平不作四六，而冢宰趙儕鶴著論亦深以此爲戒。先生平日，遇當事四六之來，初猶間或十答一二，後則一洗相沿之陋，絶不復爲矣。偶存二稿，不忍終棄，聊附於此。

卷十九

題跋

鄠縣門人王心敬彙輯

題馮少墟先生全集

余生平遍閱諸儒先理學書，自洛閩而後，唯馮恭定公少墟先生集言言醇正，字字切實，與薛文清讀書録相表裏；而辨學録、善利圖、講學説、做人説，開關啟鑰，尤發昔儒所未發，尤大有關於世教人心。張南軒嘗言：「居恆讀諸先生之書，惟覺二程先生書完全精粹，愈讀愈無窮。」余於先生之集亦云。

第集板經明末之變，毁於兵燹，讀者苦無從得。余久欲覓有力者重壽諸梓，而機緣未遇，私竊耿耿。頃學憲洪公訪余論學，因言及斯集，遂慨付殺青，以廣其傳。惟是先生至今尚未從祀，識者以爲缺典。昔東林吴觀華眞儒一脈序謂：「西北有關中之恭定、山右之文清，東南有梁溪之端文、忠憲，皆頎然爲天柱地維。後有具隻眼議大廷之典者，知儒宗一脈。的有其派，而千古眞常，〔二〕蓋決不容澌滅也。」余嘗以爲知言。世不乏主持名教，表章先賢之大君子，敬拭目以望。

〔二〕「常」，石泉彭氏本、靜海聞氏本作「傳」。

題張鷄山先生語要

鳳翔張鷄山先生，明季理學眞儒也。深造自得，洞徹大原，與長安馮少墟先生同時倡道，同爲遠邇學者所宗，横渠、涇野而後，關學爲之一振。兩先生沒而講會絶響，六十年來提唱無人，士自辭章記誦之外，不復知理學爲何事？兩先生爲何人？間有知馮先生者，不過依稀知其爲馮侍御、馮司空，有遺書。先生位卑而地僻，並其姓字，亦多茫然，人與書泯滅不傳。余有慨於中久矣。頃學憲許公晤余談學，因語及先生。公肅然起仰，退而躬詣先生故里，建坊表章；訪其後裔，得先生所著致曲言、明德集示余。余竊不自揆，僭爲訂正，摘其確且粹者，勒爲斯編，更題曰張鷄山先生語要，滴水可以識全海。公亟捐俸梓行，俾蕪沒餘名，託以弗墜，可謂先生後世之子雲矣！

公政崇風教，加意理學，行部所至，寤寐名賢，存者式廬，沒者闡揚，表前修，風後進，啟佑關學之意甚盛！讀斯編者，誠勃然思奮於辭章記誦之外，知所從事，庶不負公殺青之意，而關學墜緒可以復振，實百二河山之幸也！區區敬書之以俟。

題青暘先生論學手書

青暘先生，前宫保大司徒澄江張公也。生而清明夷坦，性與道合。啟禎間，由高第入仕，歔歷中外，爲時名臣。甲申，司計南都，睹時事不可爲，遂潔身引退，遁跡丘壑，潛心性命，德卲道尊，逃名名隨，巋然爲當代之望，學者仰爲模楷，然非參其神契，未嘗輕與之語。

梁溪秦子赤仙，篤志聖修，學敦大原，嘗抱奇疾，心惑兩端。公喜其鞭辟著裏，爲之反復開導，霍然頓起。赤仙自是依依門下，深究力詣，訂正綿密。及公捐舘，持心喪，爲位尸祝，哀其往復論學手書，以備顧諟而志羹牆。頃余會友東林，稠人中識赤仙，相與商證有感，因出其卷示余。言言平粹，字字婉委，虛懷邃養，備見乎辭；而微旨精義多昔賢所未發，令人乍泳而躍然，湛思而莫罄。赤仙不忍自私，謀壽諸梓，用溥教澤，過不余鄙，請題卷首。余生也晚，僻處西陲，不獲及公之存，摳衣就正，幸睹是編，曠若發矇。故不辭不斐，謬弁數語，以誌嚮往。若夫赤仙尊師重道之誠，在近今誠空谷之音，識者莫不同舌而賢之，無俟余贅。

題社倉全集〔一〕

康熙庚戌季冬朔，毘陵駱郡伯迓予至郡，話及地方人物，首以吳子濬長爲言；且曰：「卓絕之識，諳練之才，肝膽氣誼，加人數等。性最慈，腸最熱，急人之急甚於己。苟可以濟人利物，輒挺身以赴，卽冒嫌招謗，亦將有所不恤。緣是信者半，疑者亦半。吳子則超然自得，略無介懷。蓋奇偉磊落，人中之傑也！」既而以其所著宗祠、賑荒等款示予，曰：「此卽其人所嘗爲政於家，爲惠於鄉者也。」予閱之，躍然以喜，遂擊節太息，曰：「吳中迺有斯人乎！以康濟爲心，以生靈爲念，處庠校而志切當世，先天下之憂而憂，自希文以來不多見也！是不可不一見，亟物色之。賢士大夫如高彙旃諸公，亦衆口同辭，交相推美。乃於次月既望，獲見於郡南之龍興寺。一晤便若宿契，語之連日夜。器度豁如，凡百迥俗，言無飾發，行不苟動，骨堅力勁，勇踰育賁。予不覺爽然自失，因索其社倉全集卒業。見其用意肫摯，綜理微密，雖昔人竹頭木屑之智，不是過也。高公每歎以爲經濟才，信哉！其爲經濟才也！惜乎衹就其力之所及，爲惠於一圖，而無由遍及各圖。郡伯謀壽諸梓，請之當事，飭所屬通行，予遂謬弁數語，以引其端。若夫集中綜畫之詳，則自有邵君之原序在，無容再贅。

〔一〕「全集」，原本脫，據長白完顏本及文中「因索其社倉全集卒業」語補。

題四書心解

四書，傳心之書也。人人有是心，心心具是理，而人多昧理以疚心。聖賢爲之立言啟迪，相繼發明，譬適迷塗，幸獲南車，宜循所指，斯邁斯征。乃跬步未移，徒資口吻，終日讀所指、講所指，藻繪其辭闡所指，而心與指違，行輒背馳。登彼壟斷，藉以獵榮網譽，多材多藝，祇以增其勝心。欲肆而理泯，而心之爲心，愈不可問，自負其心，而並負聖賢立言啟迪之苦心。噫！弊也久矣。

昔有一士，千里從師。師悉出經史，期在盡授。甫講一語，其士卽稽首請退，浹月弗至。師問之，對曰：「未盡行初句，弗敢至也。」必如此，始可謂善讀善闡，無所負。今求其人，王子天如其殆庶幾乎！天如質淳而行篤，問道於余，學務求心。日讀四書，有會於心卽劄記，積久成帙，名曰心解，持以就正。余閉關養疴，弗克卒業。伏枕聊涉其概，蓋自成一家言，而宏綱鉅領歸本於心，至晰心之所以爲心，全在於知良，以知則中恆烱烱，理欲弗淆，視明聽聰，足重手恭。施於四體，四體不言而喻，「溥博淵泉，而時出之」，萬善皆是物也！否則，昏惑冥昧，日用不知，理欲莫辨，茫乎無以自持，卽所行或善，非義襲，卽踐跡，是行仁義非由仁義也。夫解四書而諄諄「知」之一字，可謂洞原徹本，學見其大，余不覺擊節。天如因請余題其首簡。余生平未嘗爲文字之習，有所題跋。身隱焉文？概絕應酬，又豈能扶病摛辭？頓有異同乎！無已，卽以斯言，口授代書，試質諸善讀四書之大君子。

聖學指南小引

余初茫不知學，泛濫於羣籍，汲汲以撰述辯訂爲事，自勵勵人，以爲學在是矣。三十以後，始悟其非，深悔從前自誤誤人，罪何可言。自此，鞭辟著裏，與同人以返觀默識相切砥，雖居恆不廢羣籍，而内外本末之辨，則晰之甚明，不敢以有用之精神爲無用之汲汲矣。尚慮同人不諒余衷，或以故吾相與，謹録先儒成語，以爲作聖之指南，竊願與同人共勉之！

三冬紀遊弁言

詩於士雖非急務，要亦在所不廢也。然有學者之詩，有詩人之詩。養深蓄厚，發於自然，吟詠性情而無累乎性情，此學者之詩也；雕句琢字，篇章是工，疲精役慮，而反有以累乎性情，此詩人之詩也。其行於世也，或詩以人重，或人以詩重：詩以人重，學者之詩也；人以詩重，詩人之詩也。觀其所重，而士之本末見矣。

惕菴高子三冬紀遊，學者之詩也，覽者愛慕爭鈔，此詩以人重也。頃承高子不鄙，顧余於病榻。余服其清苦而有守，高曠而脱俗，因商證所學，言言透宗。大約謂：「身心世界是一非兩，治世莫先於治心；而知性立本，尤爲治心之要。識得未發眞體，則變動云爲，無適非不睹不聞之所統攝而運用。大本達道，位育齊收，身心世界，至此方爲合一。」其卓識精詣如此。然則，讀是集者，詩也乎哉，有先乎詩者矣！

書繼述堂詩文

張氏之先，世有聞人，咸風雅擅長，稱一方文獻。其裔公愼哀其遺稿，刊以垂後，偕其弟余婿子丹請余弁其首。余學不爲文，生平未嘗應人以文，況學憲許公已序於前，又烏容贅？無已，姑以「繼述」論。中庸稱達孝在繼志述事。張氏固世以詩文著，然所以光前而裕後者，豈僅詩文乎哉？蓋必有先於詩文者矣。砥德礪行，養深蓄厚，故見之詩文，猶有源之水，千流萬派，時出而無窮，渾浩雅健，極作者之致，兼衆體，成一家，其言近，其旨遠，粹然一出於正。觀者流連愛慕，是詩文以人而重也。然則，爲之後者誠不忘其先，相與世珍斯集，思紹世美於無窮，亦惟於其重者而加意焉。由是，而詩爲有本之詩，文爲有本之文，人重而詩文亦重矣。夫是之謂「繼述」，夫然後知繼述堂之詩文，非猶夫區區詩人文士[一]之所謂詩文也。遂書此以俟。

跋思硯齋記

余土室中人，素堅文戒，未嘗應人以文。宴息之餘，獨喜聞人世忠孝節義事，其有一言一行，出於忠孝節義者，輒流連感慨，默記而私録之以自警。頃得學憲許公所貽思硯齋記，而知太公蒼巖先生之孝，非猶夫人之孝也。先生尊甫中丞公，啟禎間歇歷中外，爲時名臣。守紹興時，嘗夢蘇文忠手授一硯，既而獲諸土中，其款製畢符所夢，心異而珍玩之，不啻天球、河圖。及中丞公歿，先生孺慕無已，珍中丞所珍，儼如中丞之存。無何明季之亂，化爲烏有。先生追念弗忘，搆齋寄懷，孝思肫摯，恆情所未有，蓋至性不可解於中，故越世如一日。

余不覺斂袵興歎，三復而亟書之，竊附景仰之私；且以告夫凡爲人子者，庶因觀興感，因感興思，思其親不忘乎平生之所好，則先生硯齋之思，有裨於風教匪鮮。詩稱：「永言孝思，孝思維則。」其先生之謂歟！

誌愧　書仁者贈

余宴息土室，一編自適。己巳夏，洪洞范彪西先生不遠千里，專伻惠余以新刻數種，受而卒業。讀至仁者贈，不覺爽然

[一]「詩人文士」，原本作「詩人文」，長白完顏本作「詩文人」，據石泉彭氏本、靜海聞氏本改。

自失，涊然汗下。余生而單寒，無一椽寸土之產資生，菽水之供闕如，見先生事母，備極敬養之隆而愧。先慈之喪，貧無以殮，邑宰駱侯聞而助之以棺，始克掩形。見先生治母之喪，衣衾棺槨，凡附於身者，巨細畢備而愧。余生未期而王父逝，甫八齡而王母亡，權厝兩地，至今力不能合葬，日夜徒抱隱痛。見先生爲六代祖修塋築垣，甃碑樓，種松柏而愧。

噫！百行莫先於孝，先生孝行如此，回視余不孝之罪，眞上通於天矣！他如建木鐸樓，肖聖賢像，瞻禮景行，出入必告；表章鄉先哲，遺集捐貲刊布；於宗族則置義田、祭田，於三縣則置學田；設養濟院、義塚於鄉鎮，以恤存歿；爲顚連無告者代輸差徭，冬月則施布施炭，以至施藥療疾，荒年賑饑。種種實行，可謂空谷足音，絶無而僅有。回視余貧[一]寠書生，平日徒託諸空言，未嘗見之實行，其爲愧何可勝言！蓋先生自大父竹溪先生、父丹虹先生以來，學宗洛閩，言必顧行，故先生淵源家學，務敦實際。歐陽子推服韓魏公有云：「累百歐陽修，何敢望韓公。」今余於先生亦云。敬筆之，以誌余愧。

跋父手澤

嗚呼！此吾父手澤也。吾父崇禎十四年臘月二十四日離家，隨邑侯孫公征賊河南，至省數日，慮顒爲讐人所陷，託人寄書於吾伯、吾舅，以致丁寧。次年正月，至潼關，又寄書以顒爲託。既而，側聞訛傳，言顒被官收倉，吾父傷心萬狀，卽寄書伯舅，呼吾堂兄居暨舅僕彭守己赴關，欲面有所囑，朝夕西盼，望之眼穿。及二人到關，而吾父正月十八日已出關矣。二月十一日薄暮抵襄，被圍。逆闖晝夜攻城，知必不免，與同儕泣語，深以顒幼弱無倚爲痛。十七日城陷，竟及於難。前後所寄三書。彼時顒幼，不知省視。是後，吾邑兵寇相仍，吾母子展轉奔徙，厥居靡常，而先世所遺文書，片紙隻字，賴吾母收存

[一]「貧」，原本脱，據石泉彭氏本、靜海聞氏本補。

惟謹。

康熙十九年六月三日，顒偶清理故紙，遂得此書，亟長跽捧讀，伏地號泣，慟不欲生。嗚呼！不孝顒童年失怙，四十年來煢煢在疚，思欲一見吾父遺跡而不可得，今見遺墨如見吾父焉！其書皆爲不孝顒而發，惟恐不孝顒不免於羣小之搆陷，抑豈知不孝顒彼時幸免讐人搆陷之小難，而吾父未及一月，反委骨他鄉，不免逆闖屠城之大難耶！痛子者父，痛父者誰耶？父讐不能報，父骨不能覓，有子如無，抱憾終天，死有餘慟矣！敬什襲寶藏此手澤，供奉母祠，歲時展視，以見吾父垂危之惓惓。

雜著

籲天約

僕資本偏駁，動多疵疚，雖嘗慚悔力改，顧志弗勝氣，隨改隨滋，未能徹底廓清，滌舊習而新之，荏苒虛度，祇是舊人。每一念及，輒慄慄悚懼，自恨自傷，不禁淚流，卽自責曰：「李顒！汝前半生業已蹉跎莫追，今行年〔二〕如許，若復悠悠，更將何待耶！」乃齋心籲天，痛自淬礪，誓不敢玩愒因循，姑息自棄。諸君資皆粹美，素履罔玷，乃亦反己自訟，怨艾深切。既慮理欲迭乘，亦不妨祈監於天。每旦，爇香仰天，叩謝降衷之恩，生我育我，卽矢今日心毋妄思，口毋妄言，身毋妄行。一日之內，務刻刻嚴防，處處體認；至晚，仍爇香仰叩，默繹此日心思言動，有無過愆，有則長跽自罰，幡然立改；無卽振奮策

〔二〕「行年」，長白完顏本作「年行」。

勵，繼續弗已。勿厭勿懈，以此爲常，終日欽凜，對越上帝，自無一事一念可以縱逸。如是，則人欲化爲天理，身心皎潔，默有以全乎天之所以與我者，方不獲罪於天。今日俯仰無愧，浩然坦蕩於世上；他日屬纊之時，檢點平生，庶不至黯然消沮，自貽伊戚於地下，存順没寧，何快如之！區區有志未能，願相與共勉之。

消積

蒲城惺菴王翁，時以性命大事來印，茲訪余小寓，二三友人，亦相與過從共話。一友患食積，翁教以服「消積保中丸」。余因言：「凡痰積、食積，丸散易療，唯骨董積非藥石可攻。」翁詢其故。余曰：「詩文蓋世，無關身心；聲聞遠播，甚妨靜坐。二者之累，廓清未盡，卽此便是積；廣見聞，博記誦，淹貫古今，物而不化，卽此便是積；塵情客氣，意見才識，胸中一毫消融未盡，卽此便是積；功業冠絶一世，而胸中功業之見，一毫消融未盡，卽此便是積；〔二〕道德冠絶一世，而胸中道德之見，一毫消融未盡，卽此便是積。以上諸積雖淺深不同，其爲心害則一，總之皆骨董積也。」翁因問消之之道奈何。余曰：「若此者其惟實致其知乎，知致則知吾性〔三〕本體，原無一物，自爾忘其所長，忘而又忘，並忘亦忘矣。並忘亦忘，始謂之返本還元，始謂之安身立命。」在座聞之，惕然有省。余遂記之，以諗同志。

〔二〕「功業」句，靜海聞氏本脫。

〔三〕「性」，原本作「惟」，據石泉彭氏本、靜海聞氏本改。

急務

白沙謂：「千休千處得，一念一生持。」必如此，方是實際，方有下落。吾人若不屏緣息慮，下萬死工夫，惟靠語言文字漫度光陰，作口頭聖賢、紙上道學，因循猶豫，以老其身；呼吸一去，千古無我，抱憾何及？可惜孰甚！須趁此形神未離由得我時，務於進德凝道工夫，修之又修，免得形神將離由不得我時，悔了又悔。愛日惜陰，願共勉旃！

謝世言

僕幼孤失學，庸陋罔似，祇緣浮慕先哲，以致浪招逐臭，誠所謂純盜虛聲，毫無實詣者也。年來天厭降災，疾病相仍，半身覺痿，兩耳漸聾，杜門卻掃，業同死人矣。然而朋伍中不蒙深諒，猶時有惠然枉顧者，是使僕開罪於先生長者，非愛我之至者也。

今以往，敬與二三良友約，凡有偶憶不肖而欲賜教者，竊以爲上有往哲之明訓，下有狂謬之巵言，期與諸君私相砥礪足矣。奚必入其室而覿其人，以致金玉在前，形我蕪穢乎？伏望迴其左顧之轍，埒僕於既化之殘魄，玉僕爲物外之野夫，此僕所中心佩之，而父師祝之者也。嘗聞古人有預作壙穴，以爲他日藏骨之所者，僕竊有志而未逮，又豈能靦顏人世，晤對賓客，絜長論短，上下千載也耶？但使病廢之軀，獲免酬應之勞，宴息一室，孤寂待盡，則僕也受賜多矣。謹白。

家戒

所讀之書，自五經、四書、性鑑、衍義外，不可泛及天文、讖緯、水滸、西廂，一切離經叛道邪穢不正之書。所交之人，自德業相勸、過失相規良友外，不可濫及緇流羽士、遊客營丁、扶鸞壓鎮、妄談休咎，一切異端左道偏頗不正之人。所講之言自身心性命、綱常倫理外，不可語及朝廷利害、官員賢否、邊報聲聞並各人家門私事。不可出入公門，不可管人閒事。立身行己，以小學爲金鏡。惜寸陰，戒佚遊，堅其志，強其骨，務思所以自樹。寧孤立無助，不可苟同流俗；寧飢寒是甘，不可向人求憐。信命安義，以禮自律。如是，則德成品立，不愧鬚眉。

余土室中人也，灰心槁形，坐以待盡，荆扉反鎖，久與世暌，斷不破例啟鑰，接見一人，並舊所從遊，亦概多不面。有固求言以自勗者，因書揭壁戒子之言，貽之以代晤對。

自矢

僕幼無父師之教，未嘗讀文習文，以故生平絕不能文。凡在知契，莫不相諒，未嘗徵僕以文，即中間大有德於僕，真同再造者，亦未嘗強僕以所不能。雖居恆不廢筆硯，然不過聊備批點而已。年來疾病纏綿，並筆硯亦不復近，宴息土室，坐以待盡。身隱焉文，古有成言。凡序、記、志、銘，一切酬應之作，類非幽人所宜，況病廢餘生，萬念俱灰者乎！即大利陳之於前，大害臨之於後，誓於此生，斷不操筆。君子愛人以德，千萬鑑原！

訂親友

自古處士逸人，咸超然物外，弗涉世務，斷未有投字公門，管人閒事也，亦未有隱逸之子爲人請託壞父風範者也。凡我至親厚友，千萬垂仁體諒，使僕父子安於無事，免滋罪戾，其有德於僕者，僕自感刻弗忘，身未就木，所以圖報者自有在也。謹告。

立品說別荔城張生

昔人謂：「大丈夫一號爲文人，便無足觀。」若以詩文而博名媒〔二〕利，僕僕於公府，尤不足觀矣！唐蕭至忠素有雅望，嘗自公主第門出，遇宋璟。璟曰：「非所望於蕭君也。」至忠爲之色沮。宋文人陳師道居京師二年，未嘗一至公卿之門，宰相章惇欲見而不可得。使文人皆如師道，人重而文亦重矣。

荔城張氏子兄弟三人，咸質美能文，而有志於道，嚮余甚篤，遙通尺牘，問學有年。茲仲子希載負笈來從余遊，余嘉其肫摯，與之盤桓者三宵晝。瀕行，長跽請言以自勗。余嘗慨習俗文盛質寡，沉溺於章句，葛藤於口耳，茫昧一生，而究無當乎實際，以故深以爲懲，生平未嘗從事語言文字，亦絕不以語言文字待人。無已，則有二字奉贐，其「立品」乎！因請「立品」之實，曰：「無他，惟在不以文人竟其生平。凡文人之所營逐，時藉以爲鑑戒，他人如是，而己獨不如是？品斯立矣！品立而後學可得而言也。」曰：「希載生平頗知自愛，恥事干謁，第家貧親老，仰事鮮資，奈何？」曰：「顏子簞瓢陋

〔二〕「媒」，長白完顏本作「謀」。

巷甚樂，當其時尚有父顏路在。若顏子以親老之故，而少貶徇人，則雖日奉五鼎之養，亦謂之大不孝，又何以爲顏子？」生避席再拜，曰：「命之矣！」遂書其語以行。

促李汝欽西歸別言

寶鷄李汝欽，質淳而行篤，未弱冠，即有志於斯道。癸丑秋，嘗謁予於關中書院，北面稟學，予力辭。乙卯夏，又謁予於富平之擬山堂，堅欲及門，予固辭。徒步負笈，往返千里，塗次罹災，幾不保身，聞者惻然；而汝欽嚮往愈殷，略弗少變，則亦可謂之天下大有心人矣！戊辰春暮，復捧其尊人翰音來學。予嘉其道念肫摯，不復辭。未幾，歸應歲試。今秋復至，探本窮源，學見其大，潛體密詣，日精日進，予心竊喜。

或曰：「汝欽毅然自拔於俗，出幽遷喬固可喜，而汝欽之東來從學，風聞其尊人似弗悅。」予謂：「父子，天性也。天下有父不愛其子者乎？愛其子而有不期以遠且大者乎？子能從事於道，可以爲家門之光，可以垂奕世之芳，其爲遠且大，何可勝言！而顧弗悅，殆不其然。嘗閱郡邑人物志，郿塢、岐陽、秦隴、皋蘭，皆有道德儒先，以光邑乘，而寶鷄獨鮮。今得其子奮發崛起，爲一邑破天荒，豈惟家有餘榮，邑亦行且與有榮施矣。」曰：「渠之尊人非不知此，但恐其子因學道而致有妨乎舉業耳。」余謂：「即以舉業論，亦必自少至長，屢延制舉名師，朝研夕習，猶往往限於資稟，或習焉而弗工，厄於時命，或工焉而弗遇；況未嘗廣經師匠，昌期獲禽，可乎？昔曾植齋先生朝節與其兄朝符未第時，其父爲延一舉業師，又延一講學師。未幾，兄弟俱得儁，而植齋中探花，官至大宗伯，爲世名儒。夫世之教子者，不過教子務舉業、延名師、厚館穀、嚴課程而已，未有舉業師之外，又延一講學師如曾封翁者也。封翁爲衡州書吏，又非素知學問者，而一時能爲其子延二師，其識見豈易及哉！華亭唐仲言，五歲而瞽，六七歲喜聽父兄讀書，聞之輒不忘。父兄愛之，因爲講授文義，即能解悟。父兄因盡取古今書誦之使聽，而仲言胸中，不翅五車二酉矣。久之，理明心豁，能詩文，所著有編蓬、姑蔑等集數十卷，蔚然稱一代名流，蓋父兄成就之故[一]也。今汝欽之尊人素稱寬厚有器識，豈愛子弗若唐仲言之父兄愛其晳子哉？必不然也！萬一囿於世俗之見，必欲汝欽一意舉業，子之於父，惟命是從，姑歸而從父命，一意制舉，以悅親心，愼毋拂親心，以重予之罪可也。」

汝欽避席撫然對曰：「修[二]童時，僅從啟蒙師授章句，未期卽去，悠忽閒度，其於舉業，素鮮師承。兼生而癯弱多病，朝夕呻吟，實不堪勞。昔黄安少工制舉，爲有慈母孀居在堂，念無以報母，乃割肉出血，書寫願文，對神自誓，欲以此生明道報答母慈，以爲溫清。雖孝，終是小孝，未足以報答吾母也。卽使勉強勤學，成就功名，以致褒崇，亦是榮耀他人耳目，未可以致吾母於遠大也。惟有勤精進，成第一流人，庶可藉此以報答。若以吾夫子報父報母之事觀之，則雖武周繼述之大者，不覺眇乎其小矣！今觀吾夫子之父母，至於今有耿光，則些小功名眞不足成吾報母之業也。夫黄安之發願如此，修[三]雖無似，私竊慕焉，固未敢捨此而之彼也。」予曰：「子固矣！孝以順親爲大，子姑歸而勉順親心，親心悅斯子心安，心之安處便是道。子欲學道，道在是矣！又何他求？」汝欽曰：「諾。」卽日束裝告歸，録予語再拜而别。

諗言

宗弟三原李重五，今儒古心，遠器也，余所愛重。乃重五亦不以余爲不類，愛余敬余，情甚篤，誼甚摯，凡所以加意於余者，靡不周至。丁卯秋，重五捷鄉書，賀者塡闐巷，獨余以貧病相仍，因循荏苒，未遑遣兒一往。由俗情論，未免懷歉，然重

[一]「故」，原本作「以」，據石泉彭氏本、靜海聞氏本改。
[二]「修」，石泉彭氏本、靜海聞氏本作「欽」。
[三]「修」，石泉彭氏本、靜海聞氏本作「欽」。

五家世科第相望，非同白屋肇跡，鄉書之捷是所固有。余平日所期於重五者，實不止此！賀典之缺，殆未足深以自咎。昔許文正公初從塾師授書，塾師勉以登科取第。公曰：「登科取第而已乎？」呂文簡公講學於鷲峰東所，一士問學，公詢其所志。對曰：「志在科目。」公曰：「科目有數等，有千萬年科目，有數千年科目，有數百年科目，有數十年科目。千萬年科目，如顏閔德行科；數千年科目，如程朱；數百年科目，如薛文清、羅一峰；數十年科目，做一官便了。」以重五之賢，非區區僅登科數十年科目而遽已者。余是以不汲汲隨衆遽賀，將以賀其遠且大也！

今重五發軔鄉科，姑以鄉科言。廣東陳白沙先生，天順丁卯鄉科，嘆曰：「學止舉業而已乎！」聞江右吴康齋講學，往從之遊，歸築陽春臺，日端默其中，以涵養本源，如是累年，始有所得。嘗云：「吾自此以後，此心如馬之有銜勒，隨動隨靜，應事接物，參前倚衡，照檢而無不在矣。」道明德立，名動海内。後應薦至京，授翰林檢討，力辭終養。鄧潛谷先生以易魁江右。是歲，謝公車不赴。人問之，則曰：「吾斯之未能信也。」沉潛於道，且三十年，以經證悟，以悟證經。著五經繹、函史上編下編數百卷，華實並茂。以部使者薦，徵書屢下，與康齋、白沙後先輝映。來瞿塘先生以禮魁蜀，篤志正學，書「願學孔子」四字於臂；又書「發念處，卽遏聲、色、貨三大欲」於座右，一意自修，誓不見有司。居鄉恂恂，少長咸接以禮。著瞿塘日録及易註，微辭奧旨，多發前賢所未發。當道交薦，授翰林待詔，疏辭。他若吾鄉李介菴、王秦關，學足以明道，才足以應世，粹德卓品，朝野欽仰，此皆克自奮拔，知所從事，登科而弗囿於科，由數十年科目而進於數百年科目，光重史冊，彪炳無窮者也。賢如重五，夙既有志於道，必且知行並進，日異而月不同，德成材達，蔚然名世。使以上諸君子，弗獲專美於前，豈惟吾宗生色，百二河山，亦與有榮施矣。重五勉旃，余將拭目以望。

論世堂記

毘陵琅霞龔子，脱跡紛華，潛心古學，名其堂曰「論世」，蓋取子輿氏「知人論世」意，以爲古人所處時勢，多有不同，或不容不冒有過之跡，後人往往執跡以論之，多不得古人之心，以至是非混淆、瑕瑜失眞者衆矣。襲子於是奮然破拘攣，而獨觀昭曠之原，俯而讀，仰而思，若以身處其地，以己之心，求合於古人，務有以得古人之心而後止。凡古之所共傳以爲瑜者，有時而摘其瑕；共傳以爲瑕者，有時而揚其瑜。於以折衷百氏，妙發心知，操袞鉞古今之權，懸照耀乾坤之鏡，何惑焉！

余嘗登其堂，而見左右圖史萬卷，襲子據几危坐其間，手不停批。嗟乎！是誠天下之至樂，雖拱璧以先駟馬，奚以易於此哉？既而，連質以所疑，與之評騭往蹟，商度時務，皆中竅中會，豁然無所滯礙，粹然一出於大公至正。余於是而知襲子之學蓋有本，以此論世，世有賴矣！夫君子之於學也，內而身心性命，外而上下古今，理固無一之不貫也，功實無一之可或遺也。是故志內而忽外則失之陋，綜外而忘內則失之騖。陋與騖，豈所以言學耶？今襲子之年正強，而內外兼詣若此，行且日進於無疆，擔荷世道，主持名教，微斯人其誰與歸？余故謬不自揆，不辭不斐，而樂爲之記。

學文堂記

經天緯地之謂「文」，非雕章繪句之末也。子以「四教」，「文」爲最先，誠以進德修業，非「文」無從；開來繼往，非「文」不傳；黼黻皇猷，非「文」不著；弘道統，立人極，非「文」不振。則「文」之爲文，顧不重哉！由是言之，則世何可以無「文」，而人亦何可以一日不學「文」也。

余友椒峰陳子，美秀而文，落筆驚人。在陳子則自視若無，恆歉然不足，顏其齋曰「學文堂」，志有在也。每焚香默坐，鞭辟潛修，凡成己、成物之方，道德、經濟之實，靡不一一究極，期見諸行，則陳子之於文，從可知矣。爲人器宇倜儻，議論英發，氣魄加人數等，予對之不覺心折。一日，招予飲，席間以「學文」之義爲問。予幼孤失學，絶不能文，辭之再三，不獲已，第就陳子之所懷，口述其概，以俟名世大筆記之。

母教〔一〕

賢哉！鄠邑王母李夫人之教子，世之鬚眉丈夫號稱善教者，有所弗若也。世之善教者，不過教以舉業，期以科第，以圖富貴利達已耳。乃夫人之教其子王生心敬〔二〕也，則異是。蓋自心敬能食能言，即教之以正，一言一動，弗納於邪，務令內謹心術，外謹行履。心敬凜遵母教，從幼不羣，年未弱冠，遊庠食餼，文名藉〔三〕甚。邑人嘖嘖歎羨，咸稱夫人爲「有子」，莫不起敬起仰，期以巍科。夫人則謂：「人生要當以聖賢爲期，科第固所藉以進身，德業尤所本以立身。苟德業不足，即幸掇巍科，躋膴仕，非所願也。」於是過聽虛聲，誤以爲予〔四〕於聖賢之道似粗有所聞，遣心敬遠離膝下，俾從余學。其內外親眷及邑之素愛心敬者，恐於舉業有妨，交諷互阻，譬引百端。夫人持意彌堅，終不爲移，脫簪珥以資繼晷。心敬每歸覲省，隨促之旅舘，戒曰：「德業弗成，學弗底於聖賢，吾恥見汝，汝亦何顏面見汝妻孥及邑之故舊耶？念之，念之！毋忝爾所生。」詔導諄至，悉出世俗恆情〔五〕之外。既而，以從事塲屋，終分精力，遂命棄諸生，俾一意斯道。〔六〕

昔范孟博母幸其子與李杜齊名，不計其他。蘇長公方十歲，即願爲滂，其太夫人即願爲滂母。彼沾沾一節，論者猶稱爲千載艷聞，況夫人以宇宙完人望其子，尤爲空谷足音，絕無而僅有，行且與孟母媲芳，滂母云乎哉！余竊以爲異，久欽高

〔一〕「母教」，李二曲先生遺墨作「壽言」。

〔二〕「心敬」，李二曲先生遺墨作「爾緝」。按：李二曲先生遺墨均作「爾緝」。

〔三〕「藉」，原本作「籍」，據李二曲先生遺墨、靜海聞氏本改。

〔四〕「予」，李二曲先生遺墨作「余」。

〔五〕「恆情」，李二曲先生遺墨作「凡恆」。

〔六〕「既而以從事塲屋，終分精力，遂命棄諸生，俾一意斯道」，李二曲先生遺墨脫此句。

躅，〔二〕而鄠之諸正人，因爲余備述夫人平居事親之孝、治家之嚴，淑德貞操，爲一方儀表，余益竦然神肅，歎未曾有。迺心敬功密存省，知行並進，殷殷以不負母教、不孤母望是勉，可謂有是母乃有是子矣！予故喜而記之。〔三〕

別言〔三〕

曩余遊毘陵，一時縉紳先生，下至農工走卒，胥不余鄙，胥友余愛余。余愧德非堯夫若，而毘陵士友懿德之好，則不減洛陽人之處堯夫也。歸後越二十有三年矣，每時時形諸夢寐。而一時交遊諸君子，每惠我好音，即其賢嗣續，當日不獲晤言者，亦多追宿好，往往通款愫焉。以故余每接毘陵諸士友書，輒如身親其人；接毘陵士友，輒如親至毘陵，與諸君子聚首一堂也。其或聞毘陵有學行彰聞者，必問曰：「其品詣可比古何人？」聞毘陵有仕宦顯達者，必問曰：「其功業可仿古何人？」有一善則輒期以備美，有一美則輒期以全德，得其令問芳節則輒爲之喜而不寐。

庚午季冬，友人傳毘陵高公將視我關中學政，余固喜夙昔之所企慕而願見〔四〕之者，一朝而獲承其下風，諸君子之音問可自斯〔五〕悉〔六〕聞乎。余之欲見諸君子而不獲復見者，其將交慰於公乎？平時所期豐功偉業，其將胥償於公乎？即平時

〔二〕「久欽高躅」，原本脫，據李二曲先生遺墨補。

〔三〕「予故喜而記之」，李二曲先生遺墨作「今甲子春仲廿五爲夫人設帨之辰，爾緝告歸，稱觴慶壽。余生平未嘗爲文祝人，茲嘉夫人之賢，特破例題此，以先爵者。二曲李顒題。」

〔三〕石泉彭氏本、靜海聞氏本置此文於卷十南行述末，光緒九年劉大來刻本題爲「贈學政高公別言」。

〔四〕「見」，原本作「望」，據石泉彭氏本、靜海聞氏本改。

〔五〕「斯」，石泉彭氏本、靜海聞氏本作「此」。

〔六〕「悉」，石泉彭氏本、靜海聞氏本作「得」。

所期學術令名，其將快睹於公振興鼓舞之下乎？而公下車之日，則果不自貴倨，而儼然命駕而辱臨焉，其不余鄙，猶然余之不見鄙於當日毘陵諸君子也！二十餘年所期而欲見之心既一慰矣。而公之視學也，振風紀，勵士習，先廉恥而後文藝，敦大體而戒煩苛。謂正學所以淑世正人心也，則謬以余爲嘗有志於斯，梓拙集以問世；謂教法所以培人才也，則旌賢母以示義方之教；謂氣誼所以振友道、勵薄俗也，則表義士以維市道之交。種種措注設施，無非有關於人心風俗之務，而士習翕然丕變，是夙昔所期毘陵諸君子豐功偉業，學行令名之可媲美古人者。既於公親見之，即又於公風化大行之日，交慰並飫之也。

今公行矣，自此而內轉九卿三公，其所歷也；即從斯而外轉藩臬撫督，其有事也。無窮者道，無盡者學，日進而日茂者志。由今日以推他日，由公之已行推公之未究，由公暫試之效以推公所必欲大行之學，其必以施之關中者，將盡布之天下而後安；措諸學政者，盡敷諸六府三事而後安；且將以行之目前者，可使爲法於天下後世而後安。將所謂余之期全而期備者，又在是矣。今之行也，余雖欲自安於固陋，而義篤其言，故令兒慎言書余夙心以爲別。公行矣，他日見毘陵諸君子，亦幸悉以鄙心，爲諸君子諄諄敷達也。

卷二十

傳

鄠縣門人王心敬彙輯

雲霞逸人傳

雲霞逸人，不知何許人。明亡後，遁跡樓觀，晦其名氏，自稱祝遺民，雲霞其號也。冬夏髼首，一布衲終身不易，氣韻閒曠，望之如圖畫中人。性介潔，孤棲斗室，罕與物接。宴息之餘，玩易洗心，羣經百氏，靡不流覽。覃精五千言，有獨契。余年未弱冠，即重其幽貞。自是每遊樓觀，必造其室，相與靜對，和風拂坐，清氣洗人。語及明末甲申三月十九日之變，不覺泫然，叩以明事則弗應。其隱操雅致，殆與明初雪菴和尚同揆；而「遺民」之稱，又宛一宋末高士鄭思肖也。棲樓觀二十載，人終莫能窺其際。晚而捨去，東遊嵩山少室，至南陽鄧州委化。

諺謂：「山不在高，有人則名；水不在深，有龍則靈。」今樓觀山水如故，而逸人之跡，則邈不可復睹矣。撫今追昔，令人太息！遂次其概，以誌余感。所註五千言遺稿，其徒尚淳夫什襲以藏，後之景仰高風者，幸求諸斯編。

秦安蔡氏家傳

蔡隱君諱啟胤，字紹元，學者稱爲溪巖先生。生而岐嶷，幼知禮讓，食飲必奉親長，不先舉箸。七歲就外傅，讀書警穎不羣，過目卽曉大義，人咸異之。弱冠遊庠食餼，有聲士林。工制舉，治五经，而以其餘力博綜典墳。讀史至忠孝節烈，拊膺流連，欷歔不自勝。學古行高，遠邇嚮風，從遊者日衆。其訓迪，先德業而後文藝，一言一動，繩以古禮。事親承顔聚順，非講授接賓，未嘗離左右。疾則籲天祈代，不時之需，旁求必獲。爲親預營壽木，入山採漆，遇虎虎避。寇起城陷，母被寇獲，哀號請代。寇感其孝，遂並釋。同胞三弟，躬爲教育，課業甚嚴，燕則怡怡如〔一〕也；出同行，入同息。朝夕饔飧，奉親外不集不食。敦宗睦族，恩誼周浹。歲饑，捐粟倡賑，鄉人賴以全活。癸未，闖逆入關，兵薄秦隴。隱君趨龍亭，再拜大慟，結繯欲殉，爲父所止。甲申之變，隱君闻之，太息流涕，自是絶意仕進。既而，以積餼資序起貢，屢徵不出，杜門奉親，罕與世接，每吟屈騷以寄慨。晚嗜濂、洛、關、閩及河、會、姚、涇遺集，潛體默玩，多所自得。

庚子秋仲，弟琴齋司鐸余邑，數造余齋盤桓。隱君由是知余，亟欲北面問道於余，念二親年皆期頤，冢子不敢遠離；於是齋沐遥拜發書，託其族弟千里肅贄，俾琴齋步至余齋，代以納拜，遥質所疑，書問不絶。雖非余所敢當，而志道之切，有不可得而誣者矣！嘗夢登西山，晉謁夷齊，題壁有指示「埋身」之句，覺而悵然自失，深以曩値闖變，見阻於親，弗獲徇難爲歉。居恒鬱鬱不懌，更號痴癡生，久之竟鬱血疾，作臥牀吟疾血〔二〕詩四首見意。疾革，子蕃泣問後事，惟以先親而逝，不及送終爲憾，乃以歷年所蓄剪髮，俾附於身，曰：「此吾受之親者，當全而歸之，不可忽也。」斂以斬衰，戒子姪：「勿持

〔一〕「如」，原本作「始」，據石泉彭氏本、靜海聞氏本改。

〔二〕「疾血」，靜海聞氏本作「血疾」。

服，俟親終，暴己棺於野次，以明未終喪制之罪。三年喪畢，歸骨西山，以踐前夢。」言訖，泣抱親頸而卒，年六十有一。所著有四書洞庭集、蒙解集、鑑觀録並文集若干卷。蕃恪守先型，修孝弟廉讓之誼，有父風。

琴齋諱啟賢，字景元，琴齋其號也。事親愛敬兼至，每晨夕，必冠帶同隱君至榻前候安。食必侍側，或偶他出，返必問家人以親食幾何。果蔬凡新者，必購之以獻；燕會遇珍味，輒思遺親，恆懷以歸。事隱君甚恭，事無巨細，必咨而後行，凡有教戒，佩服唯謹。以奉親甘旨不足，每致慨於「毛義捧檄」。及仕余邑，瀕行，辭墓祭祖，奉父至塋，同隱君躬肩板輿往返，見者色動，拜別號泣失聲。至任，每朔望令節，必西向遥拜。嘗至余齋，余待以瓜茄，託腹疾弗食。蓋以隴西地寒，瓜茄視東差晚，故不敢先親而食也。教法嚴而造就有等，學政改觀，士習丕變。未幾，調富平。諸生聞風親炙，咸喜得師。督學怒一生，欲黜，檄取劣款。持正弗應，坐是賦歸。闔庠感德頌義，相與製幛贈行，比之月川。抵家，日侍父兄，自謂：「克遂人倫之樂，三公莫踰。」及隱君卒，痛不欲生。親亡，喪葬以循古典。風木之悲，無間晝夜，積毁失明。年屆八旬，猶孺慕如初。子荐，樸茂克孝，色養無違。

二曲李顒曰：懿哉！蔡氏一門也。隱君以碩德偉節，儀表秦隴。年倍於余，爲先輩而折節嚮余，雅誼殷篤。即此一念虚心，過余遠甚，則隱君實余心師，余又何能益隱君耶？琴齋古貌古心，璞玉渾金，令人穆乎有餘思。兩先生風範如此，故其子姪化之，咸淳謹雍睦，鄉國推美，誠一家三代也。余每一念及，不禁斂衽。茲故立傳，以誌余懿德之好。

馬二岑先生傳

先生名嗣煜，字元昭，同州人。父朴，歷官洱海道副使，文章著述，聞於天下。先生蚤承庭訓，博洽刻勵，以古學自任，數奇不售，生徒日多。其講授大旨，以洛閩爲宗，戒空談，敦實修。言及古今忠孝節烈，爲之低徊流連，聞者莫不嘆息欷歔，如在古人之時焉。以明經謁選，通判濟南。清衙蠹，屏巨猾。每謁臺司，必陳民利病。自奉薄〔一〕泊，餽遺俱捐。僕人有言及家事者，即斥曰：「在家言家，在官言官，捨公務而計私家，豈夙心也哉！」政暇，即集諸生談學；朔望，則宣讀鄉約。士民蒸蒸，俗用丕變，識者稱爲百年僅見。

會郡有兵驚，諸屬皆震，值武定州缺守，當事者以爲非先生不可。先生亦慷慨任之不爲辭。始至，則集士民，議守禦，繕城隍，又命各邨儲備樹枝車輛。亡何，偵者知敵騎且至，遂以所備樹枝車輛塞致要衢。敵騎不獲馳突，遂大肆焚掠。州人大恐，先生鎮之以靜，奮力捍禦，州賴以全。

既而，新守至，先生將歸，士民遮留，以爲：「兵必再來，我公以別駕之威鎮定之，且百姓悉公之略。公如去，將奈城何？」因擁輿號慟。先生惻然勉留，與新守分城而守。敵兵晝夜攻擊，城且破，州人多縋城而逸。從者勸先生微服以避，先生慨然曰：「若等可去，我死此矣。」城破，兵逼先生於城上，重先生名，欲先生降。先生不應，大罵之。衆兵咸怒，刃先生而投諸火。事聞，贈太僕少卿。

二曲野夫曰：「關學自馮恭定而後，咸推二岑先生。余自童時，即聞風景慕，深以生不同時爲憾。先生冢嗣秫士，嘗從余遊，因訪其遺集讀之，蓋孜孜爲善之吉人也！至其殉難大節，足以横秋霜而貫白日。噫！講學如先生，吾無間然矣！

吳野翁傳

昔吳康齋同時，有龍潭老人者，晦跡剷彩婆娑丘園。余嘗傾慕其人，今乃見之於野翁吳先生焉。翁名光，字與嚴，江南

〔一〕「薄」，靜海聞氏本作「澹」。

武進人。幼有至性，十齡喪母，哀泣如成人，毀幾隕生。比就傅，警頴不羣，日誦數千言。爲文説理而華，有聲庠校。入太學，太學士爭交之，傳其文以爲式。久之，翁厭帖括，究心經濟，務爲有用之學，而以其餘力博綜典墳，旁及九流百氏，發爲議論，自成一家言，清明調暢，有韓歐風。甲申之變，翁聞之太息流涕，心怦怦者數月，取平日所擬時務並雜撰付火。自是絶意人事，結廬於滆東僻壤，日惟玩易自適。倦則徐步隴畝，與耕夫田叟較晴量雨，話桑麻，談稻秔；耳不受市喧，目不逐紛華，足不入言偃之室，口不爲名利之言，恬[一]泊逍遥，嗒焉於山水之間，自託於「野翁」，爲野翁傳以見志。其略云：

野翁無姓氏，問其年亦不記甲子。性不喜城市，雖居城市，胸中自謂有丘壑也，故自號曰野翁。翁爲人少可而多怪，落落然寡所諧於[二]世，然又平易近情，雖樵夫牧豎，相對歡然，未嘗有忤於物。少讀書，每厭章句，得古人大意，便爾欣然。晚年，一切庋置高閣，編茅插籬，廬於中田、桑柘之間。十畝閒閒，將終身焉，不復問人間世，亦不復知有人間世。人或謂：「翁胼胝之業，田家亦以此苦，而翁獨甘之，無乃不近人情乎？」翁笑曰：「吾自樂此，不爲疲也。」作苦之餘，把壺自傾，舉杯邀月，不覺歌呼嗚嗚，而翁從未嘗以詩酒問世，世亦未嘗以詩酒多翁。翁所最適意者，荆扉晝掩，閒居靜坐，曰：「吾於今日，猶能置身羲皇以上，標枝野鹿，庶幾未遠。」翁自號爲野翁，人亦因而稱之曰「野翁、野翁」云。

又自題其像云：「野翁、野翁，汝其是耶，非耶？胡不去而巾，易而袍，戴以笠蒻，衣之襏襫。徜徉於桑柘之下，隴畝之間，而拘拘束服若此也耶！余今爲汝贊。贊曰：「野翁之像，天予清癯，落落寡偶，人智我愚，露體塗足，以耕自娱。數椽容膝，甕牖繩樞，北窗之下，其夢于于。舉觴對月，把酒一壺，不廢吟嘯，烏烏而呼，任天且樂，老我農夫。」見者莫不爽然自失，其趣操與龍潭老人，蓋異世而同風也。所著有弄丸吟一卷、大學格致辨一卷、論孟合參一卷、中庸臆説一卷、讀書録

〔一〕「恬」，石泉彭氏本、靜海聞氏本作「淡」。
〔二〕「於」，原本作「與」，據石泉彭氏本、靜海聞氏本改。

鈔二卷、五願齋文集、耕娛集、遂初集、野翁日録共若干卷，而易粕十箋，象數義理兼詣其極，尤足指南來學於無窮云。

二曲隱者顒曰：余杜門息影，足未嘗他往。歲庚戌，躬祭先子於中州，因便至吳。吳人爲余言翁質樸坦易，逃名遁世之實甚悉。翁亦謬不余鄙，顧余旅次，相與商證性命，充然如有得也。繾綣不捨，遂稱莫逆。翁年倍於余，爲先輩，而殷殷雅誼，不棄葑菲，其盛德虛懷，默有以律夫余之簡亢也多矣！故次其概，以誌不忘。

陸孝標先生傳

先生諱卿鵠，字儁公，別號孝標，武進人，世有名德。父完學，歷官太子太師、兵部尚書，勳業德望，載在國史，爲近代名臣，卒謚端惠。先生其仲子也，少承庭訓，恪守先型，修孝弟廉讓之誼，厭薄聲華浮習。讀書惟求自得，爲文盱衡今古，一本性靈。弱冠遊庠，崇禎壬午中鄉試副榜恩貢，以端惠軍功廕中書舍人，恬退自守，不求仕進。端惠立朝清謹，莫敢干以私。先生日侍左右，多所贊襄。及予告歸里，疾作。先生躬奉湯藥，籲天請代，居喪哀毀骨立，動循古禮，服闋代更，遂絶意世務，娑婆丘園，潛心聖賢遺訓，悠然有以自樂。遇荒挺身昌賑，逢疫癘則捐貲施藥，掩骼埋胔，濟困扶危，爲德於鄉，不求人知。晚年嗜學益篤，嘗取其祖聚岡公所著講義與諸名宿考泝淵源，刪繁就簡，重刊廣布，謂季子士楷曰：「此吾家衣鉢也，須實體於躬而力踐之，不可徒事脣吻。」

庚戌冬，余遊武進，先生聞風，冒雪履冰，首顧余於城南龍沙，相與論學有契。自是日必一至，至則咨詢維殷，凡進修之要，安身立命之微，靡不究極。既而，迎余養疴於家塾，晨夕從事，訂證綿密。命士楷北面受學，而身執弟子禮愈恭，其孳孳嚮道，念切性命如此。余疾痊西返，率其子若甥操航遠送丹陽，泣別。別後書問不絶，深以不獲再晤爲憾。常寂處一室，屏緣息慮，晝夜默體，有得則寄音遙質。丙辰、丁巳之交，臥牀病革，猶念余不置，口占長篇貽余。卒年八十有二。

二曲野夫曰：先生年倍於余，爲先輩，而折節問學，雅意殷篤。卽此一念虛心，過余遠甚，余又何能相益耶？生平守身以清白，事親以愛敬，年彌高而德彌卲，心無玷而行無愆。捐館之日，巷多隕泗。蓋棺論定，輿有公評。余撫今追昔，因爲傳以識不忘云。

常州太守駱侯傳

常州太守駱侯，前余邑賢令君也，諱鍾麟，字挺生，别號蓮浦，浙江臨安人。才雄識卓，德器絶倫。弱冠舉於鄉，初任安吉州學正，力振學政，集諸生講授。先行後文，義裁禮導，曲成周至，諸生翕然孚化，咸慶得師。尋移令余邑，下車遍詢民瘼，凡利可因、弊可革者，次第舉行。不數月，百廢俱興，臨事裁決如流，四應不滯，察微洞隱，若家至戶覿，人畏之如神。增減藍田吕氏士約，刊布通庠。每季，大會明倫堂以軌士，訓釋六言，刊布里社。朔望，躬親講勸以齊民。立社學，擇民間子弟，授以孝經、小學以端蒙養。飭保伍以清奸宄，修社倉以備凶荒，省耕省斂，勞之以錢。〔二〕民高年有德及孝弟著聞者，時給粟肉。講約之日，召至約所，躬與均禮，令其坐聽，以示優異。里婦有拒姦自裁者，爲具棺斂葬，率僚屬爲文以祭。恤煢獨，撫流離；遇水旱，輒齋沐步禱，每禱輒應。凡所施爲，莫非民之所欲，而良法美政，往往出人意表，賢聲藉甚。

三輔興平缺令，俗刁多黨，署篆者視爲畏塗，咸規避，莫敢往。當事檄侯兼攝，侯感之以誠，惠威丕著，豪右不得逞，吏懾民懷，耳目爲之一洗，而興平非復前日之興平矣！鄠亦缺令，鄠民相與控，臺丐侯往攝。侯視鄠若家，撫字多端。代歸之日，老幼泣送。侯宰疲邑，連攝兩篆，政治所在，膾炙人口，邑長老歎爲「百年以來僅見」！九載奏最，擢京城北門指揮，至則詰奸緝盜，所部肅清。轉余郡司馬，秦人士喜侯復至，迎者踵接。臺司道府，夙習侯賢，事多咨詢，侯因調劑其間，造福於秦民者無算，秦民懽若更生。未幾，遷守常州。常爲三吴孔道，賦重役繁，吏蠹百出，侯隨宜釐正，吏胥奉法唯謹。禁營

〔二〕「錢」，石泉彭氏本、靜海聞氏本作「時」。

弁肆擾，革漕兑積弊，約束屬僚，悉心民隱。捐俸倡建延陵書院，以理學淑人。甫期月，深仁厚澤，遍及窮鄉，庶民歌頌，戴若慈母；逢掖之士，彬彬嚮風，奉爲師帥。會丁内艱，解任。郡人皇皇號慟，爲之罷市。歸家，事太公色養備至，居鄉出入以度，克己樂善，濟危扶困，惟力是視。既而，太公棄養，侯哀慕毁甚，營葬勞瘁，卒年五十三。卒之日，巷多隕涕，平生宦遊之地，士民咸爲位尸祝，亦足以見侯德澤入人者深矣！

李生曰：近世守若令，中間固不乏循良，然求其英毅有爲，政崇風教，自作縣以至守郡，始終以化育爲功課，則所聞所見實未有如侯者。而侯自視欿然，向學問道之誠，如恐弗及。余至不肖，侯不不肖余，辱承殊遇，不啻曹參之於蓋公。政暇，必枉顧荒廬，盤桓竟日。余自知甚亢，侯嚴重彌篤，情誼禮文，日隆一日，無少懈。今九原不可作矣！追惟既往，不覺泫然，故次其履歷之概，以識余感。

吴義士傳

毘陵有吴義士者，名發祥，字濬長。生而端謹，甫讀書，過目不忘。稍長嗜學，善屬文，補邑諸生，才敏識卓，見知於郡丞閔公。公雅有人倫之鑑，嘗曰：「吴生材器不羣，洞曉世務，非區區呫嗶流也。其爲時而生乎！」自是身不出里閈，而名已動遠邇矣。每詣郡城，郡人爭求識面，履滿户外。

明末之亂，濳跡荒僻。清初，出居陽羨，與同志講學采山。歸，復構講堂，集四方宿儒，説易研理，究心洛閩之傳。行必顧言，不爲空談。事親，先意承顔，備極誠敬；待弟位生，友愛曲至，食息與偕；視兄弟姊妹之子如己子，撫孤子三人，繼絶者一，扶孱者二，續命者四；脱諸虎狼之口，全其室家者五六；周其貧乏不自存，而飲食居室教誨之者十餘人。於宗族，則復祖廟，建宗祠，置義田；於鄉邑，則賑饑荒，立義倉，設義學。同邑唐雲客先生聞而歎曰：「嗟乎！吴君一諸生，上無累葉素封之貽，下無宗族同志之助，而銖積寸累，勇於爲義如此，可謂今之古人！」

康熙庚戌，余應郡守駱公之聘至毘陵。毘陵賢士大夫，爲余述其義甚悉。余聞而儀之，方欲物色造訪，適義士惠然顧余，相與浹談徹晝夜。語及義士之「義」，乃義士絶不自以爲義，惟以身心性命爲急，以不獲洞原透本爲憾。退而肅贄執弟子禮，北面事余。義士年長於余，其懿行義舉，皆余所弗逮，辭謝再四不敢當，而義士執志愈堅，禮余愈殷；不獲已，乃許以師友之間互相資。既而，率其弟位生、子英武、姪丕武、甥邵公甫，同及余門，追隨弗倦。余臥疾旅次，劇甚。義士晝夜掖侍，延醫珍[一]調，藥必親嘗。迨余西返，涕泣遠送，踰京口，抵維揚，肖像拜别，嗚咽不自勝。歸而鬻其產業，建延陵書院，集同志切砥於中，力弘斯事。丙辰，水災，芙蓉、黄山等圩，堤岸衝決，壞者萬家。乃設爲「八議六勸」以獻當事。一時臺司守令，靡弗稱善。丁巳，奉委往賑，出入戴星，不辭胼胝之勞，計口分給，粒粒均沾；時或不敷，則捐私蓄以補。戊午、己未，大旱繼以大水，饑疫相仍，僵斃道塗者相屬，義士惻然傷之，日夜籌畫，廢食忘寢。始捐米，繼捐銀，又屢挺身條議。當事夙悉其賢，益委任焉，竭蹶四鄉，日無寧晷。又倡爲社倉法以備歲歉，保甲法以彌盗息爭，百計周旋，委曲綢繆，謀必求其久，惠必求其實，即招嫌賈怨弗恤。居恒遇人憂患疾苦，輒痛若身經，苟可用力，盡意爲之。凡排難解紛，雁幣麥舟之惠，施及里閈者，未易更僕。濟人之急，即己所必需者，亦先以急人；行人所不能行，不但今人所難，雖方册所載，亦不多見。由是，義聲蜚甚，通邑士民謂：「義士所爲，與山林有道相符，當在徵辟之列。」同聲合詞，請於督撫。督撫以義士樂善不倦，加惠桑梓，將疏薦於朝，義士聞而驚愕，具呈再三固辭，乃止。

自余西返，義士寤寐思余，歲時寄書問訊，遥質所疑弗絶。壬戌，束裝治行，將入關訪余，至中塗患疽而歸。丙寅，議修先賢季子祠，首捐貲爲同宗倡。丁卯冬末，感微疾。戊辰元旦，拜謁家廟畢，自是静默不言，凝神以俟。十二日，訣别位生，勉以道義，語不及私。妻問以後事，麾去曰：「何言！」與位生笑語如平時。次晨，取水自浴，正衣冠，翛然而逝，年七十。生平内行修謹，細節必飭。無事則斂目端坐，肅穆恬定；應事接物，則敬慎周詳，坦易和平。逝之日，遠邇盡傷，巷多隕

[一]「珍」，石泉彭氏本、静海聞氏本作「診」。

涕，亦足以見德義之入人者深矣！ 其義行詳具義田記、社倉集、救荒録、延陵書院志。

李子曰： 吳義士，天下義士也。天性仁慈，視人猶己，其行義懇惻肫摯，恫瘝在念。語稱：「仁者，以天地萬物爲一體」，「士當先天下之憂而憂。」今於義士見之矣！ 雖嘗問道於肓，忘年師余，而其爲人，實余心師。迄今每一念及，未嘗不私竊歎服，爽然自失。噫！ 論篤易與，實行難得。義士實行若斯，而倏已作古。難得者，得而復失，痛何可言！ 故次其概，以誌余痛。

李逸史傳

李逸史名士璸，字文伯，同州人。幼嗜學，善屬文。弱冠入庠，卽知名於時，試輒居首。以積廩貢，婆娑丘園，不求仕進，博綜典籍，殫心著述，號玉山逸史。天性孝友，父疽發於背，不能臥起。逸史晝夜掖侍，衣不解帶者月餘，口吮疽毒而愈。母疾亦然。迨父母以天年終，喪葬一遵文公家禮。教育二弟士琦、士球，咸列籍膠庠。爲人與物無競，横逆之來，遜避不校。庚辰奇荒，以應聘入幕之金糴粟，活其戚眷數家。前後州守聞名優禮。乘間默施陰隲，雪冤救患，推賢揚善，初未嘗令其人知。一宦家友，因兵馬紛騷，遺銀伍拾兩，逸史拾而訪還。見知於張太僕忠烈公暨司寇李公，張獎勵甚至，李造廬躬訪。居恆力行善事，檢身綦密。朔望，焚香矢神，自記功過，凡不敢記者，卽不敢爲。嘗題廳聯云：「戴履七旬，寒影總由天地照；省修三紀，樸心常告鬼神知。」以爲道在是矣。

及晤余談學，不覺爽然自失，深悟從前逐日筆記爲義襲，退而肅贄執弟子禮，問道於余。睹余所著學髓，直指本體，喜躍如狂，自謂「曠若發覆」。自是，凝神内照，敦本澄源，杜門簡出，日閲先儒語録。年垂九旬，手不釋卷。燈下楷書細字，録其會心者成册，藉以自警，神旺氣充，無異少壯。州守朱公表其閭曰「關中文獻」，藺公四舉鄉飲大賓。所著有文學正譜二卷、羣書舉要二卷、孝經要義二卷、四書要諦四卷、小學約言一卷、理學宗言二卷、王陳宗言二卷、詩餘小譜一卷、問疑録一卷、玉山前後集十卷。

土室病夫曰：余宴息一室，未嘗他往。康熙戊申，蒲城王省菴，同州白泊如、王思若、党兩一、馬立若、張敦菴、馬仲足諸翁，偕逸史迎余論學。諸翁年皆倍余，逸史亦躋古稀，首先忘年折節，北面於余，長跽請教，事余甚謹。即此一念虛心，過余遠甚！則逸史實余心師，而余豈足以師逸史乎？既而，諸翁相繼凋謝，余拊時懷舊，每竊悼嘆，幸逸史以名德享上壽，巋然如魯靈光，訂道印心，郵筒往還弗絶。顧各天一方，晤言無從，故爲傳以寄余思云。

張伯欽傳

張伯欽名志坦，余友武功茂才張澹菴之伯子也。生而端淳，幼不爲兒嬉。飲食知奉親長。稍長嗜書，習制舉，補邑諸生，溫謹之性，庠校推重。澹菴中歲丁内艱。讀禮之餘，睹朱程遺集有感，遂脱跡紛華，潛心理路。不以余爲不類，問道於盲，契余甚篤，時過余切砥。伯欽緣是知余慕余，嚮往殊殷。壬戌春暮，偕同邑馬生仲章受學於余，尊聞行知，不爲空談。每旦，拜先祠暨父師畢，肅穆靜坐，儼然如對神明；恭讀五經、〔二〕四書、小學及宋明以來諸儒先論學書，悦心研慮，體諸身，驗諸日用。事父，晨昏定省，寒暑罔間，出告反面，言動必請。痛母蚤世，事繼母先意承顔，無異所生。念叔母孀節，敬養兼隆，誠意懇惻深至。友愛諸弟，食息與共。御僮僕，無疾言遽色。家庭之間，怡怡如也。敦宗睦族，恩誼周浹，待人接物，藹若春風。居恆飭躬礪操，跬步必繩諸義。室設先聖，四配周、程、張、朱位，焚香對越，寤寐羹牆，揭其微言要語於座右，藉以警策。服膺余訓，造次弗忘。余嘉其志篤而力勤，方期以遠大。丙寅秋仲，忽以疾卒，年僅三十。向令天假之年，不知所進何似？賢而夭，聞者莫不悼惜，余安能已於慟耶！故撫膺拭涕，特爲傳以寄思。

〔二〕「五」，原本脱，據石泉彭氏本、靜海聞氏本補。

惠含眞傳

邑有粹德高士惠君，諱思誠，字含眞者，余平生心交也。爲人外木訥而內文明，孝友孚於鄉邦，忠信可貫金石。蚤歲遊庠，同庠之人，欽其行誼，斂衽推先。余弱冠識荆，見其沉潛簡重，不覺爽然自失，興懷嚮往。君亦不以余爲不肖，誤謂：「可與共學。」自是，心孚意契，歡然忘形。余多言而躁，一生多口過；君靜默寡言，居恆鮮尤悔。余性卞急，君性舒徐，自初交以至垂白，未嘗見君有疾言遽色。時相聚首，藉以自律。迨余杜門謝客，與世暌絶，惟君之臨，啟鑰晤言，無間晨昏。方期時相過從，慰余岑寂，忽脾弱食減，思還造化，勑斷家事，勿復相關，卻食飲，屏家人，寂坐弗語，凝神待盡。余聞之，遣醫診視，卻藥弗進，曰：「區區行年七十有三矣，雖無甚疾苦，而不良於食，蓋數止於此也，當安數聽命，何用求生？」乃操筆柬余曰：「屢蒙遣人遠視，繼以醫藥，雅誼肫摯，感切於心，奈賤軀大數已盡，勢已難挽。諸事皆已了脱，所難夷然者，弟去後吾兄再無一人談心爲可傷耳！生死交情，言盡於斯。」余得之，驚愕憂虞，亟命余兒愼言趨候。至則見其神閒氣定，無異平時。次晨，衣冠危坐，戒家人勿哭，從容告别，怡然而逝。

噫！四十年心交，一旦訣别，誼猶骨肉，生死竟不相接，地下人間，從此永隔。自今以往，余有面安嚮？有舌安施？悵悵前塗，何以終老？殆無與樂餘生矣！余卽鐵石作肝，亦安能免鍾期之痛也。敬次其相與始末爲傳，以誌余思。

峪泉子傳

峪泉子姓馮氏，諱雲程，字海鷗，世居郿之湯峪，因號峪泉。生七歲而孤，外侮内難並臻，感憤思有以自立。從師肄業，刻苦倍功，冬不爐，夏不箑；篝燈午夜，食寢俱忘。久之，經藝大進，下筆絶塵，見者驚異。十八，補博士弟子，試輒前茅，每爲督學使者賞鑑，以數奇，連不得志於秋闈。逆闖僭號長安，考選職官，峪泉子義炳幾先，遁跡不就。順治丁亥，拔萃成貢，選判賓州，廉以持己，仁以及物。於地方利病興革，職所得爲者，爲之不遺餘力；不得爲者，力請於守，減供應，捐常例，竿牘苞苴，概弗之納。弊絕風清，惠義丕著。諸上官聞之，莫不傾信，事有疑難，悉心咨訪。人方慶峪泉子居下獲上，而峪泉子淡於宦情，林泉興思，任甫半載，即浩然賦歸。諸上官咸惜其去，相與諭留，峪泉子辭益力。

歸而棲懷物表，笑傲煙霞，流連圖史，寄興篇什。與同邑李雪木鍼投芥合，相倡和，逍遙於太白、溫泉之間，自適其適。自謂：「脫仕籍，出樊籠，覺耳目心神，始爲我有。」爲人率意任眞，遇人無貴賤賢愚，一接以誠，有懷必吐，言無矯飾。性介直，面斥人過惡，至無所容。狡僞之徒，動是矯拂，然素悉其爲人，咸爽然自失。古稱「劉四罵人，人不怒」，今於峪泉子見之矣。生平視人猶己，熱腸摯誼，人情所難。耆儒王麗澤者，勝國蒲宗也，鼎革後，流寓二曲，訪友於郿，遇盜被劫。峪泉子憤若身經，倡紳衿呈究。盜懼，還其所劫，密以重賄乞哀，斥去弗顧。從姪夤夜見殺於讐，峪泉子挺身鳴冤。其人謝以重賄，亦力卻。居恆視不義之財如讐，甘貧賤如飴，嘗曰：「予一身無長物，止有四肢勁骨耳。苟見財易操，則勁骨折矣，此身將奚賴也？」又曰：「酒色財氣，欲海也。人所易溺，予性不喜飲，與酒無緣；若乃聞姦夫則刃淬，聞淫婦則劍鳴。花街柳巷，過而不問；秋胡輕薄，恥而不爲。二疏云：『賢而多財，則損其志；愚而多財，則益其過。』敗名蕩檢，皆此物也。』予雖無似，於斯三者，差覺近岸，而於『氣』則不免，由無養故也。今將就木，而猶然如故，毋乃蓋棺方定乎！語云：『欲做好人，須尋好友。』氣動而遇友則消，故李溫陵以友爲性命，自謂『一日不可離，良有以也』，我平生有友五人焉，本邑則雪木李子，文章道誼，不忮不求；二曲則名世趙君，剛方正氣，嫉惡如讐，不幸先我而逝。每一念及，不勝人琴之感；鄠邑則爾緝王子，言動弗苟，內外如一，塵軒冕而芥金玉，有覺世之思；晚得一人，則二曲司訓劉茂林，肝膽氣誼，流俗罕儷，與我莫逆，殆有宿緣；繼得瀟灑之友方白趙君，山水墨竹，妙染逼眞。我與此數友，時相盤桓，以樂餘年，置死生得失於度外，不知老之將至云爾。」此則峪泉子生平爲人之大略也。

峪泉子無子，人咸嘆：「天道無知，致伯道乏嗣。」峪泉子則悠然自得，視無若有，毫弗介懷。有一女，二曲中孚子爲長子愼言擇配，嘉峪泉子名行之美，遂聯朱陳之好。峪泉子緣是流寓二曲，垂三十載。中孚子熟察其履歷之詳，不禁心折。峪泉子近因年逼桑榆，西返故土，以正首丘，中孚子不勝睽離之感，故爲之傳，以當晤對。

張澹菴傳 有序

亡友張澹菴歿之日，余既爲題其柩前之旌，又爲文以哭之矣。越二年，其仲子世坦謀歸葬先營之兆，余聞之泫然涕下而嘆曰：「嗟乎傷哉！如斯人者，今豈易得哉！今豈易得哉！而可無傳以傳吾友歟！」於是，抆淚而追爲之傳。傳曰：

澹菴子姓張氏，世爲武功之著姓，名承烈，字爾晉，澹菴其晚年自號也。父諱棨，以孝廉任永平府四府司李，生澹菴子兄弟五人。歿之日，澹菴子年始十一歲耳。性激烈，即喜爲任俠行。迨十七八時，入補邑庠，遂以豪俠名郡邑。邑之喜俠者，胥倚賴之。丁未歲，澹菴子適有山左之行。弟承勳病歿於家，澹菴子素友愛，歸而撫柩大慟曰：「向使吾無此行，吾弟或可不死，即死亦得以面訣。今若此，是吾過也！」乃悔其前之所爲，謝絶舊所與遊，而一切循蹈繩墨。日用惟奉母李孺人，怡怡色養；撫弟遺孤，恩斯勤斯。耕田課讀，一變其舊日之習。未幾，李孺人歿。澹菴子棺斂祭葬，悉遵古制，而執喪三年，尤稱盡禮，於今時爲至難，然尚未知從事正學也。

自後綿歷益久，閱世故益知無味，撫弟孤而孤復喪，乃始奮志於心性之學。嘗曰：「少年喪父，學無師承。既汩於制舉，復亂於意氣。爲俠客，誤我二十年；爲諸生，誤我二十年。今此可復爲鄉愿誤耶！」乃折節讀周程諸先正書，交遠邇留心正學之士，端居閉戶，終年潛心究極，期以必至乎古人而後已。

當始之任俠也，於余若冰炭焉，見若弗見，聞若弗聞，遇他人調譏之，則且爲益之薪焉。及一變而循規蹈矩也，則於余以鄉曲之常儀禮之，無譽亦無毁焉。迨其大悔而志道也，則於余隆禮致敬，不啻自其口出，蓋幾忘其與余儕輩，而若爲北面之恭者。每月餘，非君渡渭就余，則命蒼頭持證會所得求質。當是時，長子志坦年二十五六，惇篤有志。澹菴子珍若重寶，相與切磨正學，不使汨於諸生掌故之業。壬戌，遂攜之而南，受業余門。窺其志，眞有與心齋父子並駕齊驅之心；而余之視武功一路，遂若晦菴之視建陽一路，亦不啻口誦而心維矣。無何志坦歿，澹菴子摧懵幾於喪明，每言輒哭，每念輒哭。每對余言：「生死常事，烈非私此一子，其如失烈諍臣，奪烈良友何！」言訖，輒淚湧湧如雨注。對者無不隕涕。然猶以志坦子錫春醇慧，少娛目前。無何錫春亦殤，而澹菴子遂摧折不自勝矣，竟於癸酉年十二月長逝，得壽六十有二。然卒之時，雖氣息奄奄，而能自勉握持，神志不大紛亂，則蓋其十餘年學問從事根本之力云。

大抵澹菴之學凡三變，而愈變愈正。昔朱文公贊橫渠先生曰：「勇徹皋比，一變至道。」若澹菴子者，眞有徹皋比之勇！向使天不遽摧，而志坦生存以夾輔，其詣可量哉！至若宗弟雪木，遠在鄜邑，而繒縞締交；余門人鄠邑王爾緝，年半於君，而忘年訂契；同邑魏儉德數人，皆一時端士，而相視莫逆，是皆君三變後所交之人。倡族合祭，尊祖睦族，纘續族譜，聯屬宗人，經始義倉，賑濟族之貧窶，是皆君三變後所行之事。所著家訓、日記、洗心齋集吟，是皆君三變後所著之書。嗚呼！觀其所與，而其人可知；觀其所行，而其心可知；觀其所言，而其志可知。君三變歸道之勇，已自足傳示奕世，爲人倫龜鑑。迺所與之當、所行之美、所言之正如是，而謂易得此於今之世哉！世俗忌善而念舊，君或不免於非分之謗。要之，君之晩節，自正大光明也！人心不死，必有以余傳爲知言者。

卷二十一

鄠縣門人王心敬彙輯

墓誌　行略　墓碣　〔贊〕[一]

宿儒泊如白君暨元配王孺人合葬墓誌銘

君諱煥彩，字含章，泊如其號也。按狀：白氏之先，華州羅文橋人。遠祖諱君禮者，元季徙同州之戶軍，以孝弟力田世其家，子孫恪遵先型弗墜。祖諱應先，好善樂施。父諱守綱，崇德嚮學；娶石氏，生四子：長希彩，次受彩，又次耀彩，季即君。生而端凝聰穎，不爲兒戲，飲食知奉親長。稍長，嗜書，工制舉業有聲，試優食餼。伯兄嘗受學長安馮恭定公之門，歸而時以其所聞語君。君傾耳諦聽，私竊嚮往。自是厭帖括，息進取，一反之於經，玩易洗心，詩、禮、春秋多所自得。蓄書之富，陜[二]以西罕儷，讐校精詳，淹貫靡遺，而沖遜自將若一無所知。明末，鄉先達張太乙、武陸海集同志論學，君每會必往；又與別駕馬元昭論學於寄園，律身愈嚴。

康熙戊申，偕王省菴肅車迎余至其家塾，執禮甚恭。凡進修之要、安身立命之微，靡不究極。君年倍於余，爲先輩，而

[一]「贊」，原本脫，據靜海聞氏本補。
[二]「陜」，原本作「硤」，據長白完顏本、靜海聞氏本改。

折節問道，雅誼殷篤，即此一念虚冲，過余遠甚。余對之未嘗不斂袵推先。是時，紳衿聞風爭造，遠邇駢集。君適館授餐，略無倦色。既而，以室隘不足以容衆，慨欲捐貲鼎建書院於所居之左，大立講會，值時方多事弗果。余既西返，君率同志結社切砥，恪守余説不替。不入城市，不謁官府，終日晏坐一室，手不釋卷。府丞郝公諱斌攝州事，慕君式廬，聆君議論，退而歎曰：「白先生，關中文獻、州之宿儒也。吾得親承謦欬，何幸如之！」以「尊德樂道」顔其居，亦可謂知君矣。

君神旺氣充，素鮮疾病。客秋八月，猶手書訊余。九月初三，忽感微恙。次日申時，整衣冠危坐中庭而卒。平生天性孝友，事親恭兄，怡怡祇奉。居親之喪，一遵文公家禮。仲兄之喪，捐五十金以佐其費。與三兄出入相偕，疾病相依，食飲弗離；其亡也，以己貲治喪營葬，痛悼無已，徵詩以闡隱德。居恆恂恂恭謹，舉措以禮，擇而後言。聞人過，未嘗出諸口，遇物如恐傷之，能忍人之所不能忍，未嘗與人校曲直。睦鄉敦舊，賑喪恤貧不厭。所與遊，本州党兩一、王思若、張敦菴、馬立若，蒲城王省菴，以道誼相徵逐。居家儉樸，淡然無營。

元配王孺人，温柔嫺禮，御下有恩，先君而逝。君日夜痛悼，每食必供如生，與同牢喪葬，情文兼至，聞者嘆息。君生於明萬曆三十五年五月二十日寅時，卒於清康熙二十三年九月初四日申時，壽七十有八。孺人生於萬曆三十七年正月初十日丑時，終於康熙八年八月二十五日未時，壽六十有一。子孔暠，早夭。次子繼賢，庠生，娶庠生馬君諱樞女；病亡，繼娶庠生李君諱長泰女。孫乃武，孫女某，俱馬氏出；次孫乃文，李氏出。繼賢卜以二十四年十二月初四日巳時，葬君於洛西新阡，與孺人同壙，斬衰持狀謁余，丐以誌銘。余身隱焉文？概不爲文；兹感君曩誼，特破例次其大者，而繫之銘：

聖遠言湮，大道蕪兮。惟我與君，懷古處兮。君胡先逝，邈難睹兮。形歸窀穸，神孰沮兮。尚安幽宅，永奠於兹土兮。

党兩一翁行略

翁名湛，字子澄，同州人。嘗言「人生須做天地間第一等事，爲天地間第一等人」，故號「兩一」以自勗云。父從賢，廩生。兄淳，增生。翁獨不事帖括，勵志學修，根究理道。宋明以來諸儒論學語，潛鈔密玩，日不去手，揭其會心者於壁，藉以警策。

性至孝，父患癲，家人莫敢近。翁調養掖侍，晝夜不離側。及歿，廬墓三年如一日。澹於營生，僅有田數畝，躬耕自給，卽或蔬薪不繼，寧飢寒是甘，終弗告艱於人。同郡張忠烈公高其行，欲贈扁褒美，翁力辭。居恆默坐土室，澄心反觀，久之恍然有契，自是動靜云爲，卓有柄持，神氣凝定，表裏坦夷。其在家，則雍雍于于，造次不失規度，遇人無長少賢愚，一接以誠。與子言孝，與弟言敬，務導之以安分循理。嘗慨士習日乖，汩没於口耳伎倆，原本竟昧昧也；於是，時向友朋開陳學問之實，反覆諄悉，娓娓不倦。年望八旬，而神采映徹，無異中年。辛丑冬，聞余倡道盩厔，冒雪履冰，不憚數百里訪質所學，相與盤桓數日，每至夜分，未嘗見有惰容，其志篤養邃如此。

卒年八十四，署州事郝郡丞諱斌躬親致祭，爲之豎碑，大書「理學孝子党兩一先生之墓」以表之。翁子克材，〔二〕孫承祖，咸從余遊。承祖弱冠慕道，刻意躬修，日記言動於冊，自考得失，不幸夭亡，聞者惜之。

朱景含行略　有序〔三〕

余邑有兩善士，一爲鄉約朱翁諱彩，字旭陽；一爲先生諱吐光，字景含，並操履不苟，藹然前輩典型。余年未弱冠，卽雅慕兩翁，時時形親神就，兩翁亦不以余爲不肖，並忘年契余，善相勸，過相規，以古道相成，往還弗替。旭陽，順治中病歿，余躬視含斂，周旋喪側；比葬，執紼下窆，清明拜掃其墓者三年。每一念及，輒潸然不禁，然猶幸有先生在，居恆互相切

〔二〕「克材」，石泉彭氏本、靜海聞氏本作「充林」。
〔三〕「有序」，原本脫，據長白完顏本補。

砥，猶不寂寞。乃先生頃亦奄然作古，老成凋謝，於斯頓盡，撫今追昔，曷勝哀感！謹次先生之概以爲行略，俾後之知慕先生者有所考鏡云。

先生上世隸軍籍，居邑之蘇村，世業農，有隱德。先生生而端慤，幼不爲兒戲，飲食知奉親長。稍長嗜書，工制舉業，籍弟子員，有聲庠校。質直行方，一私不可干，人目爲「秀才中包家」。篤於行誼，事親先意承歡，自辭受取與進退，以至拱揖遜讓、居室食飲，務畫地而趨，媕阿之態、側媚之行，絕不緇於心而染於躬。明末，流寇縱横，所至屠城陷邑，殺掠甚慘。先生率鄉人築堡，自此一方倚爲保障。朔望集堡衆講鄉約，以淑其鄉。凡有爭訟，躬判曲直，有王彦方之風。晚年，勅斷家事，究心理道。暇則施湯以濟行旅，施藥以療貧病，懿行粹德，不勝更僕。當事嘗以「孝弟忠信」表閭，「樂善不倦」旌廬，聞者咸謂名實允符，而先生則自視〔一〕欿然，日孜孜以道義提躬，惟恐弗及。

余賦性偏駁，動履多錯，數十年來每藉先生剛方之氣，律余未逮。余未閉關以前，時詣先生之廬；迨杜門以後，間迎先生於家，款聚盤桓。自癸亥後，先生年邁力倦，步履維艱，余雖不敢敦迎，而一念嚮往之私則不間晨夕。先生卒年八十有八，得正而斃。天地之正氣，終以還之天地而不可留也；而其耿耿不磨者，足以昭日月而並乾坤。此余所以流連追慕，而不能已於懷也。後之欲知先生者，尚其鑑於斯。

題唐潔菴墓碣

往余應毘陵駱郡伯之聘，寓郡南小悉園，一時郡中諸名賢多過我者；而潔菴先生唐翁過我尤勤，論古談心，晨夕晤對。瀕别繾綣，别後見懷，十餘年來書問頻寄不絕，緇衣篤好有不可得而形容之者。余不知何以得此於翁？身非木石，何

〔一〕「視」，原本作「是」，據長白完顏本、石泉彭氏本、静海聞氏本改。

敢一日而忘翁耶？

客春，邵子幼節寄音於余，俾爲文以壽翁。今夏楊子雪臣報訃於余，俾爲文以傳翁。邵子稱翁「貧而介，隱德隱操，居恒不求人知」，楊子稱翁「坦率諒易，任眞而行，不愧三代遺直」。余未見翁誌、銘、行實，不識翁之生平；而二子皆天下士也，其所推許當不誣，則翁之爲人從可知矣。蓋翁爲荆川公從孫，凝菴公從子，家學淵源有自，其立身有本末，不墜家聲，有以也夫。余感翁惓惓雅誼，故因二子之請，遥題翁墓而識其由於碣之陰。

題楊砥齋墓碣

曩余遊毘陵，毘陵有隱君子楊雪臣氏者與余善，數爲余言其從兄砥齋先生風節。余聞而儀之。先生亦不以余爲不肖，數顧余寓論學，器宇軒昂，音吐洪亮。余對之不覺斂衽。别離以來，時繫余思。頃先生家嗣不遠三千里寄書告訃，余始知先生作古。讀先生行實及澄江黄君所爲先生傳，益悉先生生平。蓋百行無忝，一善難名；而其大者，翛然塵外，蟬蜕〔一〕世榮，確乎不拔之操，足以愧奔競而振頹風。余故遥題其墓，竊附仰止之私。若夫先生學問言行之詳，自有行實及本傳在，余無容贅。

題王省菴墓碣

王省菴先生諱化泰，賢而隱於醫，篤志理學，潛心性命。初與本邑單元洲結社講究，後與同州党兩一切砥密詣；既

〔一〕「蜕」，原本作「脱」，石泉彭氏本、静海聞氏本改。

而，忘年折節，不遠數百里訪余商證。間歲一至，至必晨夕晤對，盤桓浹月。居恆屏緣寂坐，超然獨契於擬議之表，助忘交融。嘗連吟三絶云：「此道關心三十年，昏明定亂幾千千。些兒會得天根處，寤寐何曾離枕邊。」「個裏包羅坤與乾，人心微動便危焉。須知放下自吻合，萬古如今無間然。」「大道周流本自然，時行物育復何言！天人詎有兩般理，合正由來賦予全。」自是眞機洋溢，操縱自如，胸次淨徹，天宇如洗，而自視欿然。每以年衰日暮，惟恐空談虛悟，究無當於實際，學無歸宿，虛度此生，念及輒欷歔涕零不自禁，曉夜皇皇，如餒思食、渴思飲，寒露思衣，收攝保任，瞬息弗懈。庚申三月，感微疾，凝神以俟，沐浴更衣，翛然而逝，年七十五。

平生事親孝，交友信，處己恬淡無營，獨居未嘗有惰容，雖盛暑未嘗不冠帶。性方嚴峭直，面斥人過，辭色不少貸。人有一長，卽欣喜推遜，自以爲不及。拯困扶危，樂導人爲善。刊布迪吉録、僞學禁諸書，俾人有所觀感。行誼之卓，流俗罕儷。郡伯董公崇德尚賢，特表其墓，以示風勵。余故遙書行略於碑陰，庶睹墓表而興思者有所考鏡云。

書張雲巖墓碣

雲巖先生諱鼎文，字伊仲，常之武進人。孝友之行、介潔之操，坦率樸澹，卓有古風。究心書史，韜光獨詣。居恆不求人知，而人亦卒莫之知。生平所學，未及一試而卒，識者惜之。余至常，或爲余述其概，遂式廬再拜，題其墓以誌追慕之私。

題康約齋墓碣

郃陽約齋康君，砥德礪操，鄉評推重，蓋闇然獨行君子也。篤緇衣之好，與余神交有年。其子乃心每遇過庭之日，聆君義方之訓，語及余，輒不啻自其口出。乃心賢而文，以風雅著聲，關中人咸爲君慶。君視之欿然，深不欲其僅以文見時，令負笈跋涉川原，就余問學，戒空談，敦實行，動必循禮。

昔朝邑韓恭簡公斂華就實，一變至道，本其父蓮峰老人督之，父子同心，近代傳爲美談。以今觀君，可謂異世而同風矣。君生平絶跡紛囂，棲懷物外，未嘗高談性命，而綱常倫紀，待人接物，靡不曲盡理道。余居恆欽其爲人，故於其卒也，特破例大書於碣，以表其墓。

墓記書後

嗚呼！此毘陵邵生哲明墓記也。余一見標籤愕甚！亟閲其記，慟甚！余方期生大成，望生遠到，乃遽已作古耶！余曩遊毘陵，生從余學，質性謹愿，言動舒徐。余喜其根器近道，語以克復之實，莫逆於心，遂日依余側，有聞必録，潛體密詣，不尚言説，衆或論辯，生獨寂然。余應錫山、澄江、靖沙講學之聘，生實追隨，静重老成，同儕咸推。暌離以來，余恆縈神，以生質既美，庭訓又臧，其所成就，當不可量。詎意一疾不起，奄然長逝，地下人間，幽明永隔，余將何以爲懷耶！撫今追昔，不禁慼愴抆淚，書此以識余痛。

題達州牧九芝郭公墓碑

公諱傳芳，九芝其字也。有康濟才，以明經丞咸寧，賢聲蜚三輔，諸上官莫不嚴重，事多咨決，倚若蓍蔡。歷咸寧、郃陽、澄城、長安劇邑，神明豈第，卓絶一時；所居民戴，所去見思，尸而祝之，如奉私親。及宰富平，治邑如治其家，善政善教偕行，仁言仁聲並入，實績奏最，欽賜袍服。膺内召，會東川郡邑新復，需人字撫，遂改牧達州，未幾病卒。弗獲究厥施於天下，而僅以循良著，識者惜之。然密邑、中牟、穀陽、桐鄉皆以邑顯，生有榮稱，歿而奉嘗，登諸簡册，流馨百世。彼其時，身不出都門，位卿相而名湮滅無聞者，方此何啻霄壤！

公自咸寧時奉督撫檄，主關中書院，修省志，卽與余以爲己之學相切砥。其在富平，爲余築室幽阿，迎余款聚，究極性命。自是反己入微，務敦大原，葺愼廬於署，揭「四說」以自矢，[二]其操嚴祇勅如此。余不肖，承公特達之知，雅意相成，受益實宏，今知己云亡，曷勝人琴之感！謹抆淚遙題公墓前之碣，而次其概於碣陰，以誌余痛。若夫履歷事蹟，居恆膾炙人口者，詳具銘、狀、傳、表，無俟余贅。

書太史周澹園墓碑後

余友周澹園，穎悟夙成，讀中祕書，風雅擅長，有聲宇内。而自視欿然，惟以理學爲歸宿。居恆究心濂、洛、關、閩之旨，潛體密玩不釋手。嘗不遠數百里，訪余於頻山土室。余時閉關養痾，概不見客，辭謝再三，執禮彌恭，乃啟鑰延入。藹如之言，粹盎之容，一見不覺形親神就，歡若平生。其所商證，言言根極理要。自是鍼投芥合，聞問時通。立身行己，大體卓然；推以及人，惟恐人昧所向。使交趾，守南康，督蜀學，所至以理學爲倡，惓惓提撕獎勸，引人入勝。聞者翕然孚化，咸稱「空谷足音，曠世僅見」。其貽余書有云：「弟萬里交南，兩年星渚，凡一言一動，莫不奉先生之矩[三]範以爲周旋。今量叨蜀衡，崇教化，正風俗，尤其耑責。雖事務紛紜，而一念兢兢自省，少一分戕賊，卽存一分生氣，謹試五府一州，而人情士氣大有觀感，差堪自慰。」由是觀之，則澹園之注措，於是乎加人一等矣！昔李文達公謂「宦塗惟薛敬軒以理學爲務」，今余於澹園亦云。關中學脈，自呂、馮而後久已絕響，得澹園注意。

[二]「『四說』以自失」，原本作「『四以說』自失」，據石泉彭氏本、靜海聞氏本改。
[三]「矩」，原本作「渠」，據石泉彭氏本、靜海聞氏本改。

余方藉爲歲寒盟，而一旦溘然，吾道益孤之嘆，曷維其已。厥嗣舉葬，請余文其壙中之石，余素以此爲戒，而道誼同心之雅，又不容已，乃遙題其墓碑，而揭其可挹之大者於碑陰，庶觀者知所嚮往。

陸孝標先生贊　有序〔一〕

先生吳之名德也，與予鍼芥相投，情踰骨肉。惓惓雅誼，予未嘗一日有忘。謹贊其概，以志予感。

粵惟在昔，衛有武公，行年九十，其進遄征，既底於化，世鐫厥功。今也先生，大耋既登，好學弗衰，差堪與並。孝友傳家，忠謹律躬，如玉在璞，如金在鎔。脱彼世氛，潛心内瑩。辛亥之歲，予遊毘陵，二豎爲虐，鼻息屏營。先生念我，醫藥過從。館予於墅，氣體漸充，身心相訂，緇好彌隆。比予言旋，千里躡蹤，攜子若孫，靡憚修程，臨歧握手，涕泗盈盈。我返隴右，君老江東，別來七稔，彼此神縈，跂予望之，蕲勿替乎，秉燭之明。

吳野翁先生贊　有序〔二〕

先生吳之隱君子也，貌古、心古、學古、文古，〔三〕諸所撰摛，足以凌駕當世，而媲美韓、歐〔四〕。予曩遊毘陵，承先生不鄙，

〔一〕「有序」，原本脱，據長白完顏本補。
〔二〕「有序」，原本脱，據長白完顏本補。
〔三〕「文古」，原本脱，據石泉彭氏本、靜海聞氏本補。
〔四〕原本「歐」後衍「文古」，據石泉彭氏本、靜海聞氏本改。

忘年折節，日就予盤桓，高風遠韻，令人穆然有璞玉渾金之思。謹贊其概，以誌傾企。

世有稱人之學若海也，予不謂然，而於先生信之；世有稱人之養若璞也，予所未覩，而於先生印之。著述之富，人弗及也。苟奮其才，尚或進之。大易之藴，蓋昔賢所〔一〕未能晰也；而先生之闡發，亶其盡之。孔子云「先進於禮樂」，彼何人斯？維先生庶乎！近之千載而下，相傳有耄而好學、繼踵衛武者，匪先生其孰堪任之！

楊商玉先生贊 有序〔二〕

余囊遊毘陵，承先生不鄙，日就余盤桓。又爲余梓書問世，繼以長篇。瀕别眷戀，不覺泫然，惓惓雅誼，余未嘗一日有忘。欲述先生平行履以立傳，而地隔吴秦，無由悉其詳，姑就先生言貌，以贊其概。

於惟先生，學醇養靜。於俗弗流，與物靡競。湛定優遊，淵澄月映。措躬孔潔，吐辭維令。癯然其貌，介然其性。狂瞽之言，是採是聽。其年兹耄，其德兹盛。毋弛厥功，聿追前聖。

劉四沖先生贊 有序〔三〕

顒生也晚，未獲摳衣四沖先生之門。幸得拜遺像於諸公子處，不容無一言以抒追慕之思，謹爲俚語，用贊萬一，深愧不

〔一〕「所」，靜海聞氏本脱。
〔二〕「有序」，原本脱，據長白完顔本補。
〔三〕「有序」，原本脱，據長白完顔本補。

文，聊志渴仰云爾。

有樹厥績，於彼遐方。有持厥危，於彼異壤。孰克樹績，桑梓之鄉。孰克持危，父母之邦。首山蒼蒼，汝水洋洋。先生之德，百世其胡央！

王處一先生贊 有序〔一〕

先生嘗從少墟馮子遊，學邃識周，完璞全節。余小子頃聞其概，方欲親炙耿光，而先生則已捐舘矣。聊綴數語，以誌嚮往。

脱跡聲華，潛心正大。躬服允迪，人欽道價。矧惟令嗣，庭訓式化。伯也掞藻，凌出燕許之上，仲氏蚤慧，步武河涇而下。試擬先生於誰歟？太中韋齋之流亞。

〔一〕「有序」，原本脱，據長白完顏本補。

卷二十二

觀感録敍

張珥

觀感録者，二曲先生之所著也。先生慨世人視聖賢太高，甘愚不肖如飴，因彙萃古今至卑賤之人，而卒自勉勵爲大豪傑、大賢人之品者，勒爲此書。不肖珥讀之，則喟然歎曰：「仁哉！苦心哉！先生之爲天下萬世計，至肫切而深遠也。」

夫心卽天也，天卽心也，無二理也。人能盡心之理，卽盡天之理矣！「天理」二字，人人能言之，人人弗克省察之，此道所以不明、不行之由也。所以然者，以人視聖賢太高。視聖賢太高，因視道太難；視道太難，因安非道而弗覺，甚且日趨日下，而陷於[一]禽獸之歸者有之。悲夫！孔子曰：「道不遠人。」顔淵曰：「舜何人也，予何人也？」孟子曰「人皆可以爲堯舜」，又曰「堯舜與人同耳」。誠以「人同此心，心同此理」，特在立志不立志耳！志立，則鹽丁、戍卒、網匠等人俱可入孔孟之宫牆，俎豆千秋；志不立，則丁卒、工匠等人終不脱鹽、戍、陶、網等事，生則人役人賤，死則草腐煙銷，不亦大可悲！大可畏哉！

先生憂且懼之，喫緊爲人立厥榜樣，使頑懦鄙薄之夫觀感而興，如震霆之破酣夢，奮然立志，曰：「爲聖爲賢，果非難事？不過於入孝出弟、日用飲食事物之間，時時存心，事事體貼，則違禽獸之界也遠，入聖賢之路也近，庶不負上天生人之意爾！」然則斯刻也，先生婆心熱腸，合盤托出，質諸鬼神，俟之後聖，其誰曰不宜？嗟乎！先生之意，抑豈僅爲愚不肖發

〔一〕「於」，靜海聞氏本脱。

矇振聵也哉！

時康熙八年孟冬之望，左輔後學張珥題

觀感録序〔一〕

先儒謂「個個人心有仲尼」，蓋以個個人心有良知也。良知之在人，不以聖而增，不以凡而減，不以類而殊。無聖凡，無貴賤，一也。試徵之：孩而知愛，長而知敬，見孺子之入井而知惕。一切知是知非知好知惡之良，凡與聖、賤與貴，有一之弗同乎？同則何聖何凡？何貴何賤？而聖凡貴賤之所以卒分者，立志與不立志異也。立則不昧本良，順而致之，便是天則，火燃泉達，凡卽爲聖；否則，乍起乍滅，情移境奪，反覆梏亡，聖卽爲凡。而眞貴眞賤之實，在此不在彼。區區貴賤之跡，非所論也。

昔人有跡本凡鄙卑賤，而能自奮自立，超然於高明廣大之域，上之爲聖爲賢，次亦獲稱善士。如心齋先生，本一鹽丁也。販鹽山東，登孔廟而毅然思齊，紹前啓後，師範百世；小泉先生，本一戍卒也。守墩蘭州，聞論學而慷慨篤信，任道擔當，風韻四訖。他若朱光信以樵豎而證性命，韓樂吾以陶工而覺斯人，農夫夏雲峰之表正鄉閭，網匠朱子節之介潔不苟。之數子者，初曷嘗以類自拘哉？彼其時身都卿相，勢位赫烜而生無所聞、死無可述者，以視數子，其貴賤爲何如耶？謹次其履歷之概，爲以類自拘者鏡。竊意觀則必感，感則必奮，奮則又何前修之不可企及。有爲者亦若是，特在乎勉之而已矣！

二曲李顒識

〔一〕「序」，長白完顔本作「自序」。

後學二曲李顒編次

心齋王先生 鹽丁

先生名艮，字汝止，號心齋，泰州安豐場人。場俗業鹽，不事詩書，以故先生目不知書，惟以販鹽爲務。年近三十，同鄉人販鹽山東，經孔林，謁孔子廟，低徊。久之，慨然奮曰：「此亦人耳！胡萬世師之稱聖耶？」於是，歸取孝經、大學置其書於袖中，逢人問字質義。讀論語至顏淵問仁章，詢之塾師，知顏子爲孔門高弟，歎曰：「此孔門作聖功夫，非徒令人口耳也。」爲笏書「四勿」語，朝夕手持而躬踐之。

里俗好奉佛，先生準古秉禮，思以易之，令隳佛像，崇儒教。既而，正德南巡，太監矯旨，索鷹犬於里，橫甚！里人惶惑，追咎爲慢佛之報。先生曰：「毋怖！吾自當之。」躬往見太監。太監爲先生言論丰儀所感，嚴戢其下；更與先生交驩，擬薦先生於上尊顯之。先生婉辭謝避焉。

一夕，夢天墜壓身，萬人奔號求救，先生手托天起，見日月列宿失次，遂整布如故，萬人歡舞拜謝。醒則汗溢如雨，頓覺心量洞明，天地萬物一體。自此行住語默，皆在覺中，因題其座曰：「正德六年間，居仁三月半。」此先生悟入之始也。

是時，陽明王公巡撫江西，倡明「致良知」之學，四方學者雲集。先是，塾師黃文剛，江西人也。聽先生議論，詑曰：「我節鎮陽明公所論類若是。」先生訝曰：「有是哉？方今大夫士汩沒於舉業，沉酣於聲利皆然也。信有斯人論學如我乎？不可不往見之。吾將就其可否，無以學術誤天下！」即買舟辭親往江西，持「海濱生」刺謁陽明。至則由中甬踞上坐，反覆辯論，遂縱言及天下事。陽明曰：「君子思不出其位。」先生曰：「某雖草莽匹夫，而堯舜君民之心，未嘗一日忘。」陽明曰：「舜居深山，與鹿豕木石遊居，終身忻然，樂而忘天下。」先生曰：「當時有堯在上。」陽明然其言。先生亦心服陽明，坐漸側。講及「致良知」，先生歎曰：「簡易直截，予所不及！」乃下拜而師事之。辭出，就館舍，繹思所聞，間有不合，悔曰：「吾輕易矣。」明日，復入見，曰：「某昨輕易拜矣，請與再論。」先生復上坐。陽明喜曰：「善！有疑便疑，可信便信，不爲苟從，予所樂也。」乃又反覆論難，曲盡端委。先生始大悦服，竟下拜，執弟子禮。陽明謂門人曰：「吾擒宸濠一無所動，今卻爲斯人動心矣。」居七日，辭歸省親。

既而，復詣江西，過金陵，至太學前，聚諸友講論。時六館之士具在。先生曰：「吾爲諸君發明六經大旨。夫六經者，吾心之註脚也。心卽道，道明則經不必用，經明則傳復何益？經傳印證吾心而已矣！」六館之士皆爽然自失。大司成汪咸齋延入，問先生治何經？先生曰：「吾治總經也。」聞者悚然。至江西，日侍陽明。會陽明以外艱家居，四方學者日聚其門，先生爲構書院，調度舘穀以居，而鼓舞開導，多委曲其間。因念與人爲善，仁人之心；一夫不向於善，過在我也，思以其道易之。於是，製輕車，將周流天下。先詣京師，沿塗講説，人士聚聽，多感動。朝士以先生車服言論，悉與時異，相顧愕眙。陽明聞之，以書促歸還會稽。自是，斂圭角，就夷坦。嘉靖初，陽明起制兩廣，卒於師。遺孤方二歲，内變外釁，禍機叵測。先生往返數千里，經紀其家，爲之議姻託孤，多方保全而還。

開門授徒，遠邇皆至。上自當道，下至農賈，莫不羣侍聽講，人厭其欲。有遜坐者，先生曰：「坐坐，勿過遜廢時。」因百姓日用以發明良知之旨，謂：「百姓日用條理處，便是聖人條理處。聖人知便不失，百姓不知便易失。」學者初見，先生便指之曰：「卽爾此時就是。」未達。曰：「爾此時何等戒懼，私欲從何而生？常常如此，便是允執厥中。」

先生骨剛氣和，性靈澄徹，音欬顧盼，使人意消。巡撫劉節、巡按吳悌，皆特疏薦聞。御史洪垣構東淘精舍以居其徒。御史陳讓按維揚，訪先生至泰州，病目不得行，乃作詩呈先生，稱：「海濱有高儒，人品伊傅匹。」先生覽之，笑謂門人曰：「伊傅之事我不能，伊傅之學我不由。」門人曰：「何謂也？」先生曰：「伊傅得君，可謂奇遇。如其不遇，終身獨善而已！孔子則不然也。」又曰：「吾人須講明此學，實有諸己。大本達道，洞然無疑。有此欛柄在手，隨時隨處，無入而非行道矣。有王者作，必來取法，是爲王者師也。使天下明此學，則天下治矣。是故出不爲帝者師，是漫然苟出，反累其身，則失其本矣。處不爲天下萬世師，是獨善其身；而不講明此學，則遺其末矣，皆小成也。」郡守託先生門人欲隆禮敦迎。先生謂門人曰：「『禮聞來學，不聞往教。』致師而學，則學不誠矣；往教則教不立矣。使其誠能爲善，則當求於我，又何以召言哉？」

時大儒太宰湛公甘泉、祭酒呂公涇野、宗伯鄒公東廓、歐公南野，咸嚴重先生，而羅殿元洪先尤數造其榻請益。一日，述近時悔恨處求正，先生不答。但論立大本處，以爲能立此身，便能位天地，育萬物，病痛將自消融。且曰：「此學是愚夫愚婦能知能行者。聖人之道不過欲人皆知皆行，即是位天地、育萬物欛柄。」明日，復入見，因論「正己物正」。先生曰：「此是吾人歸宿處。凡見人惡，只是己未盡善；若盡善，自當轉易。以此見己一身不是小，一正百正，一了百了，此之謂通天下之故。聖人以此修己以安百姓而天下平。」因爲大成歌以贈之，略云：「始終感應如一日，與人爲善誰同之。我將大成學印證，隨言隨悟隨時躋。只此心中便是聖，說此與人便是師。至易至簡至快樂，至尊至貴至清奇。」洪先大喜而別。

亡何，先生寢病，猶力疾與門人論學不懈。諸子泣請後事，先生顧仲子襞曰：「汝知學，吾何憂！」又回顧諸子曰：「汝兄知學，吾又何憂！」無一語及他事，遂卒，年五十有八。門人爲治喪，四方會葬者數百人。大學士趙貞吉誌其墓，戶部尚書耿定向傳其事，提學御史胡植祀先生於鄉賢，馮天馭置精舍祠祭田、定祀典，兵備副使程學博奉督撫檄建專祠於州西，巡撫王宗沐、吳桂芳各捐俸置崇儒祠祭田，大學士李春芳、巡撫凌儒撰祠記，總督李燧修塋域，尚書孫應魁、祭酒敖銑、給事中黃直林、大欽戚賢，都御史耿定力、周寀、張元沖，總督毛愷，廉使胡堯時、太常卿郭汝霖、巡鹽御史彭端吾、陳遇文、謝正蒙、張九功，提學御史楊廷筠、宋儀望、巡按御史黃吉士、修撰焦竑、知府朱懷幹、推官徐鑾等，相繼置田肖像，表章私淑。萬曆十三年，右諭德韓世能、工部郎中蕭景訓題請從祀孔廟。二十七年，大學士沈一貫、郎中田大年、給事中王士性復請旨從祀。三十七年，給事中曹子忭、胡忻請旨待謚，後欽謚「文貞」。四方縉紳，凡宦於其地者，莫不晉謁瞻禮。祠宇以時葺治，春秋二祭有永無替。

門人王棟曰：「自古士農工商，業雖不同，然人人皆可共學。孔門弟子三千，而身通六藝者纔七十二，其餘則皆樸茂無文之流耳。至秦滅學。漢興，惟記誦古人遺經者，起爲經師，更相授受；於是，指此學獨爲經生文士之業，而千古聖人原與人人共明共成之學，遂泯沒而不傳矣。天生我先師，崛起海濱，慨然獨悟，直起孔孟，直指人心。然後愚夫俗子不識一字之人，皆知自性自靈，自完自足，不假聞見，不煩口耳；而二十年不傳之消息，一朝復明。先師之功，可謂天高而地厚矣！」

天台耿氏曰：「先生爲學，其發志初根，本於誠孝，以悟性爲宗，以格物知本爲要，以遷善改過、反躬責己爲實際。廓彼聖塗，至易至簡，歸然孔氏正脈，其師表公卿，下逮樵豎、陶工有以也。」

或問南皋鄒子曰：「泰州崛起田間，不事詩書一布衣，何得聞斯道卓爾？」鄒子曰：「惟不事詩書一布衣，此所以得聞斯道也。蓋事詩書者，理義見聞纏縛胸中，有大人告之以心性之學。彼曰：『予既已知之矣。』以泰州之天靈皎皎，既無聞見之桎梏，又以新建明師證之，宜其爲天下師也。」

東溟管氏曰：「道之至者，曰惟仲尼，以匹夫明明德於天下，無所倚焉故耳！心齋之學，蓋得諸此。嗟嗟！以泰州一布衣，直窺正脈，師當代而風後賢，彼獨何人也哉！彼倚勢傍吻者，可以惕然省矣！」

海門周氏曰：「先生其東海之聖人矣乎！先生自信與伏羲、神農、黃帝、堯、舜、禹、湯、文、武、周公、孔子同此心，同此理，斷斷乎其不惑也！豈不既聖矣乎！吾觀先生初過闕里，便奮然太息。正德六年間，居仁三月半，此何等悟入乎！力行孝弟，體驗經書，行住語默，俱在覺中，此何等修爲乎！陽明子曰：『此眞爲聖人者也。』『眞爲』則『眞聖』矣，又何疑哉？」

顒按：心齋先生不由語言文字，默契心宗，一洗俗學支離之陋，毅然以堯、舜、孔、孟以來道脈自任。當是時，雨化風行，萬衆環集，先生抵掌其間，啟以機鑰，導以固有，靡不心開目明，霍然如梏得脫，如旅得歸。門人本府同知周良相、本州知州朱篸、刑部郎中董燧、給事中聶靜，文選郎中林春等，無慮數十百人，咸承傳其學，轉相詔導；而布政徐子直、布衣顔山農尤最著。子直之後，爲内閣趙文肅；山農之後，爲參政羅近溪、何心隱；近溪之後，爲少宰楊復所；心隱之後，爲錢懷蘇，爲程後臺。後先相繼，至今流播海内，火傳無盡，先生之道彌久彌尊。嗚呼盛矣！先生嘗謂：「大人者，正己而物正者也。立其身以爲天下國之本，則位育有不襲時位者。」其樂學歌有云：「人心本自樂，自將私欲縛。私欲一萌時，良知還自覺。一覺便消除，人心依舊樂。」示俞純夫云：「只心有所向便是欲，有所見便是妄。既無所向，又無所見，便是無極而太極。良知一點，分分明明、停停當當，不用安排思索，聖神之所以經綸變化，皆本諸此。」言言透髓，字字切實，吾人所當服膺也。

朱光信 樵夫

朱光信名恕，草堰人。受廛安豐，日樵採易麥精，擇精者供母，而裹其糲粃爲糗以樵。一日過心齋先生閭而行吟曰：「離山十里，薪在家裏。離山一里，薪在山裏。」先生聞而奇之，謂門弟子曰：「小子聽之，邇言可省也。道病不求，求則得之，不求則近非己有也。」恕味其語於心，每往必詣門熟聽。飢，取水和糗以食。食已樵如初，疲則弛所負擔，趺坐以息，仰天浩歌，悠然自得。先生門徒或覸其然，轉相驚異。

有宗姓者心憐之，一日出數十金招而款語曰：「諗子雅志，願奉此爲生理計，免樵作苦；且令吾得日夕相從商切，幸甚！」恕手其金，俛而思，徐大恚曰：「子非愛我，吾茲目此。此衷經營念憧憧起矣，是子將此斷送我一生也。」力卻之。宗爲之給衣食，供朝夕如常。學使胡植數招見之，匿不見。學使故假往役誼下檄督之急，乃勉用齊民禮，服短衣徒跣以往。學使令人扶之入而加服焉，乃得一見云。其卒也，耿尚書爲之傳，後配享崇儒祠。

一樵夫耳，乃能若是，可見良知自具，道非外鑠。彼逡巡畏縮而漫不自振者，夫亦可以憬然矣！

李珠　吏胥

李珠字明祥，世居泰州，以農民報充州吏，事州守王瑤湖。聞學有感，遂棄吏從心齋遊，勇決嗜學，躬體實踐。久之，名聞遠邇，士大夫異其爲人，爭相褒美。珠遜謝不居，惟以導人爲善爲功課。一时州縣吏書皂快，感化遷善者甚衆，有欲棄役就學者。珠曰：「苟實心爲善，在公門尤易施功，何必棄役？」聞者歎服。珠事親極孝，母歿不能葬，及期數日前啟壙得「天全錢」百緡。珠號天泉，〔一〕適與錢合，人皆以爲孝感所致。後配享崇儒祠。

道無往而不在，學無人而不可。苟辦肯心，何論儔類？若明祥者，可以鑑矣！安得各衙門吏書盡如明祥之慷慨篤信，則有益於官民，有造於地方匪鮮。孰謂公門非行道之地耶！

韓樂吾　窯匠

韓樂吾名貞，字以中，興化縣人。居蓬屋三間，陶甓爲生，常假貸於人爲甓。甓坯爲雨壞，負不能償，並其蓬屋失之，居破窯中。聞樵者朱氏風，從之學。朱卒，復受業於心齋仲子，漸習識字，粗涉文史，嘗自詠曰：「三間茅屋歸新主，一片煙霞是故人。」簞瓢屢空，衣若懸鶉，晏如也。年踰三紀尚鰥，仲子倡義，屬門徒醵錢助之婚。婦初歸，與之約曰：「吾志希梁鴻。吾不鴻若，非汝夫！汝不孟光若，亦非吾妻也。」買蒲令織鹽囊，易糈以給朝夕。久之，學有得，毅然以倡道化俗爲

〔一〕「泉」，石泉彭氏本、靜海聞氏本作「全」。

任，無問工賈傭隸咸從之遊，隨機因質誘誨之，顧〔二〕化而善良者以千數。每秋稼畢，與羣弟子班荆趺坐，從容論學數日。興盡，則挐舟偕之，賡歌互詠，往別村聚，講如前。踰數日，又移舟隨所欲往。蓋遍所知交而還，見者欣賞，若羣仙嬉遊於瀛閬間也。

有縣令某聞而嘉賞之，遺米二石、白金一鍰。受米而還其金。致書謝，略曰：「儂窶人也，承明府授餐，拜領一石。瓶貯以給數月饔飧，餘一石分給親友，以廣明府惠；金惠過渥，非窶人所堪承也。」令問政。對曰：「儂窶人，無能輔左右，第凡與儂居者幸無訟牒煩公府，此儂所以報明府也。」令檢案牘稽之，果然。益敬禮焉。太師李公春芳時休沐在里，數招見之。不往，且奏記盡規。李公益重其人。是時，耿尚書定向爲御史，典學南畿。李公寓書屬之嘉獎，以廣厲士風。耿因致禮加幣，且執禮喻之，令其必受。貞乃受之，買牲祭心齋先生祠，分胙於其同門。後耿巡校泰州，謁祠。因與貞會。耿偶觸境示諸生「性無加損處，因述故相某取高第，位極人臣。一旦以細淺不得意，且熱中失常」云。貞不覺拊膺嘆曰：「安能如儂識此些子意耶！」嘗與諸名公鄉相會論學，間有談及別務者，輒大譟曰：「光陰有幾，乃爲此閒泛語！」或稱引經書相辨論，則又大恚曰：「捨卻當下不理會，乃搬弄此陳言，此豈學究講肆耶？」諸名公咸爲悚息。識者謂其氣沖牛斗，胸次怡怡，號曰「樂吾」不虛云。縣尹累舉鄉飲大賓，錫深衣幅巾，匾額門閭。卒年七十有七，建專祠肖像，春秋特祀，仍從鄉賢。有樂吾集行世。

以陶工而挺身號召，隨在提撕，翕然孚化者至千餘人，非其與人爲善之誠，烏能如是！使士之知學者類皆如韓，則斯道何患不若晝日？世風何患不若陶唐耶？噫！

〔二〕「顧」，石泉彭氏本、靜海聞氏本作「願」。

林訥　商賈

林訥字公敏，福建莆田人。初卜賈淮南。占者曰：「此去平平，乃有奇遇。」林異之，遂往賈。久之，不甚售。將歸，塗逢韓樂吾，聆其語有契。於是，再拜受學，執侍左右，隨之肄陶。嘉靖甲寅，倭寇閩，舉家就燼，無所歸。卒業於仲子，獨得其傳，倡學海甸，老而忘倦。年八十有四，卒於東臺埸。門人劉源宅、王嘉第、王元鼎等爲之持服治喪，謀葬安豐里，配享崇儒祠。

斯人頗有韓氏風。

夏雲峰　農夫

夏雲峰名廷美，繁昌人。素事耕稼，聞心齋之風而慕之；或教之讀書，乃日取學、庸、論、孟反身尋繹，覺有會處。讀中庸曰：「『思知人，不可以不知天。』仁者，人也。人原是天。不知天，便不是人，如何能事親稱『孝子』？論語所謂『異端』云者，謂其『端異』也。吾人須是研究自己爲學初念，其發端果是爲何，乃爲正學。今人讀孔孟書，若止爲榮肥計，便是大異端，如何又闢異端？」又曰：「吾人須是自心作得主宰，凡事只依本心而行，便是學道；苟不能自信本心，勦襲紙上陳言，挨傍別人口吻，此皆孟子所謂妾婦之道也。」又曰：「天理人欲，不知誰氏作此分別？吾反身細求，理欲似難分別。分別止在迷悟間。悟則人欲卽天理，迷則天理亦人欲也。」

一日白下同志會，有友詢「良知」指意。一友曰：「『良知』非究竟宗旨，更有向上一著，無聲無臭是也。」廷美懼然起立，抗聲曰：「『良知』曾有聲臭耶？」聞者霍然有省。是時，士大夫咸知重學，遞迎廷美蒞會。至則因人開發，多所興起。

耿尚書天台一日問之曰：「子得此學如何作用？」對曰：「某一農夫，有何作用？然至於表正鄉閭，則不敢讓。」耿爲之悚然。及卒，四方會葬者衆。後崇祀鄉賢。

夏雲峰奮跡隴畝，見地超然，行誼礀然，然擔荷此學甚力。焦太史弱侯稱爲「挺特丈夫」。誠哉！其爲「挺特丈夫」也。表正鄉閭之言，尤見自命之卓。噫！一農夫乃爾，士爲四民之首，尤當何如耶？

剩夫陳先生 賣油傭

先生名眞晟，剩夫其字也，泉州人。父爲打銀匠，攜先生執業，主人密爲防。先生時年十一，語父曰：「何業而蒙盜賊之防乎！」勸父捨之。問賣油者所得，曰：「日餘二壺。」喜曰：「此足備養矣！」貨油至書舍，聞講有子孝弟章，大悅。明日，又聞「弟子入則孝」，益喜。入請其師曰：「小人願受學，日以餘油爲贄。」師曰：「諾。」復告曰：「我本以賣油代父之業，備日養耳！專一於學則累我父，須每旦一受講，日仍賣油。」師從之。踰年，學大進。從進士唐泰治舉子業。業成，薦於有司，至福州。聞有司防察過嚴，無待士禮，乃辭歸。自是不復以科舉爲事，務爲聖賢踐履之學。

初讀中庸，做存養省察工夫，覺無統緒。繼讀大學，始知爲學次第。讀或問，見朱子博採主敬諸說，以補小學工夫，始知「敬」者乃大學之基本也。及求其所以爲敬。見程子以「主一」釋「敬」，以「無適」釋「主一」，始於「敬」字見得親切，實下工夫。推尋此心之動靜，而務主於一。靜而主一，則靜有所養，而客念不復作矣；動而主於一，則動有所持，而外誘不能奪矣。嘗語人曰：「大學『誠意』爲鐵門關難過。『主一』二字，乃其玉鑰匙也。」又嘗語人曰：「人於此學若眞知之，則行在其中矣。」

天順二年，用伊川故事，詣闕。上程朱正學纂要，得旨「禮部看了來說」。時侍郎鄒幹掌部事，不知其說云何，其事竟寢。聞臨川吳聘君名，欲質之。乃貨其家之直，得五金，攜其兄之子一人以行。戒之曰：「我死即瘞於道，題曰『泉南布衣陳某墓』足矣。」行至江西，太史張元禎止布衣宿，叩其所學，大加稱許，曰：「禎敢僭謂斯道自程朱以來，惟先生得其眞。如吳聘君者，不可見亦不必見也。」遂歸鎮海，教人專以靜坐爲事。卒後十年，提學僉事周孟中祭以文，郡守彭桓立石道傍以表題曰「大明闕下兩上書請補正學泉南布衣陳先生墓」，提學副使姚鏌祀於鄉賢。

賣油傭自奮自立，知行並進，爲後儒知行合一之倡。卓哉！又有王元章者，以牧羊癡子見擯於父，執策映佛燈讀之躬修允蹈，亦成名儒。由斯道以觀，跡曷嘗限人，人自爲跡所限耳！苟志於道，誕登奚難？

小泉周先生 戍卒

先生名蕙，字廷芳，號小泉，山丹衛人。後徙居秦州，因家焉。年二十，聽人講大學首章，奮然感動。戍蘭州守墩，聞容思段公集諸儒講理學，時往聽之，有聞卽服行。久之，諸儒令坐聽，旣而與坐講，旣而以爲畏友，有疑與訂論焉。段公勗以「聖賢可學而至」，示以進修之方。段公曰：「非聖弗學。」先生曰：「惟聖斯學。」遂殫力就學，篤信力行，慨然以程朱自任。當時見者，亦翕然以爲程朱復出也，咸敬信樂從，遂爲一時遠邇學者之宗。有總兵恭順侯吳瑾者聞其賢，欲延教其子。先生固辭。或問故，先生曰：「總兵以軍士役某，召之役則往役，召之教子則不敢往。」聞者歎服。吳侯亦不能強，遂親送二子於其家以受教。先生始納贄焉。時肅藩有二樂人鄭安、鄭寧者進啟本願除樂籍，從周先生學，其感發人如此。後隱居秦州之小泉，因以爲號。著深衣幅巾爲容，成紀之人薰化其德，稱爲「小泉先生」。嘗遊西安，與介菴李公錦論學。介菴由是大悟，遂爲關西名儒。應州知州渭南薛思菴執弟子禮師事焉。秦州守數造其廬，舉鄉飲賓，謝不往。巡按杜公禮徵求見，聆其議論，不覺前席。嘗正冠婚喪祭之禮，以示學者，秦人至今遵之。

成化戊子，段公至小泉訪之，不遇，留以詩，有「歷盡巉巖君不見，一天風雪野梅開」之句。後又贈以詩云：「白雲封鎖萬山林，卜築幽居深更深。養道不干軒冕貴，讀書探取聖賢心。何爲有大如天地，須信無窮自古今。欲鼓遺音絃絕後，關、閩、濂、洛待君尋。」又云：「小泉泉水隔煙蘿，一濯冠纓一浩歌。細細靜涵洙泗脈，源源鼓動洛川波。風埃些子無由入，寒玉一泓清更多。老我未除塵俗病，欲煩洗雪起沉疴。」何大復謂：「先生於段公，其始若張横渠之於范仲淹，其後若蔡元定之於朱紫陽也。」迨老以父遊江南，歷險訪蹤，〔二〕沒於揚子江，人皆稱其孝而又重悲其死云。後崇祀鄉賢。先生門人甚衆，最著名者渭南薛思菴、秦州王爵。

按：小泉先生崛起行伍之中，闡洛閩絶詣，以振頽俗，遠邇嚮風，賢愚欽仰。思菴薛子不遠數千里從之學，每晨候門，躬掃坐榻，跽而請教，事之唯謹，卒得其傳，爲一時醇儒。其後呂文簡公又問道於薛，以集關中大成。淵源所自，皆先生發之，有功於關學甚偉，然其初特一軍卒耳。甚矣，人貴自立也！

朱貧士 綱巾匠

朱蘊奇字子節，西安右護衛人。家貧甚，僦屋而居，與妻子織綱巾爲生，嘗併日而食，晏如也。從學少墟馮先生，聽講寶慶寺，寒暑不輟。一日，其子因差徭下獄，會天雨，四日不食，氣息奄奄待盡矣。時獄廟有大戶收糧米者黄冠〔三〕憐之，因取其米少許爲粥以食。蘊奇知其故，心計以爲此官米何可竊也。曰：「死即死耳，豈可以臨死改節！」竟不食，而亦不明言其故。衆素誚蘊奇迂矯，至此始深服其節操，以爲不可及，因出其食食之。蘊奇曰：「此可食也。」由是始得不死。孝廉劉必達聞而異之，因白於衛官，始出其子於獄。當路諸公及士大夫有高其節周之者，必擇而後受，一毫不肯妄取。先是嘗之市，塗有遺綱巾二頂，其子拾之。蘊奇曰：「彼之失，猶我之失也。使我失此二綱，則舉家懸罄矣。」即命其子追而還

〔二〕「訪蹤」，原本作「蹤訪」，據石泉彭氏本、静海聞氏本改。
〔三〕「冠」，原本作「冦」，據石泉彭氏本、静海聞氏本改。

之。其人感甚，欲分其一爲謝，蘊奇竟不之受。父早喪，養母曲盡其孝。母歿，毁幾滅性。秦俗人死多用青鳥之説，當於某日某時避殃。殃謂死者之魂來辭家，而家人或庶幾見之者也，而罹之者凶，以故當避此。其説幻妄不足道，而秦人多惑之。蘊奇曰：「使果有此殃也，吾猶可藉此一見吾母；使果無此殃也，吾又何爲避之？」伏棺痛哭，竟不避，而卒亦無恙。年五十一，以布衣終。生平苦節篤行，一步不苟，人共稱之。歿之日，貧無以爲斂葬，聞義而賻者幾數百人，始克襄事。有子五人，貧不聊生。長安令修齡楊公爲構屋三楹居之，仍扁其門曰「高士」。藍田令思軒梁公祭之以文。學臺青巖段公、廉憲祥宇李公各捐金優恤。其後，段公扁曰「處士」，李公扁曰「懿行範俗」。聞者莫不咨嗟太息，以爲爲善之報，而諸公之高誼，尤近世所罕睹，風世勵俗，功蓋不小云。

馮子曰：「學問之於人甚矣哉！朱生操行如是，固天性使然，亦講學之效不可誣也！生每赴余寶慶之會，見衣弊履穿，人或誚之，以爲貧至此不聽講可耳！余聞之，應曰：『如此，是聽講者皆當鮮衣華服以飾觀美矣？』誚者語塞。嗚呼！死生亦大矣。朱生死且不貳，天下又何物能貳之哉！傳云：『見利思義，見危授命。』若朱生者，亦庶幾近之矣。」

按：天啟間，華州有張本德者，初習釘戥秤，後以鬻帽爲業，聞馮先生談學有感，遂購先儒語録，潛體密玩；每有所會，輒舉以告人，惟恐不同歸於善。嘗從都憲曹眞予先生學。曹亟許可。晚遊憲副張忠烈公之門，禮待有加。張之諸子以德非士流，頗怪之。張大聲斥曰：「汝輩名爲士流，實不知學！渠雖非士流，卻知學。汝輩不以爲愧，乃反以爲怪耶！」德聞之，愈感勵，樂善慕義，終身不倦。余自童年聞其人，後質之同蒲諸友，信然！聊附於此以示勸。

長安弟子蘇潮梓〔二〕

〔二〕「長安弟子蘇潮梓」，石泉彭氏本、靜海聞氏本脱。

假之道焉。隱君先生孝思殷摯，才〔一〕望襄原，便作白雲悲號，廢寢廢食，泣訴社霤，欲招長夜之魂。一段凝誠，天地可感，神鬼可泣也！又何疑赤忠英靈，不來臨來享也乎？仗義伸節，骨馨情怡，信吾翁應無怨痛。或因隱君求索幻渺，呼搶孔急，乃微示無形之形、〔二〕無音之音，慰孝子罔極之思乎？或曰：「非此之謂也！信吾翁甘心白刃，視死如飴，神遊天上，固無日不依孝子餐息，而必待歸櫬而始象教焉；不幾淺語，夫信吾翁也與哉！」蓋緣隱君孝子仁人，曾與鄉紳劉宗洙約牒，挾五千遊魄，歸宿華嶽，是以驀然來告予曰，謂此聲爲信吾翁之聲，隱君感通之大孝也；謂此聲爲五千人之聲，隱君錫類之至仁也。如在其上，如在左右。總之，由隱君而發也。

信吾翁歸矣，五千人攜歸矣！神返室堂，遊優〔三〕爾休，今而後應無復有青燐夜泣者。濡〔四〕露秋霜，宰土者且將牲脯以釁祀於藏玉處也。計藏玉處凡六厝：一在西門內涸井，一在西南坑，一在西門外，一在北門外壇側，一在城北韓莊，一在南新河溝；其餘零星，悉隨在而瘞之古井焉，皆鄉賢劉公四沖暨邑之紳士百姓捐重貲以襄厥事者。英靈悉知，予不復贅

賜進士第文林郎〔五〕襄城縣知縣張允中記

〔一〕「才」，石泉彭氏本、靜海聞氏本作「甫」。

〔二〕「之形」，原本脫，據石泉彭氏本、靜海聞氏本補。

〔三〕「遊優」，長白完顏本作「優遊」。

〔四〕「濡」，石泉彭氏本、靜海聞氏本作「春」。

〔五〕「賜進士第文林郎」，長白完顏本脫。

卷二十三

襄城記異[一]

襄城後學劉宗泗彙輯

記[二]

張允中

康熙辛亥三月廿六日，二曲李隱君先生招其太翁信吾忠魂以歸，鄉紳父老醵楮陌，[三]爲詩歌，以祖其行。先一夕，予命椎工鍥信吾傳於石，自鎮將廳尉以迄殉難未有名氏之五千人，胥勒贔屭。日暝，諸工役約一二十輩方謀貼席，聞門外有鬼聲，高亮悲淒，達人心骨，諸役毛悚舌縮，至僵立不能歷階。時有工書張文昇者，強出壯語，語鬼曰：「吾奉邑侯命，爲若輩砌龜鐫碑，經營備至，若輩復何鳴耶？」俄而聲止。

夫幽顯懸如隔世，冥冥寂寂，視不見而聽無聞，顧乃騰爲聲息，逼人耳根，不亦大可異也與？怪神，聖人所不語；鬼神，知者所敬遠，吾不敢謂事之果有。一誠可格，體物不遺，吾亦不敢謂理之絕無，故往往於恍惚影響不可端倪之中，識昭

〔一〕「襄城記異」，長白完顏本作「襄城記異編記、敍、書後、跋、詩」。
〔二〕「記」，原本脫，據長白完顏本補。
〔三〕「陌」，石泉彭氏本、靜海聞氏本作「帛」。

敍事[一]

馬永爵

崇禎壬午春二月，關中李隱君之先生尊人信吾翁，從總督汪公征闖逆於河南之襄城。師覆，翁隨汪公殉難。是時，先生尚稚，後年漸壯，以母在不獲覓骨；每思及襄城，輒流涕終日。及母歿服闋，庚戌冬十月乃告墓出關。甫抵襄境，即號慟廢餐。邑宰東峰張公居恆仰慕先生若渴，一聞其至，亟出城肅迎；見先生衰服草屨，驚詢其故，知爲招魂來也。次日昧爽，公撰文詣廟，同先生禱於隍神覓魂。禱畢，先生爲位於翁之原寓，號泣以祭，淚盡血繼，觀者哀之。張公念翁沒於王事，謀豎碑祠祀以慰孝思。瀕別，公出郭祖餞，仍遣吏供中火於邑之東界。次年三月二十五日，先生旋旆。公復出城遠迎，適祠碑告竣。是晚，先生齋沐宿於城隍廟內。[二]祠在城外南郭，夜分羣工未寢，忽鬼聲大作，衆皆震慄。次晨，滿城喧傳，人人駭異。平日絕不信鬼神者，至此莫不悚然，爭相虔祭，用慰旅魂。第三日，先生辭祠西行，公同鎮守遊擊將軍王君、學博馬君，及闔城鄉官、舉貢生員，祖餞於十里鋪，復遣吏供中火於邑之西界。

先生既躬捧魂牌歸陝，襄人念翁之義烈不置，遂誌翁生時年月及死事顛末於石，起塚西郊，共樹松、柏、楸、楊，森列成林，周圍繚[三]以牆垣，仍豎碑林前，題曰「義林」。清明時祭，則邑紳劉君宗洙率子姓奉祀。祠碑之在南郭者，春秋丁次，邑宰致祭。其祠內題詠、祭文、哀挽甚衆，詳見義林誌。

康熙十年秋孟朔，襄城馬永爵記

[一]「敍事」，長白完顏本作「敍」。
[二]「城隍廟內」，原本作「城內隍廟」，據石泉彭氏本、靜海聞氏本改。
[三]「繚」，石泉彭氏本、靜海聞氏本作「繞」。

書襄城記異後〔一〕

吳光

予讀襄城記異而不能無說也。中庸之第十六章有曰：「鬼神之爲德，其盛矣乎！」而章終又結之曰：「夫微之顯，誠之不可掩如此夫。」夫鬼神無形與聲，視之不見，聽之不聞；然無形而有形形者，無聲而有聲聲者，此其所以體物不遺也。洋洋乎如在則何在？非鬼神不可度，矧可射！以言乎盛，盛莫盛於此！以言乎異，異莫異於此矣！而非異也，誠也！襄城何異乎而記之？記異也，記鬼神也。

崇禎壬午年間，盩厔李隱君之尊人信吾翁從軍討賊，以身殉難，與五千人同死襄城。迨至康熙辛亥，隱君〔二〕孝思殷摯，哀慕不已，淚盡繼之以血。抵襄招魂，撰文禱於隍神之廟，約牒五千遊魂隨信吾翁歸宿華嶽。襄令東峰張公於其歸也，爲之勒碑構祠，俎豆千秋，以慰孝思，以彰義烈。

將歸前一夕，邑之襄事於祠者凡數十人，忽聞鬼聲號泣，淒愴悲涼，沁人肌骨，共駭異焉，而縮舌不敢吐。諸工役中有一人強出數語，妥其靈，乃止。嗚呼異哉！羣襄之人相傳，亦無不以爲異也。而非異也，誠也！大禹謨曰：「至誠感神。」隱君誠孝格天，而不匱永錫，宜乎無聲無形之鬼神，有聲響以應之耳。或謂予曰：「昔人有無鬼之論，然乎？否乎？」予曰：「無鬼是無物也，不誠無物。子不觀子產之立公孫洩乎？鄭人相驚以伯有，曰『伯有至矣』，則皆走，不知所往。子產立公孫洩及良止以撫之，乃止。子產曰：『鬼有所歸，乃不爲厲，吾爲之歸也。』子產適晉，趙景子問曰：『伯有猶能爲鬼乎？』子產曰：『能。人生始化爲魄，既生魄，陽曰魂，用物精多，則魂魄強，是以有精爽至於神明。』然則，伯有

〔一〕「書襄城記異後」，長白完顏本作「書後」。

〔二〕「隱」，石泉彭氏本、靜海聞氏本脫。

之爲厲，豈非鬼乎？伯有之爲厲，用物弘而取精多也。況乎信吾翁死王事，其精爽與日月爭光；而五千人生氣英英，復不滅田橫島上之五百人也！安得不顯其異於襄城乎？易繫傳曰：『原始反終，故知死生之說。精氣爲物，遊魂爲變，故知鬼神之情狀。』知鬼神之狀，且知鬼神之情，而鬼神之聲，何不可知！於何知之？知之以『誠』而已，故至誠如神。」

康熙丙辰仲春之花朝，延陵後學吴光盥手拜手敬題，時年七十有八

襄城記異編書後[一]

高世泰

高世泰曰：余讀是編竟而歎曰：「斯所謂義也！」胡云異耶？以爲異者謂鬼不當號也。寧可謂世無鬼，不可禁鬼使不號。謂鬼不當號，魂亦不當招乎？骸骨不當聚而窆[二]乎？名次不當祠而饗乎？然則，三十年前毒遍中原之賊，不當驅而逐乎？五千義憤之兵，塗肝腦，斬腰領所甘心，不當與共[三]事乎？弔祭不施，旌勸不及，廬而聚者忘其禍害，經其里者莫念其慘傷；獨有一父沒不識死所之孝子，哀吟數千里，曲折紆道，以求至其地，匍匐郊原，擗踊煙靄，大慟以修薦享，亦將以爲異乎。

余聞二曲先生之孝也，關中人人頌之。駱使君執弟子禮敬事之，辛亥延至吴中，春丁至止吾錫。不拜一客，不接一賓，講道於明倫堂；獨與余若有夙契，留荒齋者七日，每於空庭露坐，談及他人之事親，輒仰天大呼，淚落不已。清夜晨興，時聞哭泣。余亦不敢問先生爲何事，猶強以朱夫子「山川出雲，閒身空谷」之句爲寬慰，掩涕言別。别去經年，而始知先生之

[一]「襄城記異編書後」，長白完顏本脱。
[二]「窆」，石泉彭氏本、静海聞氏本作「葬」。
[三]「共」，石泉彭氏本、静海聞氏本作「其」。

志在襄城也。本於至性之精誠，發而爲無可奈何之極思。先生至襄，而襄之茂宰東峰張公、邑紳孝翁劉公，羣起而治大塚，成義林，以修祭享，緝志乘以垂永久。若奔命之不遑，豈爲李先生哉？感於義也！

昔者元時有三卯録，載成都殺戮之慘，朱禩孫死而復生，出而道其事。賀靖權成都，聚城中骸骨一百四十萬，城外者不計。時有史氏兒光者，年方十三。從母程伏林莽，遇兵害。光亟從草埜窆其屍而識之曰「史光母」，具書生卒歲月。史以此兒延其嗣爲名族。二曲先生所遭，既非史光比，乃其矢志專一，焄蒿積精，歷三十年而不渝，亦豈光之可及？古今不忍見聞之事，恆由一人之志行以傳，大抵如斯！先生以體道之躬，發明此敻絶匪懈之義，流俗觀之，似非常而實常耳！義爲幽明準，夫亦何異之有？

襄城記異跋〔一〕

唐獻恂

歲庚戌，隱君〔二〕先生客龍沙禪院，除夕號泣，聲飄蕭出林薄，隨悲風遠。予聞之嘆息曰：「此必孝子也！」雨雪載塗，攜杖出訪，知先生哭先人之殉闖難也。追感歲時，孝之至也！聆殉難顛末，有不墮淚者，其人必不忠；睹隱君之誠敬悲切，有不墮淚者，其人必不孝。

別隱君二年後，得襄城記異録。覽竟而人以爲異，非異也！先生淚盡血繼，至誠之道通乎鬼神，孟子所謂「至誠而不動者，未之有也」。聖人未嘗不敬鬼神，但遠而不諂。今之講學家以鬼神爲烏有，以言鬼神之事爲邪僻，此未得程朱之眞傳，徒襲程朱之唾語，何足以教天下後世？況民之無良，既不知聖人之教，惟鬼神可以震恐其心志，使稍有所畏憚。若渺

〔一〕「襄城記異跋」，長白完顏本作「跋」，原本作「襄城紀異跋」，依前文，文中「紀異」均改。
〔二〕「隱君」，長白完顏本作「李隱君」。

以爲烏有，併己之祖父，亦渺以爲烏有矣！歲時之祭，亦可不設？卽祭，亦以爲故事也，玩忽焉而已！襄城之鬼聲大作，若喚醒天下之言無鬼神者，是卽先生木鐸天下之功化也，事足千古矣！

毘陵唐獻恂，〔一〕時年七十有七

襄城記異跋〔二〕

潘靜觀

造化之氣機，至靈至妙，感於此卽應於彼，莫知其所以然。握其靈妙之樞而運用不窮者，鬼神也。吾夫子繫易，確然以精氣遊魂，指出鬼神情狀，此豈矯誣之說哉！至若詩書所載，玄鳥生商，帝武啟周，赫赫洋洋，遍滿天壤；中庸特發「體物不遺」之義，而歸諸一「誠」，抑可謂深切著明矣！

余讀襄城記異，竊有感於信吾翁殉難沙堨，以死勤事，忠也！厥嗣二曲先生招魂設祭以禮寧〔三〕親，孝也！維孝與忠，總歸一「誠」。此以誠感，彼以誠應，有如山崩鐘應，氣到灰飛。襄城之事卽大易、中庸之至理也，又何疑焉！不特此也。今二曲先生講學關中，力肩聖道，方且大闡濂、洛、姚江宗傳，以淑人覺世。聞其風者，無不翕然嚮往。良知一點，洞徹幽明，信吾翁定當含笑九京，克享禋祀；彼五千餘人者，姓氏雖湮，忠魂長在，亦當藉信吾翁以不朽矣。

晉陵潘靜觀謹跋

〔一〕「唐獻恂」，石泉彭氏本、靜海聞氏本作「恂獻恂」。
〔二〕「襄城記異跋」，長白完顏本脫。
〔三〕「寧」，石泉彭氏本、靜海聞氏本作「享」。

襄城記異跋[一]

曹有章

古今之名義稱「君父」，而怪異稱「鬼神」。然離君父而言鬼神，則鬼神不靈；離鬼神而言君父，則君父亦不靈。惟卽君臣父子之故，有以發鬼神變現之奇，此其事每令人傳頌之不衰。昔二曲先生應郡侯駱公之迎，蒞止吾常，闡學明倫，人心咸豁，予每以不一見爲恨。返旆之日，招魂於襄原，四壁鬼號，闔邑駭聽。

丙辰春仲，從遊徐子以襄之茂宰東峰張公記異編觀予。讀竟，喟然歎興曰：有是哉！常道若斯之靈也。信吾公奮義旗誅逆闖，忠也；隱君勒石建祠置祭，孝也。卽曰：信吾翁捐軀殉難，當作義鬼。隱君必欲求信吾公之靈而妥之室；然茫茫大化，孰是可留？縹緲白雲，招來奚據？而顧乃吐聲空中，悚動襄邑，不特信吾公一氣呼[二]吸，併汪公與將佐以迄五千人，亦各若呼者之必應，亦獨何歟？爲之衹徊，爲之緬想。蕞[三]爾荒原，於焉奚似，意者隱君一人之血淚徧灑，而起長夜之慘號。生雖力屈，死必崢嶸，意者賊鬼之就擒呵責，而動忠魂之震盪。且也天地不滅，精英亦不滅，則此慘慘淒淒者，意或長聞於宇宙。有著卽凝，有戀卽欲，則此數千靈爽之獨往獨來者，意或自茲以後，盡返遊乎太虛。嗟嗟！以是爲常亦眞常，以是爲異亦眞異。絶神異絶尋常，絶尋常絶神異，淺人泥其跡，深人解其理，而事與理感通召致之由。問之襄人，襄人不知；問之當世讀書者，讀書者不會，請還以質之隱君。

晉陵曹有章可聞氏謹跋

[一]「襄城記異跋」，長白完顏本脫。
[二]「呼」，原本作「吁」，據石泉彭氏本、靜海聞氏本改。
[三]「蕞」，原本作「共」，據石泉彭氏本、靜海聞氏本改。

讀襄城記異有感

東吳顧炎武

躑躅荒郊酹一樽，白楊青火近黃昏。終天不返收峭骨，異代仍招復楚魂。湛阪〔一〕愁雲隨獨雁，潁橋哀水助啼猿。五千國士〔二〕皆忠義，孰似南山孝子門。

晉陵〔三〕吳光

田横島上客猶存，壞土襄城鎮大坤。忠義林成百萬樹，風霆色動五千魂。骨留青塚山河壯，氣吐長虹天地掀。落雁峰頭回首望，遥遥千里紫霄軒。其一

忠烈干城名教長，義林今日共傳芳。鬱葱佳氣旌旗閃，森列貞珉日月光。化碧九原燐灑血，留丹千古骨生香。青青塚樹鵑啼夜，華嶽雲飛歸故鄉。其二

〔一〕「湛阪」，原本作「少室」，據亭林詩文集、明詩記事、晚晴簃詩匯改。
〔二〕「國士」，原本作「貂錦」，據亭林詩文集、明詩記事、晚晴簃詩匯等改。
〔三〕「晉陵」，原本脱，據長白完顏本補。

太華峰頭望白雲，麻衣千里哭襄原。風塵遠見旌旗色，草蔓深迷壁壘門。花落野棠寒碧血，塚留明月伴黃昏。何來空際聲聲厲，有子能招萬古魂。

晉陵莊騫

麻衣慟哭到襄原，楚些聲中灑一尊。荒井凍泉藏俠骨，古城陰雨泣忠魂。松杉慘澹環祠宇，贔屭崔巍表墓門。鐵馬金戈當日事，五千英爽尚如存！

延陵吳發祥

襄城埋骨濁河旁，孝感忠魂起北邙。肝腦乍逢新雨露，旌旗陰護舊金湯。飛沙夜氣迷祠宇，落日秋濤冷戰場。最是子心收淚處，義林松柏既成行。

丹陽賀麒徵

生死由來幻夢因，不須寒夜泣青燐。舊時擊賊常山笏，今日陞壇廟食臣。松柏初凝千古色，人情欲展百年禋。清平天子褒忠節，還有皇封慰爾神。

徐天閑

萬里歆聞戰〔二〕骨香，義林風烈古睢陽。同人舊痛餘丘木，閱世新愁隔澥桑。電馬雲旂明曉色，金鼂玉匣吐宵光。眼看

〔二〕「戰」，原本作「正」，據石泉彭氏本、靜海聞氏本改。

羣盜須臾盡，華嶽峰頭返故鄉。其一

悠悠濁世節何清，不使中原草木腥。一旦玄霜飛白晝，千秋月黑鎖冬青。男兒死義眞南八，草莽稱臣薄管寧。多少太平長樂老，也攜香瓣上新亭。其二

肅穆靈筵薦一巵，夜臺方識有鬚眉。銅駝永歎埋叢棘，石馬重來汗舞衣。信友謝翺成許劍，思親束晳補亡詩。高官亦寫褒忠録，讀到襄城是義師。其三

龍沙古寺揖名賢，坐久深談忽黯然。三十年餘心作鐵，五千人膸骨撐天。山頹木壞知猶在，艾菀蕭敷亦可憐。不見武侯祠下柏，至今斑駁似龍眠。其四

丙辰二月，宜興鮮民邵贊

庚戌冬月，二曲李先生來毘陵，余從家大人謁先生於龍沙禪院，遂得時聆教言，兼聞太翁殉難之略，復荷先生拜先襄文祠。臨行送別，忽已六載矣！因讀襄城記異，感而書此。

聞說襄城事，於今又六年。忠魂應在爾，義氣實昭然。祠建千秋仰，碑存百世傳。何時一瞻拜，憑弔戰場前。

毘陵唐宇肩

中原戎馬昔紛紜，豪傑關西氣不羣。擬執朱旗揮逆賊，翻將白刃報明君。三更鬼哭襄城月，萬里魂歸華嶽雲。聞道義林寒食後，路旁遺老拜孤墳。

毘陵楊昌言

馬革誰收戰骨香，青蠅多少弔斜陽。一腔血化三年碧，十畝魂歸二曲桑。白刃春風方解脫，沙場燐火也輝光。懸知厲

鬼酬初志，風馬雲旂壯帝鄉。其一

瀍洛遙通洙泗清，百川一洗九州腥。蓼莪不忍吟皋比，心史何時得殺青。豈爲備員編隱逸，肯因探策諛清寧。江雲渭樹人千里，極目思登木末亭。其二

投醪痛飲水邊卮，楊柳樓頭只鎖眉。薇蕨幾莖馨俎豆，斕斑五色壯戎衣。招魂誰向沙場草，絕命難尋衣帶詩。溝壑五千尊社稷，史官何諱敗王師。其三

蒼葭白露阻高賢，函谷泥封然未然。我命不猶生滅劫，羣魔何敢勝諸天。軍中捫虱無人識，市上吹簫每自憐。遙想二陵風雨夜，聞鷄起舞不成眠。其四

靈巖比丘生菴濟永

賊勢平吞洛，終南振義聲。腦肝酬故國，靈爽撼襄城。片石千秋古，荒丘白日爭。孝思無限處，封表待清平。

徐超

泯沒何勝道，忠魂凝太空。一身誠血貫，萬鬼性靈通。天地悲愁裏，官民錯愕中。茲襄有是異，應與峴山同。

吳子遠

環繞孤城慟一聲，依然生氣薄乾坤。拚將七尺攖霜刃，留取丹心伴日星。廟貌千年新不毀，蘋蘩兩薦潔而誠。男兒孰是無長夜，得似襄陵萬古馨。

張允復

浩浩乾坤立此身，那甘沒沒老風塵。顏頭嵇血尋常事，委壑塡溝不愧人。義在豈辭寒夜雪，賊存何意故園春。睢陽死後男兒弱，力振王家仗節臣。

徐英粲

成敗休將勘異人，渭南諸葛淚沾巾。誓平逆闖歌還鎬，愁滿孤城哭向秦。門疾奮呼驚霹靂，戰酣[二]飛劍動星辰。當年天意存恢復，此日淩煙慶老臣。

徐幼輿

歌

晉陵韓陶

信吾公死於王事，忠也；二曲先生招魂以歸，孝也。忠孝所感，不可誣也！繫之以詩。[三]

天神地祇人鬼列，三才如鼎參屹立。上古至聖與天通，中古地天乃隔絕。信翁忠血灑襄城，義軍半萬殉闖賊。聚斂魂魄慘未歸，立廟歘然顯厥烈。實本仁人孝子心，金燧方諸向日月。水火徵召不予欺，父子一氣豈閼遏。君不見鬼哭常聞古戰場，青燐猶照寒泉碧！嗟爾忠臣義士魂，鞭風雲，叱霹靂，愼毋爲厲以虐人；妥爾靈，瘞爾骨，出入幽明間，浩然天地塞。

[二]「酣」，原本作「甘」，據石泉彭氏本、靜海聞氏本改。

[三]「詩」，石泉彭氏本、靜海聞氏本作「歌」。

崇禎之季妖孛起，羣盜延蔓如螻蟻。名都大邑縱鯨鯢，長墩短塹走蛇豨。五城十城無飢鴟，昏昏一色萬餘里。氛冷直逼皋門橋，雒陽金谷生荆杞。潁昌斥候燧火連，潢池攬亂蛟龍水。大帥擁纛[一]擐犀渠，見賊不敢瞪目視。鼓鼙音啞譙聲暗，空使至尊思拊髀。牙璋鐵騎自逍遥，三川處處無完壘。維時關西李將軍，劍纓絓髮誓斷指。七尺超踔躍馬出，雙眥直上無轉徙。願將一戰掃欃槍，不惜賭命報天子。汝州轉戰賊勢湧，援師不至孤軍抵。中丞汪公亦赴難，五千義兵同日死。陰風慘澹猿狖叫，寒雲摧天白日紫。西向再拜睢陽同，海島徒屬田横比。將軍有子稱隱君，孤蹤卓品出塵滓。浩氣沛然灑八溟，恍稀鸞停與鵠峙。絶學上接濂洛傳，窮理眞探孔顔髓。白社董威百結衣，歌頌原生還拖履。徵求使者日相催，除書屢下黄詔紙。膏肓不換游巖服，蒙面竟覆姜肱被。每念亡父戰埸時，中懷哽咽嘗出涕。重跰出關抵襄原，淚血抗魂虔禱祀。帝告巫陽使反身，魂今歸來凴筵几。吏人慕義勒貞珉，鬼聲號切依霜卉。青燐閃忽四野飛，髑髏磷磷皆壯士。豈是遊魂能靈怪，要之仁孝格神鬼。義林鬱鬱列松楸，百年俎豆留芳軌。吁嗟乎，闖賊甲申潰京師，將帥蒙恩誰寢兕。殉烈獨有寧武军，忠誠奕奕照青史。國家養士欲何爲？忍看蔓棘銅駝裏。

閬中陳軾

襄城記異歌[二]

潘杓燦

運會際變革，民庶罹坎坷。義節委草莽，淹没其奈何？維彼純孝子，至性動天和。鬼神昭格顯，賢達襄贊多。遂使俠

[一]「纛」，石泉彭氏本、靜海聞氏本作「旗」。
[二]「襄城記異歌」，長白完顔本脱。

骨香，千載無消磨。昔闻流氛起荆豫，蹂躪中原無寧處。王章板蕩兵力微，五塵三都供佔踞。殺人如麻骼胔寒，平原血滿生波瀾。總制汪公死社稷，關河豪傑無歸鞍。是時旗靡鼓聲絕，襄城四望人煙滅。永夜誰看燐火青，白楊徒向悲風咽。關西壯士信吾君，慷慨仗策何忠勤。以身許國明大義，玉碎同作崑崗焚！李君有子賢聖士，忠孝相沿翼世美。朱、程、孔、孟得眞傳，屢謝蒲輪高不仕。是時先生尚藐孤，卽思負殖大愴呼。徒以有母悲煢孑。廿年涕泣銀海枯。歲在庚戌母服闋，痛念遺骸心彌切。墨衰扉屨事長征，哀感傍人爲飲血。孝子東行出古關，蕭蕭草木盡愁顔。神明邑宰欽高躅，負弩傳餐俟往還。襄城白骨久山積，恨血年来已化碧。終古誰知姓與名，惘惘煩冤匪朝夕。同讐賴有李君賢，義士旋因孝子傳。精誠能使金石泐，天人應兆豈茫然。銘碣欲成清嘯起，記異傳呼遍閭里。豈必襄城戰士魂，正氣搏乎自爾耳！吁嗟乎！不朽功名孝與忠，行藏成敗將無同。子臣家學淵源嗣，襄城萬載傳高風。白楊歷歷埋芳地，鬣列鱗聯煙草被。行人坐臥讀遺碑，片石郊原彰孝義。白骨平沙多戰場，西風落月任淒涼。何能盡遇尊賢宰，錫類同教姓字揚。

仁和潘杓燦月仙

襄城記異律詩三首 有序

駱鍾麟

鍾麟向尹二曲，師事隱君李先生八年有奇，省愆補過，幸得告無罪於地方，實惟先生之教。先生善規誨，每造廬卽命靜坐，坐次惟時惕以政事之不合人心者。視有合處，止以鮮終爲戒，從不出一諛詞。侍几杖久，常言太翁信吾公暴骨未歸，以母在不獲尋覓狀，泣淚卽潸潸下，八年中不啻十數如之。鍾麟嗣遷京秩，欲請先生同行，廣勵北方學者，先生亦以母在爲辭。未幾，太君耆[一]逝，先生廬墓不出。鍾麟適爲郡司馬，止一承問哀毁狀，不獲如向者數數見也。惟

[一]「耆」，石泉彭氏本、靜海聞氏本作「老」。

時制臺莫撫軍白謬因鍾麟表薦，卽謀辟舉先生。先生聞知，被衰絰苦謀遁跡，因中止。鍾麟旋移延陵守，遣僕来迎先生，廣勵東南學者。先生既允，且辭曰：「汝但先復爾主，我今且辭墓向襄城求尋父骨，得則來，不得則行止未定也。」泣淚遂潸潸下。是年冬，抵襄，襄尹東峰張子固素慕先生，極盡東道之敬，稅駕郊迎。同邑紳劉君宗洙躬爲區畫，招魂瘞骨，立碑建祠，一一曲全先生純孝之志。逮先生講學東南歸，不五閱月，歷歷告成，舉動出人意表。噫！斯良足勵名教，垂異行於萬禩矣！寧僅青燐夜響，如泣如訴，如慰如謝，竦人聞聽，足記已耶，詩爲並及之。

聞道襄城古戰塲，五千義士困残疆。援師不踐君臣約，孤旅爭求日月光。國史恨難稽姓氏，神墟幸已聚馨香。誰知白骨皆無主，萬古能憑孝子揚。

孝子徵書先未垂，哀思父骨步求之。忠魂不泯通幽感，義壘旋成訝異規。錫類頓收荒骨盡，遺芳應續史臣知。慚予夙昔師資舊，悲感徒遺哀挽詩。

義骨幽香幾已矣，神君張尹迥奇哉。經筵未聘悲煢疚，血淚誰憐泣夜臺。隱君三聘不起，今上癸卯年事。襄城覓魂藏玉，乃庚戌年事。一自公能酬至性，不令子職有遺哀。襄原從此傳聞異，祠祀行看璽詔来。

駱鍾麟

襄城記異十三韻

章士鯨

鬼神不可測，誠至自相通。在昔襄城役，曾令壯士空。白雲千載恨，赤淚萬家同。姓氏平沙掩，功名衰草封。烈烈殉國者，中有信吾翁。令嗣諸士仰，高蹤帝眷隆。矢懷求父殖，徒步出關東。憤怨宜回日，哀思欲貫虹。維能全大孝，端可格孤忠。賢尹崇遺表，豐碑紀故雄。魂兮昭盛德，夜乃嘯清風。咄咄天人接，洋洋宇宙充。從茲一片石，揚誦永無終。

臨安章士鯨雪蟾

賦襄城記異二律

賢豪自昔挽臣綱，效義名傳古戰場。白骨始歸今[一]石窆，丹心不愧舊旂常。忠魂半夜鳴昭格，俠氣千秋副[二]表揚。自是顯親憑孝子，會教錫類盡垂芳。

襄城皓月新遺塚，賢宰高風慰義靈。淪血結沙成古碧，幽魂嘯夜報垂青。堅貞屭贔千秋石，慘澹文章萬古銘。爲國顯親雙濟美，於今忠孝有儀型。

鄭瀛恕

正學久蓁莽，華嶽起儒宗。羣書萬卷破，奇功一源通。至行輝千古，孝思塞穹窿。念怙泣壯烈，慷慨赴疆埸。忠魂三十秋，迢遞不得接。誰謂阻且長，精誠徹幽宅。同讐五千子，錫類通所思。崇賢有令君，建碑復立祠。孝子南行乃西返，靈爽稱奇顯厥誠。從來金石孚可格，矧復忠孝一氣迎。江左絃歌茲絶響，先生一顧振嚶聲。咳唾丹書霏玉屑，心傳寶籙作金鍼。延陵講院重開席，鄙子曾覩亦與升。會見郵筒丁寧語，高山景行時切承。何時復接南遊駕，陪侍儀刑論聖經。

陽羨困學子吳晉剡

蘭陵旅次誦瑤篇，大節凜然媲昔賢。報國有懷身已致，招魂無術淚常懸。城頭日月皆昏暗，塞外屍骸久棄捐。沒後何

[一]「今」，長白完顏本作「金」。

[二]「副」，石泉彭氏本、靜海聞氏本作「待」。

心歌訟集，維忠與孝自堪傳。

閩莆陽林垂規協工氏

賢勞當世變，王事一身輕。瘞玉留芳草，歸魂樂故城。精靈原不泯，孝感自生情。莫謂聲來異，無聲卻有聲。

毘陵楊瑀

歆聞義勇挽乾綱，半萬忠魂殉戰場。馬革裹屍全大節，旄頭出火續微陽。鼓聲不起猶衝陣，劍氣橫空更吐芒。過客停車探往蹟，黄沙白草尚含香。

武進古迂張侗

翦紙招魂何所之，建祠設祭不勝悲。千秋方策雖傳信，一日君親可對誰。夜靜兜鍪馱鬼馬，天陰雲霧擁靈旗。於今多少興亡恨，知向高旻空淚垂。

蒲坂盧夢植

奇人天誕著奇名，俠骨丹心貫日精。奮力欃槍千騎馬，致身鋒鏑萬夫兵。思親不憚招魂遠，至孝猶能動鬼喤。〔二〕隱隱荒原隆起處，義林高塚擁襄城。

〔二〕「喤」，石泉彭氏本、靜海聞氏本作「鳴」。

聞説襄城事，令名今古揚。官卑能取義，孝大足傳芳。俎豆千秋業，綱常百代光。一門忠孝並，青史自馨香。

同州馬㯹

三萬旌旗出漢京，五千壯士殞襄城。忠魂獨奮風霜色，勁節還爭日月明。千載義林傳盛事，終天孝念格思成。當年多少同袍客，得與先生垂令名。

左輔馬睿士

彝常罹〔一〕變故，忠孝古今難。血墮千行淚，魂招百念酸。醇誠天地動，冥泣鬼神寒。感慨義林跡，芳椒播紫壇。

馮翊馬嗣熉

附

與襄城令東峰張公書

顒父某於崇禎十四年十二月二十四日，隨監紀同知孫公兆禄從征。十五年二月十七日，賊陷襄城，遂歿於亂兵。顒母子未聞的信，朝夕望歸。既而，闖逆入關，顒始絶望，擗踊痛哭，誓期覓骨招魂，少慰終天。彼時徒以孀母在堂，不敢違離；兼之艱窘萬狀，不能遠出，致父羈魂異鄉，無所棲依，霜晨雨夕，走燐飛螢。顒茹痛疚心，三十年於茲矣！往歲顒母病故，

〔一〕「罹」，石泉彭氏本、静海聞氏本作「遭」。

三年服闋，特匍匐茲土，期招父魂。雖於土主祠前，已具有哀請之詞；然而，人微言輕，恐難驟格於神聽。竊聞：在昔永順士兵歿於南寧，南寧太守爲之焚牒城隍，以歸其魂。用是敢乞仁侯弘錫類之仁，廣孝治之澤，哀憫愚誠，不惜數字轉申土主，庶數十載滯魄沉魂，蒙津濟而得返鄉曲，永依塋室。不惟顒也銜恩没齒，即先人亦且戴德重泉矣！顒無任伏地籲天悲號，祈望之至。

公得札，卽於是夜齋沐。次晨，詣廟具文，躬禱索魂：

維康熙九年歲次庚戌朔八日，襄城縣知縣張允中敢昭告於城隍之神曰：

嗚呼！先朝崇禎十五年，闖逆李自成播虐中州，關中李子中孚之父諱可從，從監紀孫公，同汪督師殉難襄城，至今三十年，幽忠未表，遊魂靡定，誠千載恨事！李子自秦之豫，間關匍匐，欲舉其骨而呼其親，仁人孝子之心，殊可憫也！猶惓惓以爲未洽神聽，恐不可得，借知縣一言，以致其誠。知縣不敢以固陋辭。

伏念昔時王少玄於野中白骨，得父胔以葬；史五常入廣求父櫬，號泣籲天，竟獲骸骨。此固兩人至性足以格天，實神明之昭赫顯靈，不忍孝子湮没無聞，抱終天之恨於無已也。李子至性不減昔人，而闡明絶學，尤爲主持名教之身，神其鑑此一念而諄諄來告耶。或者歷年已久，陵谷變遷，沙走塵飛之餘，滴血無從；然烈烈忠魂，必不與草木同腐，其升而爲天上之列星歟？其散而主境内之山川歟？其尚飄搖悽鬱，望秦隴而墮英雄之淚歟！維神之靈，使得相依而歸，安魂塋室，庶不負李子間關匍匐之意；而神之所以待忠臣孝子者，果如是其昭赫顯靈也！夫忠臣孝子，古今之所不常有也，如是之昭赫顯靈之事〔一〕所僅見也。以不常有之人，而得此僅見之事，今而後益知天人相感之故矣。神其聽焉。尚饗。

〔一〕「事」，原本脱，據長白完顔本補。

禱襄城縣城隍文

陝西西安府盩厔縣布衣李顒謹以香楮之儀，致祭於襄城縣城隍之神而告之曰：

嗚呼！惟爾明神，允作兹土之主。凡在幽冥，咸厥攸司。兹有顒父某於崇禎十五年二月十七日，從征襄邑，殞命王事，旅魂飄泊，久羈於此。叩祈明神開牖父靈，隨兒還鄉，無俾迷戀長留異地。惟爾有神，尚克相之！

祭父文

維康熙九年歲次庚戌十一月初八日，不孝男顒，謹以剛鬣柔毛之儀，致祭於我父之魂曰：

嗚呼！我父棄兒母子，從征兹土，殞命王事，實甘厥苦。所恨兒以母在之故，不能收骨歸葬，速返故土，以致尊靈泣風濡露，漂泊異域者三十年於兹。哀哀此情，兒罪何贖！今敬陳薄奠，伏望我父之魂，赦兒往愆，憐其積誠，依兒還鄉，用慰終天。是禱是祝。

忌日祭文

維康熙二十七年二月十七日，不孝男顒率孫慎言、慎行，曾孫洵，謹以香楮庶羞，奉祭我父而告之曰：

嗚呼！此日何日也？乃我父昔年襄城殞命之日，爲兒年年傷心、抱痛肝腸摧裂之日也。人誰不死？無論富貴貧賤，終有一死；然皆疾病嬰身，安牀正命而死。死葬故土，子孫祭奠，有所憑依。獨我父棄妻拋子，離家千里之外，横死於賊刃之下，委骨於不親之地，慘結愁雲，恨窮壤土，子孫百世而下，遇此日猶堪墮淚，況兒乎！思我父當襄縣被圍，晝夜攻城，喊聲與砲聲交振，臨難殞命之際，思欲一見妻子面不得，兒即鐵石作肝，亦不能不傷痛而九轉。

兒童年失怙，今六十二歲，老矣！而哀慕之心，常如一日者，實以我父之死，情事異人，故抱憾終身，而無所解於其心也。茲不腆之陳，以我母配，英爽不昧，伏惟尚饗！每遇忌日，祭必有文，偶存其一，並〔一〕附此。

〔一〕「並」，長白完顏本脱。

卷二十四

義林記[一]

襄城後學劉宗泗彙輯

張允中

義林記 襄城縣志

治西郭蓋有「義林」云，千夫長李忠武公之所葬也。公佐制府汪忠烈公喬年，駐襄勦賊。賊圍城，城陷，汪公死，公與之俱死。汪之靈輀南轅矣，公血戰疆場，馨骨丹血，藏之長坑古井間。前令君佘補菴築祠崇祀哲廡，尚未大備也。愚增飭龕位，樹立豐碑，視昔有加。至[二]康熙庚戌，李忠武之元子顒來，長號五衢，招父魂而葬之。鄉先生劉宗洙割腴田數畝，立塋兆焉，藏有文石於窆曰「烈士」，私謚忠武。

李公諱可從，字信吾，陝西盩厔人，生於萬曆己亥年十一月十九日子時，殉難於崇禎壬午年二月十七日。後鐫知縣某立石，吏部候選同知眷姪劉宗洙奉祀，藏石方闊二尺有六，厚七寸，築土爲墓。墓表石長三尺，闊四尺有三，上鐫「李忠武公墓」五字，兩翼小識附焉。凡官是地與地之大夫士，各植松楸一二章，蔚然成林，爲郊青選勝勝地。道左樹石碑，高七尺，闊

〔一〕「義林記」，原本作「義林」，據長白完顔本及原本目録改。

〔二〕「至」，原本脱，據石泉彭氏本、静海聞氏本補。

二尺有奇，大書「義林」，表異舉也。兩翼載好義姓氏云。當公奮不顧身，以身殉國，蓋甘心如飴、無少怨痛者。視濁墨形魄，決棄不復攖懷，齒髪骼胔化爲疆埸之飛塵，以從飄風，其混於沙礫，委蔓草而啖鳥鳶，皆非所恨。惜摧其精英昭爽，飛揚雲霄，睠督府之牙纛，環長〔二〕壘而依附之。首麓汝涯，定是快心之區，比老死丘園固不屑，俯首全歸亦如浼也。年運而往，木拱且抱，蔦蘿附石，松柏參天，騷人憑弔，遊士流連，必且瞻馬鬣而式之，豪歌悲壯，灑經雅之醇醪，抒忠貞之氣志也。疇謂是舉，爲無裨於「忠武」哉！

邑令張允中記

義林述

李因篤

壯士盩厔李君，從督師汪公喬年討賊河南，抵襄城縣。賊圍襄城，城陷，賊磔汪公，壯士死之。後其子隱君二曲先生顒，親至死所，招魂而葬焉。於是，城守遊擊將軍王君天錫、知縣事張君允中暨邑之士大夫，竪碑塚旁，立祠祀之，而名之曰「義林」。友人有遊襄者，歸語其事，俾爲文以述之。

李因篤曰：予嘗聞盩厔有齒塚，蓋壯士君既應募東征，將行，抉一齒與隱君之母彭；及隱君成母窀穸，奉齒合葬而曰「齒塚」者。婦人之義，從夫者也。然則，隱君宜賦大招，置旃車，前歸而告諸齒塚可矣。而纍纍襄之新丘，則襄之將軍若令若士大夫之意也。夫當壯士之行，留一齒訣其家人，毅然誓不返矣。已而死襄，使其體魄冠劍猶存，猶當就而封樹之，況其在天之靈昭然可知者乎！是故，生不顧返，死而遷焉，懦也；出門從帥，殺身以之，歸其神而捨之，貳也；身不能爲

〔二〕「長」，原本作「畏」，據石泉彭氏本、靜海聞氏本改。

國家保有襄，則死之日，當爲襄人禦災而捍患，而使鬼確〔二〕戀故鄉，悖也。「懦」與「貳」與「悖」，非孝子所以事其親也，隱君思之矣。雖然非隱君之所得爲也，襄之將軍若令若士大夫之意也。夫壯士非能保有襄也，曰〔三〕保有襄，則襄人之祀，功也；今襄人之祀，義也。以旌壯士君之烈而成隱君之孝，則義在襄；以表督師之能得士，而教懦夫使有立志，斯眞天下之義林矣！蓋襄於是多君子也。詩曰「糾糾武夫，公侯好仇」，壯士有焉。傳曰「死，葬之以禮」，隱君有焉。孟子曰「君子莫大乎與人爲善」，襄之將若令若士大夫有焉。

康熙十年孟冬既望，關中李因篤撰

義林誌序

吴光

義林曷誌乎？誌義也；曷言乎？其義也。夫子之贊易也，說卦傳曰「立人之道，曰仁與義」，其於論語又曰「志士仁人，無求生以害仁，有殺身以成仁」，而孟子曰「捨生取義」。「仁」之與「義」，一而二，二而一者也。義之爲用，廣矣大矣！然而，人之所欲，莫甚於生；所惡，莫甚於死。慷慨赴義，奮不顧身，至死不變，強哉矯矣！此襄城之所以有「義林」也。

崇禎壬午年間，闖賊蹂躪豫洛，盩厔李徵君父信吾公倡義勤王，偕五千人隨督師汪喬年、監紀孫兆禄救襄城。襄陷，汪孫二公死於賊；信吾翁死，五千人亦死，義聲赫赫。襄人念翁不忘，爲之起塚西郊，共樹松柏、楸楊，鬱然成林矣。康熙辛亥，徵君孝思殷摯，抵襄招魂，哀感行路。襄令東峰張公構祠俎豆，勒之貞珉，名曰「義林」；而諸同人永言孝思，唱歎義

〔二〕「確」，長白完顏本作「雄」。
〔三〕「曰」，石泉彭氏本、靜海聞氏本作「能」。

烈，此義林之所以有誌也。

嗚呼！北邙一望，古阜纍纍，蓬蒿滿眼，滅沒於荒煙衰草間，賢愚莫辨矣，安得如今日義林，永言唱歎；而聞風興起，立懦廉頑，其有裨於名教豈淺鮮哉！蓋仁之與義，「爲天地立心，爲生民立命」。若信吾翁與徵君，非所謂「立心」「立命」者乎？徵君之孝，仁也；信吾翁之忠，義也。仁之與義，一而二，二而一者也。襄之君子，秉彝好德，人有同心，既誌之矣，余是以樂得而爲之序。

康熙十一年仲秋朔，晉陵吴光撰，時年七十九

義林圖說

劉宗泗

義林圖，圖義林也。義林有令君張東峰爲之記，有關中李天生爲之述，詳矣！記，列其義也；述，美其義也。海內士大夫讀其記，復讀其述，莫不知襄城之有義林云。使無以圖其形勢，則道里遼遠，心竊嚮往者，或以限阻而愾嘆於勝狀之莫覯，是居是邦者之過也。

義林在吾襄西郭外，南北通衢之左，面邑城，背汝水。其蜿蜒於西北者，則龍池東岡也；其嵾〔二〕峨於西南者，則令武首山也。其遠近環列，如拱如揖、如趨如赴者，則村落、廬舍、祠宇、陵墓也。而先君子葬地乃居其左。洛中王屏翰常過而弔之，有「城頭慷慨誰同調，墓地蕭條有北鄰」之句。蓋壬午之役，共罹鋒刃，今丘壠又相近也。泗非能畫者，睹茲義林，感慨係之，聊卽形勢，狀其梗概。庶幾覽者，按茲圖如登其林，慨然想見其英風，而忠義之心油然以起，斯眞天下之「義林」矣。

康熙十年歲次辛亥，襄城後學劉宗泗頓首謹題

〔二〕「嵾」，石泉彭氏本、靜海聞氏本作「嵳」。

烈士李公贊

劉晟

嗚呼！公以倜儻不常之勇略，遭方張不制之寇，提劍從軍，奮不顧身；思勤王室，其忠烈所激，豈不壯哉！至以賊之虐焰方熾，抵死以敵，厥功不就，要以天之不佑，非志之不振也。嚮使天不厭明，左兵來會，二師合力，殲滅逆賊，恢復王室，舉天下還之本朝，豈遽出古烈士下哉？世以成敗論人，以大功不就，徒死孤城，無尺寸之益，此刻論也。竊計世之人，有讀書數萬言，而臨難畏怯，甘自屈辱，改節事人，豈非[一]少哉！而公獨以忠烈之氣，挺然不屈，殉難如飴，卒完名全節，著義無窮，求諸史傳，雖南八何以加茲？其子顒刻勵力行，倡絕學於當世，其亦公之遺教使然耶！

古南氾後學劉晟

序

義林題詠

劉宗泗

自汪督師遇難襄城，一時從征將士，無不以身殉國，而李烈士之節烈爲尤著。義林者，表李烈士之墓也。烈士爲二曲先生之父，以材官從督師討賊，不克，死。康熙辛亥，二曲先生招魂至襄，哭於社，甚哀！爲言烈士因汪督師討闖賊，應監

〔一〕「非」，石泉彭氏本、靜海聞氏本作「復」。

紀孫兆禄之募，隨督師出關，兼程趨襄，與賊戰不利城守。城陷，被執不屈，駡賊，遂遇害。襄人憫烈士之忠，而憐二曲先生之孝也，於是起塜西郭門外，鐫姓字庚甲於石葬焉。邑令張允中表於道曰「義林」，因爲之記；富平李因篤作有義林述；延陵吴光爲義林序；其誌四方學者多所題詠，另有紀。茲所彙而爲册者，悉皆出於襄之輓歌。以襄之故老猶能稱述其逸事，即今之仕宦於斯、生長於斯者，又皆日爲登臨，徘徊憑弔，不能去者也。方今朝廷廣開史舘，纂修明史，採録督師並及烈士，登之國史，豈不與張巡、南八並垂千古耶？泗先君子以從事佐督師，與烈士同城守，復同罹鋒刃，序茲義林，感慨係之，操筆和淚，不知所云。

時〔二〕康熙辛酉春二月，襄城通家晚學劉宗泗題並書

襄令三韓蒲敏政

風雨蕭森處，寒生寶劍光。秦川多俠烈，豫土待平康。天道誰能測，君恩未敢忘。千秋眞介胄，日月共煇煌。

右題義林。

題義林

襄司諭商嗣琦

風塵勞去馬，羽箭出潼關。狀色洛陽裡，天威嵩嶽間。便言欃槍掃，豈謂鬼神還？英氣餘長嘯，俠聲塞碧山。

〔二〕「時」，長白完顏本脫。

漠漠長堤水，憑高弔暮煙。乾坤新歲月，稗史舊編年。沙流不轉石，峽鎖尚聞鵑。定有英雄氣，瀠洄護大川。

康熙庚申秋八月題烈士塚

司訓古穰高潔

朝廷思猛士，意在愛生成。骨以壯心〔一〕重，身繇報主輕。丈夫别有願，男子不求名。莫灑千秋淚，天地本忘情。

弔李烈士墓

後學馮天培

三秦饒壯士，用以固封疆。劍景春雲冷，殺聲夜月黄。人緣無大志，天不佑嚴廊。遊騎經行地，深憐古戰塲。

守黑齋頭讀義林吟，因書。

黄甲雲

輓弔李忠武先生殉節

鬚髪猶難保，衣冠不再逢。難將千古血，不問一朝鐘。忿氣青山裂，壯心春日冬。且休談節概，痛惜馬如龍。

時康熙辛酉秋八月，汜南後學魏名鄉頓首敬題

〔一〕「心」，石泉彭氏本、静海聞氏本作「懷」。

烈士義林

纍纍北邙塜，千秋獨義林。殺身溝壑志，作厲報君心。柏葉知方向，陰風起怒〔二〕吟。天憐昌厥後，重付朱程任。

何慊

世亦誰無死，乾坤重此身。行人識孝子，道路說忠臣。贔屭〔三〕豐碑古，雲煙野塜春。相憐生意氣，碧血不腥塵。

二曲先生曾託省視老先生祠。病久，見諸君子作義林詩，聊成八句附後。

後學張鋆

過義林弔忠武李公之墓

莫煩絮在酒，何用炙爲鷄。傑士孤忠健，英人萬騎嘶。鴻毛原有恨，泰嶽可相齊。馬革眞堪笑，丈夫眼不迷。

庚申冬日，後學耿日霽頓首題

〔二〕「怒」，石泉彭氏本、靜海聞氏本作「鬼」。

〔三〕「贔屭」，原本作「負屭」，據長白完顏本改。

寒月滿霜花，行人望處嗟。誰知萬里客，卻被五雲遮。芳草英魂健，西風豪氣賒。頭顱原自愛，總爲帝王家。

後學萬邦孚

天澹雲長黯，荒山暮雨多。祇緣明素節，何畏死羣魔。雨雪腸堪見，秋風乞未和。從來哭牖下，相對且如何。

後學井見田

千里馳天馬，膽令逆賊寒。山河憑畫戟，君父託雕鞍。自有血誠在，何憂肢體殘。英雄留本色，盡與上蒼看。

後學張雯

偉矣先生節，憑淩泗水隈。膚功難介冑，大義動風雷。忠孝思天性，詩書篤降才。於茲崇俎豆，茀禄慶方來。

庚申秋月輓弔李烈士。

後學耿勳

拜李烈士墓

風雨十年一劍寒，丈夫心事不摧殘。春來西隴松楸色，夜夜紅光牛斗端。

俠情自許作神明，義氣淩雲非借名。翻笑向來馬革願，何如千古自長生。

汜南晚學姚郡

浩氣澄江海，先生氣愈賒。爲天立柱石，不自念身家。事業原無盡，聲名寧有加。吁嗟汝水上，何處弔煙霞。

辛酉清明恭詣義林祭忠武李太公墓有感。

通家晚學生劉青駿

故壘當年蹟，晴嵐野樹齊。此山石未爛，何代草長萋？浪湧秦關月，巖耕漢塞泥。誰諳登矚意，返照暮鴉啼。

戊午仲秋，登義林有作。

後學李錫

出關饒壯氣，雪刃報皇朝。雲冷千夫帳，肝明萬馬驕。天原愛盜寇，士豈未殘消。燐火何堪憫，莫思出渭橋。

後學井應益

士馬下秦州，天王南顧憂。寒雲簇劍戟，密霧壓兜鍪。報國非無志，全軀豈肯休？至今殺氣在，流落望嵩樓。

晚學盛敞題

輓李烈士殉難里句

乾坤傾頽如崩瓦，丈夫力死巖城下。正氣凜凜天地間，陰雲慘淡迷荒野。汝水東流去不迴，首山横亙勢崔〔二〕巍。惟有

〔二〕「勢崔巍」，原本作「勢隹巍」，石泉彭氏本、靜海聞氏本作「望崔巍」，據長白完顏本改。

忠魂自來往，秋風涼月照霜苔。杲卿舌，睢陽齒，取義成仁博一死。萬年百六何事無，如君報效眞堪紀。嗟乎！古來直道在人心，野老呑聲淚滿襟。不信試看斜陽外，斷草荒煙愁至今。

古南氾後學賈詮

拜李烈士墓

虎賁龍驤士，拚命只知君。平賊抱奇略，洗兵不告勳。英風留萬木，壯氣冷殘雲。不作煩冤態，啾啾響墓墳。

辛酉如〔一〕月侯瑞

立馬郊原動慨吟，秋飆翠柏自蕭森。出關已是無生想，仗劍何曾念義林。烽火孤城空戰騎，英風千古〔二〕照丹心。寥寥遺塚託高埠，野水寒煙衰草侵。

庚申如〔三〕月謁義林，俚言輓弔忠武先生。

通家晚學生劉青白頓首敬題

〔一〕「如」，石泉彭氏本、靜海聞氏本作「秋」。
〔二〕「古」，石泉彭氏本、靜海聞氏本作「載」。
〔三〕「如」，石泉彭氏本、靜海聞氏本作「秋」。

辛酉寒食設祭義林再弔李忠武先生

徘徊泗上烏，弔古意何深。世代蒼茫色，摧殘經濟心。衝風草葉勁，噀血雪花沉，瞻拜高墳下，淒其淚不禁。

晚學劉青白再書於抱膝廬之左个

彝門烽火照東京，鐵騎聯鑣列五兵。一自山樓吹畫角，遂令壘壁失長城。沙場白[一]骨人間血，晚樹豐碑天上名。日落青郊風雨惡，夜聞猶是刀戈聲。

李紘皋

中原千里血，殺氣動秦州。鐵馬日星黯，罡風天地秋。荒城餘鬼火，白晝冷孤丘。無限招魂賦，山陽風雨流。

弔李烈士殉節。

晚學劉青藜

荒城野樹照斜陽，遺塚高碑大道旁。千里飛旌勞鐵馬，隻身倚劍謝穹蒼。出師五丈心徒切，抗節睢陽志可傷。獨使西郊風雨夜，青燐冷落泣沙場。

拜李忠武先生墓有作。

通家晚學生劉青蓮

[一] 「白」，原本作「石」，據石泉彭氏本、靜海聞氏本改。

濺沫跳波雨淚啼，傑人斷不肯頭低。捨生祇願全初志，授命端爲破大迷。碧海孤身甘血刃，黄河萬古重流澌。地天無憾奇男子，未敢高聲向世提。

辛酉秋月，西郊弔李烈士。

汝上後學秃心子李熠

身喪戰場志不摇，特行獨立見孤標。捨生取義心難變，之死靡他恨未銷。烈膽止憑青史著，游魂難倩楚辭招。忠臣浩氣千秋壯，英爽猶將翼聖朝。

後學何默

渭水鍾靈正氣敷，英雄應與世人殊。生前義志倫常重，沒後忠名古道扶。歌輓詩章傳厔里，旌揚碑碣暨襄塗。不將姓字留青史，誰識關中烈丈夫，

寓襄城都人馬永爵

流寓　襄城縣志[一]

劉宗洙

李顒字中孚，學者稱爲二曲先生，陝西盩厔縣人，忠武公之子也。忠武甘心殉節，可謂以死勤事。襄之官紳爲之樹龕位祠祀，拊衣冠起塚，妥侑英魂，崇奉備至。康熙庚戌，先生赴襄招魂，適上谷王暇公建牙於此，晉陽張東峰鳴琴於此，暢山

[一]「流寓襄城縣志」，長白完顏本作「附李二曲先生傳邑人劉宗洙録流寓傳，載襄城縣志」。

馬晉錫振鐸於此，爲之舘於二郎廟，與邑名搆訂疑折衷，多所開示。襄人服其訓誨，願以高第弟子事之。先生曰：「先忠武墓斯廟斯，顒固枌榆一後進小子也。」因附籍龍池保焉。延祖殉難而湯陰多嵇姓，清臣完節而長山多顔裔，子孫襲祖父芳名，僦而居之，奉其祀事，遂稱土著。且天祐忠魂，必蕃爾胤〔一〕，襄城數千百年後，又增盩厔一望，與龍門分東西李云。

先生眞儒領袖，理學宗工，在關西爲督撫大僚所矜式，寓江南爲宿德名卿所景從，直入孔顔堂奥，不僅化朱陸異同也。著作種種，皆身心性命切衷〔二〕之功；坐言起行，識者謂文清、新建燈傳在茲。凡古今典籍，靡不洞究，有十三經註疏糾繆、廿一史糾繆。男二人：曰慎言，曰慎行，能讀書克世其家。先生蓋丁卯年癸卯月癸巳日己未時嶽降也。

邑人劉宗洙記

〔一〕「胤」，石泉彭氏本、靜海聞氏本作「嗣」。

〔二〕「衷」，長白完顔本作「裹」。

卷二十五

李氏家乘[一]

富平門下晚學惠靇嗣彙輯

龔百藥

盩厔李氏家傳

盩厔李隱君之父名可從，爲人慷慨有志略，喜論兵，而以勇力著，里中呼爲「李壯士」。壯士常自負其才世不我知也，欲爲知己者死。明季闖賊犯河南，朝議以汪公喬年督師討賊，中軍監紀同知孫公兆禄招壯士與俱。壯士遂從軍。將行，而抉一齒留於其家曰：「我此行誓不殲賊不生還家，無憶我，有齒在也。」汪公既受命，則督諸帥兵三萬餘騎出關。出關聞襄城已陷，而闖賊拒左帥於偃城，距襄僅四舍，乃進兵雒陽，留步兵於雒，而自率精兵萬餘騎，倍道趨襄城，意欲出賊背，與左帥夾擊之。壯士甲胄帶櫜韃，持戈躍馬從孫公行。抵襄之明日，諸帥兵皆會。汪公集諸帥於幕下，分賀人龍、鄭某、牛某三帥爲三路，距城東四十里，與左帥聲援。汪公暫入城，撫百姓。有頃，忽報賊來將薄城，三帥不戰而西馳矣。乃急乘城，命副將四人各守城之四門，汪公自當敵衝處，以孫公參幕留中軍。

〔一〕「李氏家乘」，原本正文、石泉彭氏本、静海聞氏本作「家乘」，長白完顔本作「李氏家乘上」，原本目録作「李氏家傳」，今改作「李氏家乘」。

壯士從孫公後，汪公數目奇之，問曰：「若何官？」曰：「材〔一〕官耳。」汪公曰：「若立功題授若軍職。」壯士拜曰：「敢不效死命！」賊來攻城，急遣亡命鑿城爲隙，置火藥其中，火發城崩，其法甚烈，名曰「放甕」。汪公命城內穿阱，隨賊所鑿處，以利刃刺之，賊死者千人；賊又負門車向城，汪公命飛大石擊之，應手而倒，賊死者又數千人；其他鎗砲弓箭所斃賊無數。每汪公下令禦賊攻具，壯士無不以身爭士卒先者。會天大雨雪，賊攻城之西隅崩，汪公亟命壯士取荆囤，實以土，築而完之，守如故。又數日，賊攻愈急，城他處崩，崩非一處，力不支，遂陷。汪公自刎殊未死，賊執之，大罵賊，不屈。賊怒，磔汪公死。監紀同知孫公兆禄，典史趙公鳳豸，裨將張、党、馬三人與壯士皆死焉。始壯士之從軍討賊，既以城守，不得與賊戰；及城破，聞孫公被執，乃急趨制府侍衛。賊刃孫公，壯士以身翼蔽孫公，遂同遇害。有賈副將某者，單騎衝突，由南門出，格賊。賊以梟騎數十追之，卒無一人敢逼之百步內者，竟去。壯士義不肯去，而死於襄城。

壯士既死，而隱君之母彭居家聞之，泣曰：「悲乎！將行齒其訣諸，然猶日夜望，庶幾壯士之得生還也。」隱君尚幼，思父號泣不食，母慰之。及闖賊既入關，而母子始絶望矣。家貧甚凍餒，里媪有勸母再嫁者，母慟哭以死拒之。乃奉壯士之齒自誓，而勉隱君以學焉。

李隱君名顒，字中孚，幼孤，事母至孝。年十六就塾，塾師嫌其貧，不納。母乃聽其無師而學，母教之識字。隱君心自開悟，未幾，通制義。學博延安左君覽之，大驚曰：「天下有不從帖括，而竟爲邁俗之文若此者乎！」勸之就童子試，不應。自是厭棄俗學，求聖賢所以爲學之道。隱君家貧無書，從人得借觀書，悉讀經史二氏百家。讀書異於他人，不畫畛域，不滯訓詁文義。久之，忽悟曰：「嗟乎！學之道，吾心而已矣，豈他求哉？」乃恍然於人生之本原，可以塞天地、貫古今。其立教教人學，以「悔過自新」爲宗，「靜坐」爲始。其大指曰：無聲無臭，不睹不聞，量無不包，明無不燭，順應無不咸宜，人生之本原也。人人各有一己之靈原，非此一己之靈原，何以見天地萬物、古今上下？非天地萬物、古今上下，亦何以見

〔一〕「材」，原本作「才」，據石泉彭氏本、靜海聞氏本改。

已之靈原？凡人所難返者，知也；所難忘者，念也。念有善惡，本原固無善惡。念起即知起，而善惡始分矣。無故而起念，雖善，君子弗與也。且夫少壯老死者，形骸之所有也，於本原何有焉？功業、文章、道德，世之所謂大美也，何所不可爲哉？爲之，亦唯行其所無事，而豈以自矜耀，懼其猶有善之見者存也。故曰：無念之念，是爲正念；無知之知，是爲眞知。本原復矣，夫是之謂聖人。苟非聖人，豈曰能然？然人之生，即淪於下愚禽獸之中，而其本原者固未嘗不在也。下愚之與聖人，有以異乎？但氣質蔽之，物欲誘之，積漸使然耳！此其道在「悔過自新」。凡人之所以異於聖人者無他，過累之也！知悔必改，改必盡；過盡則本原復，復則聖矣。曷言乎「自新」？自新者，求復其本原云爾。雖聖人，豈能於無過之外別有所增加於其本原哉？故曰：悔過之學，可以語中才，即可以語上士。上士之於過也，知其過之皆由於吾心，直取其根源，剗除之已耳，故其爲力也易。若中才則必功積之久，靜極而明生，而後可以懲忿窒欲，故其爲力也難。然至於悟，則一也。善悔過者，不惟其身於其心。於心必於其念之動者求之。夫衆見之過易知，而獨處之過難知也。愼幾之學，容緩乎哉？幾者，事之微，而吉凶所由以肇端也。易曰「知幾其神乎」，又曰「君子見幾而作，不俟終日」。子曰：「顏氏之子，其殆庶幾乎？有不善未嘗不知，知之未嘗復行也。」夫有不善，未嘗不知，故可與幾也；知之未嘗復行，故無祇悔也。故不貳過，莫如顏子。顏子之「心齋」「坐忘」何謂也？「齋」之言「齊」也，所以齊其不齊也，動靜莫不以之。而顏子之坐忘，必先於靜，何謂也？蓋天地之理，不翕聚則不能發散。吾人之學，非靜極豈能超悟？況過與善之在幾微，非天下之至精至明，未足與於此，又豈悠悠忽忽者，克當此而無惑歟？故曰：學必先靜。靜坐之道，齋戒其德，虛明寂定，可知而不可言，可忘而不可昧。或曰：「新建之說，動靜合一若何？」隱君曰：「學固該動靜者也。然動則必本於靜。動之無妄，由於靜之能純。靜而不純，安保其動而無妄耶？新建蓋謂已成者言。若以望之初學，譬如未訓之鷹，欲其去來如意，鮮不颺矣。」

隱君論學所著書數萬言，然其意不在書也，欲人觀之自得而已。關中之學者莫不尊師之，稱爲二曲先生。盩厔今駱侯聞其賢，躬造隱君之廬而學，餽之粟帛酒脯以養其母。數年，母死，乃與昔父齒偕葬，盩厔之人相傳爲「李壯士齒塚」云。

自壯士之死於圍城者三十年，隱君嘗痛父，思襄城流涕，願一往，以母在也難之。及母死，而隱君始南遊至襄城，求父骨不得，乃爲文以招父魂也。於是，將踰江淮，順流而下浙，溯洄而至乎豫章，遍覽名山大川之勝，弔先哲遺蹤，訪東南之賢人君子，以共證所學。而聞駱侯在毘陵治郡，能行其道，施教化，民樂之。庚戌冬十二月，隱君過毘陵。

龔百藥曰：李隱君之過毘陵而與予遇，論學有所辨難，一切根極理要，遂相善。壯士，隱君之父也，以從軍討賊不得志死。子曰「志士仁人，有殺身以成仁」，故匹夫急國家之難，報知我之德，而能忘其軀，雖曰未學必謂之學矣。隱君之學，大要明體適用，黜浮華，尚篤實，將所稱躬行君子。嗚呼！盩厔李氏，忠節啟之，眞儒挺興〔二〕，人倫之盛，自古所難。天生斯人，而又貧賤之何哉？其有覺世之思乎，豈偶然哉！

毘陵龔百藥撰

盩厔李隱君家傳

吴光

忠孝節義，天命之性，率之至平常、至切實，中庸之道也；非有他奇如隱怪者之所爲。然以千古之遥，九州四海之廣，其中有一二人焉：或爲忠臣，爲義士；或爲孝子，爲節婦。聞其風見其事者，則相與流連贊歎，咨嗟愾慕，不能已已，咸詫爲奇。此豈非人之性歟！天之命歟！抑其說有難明者歟，以余觀李隱君一家之事，而洒曉然於其故也。

隱君顒，字中孚，陝之盩厔人也。倡道關中，以明體適用之學聞於天下。而君幼失怙，母氏苦節，艱難萬狀，攜持隱君。稍長，欲就學，不具脯，塾師不受。隱君曰：「句讀無師，不可自讀乎？」於是潛心力學，一旦豁然通曉文義，遂知四子之書，皆教人爲聖爲賢者也，非空言也；而卽有志聖賢之學，上溯濂、洛、關、閩，直接孔孟心傳，學既有以成己，又能及物。

〔二〕「興」，石泉彭氏本、靜海聞氏本作「生」。

其教大行於三輔，秦紳貴顯者，多忘年執弟子禮，北面師事焉。而宦遊其地，如臨安駱公，皆造廬折節，敦緇衣之好。

隱君性至孝，痛父以王事死賊，終身不衣采，即遠遊，亦載主與俱，不離父側也。侍母疾至接糞溺。孝、節、義，天之命、人之性、中庸之道也。中庸不可能也，故夫子曰：「中庸其至矣乎，民鮮能久矣。」中庸不可能也，而可能明則誠。誠則明，有不待學而能焉，有待學而能焉。隱君以生知之質，盡學知之事。吾於其行也，既序以送之，而又爲之傳，以告天下之學者。

晉陵吳光撰

野翁光曰：三代以上，人倫明而一道德，同風俗，治罕及焉。至戰國時，孟子「道性善，言必稱堯舜」，滕世子猶不能無疑。以余觀盩厔李隱君一家之事，豈非天性使然歟？嗟乎！性學不明，教化衰，民行所以不興也。隱君直指原本本，倡道關中，四方莫不聞風興起。眞儒出世，道其有救乎！

李母彭氏傳

陳玉璂

彭氏盩厔人，生而慧；及笄，歸同邑李壯士可從。可從少具大志，好談兵，而以勇聞於時，關中無遠近皆呼「壯士、壯士」云。彭既歸壯士，習聞談論，知世故，以忠義相激摩。每顧謂壯士曰：「以君之材，非長貧賤者。今困若是，無由爲人出死力，豎奇功，立名當代，然則當奈何？」居恆夫婦相語，輒哽咽涕下交頤。

明崇禎十五年正月，闖賊李自成犯河南，督師汪公喬年奉命征討，而以西安郡丞孫公兆祿監紀軍前。孫素善壯士，欲挾之行。壯士語彭。彭曰：「吾向慮君無由爲人出死力，建奇功，立名當代，不意其有今日，急行毋以妻子戀。」壯士躍然起曰：「我此行誓不殲賊不歸。」立抉一齒，授彭作拜曰：「倘相憶，顧此如見汝夫。」遂縱馬去。汪督師督諸帥兵三萬餘騎次襄城，而闖賊正拒左帥於偃城，距襄只三舍。督師分賀人龍、鄭某、牛某三帥三路進兵，三帥不戰而遁。督師急與孫監紀策守襄，從監紀後得見壯士，奇之，向曰：「勉旃！行白之朝授若職。」未幾，天大雨雪，城崩。賊執汪，汪大駡不屈，死。尋執監紀，壯士急從賊伍中躍馬奮戈趨救，而賊已刃監紀，壯士猶以爲未死也，投戈急以身翼〔一〕蔽，遂遇害。

壯士死，彭聞之泣曰：「天乎，吾夫死乎！然齒固在也，猶生乎！」既而曰：「吾夫死王事，目瞑矣！吾何悲？」呼幼子曰：「來！汝猶識爾父乎？今誰振汝？」相抱哭失聲。又顧幼子泣曰：「汝父能爲國死忠，吾獨不能爲夫死節乎？」闔戶欲身殉，子號慟，家人守視，乃免。然彭雖不死，而家貧，實無以自活。鄰嫗有勸再醮者，彭叱之。日夜艱苦紡織，佐以縫紉，易升斗粟以爲常。如是者數年，而子稍長大。年十六就塾師，塾師以貧嫌不納。母曰：「無師遂不可學耶？古人皆汝師也。」由是，發憤讀書，慨然有慕乎古聖賢之學，凡濂、洛、關、閩之書無不窺。嘗編次觀感録，取王心齋艮、周小泉蕙、朱光信恕、李明祥珠、韓樂吾貞、夏雲峰廷美、林公敏訥、朱子節蘊奇諸子之言，而〔二〕各載其本末。蓋以數子者或起商賈，或起戍卒、鹽丁、胥吏之屬，卒成理學巨儒，爲跡本凡鄙卑賤者勉。又時時爲母陳說，母大喜曰：「吾向語汝師古人者非耶！」自是，學業大成，關中之學者莫不尊師之，交稱爲「二曲先生」。母患痢，遍延醫診視，每夜籲天求代。嘗跪接糞溺，以辨重輕，輕則喜躍進餐飯，重則號泣，關中又稱爲「李孝子」，亦稱「隱君」，而莫不歸功於母之能教也。凡四方重趼求見二曲先生者，咸登堂羅拜彭母，嘆嗟而後去。越幾歲，母死。孝子匍匐營喪葬，卜兆於某鄉，人莫不指爲「彭節母塚」。會孝子奉昔父齒合葬，又稱「齒塚」云。

陳玉璂曰：嘗考共姜伯姬遺事，信無愧矣。又考爲寡者之子，則曰「孤子當室冠，衣不純綵〔三〕」。先王之教，欲其哀痛怵惕，終身焉如是也。以詩春秋之所述，無愧於死者，寥寥僅見。若是，由禮言之，其責成於寡者之子又如此。嗚呼！

〔一〕「翼」，原本作「翌」，據長白完顏本改。
〔二〕「而」，石泉彭氏本、靜海聞氏本脫。
〔三〕「綵」，長白完顏本、石泉彭氏本、靜海聞氏本作「采」。

今觀彭母與隱君，俱何憾哉！

毘陵陳玉堪撰

李母彭孺人墓表

李長祥

二曲中孚〔一〕李隱君抱濂洛之學，遊毘陵，夔州李長祥與同人講易，得見於〔二〕琅霞子之論世堂，告以將返矣。清明之期，恐遲之誤掃先人墓也。因流涕不已，曰：「吾母以中年，當先君子殉王事於百夫長，既早嫠，又貧，卒至於飢寒死也。」吾於當今學道諸君子，素知有關西李隱君，今聞其言，又仰止母云，隱君遂出諸名公爲其母之紀載。

母姓彭氏，歸李公可從。李公，壯士。逆闖亂中原，制師汪公喬年奉天子之命征勦，本郡丞孫公兆禄監紀，以公往。汪公以爲百夫長。天子才汪公，制師之；汪公才孫公，監紀之；孫公才李公，往之；汪公且才李公，百夫長之，其相與爲用如此！時崇禎十五年春也，師抵襄城北，汪公死制師，孫公死監紀，李公亦遂死百夫長。母聞之，大叫號痛哭，卽欲殉公，家人挽之不得，惟守視之而已，莫可如何。隱君至是痛父且痛母。家人曰：「母殉公，以兒如此必殉母。母自處得矣！兒且殉，李氏絶也。」母乃已。而家門單赤，卽四壁非李氏有。有言隱君姑給事縣庭爲菽水計者，隱君泣涕，以爲：「人子之事親必以道。不以其道，雖萬鍾，罪也！況給事縣庭，何事不辱母乎？吾辱以辱母，吾不爲也；吾母亦不令我爲也。」母果不令爲之。隱君得行其志，而貧寠不堪〔三〕，不能支。鄉人相嘆息，謂：「莫如母之再適人，則溝壑免爾。不

〔一〕「中孚」，原本脱，據李長祥天問閣集補。
〔二〕「於」，原本作「之」，據李長祥天問閣集改作「於」。
〔三〕「不堪」，李長祥天問閣集作「日甚」。

然，與兒之命懼不可保也。」母垂泣謝之，忍飢寒強支。隱君年十六，欲就塾，貧不能爲贄，不能往，塾師亦不納，隱君則自學。久之，有悟，乃屏除科舉文字，學濂洛之學，遂成名儒。關中上官傾動，皆相尊禮，其北面事之者衆也。亡何母病，隱君侍疾，至接糞溺以辨重輕，輕則喜，稍餐；或重，即哭卻食。母卒不起，其諸葬事，則邑令臨安駱公某並諸上官爲之。母生於萬曆己亥年五月二十九日未時，卒於康熙[一]乙巳年十一月十七日辰時。葬於邑西古城。

長祥爲之表曰：先王之教婦人，雖廳屏間事莫與焉。其言動，以鄉里之不得見聞者爲貴也，以是爲婦人之德，他莫稱焉。然相夫教子之際，昔之人亦常稱道不絕。夫亦不沒其善者，是人情矣。李公從王，碎首著義，義士服之，海內之學士大夫書之，母之痛在此，壯士之榮正在此，此壯士之自能不朽於天地之間者。若隱君之成，則母之教矣。當鄉里人勸隱君之給事縣庭，隱君固不爲，然使母或遣爲之，以隱君必奉母命不敢違。孟子曰：「事孰爲大？事親爲大；守孰爲大？守身爲大。」隱君奉母命則辱身，不奉母命則不孝，將何以處此？母則卒不令隱君爲之，隱君乃得以卒不爲也。母之見大哉！夫孝始於立身，今隱君之能立身，成道德之士，爲大儒，[二]孰使之？婦人之德，以無可稱者爲貴。若李母，余又不[三]能無稱之與？嗚呼！賢哉！

夔州李長祥撰

[一]「康熙」，李長祥天問閣集脫。
[二]「大儒」，李長祥天問閣集作「儒者」。
[三]「不」，李長祥天問閣集作「惡」。

賢母彭氏傳 順治己亥

李楷

賢母彭氏，世居盩厔。氏生而靜懿，女德具足，委禽結褵，宜於儉素，中饋克修，閫政不墜。其夫出征陣亡，踊擗慟絕，絕勺漿者凡五宵晝。家故赤貧，兒顒幼稚，堅我志節，撫此煢孤。又直奇荒之年，生者十三，殍者十七。爲氏計者，匪死則醮。氏抱苦節，反以爲安。常語顒曰：「吾與兒僦屋而居，無田可力。春冬之交，突無煙矣，兒其何以黽勉耶？」顒純孝，感之欲涕，因憤勵志於學。初治文辭，漸趨理性； 久之，德成道尊，遠邇欽崇，稱爲「二曲先生」。人皆歸善於彭，比之仉母，彭蓋以子而名益彰云。

河濱野史曰：曹月川先生作夜行燭，欲其親之躋於善也。顒之母以節聞，善矣！顒之砥身礪行，振揚純詣，有子輿氏之風。善則稱親，中孚之善，皆彭母之胎教家訓哉！

朝邑李楷撰

賢母彭太君小傳

吳來綖

賢母彭太君者，徵君二曲先生之母也。蚤歲夫亡，以柏舟自矢。是時，瓶鮮儲粟，衣實懸鶉，煢煢弱息，既罕期功強近之親，又乏應門五尺。里人憫其貧無以倚也，或勸令改圖。太君拒之甚堅，勵志彌篤。訓其子以聖賢之道，丙夜篝燈，殘灰畫荻，母也而實父與師兼焉。雖一日不再食，或數日不舉火，處之泰然，卒勉其子以成大儒。上繼關、閩、濂、洛之統，近守白沙、陽明之傳，海內凡爲身心性命之學者，莫不奉爲指南而賢其賢，因以賢太君之賢。於是，太君之賢嘖嘖盈海內。凡人之食貧茹苦，勉其子以有成，不過冀膺一命，以爲終身榮寵，雖丈夫無不盡然； 而太君矢志，乃獨在彼，不在此，此其爲節有大異乎世之所爲節者矣！ 夫守節，人之所能也； 苦如是而節，人之所不能也。 苦節，猶人之所能也； 苦節而不求榮顯，非人之所能也。 是山川之間氣鍾而生徵君，生徵君而預生太君以啟之，其事實關乎氣運之爲，而非可以尋常之節烈同類而共目之也。 歿後，諸上官捐俸建專祠以奉之，肖像以祀之； 歲時伏臘，必祭必虔。 與其生而鼎養，歿而淹滅無聞，固不若生而啜水茹蔬，歿而廟食百世，俾人稱某賢母之爲不朽也。 彼世之高談節義而實縈心於祿利者，聞太君之風，其亦可以廢然返矣。

晉陵吳來紱撰

書關中賢母傳後

徐超

嘗考自古哲人，莫不有天授焉。 以大縱之於後，尤莫不有所生焉，以曲成之於始。 然成於所生之父易，而成於所生之母難； 成於有所習聞、有所依傍之母猶易，而成於無所習聞、無所依傍之母尤難。 昔戰國孟軻氏崇仁義，明王道，辨性善。 當邪説功利遍滿〔一〕天下之時，而能守先待後，使聖聖相傳之一脈，有以迴狂瀾於既倒，則孟軻氏之賢烈，誠不在禹、周公、孔子之下。 然吾粵稽古傳，孟子蓋早歲喪父，獨與母居。 見嬉戲則學爲嬉戲矣，見屠肆則學爲屠肆矣。 藉令爲兒童時濡染若此，習與性成，後即能自振拔，其用力率不易； 而孟軻氏終未嘗至於隨俗習非，見異而遷，油油然不勞而登聖人之堂，成一代之儒，得自次於堯、舜、禹、湯、文、武、周、孔之後者，雖曰私淑有人，不可謂非其母「三遷」之力也。 以故世稱孟軻氏，隨稱孟母之賢不衰云。

吾師二曲先生，良知透闢，學貫天人。 悔過自新一書，開千百世修塗之要。 學髓一宗，抉千百聖祕密之藏。 南北之忘

〔一〕「滿」，長白完顏本作「於」。

貴忘年而樂就北面者，不啻一轍。茫茫墜緒之中，使古聖賢之薪傳絕而復續，斯誠孟軻後之一人。顧其母彭氏，於門戶蕭條伶仃孤苦之日，不規利於目前，不用志於雜役，甘貧薄，忍凍餒，一惟課之以書史，勵之以懿行。若以爲夫既歿於王事，子非立身行道，不足以光大前人之烈者，則彭母之賢，又奚遜於孟母耶？然孟母生鄒魯之鄉，近聖人之居；且去孔氏之興僅百餘歲，其流風遺澤，猶有存者，擇里而居，淑慎後昆。蓋有得於世風之延習、故老之傳聞，初無足怪。至若彭母，屈此末流，去先古聖哲之作，若此其寥廓也；處雍岐僻遠之地，非若鄒魯聲名諸生以時習禮之鄉也；其家計之寒微，又若此其窶甚也。於一無可憑之中，卒不爲流俗所囿，必欲置吾師於第一流，則彭母之賢，視孟母爲更烈矣！傳曰「故大德必得其名」，經曰「孝子立身，以顯親揚名」，大雅之歌曰「民之秉彝，好是懿德」。生前當道以「芳追孟母」表閭，歿後豎碑大書「賢母彭氏」表墓，總督鄂公捐俸建賢母祠以風世；嗣後稱吾師之德學者，必追念太師母彭之〔二〕賢淑。而鄂公與諸當道好德不倦之懷，亦得並垂於天壤以不朽！猗歟，不綦盛哉！

昆陵門下晚學生徐超百拜撰

書賢母彭太君傳後

毛重倬

關中處士李先生，味道含眞，隱居不仕，高風偉節，儀表海內，而生平顛連艱窘之實，慘不忍言。夫天之生賢不數，其初也必重困抑之，被之以人情之所甚苦，置之於天下所甚不堪，銜恤茹痛，如不欲生而後生，如不得立而後立。故長松之姿，自別於寒歲；仁人之烈，必樹於窮年。若先生之少孤居約，母夫人之峻節終遂。人也，亦天也！天人相感之際，君子畏焉，人皆知善之可爲而爲之矣。或非久而更，或遲之又久而卒更。今積之數十年不變，以至於沒身。人皆欲其子之貴且

〔二〕「之」，長白完顏本作「氏」。

富，爲里巷光寵，今既凍餒其身，幽愁其心，以畢其世。復教其子以善養，一切屏世資，樂其所樂，可謂空谷足音，絶無而僅有，其有關於風教匪淺。予故不禁流連樂道而敬書之，非爲先生母子書也，爲天下後世凡爲人母爲人子者書也。

晉陵毛重倬撰

書彭太君教育 順治庚子

梁聯馨

古今之稱爲孝子者，莫過於孟子；稱親之賢者，莫過於孟母。乃孟子當日則終身布衣，初未嘗有鼎簋之養以奉朝夕，亦未嘗有殊絶之號，以侈聞譽，徒以繫籍聖賢，稱詩書而説仁義，乃使萬世之下，讀其書者尊之爲聖賢，而尤尊夫聖賢之所自出者。由此觀之，則君子之所當致於親者，蓋可思已！

關中之有二曲先生爲眞儒領袖，巋然以道德名世者也。予嘗慨夫濂、洛、關、閩之傳，自陽明、近溪之後，而剥蝕殆盡。先生生於百六七十年之後，起而續之，篤信謹守，富貴淫之不爲溺，異説亂之不爲摇，羣毁攻之不爲恤，卒使絶學既湮而復振，大道已晦而復昭。藉非有先生之賢，而何以至此；藉非有太君持身如玉、愛子若珠之賢，而先生何以至此！今先生年末四旬，而學已追乎古人，名已走於海内，任道擔當，力振絶緒。識者以爲有孟子之風，與陽明、近溪諸君子共爲當世之學者所師。且使天下後世之人，讀其書而皆稱之，皆歎之曰：「二曲先生之賢也，由其有賢母而乃以有成也。」則其所以報太君之苦節，盡顯揚之子職者，不亦大且遠乎？以視夫世俗之人，奉溫飽於一朝，誇聲稱於晷刻，其爲輕重，當必有辨之者矣。

涇原梁聯馨撰

卷二十六

賢母祠記〔一〕

賢母祠記

富平門下晚學惠龗嗣彙輯

嗚呼！此二曲徵君李先生賢母彭太君之祠也。蓋今上御極之十一載，用勳舊作周召，特召我燕臺鄂公錫節鉞，俾專制陝以西事。天子曰：「都！朕唯鎬豐爲中原上游地，被山帶河，其人慷慨質直，多孝子忠臣、烈夫貞婦。自昔理學鴻獻，若橫渠、藍田、高陵，典型在望。肆予命汝保釐茲土，其尚敷文教，重彝倫，顯幽發隱，尊儒崇道，以成至治，汝往欽哉！」公拜，稽首曰：「君令臣共，古之制也，敢不竭其股肱。」於是，陛辭就道，車轍所至，即問民疾苦，禮賢下士爲急。

既入關，進藩臬郡守羣牧諸侯〔二〕而咨之曰：「關中，古名『天府』，聖賢代興，比者士鮮實修，正學榛莽。聖天子鋭意旁求，望野卜巖，不遑夙夜，百二河山寧無眞儒崛起以當表率者？」僉曰：「於！唯終南、太乙之間有二曲先生焉。其人乎！其人乎！」公曰：「可得聞與？」僉曰：「先生少凶孤，唯與母居，蔬食蓬戶，歷歲經年，迫寒窮暮，雨雪盈門，不火

〔一〕「賢母祠記」，原本、石泉彭氏本、靜海聞氏本作「家乘」，長白完顏本作「李氏家乘下」，今據原本目録改作「賢母祠記」。

〔二〕「侯」，石泉彭氏本、靜海聞氏本「令」。

且或累月。母訓先生，唯若父慷慨國讐，捐軀赴難；唯若母寒燈冷月，飲血茹冰；唯若篤志好學，不以困苦飢寒易厥志；唯若秉道持躬，不以紛華膏腴亂其中。余終食貧以死，余或有子，余目實瞑。」公曰：「於！隱哉！先生且胡爲者？」僉曰：「先生傷母之苦。聖賢自命，映雪囊螢，下帷稽古，邃遡六經，以及諸子史記百家緯文毖典，靡不甄極浩渺，奧博宏通。而出入新建，根極紫陽，良知誠意，遠接尼山。方嶽之衆，始疑旣信。今且望室廬而負笈，固不啻鹿洞、鵝湖也。」公曰：「俞！允若時，陋余不穀，其敢以軒車臨君子，聲應氣求或有藉乎？」於是，僉以學憲鍾公曁咸寧郭侯請捧書束帛往聘，三往而後至，奉諸關中書院。自公以下，至氓庶皂隸，悉授學焉。

未幾，且疏先生於朝曰：「以人事君，人臣之義。臣愚伏見盩厔隱士李顒，少遭孤苦，奉母讀書，不求仕進且四十年。學爲帝師，道足王佐。若蒙侍從之間，必有沃心之助。」〔一〕天子曰：「都！其爲朕左右之。」命下徵書及門。先生以疾辭，疏凡數上。天子曰：「毋！其令所在有司，具蒲輪車，俾力疾就塗，以副朕任用求賢之意。」先生載聞命，泣下數行，曰：「嗚呼！顒實迂疏，寡學問，安敢以虛聲勞世主側席！顧顒有母，泣血數十年，歷人世未有奇苦；教顒讀書識字，欲望成人而抱病以歿。傷哉！貧也。生無以爲養，死無以爲禮也！煢煢天地，顒實罪人！且顒年垂五十，憂患之餘，疾病日篤，忘親不孝。忘艱苦之親，而以衰暮殘疲，貪榮競進，寧唯匪孝，翳且不忠。不孝不忠，卽帝且安用之？」遂伏首流涕，終以疾謝不起。公愴然曰：「孝哉，先生！賢哉，母也！非先生罔克報厥母，非母無以有先生。昔者鄒孟氏學旣成，遊事齊梁，以仁義道德之說著書立教，闢楊朱、墨翟以正人心。韓愈推之，至謂功不在禹下，迄今與孔子並稱。抑知其初，皆慈母三遷之力乎！今先生待後守先，淵源濂洛，卓然爲一代大儒，是不可忘其所自也。」遂出俸金百爲先生之母祠；而因郭侯與先生言，命記於左輔部陽康乃心。

乃心於郭侯時從之遊，爲門下士。其在先生，辱一日知，且謬相愛也，義弗可辭。然往者語水鍾公來校秦士，亦以郭侯

〔一〕「學爲帝師……必有沃心之助」，長白完顏本脫。

言，知先生有母，爲立石墓側，大書曰「賢母彭氏之墓」。今又祠之，崇德之事篤矣！遂載拜，稽首爲之誌，而繫以詩。鄂公諱善字某，鍾公諱朗字玉行，郭侯諱傳芳字九芝。臨文備書不諱，義取有徵也。詩曰：

雍秦奧區，列聖所都。歷年五百，必有名儒。萬疊終南，其高維嶽。太白之精，金氣潔確。篤生異人，風雨一廬。巍巍懷抱九州，墳典洛書。賢母食貧，三遷訓子。歲時哀傷，所繼唯死。兒歌出石，母竈無煙。簷荒日短，何彼蒼天。巍巍我公，忠孝文武。帝命保釐，以安西土。夫廉婦義，河華之風。空同問道，載訪雲中。疏拜於朝，顯茲巖穴。帝念長沙，前席欲折。先生惘然，遁世居貞。兒榮母瘁，嗚咽吞聲。偉矣我公，祠崇聖善。類錫孝思，以風寓縣。悠悠下里，古曰莘疆。徽音三代，渭涘郃陽。哲后之墟，或殊教化。紀越百千，猶存殷夏。陋余小子，獲沐河汾。縱横海嶽，未喪遺文。載筆泐詩，鄒原似續。永式人倫，出水之曲。

康熙十有二年歲次癸丑八月朔，郃陽後學康乃心撰

賢母祠記

吴珂鳴

賢母者，盩厔李二曲先生之母也。維母有祠，秦之當道既爲表其墓，而復祠以祀〔一〕之，追芳於孟母，事甚烈！珂鳴不敏，家於吴，仕於燕，不能抵函關，禮母於祠下，顧安能從聞風景慕之餘，載筆而誌母之遺徽，以徵信於後世，竊附史官之名以垂不朽！顧予於先生講道，則有素矣。往者武林駱公鍾麟來守毘陵郡，駱公固舊爲盩厔令，其得先生者不僅如武城之賢澹臺也，爲予稱述甚殷，心竊嚮往焉。未踰年而先生道南，駱公敦禮而延至於郡，吾鄉薦紳先生景行甚衆，後學之從遊者踵相接。予因與先生論道，其於學無所不窺；而制行甚嚴，獨以孝爲制行之原。敍其生平，先生誠孝子也！篤於事母。

〔一〕「祀」，原本作「祠」，據長白完顏本、石泉彭氏本、静海聞氏本改。

先生得母教以成大儒，母得先生而賢益彰。

母姓彭氏，少嫻内則，淑範著於里。歸太翁信吾先生，能勗且以成夫子令名。卒以寇變，倡義援襄城，歿於行陣。母矢節將從地下，而先生方少，藐焉遺孤，非母誰爲撫者？於是誓柏舟，茹荼集蓼二十餘年。而先生能承母訓，學純而道尊，不止名震關西，而海以内並傳爲儒宗。里之士民僉曰：「微彭母教，烏能臻此？」請於邑令駱公，詳於郡，達於監司，式閭而表之。迨母以節壽終，督學鍾公朗旌於墓門，總督鄂公爲捐俸以建祠，肖像於中，遠近瞻禮，義風凜然。其祠之規制、鳩工之月日，别有述載，將垂之邑乘，行可登之國史。母之賢與先生之孝並傳矣，而先生之望所最重者。

聖天子詔舉山林隱逸，督撫交章上於朝，先生以疾辭。天子重先生，再詔，力疾以副旁求，先生終不應召。迨舉博學宏詞充史館，天下謂必得先生，可光盛典。徵書下郡，屢辟亦不就，當宁甚高其義。蓋先生之志，惟守母祠以終；而講學明道，四方赴函丈日益聚，其榮於膴仕遠矣。嗚呼！當世之士，其能輕富貴而重道義，守孺墓終身不變者，詎易言哉！孔孟之心印，講學風微，聖道如線，而能慨然自任，爲眞儒以思紹述，又詎易言哉！予弟發祥嚮於毘陵從先生問字，先生許列於弟子。特走京師，將馳秦中，趨侍先生教，以大闡宗風，格於間關，未遂厥志。以予不文之言，爲賢母記，記母之賢，非記祠之制也。異日以備採風，則忝史職矣。

特賜進士出身翰林院侍讀毘陵吴珂鳴拜手敬識

賢母祠記

陳世祉

天下母之能慈，子之能孝，人情之同也。然慈孝同，而爲其時之所易與，爲其時之所難，則大有辨。今之母甘苦節而撫遺孤者多有，苟竭其志力，不墮厥宗，斯幸矣。又其上者，教其子顯身揚名，奕奕然旌異其宅里，稱述於學士大夫之文章，抑又幸矣。顧獨惜其視慈孝之道如是而遂止，而於聖賢之所謂「大且難者」無聞焉！此則賢母祠之作所由，獨爲教於天下也！

崇禎壬午，盩厔信吾李公赴義襄城，歿於王事，遺孤二曲先生方稚，四壁非有，奇窮無依，賢母彭太君誓賦柏舟，嚙雪緯蕭，以十指縫紩，資先生晝夜讀。或勉以制義，太君不應，曰：「吾兒但令讀書明理，師法古人足矣！決科規利，非吾志也。況吾夫麋軀絕脰，久已化碧沙場，吾獨何心忍復以庸庸富貴易吾兒哉！」先生以是一意潛修，艱危百折，卒底於成！躬任綱常名教之重，爲世儒宗。今天子寤寐先生之賢，溫綸屢召。先生守母志益堅，謝病不出，高風偉節，足以廉頑立懦，海內學士大夫莫不仰慕，咸曰：「先生之賢，由其有賢母以成之也！」總督鄂公以其有關風教，遂捐俸特建「賢母祠」以祀。不曰「節母」，而曰「賢母」，從其大也。嗟乎！以予所聞，陵母知興，嬰母知廢，司馬氏書之，以爲古賢智莫加焉。若以李母視之，則知興知廢，亦不過曉暢於功名之時數而已，其於聖賢之大誼蔑如也。吾於是重歎李母之賢，非陵嬰之母比也。其爲百世祀也，宜哉！記既成，復繫歌詞一章，貽祝史歌以侑母。辭曰：

維石樓之鬱確兮，桐則有枝。伊丹穴之曲盤兮，鳳則有儀。母維是子兮，子維母遺。緬大道之蕩直兮，是訓是毘。矢名山而偕隱兮，處窮阨而不疑。景巍祠之崇閎兮，儼神靈之與棲。載雲旂之晼晼兮，抗霞佩之軒如。春流濯而湘藻兮，秋水涚以陳薇。籍禮官而秩典兮，庶顯位之來思。嗚呼！非是母不成是子兮，是足以教天下之止孝與止慈。

毘陵後學陳世祉頓首拜撰

賢母祠記

張侗

賢母姓彭氏，陝西西安府盩厔縣死義士信吾李公之婦、徵君二曲先生之母也。當崇禎時，流寇犯襄城，信吾公偕義勇五千戰歿。時先生方幼，家貧甚，無一椽寸土之遺。母屈十指以供晨夕，刻自磨勵，教先生以須厥成。稍長，或勸之給事縣庭，或曰盍傭作，可得直以供母。母皆不之聽，惟課以讀書明理，不令習制舉業。故先生肆力爲大儒，凡天人性命之微，靡弗洞徹。當聖學榛蕪之日，而身肩濂、洛、關、閩之傳，非賢母教之有素，曷克臻此？吾由是而歎母之賢爲不可及也！夫世之矢節者有矣，矢節而教其子者亦有矣。或者衣食饒足，身處太平，柏舟之操，事無中變；然且鷄聲燈影、苦雨凄風，不無心動，況窶貧如此耶？若夫教子讀書，蔚爲公輔之器，一旦身名顯赫，旌麾導前，騶騎擁後，美輪奐，羅鐘鼓，珥貂佩玉，拜起奉觴上壽於前，以大暢其夙昔孤鬱窮愁之氣，此亦凡爲母者之所願。而子能如是，實亦母道之成也。今顧異於是者何哉？昔尹母有言：「吾願子以善養，不願子以禄養。」程子稱之曰：「賢哉！母也。」蓋歷宋元[一]明七百餘年，於今爲烈矣。近日徵書屢下，督撫州縣飛檄造廬，迫促就道，而先生堅卧不起，有「金華四子」之風焉，非賢母之遺教使然與！夫德足以風厲後人，與勤於王事，宜載祀典。襄城令張君某既祀信吾公於義林，總督鄂公某捐俸建祠於其鄉，以祀賢母。祠爲堂三楹，肖像於中，二門大門次第畢舉。祠成，礱石以俟。徵君數千里書來徵記，特爲記之；而侑之以詩，俾歌以祀焉。其辭曰：

乾坤翻覆兮，日月晝暝。義士死忠兮，賢母繼之以堅貞。凜冰檗之清操兮，歲序疊更。審衡勸於周行兮，其意孤行。越時俗之恆軌兮，提至道之權衡。教子成大儒兮，丕振厥聲。續古賢之墜緒兮，垂不朽之榮名。婦道母道兼以有赫矣，遽驂鸞而上征。仰徽音於夙昔兮，來下士之褒旌。蘭橑桂棟兮，建靈祠而薦芳蘅。鳴簴籥舞兮，鼓瑟吹笙。儼羹牆之式臨兮，悅翙翙其將迎。千秋萬世兮，祀事孔明。

武進古迂氏張侗拜撰

[一]「元」，原本脫，石泉彭氏本、靜海聞氏本作「迄」，據長白完顏本改作「元」。

增修賢母祠紀略

魏家樞

盩邑西郊有賢母祠，總督鄂公爲二曲先生母彭太君建也。公以太君之賢，有關風化，捐俸購基，建正庭三楹，門房三楹，繪像於中，祀以風世。久之，垣墉傾圮，董郡伯諱紹孔晉謁，見廟貌弗肅，遂捐俸壹百貳拾金，檄高邑丞鳩工葺修，易以塑像，庭前構捲棚三楹，門外豎坊，規模煥然改觀。余聞而嘉之：

夫表貞賢以勵風化，乃司風教者之責。而近世有風教之責者，錢穀簿書之外，多忽風化。今郡伯於風化所關，舉措如斯，得敷治之本矣。然非太君之賢，深有以服其心，亦未必悉心悉力，一至於斯也。蓋太君矢志守貞，歷人世未有之艱，九死靡悔，正誼迪子，出尋常功利之外，曠代僅見。學士大夫以及田夫、牧豎無不聞風興感，歎未曾有。論者謂盩邑之有李母，猶鄒邑之有孟母，後先一揆，卓然兩絕千古，並有補於世教，則飾祠崇奉，誠有光於祀典。以故毅然爲之惟恐後，敦懿好，闡閨範，礪頹俗，一舉而數善備焉。鄂督不獨專美於前矣。

二曲先生道德風節，爲世儀表，海内仰若泰山北斗、祥麟瑞鳳。余傾慕有年，深以弗獲親炙爲平生一大憾。茲太君祠宇之成，以老且病，又弗獲間關瞻禮，愈滋余愧，故不揣不斐，書其概，聊識嚮往。若夫太君懿行之詳，自有諸名公之原記在，無俟余贅。

康熙二十六年歲次丁卯仲春朔，古蔚魏象樞頓首拜撰

賢母贊

李母

瘁然其容，淵然其藴。爰育高賢，聖學自奮。經諸艱藪，厥操彌峻。以爲善養，處之無悶。史傳孟母，昭垂懿訓。

之德，方茲曷遜。

盛京鄂善總督

坤元正氣，秉德直方。艱貞百折，不變吾常。良人赴義，憫孤未亡。冬夜夏日，飽歷冰霜。與其同穴，寧若同堂。教子以義，實大聲張。遠邇歸仁，奔走冠裳。屢辭徵聘，百代之光。敬弔祠下，孝子涕滂。載瞻遺容，肅肅洋洋。夫義婦貞，節義成雙。生榮死哀，孟母同芳。

河汾後學賈䵷

嶽瀆鍾靈，篤生賢母。德卲遇艱，百六陽九。早奪所天，爰喪厥偶。懷中呱呱，爲此貞守。守子貞一，乃至成立。愛而能勞，古學是汲。敏求勿替，薪水罔給。樂飢忍寒，三旬九食。是母是子，有大過人。不在溫飽，德潤其身。母雖長往，祠祀千春。永配孟仉，俎豆常新。

延陵後學張豨

賢母賦 並序

楊昌言

賢母者，關中李二曲先生之母彭太夫人也。先生抱道隱居，累徵不出。太夫人盛年矢志，完節而終。業經當事表章，建祠崇祀，昌言末學小生，伏處江左，不勝仰止之私，敬執筆而爲之賦。

世稱關西之夫子兮，曰二曲之先生。仰高名之如斗山兮，爲正學之干城。誰謂芝醴之無根源兮，有賢母而氏彭。母雖生於寒素兮，乃淑德之性成。逮結褵而于歸兮，甘井臼之辛勤。慕廡下之舉案兮，效隴頭之饁耕。夫何伯爲邦桀兮，爰執殳而長征。丁有明之末造兮，值中原之如沸羹。謂當馘黄巾而誅白馬兮，覓封侯之顯榮。豈逆賊之鴟張兮，據汴洛而縱横。五千人之同日死兮，屍狼藉而拄撐。悲壯士之不復返兮，泣黄河之水聲。閨中聞而慟絶兮，擬相從乎九京。顧藐孤於膝下兮，留一線之宗祊。嚋親黨之可依兮，嗟門戶之伶仃。鮮立錐之憑藉兮，何升斗之餘贏。冬無絮以禦寒兮，晨裂膚而不驚。夏無席以安寢兮，宵漬汗而猶寧。土銼過午而無煙兮，蓽門終日而常扃。風瑟瑟以入幃兮，雨瀟瀟而灑楹。手詎釋夫刀尺兮，影獨弔此寒檠。勉含飴而淚雜兮，看齧乳而血並。鄰嫗憐而兢諷兮，君自苦而誰明。儻隱忍而改度兮，奚凍餒而營營。母聞言而掩涕兮，誓九死以不更。相孤鸞之罷舞兮，聽獨雁之哀鳴。彼禽鳥猶念其匹兮，矧人之伉儷而無情。憫呱呱之未成立兮，今余捨此其安行。縱舉世之莫吾知兮，余固無求乎此名。撫厥孤之漸長兮，羡頭角之崢嶸。聿以母而兼父兮，維義方之是程。既鳴機而伴夜讀兮，亦畫荻而趣晨興。美斯人〔二〕之爲賢士兮，志道德而薄公卿。元纁爛其充篚兮，白璧燦而盈庭。肯將吾身之蘿薜兮，易夫當世之簪纓。喜有母之偕隱兮，同樂道而安貧。誠菽水之盡其〔三〕歡兮，又何羡乎鼎烹。偉勁節之久而彌彰兮，將以達夫九閽。胡溘焉而長逝兮，惜盛典之未膺。搆祠宇之崔巍兮，表綽楔之嶙峋。上以報母之節兮，下亦以慰子之誠。世無物而不敝兮，惟節義爲常存。視鳳翹與象服兮，誠何重而何輕。今詎無尹姞與姬姜兮，孰芳名之敢爭。比南山而節峻兮，方渭水而風清。過斯祠而下車兮，咸肅謁而心欽。匪是子之孝且賢兮，亦烏知是母之艱貞！

毘陵後學楊昌言

〔二〕「人」，石泉彭氏本、静海聞氏本作「子」。

〔三〕「其」，原本作「具」，據長白完顔本、石泉彭氏本、静海聞氏本改。

賢母祠詩

董大雄

國步晚茫茫，疾風摇百草。李氏有寡妻，不隨天地老。丈夫志四方，百戰塗肝腦。脱身伴侣回，有信無書稿，慟哭高山崩〔一〕，魂繞何城堡。滅性義所甘，回頭念襁褓。失此乳下兒，九原餒厥考。鄰〔二〕里憫飢寒，相勸二三嫗。自適李氏廬，萬苦鮮一好。糟糠視有無，冬煖缺綦縞。夙昔美紅顏，幾時色枯槁。儆貨痛留遺，守此殊難保。歷歷富家姬，節義棄如掃。繐帳冷風飄，偕行被錦襖。而子委巷人，幽貞孰與道。血泣謝隆情，之死無懊〔三〕惱。撫此黄口孤，詩書事探討。東舍擇肉肥，那復羞臺皂。西室業箭工，貿者競猶寶。煮字不堪餐，相觀等海棗。天人久乃定，與善未顛倒。高名動海隅，徵辟思偉抱。曠代起鴻儒，生成兩誰造？巋然賢母祠，西日照杲杲。

延陵董大雄

〔一〕「崩」，石泉彭氏本、靜海聞氏本作「嵐」。
〔二〕「鄰」，原本作「憐」，據長白完顏本、石泉彭氏本改。
〔三〕「懊」，石泉彭氏本、靜海聞氏本作「作」。

垩室録感

序

王吉相

堊室録感，我夫子二曲李徵君自録所感也。夫子抱朱百年之憾，誓終身不享世榮。奉母遺像，嚴事如生，爲「堊室」於側，孤棲其中，持心喪，室扉反鎖，久與世睽。嘗曰：「烏鳥懷巢，狐死正首丘。斯亦吾之巢與首丘也。」日與靈影相依，棲於斯，老於斯，終其身無復離斯。於是，撫今追昔，遂録所感以自傷，其情苦，其辭慟乎有餘悲，可以動天地而泣鬼神，觀者莫不欷歔墮淚，扼腕太息。在夫子不過自感自傷，而人之因觀興感者，不覺憬然悟，爽然失，是因感而觸其良心也。良心一觸，則愛敬之實，夫固有勃然而不容自已者也。由是學人知立身乃所以顯親，一切人亦隨分可以自盡。蓋懿德之好，人有同然。斯録一布，而天下後世咸賴以興感，其有補於風化人心匪鮮。詩云：「孝子不匱，永錫爾類。」夫子之謂也。吉相方謀壽梓以廣其傳，岐陽茹令君政重風教，業已梓行礪俗，故喜而敬題數語，以附末簡。

康熙二十二年重陽後三日，翰林院庶吉士古豳門人王吉相頓首拜題

自識

嗚呼！顒父蚤喪，幼不逮事。顒母守貞，處困而歿，力莫能事，此終身至恫而無所解於其心者也。煢煢負疚，自比於人可乎？雖偷存視息，實尸居餘氣，孤棲堊室，以抱終天之憾。敬録所感，聊寄蓼莪之痛。

时癸亥季夏既望，堊室罪人李顒自識

堊室録感

堊室罪人李顒録

辛復元先生事父小亭公、母陶孺人，克誠克敬，動無違禮。嘗曰：「父母爲吾一身之天、吾一家之君，故孝爲百行之首。從来天地鬼神都擁護孝子，遠近賢愚都親近孝子，卽賊盜禽獸、昆蟲草木，亦感乎孝子。人非空桑所生，請試捫心自想，赤子當日在父母前是何心腸？今日在父母前是何心腸？要使吾父母身安心安，當用何法？要使人人都愛親敬長，當用何法？便有一段生機，在在流貫，人可堯舜，世可唐虞，不然何所容於天地之間？」

又著孝經翼，其略云：「人子試思何如可以貽父母令名，不貽父母羞辱，則自家一念自不敢苟、一言自不敢苟、一事自不敢苟。然一念不敢苟、一言不敢苟、一事不敢苟，止可不貽父母羞辱。若欲貽父母令名，則不容孳孳爲善，惟日不足矣。自家是禽獸，父母是禽獸的〔一〕父母；自家是小人，父母是小人的〔二〕父母；自家是庸人，父母是庸人的〔三〕父母；自家是賢人，父母是賢人的〔四〕父母；自家是聖人，父母是聖人的〔五〕父母。猛然一省，雖欲不學聖人，而爲人必不忍矣。」

〔一〕「的」，吳中重刻本作「之」。
〔二〕「的」，吳中重刻本作「之」。
〔三〕「的」，吳中重刻本作「之」。
〔四〕「的」，吳中重刻本作「之」。
〔五〕「的」，吳中重刻本作「之」。

此亦人子也，既能自盡子道，又立言垂訓，勉人以共盡子道。回視〔二〕汝顒〔三〕之親存不知及時盡道，親歿不能感奮立身，賢不肖之相去爲何如耶？定是空桑所生，非由離裏屬毛；否則，有何顏面視息人間，眞所謂天地雖大，難容此身也。

曹眞予先生事親，色養曲至，依依子舍，非大事未嘗輕離親側。嘗爲孝親説，勉人曰：「人子之身生於父母，猶草木之生於根本。愛其枝葉而傷其根本，則枝葉枯矣，尚得爲愛乎？故人苟愛其身，則必愛其親矣。夫自頂至踵，皆父母精血所遺也，故子身卽親身，而愛其親者則必愛其身矣。昔之言孝者曰：『身體髮膚，受之父母，不敢毀傷。』曾子有疾，啟手啟足，以免於毀傷爲幸然。所謂『毀傷非止於殘害』之謂，一舉手而悖於理，傷其所受之手矣；一舉足而悖於理，傷其所受之足矣。由斯以推，目視非禮之色，傷所受之目矣；耳聽非禮之聲，傷所受之耳矣；口出非禮之言，傷所受之口矣；心懷非禮之心，傷所受之心矣。故曰『戰戰兢兢，如臨深淵，如履薄冰』，言守身若斯之難也；故曰：『不失其身，而能事其親者有矣；未有失其身，而能事其親者也』；故曰：『舜其大孝也，與德爲聖人，然則無聖人之德者其爲孝也，小矣』。或曰：『論孝及於聖人，孝之至也。』區區常人豈易能乎？是不然，聖人之孝，特赤子之孝耳。赤子孕於母腹，母呼亦呼，母吸亦吸，愛之始也。出胎未有不啼者，其愛違也；得母未有不安者，其愛得也。吾人潛心默思，誰不嘗爲赤子？誰不原有愛父母之眞心？昔何以愛？今何以不愛？昔何以愛之眞？今何以愛之不眞？無乃知識開，血氣動，應接繁，視聽亂，妻情子念膠其中，流俗淫朋薰其外，遂至失其故態耳。由是憬然悟，躍然興，銷其邪心，還其眞心，守其身以愛其親，如赤子之初而止，斯爲至孝矣，斯善學聖人者矣。」

孝以顯親爲大，致其身爲聖賢，此啟聖公、程太中、朱韋齋所以流光百世也。而致之之實，止在臨深履薄，以守其

〔二〕「視」，吳中重刻本作「示」。
〔三〕「汝顒」，吳中重刻本作「某」，下文同，不再出校。

身，葆其固有之良，不失赤子之初而已。汝顒幼孤失教，長雖見及於此，而踐履弗篤，躬實未逮，口頭聖賢，紙上道學，張浮駕虛，自欺欺人，墮於小人禽獸之歸，致親爲小人禽獸之親，虧體辱親，不孝莫大乎是！神怒而不知，鬼笑而不悟，而猶揚眉瞬目，居之不疑。讀辛曹兩先生語，不覺顏忸怩而心悚懼，幾欲穴地以入矣。

大學士賀文忠公事其父陽亨先生，先意承志，動必咨稟。父患耳聾，每書字〔一〕以咨。父篤志理學，雅慕復元辛子，自楚之晉，書牘往還，深以不獲同堂覿面爲憾。公每遇膝下過庭之日，言及辛子，輒不啻自其口出。崇禎八年，辛子至京，公接其刺，卽大慟，亟捧置所供父影前，長跽號呼以告，是吾父在生欣慕不得見，而不孝子今日乃得拜通家之好者。次日蚤起，肅衣冠往拜謁，頓首辛子函丈間，伏地大哭不能起，重傷先人神交有年，緣慳一晤。退而，又捧置辛子孝經翼於案，僾然若將見其父有喜色者然，乃沐手恭題其簡端曰：「有如父母本是聖人，其子僅稱賢，則父母之聖恐竟以其子之賢而泯；有如父母本是賢人，其子乃爲庸人，則父母之賢竟以其子之庸而泯；有如父母已是庸人，其子更爲小人，父母已不幸爲小人；其子更爲禽獸，則父母之不幸爲庸人、爲小人。彌以其子之爲小人、爲禽獸，而前愆永不可蓋，遺臭乃萬年不可休。嗚呼！人子宜何如自待，以貽父母令名，庶幾不忘父母，不忍於父母乎哉！」

語云「父母所愛，子亦愛之；父母所敬，子亦敬之」，賀公之謂也。所題之言，痛惻警惕，字字足爲人子箴銘。汝顒業已自置其身於小人禽獸之歸，若不幡然力改，永墜末路，則遺臭萬年，竟爲親累矣，汝顒亦何安耶？

何北山先生事父，執禮不懈。父見客，則拱立以侍。客不寧〔二〕者久之，屢以爲請。父始笑曰：「泰山微塵耳。」聞者悚然，始知家庭之禮。

人類之所以異於禽獸者，以其知禮也。人而不知禮，則與禽獸何別？士君子之所以異於庸庶者，以其家庭有禮。

〔一〕「字」，吳中重刻本作「事」。

〔二〕「寧」，吳中重刻本作「安」。

家庭無禮，則與庸庶何别？

呂涇野先生爲諸生時，大參熊公、李公延教其子。先生辭不獲，乃舘於開元寺。既而，聞父疾，卽徒步歸，二公以夫馬追送不及。先生曰：「親在牀褥，安忍俟乘爲也。」後及第，爲翰林，居京師，父母書問至，必再拜受之，退而跪，讀畢，然後起。每發家書，拜而後遣。父病，先生侍湯藥，晝夜衣不解帶，履恆無聲。如是一年，鬚髮爲白。比卒，哀毁踰禮。既葬，廬墓側，旦夕焚香號泣。

君親一也。君有詔，臣必跪接跪讀。親有書，子乃不然，是不恭其親也。涇野先生獨循禮如是，此涇野之所以爲涇野，而凡爲子者所當法也。

相國費文憲公事父甚謹，中狀元後，猶奔走服勞於父旁，不命之坐，不敢坐。在翰林時，與關中某公同事，又且同年。兩人對奕爭勝，戲擊某頰。某公不悦，然絕不見於言，第自疏闊耳。公悔，日至其門，長跽請罪。某公終不出，不知誰氏以其事聞於其父。父大怒，封號一竹板，自家發至京師，令公自撲。公於是持父所責之書並竹板，登某公之堂，自撲者三次。某公始出，抱首而哭。公曰：「罪誠在我，何爲哭？」曰：「公尚有父督責公，我求督責我者不可得也，是以哭耳。」自是相驩如平生。

嘗讀史，見身居顯位，年已過中，而懔受母杖，杖畢，具衣冠再拜恭謝者有矣。未有越數千里，遥接父書，懔遵父命，受杖唯謹如費公者，卽此一節，可以見公矣。某公謂「公尚有父督責公，我求其督責我者而不可得」，痛哉言乎！顒每閱至此，未嘗不嗚咽終日。嗟乎！安得起吾父於九京，而使不孝顒[一]得蒙繩束，享有督責之樂耶？

王心齋先生本泰州鹽戶，其父以戶役蚤起，赴官方急，取冷水盥面。先生見之痛傷曰：「我爲人子，而使父如此，何用子爲？」遂請以身代役。自是於溫清定省之禮，行之益謹。嘗著孝弟箴云：「事親從兄，本有其則。愛之敬之，務至其

[一]「顒」。吳中重刻本脱。

極。愛之深者，和顏悅色。敬之篤者，怡怡侍側」。

心齋先生有父，故得以服勞定省，此先生之幸也。

陈雲逵事親甚篤。一日因親瑣繁，不覺有忿色。既而自悔曰：「愉色之謂何，而我乃爾乎？」亟向親叩謝服罪。退而，又自懲自責，若無所容自是一意婉愉，終其身無復亢厲。

諺云：「孤犢觸乳，驕子罵母。」顒少孤失教，爲母所驕，每多觸忤。省事之後，雖嘗漸悔力改，而愉婉之實，終覺有愧，此恨之深〔二〕者。

孝廉李霖雨會試都門，以離親日久，思之不置，乃齋心發願，誓告於神，血誠悔罪，籲天鑒照：務矢歸家順親，凡母意念所加，或默相拂；母教訓所及，或明相違者神殛之。

子之於親，必無拂無違，而後親心豫。汝顒穉時，其相拂相違者何限？神雖未卽明殛，未嘗不陰罹天譴。蓋天眼極明，天耳極聰，天算甚周，天網甚密，冥冥之中，默有以乘除者多矣。

任元受事母，朝夕未嘗離左右。自言其母得疾之由，或以飲食，或以燥濕，或以寒暑，或以起止，或以言語稍多，或以憂喜稍過。朝暮候之，調護之無毫髮不盡。五臟六腑中事，洞見曲折，不待切脈而後知，由是道也。

人子之事其親，能如元受，可使其親不至於有病；卽有病，亦易痊愈。顒母在日，居恆未能左之右之，多有遺憾！厥後臥病半載，雖調護百方，哀禱備至，而知識短淺，暗於辨症察微，疏略之悔，何日忘之。若元受者，眞顒師也，顒愧元受多矣！

新吾呂公母病，目失明，母故躁急，張目四望，一無所見，乃以頭觸壁，大號哭不食者三日。長垣唐氏，眼科名家也，迎之至，曰：「目忌火動，而躁若斯，何效之能臻？」公莫知所計，乃召瞽婦絃歌以娛之。積五日，稍稍下食，歌者辭窮，則更

〔二〕「深」，原本作「恨」，據靜海聞氏本本改。

其人。或令說書，如前漢、前後齊、七雄、三國、殘唐、北宋之類。凡有瞽婦，〔二〕無遠近必致之。如是者歲餘，而母漸平。其日候於側，則王、趙、朱、大張、小張五婦，而他方瞽婦之輪流往來者，尤不一其人。母以善養壽終，公孺慕不已，每生辰佳節，獻以家食；思其所樂，則令瞽婦絃歌侑食，四十年如一日。公痛母存日失明，見失目者乞食，則惻然憫之，給食倍於諸丐。童男則爲粥食，養一瞽師教之，說書卦卜，公又爲輯子平要語及勸世歌曲使教焉；女童則以屬瞽婦，教之絃歌，給其絲具器用，待其能自衣食，則就其相宜者配爲夫婦，聽其所之，不至號乞。公後筮仕山西，捧母像以往，朝夕嚴事。其忌日祭文略云：「嗚呼哀哉！兒在山西矣。兒今做官，母果不來矣。山高路險，兒實小心，母不掛念矣。事多身勞，每日一餐，母不憂慮矣。兒往年見罕稀事、異樣物，歸來張大以悅母心。兒近日多所見聞，歸無所告矣。夢中聞不是眞語，紙上見不是眞容，眼底心頭，恍惚相依，事母在此，兒無奈以爲眞在此矣。攢節奪杯，往年樂事，兒惟死後再得如此矣。昔也甘旨防侵，不能養老；今也甘旨常餘，不及養老，兒死有餘悔矣！」

觀呂公之絃歌娛母，錫類矜瞽，於我心有戚戚焉。其忌日祭文，皆家常語、肝膈言，比之李令伯陳情表，尤曲盡至情，字字痛惻，字字是顒心上事；顒之所欲言，呂公若代爲言之。每一展讀，未嘗不一字一淚，故備録之，時時藉以抒痛。

夏暘家世石工，爲人目不知書，而志行純篤，侍父同寢，必夾父溺〔三〕器於懷，溫之，欲溲即以進。父卒，哀毀踰禮。既葬，奉其主如生，朝夕出入，事無大小，必啟而後行。母患厲疾久，暘侍湯藥，常在左右，未嘗一入妻室，衣不解帶者三年。母嘗思食荔子，暘家城外，夜又大雪，乃倉皇越城，叩市肆。肆主憚寒不時起，暘泣於外，肆主感悟，亟起取付之。暘之子以小忿爲其弟毆至斃，暘恐傷母心，但含淚不言，人以爲難。

〔二〕「瞽婦」，吳中重刻本作「名絲」。
〔三〕「溺」，吳中重刻本作「尿」。

溫父溺[二]器，無異於古之溫席扇枕。父亡，事之如生，大小事必告而行。語稱「事亡如事存」，夏暘有焉。不謂一石工而乃能如是，知書者當拜下風，顒則願爲執鞭。

顧忻以母病，葷辛不入口者十載。鷄初鳴，即具冠帶，率妻子詣母室，候安問其所欲，如此五十年，未嘗離母左右。母老，目不能睹物。忻日夜飲泣祈天，刺血寫表，既而母目忽明，燈下能縫紝，九十餘無疾而終。

定省而問其所欲，方是實際。

李瓊以販繒爲業，事母慇懃，夜常十餘起省母，惟恐母有不適。母喜食新，瓊百方求市，得必十倍酬其值。

李瓊以市井人而事母篤至，定省慇懃。汝顒試捫心自憶，亦嘗如此乎？母喜食新，必百方以市，汝亦嘗思母所嗜，時時畢備乎？今九原不可作矣！汝雖欲一夜百起，時供所嗜，何可得也？新物固未嘗不獻，其實母曷嘗親嘗。嗚呼！祭之豐，不如養之薄也。是故殺牛而祭，不若鷄豚之逮親存也。此子路有負粟之憾，而汝顒之所以不堪自問者也，噫！

曹良良，曹眞予先生族僕、曹寧之子也，垂髫時以掃市搖箕爲生，每得毫釐，則爲父母具美味。稍長傭工，其父母不乏酒肉。先生聞而嗟[三]歎，作歌以表之，歌曰：「曹寧夫婦病且老，有子良良行孝道。苦筋竭力得毫釐，奉養雙親常溫飽。我雖峨冠爲朝臣，睹此美行感懷抱。世上豈乏峨冠人，上天下地能論討。妻羅子綺愁不足，不爲父母添布襖。嗟爾良良是我師，願爾多壽多財寶。」

顒幼孤罕倚，既無一椽寸土之產，又不能竭力他營，致母朝不謀夕，度日如年，突恆無煙，腹恆枵餒，且無論酒肉非所敢望，即穀食亦不常得，備極人世不堪之艱危，未嘗有一日之溫飽。斯人以童奴而能令父母酒肉不乏，是曹寧有子，

[二]「溺」，吳中重刻本作「尿」。
[三]「嗟」，吳中重刻本作「嘉」。

而吾母無子。不孝顒實童奴之不若矣。三復斯歌，曷勝哀感！

吳邑之相城有一乞兒姓沈，年在中歲，每向人家乞食，凡所得多不食，而分貯之筒篚中。人見之初不爲意，久而問焉，則曰：「將以遺老娘耳。」人始異之，潛偵其所爲，見乞兒至一岸旁，坐地出篚中所貯，整理之，擎至船邊。船雖陋而甚潔，老嫗坐其中。乞兒登舟，陳食母前，傾酒跪而奉之；伺母接杯，乃起跳舞而唱山歌，作嬉笑以樂母，母意殊安之也。必母食盡，乃更他求自食；若無所得，則受餒，終不先自食也。日日如之，如此數年，母死乞兒始不見。

沈乞兒食母，必歌舞以娱其心，汝顒亦嘗如此乎？不惟自愧曹良，並愧此沈乞兒矣！

崇禎十三年大饑，人相食。襄城縣南門外有賣人市，有錢者買活人以食。一男子扶其父至市，頭插草標自賣，語人曰：「父生我一塲，不能養，自亦必〔一〕不得活，不如賣錢數十文，充父一飯。」時買者錢已交其父，立欲引去。孝子笑曰：「我既自賣，是不怕死，何忙？」遂别父以去。是時有一二義士見其狀，憫之，急歸取錢擬贖，至則業已開剥無及矣。闔縣聞之，莫不爲之涕下。

崇禎十三年固是奇荒，而顒家則年年奇荒。十三年固爲大饑，而顒母子則日日大饑。里人憐其危甚，勸顒給事縣庭，充門役。迨長，又導之習陰陽卜畫業他技，顒皆謝而弗爲，蓋恥於失身也。束手受困，致吾母居恒菜色槁形，屢瀕於危，雖幸出百死而得一生，實受千辛而歷萬苦。今觀斯人不難自賣殺身，尚且弗恤；區區失身，尤無足言！然則顒之疇昔膠柱，亦岌岌殆哉！今危過憶危，痛定思痛，愕然黯然！顒將何以爲心？嗚呼！大孝顯親，顒弗能矣！其次弗辱，顒弗〔二〕能矣！其下善養，乃吾母曷嘗享顒一日甘旨之奉耶？悔憾無及，痛〔三〕何可言！

〔一〕「亦必」，吳中重刻本作「必亦」。
〔二〕「弗」，吳中重刻本作「不」。
〔三〕「痛」，吳中重刻本作「慟」。

右顒所感不止此，此特録什一於千百。一字一淚，不覺成帙，置之室榻，時時自閲自傷，搏胸自責。及門二三子謂録中諸事親之跡，足以儆人子而資勸懲，轉相鈔閲。顒曰：「鈔則一任鈔閲，要在鑑顒覆車，法其所宜法，戒其所宜戒，及時恪盡子職。子職無缺，斯子心無歉，不至如顒生爲抱憾之人，死爲抱憾之鬼，方不枉父母生身一場也。」

不孝顒〔二〕再識

〔二〕「顒」，原本脱，據光緒二年刻本堊室録感、光緒十八年馬氏忠信堂刻本二曲先生摘要等補。

盩厔三義傳

識言

王心敬

「盩厔三義」者，吾師二曲先生録其邑之義行三人，以表章而傳世者也。曷爲其義之也？爲人妻而節，爲人兄而友，爲人婦而孝，天之經、地之義也。三人者無愧焉，是所謂義妻、義兄、義婦也。曷爲其表章而傳世也？爲人妻，節其義而節，伊誰乎？爲人兄，友其義而友，伊誰乎？爲人婦，孝其義而孝，伊誰乎？而三人者無愧焉。是三人者，其死也爲有義而死，生也爲有義而生，而其名行，獨因其家世寒微而不彰，表之所以明其義，而示世之爲人妻、爲人兄、爲人婦者也。嗚呼！人盡妻也，人盡兄也，人盡婦也；而三人獨以義妻、義兄、義婦傳，生顺而歿榮。嗚呼！三人者，只自知妻以節爲義，兄以友爲義，婦以孝爲義，方惴惴焉，惟恐其義之不盡，而愧爲人妻，愧爲人兄，愧爲人婦，豈嘗毫釐計及於大君子之表章，而竟爲大君子所表章，使其名行與日月爭光。且人盡妻也，孰不可節；而且欲節，孰不能節？人盡兄也，孰不可友；而且欲友，孰不能友？人盡婦也，孰不可孝；而且欲孝，孰不能孝？而偏使三人者獨以義妻、義兄、義婦見重於大君子，而行名動鄉里，以傳後世！嗚呼！讀斯傳也，聞斯風也者，孝弟節義之心，可以油然而生，奮然而興矣！匪然者，必其無羞惡是非之心者則可耳。其録無間生死者，死者蓋棺已定；生者其親已終，而事已既也。

古豐門人王心敬識

盩厔三義傳

二曲李顒中孚氏著
富平門人孫長階録
長安門人馮續先梓

餓死全節婦侯氏傳

侯氏者，小家女，辛寨傭人妻也，美姿容。夫騃甚，號「二十稜」。家貧，傭工而食。其父常以爲憾，每每大恚曰：「奈何使吾女嫁此不祥人！」氏垂泣解慰曰：「貧醜，命也！命其可逃乎？」居恆以縫紉佐傭，舅姑騃夫賴焉。壬申，奇荒，殣骸相望。騃夫既無從傭食，而氏縫紉亦不行，突恆累日無煙。時里中鬻子賣妻者，纍纍相屬，舅姑憐〔一〕氏妙齡忍餓，逼令改嫁圖生。鄰里惜其艷姿，亦且交相勸勉。氏心神無貳，輒峻拒曰：「餓死，命也！命其可逃乎？且今之疫染方熾，假令不餓而死，其或疫而死，將誰逃？」終不從，竟飢餓而死，聞者莫不嘆息。

嗟乎！一傭人婦耳，本非禮義薰陶有素，又無門戶體面之關，乃飢餒是甘，之死靡他，眞閨中鐵漢，絶無而僅有。其賢謂：「餓死事小，失節爲大。」氏守節安命，寧餓死而不肯失身，大節凜然，足以愧天下之辱身喪節、畏死而偷生者矣！故不禁流連三復，而樂爲之傳。

王心敬曰：王蠋有云：「烈女不更二夫，忠臣不事二君。」而程正公先生又云：「餓死事小，失節事大。」生死，

〔一〕「憐」，盩厔縣署本作「矜」。

生人大事也。餓死也，而何以事小哉？明乎爲人婦之道，無異於爲人臣之道。爲人臣而失身，以事二君，則失其所以爲臣。失所以爲臣，則其生爲罔生。爲人妻而偷生，以事二夫，則失其所以爲婦。失所以爲婦，則其生爲罔生。夫罔而生，則雖生而猶死也。鄭義宗妻有云：「人類之所以異於禽獸者，以其有禮義也。」嗚呼！無義而生，夫且人而禽獸其心矣！此先民死或重於泰山之論，豈獨謂〔一〕爲人臣係人國家大事，當死而不可不死者，示之以名義之重哉！雖子之於父、妻之於夫，亦猶是也。侯節婦生不必有詩書禮樂之教，而能見義分明，忍餓守節，確乎不移其操。推此心也，使節婦而爲人臣，必不懷二心以事其君。君存與存，君亡與亡；可生則生，可死則死。雖以赴鼎鑊湯火可矣，豈至有忘君苟活，捨義偷生，如史傳所載某某諸人者，始負文章之望、舉朝有國士之目，卒之背主事讐，靦〔二〕涊偷生，甘心犬彘，而不羞爲萬世所唾罵者哉？嗚呼！夫子之録斯傳也，豈獨爲爲婦者立一處變故之準繩，直爲千古爲人臣子者，示以〔三〕當人國家而遭時難爲之正〔四〕則矣！則雖謂寥寥一傳，同春秋示世立教之大書特書可也。

難兄傳

余生而孤孑，別無兄弟。居恆見人家兄弟衆多，一室翕睦，未嘗不詠常棣之什，而泫然自傷。及見夫同氣恩薄，弟既不知天顯之義，弗克恭兄，而兄亦不念父母鞠子哀，大不友弟。至或一室操戈，而同體吳越者，則又未嘗不詠「鬩牆」之章，而

〔一〕「謂」，隴右牛氏本、盩厔縣署本作「爲」。
〔二〕「靦」，隴右牛氏本、盩厔縣署本作「淟」。
〔三〕「以」，原本作「二」，據盩厔縣署本改。
〔四〕「正」，盩厔縣署本作「立」。

慨然悼歎。蓋兄弟同出父母遺體，兄弟而恩薄，是自絶同氣，而傷父母之心也，尚得自列於人羣乎？則如吾友終南趙君者，誼重天倫，少壯怡怡，而白頭彌篤，可不謂之難歟！

君名始復，子初其字，故中承尋齋公四世孫也。以明經家居不仕，與其弟大復自少至老，相倚爲命。出同行，入同息，朝夕饔飧，不集不食。裳衣冠履，陳在廳事，與弟共之，無常主。居恆稱謂，唯呼「二哥」，不名不字。家務世事，一力任之，備歷艱劇，終不以一毫嬰弟。故其弟得以逍遙自如，未嘗以一毫家務世事嬰懷。君應務之暇，聚首談笑，壎吹篪和，享人間至樂。弟或稍有弗〔一〕適，君多方顺適其意。弟或小恙，卽痛若身經，晝夜診調，必平復而後安寢。生平子女無專愛，財貨無私蓄，家門雍睦，一室太和。邑人嘖嘖歎美，恆舉以律其子弟。昔薛包友愛，彪炳史册，膾炙千古。以君方之，殆有過無不及，可謂天倫之美事，叔世之難兄，余故表而傳之。既以自傷，且以告吾黨之爲人兄者。

孝婦傳

孝婦武氏，年十七歸孝廉張彤。相夫理家，才慧過人。未幾，孝廉亡，貧無恆産貲生。氏痛姑失依，代盡子職，居恆製履，市甘旨以〔二〕養，而粗糲自捱，凡所以先意承顔者，靡不備至。久之，姑老，臥病泄瀉，日委頓無次；又其輾轉反側，非人不能動移。氏悉心調養，一飲一食，必潔手供饋。夜裏寢處一榻，不避臭穢，偎寒解熱，備極勞瘁，略無厭怠之色。迨姑歿，典衣購棺殮葬。終三年，蔬食自茹，哀毁不替。每遇佳節令晨，輒設位號啼終日，鄰里咸爲墮淚。論者以爲有漢陳孝婦風。今年三十有奇，守節已十餘年。子瞽女幼，煢煢相依，而冰操柏節，堅不可移，蓋其至性過人云。

〔一〕「弗」，隴右牛氏本、盩厔縣署本作「不」。
〔二〕「以」，原本作「貲」，據隴右牛氏本、盩厔縣署本改。

舊歲，余聞武氏之孝，喜動顔色。正月既望，爲之呵凍録其孝行。草成，尚慮安勉，或殊，名實未副，愼重其事，不敢遽布，藏之笥中久矣。近於親故傳聞中，得其純孝之詳，又其矢志守節，風操卓然，其他懿行不勝，更僕有出於舊日所聞之外者，不覺愈爲擎節大叫曰：「邑中乃有斯婦乎！節孝雙全，人倫罕覯，可謂閨中絶無而僅有事！」遂重書之以表於世。

司牧寶鑑

司牧寶鑑序

倪雝梧

學以明體而適用也。學苟不適乎用，則空談性命，卒無補於國計民生，天下後世亦安賴有若人哉！然體之不立，而輕言用，不流於龐雜，卽入於偏陂；縱才克肆，應一時而其究也，不能無弊。惟體用相爲表裏，故「明德」卽所以「新民」，「中和」自徵諸「位育」。尼山氏以布衣直接帝王之統，問政一章，彰彰明備，非明體適用之標準歟？

關中李中孚先生以聖學[一]自任，雖隱居不仕，而當代名公鉅卿以及文人學士，多執弟子禮而受益焉。先生向就常郡駱公之請，於敝鄉東林書院倡明大道，學者蔚然奮興。時雝梧方在成童，未知執經問難；及長而勉就一氈，又以山川修阻，弗獲負笈從遊。高山仰止，惟深嚮往之。茲量移武功，密邇先生之廬，亦以職守所羈，未遑請益。丁丑春，攝篆盩厔，始得摳衣晉謁。卽其容，穆如也；聆其言，藹如也；讀其書，醇如也。旣而，出所著司牧寶鑑相示，則言言經濟，字字本源，於盤根錯節之中，具批郤導窾之妙。司牧者得是一編，以爲暗室中一炬，則利可興、弊可除、經可行、權可達，可以因時而補救，可以因地而制宜。

雝梧忝膺民社於饑饉流亡之後，方惴惴焉以弗克負荷是懼。雖學與仕兩者俱愧未優，而以仕爲學，則道無不貫，敢弗奉爲鑑而寶之哉？噫！先君子嘗著法戒録一編以訓我子孫，亦於居官一塗以類相及，而是書尤爲專且詳焉。惟先生根極性命，體天德王道之全，故出其端緒，攸往咸宜，非空虛無用與泛言術數者比。於以明體，而體不爲無用之體；於以適用，而用不爲無體之用。其裨益於世道人心，而因以裨益於國計民生者，豈淺鮮哉！雝梧願勉爲良吏，尤願以仁人之言公

[一]「學」，宜黃黃氏本作「賢」。

之同好，爰急付之梓，而弁數言於篇首云。

康熙三十六年丁丑〔一〕夏四月既望，錫山後學倪雝梧謹識

司牧寶鑑序

王心敬

司牧寶鑑者，二曲先生十五年前所輯以貽知交也。先生雖鍵關〔二〕養痾，而世道生民之念，夢寐相關。故其居恆非有關於人心風俗之言，不出諸口；非有關於人心風俗之事，不見諸行；非有關於人心風俗之實德實務，不以存諸心而告諸人。匡時要務一書，惓惓以講學救正人心爲吾儒第一義。其與當事諸君子往還贈遺書答及商榷治理之言，則懇懇望以實心實政，務底乎唐、虞、三代之舊。蓋先生之心，萬物一體之心；先生之學，萬物一體之學。嘗自言曰：「離人無所爲我，此心一毫不與斯世斯民相關，便非天地之心，便非大人之學，便是自私自利之小人儒，便是異端枯寂無用之學。吾輩須爲天地立心，爲生民立命。窮則闡往聖之絕詣，以正人心；達則開萬世之太平，以澤斯世。豈可自私自利，自隘其襟期。」噫！由斯言也，西銘一體之仁，禮記大道之公，大學明新至善之道，舉該於是矣。當塗之士，實充此意而見之猷爲，以不忍人之心行不忍人之政，盛古郅隆熙皞之休，眞不難再見，寧僅區區邦國郡邑之小康小效已哉！

是編止於郡邑，特金匱、千金之一方耳，曾何足爲先生傳？然藥期已疾，而言各有當。貪吏獵聲利，而先生獨取廉操；酷吏尚嚴刻，而先生獨取仁恕；俗吏重催科，而先生獨取撫字；刻吏取必三尺，而先生獨重德化；文吏修飾外貌，而先生獨重躬行實踐。一藥眞可去一疾，一方眞可療一症，則是編雖約略數篇，而千古父母斯民者之寶鑑，莫尚於

〔一〕「丁丑」，宜黄黄氏本脱。
〔二〕「關」，宜黄黄氏本作「戸」。

此矣。

初名牧民須知，友人改題曰司牧寶鑑。癸酉秋，心敬彙先生未刻舊稿，手録二册，什襲以藏，留爲吾黨出身加民者金鏡。惟是壽木無力，徒存篋笥。越人、仲景之方，不克布諸人間，起疴回生，而徒祕之山厓石室，私心竊用，自愧自歉矣。

康熙三十二年[一]癸酉[二]七月朔日，鄠縣門人王心敬爾緝百拜識

小引

余閉戶養疴，久與世睽，雖居恒絶口弗及世事，而世道人心，未嘗一日忘懷。睹風俗頹敝，私竊扼腕太息，遇生民阽危，不禁潸然悽愴。蓋根心之恫，有不知其所以然者。藥餌之餘，聊輯是編，以備牧民者寓目。庶因觀興感，因感生奮，自愛愛民，以實心行實政。德澤浹於民心，休聲垂於百世，方不枉大丈夫出身一塲也。昔密邑、中牟、穀陽、桐鄉，皆以邑顯，所居民戴，所去見思，生有榮稱，歿而奉嘗，登諸簡冊，流馨無窮。彼其時位卿相而名湮滅者，方此何啻霄壤？語曰：「不習爲吏，視已成事。」今成事具在，有眞正念切民隱，欲盡司牧之實者，倘取而鏡之，法其可法，而戒其當戒，則生民受賜多矣！一人如是，斯一方治；人人如是，斯四海治。世不雍熙，吾不信也！

土室病夫李顒識

[一]「康熙三十二年」，宜黃黃氏本脫。

[二]「癸酉」，宜黃黃氏本作「癸卯」。

司牧寶鑑

盩厔李顒輯　　鄠縣門人王心敬録

眞公諭屬

西山先生眞公帥長沙，宴所屬官僚於湘江亭，作詩以勉之曰：「從来官吏與斯民，本是同胞一體親。既以脂膏供爾禄，須教〔一〕痛癢切吾身。此邦素號唐朝古，我輩當如漢吏循。今日湘江一盃酒，便煩借作十分春。」又爲文以諭，聞者莫不感動，吏治爲之一變。兹節録其要於左。

某猥以庸虚，謬當閫寄，朝夕思所以仰答朝廷之恩，俯慰士民之望，而心長才短，必官僚協心同力，庶克有濟。區區輒有所懷，敢以布於左右。蓋聞爲政之本，風化是先。潭之爲俗，素以淳古稱。比者經其田里，見其民樸且愿，猶有近古氣象，則知昔人所稱，良不爲過。今欲因其本俗，迪之於善，已爲文諭告，俾興孝弟之行，而厚宗族鄰里之恩。不幸有過，許之自新，而毋狃於故習。若夫推此意而達士〔二〕民，則令佐之責也。繼自今邑民以事至官者，願不憚其煩而諄曉之，感之以至誠，持之以悠久，必有油然而興起者。若民間有孝行純至、友愛著聞，與夫協〔三〕和親族、賙濟鄉閭、爲衆所推者，請采訪確

〔一〕「教」，宜黃黃氏本作「將」。
〔二〕「士」，宜黃黃氏本作「之」。
〔三〕「協」，原本脱，宜黃黃氏本作「叶」，據靜海聞氏本補。

實，以上於州，當與優加褒勸。至於聽訟之際，尤當以正名分、厚風俗爲主。昔密學陳公襄爲仙居宰，教民以父義母慈、兄友弟恭，而人化服焉。古今之民，同一天性，豈有可行於昔，而不可行於今？惟毋以薄待其民，民亦將不忍以薄自待矣！此某之所望於同僚者也。

教化有司急務，而俗吏每多忽之；簿書之外，漫不關懷，其政可知。先生諭屬，首惓惓焉，急先務也。有師帥之責者，尚其鑑於斯！

然而正己之道未至，愛人之意不孚，則雖有教告而民未必從。故某願與同僚各以「四事」自勉，而爲民去其「十害」。何謂「四事」？曰：

律己以廉：

凡名士大夫者，萬分廉潔，止是小善；一點貪污，便爲大惡不廉之吏。如蒙不潔，雖有他美，莫能自贖，故此以爲「四事」之首。

撫民以仁：

爲政者，當體天地生萬物之心，與父母保赤子之心。有一毫之慘刻，非仁也；有一毫之忿疾，亦非仁也。

存心以公：

傳曰：「公生明。」私意一萌，則是非易位；欲事之當理，不可得也。

涖事以勤：

當官者一日不勤，下必有受其弊者。古之聖賢尚日昃不食，坐以待旦，況其餘乎？不可不戒！

何謂「十害」？曰：

斷獄不公：

獄者民之大命，豈可少有私曲？

聽訟不審：

訟有實有虛，聽之不審，則實者反虛，虛者反實矣，其可苟哉？

淹延囚繫：

一夫在囚，舉室廢業，囹圄之苦，度日如歲，其可淹久乎？

慘酷用刑：

刑者不獲已而用。人之體膚，卽己之體膚也，何忍以慘酷加之乎？今爲吏者，好以喜怒用刑，甚者或以關節用刑，殊不思刑者國之典，所以代天糾罪，豈官吏逞忿行私者乎？不可不戒！

汎濫追呼：

一夫被追，舉室惶擾。有持票之需，有出官之費，貧者不免舉債，甚者至於破家，其可汎濫乎？

招引告訐：

告訐卽敗俗亂化之原。有犯者自當痛治，何可招引？今官司有受人實封狀，與出榜召人告首陰私罪犯，皆係非法，不可爲也！

重疊催稅：

稅出於田，一歲一收，可使一歲至再稅乎？有稅而不輸，此民戶之罪也。輸已而復責以輸，是誰之罪乎？

科罰取財：

民間自二稅合輸之外，一毫不當妄取。今州縣有科罰之政，與夫非法科斂者，皆民之深害也，不可不革！

縱吏下鄉：

鄉村小民，畏吏如虎。縱吏下鄉，猶縱虎出柙也。弓手士兵尤〔一〕當禁戢，自非捕盜，皆不可差出。

低價買物：

物同則價同，豈有公私之異？今州縣有所謂行戶者，每官司敷買，視市直率減十之二三，或不即還，甚至白取，民戶何以堪此！

某之區區，其於「四事」，敢不加勉！同僚之賢，固有不俟丁寧而素〔二〕知自勉者矣。然亦豈無當勉而未能者乎？傳曰：「過而不改，是謂過矣。」又曰：「誰謂德難厲，其庶幾賢不肖之分在乎勉與不勉而已。」異時舉刺之行，當以是爲準。若至「十害」有無，所未詳知。萬一有之，當如拯溺救焚，不俟終日。毋狃於因循之習，毋牽於利害之私。或事關州郡，當見告而商榷焉。必期於去民之瘼而後已，此又某之所望於同僚者也。抑又有欲言者，夫州之與縣，本同一體，若長吏偃然自尊，不以情通於下，僚屬退然自默，不以情達於上，則上下痞塞，是非莫聞，政疵民隱，何從而理乎？昔諸葛武侯開府作牧，首以集衆思廣忠益爲先。某之視侯，無能爲役，然虛心無我，樂於聞善，蓋平日之素志。自今一道之利病，某之所當知者，願以告焉；某之所爲有不合於理，不便於俗者，亦願以告焉。告而適當，敢不敬從？如其未然，不厭反復，則湖湘九郡之民，庶乎其蒙賜，而某也庶乎其寡過矣！敢以誠告，尚其亮之。

當事者果虛心無我，樂於聞善，孰不樂告以善。集衆人之才識以爲才識，則其才識何可限量？若自恃才識，而好察不行，上下之情不通，自病病民，將有不可勝言者矣！智愚賢不肖之分，正在於此。

某昨者叨帥長沙，嘗以「四事」勸勉同僚，曰：律己以廉、撫民以仁、存心以公、涖事以勤。而某區區實身率之，以是

〔一〕「尤」，原本作「猶」，據宜黃黃氏本改。

〔二〕「素」，宜黃黃氏本脫。

二年之間爲潭人興利除害者，粗有可紀。今者蒙恩起廢，再撫是邦，竊伏惟念所以答〔一〕上恩而慰民望，亦無出前之「四事」而已，故願與同僚勉之。蓋泉之爲州，蠻貊聚焉；犀珠寶貨，見者興羨。而豪民巨室，有所訟愬，志在求勝，不吝揮金。苟非好信自愛之士，未有不爲所污染者。不思廉者士之美節，污者士之醜行。士之不廉，猶女之不潔。不潔之女，雖工容絕人，不足自贖；不廉之士，縱有他美，何足道哉！昔人有懷「四知」之畏，而卻暮夜之金者，蓋隱微之際，最爲顯著。聖賢之教，謹「獨」是先。故願與同僚力修冰蘖之規，各厲玉雪之操，使士民起敬爲廉吏，可珍可貴！孰有踰此，此其所當勉者一也。

先儒有云：「一命之士，苟存心於愛物，於人必有所濟。」且以簿尉言之，簿勤於勾稽，使人無重疊追催之害；尉勤於警捕，使人無穿窬攻劫之擾，則其所濟，亦豈小哉！等而上之，其位愈高，繫民之休戚者愈大。發一殘忍心，斯民立遭荼毒之害；發一掊克心，斯民立被誅剥之殃，蓋亦反而思之，針芒刺手，茨棘傷足，舉體凜然，謂之痛楚，刑威之慘，百倍於此，其可以喜怒施之乎？虎豹在前，坑穽在後，號呼求救，惟恐不免。獄犴之苦，何異於此！其可使無辜者坐之乎？己欲安居，則不當擾民之居；己欲豐財，則不當朘民之財。故曰：「己所不欲，勿施於人。」其在聖門，名之曰「恕」，強勉而行，可以致仁。矧當斯民憔悴之時，撫摩愛育尤不可緩。故願同僚各以哀矜惻怛爲心，而以殘忍掊克爲戒，則此邦之人其有瘳乎？此所當勉者二也。

公事在官，是非有理，輕重有法，不可以己私而拂公理，亦不可骫公法以徇人情。諸葛公有言：「吾心如秤，不能爲人作輕重。」此有位之士所當視以爲法也。然人之情每以私勝公者，蓋徇貨賄則不能公，任喜怒則不能公，黨親戚、畏豪強、顧禍福、計利害，則皆不能公。殊不思是非之不可易者，天理也；輕重之不可踰者，國法也。以是爲非，以非爲是，則逆乎天理矣；以輕爲重，以重爲輕，則違乎國法矣。居官臨民而逆天理、違國法，於心安乎？雷霆鬼神之誅、金科玉條之禁，其

〔一〕「答」，原本作「達」，據宣黃黃氏本改。

可忽乎？故願與同僚以公心持公道，而不汩於私情，不撓於私請，庶幾枉直適宜，而無寃抑不平之歎。此其〔二〕所當勉者三也。

「民生在勤，勤則不匱」，則爲民者不可以不勤。「業精於勤，荒於嬉」，則爲士者不可以不勤。況爲命吏，所受者朝廷之爵位，所享者下民之脂膏，一或不勤，則職業隳弛，豈不上孤朝廷〔三〕而下負民望乎？今之居官者，或以酣詠遨放〔三〕爲高，以勤強敏恪爲俗，此前世衰弊之風也！盛明之時，豈宜有此？陶威公有言：「大禹聖人〔四〕，尚惜寸陰；至於衆人，當惜分陰。」故賓佐有以蒲博廢事者，則取而投之江。今願同僚體此意，職思其憂，非休澣毋聚飲，非節序毋出遊，朝夕孜孜，惟民事是力，庶幾政平訟理，田里得安其生。此所當勉者四也。

某雖不敏，請以身先，毫髮少渝，望加規警。前此官僚之間，或於四者未能無愧，願自今始，洗心自新。在昔聖賢，許人改過，故曰「改而止」。倘猶玩視而不改焉，誠恐物議沸騰，在某亦不容苟止也。敢以誠告，幸察焉。

右西山先生諭屬文，言言懇惻肫摯，實萬世爲政之大經也。有官君子，宜各揭之座右，朝夕觀省，知其當然而責其身以必然，斯自愛愛人，無愧民牧矣。

呂公諭屬

新吾呂公巡撫山西，爰民眞如保赤，特著實政録一書，頒之所屬，責成有司，以求實政。凡政務所關及小民生計，

〔二〕「其」，原本脫，據宜黄黄氏本補。
〔三〕「廷」，宜黄黄氏本作「寄」。
〔三〕「放」，原本作「遊」，據宜黄黄氏本改。
〔四〕「人」，宜黄黄氏本作「者」。

區處靡不詳盡，痛快精確，秦漢以來僅見，誠經世碩畫、救時指南也！依而行之，天下唐、虞、三代矣。茲摘其諭屬明職之切於府州縣者於左。

公召太原所屬州縣掌印正官而諭之曰：宇宙之内，一民一物，痛癢皆與吾身相關，故其相養相安料理，皆是吾人之本分。書云：「山川鬼神，亦莫不寧，及鳥獸魚鼈之咸若。」魚鼈非吾同類，而且使之咸若，然猶曰「彼有血氣心知，欲生惡死所同。」鬼神奚賴吾人？山川有何知識？而亦使之亦莫不寧者何？蓋聖人以天地爲心，爲民生立命，心思既竭，仁愛無窮，必使乾坤清泰，海宇安寧，無一事不極其妥貼，無一物不得其分願，而後其心始遂。

伊尹，有莘之耕夫也。當隱居時，便樂堯舜之道。其言曰：「予弗俾厥后爲堯舜，其心愧耻，若撻於市。一夫不獲，曰『時予之辜』也。」夫君不堯舜，自有當其恥者。一夫不獲，自有任其辜者。而伊尹引爲己責，深自愧罪，只是眞眞切切，見那君民痛癢觸著，便自相干，而致君澤民。我又有此學術，是以孔席不暖，墨突不黔，汲汲皇皇，殷殷懇懇，只是這個不忍的念頭放歇不下。吾輩七尺之軀，不短於古人；耳目口鼻、四肢百骸，不少於古人；六經四書，子史百家，至今大備，吾輩誦習，又多於古人。只似看得天下民物與我分毫無干，豈是這腔子中，天不曾賦與不忍人的一點良心？如何百姓痛癢全不關心，死活通不介意？大段今之爲吏，品格不同。第一等人有這一點惻隱眞心，由不得自家，如親孃之於兒女，憂飢念寒，怕災愁病，日思夜慮，鈞膽提心，溫存體愛，百計千方。凡可以使兒女心遂身安者，無所不至；雖強制之[二]不能，雖淡薄之[三]不減，所以説「先王有不忍人之心，斯有不忍人之政」。心切而政生，慮周而政詳，雖欲歇手不得，此謂率其自然。第二等人看得天地萬物一體，是我性分；使天下萬物各得所，是我職分。不存此心，便有愧於形骸；不盡此心，便不滿其分量。惓惓維世道，亟亟愛民生，以謂爲之自我，當如是耳，此謂盡其當然。但纔有勉強向道之心，便有精神不貫之處。

[二]「之」，宜黃黃氏本脱「之」。
[三]「之」，宜黃黃氏本脱「之」。

第三等人看得潔己愛民，修政立事，則名〔二〕譽自章，不則毀言日至。士君子立身行己，名節爲先，奈何不自愛，是爲名而爲善者也。第四等人守能潔己，而短於才心，知愛民而懦於政，可謂善矣；然毫無益於郡邑，安能爲有無哉？第五等人志欲有爲而動不宜民，心知向上而識不諳事，品格無意，治理難成。第六等人知富貴之可愛，懼擯斥之或加，有欲心而守不敢肆，有怠心而事不敢廢。無愛民之實，亦不肯虐；無向上之志，亦不爲邪，碌碌庸人而已。第七等人實政不修，粉飾以詐善；持身不慎，彌縫以掩惡；要結能爲毀譽之人，鑽刺能降祥殃之竈。地方軍民之事，毫髮不爲；身家妻子之圖，慇懃在念：此巧宦也。近者大家成風，牢不可破矣。第八等人嗜利耽耽，如集羶附腥；競進攘攘，如馳騎逐鹿；多得錢而好官我爲，笑駡由他笑駡耳。此明王之所不赦，明神之所必殛者也。

嗚呼！正學衰，世道絕，利達之錮習既成，惻隱之眞心遂死，失所民物，付託何人？吾黨泄泄沓沓以苟富貴，世道傾頹，萬物愁嘆，將遂任其所終乎？倘一深思，可爲慟哭，天生此身，豈爲酒肉之囊、錦繡之架哉？天生此民，豈爲士大夫之魚肉、官府之庫藏哉？倘一深思，可爲大愧。本院無能振拔，罪之魁也！諸君千萬努力！

仕宦有此八等，吾人自審果居何等？若遜一等而弗居，區區介於二三之間，已爲無志；倘更瞠乎其後，將何以自立耶？噫！往者悔無及，來者猶可追，讀斯諭而興感，憬然悟，爽然失，勃然奮，洗腸滌胃，抖擻整頓，從新別做一番人，夫誰得而禦之？

知府之職

知府一身，州縣之領袖，而知州知縣之總督也。今之爲知府者，廉愛嚴明，公誠謹慎，便自謂好官；而課知府者，見其

〔二〕「名」，宜黃黃氏本作「民」。

能是，亦以好官稱之矣。不知此八字者，知州知縣之職，而非知府之職也。知府無此八字，固爲不肖；僅有此八字，是增一好知州知縣耳。設府治、建府官之意，豈謂是哉？爲知府者，或奉院司之科條，董督僚屬；或酌郡邑之利病，細與興除。所屬州縣掌印正官，及佐領合屬一切大小官員，有用刑不當者、持己不廉者、政不宜民者、怠不修政者、昏不察奸者、塗飾耳目者、虚文搪塞者、前件廢格者、阿徇權勢者、差糧不均者、催科無法者、收解累民者、竊劫公行者、奸暴爲害者、風俗無良者、教化不行者、倉庫不慎者、獄囚失所者、老幼殘疾失養者、聽訟淹濫者、橋梁道路不修者、荒蕪不治流移不招者、衙役縱横不禁者，屬官如是，知府皆得以師帥之；師帥不從，知府得以讓責之；讓責不改〔一〕，知府得以提問其首領吏書；提問不警，知府得以指事申呈於兩院該道。辟之一人，一肢病不得謂之完身；辟之一裘，一幅斜不得谓之完衣。所屬州縣有一不肖之吏，有一失所之民，有一不妥之事，不能安輯而處置之，尚得謂之完府乎？務俾所屬之吏，廉愛嚴明，公誠謹慎，如我一身。所屬之政，廢興墜舉，弊革奸除，如我一堂。所屬之民，無一不得其所。所屬之物，無一不得其理。循良者署以上考，無論卑微；不肖者屬以下考，無附炎熱。使屬吏知有府之可畏，不敢不守官；知有府之可服，不患不共命。如是而千里之封疆，凛凛風生；萬井之黎民，瀼瀼雨潤。知府之職，不當如是乎？夫帥之不能，知之當審，乃一切從厚徇情，而寮屬署考，十九稱賢。又極其粃黜，無乃行私罔上，紀法不蕩然盡廢乎？賢太守其熟念之。

府職之責任如此，拊心自問，曠瘝與否，快歉自知。

知州知縣之職

士君子無濟人利物之心，則希清華慕通顯，總之無益於蒼生，不若聽其求富貴。苟平生疾惡抱不平之氣，悲民懷欲救

〔一〕「改」，宜黄黄氏本作「致」。

之心，朝興一利，而朝卽澤被閭閻；夕除一害，而夕卽仁流市井。隨事推恩，聽我自便，因心出治，惟我施行，則莫妙於知州知縣矣。

朝廷設官，自公卿以至驛遞，中外職銜，不啻百矣，而惟守令人稱之曰「父母」。「父母」云者，生我養我者也。稱我以父母，望其生我養我者也。故土地不均，我爲均之；差糧不明，我爲明之；樹木不植，我爲植之；荒蕪不墾，我爲墾之；逃亡不復，我爲復之；山林川澤果否有利，我爲興之；訟獄不平，我爲平之；兇豪肆逞，良善含冤，我爲除之；狡詐百端，愚樸受害，我爲翦之；嫖風賭博，扛幫痴幼〔一〕，我爲刑之；寡婦孤兒，族屬侮奪，我爲鎮之；盜賊劫竊，民不安生，我爲弭之；老幼殘疾，鰥寡孤獨，我爲收之；教化不行，風俗不美，我爲正之；遠里無師，貧兒失學，我爲教之；倉廩不實，民命所關，我爲積之；獄中囚犯，果否得失〔二〕，我爲恤之；斛斗秤尺，市鎮爲奸，我爲一之；貧民交易，稅課濫征，我爲省之；衙門積蠹，狼虎吾民，我爲逐之；吏書需索，刁勒吾民，我爲禁之；徵收無法，起解困民，我爲處之；遊手閒民，蕩產廢業，我爲懲之；異端邪教，亂俗惑民，我爲驅之；庸醫亂行，民命枉死，我爲訓之；士風學政，頹敗廢極，我爲興之；市豪積霸，專利虐民，我爲治之；揑空造虛，起禍誣人，我爲杜之；聚衆黨惡，主謀唆訟，我爲殄之；火甲負累，鄉夫騷擾，我爲安之；某事久廢當舉，我爲舉之；某事及時當修，我爲修之；民情所好，如己之欲，我爲舉〔三〕之；民情所惡，如己之讐，我爲去之。使四境之內，無一事不得其宜，無一民不得其所；深山窮谷之中，無隱弗達；婦人孺子之情，無微不照：是謂知此州、知此縣。俾一郡邑愛戴吾身，如坐慈母之懷，如含慈母之乳，一時不可離，一日不可少，是謂眞父母。各官試自檢點，果能如是否乎？耽詩賦者以豪放自高，好宴安者以嬾散自適，嗜驕泰者以奢侈自縱，工媚悅者

〔一〕「痴幼」，宜黃黃氏本作「變幻」。
〔二〕「失」，宜黃黃氏本作「所」。
〔三〕「舉」，宜黃黃氏本作「聚」。

剥民膏以事人，計身家者括民財以肥己。民生疾苦，昏昏絶不聞知；風俗美惡，夢夢那復理會。一般坐轎打人，前呼後擁，招搖大市，稠人之中，面目亦安否乎？意念無愧否乎？大街小巷，千百人環視，愛我乎？敬我乎？恨我乎？笑我乎？厭惡而鄙夷我乎？此不必揆之人情，一反己而可知矣。如此做官，果稱職否乎？夫醫者之治人也，診其脈息，望其形氣，投以湯丸，曰：「一服去甚，再服卻疾，三服減半，四服全愈。」病家驗之，日異而月不同，計期而卒有效，曰：「此良醫也。」若攜藥裹而來，守治數月，病無損於分毫，仍攜藥裹而去，何辭以復主人？守令到任之時，便察此郡邑受病標本，施治後先，何困可蘇？何害當除？何俗當正？何民當懲？何廢可舉？洞其病痛，酌其治法，日積月累，責效觀成。自初任以至去任，光景改觀幾何？民愁蘇醒幾何，政事修舉幾何？或享利於目前，或垂恩於永久，庶幾士民數其事而稱之曰：「吾父母到任以來，某事某事有功吾民。」吾臨去而自檢點之曰：「吾於地方興得某利，除得某害。」疲瘵之苦頓蘇，膏澤之施亦足。如此治民，即是良醫治病，何快如之！倘到任時地方是這般景象，離任時地方依舊是這景象，如此等官，虚享數月俸薪，無益百姓毫釐。試一省察，稱職瘝職，兩院之獎薦，有愧無愧，戒勠[一]有屈無屈；自有一點不死之眞心在，又何暇計較考語優劣，歸咎他人誣陷哉！

言言警切，字字骨髓。必如此，方是以實心行實政，方是民之父母，方爲無忝厥職。一有不盡，便是曠瘝，曾謂賢者而曠瘝[二]乎哉？必不然矣。

有父母之責者，如果實心實政，此篇自宜揭之座右。時時閱則時時薰心，朝朝暮暮閱則朝朝暮暮感發。振委靡之氣，換塵俗之見，畢智慮，殫精力，何效弗臻？治績冠絶一時，聲稱超出尋常萬萬矣。

[一]「勠」，宜黃黃氏本作「飭」。
[二]「曠瘝」，原本作「瘝曠」，據靜海聞氏本改。

先賢要言

爲政大經大法，詳具眞呂兩先生諭中，範我後人，如規矩準繩，不可尚矣。然先賢警偏救弊，隨時致戒之散說足以爲鑑者，亦不可以莫之知也。謹列數則於左：

魏莊渠先生答俞獻可知縣曰：大丈夫欲致君澤民，不爲相則莫如爲令與守。近君者莫如相，近民者莫如守令，而令彌親矣！瘝痌疾痛，無一而不相關也。賢者所至，塗炭者可使之枕席；小民戴之如君，親之如父母；上之人固將敬之，如九鼎大呂，山川若增而勝焉。能重此官者，在己不在人。

令之於民，果瘝痌疾痛，一一相關，出塗炭而置之枕席，方不愧爲民父母，方是知重此官。

答黃汝玉曰：聞汝出宰江陰，且喜相去伊邇，政聲可日聞也。吾嘗謂今世仕宦，堪以廟食百世者，惟守令則然，令尤親民矣。然曠世僅僅一二見者，何哉？卑者汩利，高者騖名，而實惠及民者寡耳。汝爲民父母，其毋謂民頑，毋歉才短。民之頑歟，勿庸忿之，姑惟勸之。才之短也，勤以補拙，問以求助，屈己以求之，虛心以察之，皆有益於我也。守己潔廉，愛民懇惻。推此道也，蠻貊可行，矧文獻之邦耶？

「卑者汩利，高者騖名」，此兩言說盡古今通病。雖未必人人如是，其實如是者恆多，非夫特立實行之傑，吾誰與歸？

答利賓曰：爲守爲令，實惠務要及民。若能眞愛民如子，民亦眞愛我如父母矣，切忌不可用術。民至愚而神，爭以詐術應我，一不誠而萬有餘喪矣。才高之人，往往坐此而敗，況才短者乎？行有不得者，皆反求諸己。但憂誠之未至，不憂民之未孚也。

忠信可孚豚魚，況民乎？

答呂德曰：汝書惓惓問政。嗟乎！今之作縣，卽孔門之爲邦也。但古有君道，漢猶有長道，今直僕道耳！此固法弊，亦由人弊。下焉者惟知漁利，人面而鬼心，此盜賊之行也。汝必不肯自污，亦不待吾勸戒。稍上焉者，但務名以干上司之知，其弊徒虛文，無惻怛之實，此市井之心也。吾不願汝爲之也。守身如玉之潔，如冰之清，而愛民也如父母之切，有不獲上下之心者乎！

徒虛文而無惻怛之實，此病亦多。一精白之心，純惻怛之實，是在賢者自勉耳。

東萊呂氏官箴曰：當官之法，唯有三事：曰清、曰愼、曰勤。知此三者，則知所以治〔一〕身矣。然世之仕者，臨財當事，不能自克，常自以爲必不敗。持必不敗之意，則無不爲矣，然常至於敗而不能自已。故設心處事，戒之在初，不可不察。借使役用權智，百端補治，幸而得免，所損已多，不若初不爲之爲愈也。司馬子微坐忘論云：「與其巧持於末，孰若拙戒於初。」此天下之要言，當官處事之大法，用力寡而見功多，無如此言者。人能思之，豈復有悔吝乎？

歷觀古來以墨敗守者，其初皆自以爲必不敗者也；縱幸而得免，不明敗於王章〔二〕，亦未嘗不陰敗於天譴。昔侯鑑爲江夏令，與勝緣長老居約有舊，每暇必訪，則必已爲具。一日延待殊闕，鑑怪問之。約曰：「公每到土地必先報，此番不報，是以失待。使問不報之由。」是夕，約復得〔三〕夢曰：「侯鑑合作宰相，與吾有統攝，故報。今受胡氏白金六十兩，枉斷一事，天曹已削相名，與吾無統攝，故不報。」由斯以觀，則凡律身不謹，冥冥之中，默有以乘除者何限？特人不覺耳。吁！可畏也哉！

〔一〕「所以治」，宜黃黃氏本作「所持」。
〔二〕「王章」，宜黃黃氏本作「章王」。
〔三〕「得」，宜黃黃氏本脫。

張希孟曰：「古之爲政者，身任其勞，而貽百姓以安；今之爲政者，身享其逸〔一〕，而貽百姓以勞。己勞則民逸，己逸則民勞，此必然之理也。憚一己之勞，而使闔境之民不靖，仁人君子其忍爾乎！昔子路問政，而聖人告以先之勞之無倦。嗚呼！此眞萬世爲政之格言也歟！吏佐官治事，其人不可缺，而其勢最親。惟其親，故久而必至無所畏；惟其不可缺，故久而必至爲奸。此當今之通病也。欲其有所畏，則莫若自嚴；欲其不爲奸，則莫若詳視其案也。所謂自嚴者，非厲聲色也，絶其饋遺而已矣；所謂詳視其案者，非吹毛求疵也，理其綱領而已矣。蓋天下之事，無有巨細，皆資案牘以行焉！少不經心，則奸僞隨出，大抵使不忍欺爲上，不能欺次之，不敢欺又次之。夫以善感人者，非聖人不能。故前輩謂不忍欺在德，不能欺在明，不敢欺在威。於斯三者，度己所能而處之，庶不爲彼所侮矣。

諸吏曹勿使縱遊民間，納交富室，以泄官事，以來訟端，以啟倖門也。暇則召集講經讀律，多方羈縻之，則自然不横矣。

段伯英嘗宰鉅野，民有犯法受刑者，每爲泣下，或以爲過。希孟聞之歎曰：「人必有是心，然後可以語王政。且獨不聞古者〔二〕亦有禁人於獄而不家寢者乎？要皆良心之所發，非過也。」

以上當官者不可不知。

牧政往蹟

前數篇已盡牧民之實，此則牧民之蹟也。歷代膺牧民之任而無愧其職、彪炳史册者，不勝更僕。聊揭數人見其概，以作牧民榜樣。

〔一〕「逸」，宜黃黃氏本作「安」。
〔二〕「者」，宜黃黃氏本作「人」。

段堅知福山縣。福山故僻邑，堅以德化民，刊布小學諸書，令邑人講誦，復以詩歌興之，必欲變其風俗。或謂其迂闊不能行，堅獨謂：「天下無不可化之人，世間無不可變之俗。」嘗有詩曰：「天下有材皆可用，世間無草不從風。」始終不少懈，由是陋俗丕變，海邦島嶼，渢渢乎有絃誦風。以薦超陞知萊州府，治萊如治福山。時召州縣官與燕，俾言志歌詠以申政教。未期月，萊人大化。

段公加意風化如此，可謂知所先務。有師帥之責者，安得人人盡如此公，則風動時雍，處處可爲熙皞矣。

張需知霸州。霸當順天、河間之中，近畿輔，民游食者多，生業凋殘。需至，集里老究悉其故，於是每里置簿，列戶各報男女大小口數，派其合種粟麥桑麻，及女紅訪績之具，畜牧鷄豚之數，遍行勸諭。暇則親至村落，取其戶簿驗之，缺者有罰；且多方鼓舞，民皆〔二〕樂從，勤立〔三〕生業，里鮮遊惰。不再期民俱有恆産，生理日滋，民用殷富。

守令之職，不出教養二端；而教養之實，久已不見不聞其有舉行者。教則不過申飭鄉約，了一故事；養則並故事亦不了，惟知刻意繭絲，誰肯留心樹桑？張公獨能以是爲務，得致治之本矣。職司民牧者，不可不是則是效。

海瑞知淳安縣，愛民如子，視錢如讐，攜一蒼頭，自耕官地以食。性鯁直，不畏強禦，豺狼破膽，丰節耿介，爲近代第一人，比之包閻羅。

海公風力絶俗，固非吾人所敢望，然亦不可不勉。

徐九思知句容縣，御吏甚嚴，人人惴恐，於法不敢有所舞。約束僚佐，毋得擅攬訟及需賦民錢，而捕按其用事左右。每受訟牒，必命其人與親識偕往和處；其不即和處者，面諭，使之心服。間一抶之，數不過十，毋置獄。然至於武斷力兼之輩，不盡法不止也。諸所催科受役，預爲之約；過期而不至者，俾里三老逮而笞責之，終不遣一隸卒下鄉，隸卒列庭下

〔二〕「民皆」，宜黃黃氏本脱。
〔三〕「立」，宜黃黃氏本作「力」。

如木偶。積九載，遷工部主事。將行，民號泣強留，彌月不得發。度不可留，咸曰：「幸惠訓我，使我奉之如奉公。」九思揮淚曰：「我無以訓而曹，惟勤與儉及忍耳。儉則不費，勤則不惰，忍則不爭，保身與家之道也。」生平不嗜肉食，唯噉菜佐脱粟。又畫一青菜於堂曰：「古不云乎，民不可有此色，士不可無此味。」至是，父老刻所畫菜，而書「勤儉忍」於上，曰：「此徐公三字經也。」家肖像而尸祝之。

自古未有不便於民而曰善政，不得民心而稱循良者。徐公之令句容也，其心惻然爲民，其政藹然便民。故其得民之深，眞猶家人父子。三復其蹟，不覺斂衽。

顧光遠知泰和縣，俗好訟，每坐堂，訟者雨集。光遠乃爲文勸諭，親書木榜，長數丈，譬曉諄切，民爭來觀，觀已輒去，不訟者什二。又俾訟者居譙門上，思三日然後得訴；思不三日，去不訟者過半矣。擇吏淳謹者一人，置簿受訟〔一〕詞，而勾稽其始末，民誠負冤，方爲剖理，非誠負冤，願悔自止者聽不問。未幾，民不復訟。

此法頗妙，依此法而行之，訟者若猶不去，大則據理斷遣，小則委鄉約公評。如是則大事化細，細事化無，訟不期息而自息矣。

王印長知澤州，實心實政，治行爲天下第一，民戴之如私親，去後相與尸祝不替。公嘗作愛錢歌，揭示通衢，曰：「非我不愛錢，我愛誰不愛。敲骨吸人髓，天理良心壞。逼人賣田宅〔二〕，把來我置蓋。逼人鬻妻孥，把來我養賴。逼人揭銀錢，把來我放債。人哭我喜歡，有些不爽〔三〕快。我見愛錢人，當身遭禍敗。又見愛錢人，子孫爲乞丐。空落愛錢名，唾罵千年

〔一〕「訟」，原本作「獄」，據宜黃黃氏本改。
〔二〕「宅」，宜黃黃氏本作「產」。
〔三〕「爽」，宜黃黃氏本作「痛」。

在。我有愛錢方，人已兩無害。少吃一隻鷄，可買五日菜。少穿一疋綢〔一〕，舉家有鋪戴。儉用勝貪圖，吾鼎猶當愛。」讀此數言，可想見其操履矣。

任楓知靈石縣，其治行與王公相似，所題署中諸對聯，亦與愛錢歌同類，附録於此，以存典型：

天理人情不遠，爲公爲私，畢竟爾民共見；催科撫字並行，其難其慎，只是此心勿欺。

精神耗簿計，罪過多端，眞有愧於匹夫匹婦；面目付風塵，奔走不暇，又何怪乎呼馬呼牛。

君子重廉恥，無廉則無恥，事事檢點〔二〕，休留下千年唾罵；好官貴仁明，不仁由不明，時時省察，要知道百姓艱難。

常是庭前多錯爲，入來自覺羞琴鶴；若教門内有私竇，出去如何對士民。

民間苦千孔千瘡，退食常懷憂慮；漏屋嚴十指十視，獨坐更覺恐惶。

此公揭此自警，時切冰兢，惟恐一念或錯，一事失宜，貽悔中心，貽羞地方。此方是以實心行實政。

王永命知某縣，矢公矢愼，其示尤膾炙人口，附録於後：

一切火耗，盡行禁革。百姓赴櫃納糧，俱照部頒法馬平戥，自封投櫃，不許一毫耗折。倘有守櫃官役摇惑，仍前耗折等弊，爾民即時鳴鑼喊稟，以憑重懲。

本縣一奉簡書，即將鋪墊等項，預行捐除。今除火耗，已經示革外，其各項攤派名色，一並盡行革除。季長衙役，不得分毫影射。

本縣刑贖不加，易生訟心，豈非本縣原以愛爾等者，反以擾爾等乎？不思官長縱甚愛我，贖鍰縱不累我，鞭撲縱不及我，而一字公門，九牛難拔，以致票差勾索之繁擾，審訊守候之苦愁，將幾貫汗血金錢，費如泥沙，並多少正經生涯，盡成耽

〔一〕「綢」，宜黄黄氏本作「紬」。
〔二〕「檢點」，宜黄黄氏本作「防閑」。

閣。想到此間，睚眦小忿，何怨可結？何讐不解？乃甘自沉苦海也。

諸色工匠，不過末務餬口。若令供應官役，平日既無工食之設，臨時又無工價之費，彼竭蹶在官者，固不敢辭，復不敢言，而嗷哺待室，究亦何堪？如修城之舉，公務也，亦必記日計工，隨人償價。至本縣衙舍一切雜役，俱照民間平僱，隨工見發，斷無片〔一〕紙隻字拘迫爾等。爾等倘稱官役索騙幫貼，或被告發，或被訪知，定行重治。

預免鋪墊文

新官到來，必有一番鋪墊；百姓承接，便添幾許窮愁，此從來陋規，實難拔弊種。衙舍之動用有數，地方之乘〔二〕借無窮，色色取之行戶，衙役視爲固然；絲絲派之民間，里季習若常事。是朝廷設一吏，課此一邑治，尚未知所治而先受其侵；小民望一官，興此一方利，將未見所利而已得其害。上干功令，下擾窮民，司牧之謂何，寧其出此乎？況生性守貞介之操，讀書識節愛之義，繩牀木榻，必屬親攜，饌具茶爐，無非自辦。拜命之始，遷士之瘠，遷民之苦，已歷歷在心目中矣，何得從損下之費，重煩我父老爲也。至於莅任之後，一縷一絲，皆照時估；一黍一粒，皆〔三〕發現錢。以及隨行執事，公出供應，徹底自備，無擾我民。凡皆體朝廷愛養百姓至意，盡民牧剔礪官箴素心，非〔四〕敢曰矯避廉譽而不行吾志也。倘有里役人等故爲朦混，巧生科斂，爾等各有身家，各有性命，弊端所在，大法隨之，斷不惜爾等一家之哭，遺我百姓一路之哭也。吞

〔一〕「片」，宜黄黄氏本作「張」。
〔二〕「乘」，宜黄黄氏本作「假」。
〔三〕「皆」，宜黄黄氏本作「先」。
〔四〕「盡民牧剔礪官箴素心，非」，原本脱，據宜黄黄氏本補。

刀飲灰，滌盡腸胃，慎之勿忽。

欲做好官，須是恤民。果實實恤民，民方見德。恤民之實，固不止於此，而此則其大端也。臨民者誠若是，斯近悦遠服而頌聲作，人人愛之如父母，敬之如神明矣。

救急單方

絳州辛復元先生著。先生自序曰：「吾晉頻年加師旅，因饑饉死者肝腦塗地，生者骨肉各天，仳離情狀，悽愴不忍言。予手援不得，坐視不安。噫！致是源本，誰復肯遡，可奈何？或曰『拔本塞源』，不敢望矣。聞之醫書，謂『急則治其標，子盍留意？』予曰『然』，謹擇一二單方，敬爲治標者一助。」

首方

季康子患盗，問於孔子。孔子曰：「苟子之不欲，雖賞之不竊。」

夫子此言，今人未必不笑爲迂談。試觀今日寇賊爲何而起？全爲好貨財、貪聲色、遊手任俠之夫。又使之衣食不足，所以潰決不可收拾。究其所以致是者，蓋不可不知其故矣。果肯猛然一醒，將身心徹底澄清，所以培民衣食之源者在此，所以興民羞惡之良者在此，所以奠國家磐石之安者在此。若不從此清理，是揚湯止沸，而不去薪，日張皇，日危迫矣。

夫子告康子「不欲」二字，未亂行之，可保不亂；既亂行之，可保復治。

又方

王陽明先生開府豫章，置二匣於行臺前，榜曰：「求通民情，願聞己過。」

先生無我如此，此大知也、大仁也、大勇也。今日上下蒙蔽，情不疏通，肯法陽明先生，除去自家尊倨體態，廣張告示。凡民間疾苦、軍情急務、諸人願條陳者，俱許條陳，公門不得攔阻。擇其善者而行之，勿露何人條陳，言不可從，姑置之。合衆人之聰明識見，以爲己之聰明識見，則不患知謀不過人，而生民塗炭，不可救也。

此方在今日可通服，但恐求治不切，牙關緊閉，不肯下咽耳！若求治誠切，實實肯服，則聞所未聞，爲益匪鮮。民有欲惡，惟民知之，如人有痛癢，自家獨曉。若不告人，誰便理會，卽與摩搔，亦何得便到痛癢之處？凡境内有何利當興，何害當除，令各據實自陳，從長計議，斟酌施行。如是而地方不大治，政事不卓越，吾不信也。

附

按院公移

巡按山西監察御史馮爲公務事，照得絳州儒學廩生辛全著有救急單方，本院從輿中閱之。其言援據明確，俱救時篤論。書生中乃有此人，不覺爲之心折矣。爲此仰府官吏，卽動本院贖銀，製大木扁，上書「隱居求志」四字，左列本院銜名，右書本生姓名，用鼓吹導送本生，以見本院採聽善言之意。仍將單方梓印一百册送院。其紙及印刷工食，亦在院贖内支用。完日具繇繳查，須至票者。另有頒行各州縣公移。

馮按臺一見此方，卽頒布通省，樂於聞善如此，則其居官可知。否則，犯其所忌，鮮不以爲迂而擲之，閱猶不肯終篇，況肯以之勵人耶？賢哉！此公士林傳爲美談，宜矣！

四書反身録

序

許孫荃

理学與世運相表裏，自堯舜開道統之傳，至我夫子而集大成，删述六經，垂教萬世，若日月之經天、江河之行地，而斯道賴以常存。迨戰國異端並興，孟子辭而闢之，論者至謂其功不在禹下。秦漢以來，千有四百餘年，乘之以佛氏，亂之以莊老，汩没於風雲月露之詞，廢墜於干戈搶攘之際，而斯道或幾乎息。有宋賢君繼作，世際雍熙，大儒乘運而起，濂溪倡之於前，二程、張、朱推挽於後，發明絶學，内外同歸，斯亦三代以還，文明再睹之一時矣！自是，承流嗣響，代不乏人，而關中接横渠之緒，名賢接踵而起，五百年間凡三十餘人。嗚呼，盛已！迄明末造，風會中蝕，而關學獨以醇正稱於天下。

恭遇我國家治化翔洽，講道崇儒，中孚李先生崛起盩厔，其言以「躬行實踐」爲基，「反本窮源」爲要，嘉惠後學，開導迷津，闡往聖之心源於浸昌浸熾之會，斯眞可與弁山鳴鳥，同昭盛〔一〕世之光華。顧以家世食貧，養親不逮，痛自刻責，絶意功名，築堊室獨處，時人罕接其面，尤矢志謙退，不欲以著述自居。四方學者每從問答之餘，輯其所聞，各自成帙。其高弟王心敬朝夕侍側，敬從口授，集爲反身録一書。先生舉以授余，余反覆卒讀，大要以士人童而習之，襲其糟粕而不悟；其指歸欲學者反身循理，致知力行。其指約、其趨端、其論説，質實而不涉於高遠。横渠有言曰：「爲天地立心，爲生民立命，爲往聖繼絶學，爲萬世開太平。」其先生是書之謂乎〔二〕！

余，學臣也，亦與有斯文之責。竊意學校爲教化之源、選士爲儲材之本，煌煌功令，務先德行而後文藝，乃士子徒工呫嗶，以冀主司一日之知，海東春華，都無實際，聖賢之精意，久已湮没。誠使是書布之學宫，士子從身心研究之餘，有得於明

〔一〕「盛」，原本脱，據石泉彭氏本、静海聞氏本補。

〔二〕「乎」，石泉彭氏本、静海聞氏本作「也」。

體達用之學，於以宣猷宏化，黼黻休和，登斯世於唐虞，豈曰小補？是則余割俸授梓之意也夫！

康熙二十有五年歲次丙寅清和月，三秦視學使者淝水許孫荃題於上郡考院

序四書反身録

許三禮

今何時耶？上溯朱文公適在五百昌期，又上溯孔先師稱王正南面之時九百六十年，子輿氏所謂千歲之日至者是。皇上甲子東巡碑勒「萬世師表」，乙丑廷試策問天人理數，是聖道倡明當在茲時也。禮是以首疏「道原自天」，蓋因上既以聖學引其端，吾黨何可不遵天原竟其業，此二千年待發之覆，景運當昌表章，責在後學。試思伏羲一「畫」、虞廷二「中」、闕里「一貫」，捨是何原耶？曾子得道，聖門識者在大學傳明德章，覷破「顧諟天之明命」一語，上接羲、農、黄帝、堯、舜、禹、湯、文、武、周、孔十一大聖人之傳，下啟子思作中庸，以天命性教開宗，還以「上天之載，無聲無臭」至矣。收章其中「三達德」「五達道」「三重九經」無限。道教總全天命是謂「誕登道岸」，明明表示千古，亦又何疑？或曰：理學肇自有宋，所云太極、通書、西銘、易傳啟蒙，皇極、性理諸集各有得力，蓋已發先聖所未發，尚何表章之與有？禮曰：否否。昌期必五百年者，何日至必千歲者，何聖翊運而生道，待時而明後學。雖生明備之餘，有不得諉其責者。往歲讀中孚明德解、寡過説皆篤信下學之深，早切高山之仰。今覽反身録，每從天之所以與我發論，且曰：「終日欽凜，對越上帝，自無一念一事，可以縱逸」，是悟[一]得周文畫前之易，實將存誠主敬窮理致知之種種血脈，一切收攝，勘破道原；又進數籌愈增佩服。蓋聖賢嘉言善行，日新月盛，原處不盡之數離卻「復初」二字，言知言能，何所着落？禮不敢自外三十年從程子，儒教本天，周子聖

[一]「悟」，原本作「晤」，據民國刊本四書反身録改。

希天，邵子凡事順天理而行造化在我，於此入手〔二〕，於焉得力，方知忠本天理，恕順人情，灑掃進退應對卽末卽本矣。幸有同心，又值家生洲提鐸斯文在關中，聖道干城有賴同學。千里如咫，願大家振奮各驗所至，以輔翼皇上開天明道之盛運。

康熙丙寅夏孟中天同學弟許三禮識

四書反身録引

李足發

四書之在天下，猶日月之經天，而陸沉於讀者之口耳，其來久矣。二曲先生起而拯之，力掃道聽塗説之陋，以「實反諸身」爲天下後世倡。其反身録一書，凡進修之要、性命之微、明體適用之大全、内聖外王之實際，靡不一一開關啟鑰，合盤托出，蓋欲讀者深體力踐，爲一己樹眞品，爲國家樹眞才，爲千秋扶綱常，翊世運。識者謂有天地則不可無四書，以葆天下之人心；有四書則不可無朱註，以釋四書之疑義；有朱註則不可無斯録，以挽天下之人心。斯録未出，四書雖家傳戶誦，無異「告朔之羊」，名存而實亡；斯録一出，則四書誦不徒誦，人知所奮，可謂取日虞淵，揭之中天，中興四書之功埒於始初表章，夫固有不可得而誣者矣。足發凝神三復，不忍釋手，歷閲從前諸大儒闡道覺世之書，實未有明快透髓，豁人心目，一至於斯者。昔季札請觀六代之樂，至韶則喟然歎曰：「至矣！盡矣！無以復加矣！雖有他樂不願觀也。」今足發於斯録亦云。故讀先生斯録，如見先生之心；見先生之心，如見孔、曾、思、孟之心。心心相印，若合符節。地非所論，時非所論，學者當日用常行之際，語默動靜，誠是體是遵，舊染污習，濯以江漢，暴以秋陽，方不負吾先生「反身」之教，方是善讀四書。

河汾李足發沐手謹書

〔二〕「手」，原本作「首」，據民國刊本四書反身録改。

弁言

馬棫士

自二曲夫子倡明絕學，士始知詞章記誦之外原自有學，相與嚮往二曲，猶百川之趨海。夫子雖〔一〕啟迪不倦，然未嘗標宗旨、立門戶，惟就各人所讀之四書，令其切己自反，實體力詣；一言一動，稍有不合，則惕然自責。不汩訓詁，不尚辭說，務期以身發明。迨癸丑閉關以來，宴息土室，卽骨肉至戚，罕睹其面。近年獨心敬王子朝夕起居，得侍左右，蓋以其英齡志道，棄功名如敝屣，穎悟絕倫，操履純篤，故特容入侍。有問必答，王子隨聆隨記，名曰四書反身録。語語晰迷破惑，如拯溺救焚，其憂之也深，故其言之也切，使孔、曾、思、孟淑世覺人之初意賴以復振，有補於世教匪鮮。棫士焚香靜對，慚悚汗下，追思夙昔四書之讀，不堪自問。因觀興感，人同此心，斯録一出，觀者既廣，則感者自衆，必有憬然悟、爽然失、勃然奮者，迴狂瀾於既倒，障百川而東之，端在斯矣。

同州門人馬棫士沐手謹識

識言

王心敬

四書反身録者，録二曲先生教人讀四書、反身實踐之語也。先生嘗謂：「孔、曾、思、孟立言垂訓，以成四書，程朱相繼發明，表章四書，非徒令人口耳也，蓋欲讀者體諸身，見諸行，充之爲天德，達之爲王道，有體有用，有補於世也。國家頒四書於學宮，以之取士，非徒取其文也，原因文以徵行，期得實體力踐、德充道明、有體有用之彥，有補於世也；而讀之者果

〔一〕「雖」，石泉彭氏本、靜海聞氏本作「獨」。

體諸身，見諸行，充之爲天德，達之爲王道，有體有用，有補於世乎？否則，誦讀雖勤，闡發雖精，而入耳出口，假塗以干進，無體無用，於世無補，夫豈聖賢立言之初心，國家期望之本意耶？」於是，感慨救弊，力障狂瀾，居恆教人，一以反身實踐爲事。小子恭侍函丈，特蒙提誨尤諄，日獲聞所未聞，退卽隨手劄記，自夏至冬，不覺成帙。然遺忘不及記者甚多，特存什一於千百，鍼砭韋弦，奉以自勗，並爲同讀四書者勗。

鄠縣受業門人王心敬頓首百拜[二]識

四書反身録序[三]

劉青霞

關中徵君李二曲先生昌明正學，爲國朝巨儒。康熙癸丑，制府鄂公上言，於是天子特旨徵先生。先生稱疾不就，杜門著述，日於四書考究聖賢精意，切己自反，以身發明。久之，門人王子心敬輯其前後問答之語，遂成一書，名曰四書反身録。今歲丁卯，特爲郵寄，蓋霞與先生有通家好，故以見示也。

明崇禎末，督師汪公喬年討賊至襄，先王父以軍門贊畫，與先生先子忠武將軍同佐汪公城守，同與難，而先大人暨諸父又與先生爲昆弟交。庚戌冬，先生過襄招父魂以葬，時主於予家，拜予王母於堂上如家人禮，大人爲經紀其葬事，割地營宅兆，起丘壠，復樹豐碑表於道，題曰「義林」。霞時尚少，大人命之出拜，嘗侍立左右云。先生既去，歲以所著書種種見寄，大人亦以所學相酬答，雖千里睽隔而音書不絕，歷數年以爲常。洎大人捐舘，霞亦稍長知向學，而季父與先生共昌道學，因得復讀先生所著書。今者以四書反身録示下，蓋所以訓誨者深矣。

[二] 「頓首百拜」，三韓銘悳本脱。

[三] 按：該序與劉青霞愼獨軒文集所載的四書反身録序多有行文不同。

霞受而卒讀反復，不忍釋手，因竊歎四子之書乃孔、曾、思、孟内聖外王之具，明體達用之學，而古今常存人心不死者恃有此也。以故國家設科取士特重經書，蓋欲世之學者實踐力行，而體用備具之儒得以羅而貢之大庭。是則聖賢之所以垂教萬世，與國家之所以儲養眞儒，惟篤行是尚，而不在乎詞章句讀語言文字間也。然而，四書之在今日，固已家傳戶誦，未之有異矣；而求其紹聖賢之學，以慰國家之望者，抑何寡乏耶？豈非以窮年誦讀者，僅視爲口耳之具、進身之階哉？噫！此先生反身録之所由作也。人而不知「反身」，雖讀四書，終屬皮毛。迨斯録一出，世之學者，庶不徒事呫嗶，則聖賢立言之旨昭然於世，而爲理學、爲名臣，窮不失己、達則兼善之儒，吾知其將接踵而起矣。其有功於聖賢，有裨於國家，夫豈微哉？淝水四山許公視學三秦，讀而好之，爲授梓傳布焉。予雖固陋，從事理學頗久，承先生之教，詎不容以無言，故爲序之，以告世之讀四書者，其各「反身」焉可也！

中州後學劉青霞肅林甫頓首敬撰

重梓四書反身録序

李彦瑁

四書之行於天下後世也，較重於五經，世之儒者莫不家傳而戶誦之矣。近代制科取士，先四書而後五經，五經分而四書合，蓋未嘗不以聖賢之道明體達用，可以善身，可以善世，故欲使常明常行於天下，意甚善也。無如學者多誦其章句，詳其訓詁，第借爲釣獵名位之階，實未能得諸心而措諸行一於吾身，從事者其於聖賢之道，不啻雲泥之不相涉，此人心之所以日漓、世道之所以不古，而有心者不能無隱憂焉！

余兄中孚先生閉戶潛修，涵濡於性道歷有年所，間有從遊之士偶拈四書相究論，先生即以聖賢踐履之實，親切指示，或直抉其旨，或旁通其意，使人人知道爲人所自具，非由外求，一歸於身體力行以務完。夫性命本體遠接孔、曾、思、孟之正脈，近紹周、程、張、朱之眞傳，舉凡訓詁浮習，滌除殆盡，斯其心得口授非即我孔子循循善誘、無隱不倦之意也！與鄠杜王子心敬集其所記，名爲四書反身録，督學許公深契其有裨於名教，捐俸梓行，遍布於黌宫，可謂不辜斯文之責，而克襄盛世誕敷文德之治者也。厥功豈小補云爾哉！

余涖肇慶，自佐郡以至遷守將及十載，每思與力學之士發明四書大義，勗以立身行己之道，奈學識疏淺，躬行不逮，不足以啟迪人心，恐徒滋章句訓詁之流弊，而反見罪於聖賢，其誣道也孰甚。幸藉是録梓而廣之，無論通邑大都、山陬海澨，使凡有身者咸知有「反身」之功夫，惟「反身」乃不負身，不負身斯不負道，不負道斯不負聖賢，不負四書。

康熙壬申初夏肇慶府知府關中李彦瑁識

二曲先生讀四書説

四書，傳心之書也。人人有是心，心心具是理，而人多昧理以疚心，聖賢爲之立言啟迪，相繼發明，譬適迷塗，幸獲南車，宜循所指，斯邁斯征。乃跬步未移，徒資口吻，終日讀所指、講所指、藻繪其辭，闡所指，而心與指違，行輒背馳，欲肆而理泯，而心之爲心，愈不可問，自負其心，而並負聖賢立言啟迪之苦心。噫，弊也久矣！

吾人於四書，童而習之，白首不廢，讀則讀矣，只是上口不上身。誠反而上身，使身爲道德仁義[一]之身、聖賢君子之身，何快如之！呂新吾云：「聖賢千言萬語，説的是我心頭佳話，立的是我身上妙方，不必另竭心思，舉而措之，無往不效。而今把一部經書當做聖賢遺留下富貴的本子，矻矻終日，誦[二]讀惓惓，只爲身家，譬如僧道替人念消災禳禍的經懺一般，念的絕不與我相干，只是賺些經錢食米來養活此身，把聖賢垂世立教之意辜負盡了。有道之士仔細思量，笑死！愧死！」斯

[一]「道德仁義」，石泉彭氏本、靜海聞氏本作「仁義道德」。
[二]「誦」，石泉彭氏本、靜海聞氏本作「講」。

言切中吾人通病，吾人所宜猛省。

一〔一〕士問四書疑義，先生謂之曰：「吾子是行至此致疑乎？抑徒誇精鬥奥，以資講説已耶？夫大學之要在格、致、誠、正、修，吾曹試切己自勘，物果格乎？知果致乎？果意誠、心正、修身以立本乎？中庸之要在戒慎恐懼，涵養於未發之前，子臣弟友，盡道於日用之際；吾曹試切己自勘，果或静或動，兢兢焉惟獨之是慎乎？果於子臣弟友盡道而無歉乎？論語之要在於時學習；吾曹試切己自勘，果明善乎？果復初乎？果存理克欲，視聽言動之復禮乎？言果一一忠信，行果一一篤敬，「三畏」「九思」之咸事乎？孟子之要，在知言、養氣、求放心，吾曹試反己自勘，言果知乎？氣果養乎？放心果收乎？不擇純駁，惟資見聞，恐非知言之謂也；不懲忿窒欲，集義自反，恐非養氣之謂也。纔辨方甲，即以獵榮網譽爲務；多材多藝，衹以增其勝心。日鑿日喪，放猶不足言也！四書之設，果欲吾曹之若是乎？五霸者，三王之罪人也。然則，吾曹日讀四書，而不能惟其言之是踐，雖欲不謂之孔、曾、思、孟之罪人不可也。昔有一士千里從師，師悉出經書，期在盡授，甫講一語，其士即稽首請退，浹月弗至。問之，對曰：「未盡〔二〕行初〔三〕句，弗敢至也。」必如此，始可謂善讀，始可謂實踐。

一人肯反身實踐，則人欲化爲天理，身心平康；人人肯反身實踐，則人人皆爲君子，世可唐虞，此致治之本也。區區於讀四書者，不能不拭目以望。

〔一〕「一」，三韓銘悳本脱。
〔二〕「盡」，三韓銘悳本作「曾」。
〔三〕「初」，三韓銘悳本作「一」。

四書反身録敍〔一〕

康乃心

反身録何？録二曲徵君李夫子之所恆言者也。其以四子書何？非疏四子也，於其言之有合於四子，或時感於四子之言，而偶有所發，其諸門人小子筆而存焉，以爲可以示家塾、告遠近也云爾。夫世之號爲讀書知古者，齷齪駔儈之流無論已。吾徒章甫逢掖，間或賢豪自命至雄辯也，而明師慈父之所誨，聖君良相之所求，童而習之，迄於白首，試一自問：果皆孝子乎？友於兄弟乎？忠於君、信於朋友乎？不妄語，不冥行，不私妻子，不懷詐僞，財毋〔二〕苟得，難毋〔三〕苟免，絶奔競，恥干謁，不辱親負國，爲武夫臧獲所羞稱乎？今夫子之爲此書也，約略易簡，如良醫知疾，直達腠理，鍼之熨之，髓骨〔四〕皆痛。人人有身，即人人宜反，勿矜訓詁，勿尚詞説，亦如虢太子之遇越人，蹶蘇而起，斯可耳！不然則利禄而已矣，名譽而已矣，儒服賈行穿窬而已矣，侮聖人之言而已矣！

戊辰上元莘後學河山康乃心敬撰

〔一〕「敍」，石泉彭氏本、靜海聞氏本作「序」。
〔二〕「毋」，石泉彭氏本、靜海聞氏本作「無」。
〔三〕「毋」，石泉彭氏本、靜海聞氏本作「無」。
〔四〕「髓骨」，石泉彭氏本、靜海聞氏本作「骨髓」。

四書反身録

二曲先生口授

鄠縣門人王心敬録
富平李因篤子德
泗水許孫荃四山　甫同録

大學

大學，孔門授受之教典，全體大用之成規也。兩程表章，朱子闡繹，眞文忠公衍之於前，邱文莊公補之於後，其於全體大用之實，發明無餘藴矣。吾人無志於學則已，苟志於學，則當依其次第，循序而進，亦猶農服其先疇，匠遵其規矩，自然德成材達，有體有用，頂天立地，爲世完人。

吾人自讀大學以來，亦知大學一書爲明體適用之書，大學之學乃明體適用之學。當其讀時，非不終日講體講用；然口講而衷離，初曷嘗實期明體？實期適用？不過藉以進取而已矣。是以體終不明，用終不適，無惑乎茫昧一生，學鮮實際。

明體適用，乃吾人性分之所不容已。學而不如此，則失其所以爲學，便失其所以爲人矣。朱注謂「大學者，大人之學」，則知學而不如此，便是小人之學。清夜一思，於心甘乎？甘則爲之，否則不容不及時振奮，以全其性分之當然。

明體而不適於用，便是腐儒；適用而不本於明體，便是霸儒；既不明體，又不適用，徒汨没於辭章記誦之末，便是俗儒：皆非所以〔一〕語於大學也。

吾人既往溺於習俗，雖讀大學，徒資口耳。今須勇猛振奮，自拔習俗，務爲體用之學。澄心返觀，深造默成以立體；通達治理，酌古準今以致用，體用兼該，斯不愧鬚眉。

問體用。曰：「明德」是體，「明明德」是明體；「親民」是用，「明明德於天下」「作新民」是適用。格、致、誠、正、修，乃明之之實；齊、治、均、平，乃新之之實。純乎天理而弗雜，方是止於至善。

「明德」即心，心本至靈，不昧其靈，便是「明明德」。心本與萬物爲一體，不自分彼此，便是「親民」。心本「至善」，不自有其善，便是「止至善」。

「明德」之在人，本與天地合德而〔二〕日月合明，顧自有生以來，爲形氣所使、物欲所蔽、習染所污，遂昧卻原來本體，率意冥行，隨俗馳逐。貪嗜欲、求富貴、慕聲名、務別學，如醉如夢，如狂如癡，即自以爲聰明睿智、才識超世，而律之以固有之良，悉屬昏昧，故須明之以復其初。親師取友，咨決心要，顯證默悟，一意本原，將平日種種嗜好貪著、種種凡心習氣，一切屏息，令胸次纖翳弗存，自然净極復明，徹骨徹髓，表裏昭瑩，日用尋常，悉在覺中。

昔顯仲問象山云：「某何故多昏？」象山曰：「人氣稟清濁不同。只自完養不逐物，即隨清明；纔一逐物，便昏眩了。人心有病，須是剥落。剥落一番，即一番清明。後隨起來，又剥落，又清明，須是剥落得净盡方好。今吾人平日多是逐物，未嘗加意剥落，口談『明明』，心原不曾『明明』，雖欲不昏，得乎？當時時提醒，勿令昏昧，日充月著，久自清明。」清明在躬，志氣〔三〕如神。惻隱羞惡，辭讓是非，隨感輒應，不疾而速，不行而至，萬善自裕，無俟擬議。

〔一〕「以」，原本脱，據石泉彭氏本、靜海聞氏本補。
〔二〕「而」，靜海聞氏本、三韓銘蕙本作「與」。
〔三〕「志氣」，三韓銘蕙本、石泉彭氏本、靜海聞氏本作「氣志」。

問：「明德」「良知」有分別否？曰：無分別。徒知而不行，是「明」而不「德」，不得謂之「良」；徒行而不知，是「德」而不「明」，不得謂之「知」。就其知是知非、一念炯炯，不學不慮而言，是謂「良知」；就其著是去非，不昧所知，以返不學不慮而言，是謂「明德」。曰「明德」，曰「良知」，一而二，二而一也。

心之爲體，本虛本明，本定本靜。祇緣不知所止，遂不能止其所止。隨境轉遷，意見橫生，以致不虛不明，不定不靜，未嘗安所當安，是以不能慮所當慮。須是眞參實悟，知其所止而止；止則情忘識泯，虛明不動，如鏡中象，視聽言動，渾是天機。

知止不難，實止爲難。吾人終日講學，講來講去，其於所止非全不知。然志向未嘗精專〔一〕，世緣未嘗屏息。初未嘗實止其所止，心何由常寂而常定，至靜而無欲，安安而不遷，百慮而致之一乎？此心既未定貼寧靜，安固不摇？「憧憧往来，朋從爾思」，思慮紛擾，天君弗泰，學無下落、無結果，學問之謂何？

學問之要，全在定心；學問得力，全在心定。心一定，靜而安，寂然不動，感而遂通，廓然大公，物來順應，猶鏡之照，不迎不隨，此之謂「能慮」，此之謂「得其所止」。

靜中靜易，動中靜難，動時能靜，則靜時能靜可知矣。是故金革百萬之中、甲科烜赫之榮、文繡峻彫之美、財貨充積之盛、艱難拂亂之時、白刃顛沛之際，一無所動於中，方是眞靜。

呂原明晚年習靜，雖驚恐危險，未嘗少動，自歷陽過山陽，渡橋橋壞，轎人俱墜浮於水面，有溺死者；而原明安坐橋〔二〕上，神色如常。後自省察校〔三〕量，嘗言：「十餘年前，在楚州，橋壞墮水中時，微覺心動。數年前大病，已稍勝前。今次疾

〔一〕「精專」，石泉彭氏本、靜海聞氏本作「專精」。
〔二〕「橋」，石泉彭氏本、靜海聞氏本作「轎」。
〔三〕「校」，石泉彭氏本、靜海聞氏本作「較」。

病，全不動矣。」故學問得力與不得力，臨時便見。此公臨生死而不動，世間何物可以動之乎？吾人居恆談定談靜，試切己自反，此心果定果靜，臨境不動如此公否？

宇宙内事，皆己分内事，「古之欲明明德於天下」者是盡己分内事。

古人以天下爲一家、億兆爲一身，故「欲明明德於天下」。今則一身一家之外，便分彼此。明明德於一鄉一邑，猶不敢望，況明明德於一國、明明德於天下乎？

古人爲學之初，便有大志願、大期許，故學成德就、事業光明俊偉，是以謂之「大人」。今之有大志願、大期許者，不過尊榮極人世之盛，其有彼善於此者亦不過硜硜自律，以期令聞廣譽於天下而已。世道生民，究無所賴，焉能爲有？焉能爲亡？

范文正公自做秀才時，便以天下爲己任，雖與「古之欲明明德於天下」者德性作用與氣魄作用不同，然志在世道生民，與吾人志在一身一家者自不可同日而語。

「古人欲明明德於天下」者，是己欲立而立人、己欲達而達人。即欲即仁，此欲何可一日無？吾人非無所欲，然不過欲己富，欲己貴，欲己壽考，欲己不朽，即欲即私，此欲何可一日有？

吾人立志發願，須是砥德礪行，爲斯世扶綱常、立人極，使此身爲天下大關係之身，庶生不虛生，死不徒死。

「格物」乃聖學〔一〕入門第一義。入門一差，則無所不差。毫釐千里，不可以不慎。「物」即身、心、意、知、家、國、天下之物〔二〕；「格」者，格其誠、正、修、齊、治、平之則。大學本文分明說「物有本末，事有終始」，其用工先後之序，層次原自井然：「古之欲明明德於天下」與「物有本末」是一滚説。後儒不察，遂昧卻「物有本末」之「物」，將「格物」「物」字另認另

〔一〕「學」，石泉彭氏本、靜海聞氏本作「賢」。
〔二〕「之物」，石泉彭氏本、靜海聞氏本脱。

解，紛若射覆，爭若聚訟，竟成古今未了公案。今只遵聖經，依本文，認定爲身、心、意、知、家、國、天下之「物」，從而格之，循序漸進，方獲近道。「格物」二字，即中庸之「擇善」，論語之「博文」，虞廷之「惟精」。「博文」原以「約禮」，「惟精」原以「執中」，「格物」原以「明善」。大人之學，原在「止至善」，故先格物以明善。善非他，乃天之所以與我者，即身、心、意、知之則，而家、國、天下之所以待理者也。本純粹中正，本廣大高明，涵而爲「四德」，發而爲「四端」，達而爲「五常」；見之於日用，則忠信篤敬、「九思」「九容」，以至「三千」「三百」，莫非則也。如此是善，不如此是惡，明乎此，便是「知致」。知致則本心之明，皎如白日，善惡所在自不能掩，爲善去惡自然不肯姑息，此便是「意誠」。以此正心則心正，以此修身則身修，以此治國則國治，以此平天下則天下平；即此便是「止至善」，便是「明明德於天下」。若捨卻「至善」之善不格，身、心、意、知、家、國、天下之理不窮，而冒昧從事，欲物物而究之，入門之初，紛紜[一]轇轕，墮於支離，此是「博物」，非是「格物」。即以身、心、意、知、家、國、天下言之，亦自有序，不先[二]究其身、心、意、知，而驟及於家、國、天下之理，猶是緩本急末，昧其先後，尚不能近道，況外此乎？今須反其所習，捨去舊見，除四書五經之外，再勿泛涉，惟取近思録、讀書録、高景逸節要、王門宗旨、近溪語要，沉潛涵泳，久自有得，方悟天之所以與我者，止此一「知」；知之所以爲則者，止此「至善」。虛靈不昧、日用云爲之際，逐事精察，研是非之幾，晰義利之介，在在處處，體認天理，則誠正之本立矣。夫然後由內而外，遞及於修齊之法，治平之略。如衍義、衍義補、文獻通考、經濟類書、呂氏實政録及會典律令，凡經世大猷，時務要著，一一深究細考，酌古準今，務盡機宜，可措諸行，庶有體有用，天德王道一以貫之矣，夫是之謂「大人之學[三]」，夫是之謂「格物」。否則，誤以「博物」爲「格物」，縱博盡羲皇以來所有之書，格盡宇宙以內所有之物，總之是騖外逐末。昔人謂「自笑從前顛倒見，枝枝葉葉

[一]「紜」，石泉彭氏本、靜海聞氏本作「紛」。
[二]「先」，石泉彭氏本、靜海聞氏本作「能」。
[三]「大人之學」，石泉彭氏本、靜海聞氏本作「大學」。

外頭尋」，此類是也。喪志愈甚，去道愈遠，亦祇見其可哀也已。

問：身、心、意、家、國、天下可以言「物」，而「知」亦言「物」乎？曰：古詩謂：「有物先天地，無形本寂寥。能爲萬物主，不逐四時凋。」由斯以觀，則「知」非「物」而何？有此「物」而後能物物，亦猶乾坤雖與六子並列，而其所以爲尊者，固自在也。

「格物」，下學也。格物而格得此「物」，下學而上達矣。

此物未格，則主人正寐，借「格物」以醒主；此物既格，則主人已醒，由主人以「格物」。

識得「格物」者是誰，便是洞本徹原，學見其大。

果返觀默識，洞徹本原，始信我之所以爲我。惟是此知，天賦本面，一朝頓豁，此聖胎也。戒慎恐懼，保而勿失，則意自誠、心自正，齊、治、均平於是乎出。有天德自然有王道，夫焉有所倚？

「知」與「不知」，乃一〔一〕生迷悟所關。「知」則中恆炯炯，理欲弗淆，視明聽聰，足重手恭。施於四體，四體不言而喻，「溥博淵泉，而時出之」，萬善皆是物也。否則，昏惑冥昧，日用不知，理欲莫辨，茫乎無以自持，卽所行或善，非義襲，卽踐跡，是行仁義，非由仁義，此誠、正、修所以必先「致知」也。致知而致得此知，方是復還舊物，克全固有之良知。聞見知識之知，終屬螟蛉。

「知」爲一身之本，身爲天下國家之本。能修身，便是「立天下之大本」。在上則政化起於身，不動而敬，不令而從；在下則教化起於身，遠邇歸仁，風應響隨。

修身立本，斯一實百實。空言虛悟，濟得甚事？世固有穎悟，度越前哲，而究竟不免爲常人者，知而不行，未嘗見諸修爲故也。

〔一〕石泉彭氏本、靜海聞氏本「一」前衍「是」字。

聖如成湯，猶銘盤致警，檢身若不及，日新又新，無瞬息悠悠。吾人多是悠悠度日，姑息自棄。聖之所以聖，愚之所以愚，病正坐此。

面有垢，衣有污，則必思所以洗之。乃身心有垢有污，不思所以洗之，何哉？

修身當自「悔過自新」始，察之念慮之微，驗之事爲之著，改其前非，斷其後續，使人欲化爲天理，斯身心皎潔。

念慮微起，良知卽知善與不善，一毫不能自掩，知善卽實行其善，知惡卽實去其惡，不昧所知，心方自慊。若知善而不肯實行其善，知惡而不肯實去其惡，自知而自昧之，非自欺而何？

學問之要，只在不自欺，無爲其所不爲，無欲其所不欲。初則勉然而然，久則自然而然。

自欺與不自欺，君子小人之所由分，卽人鬼之所由分也。不自欺便是君子，便是出鬼關，入人關； 自欺便是小人，便是出人關，入鬼關。吾人試默自檢點，居恒心事，果俯仰無怍、出鬼關、入人關乎？抑俯仰有怍、出人關、入鬼關，終日在鬼窟裏作活計耶？人鬼之分不在死後，生前日用可知。

大庭廣衆，則砥躬礪行，閒居獨處，卽偷惰恣縱，跡然而心不然，瞞昧本心，支吾外面，斯乃小人之尤，身未死而心先死矣。雖然衣冠言動，其實是行尸走肉。

縱心於幽獨，自謂無人見聞，不思人卽不見不聞，而天之必見必聞，未嘗不洞若觀火。故一念之萌，上帝汝臨； 一動之非，難逃天鑑。人惟忽天昧天不知天，是以欺己欺人無忌憚，誠知上天之降鑑不爽，則凜然日愼，返觀内省之弗暇，又何至申節昭昭，墮行冥冥？

爲善不密，多由名譽起見，故爲名譽而爲善，是有爲而爲也。有爲而爲，縱善蓋天下，可法可傳，聞望隆重，聲稱洋溢，舉世之所羡，正神明之所嗔也，此所謂人之君子、天之小人。

人之小人，明有人非； 天之小人，陰有天譴。總之，皆心勞日拙，「自貽伊戚」。

念及「自貽伊戚」，獨知不可不愼。若慮情移境奪，理欲迭乘，不妨祈監於天。每旦爇香叩天，卽矢今日之內，心毋妄思，口毋妄言，身毋妄動。一日之內，務要刻刻嚴防，處處體認。至晚仍爇香，默繹此日心思言動有無僞妄；有則長跽自罰，幡然立改；無則振奮策礪，繼續弗已。勿厭勿懈。以此爲常，終日欽凜，對越上帝，自無一念一事可以縱逸。今日俯仰無怍，浩然坦蕩於世上；他日屬纊之時，檢點平生，庶不至黯然消沮，「自貽伊戚」於地下，「存順沒寧」，何慊如之？

尹和靖初看大學有所得，舉以告伊川。伊川曰：「如何？」和靖但誦「心廣體胖」而已。今吾人讀大學不爲不久，不審亦有所得否？亦灑然有以自樂，心廣而體舒〔一〕否？

「不識不知，順帝之則。」一有意必固我之私，則心爲所累，不免忿懥、好樂、恐懼、憂患之偏，便不得其正。

如鑑照物，如谷應聲，行乎無事，不隨不迎。若未至而先迎，既至而不化，前後塵相積，鑑暗谷窒，其爲心害不淺。

心體本虛，物物而不物於物，廓然大公，物來順應。如是則雖酬酢萬變，而此中寂然瑩然，未嘗與之俱馳。即此便是心正，便是先立其大。否則，物交物，隨物而馳，馳於彼則不在於此，有所在斯有所不在。

薛文清公每晚將就枕時，必自呼曰：「主人翁在室否？」此可謂善存心者。

敬是心法，能敬則心常惺惺，自無不在。

持身須是嚴整而渾厚，簡易而精明。

視聽端凝，言動不苟，久自睟〔二〕面盎背，四體泰然。

「九容」以修其外，「九思」以修其內。內外交修，身斯修矣。

修其身爲道德仁義之身、聖賢君子之身、擔當世道之身、主持名教之身，方不孤負其身，方是善修其身。

身爲型家之準。身若不修，則家無所準，雖欲齊，烏乎齊？昔曹月川先生居家，言動不苟，諸子侍立左右，恪肅不怠，

〔一〕「舒」，三韓銘憙本作「胖」。

〔二〕「睟」，原本作「粹」，據三韓銘憙本、石泉彭氏本、靜海聞氏本改。

則是子孫化也；夫人高年，參謁必跪，則是室家化也；兄愛弟恭、和順親睦，則是兄弟化也；諸婦皆知禮義，饋獻整潔，無故不窺中庭，出入必蔽其面，則是婦女化也；鈴下蒼頭皆知廉恥，趨事赴工，不大聲色，則是僕隸化也。此豈聲音笑貌爲之哉？由是觀之，吾人亦可以知所勵矣。

居家果言有物而行有恆，無親愛賤惡等辟，家人自心悅誠服，一一聽命惟謹。

居家事父母，須感格妻子，同心盡孝。冬溫夏清，晨昏定省，怡怡祇奉，務承其歡。待兄弟宜以父母之心爲心，友愛篤至。中間有賢有愚，賢者是敬是依，愚者多方化誨，即或冥頑難化，亦須處之有方，斷勿忿疾以致決裂。易云：「閑有家，悔亡。」故必事事律之以義，維之以情，使閨門之內肅若朝廷，藹若一身，方是好家道。父母不順，兄弟不睦，子孫不肖，婢僕不共，費用不節，莫不起於妻。家之興敗，全係乎妻，能齊其妻，方是能齊其家，斯家無不齊。

居家教子，第一在擇端方道誼之師，教以嘉言善行，俾習聞習見，庶立身行己，一軌於正。陸賀治家有法，晨昏伏臘，男女各以其班供職，儉而安，莊而舒，薄而均。子九齡繹先志，著儀節品式，名曰家制行焉，使儁者不敢踔厲，樸者有所依據；順弟之風，被於鄉閭，而聞於天下。子九韶又以訓誡之辭爲韻語。晨興，家長率衆子弟謁先祠畢，擊鼓朗誦，使列聽之，其家教如此。吾人誠仿其意，取司馬溫公家訓及曹月川家規撮其要，每朔望集家衆宣讀，以教其家，務齊其家爲勤儉禮義之家、清白仁厚之家，自然福壽綿遠，此之謂是善齊家。

治國平天下，必須純一無僞、赤心未失之大人，率其固有之良，躬行孝弟仁慈，端治本於上，民孰無良，自感格蒸蒸，興孝興弟，不倍風動於下，上下協和，俗用丕變，孟子所謂「人人親其親、長其長，而天下平」者此也。此至德要道，於治國乎何有？

問：後世在上者，亦有孝弟仁慈之人，而俗不丕變，國不大治者，何也？曰：後世在上者，雖間有孝弟慈之人，未免從名色上打點。若果天性真孝、真弟、真慈，則愛敬根於中，和順達於外，一舉足不敢忘父母，一出言不敢忘父母。推之待人接物，蒞事臨民，不敢刻薄一人，不敢傲慢一事，而國有不治者乎？至誠而不動者，未之有也；不誠，未有能動者也。

「樂只君子，民之父母。」「父母」云者，視民如子，生之養之，所好如己之欲，務思所以聚之；所惡如己之讐，務思所以去之。惟恐一事失宜，一民失所，因心出治，至誠惻怛。宰一邑，則一邑之民戴之如父母；牧一郡，則一郡之民戴之如父母；撫一省，則一省之民戴之如父母；君天下，則天下之民戴之如父母；山川草木亦藉以生色矣。

「平天下」，平其好惡而已。不作好，不作惡，好惡一出於公則政平，政平而天下平矣。

好惡不公，由君心不清。君心之所以不清，聲色、宴飲、珍奇、禽獸、宮室、嬖倖、遊逸爲之也。君若以二帝、三王自期，以度越後世庸主自奮，以建極作則、治登上理爲事，自無此等嗜好而心清。心清斯好惡公，好惡一公，則理財、用人事事皆公，與天下同其好惡而合乎天下人之心。「無偏無黨，王道蕩蕩。無黨無偏，王道平平」，「會其有極，歸其有極」，此之謂「天下平」。

問：「財聚則民散」，固矣；然國家正供，所入有限，安能以有限之財散之百姓？曰：只不使掊克之人在位横斂，正供之外，不求羨餘，不別巧取；鰥寡孤獨、顛連無告之人，時加存恤；水旱饑疫、流離失所之民，亟圖賑救，不事虛文，務求實效。即此便得民心，民豈有不聚乎？

平天下莫大乎用人，而相則佐君用人以平天下者也。相得其人，則相所引用之人俱得其人，故必極天下之選，擇天下第一人而相之，以端揆於上，休休有容，好賢若渴，拔茅連茹，衆正盈朝，爲斯民造無窮之福，子孫尚賴其餘澤。相苟不得其人，妨賢妒能，蠹政害民，釀宗社無窮之禍，子孫尚受其餘殃，唐之李林甫、盧杞便是覆車。然則，置相可不慎乎？

「無他技」，非全無技也。若全無技，何以識人之技也？惟其有技而自忘其技，若無若虛，以天下之技爲技，悉心採訪人物，凡一材一藝之長，必貯之夾袋，公論僉同，則矢公矢慎，極力推轂，務在得人爲國，不樹私門桃李，即此便是宰相大技。

周公爲相，下白屋，一沐三握髪，一飯三吐哺尚已。其在後世，若諸葛武侯之相蜀，開誠布公，體國如家，日孜孜以人才爲事，微長必録，雖讐不廢。下此如崔祐甫爲相，推引薦拔無虛日，作相二百日，除官八百人。李吉甫入相，咨於裴垍，曰：

「報國惟在進賢。」吉甫流落江湖，一旦入相，人才多所未諳，廹乃取筆疏二十餘人，數月之間所用略盡。王旦薦人，人未嘗知，此雖與古一德大臣不可同日而語，然能獎進人才，較之貪權固位、止知有己而不知有人者，猶爲彼善於此。見賢而不能舉，蓋未見而浮慕其名高，既見而心厭其不阿，往往目爲迂闊，不復省録。如漢孝武之於董子、申公，宋寧、理之於晦菴、西山，始則溫旨招致，隨卽棄置散地；其所眷注不衰者，公孫弘、桑弘羊、韓侂胄、史彌遠一班逢迎容悅之臣而已。好尚如此，致治奚由？

問：必如何而後謂之賢？曰：道明德立，學貫[一]天人，是謂道德之賢；識時達務，才堪匡世，是謂經濟之賢。道德之賢，上則舉之置諸左右，俾專講明古聖帝明王修己治人大經大法，朝夕啟沃，隨機匡正；次則舉之俾掌國學，督學政，師範多士，造就人才。經濟之賢，上則舉之委以機務，俾秉國成，獻可替否，默平章奏；次則舉之隨其器能，任之以事，分理庶務。其有職業不修者退之，以儆素餐；蠹政病民者罪之，以肅百僚；元惡大憝，則依「四凶」之例，以雪蒼生之憤。舉措當，好惡公，方不拂人之性。

「平天下」者，「以義爲利」，則惟義是好，上倡下效，大義浹於人心。人心既附，則元氣自固，三代之所以享國長久者此也。「以利爲利」，則惟利是好，剥民自奉，人心不附，元氣不固，則國祚不永，前五代、後五季是也。

問：「平天下」若全不言利，則經費不足，亦何以平天下？曰：三代亦此天下，三代以後之天下亦此天下。三代之天下，經費何以足？三代以後之天下，經費何以每患其不足？亦可以思其故矣。蓋三代之天下經費儉，儉則恆足；三代以後之天下經費奢，奢則不足。今且勿論三代，姑以漢之天下言之，漢初尚鮮鹽茶征榷之入，文景又屢下寬恤之詔，蠲民租稅而經費不患不足者，露[二]臺惜百金之費，不輕營造，後宮無錦繡之飾，凡百有節，是以財貨充積，貫朽粟紅。故有天下

[一]「貫」，石泉彭氏本、靜海聞氏本作「具」。
[二]「露」，石泉彭氏本、靜海聞氏本作「靈」。

者能以文景爲法，經費亦何患不足耶？

問：紀綱、制度、禮樂、兵刑，皆治平所關，乃「平天下」傳，略不之及，何也？曰：有了本，不愁末。「平天下」傳言「先慎乎德」，言理財用人，「以義爲利」，以端出治之本。本立則綱紀、禮樂、制度〔一〕、兵刑因事自見。若本之不立，縱紀綱、制度、禮樂、兵刑一一詳備，徒粉飾太平耳！宇文泰之於周、唐太宗之於唐，治具非不粲然可觀，而治化果何如哉？貞觀之政，雖幾致刑措，然本源不正，既無天德，又安有王道？此正所謂五霸假之，乃有識者之所羞道也。

中庸

中庸，聖學之統宗，吾人盡性至命之指南也。學不盡性，學非其學；不顧諟天命，學無原本〔二〕。盡性至命與不學不慮之良，有一毫過不及，便非「中」；與愚夫愚婦之知能，有一毫異同，便非「庸」。不離日用平常，惟依本分而行。本分之內，不少愧〔三〕歉；本分之外，不加毫末，此之謂「中庸」。

自堯舜以「執中」授受，人遂認爲聖賢絶詣，非常人所可幾；卻不知常人一念妥貼處與堯舜同，即此便是「中」；能常常保此一念而不失，即此便是「允執厥中」。人心上過不去，即堯舜心上過不去者；然則「中」豈外於日用平常乎？惟其不外日用平常，方是「天下達道」。

天生吾人，厥有恆性，「五德」具足，萬善咸備，目視而明，耳聽而聰，口言而從，心思而睿，惻隱、羞惡、辭讓、是非隨感

〔一〕「禮樂、制度」，三韓銘慐本作「制度、禮樂」。
〔二〕「原本」，石泉彭氏本、靜海聞氏本作「本原」。
〔三〕「愧」，三韓銘慐本作「虧」。

輒應，不思不勉，自然而然。本無不率，其或方然而忽不然，有率有不率，情移境奪，習使然也。能慎其所習，而「先立乎其大」，不移不奪，動靜云爲，惟依良知良能，自無不善，即此便是「率性」。火燃泉達，日充月著，即此便是「盡性」。斯全乎天之所以與我者，不負天之所命，而克副天心。

吾人一生，凡事皆小，性命爲大；學問喫緊，全在念切性命。平日非不談性說命，然多是隨文解義，伴口度日，其實自有性命，而自己不知性，不重命，自私用智，自違天則，性遂不成性，而命靡常厥命。興言及此，可爲骨慄。誠知人生惟此大事，一意凝此，萬慮俱寂，炯炯而常覺，空空而無適，知見泯而民彝物則，秩然矩度之中，毫不參一有我之私。成善斯成性，成性斯凝命矣，此之謂「安身立命」。

問：識性方能率性，若不先有以識之，雖欲率，何從率？曰：識得識是誰識，便知率是誰率。識得良知便是「性」，依良知而行，不昧良知，便是「率性」，便是「道」。知良知之在人，未嘗須臾離，則知道原未嘗須臾離，形雖有不睹不聞之時，而良知未嘗因不睹不聞而少離。所以「戒慎恐懼」者，不使良知因不睹不聞而少昧也。跡雖有隱有微，而良知昭昭於心目之間，見莫見於此，顯莫顯於此，自省自惕，自葆其知，斯不愧夫知。

天與我此性，虛靈不昧，無須臾之少離。天昭鑑我此性，凜凜在上，無須臾之或離，雖欲不懼，其可得乎？「昊天曰明，及爾出王。昊天曰旦，及爾遊衍」，眞無一時一刻而可忽。

「戒慎恐懼」，正是「顧諟天之明命」，惟恐心思念慮少有縱逸，不合天心。

「上帝臨女，毋貳爾心」。小心翼翼，時顧天命，何敢悠悠，自忽幾微。

君命、親命、師命尚不可忽，況天命爲吾性之所自出，天鑑不爽，天威莫測，敢不畏乎？敢不兢競〔一〕祗敕、是毖是律乎？隨時隨處，無在敢忽，閒思妄念，何自而萌？

〔一〕「競」，原本作「業」，據石泉彭氏本、靜海聞氏本改。

問：中庸以何爲要？曰：「愼獨」爲要。因請示愼之功。曰：子且勿求知「愼」，先要知「獨」。「獨」明而後「愼」可得而言矣。曰：註言「獨者，人所不知而己所獨知之地也。」曰：不要引訓詁，須反己實實體認，凡有對便非「獨」。「獨」則無對，卽各人一念之靈明是也。天之所以與我者，與之以此也。此爲仁義之根、萬善之源，徹始徹終，徹內徹外，更無他作主，惟此作主。「愼」之云者，朝乾夕惕，時時畏敬，不使一毫牽於情感，滯於名義，以至人事之得失、境遇之順逆、造次顛沛、生死患難，咸湛湛澄澄，內外罔間，而不爲所轉，夫是之謂「愼」。

「中和」只是好性情。

學者全要涵養性情。若無涵養，必輕喜輕怒，哀樂失節。

喜怒哀樂未發時，性本湛然虛明，猶風恬浪靜，水面無波，何等平易。已發氣象，一如未發氣象，便是太和元氣。

常令心地虛豁，便是未發氣象，便是「中」，便是「立天下之大本」。

平日工夫，若實實在未發前培養，培養得果純，自不爲喜怒哀樂所移。

未發時，此心無倚無著，虛明寂定，此卽人生本面，不落有無，不墮方所，無聲無臭，渾然太極。延平之「默坐體認」，體認乎此也；象山之「先立其大」，先立乎此也；白沙謂「靜中養出端倪」，此卽端倪也。未識此，須靜以察此；既識此，須靜以養此。靜極而動，動以體此；應事接物，臨境驗此。此苟不失，學方得力，猶水有源、木有根。有源則千流萬派，時出而無窮；有根則枝葉暢茂，條達而不已：此之謂立「天下之大本」。然靜不失此易，動不失此難。昔倪潤從薛中離講學，夜深中離令潤去睡，五更試靜坐，後再講。次日，中離問：「坐時何如？」曰：「初坐頗覺清明，既而舟子來報風順，請登舟，遂移向聽話上去，從此便亂。」今吾人此心一向爲事物紛拏，靜時少，動時多，而欲常不失此，得乎？須屏緣息慮，一意靜養，靜而能純，方保動而不失，方得動靜如一。

每日鷄鳴平旦，須整衣危坐，無思無慮，澄心反觀，令此心湛然瑩然，了無一物，唯一念炯炯，清明廣大。得此頭緒，收攝繼續，日間應事，庶不散亂。古人云「一日之計在於寅」，此乃吾人用工最緊要〔一〕處。但此緒凝之甚難，散之甚易，自朝至午，未免紛於應感，宜仍坐一番以凝之。迨晚，默坐反觀：日間果内外瑩徹，脱灑不擾否？務日日體驗，時時收攝，久而自熟，打成一片，寂而能照，應而恒寂，蔽之不能昧，擾之不能亂，已發恒若未發矣。

靜而如此，便是「未發之中」；動而如此，便是「中節之和」。一時如此，便是一時「中和」；一日如此，便是一日「中和」；終其身常如此，則全是「中和」，性學至是成矣。

性情中和，便是好性情。性情好的人，到處可行，故爲「天下之達道」。性情不好的人，雖處一家一鄉，動輒乖戾，況一國，況天下乎？

「位育」，乃性情實效，慎勿空作想象。性情中和的人，見之施爲，無不中和。以之齊家，則一家默化、一家太和；以之處鄉，則鄉黨孚化、一鄉太和；以之治國平天下，則經綸參贊，一本德性，化理翔洽，風動時雍，兩間之戾氣消，風雨順，人鮮夭札，物無疵厲，鳥獸魚鱉咸若，山川鬼神亦莫不寧，乾坤清泰，世運太和。或處而在下，無經世之責，卽以經世者覺世，德性所感，人咸〔二〕悦服，率循其教，翕然丕變，人欲化爲天理，小人化爲君子。爲天地立心，爲斯民立命，默贊天地氣化，默佐朝廷治化，是亦參贊〔三〕位育也。

問：如何方爲「時中」？曰：喜怒哀樂中節，視聽言動合禮，綱常倫理盡道，辭受取與咸宜，仕止久速當可，不參意見，不涉擬議，無妄念，無執著，方爲「時中」。若以此爲庸常無奇而弁髦之，高語圓通，薄視矩度，不兢業敬慎，從「庸」上做起。非無忌憚之小人而何？

〔一〕「緊要」，三韓銘憓本作「要緊」。
〔二〕「咸」，石泉彭氏本、靜海聞氏本作「皆」。
〔三〕「參贊」，石泉彭氏本、靜海聞氏本作「天地」。

良能人人咸具，民何以「鮮能」？不知故也。知則日用平常，不慮而能，夫豈「鮮能」？特外徇物，內忘己，自能而自不依其能，是以「鮮能」。

民苟自依自己良能而行，是自率其性，任天而動，便是「天民」。此外縱一無所能，亦不害其爲至能。否則，自棄其天，自囿於凡，便是「凡民」。縱事事咸能，適以喪其良能，總是「鮮能」。

舜之所以爲舜，全在好問好察。吾人不能好問好察，其病有二：一則安於凡陋，未嘗以遠大自期；一則貢〔二〕高自大，恥於屈己下人。二病若除，自然好問好察。

修身明道，不容不問不察。不問不察，則修身明道之宜，無由聞所未聞，知所未知。經世宰物，不容不問不察。不問不察，則經世宰物之宜，無由聞所未聞，知所未知。

能好問好察，斯無遺善。能隱惡揚善，人孰不樂告以善。聚衆人之智，以爲己智，則其智也大矣。

知好問好察，用中於民是大智，則知不問不察，師心自用是大愚。

聲色貨利、毀譽得失之念不除，皆自納於罟獲陷阱之中而莫之辟也。溺於文義知見，繳繞蔽惑，令自己心光不得透露，其爲罟獲陷阱尤甚，吾黨戒諸！

平常心是道，「中庸」不可能，只是炫奇好異，不平常也。若平平常常，信心而行，爲其所當爲，何不可能之有？

才猷足以匡時定世，節義足以藐富貴、輕死生，此人所難也；然難者猶有其人。「中庸」率自日用，此人所易也，而易者世反罕覯：良由人多事事而不事心，好奇而不好平故也。若事功節義，一一出之至性，率自平常，而胸中絕無事功節義之見，方是眞事功、眞節義、眞「中庸」，誰謂「中庸」必離事功節義而後見耶？有此事功節義，方足以維名教，振頹風。若誤以迂腐爲「中庸」，則「中」爲執一無權之「中」，「庸」爲碌碌無能之「庸」，人人皆可能，人人皆「中庸」矣，何云不可能也？

〔二〕「貢」，三韓銘悳本作「好」，石泉彭氏本、靜海聞氏本作「自」。

能者雖多，何補於世？

離事功節義求「中庸」固不可，以事功節義求「中庸」亦不可。或出或處，只要平常。心果平常，無所不可。

「自勝之謂強」，能自勝其私而矯之以正，方是眞強。君子之所以爲君子，只是「自強不息」。

易流易倚易變者，俗人也。矯其易流易倚易變之私，不流不倚不變，方是君子。

吾人身處末俗，須是鐵骨金筋，痛自矯強，纔得不流不倚不變，立身方有本末。前輩謂「寧爲矯強君子，勿爲自然小人」，有味乎其言之也！敬揭以自儆，並以示夫及門。

遇易流易倚易變之際，固當矯平日獨無所矯乎？須默自檢點己偏，隨偏隨矯：躁則矯之以靜，浮則矯之以定，妄則矯之以誠，貪則矯之以廉，傲則矯之以謙，暴則矯之以忍，慢則矯之以敬，怠則矯之以勤，奢則矯之以儉，競則矯之以讓，滿則矯之以虛，始則矯強，久則自然。

夫婦之愚，可以與知焉，良知也。夫婦之不肖可以能行焉，良能也。聖人之所以爲聖，不過先得愚夫愚婦之所同然，全其知能之良而勿喪耳，非於此良之外有所增加也。

夫婦雖可以與知而不常知者，乍起乍滅，自具良知而自昧良知也。夫婦雖可以能行而不常行者，情移境奪，自具良能而不率良能也。聖人、愚不肖之分，分於此而已。然則，學人苟欲希聖，亦惟自率其知能之良，務合乎愚夫愚婦之所同然，火燃泉達，日充月著，自然優入聖域，免於愚不肖之歸。若外良知而別求知，縱知聖人之所不能知，亦是無知。外良能而別求能，縱能聖人之所不能，亦是無能。以其忘本逐末，捨血脈而求皮毛，無關於作聖之功也。

識此，則當下便是「鳶飛魚躍〔一〕」於前。昧此，則動念卽乖，桎梏牿亡於後。

夫婦知能，便是道之發端，卽從夫婦居室上做起，便是造端。若此處忽略，則自壞其端，便是不能「愼獨」。

〔一〕「鳶飛魚躍」，原本作「鳶魚飛躍」，據石泉彭氏本、靜海聞氏本改。

閨門牀第之際，莫非上天昭鑑之所，處閨門如處大庭，心思言動，毫不自苟。不愧其妻，斯不愧天地，「刑於寡妻」，便可〔一〕「御於家邦」。

夫妻相敬如賓，則夫妻盡道。處夫妻而能盡道，則處父子、兄弟、君臣、上下斯能盡道。

日用常行之謂道，子臣弟友之克盡其分是也。吾人終日談道，試自反平生，果一一克盡而無歉乎？苟此分未盡，便是性分未盡，而猶高談性命，不知何者謂之性命？倫常有虧，他美莫贖。

居恒念及此，便有多少愧心，多少憾心。

平日講中庸，亦知心要平常；然平常不平常，不在言説，臨境便見。能素位而行，便是平常。一或願外，心便失常；心一失常，平常安在？

處富貴如無與，處貧賤如無缺，處患難如無事，隨遇而安，悠然自得，方見學力。否則，胸次擾擾，心爲境轉，其造詣可知。

學問不能隨境鍊心，不能無入而不自得，算不得學問。

夫子贊鬼神之德之盛，分明説體物而不遺；乃後儒動言無鬼神，啟人無忌憚之心，而爲不善於幽獨者，必此之言夫。

知鬼神體物不遺，則知無處無鬼神，無時無鬼神。人心甫動，鬼神卽覺，存心之功，眞無一時一刻而可忽，故必質諸鬼神而無疑，方可以〔二〕言學。

孝爲百行之首，修身立德爲盡孝之首。舜之大孝在「德爲聖人」，故人子思孝其親，不可不砥礪其德。「德爲聖人」，則親爲聖人之親；「德爲賢人」，則親爲賢人之親。若碌碌虛度，德業無聞，身爲庸人，則親爲庸人之親；甚至寡廉鮮恥，

〔一〕「可」，石泉彭氏本、靜海聞氏本作「是」。
〔二〕「以」，石泉彭氏本、靜海聞氏本脱「以」。

爲小人匹夫之身，則親爲小人匹夫之親。虧體辱親，莫大乎是，縱日奉五鼎之養，亦總是大不孝。

問：「大德」之人必得禄位名壽，孔無德乎，何爲老於窮塗？顔無德乎，夫何三十二而亡？曰：孔雖老於窮塗，然窮於一時，實不窮於萬世，受天之祐，與天無極。顔雖三十二而亡，而有不亡者存，一念萬年是也。區區形骸修短，當非所論。召誥曰：「天既遐終大邦殷之命，兹殷多先哲王在天。」詩云：「文王在上，於昭於天。文王陟降，在帝左右。」又曰：「世有哲王，三后在天。」又云：「秉文王之德，對越在天。」知此則知顔子矣，知顔子斯知天之所以酬德矣，或酬於生前，或酬於身後。龍潭老人所謂「此翁無急性，卻有記性」，斯眞知天者。若謂形亡神滅，則詩、誥及周公「不若旦多材多藝，能事鬼神」之語，皆誑語矣！曾謂聖人而誑語乎哉？必不然也。

「擇善固執」，是爲學實下手[一]處。「善」非書語成跡之善，擇而執之，義襲於外，乃吾人天然固有之良也。「博學」而不學此，便是雜學；「審問」而不問此，便是泛問；「慎思」而不思此，便是遊思；「明辨」而不辨此，便是徒辨；「篤行」而不行此，便是冥行。

此非一路可入，或考諸古訓，或證諸先覺，或靜坐澄源，或主敬集義，或隨處體認，內外交詣，不靠一路，故曰「博」。既學而此「良」與「理」，或未能湊泊吻合，或動與靜殊，未能一致，自不容不問。如張子患定性未能不動，就程子質問。程子告以定性之旨，「廓然大公，物來順應」是也。思者，聖功之本。思則得之，不思則不得。晝夜默參，力到功深，豁然頓契。辨之於友，以證所契，務期至當歸一，庶不毫釐千里，夫然後沛然見之於行，步步腳踏實地，斯步步莫非天良，與空言虛悟、對塔談相輪者，自不可同日而語。

己有性而不能自率、自由、自盡其性，己有覺而不能以其所覺覺人，以盡人之性。悠悠度日，不能寅亮天工，默贊化育，

[一]「手」，原本作「乎」，據三韓銘憙本、石泉彭氏本、靜海聞氏本改。

頂天立地，貫徹三才，做一〔一〕塲人虚生浪死，與草木何異！

問「致曲」。曰：「曲」是委曲。吾人良知良能之發，豈無一念、一言、一事之善，只是隨發隨已，不能委曲推致，與不學何異？所貴乎學者，正要在此處察識，此處著力。如一念而善，卽推而致之，以擴其念；一言之善，卽推而致之，以踐其言；一事之善，卽推而致之。令事事皆然，纖悉委曲，無一不致，猶水之必東，雖遇灣曲轉折，不能爲之障礙，纔得達海。日用起居，飲食男女，辭受取予，應事接物，務依良〔二〕知而行。委曲善處，不失其良〔三〕，便是「致」。「曲禮三千」，皆所以「致曲」也。纖微不忽，善斯成性，不矜細行，終累大德。「大德固不可踰閑，小德亦不可出入」，此方是「致曲」。如此「致曲」，則所以收斂身心者愈細愈密，久之道德積於中，器宇自別。人孰無良，覩德心醉，善心自興，有莫知其然而然者矣。

問「尊德性」。曰：「尊」對「卑」而言，天之所以與我，而我得之以爲一身之主者，惟是此性。耳目口鼻，四肢百骸，皆其所屬以供役使者也。本是尊的，本廣大精微、高明中庸而有德，故謂之「德性」。只因主不做主，不能鈐束所屬，以致隨其所好，反以役主，靈臺俶擾，天君弗泰，「尊」遂失其爲〔四〕尊，不容不問學〔五〕，以尊此「尊」。問是問此「德性」，學是學此「德性」。若問學而不以「德性」爲事，縱向博雅人問盡古今疑義，學盡古今典籍，制作可侔姬公，删述不讓孔子，總是爲耳目所役，不惟於「德性」毫無干涉，適以累其「德性」。須是一掃支離蔽錮之習，逐日、逐時、逐念、逐事在「德性」上參究體驗，克去有我之私，而析義於毫芒，以復其「廣大精微」，愈精微，愈廣大；不溺於聲色貨利之污，而一循乎「中庸」，以復其

〔一〕「一」，原本脱，據三韓銘憓本補。
〔二〕「良」，原本作「眞」，據石泉彭氏本、靜海聞氏本改。
〔三〕「良」，原本作「眞」，據石泉彭氏本、靜海聞氏本改。
〔四〕「爲」，石泉彭氏本、靜海聞氏本作「所」。
〔五〕「問學」，石泉彭氏本、靜海聞氏本作「學問」。

「高明中庸」，愈中庸，愈高明。「德性」本吾故物，一意涵養「德性」而濬其靈源，悟門既闢，見地自新，謹節文，矜細行，不耽空守寂，斯造詣平實。夫如是，德豈有不至，道豈有不凝乎？

「邦無道」，默固足以有容，若不韜光晦跡，終爲人所物色，須是無名可名，方免繒繳。

問：中庸謂「明哲保身」，古今正人非不「明哲」，然往往身不免禍，何也？曰：士君子立身，自有本末。若必以苟全爲「保身」，則胡廣之「中庸」、蘇味道之「模稜」、揚雄之身仕二姓、馮道之歷仕五季，皆是能「保其身」「既明且哲」矣！夫等死耳，然死有輕於鴻毛，有重於泰山，此處要見之眞，守之定。倘輕於鴻毛，不妨斂身避難，保其身以有待。苟事關綱常民彝，一死重於泰山，若比干之剖心、文天祥之國亡與亡，此正保其千古不磨之身，乃「明哲」之大者。揚雄、馮道，止緣錯認苟全爲「保身」，偷生一時，貽譏千古，綱目書「莽大夫揚雄死」，通鑑於馮道口誅筆伐，爲戒無窮。由斯觀之，果孰得而孰失耶？

言及王天下三重本諸身章，遂太息曰：豈惟「三重」之道必「本諸身」，凡講學著書、經世宰物，皆當如此。講學著書若不「本諸身」、徵諸人，考諸往聖而不謬，「建諸天地而不悖，質諸鬼神而無疑，百世以俟聖人而不惑」，則學不成學，書不成書。經世宰物若不「本諸身」、徵諸人，考諸往聖而不謬，「建諸天地而不悖，質諸鬼神而無疑，百世以俟聖人而不惑」，則經濟不成經濟，事業不成事業。

「經綸天下之大經」，由於「立天下之大本」。本者何？即心中一念靈明，固有天良是也。「立」者立此而已。無他「肫肫」，此即「肫肫」；無他「淵淵」，此即「淵淵」；無他「浩浩」，此即「浩浩」。「時出」者，由此而時出也，當惻隱即惻隱，當羞惡即羞惡，當辭讓即辭讓，當是非即是非，自「聰明睿知」，自「寬裕溫柔」，自「發強剛毅」，自「齊莊中正」，自「文理密察」，自然而然，夫焉有所倚？

潛龍以不見成德，吾人苟眞實念切性命，自宜埋頭密詣，一味闇修，章與不章，一切莫管。纔有期章之心，便是小人的然，並其所爲闇然者亦假。

凡人學道無成，皆由名根未斷，淺之爲富貴利達之名，深之爲聖賢君子之名，淺深不同，總之是病。此病不除，卽杜門闔修，終日冰兢，自始至終，毫無破綻，亦總是瞻前顧後，成就此名，畢生澆灌培養的是棘榛，爲病愈深，死而後已。此皆膏肓之症〔一〕，盧扁之所望而卻走者也。故眞正學道，須先除此病根，方有入機。

一切世味淡得下，方於道味親切。苟世味不淡，理欲夾雜，則道味亦是世味，淡而不厭，非知道者，其孰能之？

「內省不疚」，方是眞「慎獨」。「無惡於志」，則「慎獨」方得力。

若止無惡於人，卽非鄉愿之諧俗，亦不過是跡上打點，動鮮愆尤。必「無惡於志」，斯心事光明，不愧衾影。

「不愧屋漏」，便是天德。有了天德，不患無王道。

自「衣錦尚絅」以下，皆所以慎獨率性，以復天命之本然也。本然處，原淡、原簡、原溫、原近、原微，卽此便是本體；能淡、能簡、能溫、能謹近、謹自、謹微，卽此便是工夫。由工夫以復本體，卽本體以爲工夫，斯盡性至命，天人一貫矣。若少〔二〕有一毫夾雜，少〔三〕有一毫滲漏，少〔四〕有一毫安排，少〔五〕有一毫未化，便涉聲臭，終非不睹不聞天命原初之本體。

「於穆不已」之眞，絕無聲臭。故必化而又化，聲息俱無，卽之若無；而體之則有，所謂「口欲言而辭喪，心欲緣而慮亡」，則幾矣。

〔一〕「症」，三韓銘憙本、靜海聞氏本作「證」。
〔二〕「少」，石泉彭氏本、靜海聞氏本作「稍」。
〔三〕「少」，石泉彭氏本、靜海聞氏本作「稍」。
〔四〕「少」，石泉彭氏本、靜海聞氏本作「稍」。
〔五〕「少」，石泉彭氏本、靜海聞氏本作「稍」。

論語上〔一〕

學而篇

論語一書，夫子之語録也。開卷第一義首標「學」字，以爲天下萬世倡。由是愚以之明，塞以之通，不肖以之賢，猶魚之於水，無一時一刻而可以離焉者也。離則人欲肆，而天理滅，不可以爲人矣。

夫學始於人心，關乎世運，治亂否泰，咸由於茲。故爲明善復初而學，則所存所發，莫非天理，處也有守，出也有爲，生民蒙其利濟，而世運寧有不泰？爲辭章名利而學，則所存所發，莫非人欲，處也無守，出也無爲，生民毫無所賴，而世運寧有不否？是一心理欲消長之所由分，卽生民休戚世道安危之所由分也。

果孜孜明善復初，力到功深，天機舒暢，不期悦而自悦。方以類聚，聲應氣求，研理則共相闡發，行義則交爲切砥。進修既賴以不孤，壎吹篪和，爲斯世扶綱常；轉相導引，爲萬古存幾希。學脈又賴以光大。悠悠天壤，何樂如之！人之知不知，於此樂原無加損。夫何愠？愠則便是名根未斷，人欲猶雜，爲己、爲人之分，正在於此。故近名終喪己，無欲自通神。

因一士講學而時習一章，太息曰：學非辭章記誦之謂也，所以存心復性，以盡乎人道之當然也。其用工之實，在證諸先覺，考諸古訓。尊所聞，行所知，而進修之序，敬以爲之本，靜以爲之基。戒愼恐懼，涵養於未發之前；澄神定志，致審於方發之際。察非幾之萌動，炳理欲之相乘，懲忿窒欲，遏惡擴善，無所容乎人欲之私，而有以全夫天理之正。其見之外

〔一〕「論語上」，原本作「上論語」，爲統一體例，據石泉彭氏本、靜海聞氏本目録改。

也：足容重，手容恭，頭容直，目容端，口容止，氣容肅，聲容靜，立容德，坐如尸，行如蟻，「息有養，瞬有存，晝有爲，宵有得」，動靜有考程，皆所以制乎外以養其内也。内外交養，打成一片，始也勉強，久則自然。喜怒哀樂中節，視聽言動復禮，綱常倫理不虧，辭受取與不苟，造次顛沛一致，得失毁譽不動，生死患難如常，無入而不自得，如是則心存性復，不愧乎人道之宜，始可言學。

高彙旃云：馮子謂「效先覺之所爲」，説「爲」便不落空。曰：學，覺也，覺[一]以覺乎其固有，非覺先覺之固有也。然不效先覺之所爲，則覺亦未易言也。先覺所爲，如堯之「執中」、舜之「精一」、禹之「祗承」、湯之「以義制事，以禮制心」、文之「不聞[二]亦式，不諫亦入」、武之「敬勝怠，義勝欲」、周公之「思兼」、孔子之「敏求」、顔之「愚」、曾之「魯」、元公之「主靜」、二程之「主敬」、朱子之「窮理致知」、象山之「先立乎其大」、陽明之「致良知」、甘泉之「隨處體認」，皆是也。學者誠效其所爲，就資之所近而「時習」焉，則覺矣。始也，效先覺之所爲而求覺；終也，覺吾心之固有而爲己之所當爲。若自始至終，事事效先覺之所爲，是義襲於外也；是行仁義，非由仁義也。所爲雖善，終屬外入！又安能左右逢源[三]，以稱自得哉？

孔門論學，惟務求仁，而仁莫先於「孝弟」。此處不敦，便是不能盡人道，卽非所以爲人。有子此言，崇本尚實[四]，提出人無限良心，消卻人無限妄念，求仁莫近焉。禮記稱「有若平日之言似夫子」，觀此可見。

孝經謂：「先王有至德要道，以順天下，民用和睦，上下無怨。」體何閎深？用何廣大？而原本始於孝弟。又謂：

[一]「覺」，石泉彭氏本、靜海聞氏本作「學」。
[二]「聞」，原本作「臨」，據三韓銘悳本、石泉彭氏本、靜海聞氏本改。
[三]「源」，原本作「原」，據石泉彭氏本、靜海聞氏本改。
[四]「實」，石泉彭氏本、靜海聞氏本作「賢」。

「愛親者不敢惡於人，敬親者不敢慢於人。」事親孝，故忠可〔一〕移於君；事兄悌，故順可〔二〕移於長，卽所謂「本立而道生」也。此「孝弟所以爲仁之本與」！

「巧言令色」，不務本也，故「鮮仁」。

容貌辭氣，德之符也。苟非根心，便是作僞，作僞則心喪。色莊見於應接，「巧言」則不止應接。凡著書立言，苟不本於躬行心得之餘，縱闡盡道妙，可法可傳，俱是「巧言」，俱是鸚鵡〔三〕。

曾子之「三省」，亦惟就日用應感易忽者，日一檢點耳。若謂整日念念省此，則是念念止繫於此，此外無復用心矣，恐不其〔四〕然。

賢如曾子，猶「日三省」。若在吾人，資本中下，尤非曾子可比，千破萬綻，其所當省者，豈止於此？故必每日不論有事無事，自省此中能空淨不染乎？安閒恬定乎？脱灑無滯乎？視聽言動能復禮乎？喜怒哀樂能中節乎？綱常倫理能不虧乎？辭受取予〔五〕能當可乎？飲食男女能不苟乎？富貴貧賤能一視乎？得失毁譽能不動乎？造次顛沛能一致乎？生死利害能不懼乎？習氣俗念能消除乎？自察自審，務要無入而不自得，纔是學問實際，否則便是自欺。

入孝出弟，謹信愛衆，親近〔六〕好人，此人道之要、立身行己之本、弟子日用職分而教弟子者之先務也。今之教者，不過

〔一〕石泉彭氏本、靜海聞氏本「可」後衍「以」。

〔二〕石泉彭氏本、靜海聞氏本「可」後衍「以」。

〔三〕「俱是鸚鵡」，三韓銘悳本脱。

〔四〕「不其」，石泉彭氏本、靜海聞氏本作「其不」。

〔五〕「予」，石泉彭氏本、靜海聞氏本作「與」。

〔六〕「近」，石泉彭氏本、靜海聞氏本作「敬」。

督以口耳章句，屬對作文，朝夕之所啟迪而鼓舞者，惟是博名媒〔二〕利之技。蒙養弗端，童習而長安之，以致固有之良，日封日閉，名利之念漸萌漸熾。誦讀之勤、文藝之工，適足以長傲遂非，率意恣情。今須力反其弊，教子弟務遵此章從事，輔以孝經、小學、童蒙須知、四禮翼；令其出入言動，是則是效，以〔三〕盡其節目之詳。大本既立，夫然後肆習詩書藝業〔三〕，則教不凌躐，庶成人有德，小子有造矣。

學，所以敦倫也。倫苟弗敦，縱背誦五車，文工一世，徒增口耳之虛談，紙上之贅疣，在流俗雖曰有〔四〕學，吾必謂之未學。倫紀誠敦，實行過人，在流俗雖曰未學，吾必謂之學矣。

問：學在敦倫固矣，然敦倫可遂不學乎？曰：學以學夫敦倫，而敦倫乃所以爲學也。捨倫而言學，則其學爲口耳章句之學、富貴利達之學，失其所以學。敦倫而不學，雖或至性過人，未必情文兼至，盡善盡美。是故好賢而不學，則無知人之明，所好未必賢，而眞賢未必好。即所好果賢而無學以濟之，色病未易識破，心地未易廓清，未必篤「緇衣」之好，奮「思齊」之勇。事親而不學，無由知力之當竭。即知竭力而無學以濟之，唯竭力以養其口體，未必先意承志，根心生色。假令怡怡祇奉，愛敬無歉，而不竭其力於聖賢德業，行道顯親，亦未得爲能竭。事君而不學，無由知身之當致。即知致身而無學以濟之，則不學無術，不足以匡君定國，康濟時艱；雖鞠躬盡瘁，孜孜奉公，臨難殉節，不有其身，然而無補於治亂安危，亦未得爲能致。交友而不學，則昧於慎擇，易蹈「比匪」之傷。即所交得人而無學以濟之，亦未必言其所當言，而信其所當信。甚矣，學之不可已也！學之如何？亦惟兢兢於數者之間，以求至乎其極，表裏克盡，巨細罔歉而已。曰：如是則吳

〔二〕「媒」，靜海聞氏本作「謀」。
〔三〕「以」，石泉彭氏本、靜海聞氏本脫。
〔三〕「藝業」，三韓銘憓本作「六藝」。
〔四〕「有」，石泉彭氏本、靜海聞氏本作「吾」。

氏之言，亦不爲無見。曰：吳氏固爲有見，而以之致疑子夏，實未達。子夏口氣，蓋抑揚其語，正所以折衷學問之實，令人知學之所以爲學，在此而不在彼；所重在此，所學即在此！自此說出，而天下後世人人曉然知所從事，不致誤以口耳辭章之末了生平，其有補於綱常名教非鮮，眞學者之清夜鐘也！何流弊之可言？亦何至於廢學？

自後世豪傑不興，正學弗〔二〕明，學者終身皇皇；亦知「敏事」，亦知「愼言」，亦知「隆師親友」，志非不篤，功非不密，用心非不專且虛，而卒不可與入聖賢之道者，其所從事者非君子之學也，以其爲安與飽計也。故吾人今日之學，先要清楚此念，辨個必爲君子之志。此志誠立，而後所敏爲君子之敏，原是敏吾性命不容已之事，而初非有要於功利；愼爲君子之愼，原是愼吾樞機，躬恐不逮之言，而要非有心於三緘；「就有道而正」，原是正吾學術不容不辨之實，而初非有意於聲氣。夫然而所學始爲道誼之學，所好始爲正大之好，其人始爲君子之人。

惟志不在安飽，其品格始定；志不在安飽，於道誼始專；處不爲安飽之圖，則出必不爲肥家之計。如此方爲君子，否則便是小人。

宋王曾鄉會試並殿試皆居首，賀者謂曰：「士子連登三元，一生吃著不盡。」曾正色答曰：「曾生平〔三〕志不在溫飽。」其後立朝不苟，事業卓然。今人生平志在溫飽，是以居官多苟，事業無聞，甚至播惡遺臭，子孫蒙羞諱言，不敢認以爲祖。故人品定於所志，事業本乎生平。

吾人學非爲人，人之知不知，原於己無損，故不以此爲患。惟是人不易知，知人實難。我若不能窮理知人，則鑑衡昏昧，賢否莫辨，是非混淆，交人則不能親賢而遠佞，用人則不能進賢而屏奸。在一己，關乎學術；在朝廷，關乎治亂，雖欲不患，得乎？

〔二〕「弗」，石泉彭氏本、靜海聞氏本作「不」。

〔三〕「生平」，石泉彭氏本、靜海聞氏本作「平生」。

正直君子易知，邪曲小人難知。蓋正直君子光明洞達，心事如青天白日，人所易見。邪曲小人則文詐藏奸，跡似情非，令人難覺，若張趙諸公之於秦檜是已。張趙初以張邦昌之僭位，檜不附會，及與同朝共事；又見其事事克辦，交稱其賢，以爲才似文若，以致階以進用，卒之禍天下而賊生靈，貽害無窮，諸公實不得辭其責。由此觀之，人固未易知，而知人實不易也，故不容「不患」。患則講究有素，患則慎之於初。

爲政篇

「爲政以德」者，是以實心行實政，如以關雎、麟趾之意，行周官之法是也。夫豈高拱深宮，民自化哉？註內「無爲而治」，要善看。

清心寡欲以正身，正身以正朝廷，正朝廷以正百官，正百官以正萬民，此「無爲而天下歸之」也。

「思無邪」之旨，非孔子拈出以示人，不幾使三百篇之詩，將與後世徐、庾、沈、宋之詩同類而並觀也哉！知一部詩經只一「思無邪」，則知六經皆所以存天理也。

六經皆古聖賢救世之言，凡一字一句，無非爲後人身心性命而設。今人只當文字讀去，不體認古人立言命意之旨，所以白首窮經，而究無益於自己身心性命也。即如詩之爲教，原是教人法其所宜法，而戒其所宜戒，爲善去惡，思不至於有邪耳，故曰「詩以道性情」。若徒誦其篇章之多，善無所勸，而惡無所懲，則是養性情者反有以累性情矣。

學問全在心上用工，矩上操存。學焉而不在心上用工，便失之浮泛；用工而不在矩上操存，便無所持循。「心不踰矩」，雖在力到功深之後，而其志期於「不踰矩」，實在命意發端之初。譬之射，然學射之初，固不能中的，若志不在的，亦將何憑發矢？惟其志期中的，則習射之久，庶幾一一中的。夫子「十五志學」，即志此「不踰矩」之學。「三十而立」，是大立小不奪，是非無以搖也。「四十而不惑」，是吾心固有之理，見之透而無復有疑也。「五十而〔一〕知天命」，乃心與理融，洞然於心所自出之原也。「六十耳順」，則聲入心通，人之言語、物之鳴音接於耳者，無不觸其機而豁然契於心也。「七十從心，不踰矩」，任心而動，自不越乎範圍。「不識不知，順帝之則」，絕無意必固我之私心卽矩，而矩卽心，義精仁熟，學成而志遂矣。

人人有是心，心心有是矩，夫子不過先得人心之同然耳。然人雖同有是心，而人多不肯「志學」，卽號爲「有志於學」者，又多捨心言學，稍知求心者，又往往捨矩言心，惑也久矣！

此章眞夫子一生年譜也！自敍進學次第，絕口不及官閥履歷、事業刪述，可見聖人一生所重，惟在於學，所學惟在於心，他非所與焉。蓋內重則外自輕，所性不存故也。由此以觀，吾人亦可以知所從事矣。事業係乎所遇，量而後入，著述生於明備之後，無煩再贅，夫何容心焉！

子有身而「父母惟其疾之憂」，子心已不堪自問。若不能自謹而或有以致疾，則不孝之罪，愈無以自解矣。故居恒〔二〕須體父母之心，節飲食，寡嗜欲，愼起居，凡百自愛，必不使不謹不調，上貽親憂。

父母所憂，不僅在飢寒勞役之失調，凡德不加進、業不加修、遠正狎邪、交非其人、疏於檢身、言行有疵，莫非是疾。知得是疾，謹得此身，始慰得父母，始不愧孝子。否則，縱身不夭札，而辱身失行，播惡遺臭，不幾貽父母之大憂哉？

人子不能謹身修行，以貽父母憂，是必病狂喪心之人〔三〕。不然獨非人子，寧獨無心，何忍縱欲敗度，喪身辱宗，重戾父母之心耶？

〔一〕「而」，原本脫，據石泉彭氏本、靜海聞氏本補。

〔二〕「居恒」，石泉彭氏本、靜海聞氏本作「恒居」。

〔三〕「人」，靜海聞氏本脫。

爲人父母者，惟子疾是憂。吾不知今[一]之爲人子者，亦曾憂父母之疾如父母之憂己者乎？「不敬」，非必形之聲色言辭，只一念不誠，便是「不敬[二]」。嗟乎！親恩罔極，爲子者竭終身之心力而報之，尚恐其多遺憾，亦何忍以一時之不謹，致自陷於養父母如養犬馬，蹈此不孝之大罪[三]也耶？吾人須謹之又謹。

子於父母，無所解於其心者也。誰無「明發」之懷？孰無「劬勞」之報？然或敬養兼隆，而乏怡怡婉順之實，致父母心弗安而意弗愉，承歡之謂何？古今咸稱老萊之孝，以其愛親肫摯，情見乎色，常得父母之歡心故也。今吾人雖不可襲其跡，不可不心其心。有其心斯有其色，吾父母自心安意愉。夫是之謂承歡膝下，夫是之謂根心眞孝！

服勞奉養，古人尚不以爲孝，若並服勞奉養而有遺憾，罪通於天矣！

「問孝」四章，乃事親金鏡，吾人欲盡子職，宜大書侍[四]右，觸目警心，仍不時向執饋之婦宣説，使知所戒。

大凡聰明自用者，必不足以入道。顏子唯其「如愚」，所以能於仁不違。

大聰明似愚，愚而不愚；小聰明不愚，不愚而愚。大聰明黜聰墮明，知解盡忘，本心既空，受教有其地；小聰明矜聰恃明，知解糾纏，心體未空，入道無其機。回之「如愚」，正回之聰明絶人，受教有地，入道有機處。夫子不容不喜，不容不言，言之不容不久，乃可以言而言也。言苟當可，雖千言不爲多；言未當可，卽一言亦爲多。此夫子所以於回「終日言」，於賜「欲無言」也。蓋回之聽言而悟，超語言文字之外；賜之聽言而識，囿語言文字之中。悟超言外，因言可以悟道；識囿言中，則因言反有以障道。

[一]「今」，原本作「人」，據三韓銘悳本、石泉彭氏本改。
[二]「敬」，原本作「孝」，據石泉彭氏本、靜海聞氏本改。
[三]「不孝之大罪」，石泉彭氏本、靜海聞氏本作「大不孝之罪」。
[四]「侍」，三韓銘悳本作「座」。

言在無言處，方知道在心。賜若悟此，則亦「默識心融」，施於四體。四體不言而喻，便是「亦足以發」，又何患小子無述？

「顔如愚」，所以具體夫子之道；「曾惟魯」，所以卒傳夫子之道。吾人如果有志於道，須「希顔之愚」，爲「曾之魯」，庶有入機。

明道先生坐如泥塑，庶幾顔子。

吾人生二千載之下，不獲親炙顔子，玩「不違如愚」一語，恍若睹其遺像，不覺口耳盡喪，心形俱肅，然後知平日之所以喋喋論辯、孜孜發明者，特淺乎小慧，道聽塗説，視顔之潛體默會、不言而喻，賢不肖之相去，何啻天淵？此「不愚」正所以爲愚也。

「先行其言而後從之」，在當日爲子貢頂門鍼，在今日爲吾人對症藥也。猛然一省，請事斯語。

知得「先行後言」是君子，則知能言而行不逮者爲小人矣。

一友語及君子周而不比章，因告之曰：君子視萬物猶一體，故愛無不溥，無所爲而爲也。即時而有好有惡，而好惡一出於公，好善固是愛，惡惡亦是愛，蓋侯明撻記，無非欲其並生於天地間，而不至長爲棄人也。小人非無所愛，而所愛惟徇一己之私，有所爲而爲也。同己則狎昵親密，綢繆汲引；異己則秦越相視，陰肆排詆，必使之無所容而後已。是故有君子之愛，則福及羣生，人人得所，而朝野有賴；有小人之愛，則朋比作祟，黨同伐異，而禍延人國。漢、唐、宋、明君子小人之周比，其已然之效，蓋可見矣。君子小人，達而在上如此，其在下也亦然：君子居鄉，則愛溥一鄉，而一鄉蒙其庥；小人居鄉，則阿其所好，而一鄉被其蠹。有爲無爲，公私異同，始於一心之微，關乎世道之大，吾人不可不研幾而致審也。否則，昧天理之公，而流於人欲之私，處人接物將有愧於君子，同於小人而不自覺者矣。

古者道德一而風俗同，師無異指，學無異術，無希闊遼絶、玄妙可喜之論滑汩其間，咸有以全乎知能之良，而循夫〔一〕綱常彝紀之分，民協於〔二〕中，世登上理。三代之衰，道術不一，學始多歧〔三〕，賊德敗義，漸以成俗。孔子惕然有感，故曰「攻乎異端，斯害也已」。其所以爲世道人心〔四〕之防者至矣！雖未明指其開端之人，然而惡鄉愿之亂德，三致意焉。是孔子同時異端，蓋卽鄉愿也。戰國異端，則告子、許行、莊周、鄒衍、鄧析、公孫龍子之屬，紛紛籍藉，所在爭鳴；而楊朱、墨翟「爲我」「兼愛」之說，尤爲世所宗尚。孟子目擊其弊，以爲生心害政，烈於洪水，辭而闢之，其說始熄。漢唐以來，異端託老氏以行世，若魏伯陽之仙術、張道陵之符籙，皆足以蠱人心志；而釋氏五宗雲布，禪風盛興，卑者惑於罪福，高者醉於機鋒，率天下之人棄實崇虛，披〔五〕靡失中，其爲害何可勝言！程朱從而闢之，人始曉然於是非邪正之歸。今其說雖未盡熄，要之不至生心害政。其生心害政，惟吾儒中之異端爲然。蓋吾儒之學，其端肇自孔子，思、孟庚〔六〕繹，程朱表章，載之四書者備矣，無非欲人全其固有之良，成己成物，濟世而安民也。吾人讀之，果是體是遵，全其固有之良乎？果人己兼成、康濟民生乎？否則，止以榮肥爲計，其發端起念，迥異乎此，與四書所載判然不同，非吾儒中之異端而何？生於其心，害於其事，發於其事，害於其政，吾不知其於洪水猛獸何如也？程子以佛老之害甚於楊墨，其言有云：「昔之害近而易知，今之害深而難辨。」余亦云：儒外異端之害淺而易闢，儒中異端之害深而難距。噫！吾末如之何也已。

問：馳心於詞章名利，明悖四書，固自異於吾儒之實，間有覺其非而志恥同乎流俗，反經興行，究心理學者，所在亦不

〔一〕「夫」，石泉彭氏本、靜海聞氏本作「乎」。
〔二〕「於」，石泉彭氏本、靜海聞氏本作「其」。
〔三〕「歧」，原本作「岐」，據三韓銘惪本改。
〔四〕「世道人心」，石泉彭氏本、靜海聞氏本作「人心世道」。
〔五〕「披」，原本作「波」，據石泉彭氏本、靜海聞氏本改。
〔六〕「庚」，石泉彭氏本、靜海聞氏本作「闡」。

乏人。曰：理者，人心固有之天理，卽愚夫愚婦一念之良也。聖之所以聖、賢之所以賢，亦不過率其與愚夫愚婦同然之良而已，此中庸平常之道也。乃世之究心理學者，多捨日用平常而窮玄極賾，索之無何有之鄉，謂之「反經」而實異於經；謂之興行而實不同於日用平常之行。其發端起念，固卓出流俗詞章之上；而流蕩失中，究異於四書平實之旨，是亦理學中之異端也。故學焉而與愚夫愚婦同者，是謂「同德」；與愚夫愚婦異者，是謂「異端」。

子路勇於爲善，所欠者「知」耳。平日非無所謂知，然不過聞見擇識、外來塡塞之知，原非自性本有之「良」。夫子誨之以「是知」也，是就一念獨覺之「良」，指出本面，令其自識家珍。此「知」既明，則知其所知，固是此「知」；而知其所不知，亦是此「知」。蓋資於聞見者，有知有不知，而此「知」則無不知，乃吾人一生夢覺關也。既覺則無復夢矣。

千聖相傳，只是此「知」。吾人之所以博學、審問、愼思、明辨者，惟求此「知」。此「知」未明，終是冥行；此「知」既明，纔算〔一〕到家。此「知」未明，學問無主；此「知」既明，學有主人。此「知」未明，藉聞見以求入門；此「知」既明，則本性靈以主聞見〔二〕。此「知」未明，終日幫補輳合於外，七八月之間雨集，溝澮非不皆盈，然而無本，終是易涸；此「知」既明，猶水之有本，源泉混混，「逝者如斯夫，不捨晝夜」！

耳目手足之所以作主者，此「知」也。虛靈不昧，肆應無窮，未應不是先，已應不是後，通乎晝夜之道而知，清水朗鑑不足以喩其明。人人本來如是，而人人不自知其如是，此之謂百姓日用而不知，故君子之道鮮矣。

「子張學干祿」，非必如後人之營營於富貴利達，習干時之策，奏治平之略，僕僕自售也。蓋亦「多聞多見」以精業，「謹言愼行」以立德，冀鄉擧里推以見用於時，試其所學耳。夫子以其有所爲而爲，恐其外馳，教以〔三〕「闕疑闕殆」「寡尤寡悔」，

〔一〕「算」，石泉彭氏本、靜海聞氏本作「得」。
〔二〕「則本性靈以主聞見」，石泉彭氏本、靜海聞氏本作「開門卽是閉門人」。
〔三〕「以」，石泉彭氏本、靜海聞氏本作「其」。

無所爲而爲，一味務實。實至祿隨，天爵修而人爵自從，不待於干。後世則自童子時，所志即在利祿，所務惟是〔一〕辭章，於謹言慎行、修身立德之道，咸以爲迂，絶口不一語及。凡性鑑、衍義切要有關之書，未嘗略一寓目，惟恐有妨於舉業，即本經亦在所忽；惟取近年〔二〕中選之文，諷誦摹仿，以希科第，投牒自薦，奔競成習。古人修之家者，猶往往壞之天子之廷〔三〕；況未嘗修之家，而欲其出而不壞，難矣！

人之立身，言與行而已。言慎則不招尤，行慎則不招悔。無尤無悔，品始不差；一有玷闕，他長莫贖。易曰：「言行，君子之樞機。樞機之發，榮辱之主也。言行，君子之所以動天地也，可不慎乎？」

修身須先謹言。心者，身之主宰。口者，心之藩籬。藩籬不守，主宰罕〔四〕存，故守口乃所以守心。

凡言不但無補於身心者當慎，即有補於身心而躬所未逮，亦當羞澀其口而致慎。即躬行心得之餘，借言以明道淑人，而所遇非可言之人，亦當慎而又慎，或不得已而言，言貴有節。

人苟好惡公，用捨當，爲君則兆民服，爲大臣則同列服，處一鄉則一〔五〕鄉人服，處一家則一〔六〕家人服。

舉錯當與不當，關國家治亂、世運否泰。當則君子進而小人退，衆正盈朝，撥亂反治，世運自泰。否則，小人進而君子退，羣小用事，釀治爲亂，世運日否。諸葛武侯有云：「親賢臣，遠小人，此先漢所以興隆也。親小人，遠賢臣，此後漢所以傾頽也。」言言痛切，可作此章翼註，人君當揭座右。

〔一〕「是」，石泉彭氏本、靜海聞氏本作「在」。

〔二〕「年」，石泉彭氏本、靜海聞氏本作「今」。

〔三〕「廷」，原本作「庭」，據石泉彭氏本、靜海聞氏本改。

〔四〕「罕」，石泉彭氏本、靜海聞氏本作「空」。

〔五〕「一」，原本脱，據石泉彭氏本、靜海聞氏本補。

〔六〕「一」，原本脱，據石泉彭氏本、靜海聞氏本補。

人之於信，猶水火金木之於土，水火金木無土則無由生，人而無信則無以立。千虛不博一實。言一有不實，後雖有誠實之言，亦無人信矣！

八佾篇

世人多事，多起於爭。文人爭名，細人爭利，勇夫爭功，藝人爭能，強者爭勝，無往不爭，則無往非病。君子學不近名，居不謀利，謙以自牧，恬退不伐，夫何所爭？惟是見義爭爲，見不善爭改。君子之爲君子，如斯而已！故世有君子，而天下享和平之福矣。若徒以血氣相尚，直小人耳。即不然而猶有未化之客氣，時或動於一念之微，亦豈得爲有道之君子？

問：夏殷之亡久矣，夫子何故致意其禮？曰：國可亡，史不可亡，況一代有一代之典章制度。雖時異勢殊，非所以施於昭代，而其大經大法，豈可令其泯滅而失傳？夏殷之禮，夫子蓋於殘篇斷簡之中，因流窮源，由微知著，能言其概，嘗欲參考互證，筆之於書，以存二代經世之典，使後世議禮制度者，有所考鏡折衷。惜乎！既無成籍可據，又鮮老於典故者相質，無徵不信，故不禁流連而三歎也。大抵上古與後世不同。後世書皆印本，凡朝廷典章制度，刊布既廣，一旦改革，其書散藏人士之家，雖久不至盡亡。上古則蝌蚪漆寫，藏之廟堂，人士艱於鈔傳，一經改革，兵燹之餘，存者幾希？年代既久，老成凋謝；子孫又多微弱不振，流播之餘，於先典不惟不遑收藏，亦且不知收藏，此文獻所以不足也。其流行於人士之家，類非典禮儀制所關，而書史文翰之不至泯絕者，在夏則僅僅禹貢、夏小正、五子之歌、允征〔二〕數篇，在殷則湯誥、太甲、說命、盤庚、戡黎數篇而已，惜哉！

方策尚存，故文武之道未墜於地。文獻不足，致禹湯之道湮而失傳。不但聖心缺然，實爲千古遺憾。洛陽年少，通達國體，嘗曰：「不習爲吏，視已成事。」吏事猶然，況帝王經世之大乎？雖曰自有昭代章程，然考古正

〔二〕「允」，石泉彭氏本、靜海聞氏本作「胤」。

所以裨今。沛公入關，諸將爭取財物金帛，蕭何獨收圖籍，沛公由是具悉天下阨塞戶口強弱。即斯一節觀之，則知文獻所關之重矣。故在天下則關係天下，在一省則關係一省，在一邑則關係一邑，在一家則關係一家，述往昭來，爲鑑匪鮮。若子孫於先世遺籍及誌狀譜牒，以其非關日用之急，視爲故紙而忽之，任其散逸，漫不珍藏，則賢不肖可知也！繼述之謂何？

君當敬也，而一有媚心，便難以對天，況媚權臣乎？王孫賈以媚君得權，又欲孔子媚己以取位，小人肆無忌憚，通[一]不知頭上有天矣。夫子以天折之，不特自全[二]其所守之正，亦可以惕省權奸之心。

古來權奸憑藉寵靈，勢位已極，又患無名，每以美職厚禄，牢籠正人君子，以爲名高；而不知正人君子，惟恐不義富貴，浼其生平，超然遠引，若鳳翔千仞，豈彼所得而牢籠之哉？孔子之於彌子瑕、王孫賈，固不待言；下此如謝上蔡、邵伯溫、陳師道之於時相，亦皆避遠權勢，素履罔玷。上蔡初仕時，人勸其謁執政則館職可得。上蔡笑曰：「他安能陶鑄我，自有命在。」章惇嘗受學於伯溫父康節先生，及惇爲相，伯溫入京，惟恐爲惇所薦，先謁選而後會惇，惇竟不獲用其力。師道以布衣寓京師，惇慕其名，再三託人，欲求一見而不可得，此皆誦法孔子而無忝者也。故學者於此處，須慎之又慎，所謂「風急天寒夜，纔看當門定腳人」。若此處一錯，一失腳，便成千古憾矣。

人生真實有命，窮達得喪，咸本天定，須是安分循理，一聽於天。若附熱躁進，於定命無秋毫之益，於名節有泰山之損。孔子以上聖之資，道全德備，言動純乎天理，猶恐「獲罪於天」。余資本下愚，生平千破萬綻，違天理而「獲罪於天」者何限？冥冥之中，逐日鑑記其罪，而陰有以加譴者何限？念及骨慄，夫何所逃？惟有痛自淬礪，永堅末路，息天怒於萬一，是所願也。顧行年如許，未必再如許，義理無窮而歲月有限，竊恐所得不補所失，凜乎日以憂懼，蓋莫知所以自免，余滋

[一]「通」，三韓銘悳本作「直」，石泉彭氏本、靜海聞氏本作「遂」。

[二]「全」，石泉彭氏本、靜海聞氏本作「存」。

戚矣。曰：先生猶如此，小子將何如？曰：後生雖可畏，「勉之在青陽」，愼勿玩愒因循，虛抛歲月，當以余之覆轍爲鑑戒可也。

天生夫子，以啟人心、覺世夢，爲天下萬古存幾希也。而一時從遊之士，以其所至不遇，遂患道之不行，乃一封疆小吏，獨具隻眼，邂逅一言，足成定評，見地卓越，千載下猶令人起敬起仰。

從古聖人「明明德於天下」，皆倚勢位而後得以有爲；獨夫子「明明德於天下」，一無所倚，此夫子之所以爲夫子，而非他聖之所能及也。

講學洙泗，木鐸一方也；周流迪人，木鐸列邦也；立言垂訓，木鐸萬世也。「爲天地立心，爲生民立命」，贊化育於無窮，與元會而相終始者，端在於斯。宋人謂「天不生仲尼，萬古如長夜」，其亦有見於斯與！

里仁篇

里有仁風，則人皆知重禮義而尚廉恥，縱有一二頑梗，亦皆束於規矩，不至肆無忌憚；而資[一]質之美者，益薰陶漸染，以成其德。居於此者，不惟可以養德保家，亦且可以善後，子孫而賢且智，固足以有成；即昏且愚，亦不至被小人引入匪彝，辱宗敗家。故人或未有定居擇里而不居於是者，其爲無識不待言，即或已有定居，而其鄉實無仁風，卻貪戀苟安，不能捨互鄉而入康莊，亦爲駑馬戀棧豆，智不能捨也。故古今推孟母之三遷，其智爲千古之獨絕與！

擇里而不處仁則不智，擇交而不親仁則不智，擇術而不求仁則不智。

未處之先，須擇仁里。既處之後，尤須和里。待人接物，恂恂謙謹。中間有善良[二]人，固當傾心相與。即有一二橫暴

[一]「資」，石泉彭氏本、靜海聞氏本作「姿」。

[二]「善良」，石泉彭氏本、靜海聞氏本作「良善」。

人，尤當宛轉化誨。婚喪相助，有無相通，禮義相交，情誼相關，務藹若穆若，熙熙如一家，即此便是太和景象。

「處約」最易動心，不必爲非犯義而後爲濫，只心一有不堪其憂之意，便是心離正位。纔離正位，便是泛濫無閑，將來諂諛卑屈、苟且放僻之事，未必不根於此。故吾人處困而學，安仁未可蹴幾，須先學「智者利仁」，時時見得內重外輕，不使貧窶動其心，他日必不至敗身辱行，自蹈於乞燔穿窬也。吳康齋遇困窘無聊，便誦明道先生行狀以自寬，其庶幾「智者利仁」歟！吾儕所宜師法。

伊尹一介弗取，千駟弗顧。夫子疏水曲肱而樂，不義之富貴如浮雲。顏子之樂，不以簞瓢改。柳下惠之介，不以三公易。古之聖賢，未有不審富貴、安貧賤，以清其源而能正其流者，而況於中材下士乎？

「不處」「不去」，纔見操持，於此而一苟，則人品可知。「造次」「顛沛」，方驗學力，於此而少懈，則存養可知。金遇滲金石，而程色自現。「貧賤」「富貴」「造次」「顛沛」，亦吾人之滲金石也。

「富貴」「貧賤」一視，「造次」「顛沛」如常，「鳶飛魚躍」，其機在我，夫是之謂君子。

顏子簞瓢陋巷，不改其樂；舜禹有天下而不與，所好在仁，故無以尚之。白沙云：「人爭一個覺，纔覺便我大而物小，物有盡而我無窮。夫惟無窮，故微塵六合，瞬息千古，生不知愛，死不知惡，又何暇〔二〕銖軒冕而塵金玉耶？」

世間惟鄉愿無過，良由用心於外，專在形跡上打點，是以無非無刺。君子則任眞而行，直盡己心；世人往往以跡觀人，故君子不得不冒有過之跡，抑豈知因跡正可以見君子之心乎？語云：「與仁同功，其仁未可知也。與仁同過，其仁乃可知也。」此「勸過」所以「知仁」也。

子路縕袍不恥，夫子嘉其「用臧」。顏子簞瓢不改，夫子歎其「庶乎」。他若管幼安之帽、張子韶之箑，皆久敝補用，歷廿載而不厭。一則望重一代，曾屢徵不出；一則登科殿元，嘗仕至八座，皆不以惡衣惡食爲恥。蓋用心於內，自不以此爲

〔二〕「暇」，三韓銘悳本作「難」。

意。近代焦弱侯受學於耿天台先生之門。天台以其根器邁衆，時與浹談，年餘未嘗及道。久之，弱侯請問，天台訝曰：「吾輩渾是俗骨，而言道乎？」夫以弱侯之深心大力，猶不驟以語及，況其下焉者乎？故學道者，須先掃清俗念，而後可以言此。若天理人欲並行，未有能濟者也。

君子以忠信仁義爲利。

「君子喻於義」，故其心常「蕩蕩」。「小人喻於利」，故其心常「戚戚」。

義利之辨，乃吾人學問大關頭；然其機甚微，須是辨得一一分明，然後趨向不差。若析「義」不精，鮮不認「利」作「義」。象山先生白鹿講義，發明義利之辨，警策明快，宜揭之於壁，時一寓目。

易曰「幹父之蠱」，又曰「有子考，无咎，厲」，諫之謂也。然必待其事已形而後諫，則事跡昭彰，考有咎厲，非所以善幹也。易謂：「幾者，動之微。」通書所謂：「介於有無之間者，幾也。」誠察其微而預[一]挽之，潛消默化於將萌，如是則既不彰親之咎，又無進諫之名，善之善者也。

曹月川因父好佛，作夜行燭，旁徵曲喻，務納親於善而引之於正道，吾有取焉。顧「夜行燭」三字，施之於親，似非所宜，安得起先生於九京[二]而與之更定哉！

往而不返者，親之年也。盡朝夕承歡，左右就養，尚恐桑榆晚景，來日無多。若復悠忽泄視，漫無關懷，則其子職可知矣。

古者言不過行，有恥故也。

古人尚行，故羞澀其言而不敢輕出。今人尚言，故鼓掉其舌而一味徒言。若果學務躬修，自然沉潛靜默，慎而又慎，到

[一]「預」，三韓銘悳本作「豫」。
[二]「京」，石泉彭氏本、靜海聞氏本作「泉」。

訥訥然不能出口時，纔是大進。否則，縱議論高妙超世，總是頑不知恥，總是没學問、没涵養。

公冶篇

士君子立身行己，固不可取媚於世，爲浮沉苟免之計，然亦不可戾世取禍，須權衡於身世之間，既不失身，又不戾世，始爲無弊。南宮适謹於言行，能處治亂而咸宜，此正儒者持身善世之蓍蔡。

放言狂[一]行，在下則觸嫌招忌，在位則賈怨益讎，此謝靈運、李卓吾所以爲世大戮而卒不免也。

成德固不可專靠師友，然能自己立志，又益之良朋明師，將愈嚴憚切磋，以成其德，故昔人謂「孤居而無與共證，獨處而無與共商」，士之悲也。

「他山之石，可以攻玉」。人苟立志進德，尚且借鑑於不賢，況日與賢人君子處乎？此古人所以尋師訪友，不論貴賤遠近也。

不必淫詞詭辯而後爲「佞」，只心口一不相應，正人君子早已窺其中之不誠而惡之矣。徒取快於一時，而遂見惡於君子，亦何爲也哉？

聖門高弟如顏之「愚」、曾[二]之「魯」、雍之「簡」，俱是渾厚醇樸氣象。蓋其平日皆斂華就實，故其徵之容貌辭氣之間者，無非有道之符。吾人有志斯道，第一先要恭默。

學不信心，終非實學。仕不信心，經綸無本。成己而後能成物，自治而後可治人。開於斯自謂「未能信」，此正是審己量力不自欺處。後世仕者，未嘗成己而便言成物，未嘗自治而輒思治人，既無天德，烏睹所謂王道？

[一]「狂」，石泉彭氏本、靜海聞氏本作「放」。

[二]「曾」，石泉彭氏本、靜海聞氏本作「參」。

問：成己自治有素，可謂「信」乎？曰：即眞能成己自治有餘，而治體果盡諳乎？時務果盡識乎？經濟大業果一一蘊之有素、中窾中會、動協機宜乎？於此稍信不及，打不過，又豈可冒昧以從事乎？故必量而後入，庶寡過。若入而後量，則取辱多矣。曰：「斯」字，先儒咸[一]解作「逝者如斯夫」之「斯」，蓋指妙道精義而言，今乃直指修己治人言，何也？曰：妙道精義，不外修己治人。離了修己治人，何處更見妙道精義？況夫子方使開仕，開若捨卻可仕不可仕不言，而忽旁及其他，此後世儱侗啞謎野狐禪所爲，曾謂敦謹如開而乃爾乎？夫惟於修己治人之道，自謂未信，自覺心上打不過，所以超於天下後世，昧於自知；而惟以苟位爲榮者，正在於此。使天下後世，人人如開之自審自量，則處不徒處，出不徒出，而世道生民，咸有賴矣。

斯道非穎悟過人，則不足以承受。在昔聖門，固不乏學務躬修、行誼淳篤之士，然聰明特達、可以大授者，顏回而外，實莫如賜。故夫子屬望特殷，恐其恃聰明而不能自反，倚聞見而昧於自得。「多學而識之」之詰、「予欲無言」之訓，所以覺之者屢矣。又舉如愚之回以相質，蓋欲其鞭辟著裏，黜聰墮明而務有以自得也。賜乃區區較量於所知之多寡，徒在聞見上比方，抑末矣！顧人多苦不自知，賜既曉然有以自知，欿然遜其弗如。即此一念虛心，便是入道之機，夫子是以迎其機而進之曰：「弗如也！吾與女弗如也。」殆與非也一貫之語，同一啟迪，此正夫子循循善誘處。

賜之折伏[二]回，徒折伏其知解，豈知回之所以爲回，非徒知解也！潛心性命，學敦大原，一徹盡徹，故明無不照。賜則惟事見聞，學昧大原，其「聞一知二」，乃聰明用事。推測之知，與悟後之知，自不可同日而語。不但「聞一知二」弗如回，即聞一知百知千，總是門外之見，終不切己，亦豈得如回也耶？是故學惟敦本之爲要，敦本則知解盡忘，心如太虛，無知而無不知，一以貫之矣。

[一]「咸」，石泉彭氏本、靜海聞氏本作「或」。

[二]「伏」，石泉彭氏本、靜海聞氏本作「服」。

正大光明、堅強不屈之謂「剛」，乃天德也。全此德者，「常伸乎[一]萬物之上」，凡「富貴」「貧賤」「威武」「患難」、一切毁譽利害，舉無足[二]以動其心。欲則種種世情繫戀，不能割絶；生來剛大之氣，盡爲所撓。心術既不光明，遇事鮮所執持，無論氣質懦弱者，多屈於物；即素負血氣之強者，亦不能不動於利害之私也。故從來「剛者」必無欲，欲則必不剛，一毫假借不得。

人惟有欲則不剛，不剛則不能直内而方外，故聖賢之學，以無欲爲主，以寡欲爲功。龍惟[三]有欲，則爲人制。人惟有欲，則爲物屈。古人不以三公易其介，是爲真剛。

聖雖學作兮，所貴者資剛，則英毅振迅，入道有其資。否則，志氣易於散漫，工夫作輟無常。

德非剛，則不能進。己非剛，則不能克。品非剛，則不能樹。名節非剛，則不能全。擔當世道，非剛則不能任。頂天立地事業，非剛則不能做，做亦不[四]成。苟非其人，道不虚行，故必純乎天理之極，而無一毫人欲之私，始爲庶幾。

「文章」「性道」，本一非二。「文章」所以闡「性道」，「性道」所以焕「文章」。若「文章」無關於「性道」，是後世雕蟲末技，泛語浮説，夫豈「夫子之文章」？「性道」不見之「文章」，則「性道」無由闡明，不可謂「夫子之言性與天道」。故夫子之「文章」，即夫子闡明「性道」之言，言言皆文，則言言皆道，日用平常，莫非性天。特學人資有迷悟，自生分别，迷則「文章」是「文章」，「性道」是「性道」；悟則「文章」即「性道」，「性道」即「文章」，一而二，二而一也。然則子貢之説非耶？曰：子貢蓋至是而有悟矣，此悟後反言以歎美，亦猶「高堅前後」之喟也。

[一]「乎」，石泉彭氏本、靜海聞氏本作「於」。
[二]「足」，原本脱，據石泉彭氏本、靜海聞氏本補。
[三]「惟」，石泉彭氏本、靜海聞氏本作「爲」。
[四]「不」，石泉彭氏本、靜海聞氏本作「難」。

「未行而恐有聞」，子路急行之心，眞是惟日不足，所以得到「升堂」地位。吾人平日非無所聞，往往徒聞而未嘗見諸行，卽行而未必如是之急，玩愒因循，辜負時日，讀至此不覺忸怩。

子路喜「聞過」，固學人百世之師；而其勇於行，尤學人百世之師也。惜乎躬行有餘，而終欠眞知，是以言動出處，多有遺憾。故知行不可偏廢。若理有未窮，知有未至，往往以冥行當躬行，則賊德害義多矣！此又不可不知也。

雍也篇

「居敬」，則終日戰兢自持，小心嚴翼，湛然純一，惺惺不昧，清明在躬，志氣〔一〕如神。見之於行，自精明整暇，凝重不苟，事事有定裁，卻事事不瑣繁、不操切，敦大成裕，端拱致治。「居簡」，則率意任質，漫無檢束，內外脫略，身心俱荒。一身且不能自〔二〕治，況治民乎？綱頹目弛，滅事事積，臨一邑則誤一邑，臨一郡則誤一郡，臨一省則誤一省，臨天下則誤天下。五子之歌曰：「予臨兆民，凜乎若朽索之馭六馬。」爲人上者奈何弗敬，故居敬居簡，乃聖狂之所由分，卽生民休戚世道治亂之所由分也。〔三〕

學所以約情而復性也。後世則以記誦聞見爲「學」，以誦習勤聞見博爲「好學」。若然，則孔子承哀公之問，便當以博學篤志之子夏、多聞多識之子貢對，夫何捨二子，而推靜默如愚之顏氏爲耶？卽推顏氏，何不推其誦習如何勤渠？聞見如何淵博？而乃以「不遷」「不貳」爲好學之實。可見，學苟不在性情上用功，則學非其學。性情上苟不得力，縱夙夜孜孜，博極羣籍，多材多藝，兼有衆長，終不可謂之「好學」。

〔一〕「志氣」，三韓銘悳本本、石泉彭氏本、靜海聞氏本作「氣志」。
〔二〕「自」，原本脫，據石泉彭氏本、靜海聞氏本補。
〔三〕「綱頹目弛……卽生民休戚世道治亂之所由分也」，石泉彭氏本、靜海聞氏本脫。

顔孟而後，學能涵養本原、性情得力，莫如明道先生。蓋資稟既異，而充養有道，純粹如精金，溫潤如良玉，寬而有制，和而不流。其言曰：「七情之發，惟怒爲甚。能於怒時遽忘其怒，其於道思過半矣。」薛敬軒亦云：「氣直[一]是難養，余克治用力久矣，而忽有暴發者，可不勉哉！二十年治一『怒』字，尚未消磨得盡，以是知『克己』最難。」吴康齋所著日録，則專以戒怒懲忿爲言，有曰：「去歲童子失鴨，不覺怒甚。今歲復失鴨，雖當下不能無怒，然較之去歲則微，旋即忘懷，此必又透一關矣。」謝上蔡患喜怒，日消磨令盡，而内自省察[二]，大患乃在「矜」，痛克之。與程子别一年來見，問所學，對曰：「惟去得一『矜』字。」曰：「何謂也？」上蔡曰：「懷固蔽自欺之心，長虚驕自大之氣，皆此之由。」以上四先生，皆實實在性情上用功，此方是「學」，此方是「好學」，雖中間用功有難易，得力有淺深，而好其所當好、學其所當學則一也。

顔子「克復」之後，俯仰無怍，故胸次悠然，有以自樂，不因貧困少改其常，此天趣也。周子每令二程尋孔顔之樂，尋此趣也。善乎！王心齋之歌有曰：「人心本自樂，自將私欲縛。私欲一萌時，良知還自覺。一覺便消除，此心依舊樂。樂是樂此學，學是學此樂。」

問：學者固貴有以自樂，然家貧親老，甘旨無供，亦豈能樂？曰：貧莫貧於「簞瓢陋巷」，夫不有顔路在耶？而顔子無營無欲，恬然安之，所謂以善養，不以禄養也。

「道」乃人生日用當由之道，夫子不過爲之指迷析歧，示人以知所嚮往耳！非舉己所獨有，而強人以所本無也。蓋人人有是心，心心具是理。心不昧理，是謂「明道」；動不違理，是謂「行道」。則道之爲道，反己自足[三]；欲之即至，非從外獲，又何「力」之可言？求也不察，誤認爲夫子之道，故諉以「力之不足」。若知原是自具，原是日用之所不容已，則力豈

[一]「直」，石泉彭氏本、靜海聞氏本作「眞」。
[二]「察」，原本脱，據石泉彭氏本、靜海聞氏本補。
[三]「足」，石泉彭氏本、靜海聞氏本作「是」。

有「不足」？又豈逡巡委靡以「自畫」？陽氣發處，金石亦透；精神一到，何事不成？況求諸己耶？

「君子儒」大而通，「小人儒」拘而滯。子夏硜硜自律，規模殊欠宏遠，故夫子因其病而藥之。

「君子儒」「爲天地立心，爲生民立命，爲往聖〔一〕繼絕學，爲萬世開太平」；「小人儒」則反是。

古之學者「爲己」，「君子儒」也。今之學者「爲人」，「小人儒」也。

「君子儒」喻於義，「小人儒」喻於利。

「君子儒」實心實行，「小人儒」色取行違。

「儒」字從「人」從「需」，言爲人所需也。道德爲人所需，則式其儀範，振聾覺聵，朗人心之長夜；經濟爲人所需，則賴其匡定，拯溺亨屯，翊世運於熙隆。二者爲宇宙之元氣、生人之命脈，乃所必需，而一日不可無焉者也。然道德而不見之經濟，則有體無用，迂闊而遠於事情；經濟而不本於道德，則有用無體，苟且而雜乎功利。各居一偏，終非全儒。譬之身然，或頭目具而乏四肢，或四肢具而缺頭目，尚得爲完人乎？故必頭目四肢備而後爲完人，道德經濟備而後爲全儒。如是則窮可以儀表人羣，達則兼善天下，或窮或達，均有補於世道，爲斯人所必需，夫是之謂「儒」，夫是之謂「君子」。

僧有禪宗、有應付，道有全眞、有應付，儒有理學、有應付，咸一門而兩分之，內外之分也。噫！讀儒書，冠儒冠，置身於儒林，既以儒自命，乃甘以應付儒結局生平乎？然則必如何〔二〕而後可？曰：孔子對哀公儒服之問，儒行篇載之詳矣。誠自振自奮，自拔於流俗而允蹈之，便是眞儒、大儒、「君子儒」，否則終是俗儒、應付儒、「小人儒」，而猶居之不疑，自以爲儒，儒豈如是耶？亦足羞矣！

滅明「行不由徑」，步趨不苟，則居恆持身端方，事事不苟，可知「非公事」不見邑宰，尤見其守身之嚴，宜其起邑宰之

〔一〕「聖」，原本作「古」，據石泉彭氏本、靜海聞氏本改。

〔二〕「如何」，石泉彭氏本、靜海聞氏本作「何如」。

敬，而見推於聖門也。故士人平日須絶跡公庭，卽遇公事，苟非萬不容已，亦不可輕往。寧使訝其不來，勿使厭之〔一〕不去，品斯立矣，品立而後可以言學也。

滅明之賢，惟子游識得。得此一人，尊禮推重，獎一勵百，以端一方之風化，此致治之機也。昔陸象山至臨川訪湯思謙。思謙因言風俗不美，象山曰：「監、司、守、令〔二〕是〔三〕風俗之宗主，只如判院在此，無只爲位高爵重、旗旄導前、騎卒擁後者是崇是敬。陋巷茅茨之間，有忠信篤敬好學之士，不以其微賤而知崇敬之，則風俗庶幾可回矣。」姚善守蘇州，聞郡人王賓狷介有守，敦延不至，乃屏騶從，微服造見。賓次日詣府，望大門致謝而去，終不進大門。善又聞韓奕名，欲因賓致奕，奕終不往。一日，善詢知奕在楞伽山，亟往訪之，奕遽泛小舟入太湖去。善歎曰：「韓先生名可得而聞，身終不可得而見也。」

馮異戰勝有功，他將皆爭自言功，異獨屏身樹下，寂無所言。曹彬平江南，得一國境土，闢地數千里，使在他將，必露布以聞，盛敍戰績；彬惟進奏通報於朝曰：「奉敕勾當江南公事回。」此皆不自矜伐，與之反可謂異世而同風矣。彼武夫且然，矧學者乎？故道德、經濟、文章、氣節，或四者有一，或兼有其長，而胸中道德、文章、經濟、氣節之見，苟一毫消鎔未盡，便是「伐」。伐則有累湛然虛明之體，其爲心害不淺。上蔡先生省克數年，去得一「矜」字，程子稱其「切問近思之學者」，此也。

人「由道」則盡人道，「不由」則失其所以爲人之實，醉生夢死，與物奚異？

〔一〕「之」，石泉彭氏本、靜海聞氏本作「其」。
〔二〕「監、司、守、令」，石泉彭氏本、靜海聞氏本作「司、監、守、令」。
〔三〕「是」，石泉彭氏本、靜海聞氏本作「乃」。

當下便是，無煩擬議，自然而然，非由勉強，所謂「直」也。乍見〔一〕而怵惕，睹骸而生泚。良知良能，隨感而應，非「直」而何？聖之所以聖，賢之所以賢，如斯而已矣。本分之外，不加毫末，一有安排，便失其「直」。展轉曲撓，厚自誣罔，是自喪本面，自梏生機，雖生猶死，可哀孰甚！

「上」是甚麼？能知其所謂上，斯上矣。

向上一著，自非穎悟絕倫，力到功深，則未易承當。驟而語之，沉厚者反以滋惑，俊爽者適以滋狂，故曰「神而明之，存乎其人」。苟非其人，道不虛行。

夫子答樊遲之問，切中天下後世人心之通病，「務義」「後獲」之語，乃知者、仁者之實功。

孝弟忠信、禮義廉恥，一有玷缺，便非士，「觚哉，觚哉」！

述而篇

问：夫子以生民來未有之至聖，何不立法創制，自我作古，而乃信古述舊，何也？曰：惟其不師心自用而信古，不立法創制而述舊，此夫子所以爲至聖也。後世紛紛多事，正坐在上者，自恃聰明，不率由舊章，而輕改祖宗法度；在下者，自逞己見，不則古稱先，而弁髦聖賢遺训，立異好奇，雄視百代，高擡其心，不在本位。此天下所以不治，而眞儒所以不多见也。

書稱：「学於古訓乃有獲，事不師古，以克永世，匪〔二〕說攸闻。」今學者敝精神於無用之虛文，其於當代章程，尚多茫然，況往古之典則乎？譬猶正牆面而立，一無所見，匪见胡獲？匪獲胡成？學無實用，世乏良材，蓋有由矣。

〔一〕「見」，石泉彭氏本、靜海聞氏本作「聞」。
〔二〕「匪」，原本作「非」，據尚書說命下、石泉彭氏本、靜海聞氏本改。

以夫子天亶聰明，猶不輕「作」，乃後世書生，動輒著作，日新月盛，未有紀極，豈皆發夫子所未發，補夫子所未備，如日用菽粟之不可一日無耶？可以觀世變矣。」

六經四書而外，如濂、洛、關、閩、河會、姚涇、東林、少墟諸儒先〔一〕講學明道之書，皆本之〔二〕躬行心得之餘，非汲汲以著述爲事者也。其言純粹精切，足以羽翼六經四書，開來學於無窮。吾人幸生其後，當享其現成，實體而力踐之，無煩著述。昔有人問章楓山先生以無著作，先生曰：「前人之言多矣，删其繁可也。」而陳白沙先生亦曰：「千聖遺編皆剩語，小生何敢復云云。」其言深可味也。

聖賢著述，原爲明道。常人著述，不過博名。

聖賢著述，是扶綱常、立人極、紹往古、開羣蒙；常人則借以表見於天下後世，以圖不朽而已。天理人欲之分，莫大於此。故著述愈多，則喪心愈甚，去道愈遠矣。

「默識」是入道第一義。「默」則不尚言説，「識」則體認本面。認得本面原「無聲無臭」，原「於穆不已」，自然無容擬議，自然「終日乾乾」，操存罔懈，何「厭」之有？以此自勵，卽以此勵人，視人猶己，何「倦」之有？此方是鞭辟著裏、盡性至命之聖學。若徒〔三〕以「識」爲誌記，終日誌記所聞，則反己自認之實安在？縱如癡如瘄，忘食忘寢，不厭不倦，亦只是口耳末習、記誦俗學。以此自勵，是内不識己，便是誤己；以此勵人，是外不識人，便是誤人。誤己、誤人，夫子豈然？

夫子之所謂「默識」，卽大學之所謂「顧諟明命」也。如貓覷鼠，心無雜用，意不他過。一念凝此，萬慮俱寂。如是則本體清明，不至昏昧，日用尋常，無不在此覺中。

〔一〕「儒先」，石泉彭氏本、靜海聞氏本作「先儒」。
〔二〕「之」，石泉彭氏本、靜海聞氏本作「於」。
〔三〕「徒」，石泉彭氏本、靜海聞氏本作「誤」。

「默而識之」謂沉潛自認，識得天命本體、自己眞面，卽天然一念，不由人力安排，湛定〔一〕澄寂，能爲形體主宰者是也。識得此，便是「先立其大」，便是「識仁」。孔門之學，以仁爲宗；及門諸子，終日孜孜，惟務求仁。程伯子謂：「學者先須識仁，識得此理，以誠敬存之，卽學而不厭也。」羅豫章令李延平靜中看喜怒哀樂未發氣象，而延平教學者默坐澄心，體認天理。陳白沙亦言「靜中養出端倪」，皆本於此，乃聖學眞脈也。

問：學所以求識本體，既識本體，則當下便是，如何還説「學」？還説「不厭」？曰：識得本體，若不繼之以操存，則本體自本體。夫惟繼之以〔二〕學，斯緝熙無已。所謂識得本體，好做工夫；做得工夫，方纔不失本體，夫是之謂「仁」。朱濟道力贊文王，象山謂之曰：「文王不可輕贊，須識得文王，方可稱贊。」濟道云：「文王，聖人，誠非某所能識。」曰：「識得朱濟道，便是文王。」至哉言乎！可謂八字打開，當機覿體，分明直指矣。今人所以支離葛藤於語言文字之末，而求諸外，原自己不識自己也。誠識己之所以爲己，本自高明，本自廣大，與天地合德而〔三〕日月合明，聖非有餘，己非不足，自然自成自道，豈肯自暴自棄。

問：「識」謂識本體，非徒誌記所聞，固已；然「中人以下，不可以語上」，「誨人不倦」豈盡望人以識本體耶？曰：本體人人固未易盡識，而求識本體之工夫，未嘗不人人盡誨！博約之誘、克己篤敬之説，所以示人以從入者，未嘗不諄懇，夫何倦耶？

學之所以爲學，只是修德。德若不修，則學非其學。「講學」，正講明修德之方也，不講則入德無由。「徙義」，所以崇德也，不徙則崇德無藉。「改不善」，所以進德也，不改則無步可進，安得不憂。故爲己而憂，是自視欿然；爲人而憂，是

〔一〕「定」，石泉彭氏本、靜海聞氏本作「然」。
〔二〕「以」，原本脱，據石泉彭氏本、靜海聞氏本補。
〔三〕「而」，石泉彭氏本、靜海聞氏本作「與」。

視人猶己。

自己不知學，不可不尋人講，講則自心賴以維持。自己知學，不可不與人共講，講則人心賴以維持。所在講學，〔一〕學術愈明，則世道賴以維持。

治亂生於人心，人心不正，則天下不治。學術不明，則人心不正。故今日急務，莫先於講明學術，以提醒天下之人心。嚴義利，振綱常，戒空談，敦實行。一人如是，則身心平康〔二〕；人人如是，則世可虞唐〔三〕。此撥亂反治、匡時定世之大根本、大肯綮也，全在有立人達人之志者，刻意倡率，隨處覺導。

學之不講固可憂，講而不行尤可憂。蓋講學本爲躬行，如欲往長安，不容不講明路程；若口講路程而身不起程，自欺欺人，其病更甚於不講，豈不尤爲可憂！

「志道」「據德」「依仁」而後「游藝」，先本而後末，由內而及〔四〕外，方體用兼該，華實並茂。今人所志惟在於藝，據而依之，以畢生平，逐末迷本，騖外遺內，不但體無其體，抑且用不成用，華而不實，可恥孰甚。

古人以道爲先，是以知道者多。今人以藝爲先，是以知道者少。道成而上，藝成而下，審乎內外輕重之分，可與言「志」矣。

「志道」則爲道德之士，「志藝」則爲技藝之人，故志不可不慎也。是以學莫先於辨「志」，必也道成而方及藝，則朝夕游衍，莫非攝心之助，巨細精粗，一以貫之矣。

〔一〕「所在講學」，石泉彭氏本、靜海聞氏本作「所講在學」。

〔二〕「平康」，石泉彭氏本、靜海聞氏本作「康平」。

〔三〕「虞唐」，石泉彭氏本、靜海聞氏本作「唐虞」。

〔四〕「及」，石泉彭氏本、靜海聞氏本作「後」。

古之所謂「藝」，如禮、樂、射、御、書、數，皆日用而不可缺者，然古人不以是爲「志」，必體立而後用行。今之所謂「藝」[一]，詩文字畫而已，究何關於日用耶？或問楓山何不爲詩文？楓山笑曰：「末技耳，予弗暇也。」莊渠先生答唐應德書曰：「聞開門授徒，無乃省事中又添卻一事，誰始爲舉業作俑，不知耗了人多少精神，心中添了多少葛藤蔓説，縱斬絶之，猶恐牽纏，況可引惹乎！朱子謂舉業是一厄，詩文是一厄，簿書是一厄，只此三厄，埋没了天下多少人才。顧應德卓乎萬物之表，莫以此等攖心。若謂此是次業[二]，是指尋花問柳與力穡同也。」按先生此書，言言警切，辨志者不可不知。

「用之則行」，可以仕則仕。「捨之則藏」，可以止則止。行藏惟道是徇，進退不失其正。道苟見用，則進而行道以濟時，進非希榮。道若不用，即退而抱道以守身，萬鍾有所不顧焉。顔子才堪經邦，學能「知幾」，「簞瓢」泰然，心無係累，故夫子以是許之。

能知幾，則臨時自小心兢業，敬慎無忽，計慮周詳。不萬全決不輕發，識微識彰，能柔能剛，涉世用兵，無不咸宜。德性作用與血氣作用，自是不同，深潛縝密與孟浪勇敢，得失何啻天淵！

「臨事懼」，「好謀成」，豈惟爲將之道當然，爲君爲相，及凡百有位，以至士之立身行己，莫不各有當臨之事、當成之謀，事無大小，莫不當然。故君而能然則萬幾理，相而能然則百官治，百執事能然則職業舉，士能然則品詣端。

富若可求，人人皆富矣。人不皆富，非命而何？即求之而得，齊景千駟之馬，何如夷齊西山之薇，一則死之日民無得而稱，一則民到於今稱之。誠不以富，亦祇以異，君子終不捨此以慕彼，況求無益於得，又豈可隨俗馳逐，徇人而喪己耶？故學者第一要安命守義，不可妄求。

問夫子「所好」。曰：夫子之好，秉彝之好也。好民彝物，則好性分懿德也，是以「好學」「好古，敏以求之」「發憤忘

[一] 石泉彭氏本、靜海聞氏本「藝」後衍「者」。
[二] 「次業」，原本作「業次」，三韓銘悳本作「正業」，據石泉彭氏本、靜海聞氏本改。

食，樂以忘憂，不知老之將至」云爾。今人或好聲色貨利，或好詩酒博弈，非不各有所好，然好而不得其正，流蕩忘返，適足以自誤生平。

「樂亦在中」，困而不失其所亨也。富貴本如浮雲，況不義之富貴乎？其爲心體之累、終身之玷，亦猶浮雲之障太虛，掃而去之，則萬里清澈，光風霽月，其快無涯。

古今人士，本來皎潔之品，其爲不義富貴所障者何限？苟得一時，遺臭千古。清夜捫心，樂乎？不樂乎？當必有辨之者。

子雅言詩、書、禮者，原欲學者雅聞其説，心繹神會，以之理性情、謹節文、練政事而達諸〔一〕用也。吾人生乎千百世之後，雖不獲親炙子側而聆其「所雅言」，而其「所雅言」者，未嘗不口誦而心維，果以之理性情、謹節文、練政事而達諸用乎？若徒假其言以爲富貴利達之資，無惑乎莊生謂「儒以詩禮發塚〔二〕」，李卓吾目爲「衣冠大盜」也。每一念及，曷勝慚赧！

問：「發憤忘食，樂以忘憂」，此正聖人之所以爲聖人，而異於常人處。若常人亦能如是，尚何聖人之不可企及？

曰：常人非全無發憤時，當其發憤，亦或忘食。非全無所樂，當其樂時，亦能忘憂。但聖人之憤憂，全爲明道修德。道有未明，德有未修，安得不憂？安得不發憤？道明德修，不容不樂，樂則何憂之有？置身世情緣於度外，並死生亦忘。學至於忘憂忘死生，則身與道爲一矣。常人之發憤，不過爲功名富貴〔三〕而已，未得則發憤以圖，既得則意遂而樂。憤樂無異，而所以憤樂則異，能於所以處自奮自拔，其庶乎！

夫子以行示範，而門人惟言是求，故自明其「無隱」之實以警之，與「天何言哉」之意同。所以迪及門以返躬尚行者

〔一〕「諸」，石泉彭氏本、靜海聞氏本作「之」。
〔二〕「塚」，石泉彭氏本、靜海聞氏本作「墳」。
〔三〕「功名富貴」，石泉彭氏本、靜海聞氏本作「富貴功名」。

至矣。

師之於及門，有言教，有身教。言教固所以教其行，然不若身教之得於觀感者尤深。夫子而後，若曾子之於公明宣亦其次也。公明宣及曾子之門，見曾子居庭，親在，叱咤之聲，未嘗至於犬馬，説之而學；見曾子之應賓客，恭儉而不懈惰，説之而學；見曾子之居朝廷，嚴臨下而不毁傷，説之而學。故不言之教，不從耳入，而從心受，根於心，斯見於行矣。

問：世有夫子之道德，而後諸及門得以「景行行止」，相觀而化；有曾子之篤行，而後公明宣得以奉爲楷模，是則是效，其如經師易遇，人師難逢何？曰：「三人行，必有我師」，其所從遊，豈無彼善於此者乎？有一善即師其一善可也。即一無所逢，而孔、顏、思、孟、周、程、張、朱及薛、陳、王、呂並先輩高賢眞儒之行實，具在一室，静對目擊而道存，莫非我師，莫非「無隱」之教，在加之意而已。

問：「不知而作」「作」字。曰：「作」，動作也。動於心爲思，動於口爲言，動於身爲行，而「知」爲主。知則清明在躬，理欲弗淆，心無妄思，口無妄言，身無妄行，是謂動無不善。不知則昏惑冥昧，理欲莫辨，心多妄思，口多妄言，身多妄行，此之謂無知妄作。

「多聞」善言，「多見」善行，藉聞見以爲知，亦可以助我之鑑衡，而動作不至於妄，然去眞知則有間矣，故曰「知之次也」。知聞見擇識爲「知之次」，則知眞知矣。

眞知非從外來〔二〕，人所自具，「寂而能照，感而遂通」「廓然大公，物來順應」。心思言動，莫非天則，未嘗自私用智，雖作非作。

夫所謂眞知非他，即吾心一念靈明是也。天之所以與我，與之以此也。耳非此無以聞，目非此無以見，所聞所見非此無以擇、無以識，此實聞見擇識之主，而司乎聞見擇識者也。即「多聞多見」「擇之識之」，亦惟藉以致此，非便以「多聞多

〔二〕「來」，石泉彭氏本、静海聞氏本作「入」。

見」「擇之識之」爲主也。知此則知眞，知眞則動不妄，卽妄亦易覺。所貴乎知者，在知其不善之動而已，此作聖之眞脈也。

天之生人，未嘗不與之以善。人之受生，未嘗不共有是善。互鄉之人，乃獨不善，此非其生來如是，亦習俗使[一]然也。顧天下無不可變之俗，無不可化之人，特患無機可乘耳。以互鄉之童子而知慕夫子，不顧流俗之非笑，毅然請見，可見秉彝好德之良，原非習俗所得而泯。卽此便是可乘之機，迎其機而進之，安知其不可與爲善也。童子一善，將來可以善一家，善一鄉，變化之漸，安知其不基於此乎？夫子之見，程子以爲「待物之弘」，余竊以爲成物之殷也。故君子之於惡俗，當思轉移，勿輕鄙棄。

問「君子坦蕩蕩」。曰：能俯仰無愧，便是「坦蕩蕩」；能持敬謹獨，方能俯仰無愧。問：持敬以謹其獨，固致坦之要，而獨之當謹者，其詳亦可聞乎？曰：獨之當謹者非一，而名利之念尤爲喫緊，千病萬病，咸[二]從此起，只不爲名牽，不爲利役，便俯仰無愧，便坦蕩自得。小人不爲名牽，便爲利役，未得患得，既得患失，便是「長戚戚」。

泰伯篇

泰伯遁身遐荒，毀傷髮膚，以絕太王、王季之望，讓國不居，泯然無跡，並讓之之名不居，此所以爲「至德」也。今人有一善，惟恐人不知，淺亦甚矣。諺云「滿瓶不響」，亶其然乎！

爲善不近名，方是眞善。否則，縱善蓋天下，可法可傳，有爲之爲，君子弗貴，以其非眞也。

或曰：「人只要力行好事，一時雖不求人知，天下後世終有知之者」。曰：力行好事，亦惟行其心之所安，當然而然

[一]「使」，三韓銘憲本作「便」。
[二]「咸」，石泉彭氏本、靜海聞氏本作「皆」。

耳，後世之〔二〕知與不知，非所望也。若謂天下後世終必知之而力行，終是有爲而爲，非當然而然也，而身後之名，果足以潤枯骨乎？

泰伯惟行其心之所安，是以不存形跡。其後季札化之，避位辭封，安於延陵，高風偉節，儀表千古，淵源遠矣！

曾子臨終，啟手足而「知免」，由於平日之修其身而無歉。吾人平日多歉，臨終將何以自免？今日尚未免消沮閉藏於世上，異日必不免抱悔含羞於地下，念及於斯，曷勝跼蹐！

孝以保身爲本。身體髮膚受於父母，不敢毁傷，故曾子「啟手足」以免於毁傷爲幸。然修身乃所以保身，手不舉非義，足不蹈非禮，循禮〔三〕盡道，方是不毁傷之實。平日戰兢恪守，固是不毁傷，即不幸而遇大難、臨大節，如伯奇孝己，伯邑考、申生死於孝，關龍逢、文天祥之身首異處，比干剖心，孫揆鋸身，方孝孺、鐵鉉、景清、黄子澄、練子寧諸公，寸寸磔裂死於忠，亦是保身不毁傷。若舍修身而言不毁傷，則孔光、胡廣、蘇味道之模稜取容，褚淵、馮道及明末諸臣之臨難苟免，亦可謂保身矣？虧體辱親，其爲毁傷，孰大於是！

保身全在修身，而修身須是存心。終日凜凜，戰兢自持，察之念慮之微，驗之事爲之著，慎而又慎，無所容乎人欲之私，而務全其天理之正，如是則俯仰無怍，生順而死安矣。

曾子揭「戰戰兢兢，如臨深淵，如履薄冰」之詩，以告及門，此千古作聖之基也。念念如此，則念念皆天理；事事如此，則事事皆天理。一日如此，則一日皆天理；終其身常常如此，則終其身常常純乎天理矣。故存心不如此，則非所以慎獨；臨事不如此，則非所以敬事；涉世不如此，則非所以涉世；經世不如此，則非所以經世。故經大經綸，出於絕小一心。

〔二〕「之」，石泉彭氏本、靜海聞氏本脱「之」。
〔三〕「禮」，原本作「理」，據石泉彭氏本、靜海聞氏本改。

心小則心存，心存則不亂。臨大事而不亂，方足以任大事；臨生死而不亂，方足以了生死。生之必有死，猶晝之必有夜，聖愚同然，古今一揆。只要平日心事無歉，便是臨終了死善著。一生戰戰兢兢，此心常存不放，到頭檢點平生，超然無累而逝，方是好結果、好散場。蓋善始乃能善終，善生乃能善死。吾人自今以前，既往之縱逸，疚心蕩檢，業已悔恨[一]無及。自今以後，儘戰兢自持，猶歲月有限，來日無多。若復悠忽縱逸，臨終檢點平生[二]，雖欲少延時日，痛自繩束砥礪，何可得耶？

顏子以「能問不能」，若無若虛，與物無競，非其心同太虛，安能如是？在顏子實不自知，而曾子以是稱之，則曾子所養可知矣。今學者居恆動言人當學顏子之所學，試切己自反，果若無若虛、物我無間、惟善是咨、怡然「不校」乎？否則其所養可知。

有大學問、大識力、大氣骨，方足以當大任、應大變，託孤而克副所託，寄命而不負所寄，遇禍亂而忠貞益著，處末路[三]而大義愈明，若伊尹之於太甲，周公之於成王，孔明之於後主是已。荀息節固無虧，然才弗勝任，卒負所託，而寡學鮮識，大節爲妻所奪；范質、王溥同受周世祖顧命，陳橋之變，臨難懼死，以宰相而反北面點檢；高拱、張居正同受明穆宗顧命，拱才疏識寡，居正以計擠去，恃才擅權，則又荀霍之罪人也。

不遇盤根錯節，無以別利器；不遇重大關節，無以別操守。居恆談節義，論成敗，人孰不能？一遇小小利害，神移色沮，隕其生平者多矣。惟遺大投艱，百折不回，既濟厥事，又全所守，非才品兼優之君子，其孰能之？

善心之興、立身之卓、德器之成，由於詩、禮、樂。今樂，雖士不肄習；而詩與禮，未嘗不家傳而戶誦。興者、立者，果

[一]「恨」，石泉彭氏本、靜海聞氏本作「憾」。
[二]「平生」，石泉彭氏本、靜海聞氏本作「生平」。
[三]「處末路」，三韓銘憓本作「末處路」。

有其人乎？吾不得而知也。夫古之肄詩，原鑑其善恶以淑心；今則惟諷誦其章句，講明先儒之所發明，以爲舉業之資而已。古之肄禮，原準其儀節以律身；今則惟裁取可爲科試題目，以爲應試之備而已。是肄習之始，便以弋名媒利爲事，而欲善心之興、律身之卓，何可得耶？然則屏舉業不事，專心致志，肄詩肄禮，惟藉以淑心律身可乎？曰：亦顧其人何如耳。苟志在興善，卽以之興善；志在律身，卽以之律身。終身肄詩肄禮與人同，而所以肄詩肄禮與人異，卽其所肄而一一反之於心，見之於行，由是出而應制，以其躬行心得之餘，發之舉業，方爲有本之舉業，而善心之興、律身之卓，益以舉業，而達諸用，舉業卽德矣。曰：其肄之之方，可得聞乎？曰：别無方，肯實反之身心便是方，仍於肄詩之餘，擇先儒所吟有關於身心性命、綱常名教痛快警切者，每日午後〔一〕精神倦散之時，朗誦數首，以鼓昏惰；擇曲禮少儀之有切於日用之急，及呂新吾四禮翼，佩服勿斁，坐立言動，整肅威儀。朔望，則設先師及顔、曾、思、孟、周、程、張、朱並諸先哲〔二〕之〔三〕位行禮，時操琴音，養其性情，其庶幾乎！

大才忘才，小才恃才。恃則驕，驕則吝。

「驕吝」，由於不知學。蓋知學，則知道理無窮。恆若己無一長，知德業難盡，恆若己無一善，自然威儀收斂，雖遇庸劣，亦謙和可掬，汪汪有千頃之度；不知學，則理道不明，德器無成，薄有技能，輒沾沾自喜，旁若無人。

謝上蔡别程子數年，去得一「矜」字，知學故也。

「學不志穀」，方是實學，方爲有志。

實學道德，自不志於功名，實爲身心性命，自不念及於富貴利達。

〔一〕「後」，石泉彭氏本、静海聞氏本作「候」。
〔二〕「諸先哲」，石泉彭氏本、静海聞氏本作「薛、陳、王、胡」。
〔三〕「之」，石泉彭氏本、静海聞氏本脱。

今人初學之日，便是「志穀」之日。揣摸帖括，刻意雕繪，疲精竭神，窮年累月，無非爲穀而然，此外無志，故此外無學。夫惟此外無志，是以修己務實之儒，世不多見，以致修己務實之業，無人講求，士趨日卑，士風日壞，病正坐此，可勝歎哉！

問：列國之時，邦域各别，遇「邦危〔一〕」固可以不入，「邦亂〔二〕」可以不居。若〔三〕在一統之世，際危亂奈何？曰：小而郡縣，大而省直，亦邦也，中間豈無彼善於此者乎？故處蜀而罹蹭，李巨游之往禍足鑑；避遼〔四〕而獲免，管幼安之見幾可欽。

「有道則見」，必才足以有爲，見庶不徒見。「無道則隱」，須產彩韜光，隱方是眞隱。

「學如不及，猶恐失之」。日月逝矣，歲不我與。尺璧非寶，寸陰是惜。作聖君子，及時努力。

爲身心性命而學，則「學如不及，猶恐失之」，君子「自強不息」之心也。爲富貴利達而學，則「學如不及，猶恐失之」，鄙夫患得患失之心也。同行異情，人品霄壤。

「舜禹之有天下，而不與焉」，所性不存故也。

人若見得透時，則知有天下，原不足與。天下尚然，况區區尋常所有乎？一或縈懷，便爲心累。夫惟淡忘，斯胸次灑然，道思過半矣。

問：「舜有臣五人而天下治」，後世師濟盈廷，而天下治日常少、亂日常多，何也？曰：五人德爲天德，才爲王佐，視天下猶一家、萬物猶一體、王事猶家事〔五〕，各效其長，同心共濟於上，其所引用布於中外者，莫非賢能。舜又以聖明臨之，

〔一〕「邦危」，石泉彭氏本、靜海聞氏本作「危邦」。
〔二〕「邦亂」，石泉彭氏本、靜海聞氏本作「亂邦」。
〔三〕「若」，石泉彭氏本、靜海聞氏本作「夫」。
〔四〕「避遼」，三韓銘憓本作「入關」。
〔五〕「家事」，石泉彭氏本、靜海聞氏本作「一家」。

故世登上理，俗臻雍熙。後世既無五人之德之才，又多自私自利之心，其所汲引，賢者不用，用者不賢，舉錯失宜，人無勸懲，故雖濟濟盈廷，究竟無補於治。間有彼善於此，不過僅臻小休而已。

學者居處食用，儉約方好。「禹之無間然」處，只是「菲飲食」「惡衣服」「卑宮室」，功在萬世。君臨天下者且然，況常人乎？故養德當自儉始。

近代章楓山先生，官至八座，致仕在家，僅小屋三間，前面待客，後面自居，蔬食粗衣〔一〕，人所不堪。先生處之裕如，門人化之，莫敢華侈。

子罕篇

「罕言利」，所以定學者之操也。蓋天下事，出乎義便入乎利。盡言義，人猶趨利；若言利，流弊何所底止？學者誠體夫子「罕言」之意，於此處先要清楚。惟正誼明道，不謀利計功，則立身方有本末。人事盡而後可以言命，義之所在，君子不言命。仁固學人切務，然求仁之工夫可言；而仁之本體，則不可以輕言。二者日用之間，惟盡其所當然，而其所以然之實，果力到功深，夫固有不言而喻者矣。

帝堯之大，蕩蕩乎民無能名；孔子之大，「博學而無所成名」。蓋「至德」難名，故無名可名。黨人惜其無所成名，此正鄉人之識、世俗之見，烏足以知孔子乎？余因是而竊有感焉。夫學之所以爲學，原盡其性分之當然、職分之所不容已耳。亦猶飢之於食，當食而食，非欲成食之名而後食也；寒之於衣，當衣而衣，非欲成衣之名而後衣也。自成名之說出，而天下後世之人，類多惟名是圖。爲性分職分而學者，百無一二；爲博名成名而學者，蓋千人而千、萬人而萬也。於是，學尋章摘句，以科第成名；學詩學文，以風雅成名；學多材多藝，成名於天下；學著書立言，成名於後世。地無南北，

〔一〕「蔬食粗衣」，石泉彭氏本、靜海聞氏本作「粗衣疏食」。

人無窮達，莫不各勉所學，各圖成名而正〔一〕，以〔二〕性分職分、當務之急，終其身反多茫然。噫，弊也久矣！

問「子絶四」。曰：　無思無爲，寂然〔三〕不動，感而遂通，物來順應。猶鏡之照，不迎不隨，何「意」、何「必」、何「固」、何「我」？

聖人自然而然「絶」此，賢人勉然而然「毋」此，衆人則冥然惘然「滯」此。一有所滯，便爲心累。昔人謂「莫教心病最難醫」，此正心病之最難醫者也。

四者之累，咸本於「意」，所謂「意慮微起，天地懸隔」是也。意若不起，三累自絶，「不識不知，順帝之則」。

聖人之所以爲聖，蓋以其心純乎天理，而無一毫人欲之私，非以其多材多藝而無所不能也。若以無所不能爲聖，則古來無所不能者不少，豈皆聖乎？

夫子之聖，固是「天縱」，然天之生人，「人人有是心，心心具是理」，則亦未嘗不人人而縱之也。顧人人縱之，而人人不能循理以全心，是以聖益聖、愚益愚，遂以聖爲絶德、爲「天縱」，斯謂自誣誣天。

「君子多乎哉？不多也」，分明謂君子之爲君子，原不在「多能」。心能循理，即一無所能，亦不害其爲君子。否則，縱事事皆能，究無當於君子。

元人謂宋徽宗詩文字畫諸事皆能，但不能爲君耳。今聰明人詩文字畫諸事皆能，但不能爲人耳！能爲人，則惟理是循，無爲其所不爲，無欲其所不欲，俯仰無愧，不負乎爲人之實。詩文字畫，愈以人重；苟爲不然，詩文字畫縱極其精妙，亦不過爲詩人、文人工於臨池而已。

〔一〕「正」，石泉彭氏本、靜海聞氏本作「止」。

〔二〕「以」，三韓銘憓本作「經」，石泉彭氏本、靜海聞氏本作「而」。

〔三〕「然」，石泉彭氏本、靜海聞氏本作「而」。

夫子自謂「無知」，此正知識盡捐，心同太虛處。有叩斯竭，如谷應聲，未叩不先起念。既竭，依舊忘知，雖曰「誨人不倦」，總是物來順應。

問：「空空如也」，先儒有作夫子說者，有作鄙夫說者，果孰是而孰非？曰：夫子「空空」，亦何待言，此則專就鄙夫說。蓋鄙〔一〕夫惟其「空空」，素無意見横於胸中，斯傾懷惟夫子之言是聽。若先有所見，必不向夫子問。即問亦必自以與夫子所見不合，必不能虛懷以受。曰：若謂夫子亦「空空」，議者以爲近禪，何也？曰：言夫子「空空」，而便疑其近禪，則是鄙夫胸無意見，而夫子反有意見，多聞多識，物而不化，與後世書生之學富二酉、胸記五車，何異？夫子惟其「空空」，是以大而能化，心同太虛。顏子惟其「屢空」，是以未達一間，若無若虛。〔二〕後儒見不及此，因釋氏談空，遂諱言空，並論語之明明言及於空者，亦必曲爲訓解，以避其嫌。是釋能空其五蘊，而儒不能空其所知；釋能上達，而儒僅下學〔三〕也。本以闢釋而反尊釋，崇儒而反卑儒，弗思甚矣！夫「空」字〔四〕之出於釋者固可避，而出於夫子之口者則不可避；「空苦」「空幻」「眞空」「無相空」「無所空」之說可闢，而「空空」「屢空」〔五〕之說不可闢。彼釋氏空其心而並空其理，吾儒則空其心而未嘗空其理；釋氏綱紀倫常一切皆空，吾儒則綱紀倫常一切皆實。得失判若霄壤，豈可因噎廢食乎〔六〕？

吾人學無歸宿，正坐不能空其所知，比之鄙夫，反多了一番知識，反增了一番心障，以致下不能如鄙夫，是以上不能希往聖。

〔一〕「鄙」，原本「匹」，據石泉彭氏本、靜海聞氏本改。
〔二〕「顏子惟其『屢空』，是以未達一間，若無若虛」，原本脫此句，據石泉彭氏本、靜海聞氏本補。
〔三〕「學」，石泉彭氏本、靜海聞氏本作「達」。
〔四〕「字」，石泉彭氏本、靜海聞氏本脫。
〔五〕「屢空」，原本脫，據石泉彭氏本、靜海聞氏本補。
〔六〕「乎」，石泉彭氏本、靜海聞氏本脫。

問：潁悟如顔子，學夫子之道，猶「仰鑽瞻忽」，歎其「高堅前後」之難入。今學者既無顔子之潁悟，而欲學夫子其尤難[一]，將何如耶？曰：謂顔子從夫子學道則可，謂爲學夫子之道，非惟不知道，並不知顔子矣。夫道爲人人當由之道，存心盡性之謂也。顔子存己心，盡己性，而由己所當由之道，由之而初未得其方，不是「過」便是「不及」，出入無時，莫知其鄉，潛天而天，潛地而地，是以有「高堅前後」之疑。若謂學夫子之道，是捨己而學人，乃後世徇跡摹仿者之所爲，卽一學而成，不高不堅，不前不後，亦與自己心性有何干涉？而「循循之誘」則是夫子誘其「博文約禮」，以學夫子。他日顔子問「仁」，夫子答以「爲仁由己」，而顔子之請事，不待請事「四勿」，惟直請事夫子便爲仁矣。顔子幸親炙夫子，得以學夫子，而夫子之前未有夫子，夫子之後再無夫子，學者抑將學誰耶？曰：顔子非學夫子，胡爲而依依夫子耶？曰：依依夫子，正所以親承指點入道之方，「博文約禮」是也。

問：「博我以文」，説者以爲使我知古今、達事變，然歟？曰：以「博文」爲知古今、達事變，則稍知讀書者皆可能，顔子乃反見不及此，必待夫子之誘，而始知從事於此，何以爲顔子？夫「博文」而止於知古今、通[二]事變，亦何關於身心性命之急，乃「欲罷不能」，博之約之，而至於「如有所立卓爾」耶？然則所謂「文」者，果何所指？必何如而後爲「博文」、爲「約禮」耶？曰：身心性命之道，燦然見於語默動作、人倫日用之常，及先覺之所發明，皆「文」也；莫不有當然之則焉，皆「禮」也。從而潛心默會，一一析其當然之謂「博」；隨所博而反躬實踐之謂「約」。「博」卽虞廷之「惟精」、大學之「格物」；「約」卽虞廷之「惟一」、大學之誠、正、修，知行並進，無非在[三]身心性命上做工夫，豈區區知古今、達事變者所可同日而語耶？

[一]「尤難」，原本作「難尤」，據石泉彭氏本、靜海聞氏本改。
[二]「通」，三韓銘憓本作「達」。
[三]「在」，石泉彭氏本、靜海聞氏本作「爲」。

以「博文約禮」爲善誘，此正顔子悟後之語，亦猶餌所以誘魚，非便以餌爲魚也，知此則知「性」矣。顔子惟其知性，是以藉博約工夫，盡性分之當然，進不能自已。用力之久，至於聰明才智俱無可用，不覺恍然有會，躍如在前，實非畔援欣羨之私所可擬議。雖欲從之，果何所從？有從則有二矣，有二便非道。陳白沙先生亦謂靜坐久之，見此心之體隱然呈露，常若有物，日用間種種應酬，隨吾所欲，如馬之御銜勒，水之有源委，於是涣然自信曰：「作聖之功，其在茲乎！」今吾人爲學，自書册之外，多玩愒因循，實未嘗鞭辟著裏，竭才以進，而欲其有所見，難矣！即或自謂有見，亦無異漢武帝之見李夫人，非惑卽妄。

士患立身有瑕，不是美玉。果是美玉，售與不售，於玉何損？「求」固成玷，「藏」亦有心，「待價」二字，夫子特爲求者下鍼砭耳。其實「待」亦無心，有心以「待」，固遠勝於衒玉求售，然一有「待」心，便非囂囂用捨，安於所遇。行「藏」一〔二〕出無心，斯善矣。伊尹、太公耕莘釣渭，咸囂囂自得，初曷嘗有心待賈，而成湯、西伯並重賈以售。其次若孔明之高臥隆中，不求聞達；康齋之身世兩忘，惟道是資，一則三顧躬邀，一則行人敦迎。王仲淹生乎漢晉，聖道陵彝之後，毅然以周孔自任，豈非一時之傑、間世之玉乎？乃詣闕自衒，遂成大瑕。其他隨時奔競之徒，本不自玉、本自無價，故人亦不以玉待之，多不言賈。昔人謂周之士貴，士自貴也；秦之士賤，士自賤也。士亦奈何不自玉而甘自賤也哉！

問「逝者如斯夫」。曰：達人觀化，知無停機；君子體道，自強不息。涵養省察有須臾之息，便是心之不存。心一不存，則造化生機之在我者，自我而息，便與造化不相屬矣。故必「言有教，動有法，晝有爲，宵有得，息有養，瞬有存」，乾乾惕勵，「造次必於是，顛沛必於是」，方是不息，方是與造化爲徒。

「逝者」固無息，心體亦無息。蓋心之爲心，本虛靈不昧，昭著於視聽言動之間，無晝無夜，未嘗一時一刻而或息；即深夜熟寐，一呼便覺，是寐者其身，而本體之不昧不息者，自若也。知此則知心矣，知心體之不息，務「戒懼謹獨」，存其所

〔二〕「一」，石泉彭氏本、靜海聞氏本作「亦」。

不息。夫是之謂道體不息，「逝者如斯」。

謝上蔡以子見齊衰者、冕者與瞽者，過趨坐作，無兩心，其「純亦不已」，便是「逝者如斯」，可謂知言。學者須無貴無賤、無顯無微，咸如此存心，無或少忽，始也「自強不息」，久則「純亦不已」。

「未如之何」，悼之也，惜之也，非絶之也。夫「法語」「巽語」，所以陳善納誨、委曲化導之者至矣。若悦而知繹，從而知改，斯身修而德立，何患不及古人，其如不繹不改何？自棄自暴，雖聖人亦且奈何哉？聖人此言，固有感而然。其實一部論語，正言處皆是「法語」，婉導處皆是「巽語」，卽六經、學、庸、孟子、先儒語録，千言萬説，莫非「法語」「巽語」。讀之者非全無所悦，然果繹之於心而見之於行乎？果力改舊習、維新是圖乎？否則，長爲棄人，負聖賢立言之苦心，其可悼爲何如耶？

匹夫有志，匹夫而豪傑也。臨境不奪，豪傑而聖賢矣。

人惟無志，故隨俗浮沉，若眞實有志，自中立不移〔一〕。主意既定，九死靡移，如水必東，百折不回。此之謂乾坤正氣，人中鐵漢，凛烈一時，彪炳千載。

立志須做天下第一等事，爲天下第一等人。志不如此，便是無志；志遜於此，便不成志。

問：如何〔二〕是「天下第一等事」？曰：「爲天地立心，爲生民立命，爲往聖繼絶學，爲萬世開太平。」如何是「天下第一等人」？曰：能如此，便是第一等人。「富貴不能淫，貧賤不能移，威武不能屈」，方是〔三〕「不奪」。

志於道德者，潛心性命，惟期道明德立，功名不足以奪其志；志於功名者，究心經濟，惟期功成名就，富貴不足以奪其

〔一〕「移」，石泉彭氏本、靜海聞氏本作「倚」。
〔二〕「如何」，石泉彭氏本、靜海聞氏本作「何如」。
〔三〕「方是」，石泉彭氏本、靜海聞氏本作「是謂」。

志。若志在貪圖富貴，刻心「雕蟲」，銳意進取，輒自以爲有志，人亦以有志目之，及所圖既遂，便以爲有志者事竟成，其實止成得一個患得患失之鄙夫耳，烏睹所謂志哉！苟患失之，無所不至，境臨即奪，安往不可？故學莫先於辨志，亦惟辨之於三者之間而已。

問：「歲寒，然後知松柏」，固矣。當其未寒時，亦可以先知其爲松柏乎？曰：居鄉不苟同流俗，立朝則清正不阿、亭亭物表者是也。知而重之、培之，可賴其用。若必待歲寒然後知之，亦惟知其不彫之節而已。不究於用，雖知何益？

士窮然後見節義，國亂然後顯忠臣。在士與臣則得矣，其如世道何？漢、唐、宋、明之末，非無松柏正人，在野則逸遺〔一〕而不知收用，致其老於窮塗。在朝則建白不採，多所擯斥；及值變故，徒成就了忠臣義士之節，至此雖知某也義、某也忠，亦已晚矣！嗟何及矣！故士而以節義見，臣而以忠烈顯，非有國者之幸也。興言及此，於焉三歎。

問「權」。曰：且先學「立」。能立，然後可以言「權」也。問「立」。曰：道明而後能立。然必平日學無他歧，惟道是適，務使心之所存、念之所發、一言一動，必合乎道，造次顛沛，不變所守。始也勉強，久也自然，富貴貧賤一視，生死患難如常，便是「立」。學至於能立，斯意定理明，而可與權矣。蓋天下有一定不易之理，而無一定不易之事，惟意定理明之人，始能就事審幾，惟理是從。孟子謂「權然後知輕重」，夫輕重靡定，從而權之，則必有極重者，吾從其極重者之謂權，是權之所在，即道之所在也。易傳序謂「隨時變易以從道」，中庸謂「君子而時中」，皆能權之謂也，則權非義精仁熟者不能。彼藉口識時達變而行權者，皆小人而無忌憚者也。喪心失身，莫此爲甚！可惜也夫！可戒也夫！

「未之思也，夫何遠之有」？思則得之，不思則不得也。天之所以與我，而我之所以爲我者，此心是也。心果遠乎？心本不遠，而自以爲遠者，捨心而言道。道在邇而求諸遠，故也。試反而思之，即此一思，便是心在。心一在而身有主，視

〔一〕「逸遺」，石泉彭氏本、靜海聞氏本作「遺逸」。

明聽聰，足重手恭，施於四體，四體不言而喻，自備萬善，自絶百非。

問：「思」固聖功之基，顧太思又易「憧憧」，未免「朋從爾思」。曰：思其所當思，思是「惺惺」；思其所不當思，思便〔一〕「憧憧」。「惺惺」與「憧憧」，慎與不慎之間而已，故學須慎思。然身既有主，則百體從令，亦何憧憧之有？

鄉黨篇

居鄉須溫恭淳謹，勿立崖岸。「孔子於鄉黨，恂恂似不能言」，此便是居鄉的樣子。

孔子居鄉，猶舜之居深山，其所以異於深山之野人者幾希。居鄉如此，纔是善居鄉。若言動稍異於人，便不近人情，人思遠之矣。

不善鄉居，是不善立身。不善立身，便是不能修身。

居鄉而或以賢知先人，或以門閥先人，或以富貴先人，或以族大先人，或以事業聞望先人，或以學問文章先人，有一於斯，其人可知。

聖如孔子，居鄉恭謹，固無論矣。下此如漢知張湛，官至太守，歸鄉必望里門而步。主簿進曰：「明府位尊德重，不宜自輕。」湛曰：「禮：下公門，式路馬。『孔子於鄉黨，恂恂如也』。父母之國，當盡禮，豈爲自輕哉？」明太宰漁石唐公致政家居時，出入惟徒步。或曰：「公官居八座，年邁七旬，固〔二〕天下大老也。孔子謂『從大夫之後，不可徒行』，公學孔子者，而顧欲過之耶？」公曰：「固然第吾楓山先師致政〔三〕歸，祇是徒行，未嘗乘轎。」姪樸菴章侍郎及竹簡潘侍郎俱守此

〔一〕「便」，石泉彭氏本、靜海聞氏本作「是」。
〔二〕「固」，原本作「故」，據石泉彭氏本、靜海聞氏本改。
〔三〕「政」，石泉彭氏本、靜海聞氏本作「仕」。

禮。吾安敢違耶？」松江張莊簡公與莊懿公，皆以尚書同居東南城河外，中間隔数十武。兩公〔一〕歲時入城祝釐，則皆出而往朱待詔家拜節。待詔者，櫛工之稱也。兩公與朱爲老鄰，即賤必肅章服拜之，櫛工則戴老人頭巾，接兩尚書具茶，送之而出。此皆居鄉而不以名位先人者也。

居鄉豈惟事事不可先人，平日尤〔二〕當曲盡處鄉之道。蓋既廬舍相比，須情誼相關，聯絡則休戚與同，涣散則緩急無恃。孔子曰：「觀於鄉，而知王道之易易。」天下即鄉里之積也，全要養得此太和元氣。在閭巷阡陌之間，纔是人情；必「德業相勸，過失相規，禮俗相交，患難相恤」，纔是處鄉有道。若僅恭默自持，無補於鄉，不是鄉愿，便是獨善，此又不可不知也。

「吉月，必朝服而朝」。蓋在家望君之所在而朝，非趨朝而朝也。夫君親一也，遇朔望亦〔三〕宜肅衣冠以拜親。

瓜匆作必，是以瓜致祭，亦所以獻新也。子孫之於祖父，凡遇時節新物，皆當然，此特其一耳。

「席不正，不坐。」今人亦有遇不正之席而移之正者，使正心若正席，斯善矣。

「傷人乎？不問馬」，蓋倉卒之間，以人爲急，偶未遑問馬耳，非眞賤畜置馬於度外，以爲不足恤而不問也。畜固賤物，然亦有性命。聖人仁民愛物，無所不至，見一物之摧傷，猶惻然傷感，况馬乎？必不然也。學者慎勿泥「貴人賤畜」之句，遂輕視物命而不慈夫物，必物物咸慈，而後心無不仁，庶不輕傷物命。

「時哉，時哉」，即經所謂「鳥獸咸若也」。子路一共，遂〔四〕「三嗅而作」，鳥固知幾，緣人機動，人無機心，鳥則自若。可

〔一〕「公」，石泉彭氏本、静海聞氏本作「君」。
〔二〕「尤」，石泉彭氏本、静海聞氏本作「猶」。
〔三〕「亦」，石泉彭氏本、静海聞氏本作「則」。
〔四〕「遂」，石泉彭氏本、静海聞氏本作「即」。

見人心一動，斯邪正誠僞，終難自掩。鳥微物且然，況人至愚而神〔一〕乎？物猶不可欺，人豈可欺乎？是故君子愼動，動而無妄，可以孚人物、感幽明，一以貫之矣。

論語二十篇，其十九篇記聖人之言，此篇則記其行也。行狀之妙，莫妙於此，先儒謂：「分明畫出一個聖人，只是精神命脈未曾畫得出。」夫精神命脈在內，不可得而見，豈可得而畫耶？然精神命脈，固不可得而見，見其進退周旋〔二〕、動靜語默，亦可因而知其精神命脈矣。蓋有諸內，自形諸外；觀其外，便可以知其內。觀水有術，必觀其瀾。水惟有本，故溥博時出；聖惟有本，故肆應曲當。

問「本」。曰：「江漢以濯之，秋陽以暴之，皜皜乎不可尚」，此其本也，此卽所謂精神命脈也。善學聖人者，就精神命脈大本之所在而深體之，果粹白洞豁，胸無纖塵，自誠中形外，經曲咸宜。若徒景行盛德之著於外者而襲其跡，卽一一畢肖，亦優孟之學孫叔敖耳。

論語下〔三〕

先進篇

禮樂爲範世〔四〕之具、教化之原。上非此無以淑風俗，下非此無以淑身心，無日可離，無時不用。顧所用何如耳？崇眞

〔一〕「至愚而神」，石泉彭氏本、靜海聞氏本作「更靈於物」。
〔二〕「進退周旋」，石泉彭氏本、靜海聞氏本作「周旋進退」。
〔三〕「論語下」，原本作「下論語」，爲統一體例，據石泉彭氏本、靜海聞氏本目録改。
〔四〕「世」，石泉彭氏本、靜海聞氏本作「身」。

尚簡，則風淳俗厚；喜浮好繁，則風靡俗澆。士君子既已〔一〕生當末季，欲力振頹風，返淳還厚，寧質而野，無〔二〕華而文。

問：在今日必如何方是「從先進」？曰：只不隨時套，便是「從先進」。

夫子陳蔡之阨，諸賢相與追隨弗懈，事師之誠，嗜學之篤，並足千古！否則鮮不退心。

「四科」之記，皆一時從難之人，在諸賢固足不朽，實因此而益彰，所謂「不經一番寒徹骨，安得梅花噴鼻香」。

孔門以「德行」爲本，「文學」爲末。後世則專以「文學」爲事，可以觀世變矣！

自後世專重「文學」，上以此律下，下以此應上；父師以此爲教，子弟以此爲學；朋友以此切磋，當事以此觀風；身非此無以發，家非此無以肥；咸知藉此梯〔三〕榮，誰知道德爲重？或偶語及，便目爲迂，根本由此壞矣！根本既壞，縱下筆立就千篇，字字清新警拔，徒增口耳之虛談、紙上之贅疣，究何益於身心？何補於世道耶？然則文不可學乎？曰：亦看是何等之文。夫開來繼往，非文不傳；黼黻皇猷，非文不著；弘道統，立人極，非文不振。若斯之文，何可以不學？顧學之自有先後，必本立而後可從事也；否則，卽文古如班馬，詩高如李杜，亦不過爲文人、詩人而已。昔人謂「大丈夫一號爲文人，斯無足觀」，有味乎其言之也。

閔子處人倫之變，卒以孝著，與舜之「克諧以孝」何異？至誠而不動者未之有也，不誠未有能動者也。閔子惟至誠惻怛，是以其母感化，回心易慮。人不幸而遭際後母，能以閔子爲法，母非鐵石，安在其不可感動乎？萬一性與人殊，終不可化，亦當安命盡道，孝敬如初。家貧固顯孝子，家變尤顯孝子。

「南容三復白圭」，觸目警心，藉以謹言，言猶慮玷，況行乎？家語稱其「獨居思仁」，惟其「思仁」，所以謹言。然則，人

〔一〕「既已」，石泉彭氏本、靜海聞氏本作「不幸」。

〔二〕「無」，石泉彭氏本、靜海聞氏本作「毋」。

〔三〕「梯」，石泉彭氏本、靜海聞氏本作「爲」。

之肆於言者，由其心之無所存故也。使心有所存，則言不期謹而自謹。言一謹而行自顧其言矣，何玷之有？

昔人謂有道德者不多言，有信義者不多言，惟見夫輕人妄人多言耳。未有多言而不敗者也，故「默」之一藥，能療言之萬病。

幽明一理，能盡人道，則明無人非，幽無鬼責，以之事鬼事神，自然來格來歆。

問：先儒謂「生死乃氣之聚散」，氣聚而生，一死便都散了，無復有形象尚留於冥漠之內，然歟？曰：氣一散而便都與之俱散者，草木是也。蓋草木本無知覺，故氣散而與之俱散。人爲萬物之靈，若一死而亦與之俱散，是人與草木無殊。靈隨氣滅，無鬼無神，則季路事鬼神之問，夫子宜答以無鬼，何以曰：「焉能事鬼？」而古今郊社之禮、六宗之禋、五祀之修、王者之禘祫、士庶之蒸嘗，一切崇德報功之典、追遠之舉，皆虛費妄作，爲不善於幽者，當無所忌矣。

生死一理，知生則知死矣。氣變而有形，形變而有生。生者，造物之所始；死者，造物之所終。故生之必有死，猶晝之必有夜，自古及今，無一獲免。而所以生所以死之實，則不因生死爲存亡，不隨氣機爲聚散也。

氣有聚散，理無聚散，形有生死，性無加損，知此則知生知死。學至於知生知死，學其至矣夫！

誠知性無加損，則知所以盡性，終日乾乾，攝情歸性，湛定純一，不隨境遷，晝如此，夜如此，生如此，自然死亦如此矣。一念萬年，死猶不死，此堯、舜、孔、孟及歷代盡性至命者知生知死之實際也。苟爲不然，徒知何益？

問：斯說蓋就性功純一者言，若在未嘗從事性功之人，其知生知死奈何？曰：此在各人心術何如耳。誠知人之生也本直，生而不罔，斯死而無歉；生能俯仰無愧，死則浩然天壤；生時正大光明於天下，死自正大光明於後世，若關壯繆、司馬光、文天祥、海剛峰諸人是也。

問：此就心術正大、行履無咎者言，下此則奈何？曰：下此則蚩蚩而生，昧昧而死，生而茫然，死而惘然。生既不能俯仰無愧，浩然坦蕩〔一〕於世上，屬纊之時，檢點生平，黯然消沮，自貽伊戚於地下，存不順而沒不寧，何痛如之？蚤知如此，何至於此！此季路之所以問死，而學者之所以不可不知也。蓋知終方肯善始，知死方肯善生；知死期不可豫定，則必兢兢思所以自治，惟恐今日心思言動違理，而無以善始善生，便非他日所以善終而善死。生時慎了又慎，免得死時悔了又悔。昔人謂「少壯不努力，老大徒傷悲」，余則謂「生時不努力，死時徒傷悲」。

問：「屢空」果室之空匱耶？抑心之空虛也？曰：「簞瓢陋巷」，室之空匱何待言？「屢空」還是說心之空虛。心惟空虛，是以近道。惟其近道，故不以空匱動其心；亦惟「屢空」而未至於常空，如夫子之「空空」，是以未達一間。若以「屢空」爲空匱，不但同門如曾子之七日不火食、歌聲若金石，原憲之踵決，子夏之肘露，可以稱「屢空」、稱「庶乎」；後世狷介之士，亦有居無卓錐、食無隔宿而恬坦自若者，亦可以稱「屢空」、稱「庶乎」矣！先儒所以解「空」爲空匱，深駁「空虛無物」之說者，蓋恐學人墮於禪寂，不得不爲之防。誠能明物察倫，深造自得，空豁其心，內外兩忘，而惺惺不昧，有體有用，不至操失其柄，體用俱空，庶不負先儒防微苦心。

夫子「空空」絕四，顏子「屢空」，其庶乎！

古人務實，平居不望人知。如或知之，即有以副其知。今人務名，平居多望人知，及其知之，不過知其章句文藝耳。若求實用，則何以哉？束手而已。雖未必人人如是，而習俗移人，蓋亦多矣，吾人可不勉哉！

孔門諸賢，兵、農、禮樂，大以成大，小以成小，平居各有以自信。今吾人平居，其所自信者何在？兵耶？農耶？禮樂耶？三者咸兼耶？僅有其一耶？抑超然於世務之外，瀟灑自得，志在石隱耶？如志非石隱，便應將經世事宜，實實體究，務求有用。一旦見知於世，庶有以自效，使斯世見儒者作用，斯民被儒者膏澤，方不枉讀書一場。若只尋章摘句，以文字求知，章句之外，凡生民之休戚、兵賦之機宜、禮樂之修廢、風化之淳漓，漠不關心；一登仕塗，所學非所用，所用非所

〔一〕「蕩」，石泉彭氏本、靜海聞氏本作「然」。

學，無惑乎國家不得收養士之效，生民不得蒙至治之澤也。

三子學有實際，故其實效，無不可以預信。後世自章句之外，茫無實際，故見之於用，多鮮實效。平居視三子若不足心服，及一當事任，則霄壤不侔，然後知空疏之習，無當於實用也多矣。

經世之業，平居儘學之有素；及一當事任，猶多不能中窾中會，盡協機宜，苟未嘗學之有素，而欲望其臨時有所建樹，不亦謬乎？殷浩以蒼生自負，房琯以將略知名，一出猶成敗局，況平居諳練不及二人乎？故當盤錯、應倉猝，全在平居所學有素，非區區恃聰明旋安排者之所能幾也。然明體方能適用，未有體未立而可以驟及夫[二]用。若體未立而驟及用世之業，猶未立而先學走，鮮有不仆。故必先自治而後治人，蓋能治心，方能治天下國家。

曾點素位而行，不作未來之想，悠然自得，心上何等乾淨，氣象何等從容。有曾點之胸次，而兼三子之長，德與才始全，斯出與處無往不可，而後天下之事無不可爲。

顏淵篇

問「克復」之旨。曰：解者已無剩義，只要實克實復，不必[三]再涉言詮。人千病萬病，只爲有己，是以天理之公，卒不能勝夫人欲之私，須是將心上種種嗜好、種種繫戀及名心、勝心、人我心、自利心，一一省察克治，如猛將克敵，誓不兩立，必滅此而後朝食，不勝不休。謝上蔡謂「克己須從性偏難克者克將去」，而薛文清亦云「萬起萬滅之私，亂吾心久矣，當一切決去，以全吾湛然澄然之體」。此皆前輩折肱之言，可爲「克己」之鑑。

動靜云爲任意，而無以自檢，便是「己」。不任意而任理，一動一靜，務有以自檢，便是「克己」。「惟聖罔念作狂，惟狂

[二]「夫」，石泉彭氏本、靜海聞氏本作「於」。
[三]「必」，三韓銘悳本作「可」。

克念作聖」，其在斯乎？

人心易放，天理難純，不有以隄防之，則人欲肆而天理滅矣。「禮儀三百，威儀三千」，莫非隄防之實。若憚其煩苦而樂於自便，是自決其隄防也。隄防一決，何所不至？

天之生物，有物有則，「禮」即吾人生來自有之則也。以其自有而自循之，故曰「復」。心無「意」「必」「固」「我」，動靜悉協天則，即心即矩，即心即仁。

未視未聽未言未動之先，主敬以立其本，將視將聽將言將動之際，戒慎以審其幾。於視於聽於言於動之時，守禮以勿其非。非禮之視勿視，非禮之聽勿聽，非禮之言勿言，非禮之動勿動，如是則無動無靜，無內無外，莫非天理，夫是之謂「仁」。「仁者，人也」，人而仁，始成其爲人。

王心齋初讀論語，至「四勿」節，歎曰：「此孔門作聖之功，非徒令人口耳也！」遂製一手板笏，書「非禮勿視，非禮勿聽，非禮勿言，非禮勿動」於其上，朝夕執持，出入不替，常目在之，須臾無忽，亦可謂實用功者。

「內省不疚」，則俯仰無愧，無入而不自得。所存乎已者既重，區區外慮，自不足以累其胸次，何憂何懼之有？若內省有歉，則俯仰不能無愧，雖欲「不憂不懼」，得乎？余生平多疚，初冥然莫知自省，終日意氣自若，自謂無憂無慮；後稍知所向，每一內省，輒慚汗無以自容，時憂時懼，食息不寧，夢魂〔二〕之間，未嘗不悚然如有所失。甚矣，無憂無懼之難也！省之不蚤，以至於此，噬臍何及？願我同人，鑑我覆車，及早內省，淬勵身心，不至有疚，夫何憂何懼？

問：爲政莫先於「足食」，其足之之道奈何？曰：先儒謂「制其田里」「薄其賦斂」，使民有常產，則倉廩實而食足矣。此在先王畫井分疆之時，可以因丁授田。後世則田非井授，地各有主，富者田連阡陌，貧者苦無立錐，雖欲制田，無田可制，無產赤丁，亦何從而得有常產乎？惟有清覈豪霸隱占之田，俵給就近貧民，募墾荒田，量給牛種，許爲永業。其有田

〔二〕「夢魂」，石泉彭氏本、靜海聞氏本作「魂夢」。

之家，勤惰不一，宜仿前代勸農之制，分道勸農。每春耕秋耘之際，掌印官屏騶從，按視田畝，省耕省斂。其糞多力勤、禾茂地闢者，量加旌別，以示鼓舞；遊手好閒，不務生理之人，不時稽查，勒令業農。疏溝洫，修陂堰，以通水利。田內穿井，井畔種桑，道旁廣栽雜樹及有用果木。婦女則督之織紡，以爲足食之源。官爲輕其徭役，免其火耗。又於婚姻喪制及宅舍服器，制爲定則，不得踰分妄費，奢侈耗財。禁止末作，及建廟賽神、演戲雜劇，皆所以節食之流，其庶幾乎？

問：「足兵」之道奈何？曰：先儒謂比什伍，時簡教，使民有勇而知方。古者因井制賦，因賦制軍，不出比閭族黨、鄰里酇鄙、州縣鄉遂之民，而伍兩卒旅軍師寓焉。故得以比其什伍，時其簡教，居足以相守而無虞，出足以相戰而無敵。用則〔一〕毒天下而民從，民卽爲兵；不用則斂而藏之，兵卽爲民。後世兵民相分，民不習戰，雖欲比其什伍，而無什伍可比；雖欲時其簡教而無從以施簡教。惟就見在所養官兵，選其精壯，汰其老弱，勤操練，嚴節制〔二〕，貴精不貴多。其無兵之區，則簡閱丁壯，團練鄉勇，招徠教師，教以諸般技藝，每冬一月，三次比試，立爲賞罰，以示勸懲。其比試之法，先箭後刀，次鎗次銃，及一應火器。就簡其技勇出衆者，以爲隊長。衆隊之中，擇尤過人者，加以千把總名色，俾統之。有事則人自爲戰，保障鄉曲；無事則肆力耕桑，不廢農業。無養兵之費，而有捍禦之用，練無爲有，轉弱爲強，斯亦足兵之一著也。

兵食固爲政先圖，而固結人心，尤經濟要務。蓋民心乃國脈所繫，國所恃以立者也。必平日深得民心，上下相信，斯有事民咸急公，不忍離貳。未亂可保不亂，既亂可保復治。否則，人心一失，餘何足恃？雖有粟，烏〔三〕得而食諸？兵雖多，適足以階亂。隋洛口倉、唐瓊林庫，財貨充盈，米積如山，戰將林立，甲騎雲屯，不免國亡家破者，人心不屬故也。善爲政者，尚念之哉！

〔一〕「則」，三韓銘悳本作「足」。
〔二〕「節制」，三韓銘悳本作「制節」。
〔三〕「烏」，石泉彭氏本、靜海聞氏本作「不」。

「自古皆有死」，乃貪生怕死之徒，往往臨難苟免，雖偷生得幾日，生則抱慚氣短，究竟終歸於死。死則遺臭無窮，何如死孝、死忠、死節、死義？死而無愧，照耀千古之爲得耶？等死耳，而「死有重於泰山，有輕於鴻毛」者，此也。

「苟子之不欲，雖賞之不竊」，此撥亂返治之大機、救時定世之急著也。蓋上不欲則源清，本源一清，斯流無不清。在在皆清，則在在不復妄取。敲骨吸髓之風既息，疲敝凋瘵之民獲蘇，各安其居，誰復思亂？左傳曰：「國家之敗，由官邪也。官之失德，寵賂章也。」而近代辛復元亦云：「仕途賄賂公行，所以民間盜賊蜂起，從古如斯。」三復二説，曷勝太息！岳武穆有言：「文官不愛錢，武官不怕死，天下自然太平矣！」確哉言乎！圖治者尚其鑑於斯。

子張以「聞」爲「達」，志在聲聞動人。遠邇俱孚，無往不利，此務外徇名者之所爲。夫子因其病而藥之，一補一消。此病豈惟子張爲然，吾人殆有甚焉。吾人自幼至長，所讀者雖鞭辟近裏之書，所習者皆務外徇名之業，蓋自志學之初，便已種下務名種子，畢精竭力，惟名是務。居恆讀至子張問達章，其於「聞」與「達」之分，辨之不爲不晰，未嘗不以子張爲務外；講及「色取行違」，未嘗不斥其僞而痛詆力排。而自己心思言動，偏色取務外，偏行違不疑，偏欲聲聞動人，遠邇俱孚，果惕然知返，斂華就實否？忠誠樸愨而直否？樂學不厭，惟義是好否？處人「察言觀色」，因人以返諸己否？涉世卑以自牧，内不忽而外不亢否？行皆由衷，不事矯飾，時疑時省，不自以爲是否？苟爲不然，縱砥節礪行，時切冰兢，而因名起見，有爲而爲，藉以立名，名譽雖播，而本心已失。回視子張務外徇名，其相去何能以寸？

忠信可孚豚魚，況人乎？實行苟茂，人自傾服，惟德動天，無遠弗屆，至誠而不動者，未之有也。

樊遲「崇德」之問、「仁知」之問，皆切問也。夫子所答之語，内焉而聖，外焉而王，道德、經濟之實，統於是矣。

書稱「在知人，在安民」，蓋惟知人，方能安民，故惟知人，方能愛人。若明不足以知人，而所用之人一有不當，本欲澤民而反以殘民，則其愛也適以成害。即不殘不害，而才不勝任，曠官廢事，不能承流宣化，民不被澤，亦何以溥其愛乎？舜惟明足以知人，故於衆人之中，識拔皋陶；湯惟明足以知人，故於衆人之中，識拔伊尹。皋、伊既賢，其轉相汲引之人，列於庶位者，莫不皆賢。衆正盈朝，殘民害衆之徒，不惟無以逞其殘，而且革心易慮，「咸與維新」，猶倨肆之人，一入神廟而肅然起敬，無復雜念。是用一仁人而衆無不仁，仁豈有不覆天下乎？漢、唐、宋、明諸君，中間雖有英賢稱「知人善任」，然其所知所任，不過隨世〔二〕以就功名之人，其大賢大良，如皋陶、伊尹，時固未有其人，卽有亦非所能知，故一時所與共事者，忠佞相參，治雜王霸，而欲仁覆黔黎，世躋雍熙，難矣！

問：「愛人」固在「知人」，而「知人」亦有道乎？曰：鑑明則妍媸莫爽，理明則賢否自悉。故知人先務，不外於格物窮理。理明而心公，廣詢博訪，斷以己見，其庶乎？

問：「君子以文會友」，可見古人會友，亦必以文，捨文則無以會友。曰：「文」乃「斯文」之「文」「在茲」之「文」、布帛菽粟之「文」，非古文之「文」、時文之「文」、雕蟲藻麗之「文」。以斯文會友，所講者莫非尋身心性命之理、日用常行之宜。所講在此，所存卽在此，方是「以友輔仁」。以文藝會友，所講者莫非尋章摘句之技，博名梯榮之圖，所講在此，所存卽在此，乃是以友輔欲。會友之名雖同，而會友之實則異：一在天理上打點，一在人欲中揣摸；一是求放心，一是使心放。「爲仁」固「由己」，而「輔仁」則不可無良友。若燕朋昵友，與之晤言，則塵情俗氣不知不覺入吾肺腑，害仁不淺。

獨居則遊思易乘，易作易輟。羣居則交發互礪，以引以翼。縱不能晨夕相聚，亦須時一會晤，彼此切磋，斯聞所未聞，訂證綿密，斯懈惰不生。

「會友」以收攝身心，此學人第一切務。前代理學諸儒，莫不立會聯友，以資麗澤之益。近代先輩，則所在有會，每年春秋仲月，月凡三舉爲大會。大會之外，退而又各就近集三五同志，每月三六九，相與摩切爲小會，總圖打點身心，非是求通聲氣。六十年來，斯事寥寥，可勝歎哉！

學人不爲身心性命則已，如爲身心性命，則不可不會友，會則不可無會約。先儒會約雖多，唯顧涇陽先生東林會約，醇正儆切，吾有取焉。每一晤對，不覺心形俱肅。會友者酌奪古今之宜，仿而行之可也。

〔二〕「世」，石泉彭氏本、靜海聞氏本作「時」。

子路篇

問：「先之，勞之」者何？曰：教化，爲政之首務也。言教不若身教之得於觀感者爲易；生養，政事之急圖也。口督不若身督之得於率作者尤深。一一親倡於上，民自風動於下，視民如子，惟恐失教失養，自然終始一心，何倦之有？世非無才猷敏練勤於政治之人，而簿書之外，其於教養，多不加意。即有加意者，或爲名而爲，爲利而爲，初未嘗有視民如子之心，以故動多具文，始勤終怠。昔清河太守房景伯，力行教化，務以身先。有婦人告其子不孝，景伯召婦人侍其母食，使其子侍立堂下，觀己供食。每上食，親捧虔拜。母食畢，然後退食。未旬日，其子悔過求還。景伯以爲此雖面慚，其心未也，不聽。凡二十日〔一〕，其子叩頭流血，婦人亦涕泣求還，然後許之，卒以孝聞。呂新吾知襄垣縣，躬親講勸，專務德化，政暇即單騎巡行阡陌，督耕課農，樹藝桑麻，疏渠鑿井，纖悉靡忽。視縣事若家事，視民產若己產，率作興事，不憚勞瘁。自作縣守府，以至分巡濟南，布政陝右，巡撫山西，所在皆然。使爲政者「先之，勞之」，盡若二公，教化何患不行？生養何患不遂哉？

問：「仲弓爲季氏宰」，季氏僚屬衆多，各有所司，宰總統羣僚，故得以「先有司」。僚屬之中，偶有誤失，宰得而寬宥；僚屬之中，有賢而有德、才而有能者，宰得而推舉。今宰邑者既無僚屬，是無「有司」可先，何從「赦過」？縱有賢才，亦無薦舉之權。曰：邑丞司糧，邑尉司捕，邑博司教，亦宰之「有司」也。俾各辦所司，而責其成。陸象山知荊門軍，遇事則延僚佐公議，虛己以聽，擇其所長而用之，以養其徇公之意。能如是，是亦「先有司」也。臨下寬簡不苛察，是亦「赦小過」也。至於境内賢才，果月旦推重，衆論僉同，知之既審，宜先造廬式閭。果賢果才，小則尊禮，以示優異；大則申聞當道，以備薦剡，使賢才不至埋沒，宰之職也。宰邑者如是則邑治，守郡者如是則郡治，治天下者如是則天下治。

〔一〕「二十日」，石泉彭氏本、靜海聞氏本作「二旬」。

鮑叔以庶僚而推舉所知之管仲，吳公守河南而推舉所知之賈誼，以至徐元直之於諸葛，狄仁傑之於張柬之，咸舉得其人，薦剡有光。

人人各有所知，人人各舉所知，則野無遺賢，世躋雍熙。各舉所知不難，各舉所知無所爲而爲爲難；否則，適足以開徇私之門，而長奔競之風。此須嚴立賞罰之格，得人則特加旌異，非人則罰治有差。其或阿舉所私，或受賄妄舉，及知賢蔽賢，事發一體連坐。如是則人知所畏，不敢妄，亦不敢蔽。

士君子志業，當以振綱常、扶名教爲己任。達而在上，則表正人倫於上；窮而在下，則表正人倫於下，所謂「在朝在野皆有事」是也。若區區徒稼徒圃，而無補於世道人心，焉能爲有，焉能爲無？

志在世道人心，又能躬親稼圃，囂囂自得，不願乎外，上也。志在世道人心，而稼圃不以關懷，次也。若志不在世道人心，又不從事稼圃，此其人爲何如人？與其奔走他營，何若取給稼圃之爲得耶？

伊尹耕於莘野，孔明躬耕南陽，此未仕而稼圃者也。海剛峰令淳安縣，愛民如子，視錢如讐，攜蒼頭二人，耕田藝蔬，一毫無取於民，此已仕而稼圃者也。御史陳茂烈告歸養親，身自治畦，泰然自足，此致仕而稼圃者也。並風高千古，稼圃何害？在遲固不可徒稼徒圃，在吾人則不可不稼不圃。肯稼肯圃，斯安分全節，無求於人，愼無借口夫子斥遲之言，以自誤其生平。

誦經讀書，見聞淵博，而闇於政事，短於辭令，此章句腐儒之常，猶無足怪。惟是藉經書以行私，假聖言以文奸，政事明敏，辭令泉湧，適足以助惡而遂非，其爲害有甚於腐儒，乃經學之賊、世道之蠹也。若此者可勝道哉！

公子荆以世家豪胄，居室不求華美，其居心平淡可知，眞翩翩濁世之佳公子也。世有甫入仕而宅舍一新，宦遊歸而土木未已，以視子荆，其賢不肖爲何如耶？

人於居室，足以蔽身足矣。乃輪奐其居，甲第連雲，以鳴得意。噫！以此爲得意，其人可知。

人無百年不壞之身，世無數百年不壞之屋，轉盼成空，究竟何有？昔之畫閣樓臺，今爲荒丘礫墟者何限？當其金碧輝煌，未嘗不左顧右盼，暢然自快，而今竟安在哉？千古如斯，良足慨矣！

古今來往往作者不居，居者不作。近世一顯宦，致仕家居，大興土木，躬自督工，椎基砌壁，務極其堅。一椎工未力，即震呵不已，其工且椎且對曰：「邑中某宦所修某宅，皆小人充役，當時只嫌不堅，今雖堅完如故，而宅已三易其主。雖堅，亦徒然耳！」某宦聞之，心灰意沮，遂寢其工。

人若見得透，形骸尚可以自外，況區區形骸以外之物乎？若謂貽厥孫謀，與其貽之以豐業，何如貽之以積善之爲得耶？即以貽業論，蕭何爲屋不治垣，置田不求膏腴，曰：「後世賢，師吾儉。不賢，毋爲勢家所奪。」故貽業而見及此，始可謂善貽。

爲政欲速，非善政。爲學欲速，非善學。

王道無近功，聖學無捷效。

宰一邑與宰天下，特患無求治之心耳。如果有心求治，不妨從容料理。鑿輪老人謂：「不疾不徐之間，有妙〔一〕存焉。」豈惟讀書宜然，爲政亦然。若求治太急，興利除害，爲之不以其漸，不是忙中多錯，便是操切僨事。自古成大事者，眼界自闊，規模自別，寧敦大成裕，不取便目前，亦猶學者寧學聖人而未至，不欲以一善成名。

「居處恭，執事敬，與人忠」，此操存之要也。獨居一有不恭，便是心之不存。遇事一有不敬，便是心之不存。與人一有不忠，便是心之不存。不論有事無事，恆端謹無欺，斯心無放逸。

終日欽凜，對越上帝。「上帝臨汝，無貳爾心」，敢不恭乎？敢不敬乎？敢不忠乎？否則，此心一懈，即無以對天心，便非所以尊德性。

容貌要頭容直，目容端，口容止，氣容肅，坐如尸，立如齊。遇事要如執玉，如捧盈，無大無小，無敢或忽，視聽言動，勿

〔一〕「妙」，石泉彭氏本作「妨」。

其非禮。日用之間，如此做工夫，斯表裏咸盡，動靜合一，而心有不存焉者鮮矣。

「行己有恥」，則行己不苟，立身方有本末。

士人有廉恥，斯天下有風俗。風俗之所以日趨日下，其原起於士人之寡廉鮮恥。

有恥則砥德礪行，顧惜名節，一切非禮非義之事，自羞而不爲，惟恐有浼乎生平。若恥心一失，放僻邪侈，何所不至？居鄉而鄉行有玷，居官而官常有虧，名節不足，人所羞齒，雖有他長，亦何足贖？

論士於今日，勿先言才，且先言守，蓋有恥方有守也。

論學〔一〕於今日，不專在窮深極微、高談性命，只要全其羞惡之良，不失此一點恥心耳。不失此恥心，斯心爲眞心，人爲眞人，學爲眞學，道德、經濟咸本於心，一眞自無所不眞，猶水有源、木有根。恥心若失，則心非眞心；心一不眞，則人爲假人，學爲假學。道德、經濟不本於心，一假自無所不假，猶水無源、木無根。

此點恥心，人人本有，與生俱生，只因情移境奪，遂致失其固有。誠肯自反自認，日用之間，凡一言一動，俱從此一點恥心發出，則議論、文章、事業方爲有本，可以建諸天地而不悖，質諸鬼神而無疑。

生來「剛毅、木訥」固「近仁」，卽生來不剛、不毅、不木、不訥，而一旦知非自奮，矯其所偏，能剛、能毅、能木、能訥，亦未嘗不「近仁」。故曰：學問大益，全在變化氣質。

懦靡變爲剛強，巧令變爲樸鈍，日振日奮，愈新愈勵，惺惺不昧，仁在其中矣。

憲問篇

士君子出身，貴有補於世。世治則乘時建明，世亂則救時旋轉，斯出不徒出，學爲有用。世治而不能有所建明，世亂而

〔一〕「學」，三韓銘悳本作「士」。

不能撥亂返治，則是才不足以有爲。經濟非其所長，已爲可恥。若不引身以退，卻乃尸位素餐，無爲無守，可恥孰甚。

經濟、介節，缺一不可，一有不具，士之恥也。

既無經濟，又乏介節，徒竊升斗以自潤，以之誇閭里而驕妻妾可也，烏足齒於士君子之林乎？

「克、伐、怨、欲」之不行，猶禦寇然，寇之竊發，多由主人昏寐。主人若醒，寇自不發，何待於禦？

「克、伐、怨、欲」，皆人欲之私，主人誠醒，則靜存動察，念念純是天理，那得更有人欲？蓋不待強制而自不萌，非萌而遏之不行也。

學問要識本體，然後好做工夫。原憲不識仁體，而好言工夫，用力雖勞，終屬安排。治病於標，本體何在？

問本體。曰：爲「克、伐、怨、欲」者誰乎？識此，斯識本體矣。

昔羅近溪先生見顏山農，自述遘危病、生死、得失能不動心。顏不許，曰：「是制欲，非體仁也。」先生曰：「非制欲安能體仁？」顏曰：「子不觀孟子之論『四端』乎？知皆擴而充之，如火之始燃，泉之始達。如此體仁，何等直截！子患當下日用而不知，勿妄疑天性之息也。」先生時如大寐得醒，此方是識仁。

原憲直以「克、伐、怨、欲不行」爲「仁」，固不是；然憲雖不識仁體，猶能力做工夫，能制克、伐、怨、欲於不行。吾人當其或克、或伐、或怨、或欲時，亦能痛懲力窒，制其不行乎？程子云：「七情之發，惟怒爲甚，能於怒時遽忘其怒，其於道思過半矣。」吾人心體之累，惟克、伐、怨、欲爲甚，若能於克、伐、怨、欲時，一覺卽化，使心體無累，其於仁思過半矣。未可借口「不行」爲非仁，而缺卻制之工夫也。

大凡人之好勝，由心不虛，誠虛以處己，自與物無競。矜「伐」多由器小，器大則萬善皆忘，何「伐」之有？「怨」生於不知命，知命則安命聽天。「欲」生於不知足，知足則淡然無欲。

所貴乎士者，以其瀟灑擺脫，胸無俗念也。「士而懷居」，胸次可知，俗念未融，何足爲士？

士若在身心上打點、世道上留心，自不屑區區耽懷於居處。一有繫戀，則心爲所累，害道匪淺。

居天下之廣居，則隨遇而安，必不縈念於居處，以至飲食衣服之類，凡常人意所便安處，舉無以動其中，斯胸無一點塵，不愧爲士。

言及羿、奡「俱不得其死」，則徒恃權力者，不覺骨悚心灰。豈惟羿、奡「不得其死」？歷觀前代權奸，如漢之竇憲、董卓，唐之李輔國、元載，宋之賈似道、韓侂胄，明之石亨、嚴嵩，當其權力方張，作威作福，勢焰非不薰灼，一時趨附者，從風而靡，稱功頌德，舉國如狂；其有安分自守者，鮮不目爲迂。迨禍機一發，終歸夷滅，奸黨之誅，株連不已，即或倖脫，人所羞齒。回視平日安分自守者，果孰得孰失、孰榮而孰辱哉？故人之立身涉世，勿苟圖目前，要慮及日後，結局之善不善，全在平日好尚之善不善耳。尚德？尚力？試自擇於斯二者。

「古之學者爲己」，闇然而日章。「今日之學者爲人」，的然而日亡。

爲己則潛體密詣，兢兢焉惟恐己心未澄、己性未明、己身未修、己德未成，己以外自不馳騖。迨身修德成，己立己達，宇宙內事，皆己分內事，立人、達人，莫非爲己。其心在爲人則反是，不但攻記誦、組詞翰是爲人，即談道德、行仁義，亦無非爲人。故理學、俗學，君子儒、小人儒，上達、下達之所由分，分於一念之微而已。

學不著裏，易生怨尤，著裏則一味正己，循理樂天。凡吉凶禍福、順逆得喪之在外者，舉無一動其中，何怨何尤之有？

學不上達，學非其至。捨學求達，學非其學。蓋上達即在下學之中，捨下學而求上達，此後世希高慕遠，妄意神化，尚頓悟，墮野狐禪所爲，自誤誤人，所關匪淺。

問下學之實。曰：涵養省察，改過遷善，五常百行，無一或忽；即事即理，即粗即精，不離日用常行內，直造先天未畫前。

公伯寮讒譖子路，使之不獲安於其位，自謂得計，卻不知妨賢妒能，自墮於小人之歸。萬世而下，子路不失爲賢人，伯寮不失爲小人，此所謂小人枉做了小人也。

自古小人讒毀君子，豈惟伯寮爲然，若孔文仲、范致虛之於伊川，韓侂胄、沈繼祖之於晦翁，咸包藏忮惡，組織詆誣，無所不用其極。究於兩先生何損？徒自遺臭無窮耳！

景伯欲「肆諸市朝」，可謂秉正疾邪，獨抱公憤。此憤在被讒者不可有，在旁觀者不可無。無則乾坤無正氣，宇宙無正人，讒夫高張，愈無忌憚矣。

士君子能以道之行廢歸諸命，則中心泰然，自無怨尤，故知命之謂知道。

范忠宣公罹章惇之讒，坐黨南竄，子弟多怨惇者。及渡江舟覆，踉蹌中正色謂子弟曰：「此豈章惇爲之哉！」君子以爲知命。

人於一房一衣〔二〕一器之壞，尚縈神圖修，乃自己身心反多因循荏苒，任其壞而不修，重其所輕而輕其所重，是自誤自己。

「修己以敬」，此堯舜以來所傳心法、千聖不易之宗旨也；六經、四子精義，總不外此。捨此而言修，修非眞修；捨此而言學，學非正〔三〕學。

惺惺不昧以修心，「九容」「九思」以修身，身心內外，無一或忽，斯身心內外，純是天理，自聰明睿知，自寬裕溫柔，自發強剛毅，自齊莊中正，自文理密察。以之安人、安百姓，誠無往而不格，事無往而不治。天德、王道，一以貫之，篤恭而天下平，非虛也。

衛靈公篇

以孔子之聖，猶厄窮絕糧，況吾人乎？飢寒困苦是其本色，夫何怨？

〔二〕「一房一衣」，石泉彭氏本、靜海聞氏本作「一衣一房」。

〔三〕「正」，石泉彭氏本、靜海聞氏本作「眞」。

貧者士之常，士不安貧，是反常也。士窮然後見節義，士不固窮，是無節義也。反常殞節，何以自立？袁安大雪僵臥，不肯干人。吳康齋躬親耕作，艱難是甘，其自敍有云：「七月十二夜，枕上思家計，窘甚！不堪其處。反覆思之，不得其方。日晏未起，久方得之。蓋亦別無巧法，只隨分節用安貧而已。誓雖飢寒死，不敢易初心也。」此皆是安貧固窮樣子，吾人所當取法。

子貢聰明博識而學昧本原，故夫子借已開發，使之反博歸約，務敦本原。本原誠虛靈純粹，終始無間，自然「四端」萬善，「溥博淵泉而時出」，肆應不窮，無往不貫。「等閒識得東風面，萬紫千紅總是春」。

「天下之動，貞夫一者也」，「貞夫一」斯貫矣。問「一」，曰：即人心固有之理，良知之不昧者是也。常知則常一，常一則事有萬變，理本一致。故曰：「殊塗而同歸，百慮而一致。」

聰明博識，足以窮理，而不足以融理；足以明道，而非所以體道。若欲心與理融，打成片段，事與道凝，左右逢原，須黜聰墮明，將平日種種聞見，種種記憶盡情捨卻，盡情撇〔二〕脫，令中心空空洞洞，了無一翳。斯乾乾淨淨，方有入機，否則憧憧往來，障道不淺。

博識以養心，猶飲食以養身。多飲多食，物而不化，養身者反有以害身；多聞多識，物而不化，養心者反有以害心。飲食能化，愈多愈好；博識能化，愈博愈妙。蓋並包無遺，方有以貫，苟所識弗博，雖欲貫，無由貫。劉文清謂邱文莊博而寡要，嘗言：「邱仲深雖有散錢，惜無錢繩貫錢。」文莊聞而笑曰：「劉子賢雖有錢繩，卻無散錢可貫。」斯言固戲，切中學人徒博而不約，及空疏而不博之通弊。

人生豈塊然獨處，不能不有所行，其或行去行不去，不待徵諸人，要在反諸己。自己果言行誠敬，到處人自傾孚，此非可以襲取僞爲，必存於心，而念念誠敬，坐作寢行，一啟口，一舉步，參前倚衡，無時無處而不然，如是則誠無不格，無往

〔二〕「撇」，原本作「瞥」，據石泉彭氏本、靜海聞氏本改。

不可。

行步要腳踏實地，愼勿憑虛蹈空。若低視言行而高談性命，便是憑空蹈虛究非實際。〔二〕

許敬菴篤志理學，一先輩謂之曰：「聞子留心斯道，老夫甚喜。第聖賢之道，不在玄虛，只論語『言忠信，行篤敬』二句，終身行之不盡。」敬菴初易其説，以爲道僅如斯而已乎？迨經歷既久，然後始歎道果不外於斯。然則，吾人今日立身行己，請事斯語足矣。

每日之間，念念誠敬，言言誠敬，事事誠敬，表裏肫摯，行履無歉，神猶欽仰，況人乎？自然居鄉鄉孚，居邦邦孚。

「事賢」「友仁」，原藉以陶淑身心，夾輔德業，苟非賢而事，呈卷送課，以圖知遇。非仁而友，詩酒作緣，以廣聲氣，則其人品可知。

「義以爲質」，則利欲之私不設於身，渾身是義。其行義也，中竅中會，動協節文，謙謹婉順，退讓不居其名，至誠惻怛，一本於中心之所不容已。無所爲而爲，不愆不忘，負荷綱常。此君子之所以爲君子，而吾人所宜取法也。

惟君子方「義以爲質」，若小人則利以爲質矣。利以爲質，則本質盡喪，私欲篡其心位而爲主於內，耳目手足悉供其役，動靜云爲，惟其所令；即有時而所執或義，節文咸協，辭氣雍遜，信實不欺，亦總是有爲而爲，賓義主利，名此實彼。事成功就，聲望赫烜，近悦遠孚，翕然推爲君子。君子乎哉？吾不知之矣！

「不以言舉人」，則徒言者不得倖進。「不以人廢言」，庶言路不至壅塞。此致治之機也。

以言舉人，則人皆尚言；以行舉人，則人皆尚行。上之所好，下卽成俗；感應之機，捷於影響，風俗之淳漓，世道之升沉係之矣。

三代舉人，一本於德；兩漢舉人，意猶近古。自隋季好文，始專以言辭舉人，相沿不改，遂成定制。雖其間不無道德

〔二〕「行步要腳踏實地……便是憑空蹈虛究非實際」，石泉彭氏本、靜海聞氏本脱。

經濟之彥，隨時表見，若以爲制之盡善則未也，是在圖治者隨時調停焉。

聖如夫子，猶「終日不食，終夜不寢」，沉思義理，而力學以從事，在吾人尤當何如耶？若玩愒因循，便成擔閣。

問：象山謂論語中多有無頭柄的話，如「知及之，仁不能守之」之類，不知所及所守者何事？非學有本領，未易讀也；然則所及所守之實，可得聞乎？曰：「知及」者，識己心，悟己性，洞見〔二〕本體炯炯不昧是也。知及此，便是本領，便是得，守者守此而已。若理欲淆雜，「仁不能守」，則得者復失，雖仁守而不莊不禮，則守之之功未至，終屬滲漏。知至至之，知終終之，本諸身，徵諸庶民，內外交盡，斯知不徒知。

讓，美德也；不讓，則非所以崇德。然有可讓，有不可讓，萬事皆宜先人而後己，不可不讓；唯自己身心性命之詣，及綱常名教所關，自宜直任勇承，一力擔當，雖師亦不可讓，况其他乎？「師」若是尋常章句文藝之師，不讓何足貴？此師乃修身明道、爲聖爲賢、擔荷世道、主持名教，夙所師法之人，有爲者亦若是，何讓之有？「讓」則是不敢以第一流自任，甘以不肖自處矣，此之謂無志。

「辭」所以達意，或闡揚道德，或敷陳經濟，貴明不貴晦，貴簡不貴繁。若務爲藻繪以騁才華，故爲澀晦以〔三〕誇淵奧，滾滾不竭以顯辨博，以此達意，意可知矣。

知道者言自簡，「辭」無枝葉。易云：「君子修辭以立其誠。」「辭」苟枝葉，便非立誠，便是心放。心既放矣，縱其辭典麗敏妙，高出千古，不過辭人之辭耳，豈君子之所貴乎？

有片言而達者，有千萬言而不達者，知道與不知道異也。闡道之辭簡明，莫如周子通書；敷陳之辭條暢，莫如伊訓、說命及前後出師表。此皆發自肺腑，不事雕飾，可爲千萬世修辭之準。近代弇州四部稿，辭非不典贍高古。趙儕老一見，

〔二〕「洞見」，石泉彭氏本、靜海聞氏本作「良知」。

〔三〕「以」，三韓銘悳本作「從」。

謂其中無一字性靈語，卽散與村嫗作冊子。由斯以觀，修辭者亦可以知所從矣。

季氏篇

人生不可無友，交友不可不擇。友「直」「諒」「多聞」，則時時得聞己過，聞所未聞，長善救失，開拓心胸，德業、學問、日進於高明。若與「便辟」「柔」「佞」之人處，則依阿逢迎，善莫予責，自足自滿，長傲遂非，德業、學問，日墮於匪鄙。爲益爲損，所關匪細，交友可不慎乎！

「直」「諒」「多聞」，三者俱不可無，而夾輔匡正，得力尤在於「直」。昔申顏自謂：「一日不可無侯無可。」或問其故，曰：「無可能攻人之過，若一日不見，則不得聞其過矣。」

禮以謹儀節[一]，樂以養性情，此日用而不可離者。所樂在此，斯循繩履矩，身心咸淑，聞人之善，喜談樂道，愛慕流連，卽此便是己善。或道德邁衆，或經濟擅長，以至「直」「諒」「多聞」、忠孝、廉節，有一於斯，便是賢友。交一賢友，則得一友之益，所交愈多，則取益愈廣。驕奢佚惰[二]，惟晏樂是耽者，烏足以語此！昔人謂「晏安鴆毒，劇於病臥」，又云「安於逸樂，如陷水火」，故君子所其無逸。

君子有「三戒」，能戒則爲君子，不戒便是小人。戒與不戒，只在一念之頃而已。堅忍一時，快慊終身；一念之差，終身莫贖，人可不慎此一念乎？

遇色能不亂，懲忿無求勝，臨財無苟得，於此一一清楚，方是好操持、好立腳。否則，跟腳一差，有玷生平，後雖愧悔，夫何所及？

[一] 「儀節」，石泉彭氏本、靜海聞氏本作「節文」。
[二] 「惰」，三韓銘悳本作「情」。

吾人有生之初，天以義理賦畀。有生之後，天以吉凶、禍福、順逆、窮通降鑑提撕。「天威不違咫尺」，敢不畏乎？小心翼翼，時顧天命，出入起居，罔有不欽，檢身循理，務期對越天心。其有道德隆重，齒爵俱尊之「大人」，是崇是式，罔敢或忽。「聖人之言」，無非修身明道，存心養性，事天指南，是體是尊，罔敢少悖。否則，便是自暴自棄，自絕於天，非無知之小人而何？

讀聖人之書，而不能實體諸躬，見諸行，從講說論撰，假塗干榮，皆侮聖言也。

問：「生而知之」「學而知之」，此「之」字果何所指？曰：「知之」只是「知本性〔一〕」，「本性〔二〕」之外再無知。若於此外更求知，何異乘驢更覓驢！

「生知」「學知」「困知」及「民斯爲下」，等雖有四，知止一知。知之在人，猶月之在天，豈有兩乎？月本常明，其有明有不明者，雲翳有聚散也，雲散則月無不明。有知有不知者，氣質有清濁也，氣澄則知無不知。學也者，所以變化氣質，以求此知也。「上」「次」「又次」及「民下」，人自爲之耳。

思雖有九，所以思則一。一者何？心也。心存則一念惺惺，動輒檢點，視自「思明」，聽自「思聰」，色自「思溫」，貌自「思恭」，言自「思忠」，事自「思敬」，疑自「思問」，忿自「思難」，得自「思義」，此修身、率性、踐形之實，定、靜、安、慮之驗也。故曰「清明在躬，志氣〔三〕如神」，又曰「心之官則思，思則得之」，「思作睿」，「睿作聖」。

「隱居求志」，斯隱不徒隱。「行義達道」，斯出不徒出。若隱居志不在道，則出必無道可達。縱有建樹，不過詭遇，君子不貴也。

〔一〕「本性」，石泉彭氏本、靜海聞氏本作「良知」。
〔二〕「本性」，石泉彭氏本、靜海聞氏本作「良知」。
〔三〕「志氣」，靜海聞氏本作「氣志」。

脫跡紛囂，潛心道德經濟，萬物一體，念切世道生民，此方是「隱居求志」。苟志不出此，徒工文翰以自負，悠優〔一〕林壑以遺日，無體無用，於世道無所關係，以此爲隱，隱可知矣。莘野、傅巖、磻溪、隆中，當其隱居之日，志未嘗不在天下國家，經世事宜，咸體究有素，故一出而撥亂返治，如運諸掌。後世非無隱居修潔之士，顧志既與古人異，是以成就與古人殊。景公、夷、齊，一則泯沒無聞，一則垂芳無窮。公道自在人心，三代所以直道而行也。噫！一時之浮榮易過，千載之影樣難移，是故君子貴知所以自立。

陽貨篇

孔子之於陽貨，不詘不忤，此千古待權奸之法。其受饋往拜，彼時體局，自應如此。後人所處體局，既與孔子異，則辭受往拜，自不得與之同。薛文清微時，參議欲請見而不往；及爲御史，內閣求識面而不得。時太監王振權侔至尊，各官皆行跪禮，先生獨不爲之屈。振欲藉先生爲重，遣使致饋，先生卻之。其僕曰：「君何騃？方面以千金求階於吾公，不可得，反卻饋耶？禍且至，吾危君！」不聽。饋至再，終固辭不受，可謂善學孔子。他若陳師道之於章惇，陳敬宗之於王振，亦皆不惡而嚴，不悖孔子家法，學人所宜取鏡。

性因習遠，誠反其所習而習善，相遠者可使之復近。習之不已，相近〔二〕者可使之如〔三〕初。是習能移性，亦能復性。書曰：「習與性成，惟聖罔念作狂，惟狂克念作聖。」亶其然乎！

〔一〕「悠優」，石泉彭氏本、靜海聞氏本作「優遊」。
〔二〕「近」，三韓銘悳本作「遠」。
〔三〕「如」，三韓銘悳本作「復」。

習字則字成，習文則文成，以至百工技藝，莫不由習而成，況善爲吾性所本有，豈有習之而不成者乎？成善斯成性，成性斯成人矣。

問「習之」之實。曰：親善人、讀善書、講善端，薰陶漸染，惟善是資。存善念、言善言、行善行，動靜食息，惟善是依。始也勉強，久則自然。

「上知」明善誠身，之死靡他；「下愚」名利是耽，死而後已，非「不移」而何？然「上知」之人，不肯移而之下，固無論已；「下愚」之人，苟一旦自反，改弦易轍，豈不可移而之上？無奈自暴自棄，流蕩忘返，卒爲「下愚」之歸，若是者又豈少哉？悲夫！

遲鈍人能存好心，行好事，做好人，雖遲鈍亦是「上知」。明敏人若心術不正，行事不端，不肯做好人，即明敏亦是「下愚」。

聖人道德高厚，過化存神，無所往而不可，何「磷」何「緇」？若德非聖人，不擇而往，未有不「磷」不「緇」者。楊龜山出應蔡京之薦，朱子謂其「做人苟且」。吳康齋持守謹嚴，世味一毫不染。石亨慕而薦之朝，遣行人聘入京師，知石氏非端人，惡人其黨，辭官歸里。士大夫有候之者，問先生何爲不致君而還，則搖手曰：「我欲保全性命而已。」未幾，亨等被誅，凡交與者悉被重譴，獨先生皭然不滓。故君子出處不可以不慎。

「仁」「知」「信」「直」「勇」「剛」六者，莫非懿德，惟不好學，諸病隨生，好處反成不好，甚矣！人不可以不學也！學之如何？亦惟窮理以致其知而已。理明知致，而後施無不當。夫何蔽？若誤以辭章記誦爲學，不惟不能祛蔽，反有以滋蔽。

好「仁」「知」「信」「直」「勇」「剛」，而不濟之以學，固易蔽；然天良未鑿，猶有此好。今則求其能好而易蔽者，亦不可得。盡能有此好，即臨境易蔽，而本原不差，亦是易蔽之好人。好學可以救藥，若無此好，藥將何施？

聖門之教，詩居其首，「興」「觀」「羣」「怨」，「事父」「事君」之道，於是乎資。今之學者，童而受讀，垂老不廢。學則學矣，吾不知其於「興」「觀」「羣」「怨」、人倫、物則果何如也？買櫝還珠，吾黨戒諸！

「道聽塗説」，乃書生通病，若余則殆有甚焉！讀聖賢遺書、嘉言善行，非不飫聞，然不過講習討論，佯口度日而已，初何嘗實體諸心、潛修密詣以見之行耶？每讀論語至此，慚悚跼蹐，不覺汗下。同人當鑑余覆車，務以深造默成爲吃緊，以騰諸口説爲至戒，慎毋入耳出口，如流言〔二〕溝，則幸矣。

修德斷當自默始，凡行有未至，不可徒説。即所行已至，又何待説？故善行爲善言之證，不在説上。

苟圖富貴，便是「鄙夫」，此非生來如此，學術使然也。當爲學之始，所學者正誼明道之術；及登仕版，自靖共爾位，以道事君。若爲學之始，所學者梯榮取貴之術；及登仕版，止知耽榮固寵，患得患失，不依阿即逢迎，情所必至，無足怪者。故術不可不慎也。

夫子懼學者徒以言語文字求道，故「欲無言」，使人知眞正學道，以心而不以辯，以行而不以言。而子貢不悟，反求之於言，區區惟言語文字是耽，是以又示之以「天道不言」之妙，所以警之者至矣。時行物生，眞機透露，魚躍鳶飛，現在目前。學者誠神明默成，「不識不知，順帝之則」，四端萬善，隨感而應，道即在是，夫何所言？一落言詮，便涉聲臭，去道遠矣。陸象山有云：「寄語同遊二三子，莫將言語壞天常。」而鄒南皋亦云：「寄語芸窗年少者，莫將章句送青春。」合二詩觀之，吾曹得無惕然乎？

高宗恭默思道，顏子如愚，亦足以發，必如此方是體道忘言之實。否則，終屬「道聽塗説」，德之棄也。

吳康齋讀論語至「年四十而見惡焉，其終也已」，不覺潸然太息曰：「與弼今年四十二矣，其見惡於人者何限？而今而後，敢不勉力？少見惡於人，斯可矣！」夫康齋年未弱冠，即砥德礪行，至是蓋行成德尊，猶自刻責如此，況余因循虛度，

〔二〕「言」，三韓銘悳本作「水」。

行履多錯，宜〔一〕見惡於人者，何可勝言？人即不盡見惡，時時反之於心，未嘗不自慚自恨〔二〕，自惡於志，其所以痛自刻責者，尤當何如耶？

微子篇

箕子囚奴，比干剖心，忠節凜烈〔三〕，天地爲昭。微子之去，跡同後世全身遠禍者所爲，而夫子並許其仁者，原其心也。以其心乎國，非私乎身，宗祀爲重，跡爲輕也。蓋微子本帝乙之元子、紂之親兄，與箕子、比干不同，有可去之義，故箕子詔王子出迪，不使紂有殺兄之名。而元子在外，宗祀可延，所謂自靖。人自獻於先王，而即其心之所安，是以同謂之仁。後世若德非微子，分爲臣僕，主昏不能極諫，國亡不能徇節，跳身遠去，俯首異姓，斯乃名教之罪人、不仁之大者。公論自在人心，口誅筆伐，播諸青史，一時輕去，千載難逃，夫何原！

微，國名；子，爵也。啟雖封有爵土，而身常在朝，同箕子、比干諸人輔政；至是見紂惡日甚，不可以輔，乃去紂而還其所封之國，轉遁於野，潛跡滅蹤，非去紂而入周也。微子之志固如此〔四〕，若去紂而入周，又何以爲微子？昭烈之圍成都也，許靖謀踰城出降，昭烈由是鄙其爲人。使微子而亦然，豈不見鄙於武王乎？至左傳引「微子銜璧迎降」之言，斯蓋後世臣人者借口，賢如微子必不其然！武王尚式商容之閭，微子之賢在所素悉，夫何致其恇震以至於此，亦必不然。然則微子之在彼時，果何以自處？而武王之於微子，亦果何以爲處也？曰：天命既改，微子不容不順天俟命。武王奉天伐暴，

〔一〕「宜」，石泉彭氏本、靜海聞氏本作「其」。
〔二〕「恨」，石泉彭氏本、靜海聞氏本作「憾」。
〔三〕「烈」，三韓銘悳本作「然」。
〔四〕「微子之志固如此」，原本脫，據石泉彭氏本、靜海聞氏本補。

誅止一夫，其餘子姓之有爵士者，俱仍其封，不失舊物，況微子乎？ 既而崇德象賢，改封於宋，進爵爲公，俾修其禮物，作賓王家，斯微子之所以自處，而武王之所以處微子也，夫豈同後世牽羊銜璧、解縛焚櫬者之所爲也。

問： 後世德非微子，固不可以俯首異姓。若果德如微子，便可借口宗祀，俯首異姓乎？ 曰： 亦顧其所遇何如耳。苟遇非武王，只當如北地王劉諶之死社稷爲正。 蓋時有不同，古今異勢故也。 否則，不惟不能存宗祀，反有以辱宗祀矣。

沮溺之耕、丈人之耘，棲遲農畝，肆志煙霞，較之萬物一體，念切救世者固偏，較之覃懷名利、奔走世路[二]者則高。 一則鳳翔千仞，一則蛾逐夜燈，孰是孰非，孰得孰失，當必有辨之者。

聖人無不可爲之時，不論有道無道，直以綱常名教爲己任，撥亂返治爲己責。 若自己德非聖人，才不足以撥亂返治，只宜遵聖人家法，有道則見以行義，無道則隱以守身，寧跡同沮、溺、丈人之偏，慎無蹈昧於知止之轍。

子張篇

「執德」是持守堅定，「弘」則擴所未擴，「信道」是心孚意契，「篤」則始終如一。 既「弘」且「篤」，方足以任重致遠，做天地間大補益之事，爲天地間有關係之人。 若不弘不毅，則至道不凝，碌碌一生，無補於世。 世有此人，如九牛增一毛，不見其益； 世無此人，如九牛去一毛，不見其損，何足爲輕重乎？

每讀論語至「焉能爲有？ 焉能爲亡」，中心不勝慚悚，不勝悵恨，慚平生[三]見道未明、德業未就； 恨平生[三]凡庸罔似，於世無補，虛度待死，與草木何異！ 猛然一醒，痛自振奮，少自別於草木，庶不負此一生。

[二]「路」，石泉彭氏本、靜海聞氏本作「塗」。

[三]「平生」，石泉彭氏本、靜海聞氏本作「生平」。

[三]「平生」，石泉彭氏本、靜海聞氏本作「生平」。

「小道」，集註謂「農圃醫卜之屬」，似未盡然。夫農圃所以資生，醫以寄生死，卜以決嫌疑、定猶豫，未可目爲「小道」，亦且不可言「觀」，在當時不知果何所指，在今日詩文字畫皆是也。爲之而工，觀者心悦神怡，躍然擊節，其實内無補於身心，外無補於世道，「致遠恐泥」，是以知道君子「不爲」也。然則詩文可全不爲乎？曰：豈可全不爲？顧爲須先爲大道。大道誠深造，根深末自茂，即不茂亦不害其爲大也。伊、傅、周、召何嘗藉詩文「致遠」耶？問大道。曰：内足以明心盡性，外足以經綸參贊，有體有用，方是大道，方是「致遠」；其餘種種技藝，縱精工「可觀」，皆不足以「致遠」，皆「小道」也，皆不足爲。爲小則妨大，所關非〔一〕細，故爲不可不慎也。

道理無窮，德業亦無窮。日日返觀内省，知某道未盡、某理未明、某德未立、某業未成。誠一一「知其所亡」，斯不安於亡，務求所以盡之、明之、立之、〔二〕成之；即已盡、已明、已立、已成，亦必日新又新，緝熙弗懈，勉強不已，久則自然，如此方是「好學」。若不在道理上潛心、德業上操存，捨本逐末，區區致察於名物訓詁以爲學，縱博覽強記，日知所未知，月能所未能，謂之「好古」則可，謂之「好學」則未也。

友人有以「日知」爲學者，每日凡有見聞，必隨手劄記，考據頗稱精詳。余嘗謂之「日知」者，無不知也，當務之爲急。堯舜之知而不遍物，急先務也。若捨卻自己身心切務，不先求知，而惟致察於〔三〕名物訓詁之末，豈所謂急先〔四〕務乎？假令考盡古今名物，辨盡古今疑誤，究於自己身心有何干涉？誠欲「日知」，須日知乎内外本末之分，先内而後外，由本以及末，則得矣。

〔一〕「非」，石泉彭氏本、靜海聞氏本作「匪」。
〔二〕「明之、立之」，原本作「立之、明之」，據三韓銘悳本改。
〔三〕「於」，原本作「乎」，據石泉彭氏本、靜海聞氏本改。
〔四〕「先」，三韓銘悳本作「切」。

問：「博學篤志，切問近思」，何以「仁在其中」？曰：亦看各人所學所志若何耳。若爲明道存心而學，篤志不變，自然所問所思，莫非明道存心之實，如是則道明而[一]心存[二]，「仁在其中矣」。若止爲博物宏通而學，志在問無不知，自然所問所思，惟以博物宏通爲事。問既浮泛不切，思又間雜憧憧，如是則道晦而心放。雖欲仁，焉得仁？昔謝上蔡別程子一年，程子問：「近日作何工夫？」對曰：「惟去得一『矜』字。」程子謂人曰：「此子爲『切問近思』之學者也。」今吾曹非不學，非無志，亦常問，亦常思；但恐所學、所志、所問、所思，非爲明道，非爲存心耳。果實實落落、省察克治如上蔡之消磨氣習，實去其疵乎？此處須切己自勘，愼勿徒作一番講說已也。

過誤，人所不免，一文反成心疚。

「君子之過，如日月之食。過也，人皆見之」。「小人之過也必文」，此其所以爲小人歟！吾人果立心欲爲君子，斷當自知非改過始。若甘心願爲小人，則文過飾非可也。

庸鄙小人不文過，文者多是聰明有才之小人；肆無忌憚之小人不文過，文者多是慕名竊義、僞作君子之小人。蓋居恆不肯檢身，及有過又怕壞名，以故多方巧飾，惟務欺人。然人卒不可欺，徒自欺耳！果何益哉？[三]

論人與自處不同。觀人當觀其大節，大節苟可取，小差在所略。自處則大德固不可踰閑，小德亦豈可出入？一有出入，便是心放；細行不謹，終累大德爲出九仞，功虧一簣，是自棄也。

謹言愼行，克勤小物，戰兢自持，毫無可忽。一息尚存，此志不容少懈，安得有出入乎？

仕學相資，學不矢志經綸，一登仕塗，則所學非所用，是後世詞章記誦之學，非有體有用之學。仕不輔之以學，簿書期

[一]「而」，原本脫，據三韓銘悳本、石泉彭氏本、靜海聞氏本補。
[二]「存」，原本作「存存」，衍「存」，據三韓銘悳本、石泉彭氏本、靜海聞氏本改。
[三]「蓋居恆不肯檢身，……果何益哉？」，石泉彭氏本、靜海聞氏本脫。

會之外，漫無用心，是後世富貴利達之仕，非輔世長民之仕。論仕學次第，學在先，仕在後；而子夏先言仕後言學者。良以學人一入仕，多不復學，故先言仕以見既仕，比之未仕，所關尤重，尤不可以不學。蓋未仕則耳目心思不雜，即有愆，尤易覺易更；一行作吏，事務糾纏，苟警策無聞，未免情移境奪，日異而月不同，以至頓喪生平者多矣。學則心有所養，不至汩沒；況天下之事變無窮，一人之知識有限，學則耳目日新，心思益開。合天下之長以爲己長，集天下之善以爲己善。注措〔一〕精密，規模比俗吏自是不同。陶石簣平日孜孜講學不倦，及筮仕赴京。或問：「子今入仕，還講學否？」石簣笑曰：「在仕塗，更急要學使用，豈可不講！」馮少墟先生起官，瀕行，同志祖之郊外，問曰：「子此行仍講學否？」先生答云：「講學如穿衣喫飯，然難道在家穿衣，做官不穿衣？在家喫飯，做官不喫飯？」聞者悚然。由斯觀之，則知已仕者不可離學，而未仕者亦不可以不知所學也。〔二〕

讀曾子「上失其道」數語，不覺太息。蓋上平日失養民之道，以致民多飢寒切身；上平日失教民之道，以致民無禮〔三〕義維心，則犯法罹罪，勢所必至。讞獄而誠得其情，正當閉閤思咎，惻然興悲。若自幸明察善斷，物無遁情，乃後世法家俗吏所爲，豈是仁人君子用心？

仲尼學無常師，此仲尼所以爲聖也。人人能惟善是師，隨在取益，則人人仲尼矣。

叔孫、武叔毁仲尼，究竟何損於仲尼？徒得罪名教，受惡名於萬世，適足以自損耳。余因是而竊有感焉。聖如仲尼，不免叔孫、武叔之毁；聖如程、朱、陽明，不免孔文仲、范致虚、胡紘〔四〕、沈繼祖、桂萼諸人之毁。一時洶洶，爭相排擊，必使

〔一〕「注措」，三韓銘悳本作「措置」。
〔二〕「論人與自處不同……而未仕者亦不可以不知所學也」，石泉彭氏本、靜海聞氏本脱此三段。
〔三〕「禮」，原本作「理」，據石泉彭氏本、靜海聞氏本改。
〔四〕「紘」，原本作「宏」，據宋史胡紘傳、石泉彭氏本、靜海聞氏本改。

之無所容而後已，何聖賢之不見容於羣小如此耶！古不云乎：「不容何病，不容然後見君子。」故不見容於羣小，方足以見聖賢。學者或不幸罹此，第當堅其志、強其骨，卓然有以自信；外侮之來，莫非動忍增益之助，則烈火猛炎，有補金色不淺矣。

堯曰篇

記者彙次夫子所記之語，而以堯曰終篇，蓋因夫子居恆祖述二帝，執中授受三王經世大法，而附録之，見夫子心二帝三王之心，承二帝三王之傳，以開天下萬世之道統，以成天下萬世之治統也。學者讀其書，誠法其傳，有體有用，天德王道，一以貫之。達而在上，使二帝三王之治被於世；窮而在下，〔一〕使二帝三王之術明於世。不墮一偏，方是眞儒作用，方是讀論語有得，方不愧孔氏門牆。

問：堯舜「允執其中」與中庸「未發之中」同異。曰：「中」只是廓然大公。「無偏無黨」，不論已發未發、應事接物、政治施爲，只要常常如此，便是「允執」。「允」者，眞實無妄之謂。心體如此，則心得其中；治體如此，則治得其中。「無偏無黨，王道蕩蕩。無黨無偏，王道平平」，人人得所，俗臻雍熙，四海何至「困窮」？彼四海之所以「困窮」者，只緣政治不中；政治之所以不中者，總緣存心不中。此治法之所以必本於心法，王道之所以必本於天德也。

天之立君，以爲民也。苟民生不遂，四海苦窮，則立君之爲〔二〕何？負天甚矣！天命豈有不去？天禄豈有不終乎？自三代以至秦漢以降，蓋莫不然。然則有天下者，可不敬天勤民乎？

「萬方有罪」，引咎責己，此三代之所以上理也。「萬方有罪」，歸罪萬方，此後世之所以下衰也。

〔一〕「使二帝三王之治被於世；窮而在下」，石泉彭氏本、靜海聞氏本脫。
〔二〕「爲」，三韓銘憓本作「謂」。

「周有大賚，善人是富」，方見子愛元元，撫綏地方之實。後世若漢文之蠲租，賜粟帛於高年；宋祖之遣使賑貸諸州，被兵百姓，存問鰥寡孤獨，亦庶幾此意，故其興也勃然。

爲政者果「寬、信、敏、公」，民豈有不治乎？此君天下者，萬古不易之道也。豈惟君天下者宜然，凡治一省、一府、一州、一縣，莫不宜然。有民社之責者，尚其念諸！

「因民之所利而利之」，眞正有父母斯民之心，始能如是。否則，卽明知其可以利民，亦若罔聞，若是者豈勝道哉？

君子之所以爲君子，以其「知命」也。「知命」斯窮通得喪，一一聽之於天而安命。仁義禮智，一一修之於己而立命；窮理盡性，自強不息而凝命；必不行險僥倖，付之倘來而逆命。否則何以爲君子？

君子之所以別於小人、人類之所以別於禽獸、吾儒之所以別於異端者，禮也。知禮，斯律身有藉，動不違則；不然，便茫無所措，何以自立？

昔張子以禮爲教，使人日用之間知所持循，最爲喫緊，故學者須從此入德，方有據依。若高談性命，卑視矩矱，樂舒放而憚檢束，非狂卽妄。

禮爲立身之準，日用切務，經禮三百、曲禮三千，無一可忽。內則、弟子職及呂氏四禮翼，當揭之楣間，出入則效，庶率履不迷，久自成德。

問：人有是非邪正，言則隨乎其人，因言固可以知人。然世有人非言是、人邪言正，又何以辨？曰：致飾之言與根心之言，猶剪綵之花與樹生之花，眞僞自是不同，吾人只要理明，理明則言無遁情，鑑明則貌無遁照。

「命、禮、言」雖三，而「知」則一。知致，則中恆炯炯，覺體不昧，此凝命立身、察人之本也。本苟不昧，三者洞然。

孟子上

梁惠王

孟子，聖賢而豪傑也。學孔於百家並興之日，倡道於干戈殺伐之世，氣魄作用，挺特宏毅，遏人欲於横流，援天下於既溺，論者謂功不在禹下，吾無間然。

七篇之書，言言痛快，豁人心目。君相由之，足以撥亂返治，旋乾轉坤；韋布由之，足以壁立萬仞，守先待後。當時目爲迂闊，當時所以不治，後世誦而弗由，何異「買櫝還珠」？

當時功利成風，人皆隨風而靡。此風不革，則致治無由。孟子目擊斯弊，故一承梁王之問，即極口力闢，急先務也。此風要自上革，上不好利則源清。源頭一清，流無不清。上下俱清，自然民安國泰，世躋雍熙。若利源不清、此風不革，而欲民安國泰，世躋雍熙，是猶卻步而求前也。善乎！汲黯之對漢武曰：「陛下内多欲而外施仁義，奈何欲效唐虞之治乎？」

汲黯之言，豈惟深中漢武之病，實中天下後世學人之通病。當其志學之初，非不浮慕往哲，欲做君子，然大半越做越假，多做不成，只緣利心未清而内多欲也。雖嘗顧名思義，黽勉爲義，而賓義主利，終是有爲而爲。爲術愈工，則爲病愈深，饒是遮蓋周密，到要緊時候，不覺本態發露，大喪生平隱微之所，自以爲利者，究竟反成大不利。

「利」之一字，毒埒於酖。酖一入口便喪命，利一薰心便喪品。

論學於今日，不必談玄說妙，只革去「利」心，便是眞學； 絶「利」一源〔二〕，方是眞品。否則徒飾皮毛，病根終在。集注謂孟子「拔本塞源以救弊」，誠哉是言也！ 繼孟子而爲「拔本塞源」之論者，莫暢於姚江王子，其言最爲痛切，讀之眞堪墮淚，吾人宜揭之座右，觸目警心。

「仁義」曷嘗不「利」，只患人不「仁義」耳！ 天子仁義，則天下欽仰； 天下欽仰，斯天下隆昌。卿大夫仁義，則朝野欽仰； 朝野欽仰，斯爵位隆昌。士庶人仁義，則鄉縣欽仰； 鄉縣欽仰，斯身家隆昌。回視惟利是耽，品污望輕，人所羞齒者，果孰利而孰不利耶？

梁王以「制勝雪恥」爲問，孟子答以「修其孝弟忠信」，「可使執梃以撻秦楚堅甲利兵」，不惟當時乍聆之以爲迂，在後世驟讀之，亦未有不以爲迂者，然而非迂也。人心爲制勝之本，人倫修明，忠義自奮，情所必然，無足疑者。天啟初，邊事告急，遠邇震恐，馮少墟先生時爲副院，慨然曰：「此學術不明之禍也！」於是限日率同志、士紳立會講學，千言萬語，總之不出父子有親、君臣有義、夫婦有別、長幼有序、朋友有信，及聖諭孝順父母、尊敬長上、和睦鄉里、教訓子孫、各安生理、毋作非爲「六言」。當人心崩潰之餘，賴此提撕，激發天下，當十萬師。使天下曉然知有君臣父子之倫。三綱之道明，而樽俎之容，威於折衝，亦孟子「修孝弟忠信」，「以撻秦楚堅甲利兵」之意也。或曰：「此何時也，而猶講學？」先生曰：「此何時也，而不可講學？ 講學者，正講明其父子君臣之義，提醒其忠君愛國之心，正今日要緊第一著也。」或又謂：「方今兵餉不足，不講兵餉而講學，何也？」先生笑曰：「試看今日疆土之亡，果兵餉不足乎？ 抑人心不固乎？ 大家爭先逃走，以百萬兵餉，徒藉寇兵、齎盜糧，只是少此一點忠義之心耳！ 欲要提省此忠義之心，不知當操何術？ 可見，講學誠今日禦敵要著。」由先生斯說觀之，益知孟子之言非迂，而人倫之修，在所不容緩矣！〔三〕

〔二〕「絶『利』一源」，石泉彭氏本、靜海聞氏本作「絶去『利』源」。

〔三〕「七篇之書……在所不容緩矣」，石泉彭氏本、靜海聞氏本置此九段於反身續録孟子上梁惠王中。

夫人幼而學之，壯而行之，所行本於所學。幼而學的是仁義，則壯而所行無非仁義；幼而學的是功利，則壯而所行無非功利，猶種稻生稻，種稗生稗，未有所種是稗，而出土發苗得以成稻者。即或仁義性成，不湛〔一〕功利；而學昧通方，誤竭心思，或學詩辭，或學文翰，或學字畫，或學清虛，正以〔二〕修己治人之道，經世宰物之務，反茫不之究。一當事任，心長才短，空疏鮮實，所學非所用，所用非所學，樹立無聞，可恥孰甚！須是力矯斯弊，務爲有用之學。凡治體所關，一一練習有素，所學必求可行，所行必合所學，致君澤民，有補於世。此方是幼學壯行，不虛此生。

禮賢下士，人君之美。臧倉不能成君之美，詆孟子以「沮君」，究竟何損孟子？徒貽萬世唾駡耳！所謂「小人枉做了小人」。

諺謂「一飲一啄，莫非前定」，況遇合乎？故遇與不遇，此中大有機緣，不可強也。君子亦唯安命聽天而已，夫何容心於其間哉？

公孫丑

論事功則子路不及管仲，論品地則管仲不及子路。然事功係乎所遇，品地存乎生平。苟生平品地不足，縱功蓋天下，終是無本之經濟，君子弗貴也。

一匡九合，經濟非不可觀，功烈非不卓然，而曾西〔三〕卑之者，以其不從心地做出，經濟無本故也。王霸之分，分於此。

「曾西艴然」於管仲之比，宛然仲尼之徒，羞稱五霸氣象。士君子須有此識趣，方不隨俗馳逐，汩沒紅塵。

〔一〕「湛」，石泉彭氏本、靜海聞氏本作「耽」。
〔二〕「正以」，三韓銘悳本作「正經」，石泉彭氏本、靜海聞氏本作「止一」。
〔三〕「西」，原本作「晢」，據三韓銘悳本、石泉彭氏本、靜海聞氏本改。

學以「不動心」爲主，學未至於不動心，是學未得力，算不得學。「集義」「養氣」，乃不動心工夫，從此而入，方可馴致。言語動作，一有失宜，便非義，便非所以「養氣」，便足以動其心。

心本虛明，一言一動，是非可否，一毫不能自蔽，行有不慊於心，安得不餒？須是依心而行，無爲其所不爲，無欲其所不欲。如是則俯仰無愧，氣自浩，心自慊，何動之有？

孟子願學孔子，此孟子之所以爲孟子。吾人日讀孔子之書而不能以孔子爲法，買櫝還珠，眞是自棄！近世來瞿塘先生讀書之初，即書「願學孔子」四字於臂。吾人讀書一生，言及學孔，輒逡巡畏縮而不敢當，上愧孟子，下慚瞿塘！悠悠歲月，此何人哉！先儒謂：「寧學聖人而未至，不欲以一善成名。」又云：「個個人心有仲尼。」斯言非欺，願共勉旃。

孟子謂人無「四端」「非人也」，吾儕試反己自察，每日應事接物，於此四者有耶？無耶？有則是人，無則非人。人而非人，名人實禽。念及於此，凜然寒心。

「四端」，吾所本有。本有而不能全其所有，情移境奪，乍起乍滅故也。不爲情移，不爲境奪，纔算是人。

乍起乍滅，皆緣本體昏昧，日用不知。知則中恆炯炯，「惻隱」「羞惡」「辭讓」「是非」，隨感而應，隨應隨覺，隨覺隨擴，日新又新，自不能已。

「端」雖有四，全在一知。知苟不昧，四自不失。

聖如大禹，一「聞善言則拜」，吾人尤當何如？

禹「拜善言」尚矣，姑以近代儒先[一]言之：近溪先生位尊德劭，猶參訪不倦，片語[二]足取，雖隸卒下賤，無不稽首以謝。即此一念，虛沖造詣，安得不深，所以爲世大儒。彼沾沾之士，少有所得，輒自以爲足，不復求益，視先生爲何如耶？

[一]「儒先」，三韓銘悳本作「先儒」。

[二]「語」，石泉彭氏本、靜海聞氏本作「言」。

伯夷之清固近「隘」，吾人苟能學其清，而不同流合污，雖「隘」亦不害其爲賢。若因孟子說「隘」，立身之初，便先從不隘處做去，鮮不流於鄉愿。

「天時不如地利，地利不如人和」，只此二語，説盡保障之要、致勝之機，此兵法之本也。古今許多兵書，得此可以總括。彼富吾仁，彼爵吾義，士君子不可無此志操。撥亂返治以輔世，惠鮮懷保以長民，士君子不可無此德業。苟處而不能忘情富貴，出而無補世道生民，無志無德，碌碌庸人而已，何足爲世有無也。

「不可召之臣」，伊呂而後唯諸葛武侯，庶幾此風，故士必自重，而後爲人所重。

「受餽」一節，生平大閑所關。孟子於列國之餽，或受或不受，惟義所在。若義不當受而受，一時苟得，生平掃地，可不愼乎？

讀聖賢書而不能以之自律，惟藉以市名罔利，與「登壟斷」何異？陷其身爲賤丈夫而不知，悲夫！

滕文公

人性本善，孟子「道性善」，道其所本然而已。聖如堯舜，亦不過率性而行，不失其本然而已矣；非於本然之外，有所增加也。人能率性而行，不失本然，人皆可以爲堯舜。

「乍見孺子入井，皆有怵惕惻隱之心」，此良心發現處。良心即善也，非由學而然，非擬議而然，非性善而何？故「性善」之旨明，而千聖之統明矣，所以開萬世之蒙，而定萬世論性之準者，端在於斯。周、程、張、朱相繼闡繹，顧涇陽小心齋劄記、馮少墟辨學録拳拳申明，至當歸一，確不可易。學人誠潛心從事，然後知告子「無善無不善」及荀、楊、韓一偏之見，俱屬夢説。

「夫道一而已矣」，豈有二乎？聖愚〔一〕同性，今古一揆。若以堯舜爲不可企及，是以己性爲不可企及，可乎？然道雖一，而古今之言道者則不一，不高之而虚寂，即〔二〕卑之而支離，非不各自以爲道，而道其所道，非大中至正、人人共由之道也。協而同之，務歸中正，不離日用，即性即道，使道脈一而率由同，是在有心世道、主持名教之大君子。

「成覸」節宜大書座右，出入觀省，以鼓昏惰。

滕文公當喪禮久廢之餘，獨盡大事，定爲三年之喪，其父兄百官假先志以沮之而弗聽，可謂賢矣。可見，親喪在所自盡，徇不得流俗。豈止親喪？凡百皆然。

三年之喪，「自天子達於庶人，三代共之」。自漢文不學，臨終遺令短喪，以日易月，後世相沿，遂成故事。晉武雖復，而未純復。唯魏孝文毅然不顧盈廷之議，一如古制，與滕君可謂異世同揆。余每讀其批答廷臣之言，未嘗不爲之墮淚。

「子生三年，然後免於父母之懷。」後世喪制，往往以日易月，獨不思父母當時鞠育顧復、懷抱提攜之恩，亦嘗以日易月否？

禮「三年之喪」：三年之内「齊疏之服，飦粥之食」，不御内，不露齒，不羣立，不旅行，不飲酒茹葷，恒處苫茨。後世士庶，名爲居三年之喪，然多不過衣白三年而已矣。夫居喪而止於衣白，即三十年不難，矧三年乎？

「設爲庠序學校以教之。」今庠序未嘗不設，學校各處皆有，而教安在哉？不但立身行己之道、濟世安民之務，夢想所不及；即章句文藝之末習，登堂畫卯之故事，亦寥寥無聞，士不皆才，豈士之罪？興言及此，可爲太息！〔三〕

致治由於人才，人才出於學校，學校本於師儒，是師儒爲人才盛衰、生民安危、世道治亂之關。故師道立則善人多，善

〔一〕「愚」，石泉彭氏本、靜海聞氏本作「賢」。
〔二〕「即」，石泉彭氏本、靜海聞氏本作「則」。
〔三〕「三年之喪……可爲太息」，石泉彭氏本、靜海聞氏本置此四段於反身續録孟子上滕文公中。

人多則天下治，此探本至論。

昔胡安定之教授湖庠也，當詞藝成風之際，獨以「明體適用」爲倡。諸生被其教者，莫不成德達材，可爲世用。曹月川爲霍庠學正，以躬行爲教，提誨終日，寒暑弗輟，言動步趨，皆有準繩。海剛峰教諭南平，著論云：「抱關擊柝，皆有常職；而教官一職，尤人才所由造，世運所由理。自教職之義不明，人多以爲貧而仕當之，以故居此官者，率多齷齪，不舉其職，士習蠱而吏治媮，所從來矣。」於是，以師道自任，嚴課程、勤訓迪，士習丕變。張緑汀署諭華陰，教法嚴而造就有等，約束諸生，不得衣服華美，不得出入酒肆，不得輕履公門，不得宴飲用伎，收攝防戒，纖細必備，士風爲之改觀。使居是任者，咸若四先生，庠序方不徒設，明倫堂方不寂寞，善人何患不多？人才何患不盛？天下何患不治？

天生民而立之司牧，原以爲民也，故民事不可不急。而民事之急，莫急於制民之産。顧今時非同古時，田各有主，難以井授，雖欲區畫，其道無由。板腐書生慕古而不知變通，好執迂闊之見，動言井田可復，亦只可私下弄筆，復之紙上，隔壁閒聽而已。若實見之施行，地方從此多事，其禍更甚於王荆公之行新法。要在顺時定制，相勢酌行，除漢人限田法稍可通融及導民開荒外，惟有就民所有之田，逐一清均，以正其經界，爲可盡心。蓋窮人産去税存，豪猾隱糧滅籍，或詭寄親鄰佃僕，混賴推挪；細人寄糧於有力之家，以避差徭，積[一]書受賂飛灑，貽民賠累，致貧者益貧。剔蠹之法，莫詳於吕新吾民務，仿而行之，宿弊可革。然此事全在得人，誠得公明廉幹之人以任其事，奸猾方無以容其詭，豪右不敢撓其法；否則無益實際，徒滋煩擾。

孟子云：「逸居而無[二]教，則近於禽獸。」余亦云：逸居而不學，則近於禽獸。

有風化之責者，誠講理學以淑士，講鄉約以淑民，勞來匡直，輔翼振德，如是而士不礪操，民不興行，吾不信也。

[一]「積」，石泉彭氏本、静海聞氏本作「猾」。

[二]「無」，原本作「不」，據三韓銘悳本、石泉彭氏本、静海聞氏本改。

陳代「枉尺直尋」之喻，亦猶流俗暫且從權之見，卻不知出處一苟，大節便虧，廉恥掃地，「直尋」何補？

士人顧名節，國家方有好風俗。國家無好風俗，皆緣士不顧名節。〔一〕

士人有眞操守，自然有眞事業。若操守不眞，則其事業可知。伊、傅、呂、葛一出，而事業卓越不羣，良由未出之先，操守卓然不苟。

「廣居」「正位」「大道」，乃吾人性分之所自有，能居、能立而見之於行，則見大心泰，區區「富貴」「貧賤」「威武」，自不足以動其中。

須是眞不爲富貴所淫，貧賤所移，威武所屈，方是大丈夫、好男子。否則，男子而妾婦，有愧鬚眉。程子詩「富貴不淫貧賤樂，男兒到此是豪雄」，當時吟之以自勵。

守先王之道而講明之，使知之者衆，行之者廣，既有裨於當時，正人一脈，繩繩不斷，又有裨於後世，「爲天地立心，爲生民立命，爲往聖繼絶學，爲萬世開太平」，事功之大，孰大於此？若以爲迂，則其所不迂者可知矣。

聖賢辨學，全爲正人心。

人心不正，由於學術不正，生心害政烈於洪水猛獸，所謂「以學術殺天下後世」也。「息邪説，距詖行，放淫辭」，正所以正學術以正人心。

戰國時，人心之害在楊墨，故孟子從而闢之。漢唐以來，人心之害在佛老。故程朱從而辨之。至象山先生則云：「孟子闢楊墨，吾闢時文。」而辛復元先生亦云：「正人心須從人心之壞處救，方是竈底抽薪。而今救亂，不必辨楊墨、斥佛老，惟是記誦詞章、富貴利達爲之祟。從此清理，可得治平上策。」按陸辛此説，亦所以因時救弊不得已也。有心斯世者不可不知！

〔一〕「国家無好風俗，皆緣士不顧名節」，石泉彭氏本、靜海聞氏本脱。

孟子下

離婁

「不以仁政，不能平治天下」，可見人主有志平治天下，須是力行仁政。如果力行仁政，要在取法先王，凡二帝三王治天下大經大法，古今咸宜：確可通行者，奉以爲準；有宜於古而不宜於今者，不妨斟酌損益，期適時務。規模既定，蚤作夜思，心二帝三王之心，行二帝三王之政，勵精圖治，終始不變，如是而民不被澤，世不雍熙，吾不信也！

後世人主言及法二帝三王，輒逡巡畏縮不敢企，殊不思二帝三王亦不過一人耳。顔淵曰：「舜何人也？予何人也？有爲者亦若是。」夫顔氏子以閭巷微布衣，尚不肯讓舜，況人主居二帝三王之位，御二帝三王所御之天下，反不能法二帝三王所行之仁政，登寶山而空回，一微布衣不若，於心甘乎？

法二帝三王，端治本以立大綱；漢、唐、宋、明經國之制，亦不妨節取其長，隨時補偏救弊，以詳致治之目。綱目具舉，萃歷代之美以爲己美，其於平治天下也，何有？

法非膠柱鼓瑟，如新莽之王田效古、荆公之新法動依周禮也。「神而明之」「與時消息」，中竅中會，務協機宜，方爲善法。〔一〕

「行有不得」，果肯一味「反求諸己」，德業何患不進？人品何患不及古人？

「事親」不及曾子，是不孝其親。「守身」不若曾子，亦非所以孝其親。

〔一〕「『不以仁政，不能平治天下』……方爲善法」，石泉彭氏本、靜海聞氏本置此四段於反身續録孟子下離婁中。

「養志」「養口體」，缺一非孝。若余則生而單寒，不惟缺於「養志」，並「口體」亦缺焉！無以爲養，無論酒肉非所敢望；即穀食亦不能常得，致吾親備極人世之艱危，未嘗一日溫飽。不孝之罪，上通於天矣！嗚呼！「祭之豐不如養之薄」也，「殺牛而祭不如雞豚之逮親存」也，此子路有負粟之痛。而不孝如余，不敢以之自問者也！凡我同人，幸有親存者，當鑑予覆車，及時盡養，不至如余生爲抱憾之人，死爲抱憾之鬼，幸之幸也！

聞譽而欣，聞毀而戚，欣戚由於毀譽，乃好名者所爲也。不欣不戚，方是眞實爲己。

毀譽乃吾人生平一〔一〕大關。過得此關，纔見学力。

大人者，不失其「赤子之心」者也；然則，小人者由失其「赤子之心」者也。〔二〕

「赤子之心」，未雜情識，純是天眞。大人之所以與天地合德，只是全此天眞，不爲情識所雜，不失赤子之初而已。吾人自能食能言以來，情識日雜，天眞日鑿，記誦之勤，見聞之廣，不惟未嘗以之祛情識，而愈以滋情識；不惟未嘗以之全天眞，而愈以鑿天眞。騁私智，長巧僞，耽功利，騖聲名，借津仁義，「色取行違」，而赤子固有之良、本然之心，失而又失，愈不可問！耳、目、口、鼻雖與大人同，念、慮、言、動迥與大人異，非小人而何？

聖賢千言萬語，無非欲人不失其「赤子之心」。吾人千講萬講，亦無非求不失「赤子之心」。故必屏緣息慮，一切放下，内不牽於情感，外不紛於物誘，泯知見，忘人我，令胸中空空洞洞，了無一塵。良知良能，一如赤子有生之初，返本還原，纔算造詣。

學須「自得」，自得則如掘井及泉，時出而無窮。若專靠聞見擇識以爲得，縱日日得所未得，得盡古今義理，總是從外而入。得之他人，非由内而出；得之自己，雨集溝盈，涸可立待。

〔一〕「一」，石泉彭氏本、靜海聞氏本脱。

〔二〕「大人者……小人者由失其『赤子之心』者也」，石泉彭氏本、靜海聞氏本脱。

「自得」由於深造，深造須是以道。道非僅〔一〕方法之謂，乃率性之謂也。深造而不從心性上用功，不從心性入微處著力，做盡功夫，終是門外輥，竭盡精力，終是煮空鐺，究何有得耶？

斯道非悠忽淺嘗者所可幾，須是動作食息，念茲在茲，如鷄抱卵，如龍豢珠，用志不分〔二〕，乃凝於神。靜存動察，助忘交屏，不爲情遷，不隨境移，力到功深，豁然頓契。性靈虛明洞徹，言動悉協天則，此方是「左右逢原」，此方是「深造自得」。

識自方能自得，務敦大原，方能左右逢原。若捨自而義襲於外，昧原而惟流是趨，硜硜成規，徇跡摹仿，土木衣冠，血脈安在？

學問能約不能約，只看爲學之初所博若何耳。是故爲身心性命而博，則詳說可以歸約；爲增廣知識而博，縱詳說何關於約？

肯爲身心性命而博，則凡有補於身心性命之人，無不咨叩；有補於身心性命之書，無不綜核，惟恐墮於一偏，不能洞徹身心性命之全。故四通八達，不執一隅之見，遍訂互證，諄懇詳說，務期至當歸一，斯用功方有著落，身心性命方有歸宿。若止欲廣見聞以儲詩文材料，知人之所不知，以資談柄，此是雜學非博學，其說雖詳，徒掉脣舌，北轅南轍，入於陷阱而無歸宿，可哀也已！

問「約」。曰：說在無說處，方知道在心，非「約」而何？

「無聲無臭」，此本體之約也。「敬」之一字，聖學所以成始而成終，此工夫之約也。知其約而約之，以求詣乎其實，斯博不徒博，說不徒說。

人人有「幾希」，庶民何以去之？不學故也。君子知學，故存之以爲庶民表率，在一鄉則淑一鄉，在一國則淑一國，在

〔一〕「僅」，石泉彭氏本、靜海聞氏本脫。
〔二〕「分」，石泉彭氏本、靜海聞氏本作「紛」。

天下則淑天下。以己之存，以存庶民之去，自淑淑人，而後世道人心有所賴。

問：「君子存之」不過自存，安能存人之去？曰：在上則勞來匡直，多方鼓舞，以存其去；在下則倡導講學，多方誘掖，以存其去。若謹自存，獨善而不能善世，世亦何貴有君子？

倡道講學，使人人回心易慮，以存一世之「幾希」。後先相承，學脈〔一〕不斷，以存萬古之「幾希」。

名節至大，守身當如白玉。一有玷污，舉生平而盡棄之，何異於「西子之蒙不潔」？慎之！慎之！

人貴自新。惡人肯自新，惡人可爲善人；小人肯自新，小人可爲君子。蚤迷而晚悟，昨非而今是，孰能禦之？

人性本來無事。知人性本來無事，方是知性。能行乎其所無事，方是率性。靜而無事，不起爐作竈，「廓然大公」；動而無事，不擬議安排，「物來順應」。如是則事不累心，心不累事，恆若太虛，毫無沾滯，卽此是性，卽此是聖。

學道原爲了心。一事繫心，心便不了。心苟無事，一了百了。

趙德淵篤志性學，一日與同門徐良甫早飯，忽怳然驚曰：「異哉！」良甫問狀，知其有覺。既而，楊敬仲見德淵，德淵曰：「某今於日用應酬都無一事。」吾人亦能如德淵之「都無一事」則幾矣。

人有涵養沒涵養，居恆無所見，唯意外遭逢橫逆之來，果能動心忍性，一味自反，坦不與校，方算有涵養。

人生遭際不同，意外之侮，莫非煅煉身心之助，於此蹉〔二〕過，便是「困而不學」。

君子惟其有終身之憂，是以砥德礪行，德成品立，終身有結果。吾人非無所憂，然所憂不過目前家計，及一時遭際，初曷嘗念及終身，以故不砥德，不礪行，悠悠度日，終身無結果。若肯念及終身，雖欲不憂得乎？憂之如何〔三〕？上之縱不能

〔一〕「脈」，石泉彭氏本、靜海聞氏本作「業」。
〔二〕「蹉」，石泉彭氏本、靜海聞氏本作「錯」。
〔三〕「如何」，原本作「何如」，據三韓銘悳本、石泉彭氏本、靜海聞氏本改。

如舜，次亦不失爲正人君子，必不肯悠悠虚度，碌碌無成，以終其身。

萬章

伊尹躬耕，惟道是樂。「禄之以天下，弗顧」，「繫馬千駟，弗視」，何等胸次！「一介不取」，何等操持！此方是眞樂道。吾人居恒非不談道，非不自謂「樂道」，不知胸中果超然無欲，皭然無滓，於凡非道之物，略無少動乎？取嚴一介，不肯少苟乎？若此處不慎，而曰「樂道」，道可知矣。旨哉！少墟先生之詩有云：「人生取與要分明，少不分明百事傾。一介莫言些小事，古今因此重阿衡。」

問：先覺所覺者何道？曰：覺其所固有，乃降衷之實、秉彝之良也。覺則天下一家、萬物一體，號呼世夢，共登覺路。共覺其固有，全其固有，不失降衷之實，不愧爲人之名，而後先覺之責始塞。

「天之生斯民也，使先覺覺後覺」，故先覺之覺後覺，實代天宣化，寅亮天工。若自覺而置斯世斯民於度外，不以之覺人，便是曠天工。

問：天工固不可曠，然必有伊尹之遇而後得以斯道覺斯民，否則不尊不信，不信民弗從。曰：只患不覺，果能自覺覺人，遇不遇非所論也。王心齋，一鹽丁耳，偶有悟於聖賢之學，卽以先覺自任，挺身號召，隨機開導，萬衆咸集，人人意滿，雖皂隸臧獲，莫不歡若大夢之得醒，初曷嘗藉名位？羅近溪生平刻意覺人，孜孜若不及，晚年猶攜及門走安成，下劍江，趨兩浙，遊金陵，所在提撕，竭脣吻而不倦，老將至而不知，亦曷嘗有伊尹之遇耶？

古者一夫百畝，外有公田以急公，不按畝輸稅，故上農夫可食九人。後世一夫縱有百畝供稅雜徭及門戶冗耗之餘，能食幾何？

農，一也，而有上中下之分，勤惰之分也。然勤惰雖在民，而所以鼓勤警惰，則在牧民之人。牧民者誠舉牧民職業，加意小民生計，勞來勸相，則下者未始不可中，而中者未始不可上，何常之有？蓋古者鄉設酇長，趨人赴功，教之稼穡，歲時誠令，重本務也。自農官不設，農政不講，地利人工，始不能盡。須是仿會典老人勸督之意，每鄉擇老成勤力、精於農事者，立爲農長，俾專督農。牧民者仍按時躬親省耕，以驗勤惰，以申鼓舞。種植之道，雖各有所宜，大約不出「糞多苗稀，熟耕勤耨，壅本有法，去冗無差」四語，此人所盡知。若夫因時制宜，曲盡其法，則未必人人盡知也。其詳莫備於農政全書，撮其簡易易行，同水利書及泰西水法，酌取刊布鄉社，揭之通衢，令人人共見共聞，庶知所從事，地無遺利。

告子

誦其詩，讀其書，不知其人可乎？然誦其詩，讀其書，徒知其人可乎？知古人所處之不同，即思以身設處其地，能如古人隨遇〔一〕以盡其道乎？否則徒知人論世，論之而一一允當，亦不過史家評斷之常，究與自己日用何補？

「心之所同然者，理也、義也。」東海、西海、南海、北海，千百世之上、千百世之下，無弗〔二〕同者，理義同也。若捨理義而言心，則心爲無矩之心，不是狂率恣肆，便是昏冥虛無。故聖狂之分，吾儒異端之分，全在於此。必也循理蹈義，而不爲欲所蔽，斯俯仰無怍，而中心之〔三〕悅無涯。

聖人先得我心之所同然而爲聖，我不循聖心之所同然而爲愚。同然而乃不然，此之謂「自棄」。

吾人居恆窮理義、講理義，當其窮之而透、講之而明，亦豈無悅心之時？然不過隨悅隨已，曷嘗實體於心而以之養心，猶芻豢實入於口而以之養口耶？義理自義理，吾心自吾心，你東我西，仍舊只是個常人。

「理義」，吾心所自有，非從語言文字而得，日用平常，心上安處便是。「格物」，格此也；「博文」，博此也；「約禮」，

〔一〕「遇」，石泉彭氏本、靜海聞氏本作「意」。
〔二〕「弗」，石泉彭氏本、靜海聞氏本作「不」。
〔三〕「之」，原本脫，據石泉彭氏本、靜海聞氏本補。

約此也；〔二〕「惟精」，精此也；「惟一」，一此也。一而不失，便是「允執厥中」。

「理義」固所自有，要在中心自盡，戒欺求慊，內省無惡，方得快活，方是眞悦。若只要體面上好看，共見共聞處不差，此是有爲而然，非當然而然、的然而然，非闇然而然，終不是自心安然，算不得千古同然。須是自信自樂，可對上帝。

「牛山之木」因近郊而被伐，以故「若彼濯濯」。學人苟欲修身養心，宜先離俗遠囂。若果養得十分凝定，然後說得居〔三〕塵不染。

居恒讀孟子，至牛山之木章，不覺太息，慨吾人從幼知誘物化，其爲斧斤何限？弱冠以後，知識日增，則思慮日紛，不計利便籌名，「旦旦而伐之」，重以「旦晝所爲」，固有之良，愈不可問。哀莫大於心死，而形死次之，「牿之反覆」，心已死矣，縱所營皆遂，亦不過是鬼窟裏作活計，自絶於天，何足道也！倘能清夜捫心，忽爾猛省，所謂「再回頭是百年人」，豈不快哉！

問：「操則存」，然則操之之法何如？曰：其敬乎！敬則中恆惺惺，即此便是心存。

學者苟眞實用力「操存」，久則自覺身心爽泰。當其未與物接，心有湛然虛明時，即從此收攝保任，勿致汩昧，馴至常虛常明，浩然無涯。所謂「夜深人復靜，此境共誰言」，樂莫樂於此。孔子曰「樂在其中」，顔曰「不改其樂」，皆是此等景況也。

知所欲有甚於生者，而不苟生，千古如生；知所惡有甚於死者，而不怕死，死猶不死。

「乞人不屑」，此是乞人一時浩氣，一時之不失本心處。吾人辭受取予，能如乞人此際心，則何下氣喪心之有？

「學問」二字，人多誤認，往往以聞見記誦爲學問，以聞見博、記誦廣爲有學問，故有聞見甚博、記誦甚廣，而仁義弗由、

〔二〕「『約禮』，約此也」，石泉彭氏本、靜海聞氏本脫。

〔三〕「居」，石泉彭氏本、靜海聞氏本作「纖」。

德業未成者，求諸耳目，而不求諸心故也。

「學問之道無他，求其放心而矣」，此千古學問斷案、千古學問指南也。故學問而不如此，學問之謂何？

「放心」不一：放於名、放於利、放於聲色、放於詩酒、放於博弈、放於閒談、放於驕矜，固是放。卽數者無一焉，而內多遊思、外多惰氣，虛明寂定之體一有昏昧滲漏，亦是放。雖清濁不同，其爲放則一。

問：「求之」之要。曰：要在識得眞心。能識眞心，自然不放，卽放亦易覺。曰：如何方是眞心？曰：惺惺不昧，天然一念是也。

一切放下，方是不放。雜念不起，則正念自存。存則居仁由義，動無不臧。放之則彌六合，卷之則退藏於密，操縱如意，「允執厥中」。

「從其大體爲大人，從其小體爲小人。」吾儕試捫心自想，居恒果何所從？從大體耶？從小體耶？若中心不能自主，動輒惟小體是從。耳之所聞、目之所見、口之所言、鼻之所嗅、心卽隨之，而不思自檢，從欲惟危，自墮於小人之歸而不自知。然則必何如而後可免於小人之歸？曰：在乎審所從而已。誠時省時慎，惟大體是從，耳不妄聽，目不妄視，口不妄言，鼻不妄嗅，自奮自振，自作主宰，以神君形，以大統小，役耳目口鼻，而不爲耳目口鼻所役，何引何奪之有？

「先立乎其大者，則其小者不能奪」，此孟子喫緊爲人示以敦大原、立大本處。象山先生生平〔二〕自勵勵人，得力全在於此，此學問眞血脈也。當時有譏先生者曰：「除了『先立乎其大』，再無本領。」先生笑應曰：「誠然。」

時時喚醒此心，務要虛明寂定，湛然瑩然，內不著一物，外不隨物轉，方是敦大原、立大本。「先立乎其大者」，能先立乎其大學問，方有血脈，方是大本領。若捨本趨末，靠耳目外索，支離葛藤，惟訓詁是耽，學無所本，便是無本領。卽自謂學

〔二〕「生平」，石泉彭氏本、靜海聞氏本作「平日」。

尚實踐，非託空言，然實踐而不「先立〔一〕乎其大」者，則其踐爲踐跡，爲義襲，譬諸土木被文繡，血脈安在？

孟子以「修天爵，要人爵」爲「惑之甚」，今則並修天爵以要人爵者，亦不可多得，愈趨愈下，言之愈令人太息。「修天爵，以要人爵」，有爲而爲，固君子之所深恥。然中人以下，果肯有爲而爲仁義忠信，樂善不倦，則立身猶略有本末。既得人爵，必瞻前慮後，略顧名義，不至十分決裂，猶勝於起初，便不修天爵多矣。昔人所謂：「好名而勉於爲善，豈不勝於不好名而肆於爲惡乎？」然則孟子謂：「亦終必亡」者何？曰：謂夫既得人爵而棄其天爵，利令智昏，變其故態，人怒鬼嗔，不亡何待？即僥倖克終，不亡於其身，亦必傾覆於其子孫。

君子之所爲，衆人固不識也。衆人若識，則亦衆人而已，又何以爲君子乎？故吾人平日立身行己，惟求信心；循理蹈義，爲其所當爲斯已耳。衆人識與不識，非所計也。

勞、苦、飢、寒、空乏、拂亂，一切困心衡慮、徵色發聲之遇莫非砥礪增益之助，歷觀古來學道修德之士，未有不如此而能有成者也。今夫美珠探於海底，良玉鑿自深山，凡至貴之物，俱從艱險而得，況道德爲貴中之尤貴者乎？故艱難成德，殷憂啟聖，所從來矣，有志者決不於此錯過。

盡心

「不著」「不察」，祇欠一覺。覺則即行、即著、即習、即察，日用尋常，率性而行，莫非天良，莫非道妙。不覺則行爲冥行，習爲冒習，終身雖由，無異魚游江湖，不知腹中水即是江湖水，此之謂百姓日用而不知，故君子之道鮮矣。善乎吳幼清之言！曰：「夫所謂聖人之學，以能全天之所以與我者耳。」天之所以與我者，德性是也；是爲仁義禮知之根株，是爲形質氣血之主宰，捨此而他求，雖行如司馬文正，才如諸葛武侯，亦不免行不著、習不察；況止於訓詁之精、講說之密，如

〔一〕「立」，原本脱，據石泉彭氏本、靜海聞氏本補。

北溪之陳、雙峰之饒於記誦詞章之學，相去何能以寸哉？聖學大明於宋，而踵其後者乃如此，可歎已。

吾人果以道義爲重，自然惟道義是樂，囂囂自得，人知與不知，窮達自不介意：窮則善身，自不失義；達則善世，自不離道。然説時易，允蹈難，反而自思平生果道義是重？囂囂自得否？果窮不失己，達不失望否？

窮不失己，介潔有守者猶能。達不失望，非才足有爲者不能。殷浩未達時，時人擬之管葛，咸曰：「深源不出，其如蒼生何？」厥後深源既出，其如蒼生何？甚矣，民不失望之難也！故學貴實際。

有待而興，已是凡民。待猶〔一〕不興，「民斯爲下」。

豪傑豈是天生，不過一念自奮。能奮，則凡民卽爲豪傑。

世有文王，則當奮然思齊。世無文王，不妨自我作古。

聖賢雖往，而聖賢遺書未嘗不流布天壤，乃束書不觀，觀亦不奮，是凡民不若矣！想是性與人殊，天原未嘗賦以知覺，以故漠同木石。

識得「所性」，「大行不加」，「窮居不損」，自素位而行，不願乎其外。

「所性」豈惟「大行不加」「窮居不損」？卽生死亦然。

「不學不慮」之「良」，乃人生本面。學焉而悟此，猶水有源、樹有根、人有脈。學焉而昧此，猶水無源、樹無根、人無脈。孟子論學，言言痛切，而「良知」二字，尤爲單傳直指，作聖眞脈。先「知」「能」並言，後「知愛」「知敬」。單言「知」而不言「能」者，蓋「知」爲本體，「能」乃本體作用，猶知府、知州、知縣，苟眞「知」之，則「能」在其中矣。後陽明先生以此明宗，當士習支離蔽錮之餘，得此提唱，聖學眞脈，復大明於世，人始知鞭辟著裏；反之一念之隱，自識性靈，自見本面，日用之間，炯然渙然，無不快然自以爲得。向也求之千萬里之隔，至是反諸己而裕如矣。鳳麓姚公遇友以陽明爲詬病。公曰：「何

〔一〕「猶」，石泉彭氏本、靜海聞氏本作「而」。

病？」曰：「惡其『良知』之說也。」公曰：「世以聖人爲天授，不可學久矣。自『良知』之說出，乃知人人固有之，卽庸夫小童，皆可反求以入道，此萬世功也！子何病？」其友豁然有省。

「良知」，人所固有；而人多不知其固有。孟子爲之點破，陽明先生不過從而申明之耳。若以「良知」爲偏爲非，是以孟子爲偏爲非，自己性靈爲偏爲非矣。自己不認自己，惑也甚矣！

問：學須主敬窮理，存養省察，方中正無弊，單「致良知」，恐有滲漏？曰：識得「良知」，則主敬窮理、存養省察方有著落，調理脈息，保養元氣，其與治病於標者，自不可同日而語。否則，主敬是誰主敬？窮理是誰窮理？存甚？養甚？誰省？誰察？

自性本體原無爲，原無欲。「無爲其所不爲，無欲其所不欲」，復其原來本體，纔算工夫。

居恆只「無爲其所不爲，無欲其所不欲」，便是眞聖學，道德在此，人品在此，何用他求？

「人之有德慧術知者，恆存乎疢疾」，誠哉是言也！疢疾固不止於病疾，而病疾之攖〔一〕，亦莫非進德之機、入道之緣。蔣道林先生諱信嘗抱羸疾，及病甚，嘬血危矣，乃謝卻醫藥，默坐澄心，常達晝夜，不就枕席。一日，忽香津滿頰，一片虛白，炯炯見前，泠然有省之間，而沉疴已渙然去體矣。嘗曰：「信初讀魯論及關洛諸書，頗見得『萬物一體』是聖學立根處，未敢自信；直到三十二三歲，因病去寺中靜坐，將怕死與戀老母的念頭一齊斷卻，如此者半年餘，一旦忽覺此心洞然，宇宙渾屬一身，呼吸痛癢，全無間隔，乃信得明道所謂『廓然大公無內外』是如此，『自身與萬物平等看』是如此。參之六經，無處不合。向來靜坐，雖亦有湛然時節，只是個光景，這聖學立根處，豈能容易信得及，須是自得。」又嘗自謂：「生平學問，多自貧病中得之。」

率性而行，便是「踐形」。行不率性，便被「形踐」。「踐形」，則目視耳聽、手持足行莫非天性用事，動不違則；「形

〔一〕「攖」，原本作「嬰」，據石泉彭氏本、靜海聞氏本改。

踐」，則目視耳聽、手持足行莫非形色用事，動輒違則。

問：必何如而後可以「踐形」？曰：在識性。識性方能率性，「大立則小不能奪」。根心生色，睟面盎背，「施於四體，四體不言而喻」，動容周旋，即性即天。

學以「養心」爲本，「養心」以「寡欲」爲要，以「無欲」爲至，欲不止於聲色臭味安佚，凡人情逆順、世路險夷，以及窮通得喪、毁譽壽殀，一有所動，皆欲也，皆足以累心。累寡則心存，累盡則心清，心清則虚明公溥，耳目口鼻雖與人同，而視聽言動渾是天理。安身立命、超凡入聖之實，其在斯乎？

戰國時，邪説勝而正道微，孟子救之之策，不過曰「君子反經而已矣」。在今日虚文勝而實事衰，其救之之策，亦只在「反經而已矣」。先反之「一念之隱」以澄其源，次反之「四端」以濬其流，視聽言動務反而復禮，綱常倫理務反而盡道，出處進退務反而當可，辭受取予務反而合宜，使萬古不易之常經不虧，則大經立矣。出而在上，以之經綸天下，一以實行率人，鼓舞奬勸，多方振德，人自感化興起，咸知實行爲榮，不實行爲辱，如是則道德可一，而風俗可同。處而在下，一以實行倡人，轉相開導，染濡薰陶，人漸知所嚮往，漸思敦本尚實，恥事虚文，如是則學術可正，而風氣可淳。此今日救弊之第一著也。

四書乃萬古不易之常經，日用常行，而不可違焉者也。吾人口誦而身違，書自書，我自我，是謂叛經；講了又講，解了又解，徒誇精鬥奥，藉以標名，是謂侮經。士爲庶民之首，經先不正，庶民何由而興乎？先自作慝，何望他人之無邪慝耶？然「往者不可諫，來者猶可追」，從今淬礪，維新是圖，反之於身，日用常行，以爲庶民榜樣，民實有心，難道不是欽是慕？觀感興起，「庶民興，斯無邪慝矣」。

人之所以爲人，止是一心。七篇之書反覆開導，無非欲人求心。孟氏而後，學知求心，若象山之「先立乎其大」、陽明之「致良知」，簡易直截，令人當下直得心要，可爲千古一快。而末流承傳不能無弊，往往略工夫而談本體，捨下學而務上達，不失之空疏杜撰鮮實用，則失之恍忽虚寂雜於禪。程子言「涵養須用敬，進學在致知」，朱子約之爲「主敬窮理」，以軌一學者，使人知行並進，深得孔門「博約」家法。而其末流之弊，高者做工夫而昧本體，事現在而忘源頭；卑者没溺於文義，葛藤於論説，辨門戶同異而已。吾人生乎其後，當鑑偏救弊，捨短取長，以孔子爲宗，以孟氏爲導，以程、朱、陸、王爲輔，「先立其大」「致良知」以明本體，「居敬窮理」「涵養省察」以做工夫，既不失之支離，又不墮於空寂，内外兼詣，下學上達，一以貫之矣。

學術之有程朱，有陸王，猶車之有左輪，有右輪，缺一不可；尊一闢一，皆偏也。

反身續録序[一]

賈綿芳　程伊藻

反身録，舊梓於學憲淝水許公。當時以許公急欲以「反身」之旨風示士林，使知讀書不徒在口耳之末，故不待其録之完而遽以授梓，甚盛心也！然二孟缺然，尚非完書，海内同志惜之，茲芳、藻等僭不自量，校讎二孟續録之條，附梓其後，共成八卷，以公同好。於戲！自聖學不明，學者誦讀六經、孔孟之言，不過爲資聞見、博富貴之階梯，論者以爲經不燬於秦火，而燬於後儒之誦言忘味。得先生「反身」之説，而孔孟窮經致用之旨始明，則是有六經、孔孟之言，必不可無先生之是説。若曰「反身」二字，不過理學先生家之常談，芳、藻等竊不敢許爲知言。

康熙壬午歲二月朔日，韓城門人賈綿芳、程伊藻頓首拜誌

反身録續補二孟小引[二]

王心敬

反身録刊布問世矣，茲録二孟之所待增者爲一册。蓋在昔丙寅之歲，敬録此書，草稿初具；而學憲淝水許公索先生未布之書，時即以此請教，蓋意圖就正云耳。不意許公見而悦，謂：「自孟子揭『求放心』之旨，而千古學問之大要明。今先生以『反身』之旨，揭讀書綱領，其功上繼孟子，可以無愧！」遂不謀而授梓行世，意良美矣！顧原本原屬敬參訂未詳之書，中間未符先生原意者實多，又二孟録尚未竟，抑尤有待增補而未及增補，爲可惜耳！寒士貧生，重翻無力，徒付慨嘆，

[一]「反身續録序」，原本無，據石泉彭氏本、静海聞氏本補。

[二]「反身録續補二孟小引」，石泉彭氏本、静海聞氏本作「反身續録序增補二孟小引」。

暇日乃録二孟合入之條，另爲一帙，藏之篋笥。自今當節口縮腹，冀量聚微貲，他日佐工而續梓焉。乃若全録待正之刻，則自分終身徒抱鬱抑而已。外又有年來書答一冊，亦手録成冊，以待他日補入全集云。

門生王心敬百拜識

四書反身續録二孟續補

二曲先生口授

鄠縣門人王心敬録

韓城門人賈綿芳　程伊藻　參訂

蒲城門人張　正校梓

孟子上

梁惠王

自孟子此章剖析「仁義與利」利害後，復以義、利分别舜蹠。利非所尚，而仁義非迂，學者類能言之。顧義利、公私之間，爲端既微，而人心淪染之久，出義入利，勢又甚便，自非有「格物致知」之功，實造乎意誠心正之地，將有利心乘於不自覺，而仁義牽於不能自勝者。故清源拔本之要，在平日實下「居敬窮理」之功。然非有眞師友、眞識見，則或有毫釐之差，而流害或至千里之謬，故欲「居敬窮理」，又必以講學取友爲急也。此理之相因，斷不可易者，乃今之學者或以爲學不必講，甚者以講學爲詬病。噫！其亦不思而已。

觀移民移粟之術，不足以致民多，則知吾輩幫補湊泊之學，不足以「明明德」。學不務本，而以德之不明歸咎氣質，是猶王道之不行，「民不加多」而罪歲也。孟子曰：「王無罪歲，則天下之民至。」余亦曰：學無咎氣質，則德明矣。

惠王盡心於移民移粟，在當時亦費許多轉搬安插之術，孟子尚不許其盡心；後世爲民父母行政，平日既無先事預防之圖，而臨荒又坐視其死而莫之救，甚者或益之以暴征橫斂，從而迫之死亡盜賊之塗，吾不知清夜之間，果何以自安也耶？此又梁惠王之罪人矣！

荒政無奇策，皆不過權宜補救於什一耳。即行之盡善，僅足以救民之死，而不足以贍民之生。故聖賢言治，皆以平日力行王道爲要。但在今日，時異勢殊，與古昔作用，必不能盡同。如孟子言王道之始，在重農事、明禁戒；王道之成，在制田里、教樹畜、興學校。今欲力行王道，唯重農、興學二事，今昔不異，其餘則不免於今昔異宜。古法既不能盡行，而王道又不可以苟且粗略而成。吾人讀書論世，正須從此反身，實究出一段不乖於時、不悖於古的大經大法，使他日得位行道，不必盡襲成跡，而亦足使民養生喪死如古時；不必盡摹古法，而亦足使「老者衣帛食肉，黎民不飢不寒」如古時，然後爲通時變、善讀書也。不然，不達其意而徒古法之泥，縱於前人之言解得明、説得當，究成何濟？

問：古法既不可盡復，王道又不可粗略苟且而成。今欲行之，何施而可？曰：擇吏、重農、輕斂、禁暴，其始乎。明禮、正學、興賢，其成乎。得其人則法行，非其人則法廢，責實效、慎保舉，此擇吏之要也。農者，國之本、民之命，勸相有術，而後地無遺利，審其土宜，通其有無，如水利其最要矣。次如種樹、種蔬、種藥之法，必詳必備，則生衆而民富國足矣，此重農之要也。稅斂無藝，則吏緣爲奸，究之上之所入無幾，而民之受害無窮，非時不征，額外有禁，則民力寬然有餘矣。「百姓足，君孰與不足」？此輕斂之要也。污吏漁民，豪強兼並，奸胥網利，有一於此，皆爲民蠹，此禁暴之要也。夫如是，則吾民養生喪死無憾矣。養生喪死無憾，此王道之始也。禮不明則體統陵，體統陵則民志惑。民志惑者，僭奢之端、禍亂之原也。自君后以至庶人，自祭享以至日用飲食，自宮室以至車服器用，貴賤有章，隆殺有等，崇樸尚雅，黜浮去靡，如是則上下志定，而用度節約，民有餘財，國無乏用，而天災人害可無虞矣。此明禮之要也。學術者，人心風尚所關，人才所由出也；無所統一，斯小辯起而害道矣！明孔孟之大義，距異端之邪說，無妄分門戶，以壞吾道之大全，無徒徇皮膚，以戕聖學之血脈，可大可久，「無黨無偏」，此正學之要也。有治人，無治法，治以賢始，卽以賢終；然無所待而興者，其惟聖人乎？其餘則皆俟乎上之振作鼓舞矣，而興學校其首也。其法則禮記之說詳，而前朝王文成之說更爲精明可用。愼師儒其次也，其法則宋明道先生上神宗之說爲至要而可行。精選舉、嚴考成，又其次也，其說則周禮與戴記之言備矣。以至宗族勳戚之學必嚴，武弁侍衛之教必詳，則大學衍義補之所條陳，可斟酌而採取矣。教化明則學術端而人心正，人心正則人才蒸蒸然出而不窮，人才衆而天下有不久安長治者乎？此興賢之要也。如是則頒白不負戴，而黎民不飢寒，此王道之成也。人君誠以是道實心行之，公卿大夫誠以是道實心奉行之，吾見三代之治可復見今日也。若夫井田封建之宜興宜廢，則存乎時與人，區區執一偏之說，以爲必宜復、必不可復者，皆非至當之論也。

觀仁民在先去其害民，可見養心，在先去其害心。

獸相食且人惡之，爲其同類相殘也。吾輩同師堯舜，同學孔孟，或以意氣不合而排擠心生，或以學術不契而譏貶妄加。又或不論學脈之眞僞偏全，迎合時好，假衛道之公名，爲趨時邀名之藉，詆斥正學，訕譏先賢，此眞以人食人也，心忍於率獸食人矣。吾黨戒之！

施仁章不爲孫吳出奇制勝之術，而實爲強國雪恥之大本，大本乃謂之〔二〕經。後世言兵者不此之論，而徒以孫吳權謀變詐之術爲經，失其旨矣！故今之七書，謂爲兵家權謀術數可也，不可以爲經。

或問：孟子受梁惠王卑禮厚幣之聘，久處於梁，何以一見新君而翾然卽去？先生曰：敬者，德之聚；言者，心之表。襄王初政，任大投艱，見賓師而容貌辭氣慢易粗率如此，則其他可知。德器如此，其不足以有爲可知矣！不足有爲而

〔二〕「謂之」，原本作「之謂」，據三韓銘惪本、石泉彭氏本改。

久留，是干澤也，焉有君子而干澤者乎？此與不受齊萬鍾百鎰同義，未可議也。言畢，因顧心敬曰：容貌辭氣，豈細故哉？詩云：「抑抑威儀，維德之隅。」又曰：「無易由言，無曰苟矣」。

王道本於不忍，聖學本於無欲。外不忍而言治，是雜霸之道，而非王道也。外無欲而言學，是支離之學，而非聖學也。

民有恒産，然後可望其有恒心。故明君將欲興學校以教民，必先有以制民之産；所以然者，衣食足，然後可望其知禮義也。後世言治者，動曰「興學校」，卻全不講爲民制恆産，不知恆産不制，而責民以恆心，是猶役餒夫負重，驅羸馬致遠，縱勉強一時，究之半塗而廢耳。此卽以古先聖王教民之法教之，尚不可望其一道德而同風俗，況以後世苟且具文嘗試，而可望其治禮義哉？王道既湮，不特後世無行先王道者，卽求一知治本者，與之言先生之道，亦不可得，可嘆也夫！

莊暴

「以小事大」爲「畏天」，「以大事小」爲「樂天」。今之學者，一無所知能，而傲然自大於先生長者之前，其悖天甚矣！「樂天」者保天下，學者亦須有此襟度，然後可云萬物一體之學。

或問：如何養此大勇？曰：明於「天地之性人爲貴」之義，而學聚問辨、寬居仁，行則集義而生矣。

或問：古者什一而取，國用而外，如何得有留餘，以常施補助之仁？曰：古人凡事皆爲民起見，公田之入，以三十年之通制國用，量入爲出。故三年必有一年之餘，九年必有三年之餘。詩曰「我取其陳，食我農人」，言節以制用，大田之入，常留陳以食[二]農民也。曰：今之社倉，得古之意否？曰：古以貢之官者賜之民，社倉以責之民者俵之民。古者食民，則並其本而給之，社倉則不惟收其本而並斂其利，其意已與春秋補助、取陳食[三]農之義，天地懸隔矣。且其散之無法，

[二]「食」，三韓銘悳本作「賜」。
[三]「食」，三韓銘悳本作「賜」。

則困竭廩虛，而遇凶無以用。主之非人，則奸猾邀利，而貧民無實惠，又豈得與古者取陳補不足、助不給之美意良法同乎？曰：常平何如？曰：其意善矣，然非得賢者主之，適成聚斂病民耳。爲今之計，古法既不能遽復，必也社倉而兼濟以常平，以常平備儲蓄，而使豐凶有備，以社倉歲賑貸，而使農耕有藉。更爲之慎擇有司，嚴立條格，以杜胥吏舞文侵漁、富豪乘時射利、奸猾冒名妄食之弊。如是，則民有實惠，而國家亦可賴以無水旱之憂。雖不能無愧於古，亦庶乎善於今之法矣。

講至「從流下而忘反」四句，先生愴然而嘆曰：今之學者，不講於敦本務實之學，而役役於辭賦詩文之場，甚者馳逐乎富貴聲華之域，窮年卒歲，敝精疲神而不知反，吾不知謂之何？小子戒之！

好貨好色，齊王以爲病，孟子不惟不以爲病，而且進之於王。蓋王道初不外乎人情，七情之發即聖人不能無，但在得其正、得其公耳。「同民」則得其正而公矣，其於好也何病？後世儒者不達此義，卻遷就其說，謂孟子欲行其道，姑借此引進時君，爲信用之機，審如是，是枉道而徇人矣，尚何道之行哉？大抵後世遊談無根之說多類此。

五官、百體、倫物、日用，此吾輩之四境也，一有不治，即爲負天地生我之意，與受託而負友、受任而負君同罪。吾輩戒諸！

用賢固在用察，然用察亦非易事。鏡必先明，而後妍媸無能逃其鑑。不然，將有以賢爲不賢，以不賢爲賢者矣。故人君以「居敬窮理」「稽古親賢」爲本務。

爲室必求大木，琢玉必使玉人。爲治而不務求賢，爲學而不務得師，愚亦甚矣。

爲政不在地之大小，爲學豈限於資之敏鈍。行仁則百里可王，力行則愚柔强明。安燕所以安天下之兵，息機所以靜吾心之妄，異事一理，學者能於此反身而體驗之，其於學也思過半矣。

公孫丑

聖學明於宋而光於明，其在今日，可謂「王道蕩蕩」「王道平平」矣。有志者誠能遵而由之，當不待窮搜苦索，而會極歸極，信所謂事半功倍也。吾輩當自奮，無自棄。

告子有志心學，只爲不達心體，故差入硬把捉一塗去。今之學者茫不知心爲何物，見先達言「主靜」亦主靜，至有輕視一切倫理爲繁文瑣節，而冥目跏坐於暗室屋漏之中，以爲道即在是者，不知此與告子何異？

「至大至剛」，孟子分明將「浩然之氣」形容矣！而先曰「難言」，蓋「難言」非謙辭也。即其言者，特於不可形容中姑強形容之耳。然則，吾輩讀古人書，須默會於意言之表，然後見古人立言之心。

「養氣」以「集義」爲功，須要明得何者爲「義」，如何爲「集」，然後可望其生「浩然之氣」。今之言「集義」者，吾見其義襲而取耳，所以資談柄則有餘，當大任則不足。

工夫不離本體，識得本體，然後可言工夫。今人不識本體，開口言「勿忘」「勿助」，不知早已入「助」「忘」也。以病爲藥，宜其服藥而病轉增也。

「助」「忘」異病而同根，此等病從標末上偏救之，終於撲東生西，須用拔本塞源之劑。

問：如何謂之「善言德行」？曰：青齊之士善言海，秦蜀之人善言山。凡夫閱歷身處之久者，其言之也倍親，故仁義之人，其言藹如。顏閔，有德之人，其言德行也，不啻數家珍、辨一二，自一一於血脈上，說得親切的當，所謂「有德者必有言也」。

問：孟子願學孔子，先生何所願？曰：願竊比於我孟子而已。

見禮知政，聞樂知德。學者必有此識見，然後可以論世知人。

見禮知政，聞樂知德，此非精義入神者不能。今人無精義入神之功，而好以成跡雌黃古人，多見其不知量也。

「仁」「榮」，不必大國之畏，然後見其榮。即其問心而俯仰無愧，榮也何如？不仁之辱，不必受侮而後見其辱，即其自反而「怍心汗背」，其辱也何如？

見孺子入井，而怵惕惻隱心生，孺子豈必親於我哉？吾心生機之發，於此自不能已耳！夫「仁者，人也」，親親爲大。

今人於骨肉之間，往往視如路人，或至視如讐敵，其爲滅絕天性，自枯生機甚矣！

「有四端而自謂不能，謂之自賊；謂其君不能，謂之賊君。」今人惻隱、羞惡、辭讓、是非之心，皆與堯舜同，與孔孟同，與周、程、張、朱同，而往往謂堯舜不可至，孔孟不可學，周、程、張、朱不可企，吾不知人將謂我何？其亦不思而已。

「恥」之一字，人品、心術、善惡、生死之關。孟子曰：「不恥不若人，何若人有。」爲人君而有恥，則必恥不爲堯舜；恥不爲堯舜，則必爲堯舜矣。爲人臣而有恥，則必恥不爲禹、稷、皋、夔；恥不爲禹、稷、皋、夔，則必學禹、稷、皋、夔矣。爲學而有恥，則必恥不爲孔、孟、周、程，恥不爲孔、孟、周、程，則必爲孔、孟、周、程矣。故有恥則爲賢爲聖而無不足，一無恥則爲愚、爲罔、爲小人而有餘。恥之所關大矣哉！

天時

古之學者，君就則見，君召則不往見，非是自高其身分，道固如是耳。今之仕進者，囚首跣足，求進乎有司之門，以僥倖於不可必之知遇。嗚乎，其視古之學者，抑何不相侔也！

士必有恥，而後可望其服道德、建功業。故古之時，在上者遇士以禮，以作興其羞惡之心，士亦以道自重，以無虧其羞惡之實，是以居上有功業，在下有禮義。後世場屋待士之法，上之所以求之者，既非所以重之；下之所以自獻者，亦不知所以自重，習以成風，皆莫知反。嗚乎！若生子罔不在厥初生，士之始進如此，則其平日之服習乎道德可知矣。既不知道德，尚何望其建功立勳，以無負於朝廷之任使哉？噫！弊也甚矣。

不受百鎰、不受萬鍾，非其義一毫不以假借，如孟子者，始可謂財上分明。名節者，衛道之藩籬。辭受者，立身之大節。學者談仁義、服道德，必須有此操守，然後學爲眞學，品爲眞品。

孟子論周公之過，不諱其過，而卻於其中指出無過之實。如孟子者，纔可謂之論世知人，纔可謂之「觀過知仁」。今人論人，不原其心而惟跡之泥，往往於無過中吹〔一〕毛求疵，其亦異於孟子矣！

古人論人，往往於有過中求無過。今人論人，往往於無過中求有過。古人好成人之美，今人好成人之惡。今古人品、心術之懸絶如此。可歎！可歎！

改過是美事，人卻不喜爲；文過是不美事，人卻喜爲之，真是不知好歹！

滕文公

人性皆善，吾之性即堯舜之性，故曰「道一」，曰「有爲亦若是」，曰「堯舜可爲」。此實理實事，今人卻以爲孟子故意引進人爲善，非眞「人皆可爲堯舜」也。此等議論見識，不惟不信聖賢，自小其身分，亦且甚壞人心術學問。某見此等，必深辨而痛闢之。

井田之行，古今紛如聚訟，有一輩人謂必可復，有一輩人謂必不可復。夫大冬之可爲大夏，萌芽之可爲合抱，安在井田之必不可復於後世？然大冬之不能遽爲大夏，萌芽之不能遽爲合抱，又安在井田之能遽行於今日？兩家各執一偏，而不能相通，宜其牴牾而不合也。即如三代而後，授田之制，唐爲近古，然實是緣周隋遺制而緣飾之，以成其制。今謂井田之必不可復，何以於王制久湮之後而唐獨能行之？今謂井田之可以遽復，何以於留心均田之周世宗而終未能行？大率古法無必可復，亦無必不可復，亦視乎其時與人耳。學者論古不時之思，而區區執可不可以爲說者，是皆遊談無根之說，非定論也。

人者，天地之心、萬物之靈，必能爲天地立心、生民立命，繼絶學而開太平，乃爲「大人之事」；否則，終不免於小人之歸。

〔一〕「吹」，原本作「推」，據三韓銘惪本、石泉彭氏本、靜海聞氏本改。

孟子下

離婁

堯舜必藉仁政以平治天下，而究其所爲政者，皆自一念不忍之心。推而達之，則是仁政者治天下之規矩六律，而仁心者又仁政之規矩六律也。心得其養，仁政自沛然而出，康誥所謂「保赤誠求而不中不遠」者也。故王者必以正心爲第一義，而人臣事君，必以陳善閉邪爲恭敬。

講至「城郭不完」節，先生曰：湯武行仁，以七十里、百里而王，其季也皆以富有天下而亡，以至漢、唐、隋、宋莫不皆然。可見，聖賢之言，信而有徵。讀孟子此言者，切〔一〕毋以爲迂而忽之。

城郭甲兵之不完不多，田野貨財之不闢不治，此皮膚之病。無禮無學而賊民興，則病在膏肓矣。聖賢論事，如秦越人治病，直洞徹人五臟，故其論治，不憂其標末，而特探其本原。區區摹〔二〕擬古方者，何足以知之？

責難陳善，不特事君宜爾，即事師交友亦然。

不以堯舜自期者，是謂薄於自待。不以堯舜望君者，是謂薄於待君。然究之薄待君者，正其薄於自待。故孟子處處以堯、舜、三代望時君，正其以唐、虞、三代人物自處也。

孟子曰：「欲爲君盡君道，欲爲臣盡臣道，二者皆法堯舜而已。」余亦曰：欲爲人盡人道，亦法孔孟而已。孟子曰：

〔一〕「切」，原本作「竊」，據三韓銘悳本、石泉彭氏本、靜海聞氏本改。
〔二〕「摹」，原本作「摸」，據三韓銘悳本、石泉彭氏本、靜海聞氏本改。

「不以堯之所以治民者治民，賊民者也。不以舜之所以事堯者事君，賊君者也。」余亦曰：不以孔孟之所以修身者自修，自賊者也。循此則聖賢，悖此則狂愚，出此入彼，一念罔克之間而已，吾輩須自奮自立。

道無中立之處，非仁則不仁，似若易辨，然學術不明之日久矣，非眞有「體認天理」之功，以造乎識仁定性之域，恐亦未易辨於毫釐疑似之間，故程門以「體認天理」爲要訣也。

祖父之惡，非子孫之孝慈所能改，則知子孫之善，亦非祖父之不善所能掩。鯀圮族而禹不失爲聖，仲弓父賤行惡，而不失爲賢人，固在自立何如耳！

孔孟千萬世宗，爲達禮樂之原者。孔子論禮樂在玉帛鐘鼓之表，孟子論禮樂在事親從兄之間，則禮樂之意可知矣。後世論禮樂者，區區於節文度數之末，葭灰黍粒之餘，眞是癡人說夢！

一日講至「先聖後聖揆一」，先生曰：豈特聖人同一揆，吾輩此心此理，亦與先聖同也。又豈特吾輩，卽凡民知能之良，亦與先聖同。特吾輩不自信，不能自成自道，自失其權度耳。

因民之所利而利，則上不費而及人廣，故君子但平其政，使民皆自爲利，而不必其出於己，是所謂「不費之惠」也。方今旱災爲虐，救時之急務，莫如勸農民急興水利，此伊尹救旱之政也。竊聞當事者皇皇議所以賑備之策，而未知使之興自然之水利，以自爲利。嗚呼！惠則惠矣，及人能幾何哉？

學問有本原，則源泉混混，放乎四海，苟爲無本，涸可立待，可見爲學當「先立乎其大」者。「庶民去之」，庶民自去之也。「君子存之」，君子自存之也。若其所以去者存者，則初不因庶民君子而爲去存，知此則知時有今古，人有智愚，而此道未嘗不流行天地之間。

「由仁義」，是從性上起用；「行仁義」，則情識用事矣。此誠僞之分，非安勉之別。後世學術，大率皆是情識用事，其與凡民恣情縱欲者，雖有清濁之分，其爲害道而戕性，一也。

知之眞，自然行之當。舜有明物察倫之眞識，故能爲「由仁義行」之實行。今時學者無「致知」之功，其有志者，不過摹〔二〕仿其近似者，以緣飾於事〔三〕爲之末。初非有眞識見，安得有眞踐履，故終其身在仁義之中，而終其身在仁義之外。此大學之序，先於「致知」；而中庸之要，在於「明善」也。雖然學絕道喪之餘，非有眞師友相與講切，縱日鑽研探頤，亦終歸於妄見而已，故少墟先生以「講學」爲學者第一務也。

文王惠鮮懷保，尚「視民如傷」，其在後世，更當何如？誕登道岸，尚「望道未見」，其在我輩，更當何如？「視民如傷」如文王，然後可謂眞愛民。「望道未見」如文王，然後可謂眞望道。無文王之心之志，而曰「我愛民我望道」，吾不信也。

端人取友必端，此自是實理；然以唐堯之時而鯀兜列朝，伊川之賢而邢恕爲友，人之所遇，亦有幸不幸耳。必執此以論，亦恐有無邊受屈人矣。

孟子論「自反」，以舜法天下，傳後世，而我不能爲可憂，此蓋是較量於舜我之間：舜如彼，爲聖人；而我乃如此，爲鄉人，有不容不愧且憂耳，非是爲不能法天下、傳後世而憂也。此是爲己爲人之辨，不可不知。

鄉愿人皆稱爲「原人」，而孟子獨惡之。匡章，人稱其不孝，而孟子不失其禮貌。聖賢取人，眞如伯樂相馬，獨鑑於牝牡驪黃之外。後世學者，貴耳賤目，如史斷史評之類，往往隨人口吻，雌黃古今人物，不知屈了多少人心。我輩論人，要當以聖賢爲法。

〔二〕「摹」，原本作「摸」，據三韓銘悳本、石泉彭氏本、靜海聞氏本改。
〔三〕「事」，原本作「爲」，據三韓銘悳本、石泉彭氏本、靜海聞氏本改。

萬章〔一〕

一介不苟之守〔二〕，萬物皆備之量，此伊尹之所以爲聖也。周子所謂「志伊尹之志」者，此志而已。孔子進以禮，退以義，此窮理盡性至命之極則，區區循跡仿象者，不足以幾此。

古人友德，今人友富貴利達而已。可嘆！可嘆！

告子

自「義外」之説倡，不特霸術假借之弊由於此；卽佛老虚寂之弊，亦由於此。其在今日，不特佛老矣；卽吾儒循跡摹〔三〕象之學，亦由於此。憂在彼者，孟子力辨之；憂在此者，責不在吾輩而誰責？

仁義「非由外鑠」，孟子分明爲人指破。近世乃有號爲大儒，而其學不免枝枝葉葉尋諸外，其顛倒甚矣！抱璧而索諸塗，則人必以爲愚。仁義禮智，自有而自外之，可憐也夫！

心之理義，凡民與聖人同；而凡民甘心遜美於聖人者，只是不知吾心眞理義之所在耳。然則象山先生指示本心，陽明倡明「良知」，是直將個個人心仲尼還各人，眞於人有起死回生之功，而陋儒徒以影響近似之疑，指摘不已，眞自賊其心者也。

〔一〕石泉彭氏本、靜海聞氏本置此篇文字於四書反身録孟子下萬章中。

〔二〕「守」，石泉彭氏本、靜海聞氏本作「操」。

〔三〕「摹」，原本作「摸」，據三韓銘悳本、石泉彭氏本、靜海聞氏本改。

象山先生每教人嘗〔一〕誦旅獒及「牛山之木」以下數章，此言深有味。

專則精。即種樹、學奕，可悟學道。

心者，身之主。有心則有身，無心則無身。人莫不知愛其身，而不知愛其心，眞所謂不知類也。故善愛身者，護心如護眼，使纖毫塵渣〔二〕不得入其中，而爲清明之障，則天君泰然，百體從令矣。

當此學術不明之日，世人如何便解得辨體之大小貴賤？須是得有志者，共講明心性之學，以指迷導惑乃可。

良貴有無味之味，只是逐馳聲利人，精神馳騖，不知嘗耳。

三子不同道而趨歸於仁，可見聖賢立身行己，自有一段眞血脈流貫其間，區區形跡皮毛之間，不足以盡之。必以形跡論人，則不足以知人；必以形跡自爲，則必歸於「義襲」，而不足以成己。

爲學而矜才能，較勝負，計效驗，論多寡，是亦今之良臣、古之民賊之類，吾輩須切己自反。

艱難拂鬱，天之所以成我。古之聖賢豪傑，莫不從此成德達材。吾輩遇逆難境界，非怨天尤人，則頹偷苟且，豈不負上天「玉我」之意。

處困而怨天尤人固不可，偷安苟且亦不可，須是從這裏尋條正路，八字著腳，平坦坦行，將來直巍巍打出去，纔是大丈夫、眞豪傑。

盡心

「盡心」由於「知性」，「知性」乃能「知天」。今人誰解「知性」？既不「知性」，如何能「盡心」「知天」？故必須是有學

〔一〕「嘗」，石泉彭氏本、靜海聞氏本作「常」。
〔二〕「渣」，三韓銘悳本作「滓」。

問思辨行之功，而又得眞師友乃可。

「殀壽不二」，是直〔二〕將生死夭壽浮雲同視，非「窮理盡性以至於命」者不能。陽明先生以爲此困勉之事、下學之功，失之矣。

「誠身」之樂，孔孟而後，宋明三五人耳！他人紛紛之說，總如射覆。

「反身而誠」，則行著習察矣。

或〔三〕問：如何謂之「以佚道使民」「以生道殺民」？曰：「以佚道使民」，謂以所以佚之者使之；「以生道殺民」，謂以所以生之者殺之。卽如而今吾省大旱，當事者能教之開渠穿井，興水利以灌麥豆，是卽「以佚道使民」也。其或不率，則嚴刑以懲，是卽「以生道殺民」也。

「廓然大公，物來順應」，則過化存神，而上下與天地同流矣。

居深山，與木石、鹿豕遊處，而無憎無惡；聞善言，見善行，若決江河而莫能禦。由前爲無物，由後爲無我。易曰：「艮其背，不獲其身；行其庭，不見其人。」艮卦象意，非舜莫能當之。

學者能辨三樂「王天下不存」之義，則孔顏之樂，可類推矣。

「唯聖人，然後可以踐形」，不曰「盡性」，而曰「踐形」，見得人卽道德，到聖人田地，亦只成無虧此七尺之軀耳。可見，未至於聖人者，不免負天地生身之義。

「堯舜之知而不遍物」，此說惟知大學「先後」「本末」之義者知之。世之以名物象數爲學者，不足以語此。孟子後，象山先生深達其旨，故其論學常發此義。

〔二〕「直」，石泉彭氏本、靜海聞氏本作「眞」。
〔三〕「或」，原本作「反」，據三韓銘憙本改。

秦漢而後，「民爲貴」之義，時君世主罕知其理，故往往虐用其民，而不足以祈天永命也。

講至「見知聞知」，先生顧心敬而命之曰：道統之在天地，猶脈理之在人身，脈調而身泰，脈滯而身病。主持世道，救正人心者，責不在聖君賢相，卽在吾儒。顧前乎此者經訓蕪於異說，學術淆於意見，自非「上智」之姿，竭終身探討之力，未易與「精一」「一貫」之傳。方今六籍大明，學術歸一，前有孔孟爲之宗盟，後有宋明諸儒爲之羽翼，其視古昔時，易而徑直，不啻萬萬其勢。吾輩苟奮然自立，雖去聖云遠，見知無從；而由其著述，可以會其精神，緣其行履，可以得其心性，眞所謂適康莊而由坦塗，一指顧而會極歸極矣。顏淵曰：「舜何人也？予何人也？有爲者亦若是。」張子曰：「爲天地立心，爲生民立命，爲往聖繼絕學，爲萬世開太平。」吾輩賴天之靈，得爲男子，且知向學爲儒者，須頂天立地做一場，乃不愧上天誕畀之意。悠悠天壤，誰當負荷？小子勉之！

中州後學潛谷張開宗書

反身續録跋〔一〕

張開宗

二曲先生讀書立德，直達性天，故能剖破朱陸藩籬，而上接鄒魯之統。其説書也，切近精實，純正縝密，有雍容自得之味，無駭遽張皇之氣。學者尊其言而一反之於身焉，其亦可以不差矣。

〔一〕「反身續録跋」，原本置於版心，題作「跋」。

關中李二曲先生履歷紀略

歷年紀略序

惠龗嗣

吾師二曲先生閉關謝客，嚮往者無從識荆，咸欲悉其生平，以當親炙。謂小子龗嗣及門有年，知之最詳；且以先生疇昔左輔、毘陵之遊，往返僅數月，猶東行有述，南行有述，而居恆履歷顧缺焉無述，斯亦從遊者之責也。龗嗣爽然自失，泚然汗下，逡巡久之。於是，謬不自揣，謹摭平日耳聞目睹，並篋藏散文零録，一一有據之實，逐年按月，詮次成帙，一言一字，咸本成語，恭題〔一〕曰歷年紀略，聊以備覽。庶先生之生平可考而知也，抑區區竊有感焉。小學謂：「人生內無賢父兄，外無嚴師友而能有成者鮮矣。」先生早歲喪怙，既無父兄，又無師友，孤苦自奮，備極阨患，從萬死一生中屹然成立，故論者嘗譬諸蓮：他人成立猶蓮之生於水，順而易；獨先生成立猶蓮之生於火，逆而難。先生爲其難，以邁其易。今年踰耳順，身愈困而道愈亨。然則覽斯編而誠有以振興，則亦無難之不易矣。是爲親見先生面，親承先生之切砥，否則即日相晤對，夫奚益？

富平門人惠龗嗣沐手百叩謹識

〔一〕「題」，石泉彭氏本、靜海聞氏本作「録」。

歷年紀略

富平門人惠龗嗣摭次
同州門人馬棫士
雒南門人楊堯階同録
寶鷄門人李　修

先生家世甚微，貧不能蚤學。九歲始入小學，從師發蒙。讀三字經，私問學長云：「性既本善，如何又説相近？」學長無以答。在小學僅二旬，嬰疾輟讀；後隨母舅讀學庸，舊疾時發，作輟不常。既而，太翁從軍征賊陣亡，母子煢煢在疚，形影相弔。是時無一椽寸土之産，所僦邑内小屋。屋租不繼，被逐。東移西徙，流離失所。癸未之秋，始得茅廈於邑西新莊堡，遂定居焉。是冬，駐防兵變，殺掠甚慘。先生偶出堡拾薪，被獲。刃將及頸，同伍異其氣貌，亟格刃獲免。居恆餬口罕資，三黨無一可倚，朝不謀夕，度日如年。鄉人憫其危甚，勸之給事縣庭，充門役，謂可以活母命，免溝壑，謝而拒之。次年甲申，艱窘困憊，突常無煙。時父執之子與先生同等者，多入籍衙役，或作胥吏，或爲皂快，咸招先生共事，堅不之從。里中惡少以其不應役養母，目以不孝，亦不恤。家僅一桌，鬻以易食。一卜者哀而欲授以子平，俾藉以聊生；將從其術，塗經社學，聞誦書聲有感，遂卻步返家，矢志讀書。母欣然引送舅塾，拒不納。鄰邨有教授者，知不能具束脩，亦弗收；退而自傷者久之。於是，取舊所讀學庸，依稀認識，至論孟，則逢人問字正句。自是，母爲人紡棉，得米則雜以糠秕野蔬，併日而食。先生拾薪採蔬之暇，手不釋卷；書理不解，則憤悱終日。親友有貽以海篇者，遂隨讀隨查，由是識字漸廣，書理漸通，熟讀精思，意義日融，然後遞及於經。鄉人聞而詫異，以爲貧至此，救死弗暇，乃近書册乎！

順治二年　乙酉

是春，壁經既治，乃借易以讀。入夏，偶得周鍾制義全部，見其發理透暢，言及忠孝節義則慷慨悲壯，遂流連玩摹，每一篇成，見者驚歎。既而，聞鍾失節不終，亟裂毁付火，以爲文人之不足信、文名之不足重如此，自是絕口不道文藝。人有勉以應試者，笑而不答。始借讀春秋、公、穀、左氏、性理大全、伊洛淵源録，見周、程、張、朱言行，掩卷歎曰：「此吾儒正宗，學而不如此，非夫也！」至是，步趨遂定，嚮往日篤，枵腹忍凍，愈有以自堅。人見其居恆飢色如菜，咸呼爲「李菜」。

是冬，賀賊大營環屯堡側，左右村堡俱陷，屠男掠婦，焚蕩一空。先生所居之堡，人不滿百，賊已蟻貫而登，垂陷復墜，卒獲保全，識者以爲天幸。

當賊攻堡時，堡人震怖悲號，先生不異平時。適邑廣文左諱之宜避難在堡，見而異之；與之語，斂衽起敬。賊退，從容盤桓連日夜，乃大驚曰：「吾生平足跡半天下，未嘗見此子丰標既偉，才識又卓，眞間世〔二〕之傑也！」瀕別，贈之以金，不受。逢人語及，必云：「汝邑有生知之人，不經師匠，自奮自成，汝知之乎？」聞者愕然。

順治三年　丙戌

借讀小學、近思録、程氏遺書、朱子大全集。邑宰樊諱嶷，河汾復元辛子之高足也，宰邑一年矣。是夏，聞先生好學，遣吏敦延。先生以「庶人無入公門」之理力辭，公遂屏騶會晤於公所。時亢旱酷熱，先生身無別衣，止一襤褸絮襖，氈襪破履，而器宇軒昂，襟懷瀟灑。公一見竦異，相與論學，不覺心折；退卽送扁，表其門曰「大志希賢」；題詩以自慶云：「漫道高賢不易逢，而今此地有潛龍。英年獨步顏曾武，定識遙承孔孟宗。濁世狂瀾堪砥柱，俗儒圭角已陶鎔。千秋聲氣應還在，濂、洛、關、閩豈絕蹤。」次日，製布單衣，先令蔽形。方欲規畫資生之策，越五日，以守正不獲於上，被論謝事。瀕

〔二〕「間世」，石泉彭氏本、靜海聞氏本作「世間」。

別，手書致意云：「昨晤吾子，知吾子必爲大儒無疑也！幸陳人有緣，得一見之；悵〔二〕陳人無緣，將不得常常而見之。雖然聲氣自在，一日亦千古也。喜甚！快甚！擔當世道，主持名教，非吾子其誰耶？區區行且拭目以望矣！」

順治四年　丁亥

母連年多疾，傭紡不常，穀食不能常得，春夏所恃唯藜藿樹葉，秋冬則木實蕪菁，母緣是傷脾致瀉。力不能延醫，朝夕惟禱神籲天而已。久之，雖獲平復，而肢體日弱，自是不復爲人代紡矣。

是年，借讀九經郝氏解、十三經註疏，駁瑕糾謬，未嘗盡拘成說。

順治五年　戊子

春月，邑宰審編里書，僱先生寫册，得貲聊給晨夕；而以其半買布，俾妻製履以鬻。又得小僕李喜，代先生薪水之勞，得以一意探討。是年，借讀司馬公資治通鑑、文公綱目暨記事本末等集。謂：「綱目繼『獲麟』而作，誠史中之經，第成於文公晚年，未及更定，中間不無牴牾。尹氏發明，固有補世教，而持論時偏亦多，不得文公之心。如鄧艾兵至成都，後主出降，大書『帝降漢亡』者，言漢至是而始亡也。此正文公帝漢賊魏，申明正統，力扶人紀之初心。尹氏不得其解，乃云：『後主信任中官黄皓，以喪其國，是漢之自亡也。』若然，則孫皓之暴，亦足以自喪其國；於其亡也，何不亦書『吳亡』？」如此之類甚多，欲一一釐正，念著述非切己急務而止。

順治六年　己丑

是年，借讀大學衍義、文獻通考、杜氏通典、鄭樵通志、二十一史。謂：「函史下編與治平略、文獻通考相表裏，有補治道；函史上編、史纂左編，不過分門別類，重疊可厭，然猶不失爲史學要删〔三〕。若夫卓吾藏書，反經橫議，害教不淺；其

〔二〕「悵」，原本作「恨」，據石泉彭氏本、靜海聞氏本改。
〔三〕「删」，石泉彭氏本、靜海聞氏本作「冊」。

焚書〔二〕固可焚，而斯書尤可焚也。」

盩邑士俗，自四書八股之外，餘書不知寓目，言及性鑑便以爲涉雜； 聞先生嗜古博稽，目之若怪物，共相非笑，咸謂：「李氏子素無師友指引正路，誤用聰明，不知誦文應考，耽誤一生，可惜！」於是，父兄子弟相戒不與先生相接，一則嫌其寒窶不屑，一則恐其效尤妨正也。

是秋，里什催納丁銀，貧無以應，拘縶淩轢，入室搜所製之履，見炕無席，瓶無粟，妻餒面腫，母僵臥不能起，惻然周之以錢，先生不受。

順治七年　庚寅

邑藏書之家，漸知先生貧而力學，恣其繙閱。於是，隨閱隨璧，數載之間，上自天文河圖、九流百技，下至稗官野史、壬奇遁甲，靡不究極，人因目爲「李夫子」。雖兒童走卒，咸以「夫子」呼之矣。

順治九年　壬辰

某親素惡先生。是春，又中鄰惡之讒，適女家被盜事發，某遂嗾盜扳連先生之僕，欲因而陷先生。盜以良心難昧而止。

是年，閱道藏。嘗言：「學者格物窮理，祇爲一己之進修，肄業須醇，勿讀非聖之書。若欲折衷道術，晰邪正是非之歸，則不容不知所以然之實。」故玄科三洞、四輔、三十六類，每類逐品一一寓目，覈其眞贗，駁其荒唐。

冬月，製履無本，絶糧幾殆。友人貽之以豆，食之始有起色。

順治十年　癸巳

是年，閱釋藏，辯經、論、律三藏中之謬悠。他若西洋教典、外域異書，亦皆究其幻妄，隨說糾正，以嚴吾道之防。

〔二〕「焚」，石泉彭氏本、靜海聞氏本作「叢」。

順治十一年　甲午

時邑宰張某者，本營伍出身，粗戾不學，信任衙蠹。先生季父爲其寵吏凌辱殞命，季父之子具狀鳴冤，反中吏讒，謂爲先生指使，發役嚴捕，欲斃於獄，賴通邑紳衿營解而免。

順治十二年　乙未

是年，究心經濟。謂：「天地民物，本吾一體，痛癢不容不關。故學須開物成務，康濟時艱。史遷謂『儒者博而寡要』，元人進宋史表稱『議論多而成功少』，斯言切中書生通弊。」於是，參酌經世之宜，時務急著，期中窾中會，動協機宜。

順治十三年　丙申

先生目擊流寇刦掠之慘。是年，究心兵法。嘗謂：「自太公、武侯而後，儒者之中，惟王文成通變不迂，文武兼資，肅皇稱爲『有用道學』，誠哉！其爲有用道學也！故道學而無用，乃木石而衣冠耳！烏睹所謂『道』？所謂『學』耶？」

順治十四年　丁酉

夏秋之交，患病靜攝，深有感於「默坐澄心」之説，於是一味切己自反，以心觀心。久之，覺靈機天趣，流盎滿前，徹首徹尾，本自光明。太息曰：「學所以明性而已，性明則見道，道見則心化，心化則物理俱融。躍魚飛鳶，莫非天機；易簡廣大，本無欠缺；守約施博，無俟外索。若專靠聞見爲活計，憑耳目作把柄，猶種樹而弗培厥根，枝枝葉葉外頭尋，惑也久矣。」自是屏去一切，時時返觀默識，涵養本源；間閲濂、洛、關、閩及河、會、姚、涇論學要語，聊以印心。其自題有云：「余初茫不知學，泛濫於羣籍，汲汲以撰述辯訂爲事，以爲學在是矣。三十以後，始悟其非，深悔從前之誤。自此鞭辟著裏，與同人以返觀默識相切砥；雖居恆不廢羣籍，而内外本末之辨，則晰之甚明，不敢以有用之精神爲無用之汲汲矣。」

順治十五年　戊戌

是年，佃種里人之田，欲藉以聊生，値旱枯無成。自壬午失怙以來，母子未嘗一日溫飽，坎壈阨憊，備極人間未有之苦，危殆垂死者數矣，而卒獲不死者幸耳。堅忍之操，不殊鐵石。平凉進士梁諱聯馨著論謂：「濂、洛、關、閩之傳，自陽明、近溪之後，剥蝕殆盡。先生生於百五十年之後，起而續之，篤信謹守，奇貧阨之不爲變，羣毁攻之不爲恤，卒使絶學既湮而復振，大道已晦而復明；非先生之賢，而何以至是？非太君愛子若珠之賢，俯全所守，而何以致是？以視世俗之人，奉溫飽於一朝，誇聲稱於晷刻，其爲輕重，當必有辨之者。朝邑李叔則有全文論之尤詳。

順治十六年　己亥

是春，臨安駱諱鍾麟宰邑，下車之始，他務未遑，一聞先生名，卽竭誠造謁；再往乃見，長跽請誨，嚴奉師事。自是，政暇必趨其廬，從容盤桓，竟日乃去。去亦無所報謝，人或以爲倨。公曰：「李先生二十年來不履城市，豈可因鍾麟一人頓違生平？但得不閉門踰垣，爲幸大矣！」見所居斗室唯茅覆數椽，頹垣敗壁，不堪其憂，爲之捐俸搆屋，俾蔽風雨。時繼粟肉，以資侍養，仍具文遍報各衙門，其略云「爲眞儒間出，聖學代興，懇憲破格弘獎，以彰道統，以光盛治事。竊唯道術係治運之晦明，理學關人心之絶續，粤自『精一』之傳，肇啟虞廷；『執中』之傳，遞及三代；至東魯一儒，以布衣纘帝王之統，以筆舌司政教之權。於是，或以親炙揚休，或以私淑炳采，莫不闡微抉奧，崇正闢邪，此古今理學之大源流也。漢唐以降，董韓絶唱，寥寥寡和。逮夫趙宋應運，而濂、洛、關、閩眞儒輩出，得不傳之祕於遺經，會百家之言而歸一，其有功於世道，有補於人心實鉅。明興，理學之家累累不一，薛湛諸公，標舉於上；吳陳諸子，巖藏於下；至於德功並立之人，揭『知行合一』之旨，則獨推陽明先生。顧往往困於讒間，阨於異己，非諸正人力爲維持，其不爲元祐黨錮之禍者幾希！蓋道學之難明，而道學之人難顯易晦，若斯之甚也！我皇清定鼎以來，求賢訪道，屢奉明綸。然考所薦引，大約皆明季廢紳。其間固多雲興霞舉、黼黻盛世之英，而所云北山少室，猿愁鶴怨之侶，亦復不少。則是旁求之意誠勤，而明揚之典未廓，是以招隱雖殷，眞儒未出也。夫所謂眞儒者，必其巖居穴處，蕭然一室，蔬水自安，簞瓢獨樂，富貴不淫，貧賤不移，威武不屈。蓋學有定旨，胸有獨得，窮則善身，達則善世，而後可以紹繼絶傳，光輔皇猷。求之當今，未易數數見也！盩邑有隱士李顒者，其人生而穎異絶倫，潛心聖學；年未弱冠，卽見器於前令樊嶷，知其超悟之資，必爲名世大儒。卑職蒞任之初，首重得人，因造其廬，訪其人，挹其德容，聆其談論，不覺形親神就。初猶執賓主之禮，既不覺甘拜下風而恐後矣。其學以『愼獨』爲宗，以『養靜』爲要，以『明體適用』爲經世實義，以『悔過自新』爲作聖入門。流覽甚富，著述良多，而其引進同志，開導學人，惟『悔過自新』之說。是故淺人見之以爲淺，深人見之以爲深，上下根人，俱堪下手耳！年未強立，絕意進取。卑職躬行講約，屢經造請，未嘗一至偃室，其求榮干進之心，久已屏卻。但景仰高風，不敢隱蔽」云云。於是，一時臺、司、道、府始知先生，莫不優崇。

五月，按察司翟諱鳳翥檄云：「李處士潛心正學，孝事其母，悔過自新一書，深得孔門善誘之方。下邑有士如此，可以風矣。仰縣即持本司書帖，敦請赴省一會。本司不日南行，急欲一見，非云召枉也。」駱公至廬慫慂，先生力辭。既而，布政司陳諱爌心欽「悔過自新說」，爲之衍繹發明，欲因事至縣造廬就教，病卒未果。

九月，督學馬諱之駿呈詳撫臺，稱先生「品高月旦，行邁古今。蔬水承歡，絕意希榮干進；恬淡處己，覃懷往哲先型。允矣篤實眞儒，展也隱居君子，可謂盛世之羽儀、士林之木鐸也」。

十月，巡撫張諱自德檄督學，表其廬曰「熙代學宗」，俾紳衿咸專嚮慕，後學知所依歸。

順治十七年　庚子

是秋，母舅病故，子幼僕叛，外侮紛至。先生爲言於駱，糾回叛僕，力維門戶，以德報怨，識者咸歎爲人所難。是後，每遇清明，必出戶躬祭舅墓，至老不廢。

十二月，同州党孝子諱湛馮少墟之及門也，年八十餘，冒雪履冰，徒步就正所學。

順治十八年　辛丑

提學王諱功成檄縣，稱先生「超世獨立，學尚實詣」，表其門曰「躬行君子」。是後，當道表閭者甚衆，或曰「理學淵源」，或曰「一代龍門」，或曰「躬超萃類」。先生深恥標榜，有妨闇修，多撤去不存。

康熙元年　壬寅

三月，闔邑士庶以母貞苦迴常，相與推舉駱公爲之彙集呈狀，申詳府道。略云「看得李母彭氏，青年而矢志完節，義同

『翦髮』；白首而克稱『賢母』，功過『斷機』。家無擔石，不啻出百死而得一生；戶鮮餘丁，更且受千辛而歷萬苦。今隱士之賢，業蒙各憲闡揚以重正學之傳，則賢者所生，自宜請憲旌異，以崇鄉國之式」云云。申請由府到道批准，轉院題旌，承行吏書索常例，貧不能應，事竟寢。既而，當道檄縣以「芳追孟母」表閭。

七月，天水蔡溪巖啟胤〔二〕年倍於先生，遙肅贄受學。溪巖學古行高，絕意仕進。弟啟賢司鐸盩邑，亦賢而慕道，數至先生之廬。溪巖因獲聞先生風範，亟欲北面及門；以二親年皆百歲，不敢離側，乃齋沐遙拜發書，託族弟千里步捧，遙投教下請學，得其條答，必爇香拜受。

康熙二年　癸卯

四月，蒲城王省菴化泰〔三〕來學。王隱於醫，念切性命，堅欲北面。先生以其年倍而誼高力拒，相與交發互礪，勉所未至。一友患食積，王教以服「消積保中丸」。先生因言：「凡痰積、食積，丸散易療，唯骨董積，非藥石可攻。」王詢其故。先生曰：「詩文蓋世，無關身心；聲聞遠播，甚妨靜坐。二者之累，廓清未盡，即此便是積；廣見聞，博記誦，淹貫古今，物而不化，即此便是積；塵情客氣，意見識神，一毫消鎔未盡，即此便是積；功業冠絕一世，而胸中功業之見，一毫消鎔未盡，即此便是積；道德冠絕一世，而胸中道德之見，一毫消鎔未盡，即此便是積。以上諸積，雖淺深不同，其爲心害則一，總之皆骨董積也。誠知吾性本體，原無一物，自爾忘其所長，忘而又忘，並忘亦忘，始謂之『返本還源』，始謂之『安身立命』。」在座聞之，惕然有省。

十月朔，東吳顧寧人諱炎武來訪。顧博物宏通，學如鄭樵。先生與之從容盤桓，上下古今，靡不辯訂，既而歎曰：「堯舜之知而不遍物，急先務也。吾人當務之急，原自有在；若捨而不務，惟騖精神於上下古今之間，正昔人所謂『抛卻自家

〔二〕「胤」，石泉彭氏本、靜海聞氏本作「允」。
〔三〕「泰」，石泉彭氏本、靜海聞氏本作「秦」。

無盡藏，沿門持鉢效貧兒』也。」顧爲之憮然。

康熙三年　甲辰

是年，謝人事。先生本奮自寒微，學無師授，一旦崛起僻壤，孤倡於久晦之餘，遠邇乍聞其說，始而譁，既而疑；久之，疑者釋，譁者服，桴捷響隨，臚傳風應，不惟士紳忘貴忘年，千里就正，卽農工雜技，亦皆仰若祥麟瑞鳳，爭以識面爲快。每一他往，行人相與指目聚觀。先生慚赧垂首，進退維谷，歸而終日不怡，嘆以爲犯造物之忌，將不知其所終矣。於是，斂跡罕出，謝絕應酬。

康熙四年　乙巳

五月，母忽抱恙，初患膈痛，既而暴下。先生徬徨憂虞，延醫療治，具蔬牽羊，密禱於隍廟，請以身代，仍晨夕爇香籲天。夏末，小愈，喜躍慶賀。中秋，復作，於是遍延名醫，長跽懇療，晝夜掖侍，衣不解带，目不交睫，朝夕率妻泣禱，凡禮拜百餘日，額爲之腫。仲冬十七日，母竟不起。伏抱擗踊悲號，痛不欲生。貧不能斂，駱公爲捐俸購棺。既斂，猶晝夜撫魄嗚咽。久之，始釘，勺飲不入口者五日，哀毁幾絶。遇七，各一晝夜斷食，如未斂時，僵臥柩側不能起。次月朔，始強起受唁，駱公弔奠。是月，本邑及鄰封弔者，日無暇晷。

康熙五年　丙午

春夏，四方來弔者甚衆，當道重風教者亦遣吏致誄。茶臺梁諱熙以「苦節維風」扁門，太守葉諱承祧〔二〕以「純貞啟後」表閭。

八月，山右賈發之諱黽自絳來奠。辛復元門人。

十月，太守葉重建關中書院，欲延先生開講，託李叔则介绍，先生不答。

〔二〕「祧」，石泉彭氏本、靜海聞氏本作「桃」。

十二月，舉葬。自入斂至是，晝夜未嘗離柩側，每食必呼娘以奉，門外人事盡廢，銜者成讐不恤。是月，招工砌壙，躬親經營，歠粥毀瘠之餘，嘔心勉事，墨摧無復人形。念柩將離家，晝夜悲號，涓滴不納。事竣，頓成骨立。

冬杪，駱公俸滿將陞，念去後無以贍給，爲置地十畝，聊資耕作。

康熙六年　丁未

是春，駱陞北城兵〔一〕馬。先生自承殊眷，前後八載，終未嘗一詣縣署。至是，駱公來别，始送之出境。先生居鄉，與流俗不同調，一齊衆楚，動多咻誚。而一二憸壬，以其落落難合，尤銜之切骨，醜詆横衊，無所不至，始以訛傳訛，久之訛遂若眞；近又目擊遠邇尊崇，妬之愈甚。因駱在任，不獲肆毒，至是無復顧忌，日逞兇謀，不嗛人釀釁嫁禍，則挑人冒凌詬辱。會新宰馬某蒞縣，恐復優崇，相與騰讒預沮。宰雖猶豫未入，顧爲人矜而愎，以甲科自負，屢令人諷先生，欲屈以詣己，先生遜謝。既而，明向先生親友云：「本縣聞李某聰明可造，但欠指引耳！宜來見我，當授以八股之法，令其從事正路，以圖取進。」久之，因先生不至，遂嘖有詬言。羣小乘機中傷，謂先生常笑其文。宰聞之愈怒，眈眈虎視，嘗欲甘心焉。

是冬，分守道何諱可化送扁表閭。〔二〕

康熙七年　戊申

夏四月既望，同州耆儒白含章〔諱煥彩〕偕蒲城王省菴肅車令党生〔克材〕〔三〕至盩厔迎先生。党趨臥室，睹四壁蕭然，牀無衾枕，泫然流涕曰：「東人雖知先生之貧，不意困頓一至於此，卽黔婁衣不蓋形，然止於赤貧而已。獨先生之貧，酷不忍言，而快然自得，固自以爲足，其如室家何？」遂以所贄備辦薪米安家，御之而東。至蒲城，謁横渠張子祠。邑紳刺見啟延，先

〔一〕「兵」，石泉彭氏本、靜海聞氏本作「司」。

〔二〕「是冬，分守道何諱可化送匾表閭」，石泉彭氏本、靜海聞氏本脱。

〔三〕「材」，靜海聞氏本作「才」。

生例不報謁，辭之。省菴預治靜室以俟，晉謁者無虛晷。先生爲之發明固〔一〕有之「良」，有自多其知者，則迪之以忘知；有自雄其抱者，則詔之以放下。一士談鋒甚暢，論辯泉湧，先生憮然嘆曰：「默而存之，希顔之愚，爲曾之魯，到蹇訥〔二〕不能出口時，纔是有進。若神馳於舌，則行必浮，非所謂『塞兑固靈根』也。」在蒲浹旬，士紳因感生奮，多所興起，農商工賈，亦環竊聽，精神躍勃。瀕別，士庶擁送，羅拜泣別。

五月，抵同，館於白塾。郡紳李淮安諱子燮等請益踵接。張敦菴諱珥長跽受教，李文伯士璸、馬慄若秫、馬仲足逢年等年倍於先生，咸北面從事，執侍唯謹。鄰邑人士，亦聞風爭造。答問之語，詳具東行述，而安身立命之微，則見於含章所録之學髓，東人寶焉。

七月初九日，西返，闔郡祖送。馬仲足退而志其略云：「吾見先生其人矣，式金式玉；吾聞先生之語矣，切性切身。果然朱呂之儔，展矣周程之侣。動則規圓矩方，因物而付；學則天通地徹，隨叩而鳴；窮則可以善身，達則可以淑世。斯文之寄，其在斯乎！年等豈因博雅，徒步追隨，爲親典型，甘心北面。恨三遍之爲害，常憶格言；愧『四勿』之未能，每思德範。而今而後，捨舊從新，雖云年老力衰，何憚朝聞夕改。若非豎誠於當前，何以淑身於去後？以故書茲揭牖，用代提撕。嗚呼！千載篤生學公匪易，若欲遽臻於賢哲，其將能乎？一言既出，反汗實難，雖欲自處於不才不可得也。爰公同人，共期克終。」

十一日，過高陵，謁涇野祠。邑令許諱琬聞而迎謁。先生睹祠宇頹殘，託許重葺，恤其後裔。邑紳于爾錫諱昌胤〔三〕留宿文塔，涇邑、池陽士紳咸集問學。過咸陽，教諭湯諱日躋固留，爲多士開講。十五日，抵家，謁母墓告返。

〔一〕「明固」，原本作「固明」，據石泉彭氏本、靜海聞氏本改。
〔二〕「蹇訥」，石泉彭氏本、靜海聞氏本作「謇吶」。
〔三〕「胤」，石泉彭氏本、靜海聞氏本作「允」。

十一月十七日，三年喪畢，始飲酒茹葷。

是冬，羣小暗投匿名，明肆羅織，廣設機穽，協力傾陷。宰遂乘隙票拘先生，欲文以重罪。適吳堡令孫諱希奭奉孫侍郎北海之命來候先生，因爲之營解。邑庠暨武功、郿士又相與盈庭會講，宰迫於公論，始收票免拘，使人約先生來謁。次日，潔舘以俟，卒不往。既而，兇黨洶洶，又媒蘖不已。先生處之自若，寂無一言申辯。或怪其太腐，則曰：「蒙訕招毀，儒者之常。伊川受誣遭貶，幾不獲保其身；晦菴連被攻擊，開單至數十款。未嘗聞二公少動於中，正如飄風墜瓦，聽之而已。若毫有介懷，則是五嶽起方寸，非所以自靖也。」或曰：「子固坦不介懷，然含沙之蜮，工於射影，一波未已，一波又興。諺謂『市虎成於三人』，而三至之讒，賢母尚且投杼，況其他乎？故險計詭毒，似亦未可全忽。」曰：「横逆不已，自有子輿氏之家法在。與鄉人校順逆，則亦鄉人而已矣。況名者造物之所忌，不肖實未至而名先彰，神怒鬼嗔有年矣！彼之紛紛多事，安知非鬼神假手以示懲耶？在不肖惟有返躬引咎，痛自淬礪，外侮之來，莫非動忍增益之助，夫何尤？」言者爽然失，肅然服，作禮而退。

康熙八年　己酉

是春，以忌者兇焰正熾，深居寂處，多不見客。然四方學者，肩摩袂屬，沓來座下，拒之而不去，疏之而益親。不得已，視其人果有意爲己，則迪以躬修允蹈之實。否則，徒討論典故，以資見聞；辨晰經書，以爲詩文材料；及用工失序、持議躐等，咸默然不答。

四月，湖廣進士羅誥，通五經，尤嗜易，策蹇來訪。適先生絕糧，不食二日矣。坐久，無以授餐，乃移寓隍廟。宰聞之延款，語次知爲訪先生，勃然不悅，極口噂詬，聲色甚厲，且云：「斯人終不得脫我手！」羅再三維挽曰：「年翁宜因其剛方之性，始終玉成，使人知吾楚道大，賢侯能容。」瀕別，又貽書丁寧，宰怒不報。羅遂鬻所乘之蹇，儲薪米於華嶽之雲臺觀，邀先生避地讀易，隨聞姊疾而返。先生傷鮮兄弟，止寡姊一人，貧寠無以爲活，居恆減口以養，疾則躬親醫藥，相倚爲命，故倉卒抵家。會駱公自北城轉本郡司馬，賴以寧息。

六月，詔訪隱逸，巡撫白某聞先生名，欲特疏薦揚。先生致書於駱，託其從中力挽，事遂寢。

八月，咸寧丞郭諱傳芳會先生。郭，大同威遠衛人，賢而好學，風雅著名，與先生一見如故，自是崇奉其道，契分日深。

九月，駱公量移常州。先生祖別於長樂坡，遂遊驪山，浴溫泉，因與同遊發明「洗心藏密」之旨甚悉；乘便東遊太華。張敦菴聞而迎至同州，朝夕親炙，録其答語爲體用全學，李文伯録其答語爲讀書次第。冬仲，西旋，高士王思若諱四服偕白含章、王省菴、党兩一、馬懔若、馬稶士諸耆儒，送至境外泣別。

康熙九年　庚戌

是春，因友人言及時務有感，嘆曰：「治亂生於人心，人心不正則致治無由，學術不明則人心不正。故今日急務，莫先於明學術，以提醒天下之人心。」自此絕口不談經濟，惟與士友發明學問爲己爲人、內外本末之實，以爲是一己理欲消長之關；君子小人之所由分，即世道生民治亂安危之所由分也。

冬十月，赴襄城。崇禎壬午二月，太翁隨汪總制征闖賊於河南之襄城，師覆殉難。是時，先生尚幼，母子不得凶問，猶日夜望其生還。及闖賊入關，乃始絕望。居恆抱痛，思及襄城流涕，願一往，以母在也難之，唯奉太翁遺齒，晨夕嚴事。母沒，奉以合葬，名曰「齒塚」。服闋，欲往，苦無資斧，至是貸於鄉人，得四金，乃齋沐籲天，哭告母墓啟行。次月初七，抵襄，訪太翁原寓主人，求其指引不得，則訪襄人昔所瘞戰亡之骨，繞城遍覓，滴血無從，乃爲文禱於社，晝夜哭不絕聲，淚盡血繼，觀者惻然。邑令張諱允中聞而哀之，詢知爲先生，亟郊迎入城，飾館設宴。先生以齋戒堅辭，宿於社。張亦爲文禱於社神。文具招魂記。

十二日，先生爲位於太翁原寓，致祭招魂。以太翁出征時尚未命名，自呼乳名以告，聞者莫不泣下，哀動闔邑。祭畢欲返，適駱公遣使來迎先生倡道於南，先生意不欲往，而襄之官紳士庶，方謀爲太翁舉祠〔一〕起塚，以慰孝思。先生念非旬月可

〔一〕「祠」，原本作「祀」，據石泉彭氏本、靜海聞氏本改。

就，遂南行以俟其成。

十二月朔，至常。駱公郊迎，舘於府治之左。先生喜寂厭囂，移寓郡南龍興寺。紳士見其冠服不時，相顧眙愕；既而知爲先生，漸就問學，至者日衆，憧憧往來，其門如市，一時巨紳名儒遠邇駢集。答問汪洋，不開知見戶牖，不墮語言蹊徑，各隨根器，直指要津。自是爭相請益，所寓至不能容，郡人詫爲江左百年來未有之盛事。耆儒吴野翁諱光太息曰：「斯道晦塞極矣！今日之盛殆天意也。」巨紳有治宴延款者，例不赴，亦不報謁。

康熙十年　辛亥

正月十一日，駱偕同僚邀先生遊虎丘，姑蘇人聞之，相與設座，請講毘陵。宿儒鄭諱珏聞而賦其事，有云：「斯文幸未喪，絕學起關西。逖矣李夫子，南遊震羣迷。」是日，虎丘顧雲臣寫先生像，鄭題贊云：「其服甚古其容舒，其情甚深其心虛。博聞多識，不讀非聖之書；存誠主靜，不求當世之譽。遡洙泗之淵源，而繼濂洛之正統者，其斯爲二曲先生歟！」十四日旋寓。次晨，駱內艱之報至。先生詣署躬弔，擬二十日西返，闔郡紳衿公懇開講於府庠明倫堂，又講於武進邑庠明倫堂，會者千人，從遊者録其言爲兩庠彙語。於是，無錫、江陰、宜興、靖江各爭迎開講。講畢，當事及鎮將學博感先生闡明絕學，大有造於地方，各具禮幣展謝。先生概卻，未嘗納一錢一物。衆引「交以道，接以禮，雖孔子亦受」爲言。先生笑曰：「我非孔子，況孔子家法，吾人不效者多矣，豈可偏效其取財一事？」衆卒不能強，遂相與錄其所講之語以傳聞。先生將返，皇皇挽留，逸士潘易菴諱靜觀亟出山固留，繼之以書曰：「竊聞大道之興廢，全賴倡導之一人。此一人者，固造物篤生之，以爲天地立心，爲生民立命，爲一切人起死回生者也。先生崛起關中，倡明正學，從姚江、盱江以遡濂、洛、關、閩，以遡源於洙泗，其制行之高，任道之勇，不啻泰山喬嶽，豈非造物篤生，以爲後學倡導之一人哉！道駕甫到敝郡，春風一披，勾萌畢達，上至達官貴人，下逮兒童走卒，無不傾心歸命，自非一點眞機鼓舞，何以致此？此山野觀所謁蹶而未逮，望塵而恐後者也。夫斯人皆吾與宇宙總一家，亦何必終日戚戚，思戀故鄉，棄從遊於中道耶？」先生答以「久違先壠，痛切於心」。

三月初六日，遂行。岳进士宏譽爲文以序其事云：「盩厔李先生之來毘陵也，毘陵之人從之者如歸市。是何毘陵之人聞道之速，而向道之篤乎？抑先生之德，有以入人之深，而聞聲響應不介以孚也？竊聞先生之爲人也，澹澹穆穆，無所求於世。其學以『靜』爲基，以『敬』爲要，以『返己體認』爲宗，以『悔過自新』爲日用實際。茲何以來毘陵也？曰：與郡伯有舊也。郡伯昔爲盩厔令時，折節嚴事，養其母，舉其喪，朔望必枉駕於先生之廬，登其堂而就教焉；然先生足跡未嘗一入縣治也。郡伯在盩厔，先生不入縣治；郡伯在毘陵，而先生何以來也？曰：感郡伯之德，應郡伯之聘，思欲行道設教，以助郡伯德化之成，藉以報郡伯也。於是，毘陵之賢士大夫，爭往候於其門，而就教者接踵焉。毘陵之下邑賢有司，爭往致於其邑，大會紳士於明倫堂，以請先生之教，就正者環四面，聞風而至者雲集，豈非毘陵之人聞道之速而向道之篤乎？夫毘陵亦聲名文物之邦也，自龜山楊夫子講學以來，學者知所宗向。嗣後，唐薛諸公正誼明道，代有傳人。然龜山夫子寓居毘陵十八載而從遊者始盛，先生來不數月而人之徘徊眷戀於先生者，何其深也！今先生行矣，有出郭而送先生者，有裹糧買舟而送於數十里或百里之外者，有牽衣泣下不忍別去者，有願隨至關中受業者，非先生之德，果有以入人之深而能至此耶？先生以康熙九年十二月朔來毘陵，以十年三月六日去，勉留於毘陵者凡兩月，往來於梁溪、荆溪、江陰、靖沙[一]之間凡一月，毘陵之人物，大略可睹矣。自此，毘陵人士循循好學，慕道不倦，人心風俗，一大變焉，則先生與郡伯功豈在孟子下乎？」時送行詩文甚衆，詳具南行述。

初七日，士紳送者猶依依，先生力辭，乃雨泣而散。陸中書諱卿鵠年八十餘，率其子士楷、甥孫張濬生操舫遠送，至丹陽大慟分袂。吴發祥獨涕泣追隨，踰京口，渡大江，歷瓜洲，抵維揚，始肖像拜別，嗚咽不自勝；退而鬻產，倡同志鼎建延陵書院，奉其教規。其請詳略云「近關中李先生來常，好學本於力行，性功兼乎經濟。行旌甫定，多士之執贄如雲；講席方開，先達之問難若渴，披宣不下數百萬言，傳録共計一十八種，五邑珍爲金鏡，一方奉若元龜。在設帳之日[二]，從學蒸蒸聿

[一]「沙」，靜海聞氏本作「江」。
[二]「日」，石泉彭氏本、靜海聞氏本作「時」。

起；茲返旆之後，諸生戀戀彌殷。請修書院，奉其遺像，以爲會講之區。伏乞俯順輿情，准令修葺。廉頑立懦，遠紹季子高風；敬業樂羣，近接龜山懿緒」云云。

二十五日，抵襄。張令聞其至，迎以入城。祠碑已成，惟供桌未竣，擬次日致祭。是夕，工徒十餘人砌磚，夜分將寢，忽鬼聲大作，衆戰慄屏息。工書張文昇強出壯語以告，乃寂。黎明，闔邑翕然驚異，爭相虔祭。邑紳劉諱宗洙捐地，偕衆起塚西郊，鐫太翁姓字、生時年月於石以葬。先生斬衰哭奠，恭取塚土升餘，同魂牌捧賫以歸。張令暨鎮將、學博、闔邑紳衿，祖餞於十里鋪，泫然而別。

張令隨撰襄城記異，其略云：「康熙辛亥，二曲李隱君先生招其太翁信吾忠魂以歸，鄉紳父老醵楮陌，爲詩歌以祖其行。先一夕，予命椎工鍥信吾傳於石。日暝，諸工役方謀貼席，聞門外有鬼聲，悲淒高亮，達人心骨。諸役毛悚舌縮，至僵立不能歷階。時有工書張文昇者強出壯語，語鬼曰：『吾奉邑侯命，砌龕鐫碑，經營備至，復何嗚耶？』俄而聲止。夫幽顯懸如隔世，冥冥寂寂，視不見而聽無聞，顧乃騰爲聲息，逼人耳根，不亦大可異也歟？怪神，聖人所不語；鬼神，知者所敬遠。吾不敢謂事之果有？一誠可格，體物不遺；吾亦不敢謂理之絕無。故往往於恍惚影響不可端倪之中，識昭格之道焉。隱君先生孝思殷摯，才望襄原，便作白雲悲號，廢寢廢食，泣訴社靁，欲招長夜之魂，一段凝誠，天地可感，鬼神可泣也，又何疑赤忠英靈不來臨來享也乎？仗義伸節，骨馨情怡，信吾翁應無怨痛；或因隱君求索幻渺，呼搶孔急，乃微示無形之形、無音之音，慰孝子罔極之思乎？或曰：非此之謂也。信吾翁甘心白刃，視死如飴，神遊天上，固無日不依孝子餐息，而必待歸轍而始象教焉，不幾淺語夫信翁也歟哉？蓋緣隱君孝子仁人，曾與邑紳劉宗洙約牒，挾信吾翁同患難之五千遊魂歸宿華嶽，是以驀然來告。予曰：謂此聲爲信吾翁之聲，隱君感通之大孝也；謂此聲爲五千人之聲，隱君錫類之至仁也。如在其上，如在其左右，總之由隱君而發也。信吾翁歸矣，五千人攜〔二〕歸矣，神返室堂，遊優爾休。今而後，應無復

〔二〕「攜」，原本作「鐫」，據石泉彭氏本、靜海聞氏本改。

有青燐夜泣者，濡露秋霜，宰土者且將牲脯以醻祀於藏玉處也。」

毘陵陸中書聞襄城鬼聲之異，怵惕而詠，有云：「先生悲痛與人殊，不徒哭泣空號乎。矢志竭誠邀魂返，誠極必格合若符。慈母在堂少兼侍，自苦稚弱如孤鄒。閉門學聖砥躬行，四方負笈爭先趨。當道傾肝嘗立雪，大儒一代推中孚。母喪既免拜辭墓，淚眸望斷襄城路。襄城賢宰遠郊迎，指點忠骸非一圃。祀坊求神不獲睹，哀哀慟哭猶孺慕。果然幽顯原無間，啾然鬼嘯庭前楹。攀附諸魂且有靈，信吾魂返豈無徵？匹婦悼夫善哭稱，血淚揮處城爲崩。孱孱女子痛父溺，洪濤身殉抱屍騰。何況聖賢間世出，天地鬼神相依憑。至孝格天理必然，旅魂有託歸故陵。蒸嘗一室同鷄黍，孝思慰託榛栗椇。一門正氣孝與忠，撐拄乾坤兩大柱。」海内詩文甚衆，詳具記異録。

四月初五日，至華陰嶽廟，設所攜五千遊魂牌，告神致祭，俾各歸原籍。

初九日，抵家，詣母墓告旋。附襄城塚土於墓，次午率闔眷恭祭，安置魂牌於家龕。既而，襄城官紳士庶咸樹松、柏、楸、楊於塚塋成林，豎碑道傍，題曰「義林」。清明則劉宗洙、宗泗率子姓虔祭。祠碑之在襄城南郭者，春秋次丁，邑宰致祭。詳具義林誌。

五月，羣小復謀構陷。愛先生者謂憸壬險〔二〕巇叵測，邑君銜之又深，勸之徙居於鄘。先生不忍遠違墳墓，謝曰：「禍患之來，命也！」卒不徙。

六月，滿洲黄旗大人會諱納偕弟奮魁詣廬問道。是秋，各旗孤山牛鹿多來瞻禮，將軍馮諱尼勒往來尤殷。馮樂善好賢，先生告以嚴紀律、恤地方，馮躍然佩服。是時魚皮韃靼來謁者，多不通漢音，託譯乞誨。諸名流聞而喟然曰：「古人謂道高龍虎服，今於李先生見之矣！」

十月，咸寧郭丞同闔司張諱夢椒迎先生遊董子祠。祠在城隅，地頗幽僻，仲舒之墓在焉，俗謂之下馬陵。先生念一代大

〔二〕「險」，原本作「憸」，據石泉彭氏本、靜海聞氏本改。

儒，秦火而後，正學所由開先，遂慨然趨謁。至則郭、張偕會大人晝夜虔侍，先生因語及「正誼明道」，謂：「方今人欲横流，功利之習，深入膏肓，斯言在今日，尤爲對症之劑，吾儕所宜服膺者也。」郭、張憮然。張以父明大司馬諱鳳翼蔭錦衣簽書，改司閫，淹雅宏博，詩文敏贍，爲人倜儻，有氣誼，名流推重；至是幡然志道，契先生尤篤，抱其子謁見。會大人率子弟北面受學。

康熙十一年　壬子

是春絶糧，幾不能生。王省菴聞之，自蒲來候，爲之辦三月薪米而還。先生每值阨困，則誦「伯夷、叔齊餓死」，並「志士在溝壑」，以自振。

五月，學憲鍾諱朗檄縣豎碑母塋，大書「賢母彭氏」以表其[一]墓。隨致書先生，以申嚮往。既而，深咎羈於職守，不獲造廬，耑吏託張閫、郭丞介紹肅迎，先生辭謝。

八月，至省南，謁馮少墟墓，訂其遺集，寓雁塔。鍾聞之，亟出城拜訪，館於塔下，質疑咨學，聞所未聞，深恨會晤之晚。每日就寓傾論，擊節再拜。時值大比，三邊八郡士萃省，聞風爭造，肩摩踵接。先生隨人嚮答，終日不倦。於是，秦人始知章句之外，原自有學，興起者甚衆。詳具雁塔答問。浹旬，先生告旋。鍾聞之，亟手書致意曰：「斯道不講，非一日矣！振絶學於来茲，迴狂瀾於既倒，肩斯任者，非先生而誰乎？朗也無能爲役，雖然執干掫、從鞭鐙，所欣慕焉。曏者頗聞二曲有李先生，然耳其名矣，未見其人也。及驂停雁塔，見其人矣，猶未聞其緒論也。今見其人矣，聞其緒論矣，雖未能窺其堂奥，乃見獵心喜，入聞夫子之道而悦，人皆有之。朗，東海之鄙人，何獨不然。朗嘗自問，少年塌跌蕩於浮名，一行作吏，塵面東西，簿書鞅掌，蒙西子之面，欲自見本來，豈可得乎？今遇先生，如爐之點雪、水之沃焦，駸駸有不知其然者，方將啜飲之不可斯須去，而先生又以避喧遄歸，私心怦怦，曷勝悵惘！」乃出城躬送，臨別依依。

[一]「其」，石泉彭氏本、靜海聞氏本脱。

是冬，張閫司以先生身居奸藪，欲營室於鄠，迎先生避地遠氛，會轉安遠參戎，不果。致札云：「憸壬所以牴牾者，以先生名高德重，求親而不得，則忌謗生焉。然山鬼之伎倆有限，老僧之不聞不見無窮，再加以少霽巖岸，此輩樂有附驥之望，而可化其成心矣。如邪正分明太甚，小人愈肆其惡，願先生勿以人廢言，是禱。」瀕行，念先生清苦，捐俸三十金，託人爲先生購地十畝，聊資薪水。

康熙十二年　癸丑

總督鄂諱善政崇風教，自巡撫時，雅慕先生，知先生不履城市，難以屈致。是年，修復關中書院，拔各郡俊士於中，迺因提學鍾朗致飢渴，又因咸寧郭丞通禮意。四月，齎幣聘先生講學。先生力辭至再，鄂公敦延愈殷，三往然後應。鍾以先生衣服寬博不時，預製小袖時袍，馳送。先生笑而藏之，仍寬博以往。至城南雁塔，鍾出城奉迎，見之愕然。先生曰：「僕非官僚紳士，又非武弁營丁，窄衣小袖，素所弗便。寬衣博袖，乃庶人常服。僕本庶人，不敢自異；且庶人無入公門之理。區區生平，安庶人之分，未嘗投足公門；今進書院，諸公見顧，斷不敢破戒報謁。」鍾爲之備達。鄂曰：「余等聘先生，原爲沐教，豈可令其頓違生平。」五月十四日，命府三學博士御車進城。公偕撫軍阿諱席熙暨三司迎候於書院之翼室，設宴，隨改其室爲明道軒。次日，請先生登座，公與撫軍藩臬以下，抱關擊柝以上，及德紳、名賢、進士、舉貢、文學、子衿之衆，環階席而侍，聽者幾千人。先生立有學規、會約，約束禮儀，整肅身心。三月之內，一再舉行，鼓蕩摩厲，士習丕變。故老有逮事馮少墟者，目睹其盛，謂：「自少墟後，講會久已絕響，得先生起而振之，力破天荒，默維綱常，一髮千鈞。視少墟倡學於理學大明之日，其難不啻百倍！」一時院司道府，莫不致餽，咸卻而不受。撫軍阿贈金數鎰，往返再四，亦固辭。

六月，鄰惡見先生爲當道所崇，妬甚！極意萋菲，多方撓敗，卒不能有所蠛污而止。

七月，新提學洪諱琮甫涖任，即具啟通幣，以申嚮往。先生不納。八月，自鳳郡馳謁先生於書院，設宴，朝夕躬陪。序先生所立院規，刊布多士。先生彙輯少墟全集，託其梓行。

鄂公欲薦先生，知先生鳳翔千仞之操，不可榮以祿，念係地方高賢，又不敢蔽，乃密戒學憲及郭丞勿洩。遂會同撫軍阿疏於朝。其略云：「一代眞儒，三秦佳士。學術經濟，實曠世之遺才；道德文章，洵盛朝之偉器。負姿英特，操履醇良，環堵蕭然。一編閒適，經百折而不回，歷千迍而愈勵；刊行緒論，咸洞源達本之談；教授生徒，悉明體適用之務。遠宗孔孟，近紹程朱。初奉詔求賢，臣等雖略聞其人，恐係浮名，未敢深信。恭奉皇上〔一〕賜臣等大學衍義，臣等仰承聖訓，以廣文教，修復書院，聚集多士，將顒迎至，見其人品端莊，學多識博，講論亹亹，誠難測其淵微。今皇上日御經筵，時親典謨，正需窮經博古之臣，以備顧問之班。臣等既知其人，不敢不舉。」十三日疏上。九月朔，先生始聞其事，錯愕自咎，即貽書於鄂曰：「執事以國家太平之業，莫先於正人心，故思得碩儒以振起斯文，而又急無其人，不得不從隗始，誠吾道之中興而生民之大幸也！顧僕實非其人，適以重爲斯文之辱。前者三辭〔二〕不獲，靦顔應召〔三〕，兩赴書院，言無可聽，行無可取；中夜自思，既負執事下問之誠，兼愧朋友琢磨之益。方欲束身告退，肆力耕耘，忽聞愚賤之名，上塵睿覽，驚魂欲墜，俯仰難安。自拜辭抵家，即染寒疾，歷久不痊，遂至右足不仁，艱於步履。夫薦賢者，國家之大典，豈容以廢疾之人濫膺宸命哉？況今接對賓客，皆倚杖而行，猶或顛躓，其必不能舞蹈丹陛也，不待問而可知矣。伏乞格外施仁，代爲題覆，使病廢之人得以終安畎畝，則始之終之，其恩皆出於執事矣。」十一月，督撫奉旨促先生起程，先生以疾辭。

康熙十三年　甲寅

正月，滇南變起，所在震動。鄰惡自以前計不遂，徒成嫌隙。至是，謀因亂將暗不利於先生以滅口，同黨有洩之者。二月十三日，乃離新莊堡，避地於邑南之郭家寨以居。

四月，有旨復徵。吏部移咨督撫起送，藩司檄府行縣，催促起程。先生控辭。既而，府役至縣守催，縣據醫、鄰甘結以

〔一〕「皇上」，石泉彭氏本、靜海聞氏本作「御」。
〔二〕「三辭」，原本作「懇辭」，據二曲集上鄂制臺改。
〔三〕「召」，原本作「命」，據二曲集上鄂制臺改。

覆。五月，府提醫、鄰嚴訊，脅以重刑，衆無異辭。府轉詳到司，司促愈急。七月，霖雨河漲，先生長男慎言涉波冒險，赴司哀控。不聽，立〔一〕逼抬驗。八月朔，縣役舁榻至書院，遠邇駭愕，咸謂：「抬驗創千古之所未有，辱朝廷而褻大典，眞天壤間異事也！」府官至榻，先生長臥不食。府以股痹回司，司怒，欲以錐刺股，以驗疼否。適張參戎夢椒自安遠回省，爲之營解，免錐，立逼起程。先生閉目不語，僵臥而已。前內黄令上蔡張起菴諱沐自中州來訪，榻前備述聞風嚮慕，神交有年，因出所著學道六書就正，先生伏枕以答。語及乾之初爻，謂：「學須深潛縝密，埋頭獨詣，方是安身立命；若退藏不密，不惟學不得力，且非保身之道。昔人謂『生我名者殺我身』，區區今日，便是榜樣。」張嘆息而去。

初五日，府又差官守催，吏胥洶洶環擁，逼索起程。慎言不得已，聊具起程云：「俟暫歸治裝，然後就程。」司始允還。抵家數日，隨具呈以疾篤控。院司聞之，檄府鎖拿經承。縣令高諱宗礪懼累，率役至廬立促，舁榻以行。先生堅不進省，寓於城南之〔二〕興善寺。府吏日逼就程，督促萬方。先生以死自矢，督院知不可强，乃會同撫軍以實病具題。部覆奉旨疾痊起送。十二月十七日，還家養疾。丹陽賀諱麒徵聞而歎曰：「關西夫子，堅臥養痾，正是醫萬世人心之病！移風易俗，力振人紀，有造於世道不淺。」

是冬，新安汪諱宏度緘書託洪學憲問學。江寧高諱人龍詣廬就正。

康熙十四年　乙卯

先生癸丑秋自書院講畢旋家，即閉關不復見客。是春，又爲謝世言，以逆拒來者。其略云：「僕幼孤失學，庸陋〔三〕罔似，祇緣浮慕先哲，以致浪招逐臭，誠所謂純盜虛聲，毫無實詣者也。年來天厭降災，疾病相仍，半身覺痿，兩耳漸聾，杜門

〔一〕「立」，原本作「力」，據石泉彭氏本、靜海聞氏本改。
〔二〕「城南之」，石泉彭氏本、靜海聞氏本作「城之南」。
〔三〕「陋」，原本作「謬」，據二曲集謝世言改。

卻掃，業同死人矣。然而，朋伍中不蒙深諒，猶時有惠然枉顧者，是使僕開罪於先生長者，非愛我之至者也。今以往，敬與二三良友約，凡有偶憶不肖而欲賜教者，竊以爲上有往哲之明訓，下有狂謬之戹言，期與諸君私相砥礪足矣，奚必入其室而覿[一]其人？以致金玉在前，形我蕪穢乎？伏望迴其左顧之轍，埒僕於既化之殘魄，玉僕爲物外之野夫，此僕所中心佩之，而父師祝之者也。嘗聞古人有預作壙穴，以爲他日藏骨之所者，僕竊有志而未逮，又豈能靦顏人世，晤對賓客，挈長論短，上下千載也耶！但使病廢之軀，獲免酬應之勞，則僕也受[二]賜多矣。」

四月，鄂公自荆州移駐關中。甫入關，欲望見顏色，各部院亦欲因之以見，慫慂公遣使賫手札來迎。先生以謝世言示之，乃已。

八月初六日，先生挈家避兵富平。是時，雲貴搆亂，蜀漢盡陷。盩邑密邇南山，敵人盤據於中，土人往來私販者，傳敵營咸頌先生風烈。先生聞之大驚，亟擬渡渭遠遁。會張參戎陞總鎮，肅輿迎送富平。時郭丞陞宰富平，亦遣使來迎，遂盡室以行。至富平，郭公擁篲下風，修郊勞。文學孟諱興脈齋沐受學，固請棲所居之軍寨别墅。郭公於是鳩工整飾，焕然一新。又特搆一亭，題曰「擬山堂」。「擬山」云者，以先生喜靜厭囂，謝人事，絕應酬，無異深山窮谷也。張與郭各捐俸置器用，儲薪米，敬養備至。邑人及鄰封士紳晉謁，先生多不之見。

是冬，顧寧人書來。顧自癸卯盩厔别後，雖足跡遍天下，而音問時寄，至是聞先生流寓富平，寄書略云：「先生龍德而隱，確乎不拔，眞吾道所倚爲长城，同人所望爲山斗者也。今講學之士，其篤信而深造者，惟先生。異日『九疇』之訪，『丹书』之受，必有可以贊後王而垂來學者。側聞卜築頻陽，管幼安復見於兹。弟將策蹇渭上，一敍闊悰也。」

[一]「覿」，原本作「窺」，據二曲集謝世言改。
[二]「受」，原本作「拜」，據二曲集謝世言改。

康熙十五年　丙辰

四月，張總鎮有疾回雁門原籍，瀕行，迂道富平別先生，捐俸備薪米，約以秋涼疾愈復至，抵家未幾不起。先生聞而悼慟，爲位遙祭，仍託人唁其遺孤。自是日用所需，郭一力任之。李太史諱因篤撰擬山堂記，其略云：「徵君先生起自孤寒，獨立不倚，倡明聖賢之學。顧其家甚貧，三旬九食，簞瓢屢空，晏如也；而篤實之徵，光輝莫掩，上而臺司，以越郡邑之長，或單車造訪，或奉書幣通起居，先生一切謝之無所受。雖鄰里交謫，閭巷敦諭，迄不少易。當是時，先生名震關中，崇重其道往來尤密者，莫若常州太守、前盩厔令駱公，吾富平邑君雲中郭公。無何！駱遷京秩以去，凡先生所與訏衡往命，外樹宮牆之防，而內庀其賓從之需者，緊吾邑君是賴。夫先生之爲人，不事王侯，飢不可得而食，寒不可得而衣者也。而吾邑君何以使之厚自託焉？豈非忠誠所感，處先生以古道，而義有超於養之外者哉？蓋邑君勤勤懇懇，所以爲先生計隱居者，甚周且至，不啻先生之自營，然先生不知也。先生不知，故受之而可安，指而美之而無辭也。舊歲江漢播氛，南山鋒羽之嚴，密邇二曲，故開府雁門張公曰：『徵君可以行矣，捨郭富平，不足以辱先生之從者。』而吾邑君乃肅輿奉迎，而先生亦既覯止，爰擇文學孟仲子別墅，搆室以棲，時時具公服儀仗，晨往上謁。而廩人繼粟，庖人繼肉，相望於路，先生弗聞也。終日匡坐不出，而遠近就業者有人，問道者有人，瞻軌範者有人，繩繩乂乂，走趨於堂，使千百年干戈之址，一變而爲俎豆之鄉，先生與吾邑君之功，詎不偉歟？」堂內及門題詠甚多。

康熙十六年　丁巳

三月既望，遙祭駱公。先生自辛亥返秦，駱亦丁艱離任，書問不絕。丙辰夏，猶自獲鹿轉致諸名公，寄先生文翰，且訂是春至秦相訪，既而以疾不起。先生聞訃號慟，爲位以祭，服緦三月。語及，涕不自禁。

八月，鄂督改撫甘肅，瀕行，手札言別。先生答以政教偕行，舉錯務合人心。

是冬，顧寧人自山右來訪，因寓軍寨之北，密邇先生，時至臥室盤桓，語必達旦。

康熙十七年　戊午

自癸丑冬，督撫奉有「疾痊起送」之旨，自是每年檄司行縣查催。是春，復促起程，既而兵部主政房諱廷禎又以「海內眞儒」推薦。其略云「竊惟孔門四科，文學與德行並重。有行而無文，其蔽也魯；有文而無行，其蔽也夸。若二者之兼優，則一生可概觀。職秦人也，所知有西安府盩厔縣布衣李顒者，束躬希聖希賢，無書不讀；居德惟誠惟正，有己克修；甘原憲之貧，襟捉肘露；擁張華之乘，腹便硯穿；立志冰堅，四十載如一日；秉心塞淵[一]，三輔中僅此人。雖經督撫交章，名已上徹朝陛，乃復金石不渝，跡仍下伏田廬。格物致知，誠有功於正學；揚風扢雅，亶無忝乎眞儒」云云。吏部具題，旨令督撫起送，司府檄富平縣力促，先生以疾篤辭，長男愼言赴院哀控，督撫乃以「病臥不能就程」題覆。又奉旨敦促，於是催檄紛至，急若星火。府尹手札責郭令徇庇，且提職名揭參。郭公回詳曰：「李處士養疾久臥，遠邇共知。卑職雖至癡極愚，靈明一竅，未盡昏翳，何敢不畏法紀？不惜官箴？於非親非勢區區流寓之一寒士，過自徇庇，干憲典於不測耶？蒙屢示行催，卑職凜遵憲檄，即欲遣夫舁榻就道，及親臨臥室，見其委頓不食。以氣息奄奄之人，強迫就程，萬一塗有不測，卑職將何以自解於天下後世耶？」愼言又日伏轅門泣控，不聽。府役坐縣，立提職名，鎖拏經承。經承守門，伏跪哀號，舁榻以行。八月朔，過臨潼，浴溫泉。是晚，宿周太史諱粲宅。先是，建威將軍吳諱當慕先生甚殷，介潼關兵備副使胡諱戴仁、周太史暨臨潼令錢諱天予迎先生遊驪山，先生不應。至是，聞宿周宅，遂詣宅瞻禮。次晨，又至。瀕行，贈程儀二十四金，力卻。往返數四，終不納。錢令程儀及供應亦璧。初二日，至雁塔，督撫令府尹就榻勸駕。先生伏榻，固以疾篤不能就程辭。

初四日，周制臺諱有德就榻請教。周讀書工詩，自巡撫山東日，即傾懷嚮往，及總督兩廣，偶得士人所攜先生教言，玩不釋手。至是，改督四川，駐節青門，聞先生寓雁塔，遂謁誠造榻，執禮甚恭。先生感其肫摯，伏枕以答，凡所咨叩，悉意酬酢。周退而且驚且喜，謂幕賓曰：「十年夢想，今日方遂『立雪』之願。初以先生爲有德有言之道學，今乃始知先生當代猶龍、

[一]「塞淵」，石泉彭氏本、靜海聞氏本作「淵塞」。

人中天人也。」

初六日，督撫又令府尹促行。尹率咸長二縣令至榻力勸，既而又委幕僚率吏胥晝夜守催，備極囂聒。先生堅臥自如，恬不爲動。是時，先生以隱逸爲當宁所注望。李太史因篤亦以博學宏詞被薦就徵，來別先生，見官吏洶洶，嚴若秋霜，恐先生堅執攖禍，勸先生赴都；一時縉紳愛先生者，咸以「明哲保身」爲言。先生閉目不答，遂絕食。周制臺暨文武諸大僚目擊其憊，爲之向總督緩頰。總督謂：「自癸丑被徵以來，年年代爲回覆。茲番朝廷〔一〕注意，不便再覆。」促之愈急，且欲以違旨題參。李太史爲先生危甚，涕泣以勸。先生笑曰：「人生終有一死，惟患死不得所耳。今日乃吾死所也！」遂以後事爲託。愼言號慟，門人悲泣，先生皆一一遺囑，並滴水不入口者五晝夜。總督知終不可強，不得已，又以篤疾具覆，仍一面差官至榻慰撫，先生乃食。是時正值大比，多士日來謁候，先生概不見，朝夕惟門人孟子緝、惠靇嗣、楊堯階、楊舜階〔二〕、馬棫士侍側。

十三日，離雁塔，旋富平。

十月十一日，督撫檄司行縣云：「李處士屢經薦舉，疊準部咨，雖以患病咨明，但前奉旨嚴切，勢難久臥田園，該司務令地方官不時驗視，俟疾有稍痊，即便呈報。」自是，富平縣月具驗視甘結，其看語云：「卑職遵奉憲檄，不時至李處士榻前驗視，勸其痊日就程。答言：『平昔痛母貧困而死，誓終身不享富貴；若強之使出，勢必一死報母。豈可以薦賢之故而冒殺賢之名？』卑職聽此言語，甚爲悚怯！鐵石存心，勢難轉移。但事關奉旨，不敢泄視。除一面時加驗視勸慰外，理合申報。」

十一月部覆：「奉旨，痊日督撫起送。」始寢其事，一時翕然訝爲「鐵漢」。顧寧人詩以志感，有云：「益部尋圖像，先

〔一〕「廷」，原本作「既」，據石泉彭氏本、靜海聞氏本改。
〔二〕「楊舜階」，石泉彭氏本、靜海聞氏本脫。

褒李巨游。讀書通大義，立節〔一〕冠清流。憶自黃皇臘，經今白帝秋。井蛙分駭浪，嵎虎拒巖幽。譬旨鴻臚切，徵官博士優。里人榮使節，山鳥避車騶。篤論尊尼父，清裁企仲由。當追君子躅，不與室家謀。獨行長千古，高眠自一丘。已上並見後漢書本傳。聞孫多好學，師古接姱修。忽下弓旌召，難爲澗壑留。從容懷白刃，決絕卻華輈。介操〔二〕誠無奪，微言或可投。風回猿岫敞，霧卷鶴書收。隱痛方童丱〔三〕，嚴親赴國仇。尸饔常並日，廢蓼擬填溝。歲遂糟糠老，雲遺富貴浮。幸看兒息大，敢有宦名求？相對銜雙涕，終身困百憂。一聞稱史傳，白露滿梧楸。」又貽詞林諸公書云：「李先生爲上官逼迫，舁至近郊，至臥操白刃，誓欲自裁。關中諸君有以李業故事言之督撫，得爲謝病歸。然後國家無殺士之名，草澤有容身之地，眞所謂『威武不能屈』！而名之爲累，一至於斯，可慨也已！」

省闈主考吏部郎中鄭諱重前令靖江時，曾延先生講學於其邑，梓行語要。至是，試畢，欲詣富平訪先生，至涇陽疾作，弗果，乃遣吏奉書幣致候云：「老先生以山高水長之風爲當代師表。今聖天子求賢甚殷，望老先生出而倡明正學，光贊右文，俾天下皆知悔過自新，於以正人心而扶世運，誠非淺也！」又呈詩云：「關學從來擅古今，後賢誰復有知音。風高二曲聲施遠，望重三秦朝野欽。辭辟非同巢許志，安貧獨契孔顔心。當年親炙毘陵道，悔過猶思教澤深。」

是冬，潼關兵備副使胡諱戴仁〔四〕候先生於臥室，既而肅幣求修學宮碑記。先生例不爲應酬文，辭之。

康熙十八年　己未

先生丘壠興思，浩然欲歸。二月初五日，行李先已發。次日，郭公聞之，亟就寓留行，闔寨居民百餘人擁入跪留，號泣

〔一〕「節」，宋振麟中巖文介公文集作「志」。
〔二〕「操」，宋振麟中巖文介公文集作「節」。
〔三〕「丱」，宋振麟中巖文介公文集作「冠」。
〔四〕「仁」，石泉彭氏本、靜海聞氏本作「二」。

不起。先生爲之泫然，暫止，以答其意。

三月，鄂公於鞏郡修葺學舍，遣員迎先生以敷文教，先生以杜門誼無復開辭。

七月，鄂公解任赴都，迂道至富平，見先生於卧室，盤桓二日而行。知先生將歸，捐金以備薪米。

八月初八日，西返。前數日，寨人聞先生束裝，知不可復留，咸悵然如有所失，爭先祖餞。是日，長少泣送，聲震原野。郭公肅興發役衛送，道左分袂，悲不自勝。鎮將亦祖道遠送，遣兵以護。紳士繾綣依戀，費諱尚彬賦長篇惜別，有云：「四載頻陽客，千秋啟鐸人。忽然懷舊土，果爾發行塵。厚誼通神聽，清操徹上旻。天卿入戶別，星宰餞巵陳。過化留涇野，遺徽繞渭濱。永峙豳中嶽，常切海内榛。煙嵐深邃處，卽擬謁鈞綸。」是晚，宿涇陽南郊。邑令錢諱珏聞先生過，亟出城請見，力邀進城。先生以素不入城市辭。遂治宴旅邸以待，擬次晨躬送，而先生昧爽已遄行矣，乃遣吏追送。初十日，抵家。十二日，謁墓告返[一]，致祭，迎姊就養。

康熙十九年　庚申

二月，營建母祠。先是，鄂公聞先生之母彭太君守貞，貧困而死，捐俸百金，俾建「賢母祠」以風世；值地方多故，流寓富平，不果。至是，先生念西郊爲母原居之墟，遂以前金購材，建正庭三楹，以奉母像。像前置襄城所招太翁魂牌，門房三楹，門内爲斗窩棲身。自識云：「人子居親之喪，塗壁令白，名曰『堊室』，此亦余之堊室也。喪制雖已久闋，而心喪實無時或息，棲此以抱終天之憾！」自是下楗，不復出戶；竅壁以通飲食，卽家人亦多不見。既而，郭公以先生眷屬僦屋而居，貧無定廬，捐俸構屋於祠之西偏，邑宰章諱泰捐俸協修。

是秋，郭轉四川達州知州。先生遣愼言送至寶鷄，慟哭而别。抵任未[二]幾，病卒。

[一]「返」，原本脱，據石泉彭氏本、靜海聞氏本補。

[二]「未」，原本脱，據石泉彭氏本、靜海聞氏本補。

九月，平涼守道參政郎諱廷樞肅書幣通候，扁母祠曰「曾孟慈暉」，先生返幣。

康熙二十年　辛酉

二月，聞郭公凶問，爲位率家人哭祭，服緦三月，爲之表墓。

四月，爲報德龕，奉駱公、郭公暨鹿洲張公之主於中，令節則率家人虔祭。

七月，甘肅撫軍巴諱錫遣員修候，扁母祠曰「貞賢範世」。

是冬，邠州詞林王吉相受學。王潛心性命，學務向裏，晉謁請教，言下有契，遂北面從事，歸依誠切，有賀醫閭、鄒東郭之風。先生以其淳篤，既退而歎曰：「此眞爲己者也！」

康熙二十一年　壬戌

先生曏在富平，與顧寧人語及宋鑑，謂：「朱子嘗列銜主管華山雲臺觀，則雲臺觀宜爲祠以祀。」至是，寧人移寓華下，倡修祠堂肖像，以書詢先生朱子冠服之製。其略云：「華令遲君納弟言，謀爲朱子祠堂之舉，卜於雲臺觀之右，捐俸百金。弟以鹾臺所贈四十金佐之。百堵皆作，堂廡門垣備制而已。祠中兼用主像，遵先生前論，主題曰『太師徽國文公朱子神位』。像合用林下冠服。敢乞先生考訂指示。」先生爲之圖，詳列其說以貽。

七月，岐山宰茹諱儀鳳刻先生堊室録感。茹倜儻不羣，究心理道，契先生有素。至是宰岐，政崇風化，刻録感以礪俗。宦岐九載，加意於先生者，靡不周至。

十月，鄠縣王心敬來學。心敬〔一〕弱冠游庠，食餼，文名藉甚；聞先生論學有感，遂棄諸生，從先生，朝夕執侍，一意闇修。

〔一〕「來學。心敬」，石泉彭氏本、靜海聞氏本脫。

康熙二十二年　癸亥

秋七月，邑宰張諱涵擬爲先生建書院，先生力卻。公夙仰慕先生，謁銓得令盩厔，大喜。甫抵任，即齋沐肅贄造謁。自是不時屏騶從趨侍，執弟子禮甚恭。因先生素無書室，亟欲捐俸購基，命役鳩材，鼎建講堂齋舍，以棲先生，並處四方問學之士。先生以方杜門，謝絕生徒，講堂齋舍非其所需，力辭。

康熙二十三年　甲子

是年，旱荒。先生家計窮甚，併日而食，玩易弗輟。

康熙二十四年　乙丑

三月，漢陽傅良辰、江陵張子達來學。傅張舊從西蜀楊愧菴游諱甲仁。愧菴與友人書云：「傅張二君，英毅樸實，篤厚有道器，具聖胎，而充之不可限量，其有得於足下並萬倉起發者多矣。良朋善友，實難同時同地，今後須時勤切摩，庶不負香山、白鹿之意。近則引之[一]參江夏爾樸楊翁，遠則勉之參關中李中孚先生。非李先生不足以成就斯人也。吾人既要做古今第一件事，當尋古今第一流人。李先生今幾六十，恐歲月無多，不我與[二]矣。」二人於是徒步至秦稟學。

是冬，督學許諱孫荃捐俸梓布先生四書反身録。公自家食時，慕先生若渴，及典秦學，深慶得遂御李識韓之願。甫蒞任，即竭誠趨謁，得反身録，寶若拱璧，以爲匡時救世，捨是編無以起沉痾、振積習，亟表章剞劂，頒布通省庠校，仍擬進呈。先生貽書力阻，其略云：「此書[三]止期私下同病相憐，對症投劑，以『反身』二字與同人相切砥。若一經進呈，適滋多事，

[一]「之」，原本脱，據石泉彭氏本、靜海聞氏本補。
[二]「我與」，石泉彭氏本、靜海聞氏本作「與我」。
[三]「書」，原本作「録」，據二曲集答許學憲改。

不觸嫌招忌，則搜山薰穴，僕將不知其所終矣！不知〔一〕使君將何以爲我謀耶？幸寢斯念，曲垂保全，俾〔二〕僕永堅末路，庶不貽羞知己。」公乃止。公念先生赤貧，無以聊生，遂割俸百貳拾千，檄學博易負郭田，如顏子之数。延先生長子慎言、次子慎行授之耕。恐先生峻卻，託李太史再四致意，而納其券邑中，俾不獲辭。

康熙二十五年　丙寅

正月，許公出巡校士，濒行，以書請教。先生答以所至「表先哲，崇實行」，遂備列關中前修段容思、周小泉、張立夫、韓苑洛、呂涇野、馮少墟、張鷄山諸儒先，俾次第表章。

五月，侍御許諱三禮貽書許公云：「二曲李徵君，懷古獨行君子也，此時之祥麟瑞鳳，可欽！可式！」因以所著託其轉致。先生例不答京都之書，來函受而不報。

八月，遣僕訪迎從弟李勷歸。勷，先生季父之子也。季父與先生父明萬曆四十二年析居，遠徙西鄉。康熙初，夫妻先後病〔三〕亡，所遺四男二女相繼而死，僅存勷一身，伶仃孤孑，無一椽一瓦，流落於外十八年。族人嘖嘖以爲非餒死、凍死，即展轉溝壑病死，季父之一門絕矣。每至清明，先生念季父塋内獨無血胤〔四〕拜掃，未嘗不潸然盡傷。至是，友人有事渭城，邂逅遇勷，歸告。先生喜出意外，亟遣僕迎歸，節口分食以養，爲之娶妻生子。勷垂髫時，曾從先生授書，遂令溫習舊業，易名頎，應試入庠。俾季父無後而有後，以延季父一線之脈。

〔一〕「知」，原本作「審」，據二曲集答許學憲改。
〔二〕「俾」，原本作「使」，據二曲集答許學憲改。
〔三〕「病」，原本作「並」，據石泉彭氏本、靜海聞氏本改。
〔四〕「胤」，石泉彭氏本、靜海聞氏本作「允」。

康熙二十六年　丁卯

二月既望，致書許公，勸葺郿縣横渠鎮張横渠先生祠。公即捐俸百金倡修，規模焕然改觀。

四月，府尊董諱紹孔增修賢母祠建坊。公篤緇衣之好，丙寅式廬，晉謁甚虔，至是又謁先生。因瞻禮賢母祠，睹規制未備，遂捐俸檄邑丞高諱弘啟鳩材督修，堂前增構捲棚三楹，祠前建坊，額曰「賢母坊」。

魏司寇諱象樞聞而撰記，其略云：「太君矢志守貞，歷人世未有之艱，九死靡悔，正誼迪子出尋常功利之外，曠代僅見。學士大夫以及田夫牧豎，無不聞風興感，歎未曾有。論者謂盩邑之有李母，猶鄒邑之有孟母，後先一揆，卓然兩絶千古，並有補於世教。則飭祠崇奉，誠有光於祀典。二曲先生道德風節，爲世儀表，海内仰若泰山北斗，祥麟瑞鳳，余傾慕有年，深以弗獲親炙爲平生一大憾。兹太君祠宇之成，以老且病，又弗獲間關瞻禮，愈滋余愧，故不揣不斐，書其概，聊識嚮往。若夫太君懿行之詳，自有諸名公之原記在，無俟余贅。」

九月，邑尊程諱奇略改題里名。祠在菜園堡中街，公謂：「世間廢興成毁，如浮雲百變，惟道德節義之風烈，積久不磨。斯祠爲一邑添勝跡於後代，而地名弗雅，非所以樹風聲於無窮。」遂改其名曰「貞賢里」，庶地以人重，千載彪炳。題額、撰記，公親督工勒石，仍豁免里役，以示優異。

康熙二十七年　戊辰

正月，許公任滿，告歸。瀕行，徘徊繾綣，賦詩惜别。有云：「煌煌溯關學，有宋首横渠。異時瞻王吕，人遠運未疏。謂三原端毅康僖兩尚書，高陵吕文簡宗伯。亦有鷄山子，岐陽張心虞員外。慨焉世代殊。夫子歘挺出，蔚爲時貞儒。大旨在力行，春華非所需。胸能破萬卷，見不涉方隅。俯仰濂洛後，淵源信其徒。痛父死行間，招魂遍榛蕪。母也蚤違養，追思同厥居。先生招父魂於河南，依母祠以獨處。繄余昨登堂，禁足立户樞。坐我母氏祠，言言皆訏謨。識荆快平生，信宿歡有餘。余訪先生於母祠，信宿留連，備承矩誨。興言瓜期及，旦暮歸田廬。各天從此遠，歧路悵何如。負姿洵蹇劣，奚以策頑愚。數公不可作，公實今楷模。願公示周行，庶免悔吝虞。」

康熙二十八年　己巳

春月，大疫，老僕李喜病亡。先生念其自幼同受艱難，哭之甚慟。葬日出戶，率二子泣奠，躬送下窆。先是，同州賢紳王思若嘗爲義僕傳，其略云：「僕之事主也，非以主人之富則以主人之貴耳，且視富貴之盛衰爲去留，朝俯首而暮掉臂者，又豈少哉？今此僕之事主，豈不知先生安貧爲固有、樂道以終身？豈復有富貴之望，故爲是依依歟？昔蕭穎士有一僕，事之數十年，每加捶楚輒百餘，其苦不堪。人激之去，僕曰：『非不能去，所以遲留者，特愛其博奧耳！』夫以主人之徒博，且能令僕愛之慕之，寧甘捶楚而不忍去；況先生道德文章罔不兼備，寧僅一博雅之主而已耶？此僕之所以依依於先生而飢寒弗恤也。」

先生艱難一生，垂老尤甚。數年以來，内外交困，至是而極阨憊，無以自存，家人嗷嗷。先生自謂：「陽九百六之厄偏萃於己，莫非命也？吾如命何哉？亦惟順受其正而已。康節云：『上天生我，上天死我，一聽於天，有何不可？』」大書困卦「致命遂志」於壁以自堅。

附

李先生柬

昔吳康齋先生自著日録，楊椒山公自撰年譜，近世辛復元夫子自記歷年，吾讀之有感於中，嘗欲自敍生平因循虚度、造詣無成之實，庶及門諸子鑑吾覆車，及時淬礪。顧疏慵成性，懶於操筆而止。今承汝摭次成編，足徵有心；然中間微有未安，鈔本附便返璧，姑存之笥可也。

余同門友惠孝廉纂先生歷年紀略初成，呈似先生，先生貽柬止其勿傳。既而，邠州王太史一見如獲拱璧，謂：「惟天下大豪傑方受天下大磨折，蓋天欲留榜樣於天下後世也。先生一生偃蹇坎坷，歷人世未有之艱，受盡磨折；而堅忍不拔之操，終始惟一，論者詫爲火中紅蓮、人中鐵漢，絕無而僅有，正宜傳之以爲吾儕榜樣，何可終閟！」於是，細加釐訂，擬授之梓，會疾作，弗果。頊鼇厔程令君得之，亟捐俸梓行。觀者悉其生平之苦，因以堅其志、強其骨，而務有以自樹，則斯刻爲不徒矣。

同州門人馬棫士沐手謹識

潛確録

潛確録

富平門人惠霔嗣敬録

康熙四十二年癸未十月，聖駕西巡至山西，陝西督撫接見，即問先生起居，言至陝必欲召見。十一月初十，總督華致書啟、具禮幣，聘先生赴省。其來書曰：「恭惟先生，清渭涵英，華峰毓秀，接程朱之道脈，獨繼心傳，爲禮樂之指南，振興後學。不特三秦士類共藉鈞陶，亦且四海儒纓，羣歸翼勵。方今聖明在御，實稽古以崇文。當茲翠節巡方，咸瞻雲而就日，敬敷寸牘，恭迓高軒。惟望文旆遙臨，慰渴忱於三載；蒲輪夙駕，傳盛事於千秋。臨啟曷勝瞻依翹足之至。」又遣邑令桐城張侯芳手札云：「中孚李老先生，道學儒宗，素心景企。今聖駕西巡，實千古盛事，凡在臣子，俱切瞻仰。矧老先生累承聖問，已且有旨召對，故茲特修小啟，請先生至省，知召對〔一〕自有闡揚特旨。該縣竭誠躬自敦請，應備禮儀，即代具繕束、車騎、隨從、資費，該縣支應開報。務必懇其惠然前來，〔二〕仍將啟請起程日期速覆。」時布政司鄂一同移文該縣，其來文云：「移爲公務事，仰縣官吏，即將發來督憲與該縣諭札，及請中孚先生名帖啟書，該縣即備豐厚聘禮，踵廬敦請，希即赴青門，以備皇上顧問，毋得遲緩。」又外諭邑令張侯帖曰：「此係制臺親劄，該縣須親自敦請，務求先生來行在接駕。第先生隱處多年，淡薄自甘，恐衣服、轎馬、盤費艱難，該縣當一一細心料理，可令的當家人服侍。至衣服轎馬费直，該縣俱開明數目，赴司支領。仍將起程日期具文星報，以憑報院，毋誤。」

時張令在臨潼分供執事，奉布政司票及制臺手札，星夜馳縣，親詣先生榻前敦請，言：「今上至山西即問及先生，故制

〔一〕隴右牛氏本於「召對」後衍「時」字。

〔二〕「務必懇其惠然前來」，隴右牛氏本作「務在惠然，惟爲懇致」。

臺此書自平陽發來，然知先生病不能赴，理合懇辭。」乃與伯敏商議，具稟上辭。伯敏稟帖曰：「盩厔縣拔貢生李愼言謹稟。初十日，敝邑張令捧大宗師琅函，兼以隆幣安車，親詣草舍，敦致憲臺下士盛心，此誠千古僅見，不世之遭逢也！但言父年已七十有七，自客秋臥病，至今不能動履，一息奄奄，後事已爲早備，此張令素所深知而目擊者。言父子均叨太和化雨之中，兼被仁人君子之澤，倘稍可扶侍前來，何敢推託，自蹈欺誑之罪？頒到錦緘，言即恭展捧讀，而言父昏憒中亦能省喻。言感激涕零，敢代作稟申〔一〕謝，並盛儀完璧，東向百拜，敬銘霄誼。言理宜奔赴轅門叩謝，實緣言父病至危篤，刻不能離，大宗師『錫類』之仁，或邀宥原於格外。然私衷竊念，言父一介微末，謬荷殊恩，乃以所遇不辰，自外曠典，舉家感泣，莫可名言，惟有仰天焚祝於生生世世而已。謹此叩稟，並候憲安。臨稟不勝惶悚之至。」張令據此，即於是上省回覆。

十二日，驛憲金復遣人來，仍命張令即日敦請前來，而張令已上省矣，乃同兩學捕廳來詣榻前，親視先生疾，且面述今上於初十日入關，首以先生致詢。内大人即傳盩厔邑令，驛憲知張公奉督憲命前來，故特命家人以速之。十四日，張令自臨潼又奉院命，遣家人至夜分抵縣，同兩學兩衙來請先生，急於星火，俾即刻起程，謂：「今上十五日進省，先生亦須明日到，萬不可緩。」蓋皇上再三存問，當道咸訝先生之倨。不得已，愼言即夜隨來人馳驛赴省，見制臺及將軍，祈以疾對。制臺及將軍各留官署二日。至十九日，聞今上知先生抱恙，遂有「高年有疾，不必相強」溫旨，隨賜書「操志高潔」匾額，及御製詩章，並索先生著述。

二十一日，巡撫鄂引愼言謝恩於行宮，張令捧二曲集、反身録二書跪於左方。愼言因奏曰：「臣父山川迂士，累蒙皇上徵聘，臣父每恨身膺錮疾，不能一睹天顔，少陳愚悃。幸今聖駕臨陝，咫尺乘輿，矧又累旨存問，不能匍匐行宮，愧恨何極，特使臣代叩天恩。至臣父生平所著，本無多書，然一貧不能盡刊。今知友門生等所梓成者，僅有反身録、二曲集二書，謹此上塵聖覽。」上因問曰：「爾父何病？今年幾何？」愼言對曰：「臣父蚤失父教，臣祖母彭氏苦節鞠養。臣父少即喜讀書，

〔一〕「申」，隴右牛氏本脫。

奈以生理艱辛，養親爲學，百倍艱辛，以此積勞成疾，年未五十，卽以羸疾時臥牀褥。今年七十有七，年老氣衰，積病愈深，遂爾動履爲難。」上問曰：「爾父生平所讀，皆屬何書？」慎言對曰：「臣父少無師承，百家之言，漫浪涉獵。及後稍知聖學路塗，則一歸於聖經賢傳，不復泛覽博觀。晚年非六經、四子、性理、通鑑及諸儒先語録，不輕入目。其教門生子弟，亦惟以此數書相勸勉。」上曰：「爾父讀書守志，可謂完節。朕有親題匾額並手書詩幅，命該督撫送給爾家，以旌爾父之志。爾回去可好生侍養爾父，朕回京當更有旨也。」於是，慎言謝恩而出。所進之書，皇上手一再檢閲，隨卽發南書房，令諸學士看畢回奏。大臣閲畢，奏書曰：「臣等某某謹奏。伏蒙發下李顒所著四書反身録暨二曲集二書，臣等遵旨閲看，其反身録一書，皆發明四書之理，眞堪羽翼朱注，有功於聖賢之學。蓋其書大旨，欲人明體適用，反身實踐；人人能反身實踐，則人人皆可爲君子，世世可躋於唐虞。此書流行，有裨於聖治不淺。至二曲一書，乃其平日講學語録，及所著文字，亦皆醇正昌明，不愧儒者。臣等學問疏漏，向知有是書，從未細讀，今謬陳管見，伏候睿裁。」

二十三日，慎言送駕至臨潼，復荷聖顔光霽，溫綸靄靄，諄諄以善事先生爲諭。至潼關，特傳盩厔邑令張侯，又悉詢先生體貌奚似，及家計子孫。及駕旋都，巡撫鄂乃臨御書於匾，裝畫如式，差官護送先生之家，懸於中廳。慎言乃復代先生爲謝恩呈詞，上督撫曰：「西安府盩厔縣拔貢生李慎言呈爲恭謝天恩，懇請代題事。竊惟言父李顒襁褓失怙，言祖母彭氏守寡鞠育，家貧不能從師，言祖母紡績供給，就塾學業。母子煢煢，飢寒坎壈，蓋不啻出萬死而得一生。言祖母終其身未嘗有一日溫飽，言父痛母艱難貧困而死，依依堊室，日夜號泣。緣是憂勞成疾，百念俱灰。幸逢盛世籲俊闢門，采及葑菲，屢奉徵書。言父夙抱沉疴，未遑匍赴，荷蒙溫旨，得保餘年。茲者聖駕西巡，皇仁宏沛，關中士庶踴躍歡忻，尤復眷注草茅，優渥隆篤，恩賜『操志高潔』匾額，褒嘉言父，又賜御書金山詩一幅。慎言謹於十一月二十一日謝恩於行宮。〔一〕言父所著四書反身録暨二曲集，皆獲進呈，此眞曠古未有之盛典。言父衰暮之年，何幸際此特恩。惜言父老病不能動履，咫尺天顔，未由一覲。

〔一〕「謝恩於行宮」，隴右牛氏本作「於行宮謝恩」。

言於本月二十三日，在臨潼縣東十里鋪跪送聖駕後，隨大宗師委官賫捧皇上所賜御書匾額至家，安奉廳中，蓬蓽生輝，閭里增慶。言父病中聞之，喜極涕零，歎不能起；言祖母於九原，一睹聖主榮恩也。亟命言兄弟扶掖向闕，叩首謝恩訖。伏念言父一介寒儒，三秦下士，疊受殊恩，雖捐糜頂踵，不能仰報萬一，維有銜結於生生世世而已。懇祈大宗師俯鑑下情，特准代題。言父子焚祝無既，爲此上呈。」

二曲著述補編

詩

桃林坪

陰崖風雨瀉回湍，一朵芙蓉不可探。
流水斷橋緣石過，野花隨意倚晴嵐。

録自晚晴簃詩匯卷十二

歌

讀書歌

凡讀書，全要靜。眼勿看別物，兩睛雙胸定。耳勿聽別話，心猿自不縱。字要認的眞，句要辨得正。端身憑几案，高聲響亮誦。勿貪荒，勿雜亂，背過再念一百遍。果能念得十分熟，篇中旨趣自出現，心悅神怡永不忘，凡庸氣質自改換。口中念，心中思，不思不能造其微。聖賢經書如說話，一問一答皆不虛，問處猶若自己問，答處亦同答自己。字字句句詳體玩，前後脈絡細參繹。曉後自生疑，能疑方能豁然悟，能悟方能善用疑。一旦疑關忽冰散，若有鬼神發天機。發天機甚是奇，手舞足蹈難形語，一腔活潑常受用，世上至樂無過此。存之躬行爲道德，達之於世成經濟。有時立言傳文藝，篇篇能洩千古祕。根培枝葉自新鮮，源濬何患流弗及？苟或捨本徒逐末，口耳伎倆空自棄。寄語同遊二三子，好將吾歌常玩味。

録自新鄭劉氏重刻二曲集卷二十一

文

孝囑

孝囑者，劉仲婦臨終別其夫之遺囑也。仲婦爲予甥武大成之女，性溫謹。予夫妻愛之，爲擇良配，得同里劉祥寰之仲子。字焉委結褵，事姑以孝，處妯娌以和； 與仲子琴瑟靜好，相敬如賓。德容工貌，內外翕推無間言。居恒凜遵家範，蚤作夜息，績紡每至丙夜。質既清弱，兼復不憚勤勞，由是榮衛失調，積漸成疾。予甥迎歸珍調，歷仲冬至夏既減夜增，病日劇，知不能起，舁以省姑，捧姑手嗚咽，深以不復承顔事奉爲悵，訣別仲子無他語，第曰：「壽夭數也，妾無憾。所憾者，從此永離姑側，不獲孝事。君宜竭力盡孝，無懈晨昏。以此爲囑，願勿忘。」聞者莫不感傷。噫！生死大故，在讀書明理之男子，當斯之際，不怖死則戀私，其所以惓惓而諄悉者，未免鍾情於妻子。乃一閨閣不識字之少婦，獨迥出常情： 無怖無戀，惟姑是念。生而克孝，死猶不忘，發言中倫中慮，關乎綱常民彝之大，空谷足音，可以傳矣！ 故傳其所囑，俾爲人子爲人婦者知所勸。仲婦生於康熙己酉年，十八適仲子，未二載而疾。仲子百方治療，殫盡心力； 比其逝也，日夜痛悼，食息弗忘，爲之立後以奉其祀，篤於伉儷末俗僅見。予特嘉而禮之，書此以貽仲子，且什襲以藏，時一展閱，其囑在，其妻亡，見囑如見妻，體而行之，致其身爲大孝之身，則妻亡猶不亡矣。仲子其勉之！

録自新鄭劉氏重刻二曲集卷二十一

慤叟李公傳

公諱宏檼，字元文，别號慤叟。自高祖以來，世以詩禮忠厚傳家，皆不克顯。公生而穎敏慈良，自爲諸生時，讀程純公「一命之士，留心愛人利物」語，慨然有仁民濟世意。顧數奇，屢試不偶。戊子歲試，冠軍拔萃，貢春官廷對，授永州别駕。時湖南甫定，羽書旁午，佐守調度，軍國不匱，民亦不大困。當事以爲賢，連委攝零陵、新田、寧遠三邑，所至有聲經略。洪公尤器其才，特疏請優擢，尋移守桂陽。永人士臥轅下，不忍捨去。

桂陽地凋瘵，居民零落，於是痛裁弊規，革宂費，墾荒田，緩催科，嚴胥役侵漁，慇懃懇懇，以勞來安輯爲第一義。然桂陽民當新復之後，實不勝軍國輸，而當事者顧欲各濟，乃事不暇恤，旬日間催檄雨下。公百計寬解之不能得，乃喟然嘆曰：「吾忍以民命易一官乎？」復懇款圖民不堪狀，冀一惻憐，竟不見察，遂以催科政拙左遷。桂人多方籲留之不得也，去後置主名宦祠，樹「去思碑」，録諸善政，載州志焉。

公歸，讀書課子，蕭然自得。嘗訓其二子彦珵、彦珋，唯以立身行道、不愧清白吏子孫爲諄諄，富貴聲利，恥出諸口也。居鄉不喜外事，獨厚於宗族鄉黨，樽己裕人，諸所婣睦任恤者備至。卒之日，一如去桂陽、永州日，民德而慕之不衰也。

公在日，長子彦珵已成進士，由中書守肇慶，績著循良。次子彦珋薦丁卯賢書，毅然有紹明正學之思，人以爲循吏之報，方未艾云。

録自乾隆三原縣志卷十三

盩厔縣重修廟學記

邑東南陬，故爲文廟學宫。明季兵燹後，重厄於駐防之卒，壞垣撤宇，蕩爲丘墟，所餘惟大成殿二門，然亦漸即於圮。邑宰駱公下車瞻禮，即慨議重建，首捐三百金爲衆倡。士紳感動，從而應者相繼。於是，鳩工庀材，爰命庠士，或晝規度，或司出納，或董工役，胥殫心力以勷厥事。始也，拓地展址，周圍繚以崇墉，迺修大成殿，復建兩廡及東廚西庫、名宦鄉賢祠、欞星門。左爲啟聖祠、射圃亭；右爲尊經閣、明倫堂、博文約禮齋。二門大門，門内爲二廨，以宅二師。其制度之宏敞，位置之得宜，方之於昔，巍然改觀。至是工畢，僉命余爲文記之。余不敏，竊維郡邑之有學宫，所以萃多士於中觀摩而修業也。學必有廟，所以使學者景仰先聖以爲依歸也夫。

先聖之學，心學也。心之爲物，寂然不動，湛然無欲，涵而爲四德，發而爲四端。宅體於方寸之中，而極其量乃可以際天地而括庶物；發用於一掬之内，而底其至，乃可以亙古今而貫萬事。妙哉心乎！誠所謂體用一原、顯微罔間者也。人惟拘於氣而蔽於感，此心始失其初，而不可以無學矣。故必於格致誠正密其功。於戒懼謹獨握其要，默以悟之，顯以證之，鋤去意見之私，並一切嗜好貪著技能習氣淨盡無餘，以復其光明瑩澈之體，虚靈周遍之用，然後吾心之際天地而括庶物、亙古今，而貫萬事者沛然流通，莫之禦已。方其未發也，湛定淵澄，萬理胥涵於其内而弗爲盈，及其發而見於身也，視聽言動由之協禮，喜怒哀樂由之中節，綱常倫理由之盡道，辭受取與由之合宜，富貴貧賤可以同視，得失毁譽可以勿動，造次顛沛可以一致。其推而及於物也，自然視天下爲一家、萬物爲一體，知周道濟，無事不衷於誠。藩籬盡撤，大同無我，即進而至於位天地、育萬物，亦不過適完其此心之本然而已，初非於心之外有所增設也。夫是之謂儒者之學，是學也。

先聖倡之，顔、曾、思、孟繼之，孟氏歿而傳遂絶，自是以來，士之所趨惟名與利。穎異者，侈記誦，以爲淵博；俊爽者仿古藝，以爲才情。上焉者騖於功利以希世用，下焉者汩於詞章以投時好，紛紛藉藉不一而足。此外，茫不知學宫爲何設？學問爲何事？雖中間如濂、洛、關、閩、河、會、姚江諸眞儒目擊心悼，極力提撕，而承其後者寥寥若晨星，乍明乍晦，終未能闡揚光大，以承世統。迨至於今父師之所詔導、友朋之所切摩與己之所黽勉而圖維者，舉不越乎名利。嗚呼！儒學之晦，至是而極矣！人心陷溺之深，至今日而不忍言矣！昔楊氏爲我是欲用其心之義也，墨氏兼愛是欲用其心之仁也，而爲術少偏；末流之禍，孟氏比之洪水猛獸。矧今之學者，當志學之始，便殷殷然以名利爲主，並楊墨之所謂偏者而盡忘之。源本既乖，其流弊較之楊墨又安得不更甚耶？公爲此懼，工既竣，方以倡明學術之意，寓於鼎建黌序之中，願多士相與洗心滌慮，是究是圖，從事於先聖之心傳。去故取新，一如聖廟之頹而復立，宮牆之敝而復完。略行墨之小技求體用之大業，庶無負公今日之盛舉。苟爲不然，是學宮爲虛設、先聖爲徒祀，而識者且爲之汗顔矣！其可乎？是爲記。

録自新鄭劉氏重刻二曲集卷二十一

重修雲臺觀朱子祠記

今夫舉一事而朝野之風教明，崇一人而古今之學術正，則朝廷有議禮之典，廟廡有陪祀之位，其次祠於其鄉。若夫寄跡之地，遥領之官，亦肖像而事之，則出於學士景仰之私。然君子不以其私而廢之也，何者？文章之士，登臨勝概，一觴一詠，猶足爲山川增重，況碩儒高士之流風遺韻，所關尤鉅者哉！

昔者吾友華陰王徵君弘撰與東吳顧徵君炎武，嘗建朱子祠於雲臺觀之右，而後又建白雲祠於其中，以祀希夷先生，皆所以爲斯道計，而厥功未竟，志弗慊也。越二十有餘年，而開府鄂公諱海至，始拓而更新之，則財賦於禄，功周於歲，與仙觀焕然並居勝地。於是，高山在仰，景行彌新。董其事者儒學博士李君夔龍求予言以記其事。

予惟孟子歿，孔子之道微，至宋儒出而始有以接乎不傳之緒，而朱子晦菴乃實集諸儒之大成。自是「致知格物」之學復明於天下，而孔子「下學上達」之旨，人皆知所以實用其力，而無躐等空疏之弊，可謂正且大矣！茲方雖非其過化之地，然淳熙間嘗受主管雲臺觀之命，故自命雲臺眞逸，則非精神志意之所存，實亦有以樂乎此也。圖南先生傳易圖之祕文，堅臥雲壑，與時偕藏，世所詑者踵息蜕飛之奇，而不知跡在周行間也。觀其答宋琪之問，亦吾儒之高蹈者。尸而祝之，不亦宜乎？開府公以大臣撫軍，政治之暇，獨能留意詩文，爲二子丹楹刻桷，崇飾俎豆，其於明道傳經之功，亦既尊奉而表彰之，又以補祀典之所不及，非有得於孔子之道而然歟？夫其意豈不曰：「天下之治亂，視乎政教之盛衰；政教之盛衰，視乎學術之邪正；學術不正，則政教無新施，其權而不至，率天下而充塞乎仁義者幾希矣！」吾與以法制禁令之而不從，毋寧使之拜跪俯仰，觀感而興起之以漸也，則斯舉所以維風教、正學術，而大臣之識與其學俱見矣，故不辭爲之記。

盩厔布衣李顒撰

華陰王宜輔書

康熙四十二年正月華陰縣令邑紳士上石

督工生員孟珍

録自華山碑石，校補於華山志

太白山禱雨記跋

庚辰夏，西安大旱，踰八旬，三農疾首蹙額而嘆，懼不知所出。觀察可齋賈公請於席大宗伯，躬禱西嶽，復來西禱太白。余曰：有是哉！不畏暑，不憚勞，大父母爲斯民請命固如是哉。然余實習知此山之高不可極，即華嶽尚當十倍遜之，而至其盛夏冰雹寒威逼人肌骨，則極邊窮冬所不過，故雖生長山前，素□嗜奇覽勝者，往往望而卻步，或不半塗而憊，且病矣。公誠束屐□期而進，從者十九，道病不能前，而公以清癯貴逸之身竟造其巔祭告，□甘雨隨降。余乃擊節稱慶曰：有是哉！至誠感神，如桴鼓大君子舉事超出尋常，固如是哉已而，公以所勒太白山圖及所梓太白山禱雨記事見貽，則見其序次

□□，指陳奇勝，辨題名目，皆鑿鑿可據可□，推原神靈。赫赫乎，可以袪人邪曲而動其精誠，可謂胸中陶鑄五嶽矣！□一段憂國爲民，惟知竭忠盡誠於大宗伯之嚴命，而不惜出身之勞若困頓，□筆墨之外，一一可以意會神過，而令歎者不覺愴然涕下沾襟也。觀茲圖者，無徒作尋常名山圖。讀茲記者無徒作尋常記事文視可也。

二曲李顒敬跋

録自太白山圖碑陰

田太孺人墓誌銘

顒學不爲文，生平未嘗應人以文。十年閉關以來，晏息土室，並筆硯亦不復近。頃宗弟因篤遣子渭持母田太孺人行狀請顒誌其壙中之石，顒以不文辭。因篤謂顒曰：「嚮寓富平，曾接孺人謦欬，恩託連枝，所不容辭；且言事苟紀實，即不文庸何傷？」不獲已，爲破例勉次其概。

按狀：孺人系出田齊公族，漢初奉詔徙關中，三遷而居富平之董村，至敕贈文林郎、山西道監察御史。聞五公諱見龍，爲孺人大父，配裴氏，生五子，曰大參公，曰增廣公，其次爲汜水公、廣濟公、副戎公。增廣公諱時需，娶楊氏，生孺人。年十六，歸於孝貞府君，事舅姑柔順無違，察色聽聲，奉食飲，相起居，務承其歡，即一果一蔬必手滌而後進。孝貞弱冠入庠，遊故大司空馮恭定公少墟先生之門，究心理道。孺人一力操作，勞苦備服，而內外之政井如。孝貞蚤卒，舅亦繼亡，姑遇寇，被熸。孺人攜因篤暨次子因材走外家，獲免。焚掠之餘，生計一空，崎嶇窘仄，於風爐塵甑間縮腹而食，解髢而餉。俾因篤從外祖受書，勉以恪纘父志，因出孝貞遺書並少墟先生小像，泣告之曰：「此孔孟正傳，若父疇昔之所潛心從事者也。小子以此自勗則若父爲不亡矣。」因篤嗚咽受命，繼晷弗懈。年十一就童子試，邑宰得其卷，驚以爲神拔之冠軍，隸博士，食餼。逆闖破潼關，僭號長安，逼諸生出試受職。因篤遂棄衣冠，屏舉子業，一意經學，旁通左、國、史、漢暨唐宋諸大家。人謂無救於貧，孺人獨私喜，即或菽水弗繼，怡然安之無慍色。既而，因篤才名藉甚，遠邇傾慕，縉紳多折節願交。藩參上谷陳公宗伯、合肥龔公尤稱莫逆，咸分俸資養孺人，自是稍免寒枵。太原傅青主、吳郡顧寧人與因篤塤吹篪和，相次登堂拜母，歸善孺人。今上十有七年詔集天下淹雅之士，廷臣交章推薦因篤，奉詔敦促，力辭不獲，大司寇蔚羅魏公方兼御史大夫爲代請亦未許。灑泣就試，欽授翰林檢討，即日具疏乞終養。奉旨俞允，歸而依依子舍，孺人對之悦慰加餐。母子相依，自謂人間至樂，雖三公萬鍾莫逾也。歷六歲而衰病侵尋，食亦漸減。入秋患吐，因篤遍延名醫診療，夜則露禱於天，祈以身代。孺人聞之，太息曰：「吾年近八旬，死復何憾？烏庸此徬徨爲耶！」遂卻藥，弗進，沐浴靜俟。七月十六日未刻整衣端坐，神明湛定，頃之目下垂，翛然而逝。噫！性命死生之界，在尊宿老儒猶不能不怛，乃孺人不戚不亂，守正以俟命，足以覘所養矣！平昔自奉儉素待賓，則非腆潔弗快。天性慈惠好急人之急，里中饑貧者，令媼手蔬米分應，或呼而餉之，凍者爲斥衲絮，族姻有以匱乏告，務委曲周卹，痛若身經。居恆誨因篤以敦倫睦族，樂善親賢，受人之惠不可忘報。聞陳公卒官東粵，則促其趨奠；顧寧人訃至，哭之甚哀，痛因篤失一良友。前此顒以終南播氛，避亂頻山。孺人率闔眷出見，令因篤偕弟若子朝夕嚴事，恩勤有加罔替。迨亂定返里，猶時問遺不絕。嗚呼！懿德之好在孺人，誠爲空谷足音，而顒以虛名無似當之，愧何可言！今九原不可作矣，追維眷顧之隆，搦管涕零弗能已。孺人生於萬曆三十七年五月壬寅，卒於康熙二十三年七月庚辰，享壽七十有六。子二：長即因篤，娶王氏，處士正發女，蚤卒；繼張氏，處士爾璣女。次因材，諸生，出嗣叔曾祖鎮撫公，娶楊氏，都尉鍾秀女。孫二：漢，因材出，諸生，娶田氏太學尊儉女。渭，因篤出，諸生，娶諸生沈君宜女，蚤卒；繼娶石氏，諸生天柱女。孫女二：並因篤出，皆夭。重孫四：相，漢出；楠、□、□，渭出。因篤卜以仲冬甲申葬孺人於韓家村東原新阡，乃繫之銘。銘曰：

奕奕公族，肇自田齊。潛哉懿德，我李是褆。迺昌厥後，迺迪厥先。惟賢惟善，申命自天。頻山峨峨，石水洋洋。億萬斯年，長發其祚。

録自續刻受祺堂文集卷四

賈母柴太君墓表

傳曰：「不知其母，視其子；不知其人，視其友。」余未悉荊生賈君，而家弟輯五之爲端人，則信之悉。荊生，輯五之契年兄弟也。輯五以荊生之故，爲其母請表墓之言。匪可表也，輯五當不以委余。然則匪可表也，荊生肯私譽其母哉！余於輯五信荊生，於荊生信太君，於其請也其可以不文辭？荊生之狀曰：「太君子道、婦道、妻道、母道克備。」烏呼！荊生習母太君熟，抑知太君所以人倫克備之原乎？凡人之視道義也重，則於人倫也，雖欲不盡而不忍。其識之所見也大，則其視道義也，雖欲不重而不安。道義私利之辨，仕止進退之際，澹泊貪戀之間，斯其大矣。吾未見貪於仕、戀於進，惟富貴之知而能視道義人倫重者，又未見恬於退、甘於止，惟名節之尚而視道義人倫輕者。余未悉太君，顧獨念今之士大夫鶩於仕進，幾莫知返矣，豈其不可仕，獨惜其溺而沉耳。太君，閨閣中人也，胡其甘心於雪龕公之見可而止？荊生首秋闈，第南宮，仕進之塗，寬且坦矣，太君又胡甘心數十年，安其子之中書而不陟？是雖雪龕公荊生父子間道義授受，學知体要，志有攸歸，向使非太君道義之見素明極，佐成贊誨之力，雪龕公縱能無負於萊子陶令之知幾，荊生亦無解於毛義捧檄之義，而得遂以善養親之雅志矣。由前則太君不愧萊婦仲孺之賢妻，由後則太君克媲陶母尹母之賢母。以此見大之識，處人倫周旋之地，鑑明水澄，遇物辨形。其爲妍媸好醜，雖不明不悉不得。余既由荊生而信太君，且由雪龕公荊生之立身立志而愈信太君，並信輯五家弟之委余表太君墓，非無據也。若夫太君之生卒子孫及所謂子道、婦道、妻道、母道之詳，則誌銘狀傳詳矣。表，表其大者，茲不著。

録自國朝理學備考中孚文集

答同學范彪西先生書　代二曲先生[一]

三月二十七日接手教，啟緘捧讀，如奉謦欬，更讀三錫佳刻，彌切欽歎！然士君子品節以蓋棺而定論，一日未死，即一日有下達之憂。易曰：「敦良之吉，以厚終也。」弟願與先生共勉之而已。「有意爲善，雖善亦私」，其言似與馮先生不同，其旨原與馮先生不悖。非特不悖，實相成也。蓋馮先生從源頭處提掇，故其言曰「善念是吾眞」。若要中間立，終爲蹠路人。僕從流弊處救正，故曰「有意爲善，雖善亦私」。從源頭處說，故其善爲大公之善，爲爲□爲之爲；從流弊處說，故其爲爲有意之爲，善爲私己之善，非指其源則入，不知善之爲我固有。馮先生所以諄諄言「性善」，言爲善爲愚。不肖揭迷塗而示之指南，攜嬰兒而還之故母也。馮先生之有功於天下後世者，此也。非防其弊，則人不知善之出於率性無爲，而謂可以僞爲，幾何不使義襲者，借公道以欺世假仁義以盜名，陰壞聖聖相傳之宗旨，而□移三代直道之人心乎。弟所以平日表章馮先生書，而亦時爲此激烈正救之言者，所以規賢智而協之皇極也。譬之飲食，馮先生之說，粱肉也。弟之說，藥石也。粱肉足以養人，及其用之而過也，亦足以傷人。藥石所以疏粱肉之滯，而還吾故也。弟方以爲馮先生之說得弟說而流行無弊。弟之說出，而馮先生「眞善眞爲」之旨，益揭日月於中天。弟且爲馮先生功臣矣！而先生尚疑爲與馮先生不同乎？雖然與其言之高而多流弊也，無寧平而使人可據。天下賢知少而中材多，則先生示教之意遠矣。性沖漠無朕，不可善名之說，此蓋當時在靖江爲諸公力排無善無惡之言，而發然亦至理如是也。先生獨不觀明道先生之言乎？其曰：「『人生而靜』以上不容說，纔說性便已不是性也。」夫明道善學孟子者既曰「性不容說」矣，而謂可以善名乎？則是無善無惡爲心體

[一] 按：本文係王心敬代二曲先生答書，從內容看符合二曲思想，亦與二曲集答范彪西徵君第二書及其他內容相關。據吳懷清二曲先生年譜，答范彪西徵君書一、書二作於康熙二十八年（己巳，一六八九），時年二曲六十三歲。是書約作於是年或之後。

之説，不惟理本如是，亦可見文成之旨原自有本。而弟之説亦自非杜撰，故與馮先生左也，大抵此性無跡而有理，循跡者僞，昧理者妄。馮先生言其理，故曰「性善」是乃孟子之旨。弟懼人之溺於跡，故曰「不可以善名」，是乃明道與弟意各有當也。明道非低昂孟子者，弟豈低昂馮先生哉？雖然中人以上者少，而中人以下者衆，與其語上不如語下，顯而易明也，則先生示教之意終遠矣。

録自豐川全集續編卷十六

其他辑文

學者人品不一，要之一誠爲貴。蓋誠則無僞，無僞則隨其所見之淺深、所學之大小，靡不名歸於實，而心爲眞心，品爲眞品。故君子誠之爲貴也。

録自豐川全集續編卷二十一題孫復元卷

重五親喪盡禮，眞可爲吾黨楷模。

録自豐川全集續編卷二十三原李重五先生墓誌銘

重五孝友性成，晚年尤篤信好學，吾黨矜貴之品也！

録自王心敬等增補關學編卷六清二曲李先生附傳

涇州風氣醇龐，四子文鳴廷、郭一之、張敷五、李現慧獨爲風氣開先，以道學振起鄉之後進，是爲不負己物兼成之義。

録自豐川續集卷二十五涇州新創二曲先生祠記

吾不及見古孟母如爾緝母李太君者，卽恐昔人未必能過，乃特述母教一篇，梓之風世，士林多傳誦焉。

録自豐川全集正編卷二十三先慈李孺人行述

吳中文物甲海内，而質文彬鬱，獨推貴郡五屬，至於理學一脈則東林，賡續龜山道風，迄今不墜，尤爲吾道主盟，故錫山惠泉之間碩儒接踵，皆被服道德，俊偉卓犖。

録自豐川全集續編卷十三復學院海文王公

大道無窮，吾子馬棫士竟之。聖學忌雜，吾子醇之。擔當世道，主持名教，非吾子其誰也。

録自關西馬氏世行録卷十二歲貢生曾祖相九公行狀

使世皆棫士，朝廷刑罰可使盡措。即理學家規矩準繩，亦可無事諄諄矣！

録自王心敬等增補關學編卷六清二曲李先生附傳

篤實樸茂，淵乎見太古醇龐遺風於仲復、獨鶴伯仲之間。

録自王心敬等增補關學編卷六清二曲李先生附傳

生而後時，不及見成。弘、嘉、隆間，先正風範如敦菴之篤雅謙恭，即前輩名世諸老，其質行何加爲？

録自王心敬等增補關學編卷六清二曲李先生附傳

釋氏諸書，吾儒不妨一寓目，如訊賊一般不見贓，如何與他定得罪？

録自武澄張子年譜

不肖某慕先生楊甲仁十一年矣！今辱臨實出望外，不肖某爲虛名所累，學鮮實得，空度歲月，千古之大罪。又曰：不肖某只可聞名，不可眼見。今先生楊甲仁看見了不肖某，某益生慚愧。甲仁曰：「此先生反己至細至密工夫，聖賢無纖毫自恕之心，此理精微，實實難盡！一息被聰明意見情識思慮才智簸弄，便一息蔽了本體，逆了天命，以此自誑誑人，豈不是千古大罪人？先生體驗到這田地，自不容一息放空。」李子曰：誠然。但不肖某當不起先生這話。

録自愧菴遺集之北遊録

十一年前，傅生良辰來，得見某書，書中所載麗虛夫子稱許何其如彼？甲仁曰：「不過言其粗跡耳。劉子所以然，非甲仁稱許所能至也。」李子瞿然。甲仁暢言，李子恍然曰：有是哉！

録自愧菴遺集之北遊録

誠然！誠然！非四川愧菴先生説不到這裏，非關中李中孚信不到這裏。又曰：自白鹿之會，朱文公曰「自有天地以來，有此溪山，無此嘉客」。吾自有此土室以來，亦從無此嘉客。

録自愧菴遺集之北遊録

昨夜老妻云：「蜀中楊愧菴先生係先生三十年知己，今不遠數千里而來，你兩人講你們底道家下事，我與兒子、媳婦料理。恨我病軀不得出拜，領楊先生教。」

録自愧菴遺集之北遊録

建安亦無朱晦菴，青田亦無陸子靜，姚江亦無王伯安，射洪亦無楊愧菴，盩厔亦無李中孚。

録自愧菴遺集之北遊録

愧菴先生在盩厔了，中孚在射洪了。又歎曰：不肖某得見愧菴先生，是老來一大快事。又曰：不肖某年來痗想愧菴，實不料愧菴今日來，喜何可言！

録自愧菴遺集之北遊録

雪沉以斯道自任，著書數百卷。予曰：「千萬卷了得性命了麽？了得生死麽？」李子拍案曰：誠然，誠然！

録自愧菴遺集之北遊録

某所言字字入髓，針針見血，又曰：滴滴歸源。

録自愧菴遺集之北遊録

學要知性知天，纔不差錯。若不從性上講，密密勘驗，是者存之，非者去之，縱講幾百年，濟得甚事？李子曰：此恐只接得上根人，中下根人還要教他在事跡上慢慢磨鍊去。甲仁曰：「上中下根底人俱同此一性。此性發散處就是事跡，無有無事跡底性，教他在性上講，非懸空別尋一個性出來，正教他在事跡上體認，故甲仁嘗説上中下根之人本體無有兩個，工夫亦無有兩個，下根凡夫都要從性上下手；但生熟不同，所以有安勉之異。」李子曰：是此言最足破歷來講下手者之弊。予早聞所執，亦是舊見。今聞某言，心開目朗。古今學術只有一路，最怕兩邊調停，是者存之，非者去之，合得自家宗源自合得千聖宗源。自家宗源，若不千徹萬徹，千聖宗源向何處尋？

録自愧菴遺集之北遊録

甲仁曰：「睜眼意誠亂起，閉眼意誠亂起，口説寂寂不能寂寂，口説惺惺不能惺惺。縱能惺惺，只是徒惺惺，不能寂寂，還是大不惺惺。息息如是，晝夜如是，造了無窮罪惡，這一關，幾時能透過。若不透過，縱到大處，即刻退壞，這所在危不危、難不難？」李子拍案曰：誠然！誠然！要當下一念截得住千難萬難。

録自愧菴遺集之北遊録

我平嘗只説某是推尊其師劉麗虚，原來原來，遂不能言。

録自愧菴遺集之北遊録

天命之性原是無聲無臭，劉子復還其天命之本體。

録自愧菴遺集之北遊録

薛文清是個獨覺漢，撑船擺渡，須讓王文成。

録自愧菴遺集之北遊録

道德、勳業、氣節、文章四者兼備，方是眞儒之全體大用，故明儒只推王文成。

録自愧菴遺集之北遊録

須要撑船擺渡，纔完得萬物一體底分量，莫只作自了漢。

録自愧菴遺集之北遊録

李子授一牌，接而讀之，有云：　風燭殘年，旦暮人間耳。予笑曰：「亙古且今，悠久無疆，説甚殘年旦暮？」又曰：　呼吸一去，百年無再生之我。予笑曰：「萬古不壞之我，説甚麼百年再生？」又云：　母祠尚未一祭，曾祖及祖妣尚未合葬，倘一息不來，寧不爲抱憾之鬼乎。予曰：「子能成德，千古烝嘗，惟是合葬一事，誠足關心，然而乾坤之包裹、造化之融結，亦足以盡其同室同穴之永誼矣！年代久遠，開藏撿眞不必也，增其壟可也。」李子愴然曰：　是是。

録自愧菴遺集之北遊録

果然！　神無所著便與天爲一。

録自愧菴遺集之北遊録

某劉麗虛眞善形容至德。甲仁曰：「予一日見劉子乘馬而過，著絳桃緞衣，戴綴結舊帽，渾渾噩噩，一元密連，萬化平滿，收斂處就鋪舒，鋪舒處卽收斂。又一日，甲仁與朱茜菴、徐季方、程天衣侍飲。劉子醉矣，揖讓俯仰，轉折周旋，愈舒暢愈欽翼，愈欽翼愈舒暢，愈渾穆。」時使者已陳酒餚，予與李子舉觴，李子嗒焉若忘，喟然歎曰：　吾聞子言，如在齊三月不知肉味了，又若神遊華胥了。有間，李子瞪目不能言，既而曰：　吾見麗虛劉夫子矣。

録自愧菴遺集之北遊録

某劉麗虛眞善善行。

録自愧菴遺集之北遊録

寂寂要惺惺，惺惺要寂寂。

録自愧菴遺集之北遊録

非愧菴不能説到此，非中孚不能信到此。

録自愧菴遺集之北遊録

某接人多矣，從無人説到此。

録自愧菴遺集之北遊録

歷來儒者多欲註易，何也？

録自愧菴遺集之北遊録

復元辛子有説曰「不可從也」。李子曰：終吾身焉已矣。

録自愧菴遺集之北遊録

我聞某言劉夫子劉麗虚如夢矣。又曰：我如在齊不知肉味了。又曰：我如神遊華胥了。

録自愧菴遺集之北遊録

性與氣一而二，二而一也。如視聽言動，氣也。而所以視聽言動之理，性也。

録自愧菴遺集之北遊録

愧菴先生以化神爲巢穴。

録自愧菴遺集之北遊録

仲芬英年便信至此，庶不負某這一來。

録自愧菴遺集之北遊録

別近一年，闊問不通。悠悠我思，彼此同然。未知近功若何？吾則兀兀苟延而已。今西蜀楊愧菴先生遠來賜顧，喜出望外，切砥累日，受益實宏。世儒之學，由口耳聞見而入，支離葛藤，求諸外。先生之學，由性靈神化而入，直截簡易，得諸中者也。茲由貴邑進棧，機不可失，吾汝欽當竭誠請益。昔人謂：「逢君一夜話，勝讀十年書。」快何如也！此復。

録自愧菴遺集之北遊録

愧菴先生見理之眞，其自信也。如趙充國上金城方略，輒曰：無踰老將，某不是誇妄。

録自愧菴遺集之北遊録

不肖某只說某直率，誰知愧菴先生更比某直率。

録自愧菴遺集之北遊録

天命之本體原是無聲無臭，劉夫子劉麗虛復還天命之本體了。

録自愧菴遺集之自驗録

門下做得心齋底事，勉旃，勉旃！

録自愧菴遺集之自驗録

中孚李子問：大地何以懸結於太虛？曰：此不過如鼻中一甲爾！中孚曰：然。

録自愧菴遺集之自驗録

成是自成，壞是自壞，干誰甚事？中孚謂予曰：吾兩人洩盡祕密。

録自愧菴遺集之自驗録

僕徒長壽爲同里栽秧，醉歸，臥於大茅草中。明晨視之，周圍虎跡，草爲披靡。中孚李子曰：虎不食醉漢嬰兒。

録自愧菴遺集之自驗録

李二曲亦有爭名立名之意。其以文章推山史，以節介推復齋，而云：「躬行實踐，世無其人」，則其自謂也。是明爭名矣。然山史不止文章，復齋不止節介。

録自清史列傳李元春傳

時李中孚先生寓居頻陽之軍寨，聞予至，使其子伯著來，札云：適聞駕臨頻城，喜出意外，謹令小兒晉謁，希與進是荷。蓋中孚有不出門拜客之禁，予隨詣之。……九芝以中孚所爲格物說見示，大要謂：格物乃聖學入門第一義，入門一差無所不差，毫釐千里，不可以不慎。古之「欲明明德於天下」節與「物有本末」節原相連，只因章句分作兩節，後儒不察，遂昧卻「物有本末」之物，將「格物」「物」字另認另解，紛若射覆，爭若聚訟，以成古今未了公案。又謂：欲物物而究之，入門之初，紛紜膠葛，墮於迷魂陣。此是玩物，非是格物。眞能爲格物之學者，其用工之序，先之以主靜，令胸中空空洞洞，了無一塵。物欲既格，而後漸及於物理。誠正之基本既立，然後繇内而外，逐事集義，隨時精察，天德王道，一以貫之矣。否則，縱博盡羲皇以來所有之書，辨盡羲皇以來所有之物，總之是騖外逐末。昔人云「自笑從前顛倒見，枝枝葉葉外頭尋」，喪志愈甚，去道彌遠。未云：姑誦所聞，藉手請教，並以質之山史先生。蓋九芝有札與中孚，以予札附往，故中孚以此札來，而予未知也。……予復之云：讀手札，過蒙獎借，所不敢承，而中亦尚有致疑者。以弘撰愚魯之資，固守考亭之訓，於先生「内外本末，一齊俱到」之旨，實未信及。如以欲物物而究之，爲玩物。則易所云「知周乎萬物」「遠取諸物」，孟子之「明庶物」「備萬物」，皆何以解免耶？且「格物」「物」字，原兼「物有本末」之「物」在内，亦非另認「物」字，以「格物」「物」字爲「物欲」，乃與「物有本末」之「物」異耳。如云「物欲既格，而後漸及於物理」，則又合二説而一之，是欲「致其知者，先誠其意」矣，於經文不合。皆心所未安也，更望教之。中孚札云：承教，謂知周乎萬物，妙妙！蓋必知周萬物，始能經綸萬物，物物咸處之得其當，而後可以臻治平之效。然遠取諸物，必先近取諸身，知明善誠身爲本而本之，則心無泛用，功不雜施，本既格方可繇本以及末，然後明於庶物，使萬物皆備於我，何樂如之？茲因有感於大教，而弟之格物說不可以不改也。唯付來手是望。予即以原稿付之。過日，中孚又札云：昨承示，致疑於「内外本末一齊俱到」之言，其意必以爲先博文而后約禮，理窮而始可主敬也。若然，則文與理浩乎無涯，將終其身無有約、敬之時矣。夫博文窮理，而不約禮主敬，則聞見雖多，而究無以成性，存存便是俗學。徒約禮主敬，而不博文窮理，則空疏無用，而究不足以經世宰物，便是腐儒。故必主敬以窮理，使心常惺惺，方能精義入神，隨博隨約，庶當下收斂，不至支離馳騖，德業與學業並進，此内外本末之貴於一齊俱到也。知行合一，其在斯乎？欲易之以内外兼詣，本末無遺，然終不若此言之吃緊而警策也。如何？如何？予復之云：承示，教我多矣。然繹顏淵「循循善誘」之訓，固謂必先博文而後約禮也。又證之以「博學而詳說」之，將以反說約之言，益信聖賢爲學之序，窮理主敬，如此而已。然所謂先後者，豈眞截然分爲二事？蓋禮即在文之中，約亦在博之際，即朱子所云，非謂窮理時便不主敬也。其間有淺深之別，朱子於或問中言之已詳，今具載鄙著中，後人不察耳！　先生「俗學」「腐儒」之論，正符此旨。今以格物致知爲窮理，誠意正心爲主敬，本末不離，終始有序，自可斬斷葛藤，何必捨確有可循之詣，外生支節，以滋紛紛乎？　至文理無涯之説，似無庸慮。孟子曰「知者，無不知也，當務之爲急。」今如此，則只存「當務之爲急」一句，而「無不知也」四字竟可删去，恐非聖賢立教意也。適予借閲紫陽通志，中孚札云：先生恬定靜默，弟所心服，居恒逢人説項，今近在咫尺，而不獲朝夕聚首，快我心型，中心殊悵。頃匆匆報札，唯先生可以語此，不敢令世人見也。紫陽通志録中，如有論斷，乞見示。予復之云：紫陽通志匆匆卒業，此極得正學之傳者。弘撰豈能有所論斷，但中有未安者，既承尊諭，亦不敢隱。……時予將東歸，中孚札云：動靜説領到。弟於先生篤好之私，有不可得而形容之者。故此來謬不自度，妄有請正。蒙先生臥榻之論，一一中弟膏肓，非道義骨肉之愛不至此。厚德之賜，感何如也！駕旋不獲祖送，中心悵結。

録自砥齋集卷四頻陽札記

附録

附録一

序跋提要

二曲集序

劉青霞

二曲集二十六卷，關西徵君李中孚先生著，而司寇鄭公、學憲高公刻而行世者也。癸未冬，先生高足王子爾緝過襄，先生以書來並寄二曲集諸書。爾緝曰：「子其校而序之。」先生崛起西陲，昌明絶學，慨然以紹微言、正人心爲己任。康熙癸丑，軍門鄂公以當代眞儒薦，屢奉特旨徵聘，皆辭疾不就。天子心重其人，嘗書其名於御屏，以誌不忘。癸未，駕幸秦中，駐蹕西安，遣官以安車致之。先生復以老疾辭。於是，天子益賢之，親灑宸翰，以賜且有「操志高潔」之額；又復召其家嗣伯敏於行在，問其起居，徵其著述。伯敏以四書反身録、二曲集進呈，天子覽之稱善，俾侍從之臣公閲。僉曰：「此學術正宗也。」

二曲集舊爲二十餘種，今彙爲一書，總名之曰二曲集。余反復讀之，竊歎先生羽翼聖學，眞爲中流砥柱，其有功於世道人心爲甚大也！蓋聖學不明，至今日而極矣！既誤於異端之猖狂，又誤於僞學之流弊。然異端者判然兩塗，較若黑白，雖公然與吾道爲敵，正不難顯攻而力排之，此所謂門庭之寇也。惟僞學假之學術，以爲緣飾聖賢道學名目，剌剌不去口，而異同紛紜，或互相標榜，或互相攻訐，即不然模稜其間爲之調停，要皆偏執拘曲，而聖賢同歸一致之理，大中至正之道遂湮沒而不可問，此則所謂腹心之害也。先生正學術，紹微言，其所以闢異端、辯邪説者不待言矣！而大要在於折衷異同，力挽流弊；近述諸儒，遠宗往聖；務期躬行實踐，明體達用，使聖賢之道煥然復明於世，即日用尋常亦皆有近裏，著己切實，要指不啻於世之學者，開其愚而啟其聰，指其迷而使之歸也。昌黎謂：「孟子功不在禹下。」先生其庶幾歟！先生與先大夫爲昆弟交，故先生每以子弟蓄余，其勉余以學也，書疏無間。歲者因得竊窺先生生平學術之大指，略爲序述，不知爾緝視之以爲有當否也？

二曲全集臯蘭序

楊春和

中庸云：「率性之謂道。」天下無性外之物，則天下豈有性外之道哉？顧嘗歷覽斯世，微蚩蚩之衆，日用而不知；即凡文人學士，讀書窮理，亦袛狃於記誦詞章，以爲博取功名之計，而未深究夫聖經賢傳之原，天命人心之正，洎乎日暮塗窮，茫無歸宿，不入於禪家頓悟之説，即惑於羽流導引之功，卒至寂守頑空，墮入魔道者，往往而有。

我朝李二曲先生，以布衣之士，倡大道之宗，沉潛於四子書，一章一句，反之於身，而其講學於關中，以及東行南行。若悔過自新、學髓、語要，形有生死，性無加損，諸説撮其大本大原，令人猛省精進，簡易可循，誠足以開示來學，昭昭若大路然，而猶恐其視爲畏塗，迷不知返，於是博採芳蹤，録爲觀感。若王心齋、周小泉、朱光信、韓樂吾、陳剩夫、林公敏、夏雲峰、李明祥、朱子節之數子者，類皆農工商賈，胥由問字從學，眞積力久，而卒底於聖賢之歸，從可知心同理同，無地不可出入，無人不可作聖。孟子所謂「若夫豪傑之士，雖無文王猶興」者，亦在乎人之立志耳！夫豈以方類限哉？後之學者，倘即此書朝夕省覽，以馴致濂洛、孔孟之學，反求於尋常日用之間，田其當然，而並識其所以然，大而參贊經綸，小而言行去就，常而入孝出悌，變而取義成仁，無非以實心體實理，求盡夫天之所以與我者，自然氣散而理不散，形壞而性不壞，所謂生順歿寧，一息千古者，此物此志也。然則斯書不可謂非陞堂入室之階級也！特以此板藏秦省，傳布無多，士雖有志，其如囿於耳目何？迺於嘉慶元年，告於列憲官長，有方伯武陵蔡公、邑侯潞河胡公及諸學校同志如蘇生三奇、孫生圓智等，倡義捐金，以資鐫刻，其於反身録早已告成，而於二曲全集未獲成功。恭惟松將軍筠者素以清廉持己，忠鯁存心，幸於己巳秋總制陝甘，蒞任茲土，留心民事，嘉惠人文，弊絕風清，好施樂善。春和與獻珌劉生、昭敬孔生於長至日，謹具公呈，懇求佽助，爰發工資一百五十金，付之剞劂，數月完成。除刷印流傳外，即將書板並反身録存貯蘭山書院，以便甘省中外凡我同學者，廣爲傳布，庶俾邊隅之士，觸目警心，曉然知名教之自有樂地，而不流於異端邪說，惑世誣民之術者則於人心風俗，未必無小補云。

嘉慶十五年庚午歲中呂月金城後學楊春和介菴氏序

皋蘭重刻二曲集跋

孔昭敬

恭讀二曲先生全集，知先生不由師傳，以布衣問字，崛起於道學久湮之後，集羣儒大成，屏二氏異説，孜孜以講學爲己任，到處會講輒千百人，一時士習翕然丕變。即凡當事諸公，執贄弟子禮相見，沐其教而循良者，指不勝屈。至讀義林、襄城諸編，見其忠孝節義，萃於一門，而風世勵俗，抑又有足多者矣！惜是書傳，布若晨星，知者卒鮮。吾邑明經楊介菴先生始於乾隆丙子春，受教武功理學孫酉峰山長門下，極稱二曲先生兩書，耿耿在懷，甫於是科赴陝鄉試，留心購覓。越丙午而始獲焉，攜之我蘭，質之同人。僉曰：「罕覯。」擬欲付之剞劂，廣布流傳，以爲邊隅之模範，遂白其事於列憲官長暨諸士庶。同志慕義向道者，皆樂爲捐助，先將四書反身録不日告成，其全集已刻大半，始而川匪逼近，繼則歲祲頻仍，遂寢斯事，今已十餘年矣。介菴先生嘗與敬等言念及此，輒愀然曰：「吾爲此負慚衾影矣！」幸於昨秋，恭逢將軍松制憲蒞任茲土，廉明正直，嘉惠地方，凡有關於民生學校者，罔不釐剔而作興。介菴先生不棄敬之固陋，並邀同邑貢生劉華韡先生肅呈懇助，以續前功，不移時給資毛詩之半，告竣於今歲六月之吉。信非介菴先生留心於世道人心，豁然見名教之自有樂地，烏能於講禪談道而外，獨將此書亟亟於數十年中購之覓之，謀諸同人，告諸大憲，捐助而刊刷之，有如是之篤好。肫肫與人爲善者乎！自茲以往，後之有志斯道者，讀此明白簡易，有益身心之書，私淑向往，立懦頑廉，近可以接濂洛之眞傳，遠可以紹孔孟之正學，非惟不負二曲先生立言之意，亦可不沒介菴先生重梓之心矣！敬不敏，謹爲此跋，忝贅簡末，聊爲驥尾之附云爾。

時嘉慶十五年歲次庚午季夏皋蘭後學孔昭敬愼夫謹跋

皋蘭重刻二曲集跋

劉獻珌

我蘭之刻二曲集，始於楊介菴先生之志，而成之則制憲松將軍湘浦之力也。曷言之？蓋緣介菴先生自幼嘗愛理學諸書，因從遊於孫酉峰先生之門，即知有二曲集並反身録，有裨於學術人心匪淺，爰在關中購獲。始於嘉慶丙辰，謀之同人，告之列憲，醵金刊刻已成多半，旋以資斧拮据，川匪擾攘，板藏珌家，遂寢其事，以迄於今。嗚呼！爲山九仞，功虧一簣，亦幾抱憾於半塗矣！昨於己巳歲，幸逢制憲松將軍蒞任茲土，興利除弊，修廢舉墜，凡有益於民生風俗者，罔不舉行。適介菴先詔珌與愼夫孔君於十一月長至日，具呈懇助，遂慨然給發一百五十金，於時付諸剞劂，凡五閱月而厥工告竣。介菴先生之心慰矣！珌故云始於介菴先生之志而成之實非松制憲不爲功，至於鳩工庀材，查閱校對則孔君之力居多。珌以樗櫟之材而得附名於後，斯亦一時之幸矣。是集之有裨於人心學術，前之各序已詳，無俟贅敍，茲特記其鐫刻之始終於簡末，固以見好善之性有大同，亦以見斯集之流傳於甘省者，奚啻劍影珠光之不可磨滅也，而凡有志於道者勿自過爲畛域也可。

時嘉慶十五年歲在上章敦牂且月皋蘭後學劉獻珌華韡氏謹跋

重梓李二曲先生全集序

完顏惲珠

粵以範圍萬物者天，通達神明者孝。堯天舜孝，神聖宗師極其詣，雖上智有所未能遵其塗，愚夫婦亦克負荷贊天地，通神明事，曰孝理，曰天而已矣。孝經十有八章，宣聖叮嚀於曾子者，蓋已會一貫之理，即示以一貫之事。大哉孝乎，薪傳千古！自是聖君賢相、碩士眞儒罔不於茲兢兢業業。我朝孝治天下，邁越百代，風虎雲龍，人文蔚起。國初三大儒以孝顯者，容城孫夏峰先生，墓廬六載，哀戚中証明心性，隱蘇門山，十一徵不仕，爲天下楷模。餘姚曰黄梨洲先生，父死璫禍，髫齡刃仇，卒業念臺劉子與吾外家遜菴翁。相伯仲盩厔曰李二曲先生，尊甫忠壯公以材官隨明督師汪公剿闖賊於襄城，與五千衆殉。滄桑碧血，乃能蹤跡得之，感賢侯義士，塚祠異地是二曲之盡孝，與二公同而處境則逆，學問與二公同而承家亦異。孟子曰「豪傑之士微，文王猶興」，其先生之謂乎。余閨中人也，繡讀而外罕有知聞，昔見先舅姑事先繼祖姑以誠，竊爲心佩。嘉慶丙辰，先舅曉巖公守南陽，余從先君子宦居京邸，俄聞南陽寇至，先君子即單車入宛，若置死生於度外者，余又喜先君子之善繼焉。道光乙酉大兒麟慶持節開歸，就養來署，適通家子蔡生天培奉諱歸里，道出大梁，麻衣草履，鄭重一編，余索而讀，讀而喜，喜而異焉。先生終身土室人也，偶爲尋墓，一至襄城，涉吾常兩月而返，嗣後吾鄉高先生視學關中，爲梓大集；踰百餘年窺余巾幗復爲重刊，不亦異哉！襄城爲大兒節部，已檄有司爲扶豐碑，禁樵採薪，輯中州名宦選志忠壯遺事，聞已備載，是殆先生孝德感人之深也歟！先生有言曰「人當爲宇宙完人、乾坤肖子」，余亦曰：「先生出處無指摘，學問闡幾希，謂爲完人也，可謂肖子也；亦可繼曾子，侶孫黄，古今不數人，人而天矣，奚功名事業之足云？」先生學術具在編中，特揭其孝行以爲世寶。若夫文字之末工，觀者當爲閨閤恕，思齊盩厔奮志，熙時則余重梓之至願也夫。謹肅拜而弁言於首。

時道光戊子夏四月上澣書於大梁道署之東香精舍，長白完顏惲珠謹序

重梓李二曲先生全集跋

完顏麟慶

二曲集計二十二卷附襄城紀異等編，總二十六卷，乃其門人王先生心敬編次者，惜刊本已漫漶。道光丁亥冬，吾母命麟慶督工重梓，越明年戊子夏事蕆。母顧而喜曰：「以此惠藝林，洵一快事，蓋誌之。」麟慶謹再拜而言曰：「竊惟古今來正學心傳延綿弗替，端賴聖賢似續與夫志士維持，然此擔荷綦重非偶然也。李二曲先生爲關中大儒，我聖祖仁皇帝已有定論，乃百餘年來大集零落無有過而問焉者，今吾母汲汲刊布，其亦志士之用心也夫。」慈序特揭孝行以勸人子，原不僅爲麟慶發，而麟慶讀之尤爲警目恭譯。孝爲世寶之訓，實示人以入聖之塗，如北斗指空，而羣星是拱也；如大海涵虛，而百川朝宗也；如風雨和甘，而草木滋春也。極平實而極精微，願與世之爲人子者共勉之。獨是二曲之賢成於賢母，王子之學亦母所成。麟慶學識弇陋，雖承慈訓，難希二賢，不勝汗背，動心綴言簡末焉。

男麟慶謹跋

璧山重刻李二曲先生集序

盧有徽

客有自關中來者攜得二曲先生集，余見之披讀一過，語語明快，最易啟發人心，益信人皆可以爲聖賢，特患志不立耳！尤喜其揭「悔過自新」四字，爲學者入門第一義。人孰無過，不悔則不能新，必其痛自改悔，而後身心可漸寡過，德業可望日新，所由希賢希聖以此。故先生曰：「苟眞實有志做人，須從此學則不差。」指出路頭，明白簡當，亦在其人用勇猛之力，矢恆久之心而已。考先生安貧樂道，辭徵不就，視世之慕利禄而輕道義者，其胸次之高下何如？孜孜焉講明正學，聲震南北，一時忘貴忘年，莫不以接先生之言論丰采爲快，豈其無得於中而能致然耶！是集蜀中向無刻板，余友張君晉齋、江北楊君敬修，倡醵金刊布。二君輟學多年，迺能議刊此種書，以救時學之弊，況儼然自命爲讀書人者哉？其亦一寓目焉而知所以辨志矣。余喜是集之足爲講學先資也，於其板既成，而誌其緣起如此。若夫先生之學有本原，則司寇鄭公、學憲高公暨先生門人王公諸序，已詳言之，兹不贅。又先生有四書反身録行世，集中缺焉，蓋將俟諸異日云。

時咸豐元年孟夏璧山後學盧有徽拜撰

重刊二曲集序

趙必達

余仕甘多年，洎壬戌夏陝回煽亂，蔓延甘省，生民塗炭，慘不忍言。余與牛雪樵諸公捐資，由川募勇五千赴甘助剿，轉戰年餘，漸無補救。雖罷官歸里，而我心戚戚，仍每飯不忘也。丙寅夏，道出西蜀，晤雪樵廉訪，知彼地軍務許久，仍無起色，吁以西徼之貧樸，何劫數若是之重？或人心之不古故耳。竊思欲挽劫運須迴天意，欲迴天意須正人心。余在長壽王圻生明府處得讀關中大儒李二曲先生集，首以悔過自新爲訓。若人人能悔過自新，何患天意之難迴？劫運之不消乎？當陝甘兵燹之後，其板本多恐散失，余竭措百金，重付剞劂，無聊極思，亦補救之一助。惟余行將歸去，不得始終其事，劇資全刻，多印廣送，全賴雪樵廉訪鼎力玉成也。

同治五年歲次丙寅季秋山陰趙必達譜荃氏謹識

重刊二曲集識言

牛樹梅

二曲集之在蜀也，一刻於永寧，再刻於璧山，然其傳布於士林者甚寥寥也。趙譜荃觀察必達倡刻是書，以校對之役委余與仲思孝廉浹維，時覓得兩邑所刻各一部，第其所因襲者皆蘭本也，故序文及校字之人猶仍之蘭州所刻止於二十六卷。

此外，尚有歷年紀略、司牧寶鑑、堊室録感、盩厔三義傳、潛確録數種，遍覓不獲。寇愚溪大令守智，從其弟漢中府教授允臣守信處函覓得之，則陝中原刻也。惟數種者各自爲帙，零星無統，故重梓者往往區諸集外而不知其不可闕也。不揣僭踰，竊以爲三義傳附各傳後，以堊室録感、司牧寶鑑置觀感録後，各爲一卷，而節襄城記異與義林記爲一卷，節李氏家乘爲一卷，以仍二十六卷之舊。至歷年紀略則總先生一生之事，而彙記之與年譜同，自宜另爲一册，置諸集首，而以潛確録類附之，庶幾綱綱相屬，而與爾緝先生編緝之本，意亦可無忤云。

同治五年丙寅小陽月隴右牛樹梅謹誌

重刊二曲集序

彭懋謙

吾鄉李中孚先生，昌明絶學，爲世大儒。所著二曲集，表裏渾融，體用宏達，非空談性命無與實踐者比。謙自少時即喜讀先生書，篤修之士類亦各有藏本；迨關中遭回逆蹂躪，坊版無存，每思重刻，以廣其傳，有志未逮。去冬始勉將篋存全帙，謀付手民。顧原本字多漶漫，雖逐加釐剔，而亥豕魯魚，恐仍不免。惟先生諱與仁宗睿皇帝廟諱上一字左「禺」右「頁」同，遇諱字敬缺末二筆，附識於此，以便閲者瞭然。若夫先生生平出處本末，具詳原序，故不贅。

光緒三年歲次丁丑孟冬，石泉彭懋謙小皋氏重刊

讀李二曲集

夏炯

關中爲理學淵藪，自横渠張子後代有大儒。國初李二曲起而繼之，其學鞭辟近裏，重本輕末，於一切富貴利達，視之蔑如。兀坐土室中數十年，孜孜以正學術、紹微言、厚風俗、勵人心爲念。由其天性過人，故其學術从刻苦而入，異於有明儒

者專以標榜爲事。觀襄城一役，至性感通；靖江錫山講學諸語，字字鏤肝刻肺；致當事各書及答人問學之言，爲世道人心之計，憂深而慮遠，抑何腳踏實地，一毫不異於宋儒如此！所惜者，二曲之學的眞宋儒之學，而二曲持論則不能盡守宋儒之論也。蓋二曲雖尊信程朱，而尤推服陽明。其言曰：「陽明直指人心一念獨知之微，而天下始知立本於求心，始信人性之皆善，而堯舜之可爲。」又曰：「陽明出而橫發直指，一洗相沿之陋習。」又云：「陽明之學，徹上徹下，上中下根俱有所入，得力尤易。」又云：「學脈至姚江而一變，姚江之變，一變而至於道也。當士習支離錮蔽之餘，得此一變，揭出天然固有之良，令人當下識心悟性，猶撥雲霧而睹天日。」又謂：「龍溪發明良知之蘊，宏暢精透，闡發無餘，可謂前無古而後無今。」是則二曲直以陽明爲高出朱子之上矣！豈知程朱之學下學上達，有條不紊；陽明之學專靠單傳直指。二曲第見學程朱之學者循塗守轍，不容躐等，似乎成就之難；而學陽明之學者，則一語提醒即時解悟，似乎入手之易，而不知其弊百出，即生於此。大學一書三綱八目何等精細切實！如二曲推服陽明，則不特程朱不及陽明遠甚，即曾子作大學亦覺瑣碎煩數，遠遜陽明矣！君子一言以爲知，一言以爲不知，二曲蓋不能辭也。況龍溪雖爲陽明高弟，陽明尚有功業，可以遮蓋學術；龍溪則言不顧行，彼時已有定議，徒以立言玄妙，遂許其前無古而後無今，則亦未免太悖也。

重刻二曲集序

劉大來

余幼讀四書反身録，先君子命之曰：「此關中李二曲先生遺書，與諸儒訓詁不同，當以身體驗，毋第資誦説而已。」小子識之不敢忘。中年筮仕來秦，聞有二曲集，亟思捧讀而未獲。壬午冬，由石泉移宰盩厔，竊幸至先生故里，可以私淑餘澤。逮視事，詢知先生遺書原板悉燬於兵，舊尹吕君校刊反身録甫竣，而二曲集尚未及焉。夫表揚前賢，所以模範後進，居是邦也，任令先民著述散軼弗傳，顧欲士端趨嚮，民興禮讓，不綦難乎？簿書餘暇，爰取二曲集讀之，見先生造道之篤，教人之誠，體用兼賅，粹然一出於正；惟門人編輯，前後次序間有參錯。乃殫心尋繹，以先生手著及口授者列爲正編，弟子記述事蹟者爲外編，分若干卷，付諸梓人。嗟夫！先生之學震耀寰區矣，先生之書進呈祕府矣。來也不敏，何敢謂重刻是集，遂足以表揚先生。第念先生奮自孤寒，闡明正學，終其身安貧樂道，屢徵不起。是集及反身録，他邦尚有鐫本，而枌榆故里，獨無尺寸之簡以惠後學，先生之憾，抑亦有司之羞也。反身録，卽孔孟論説教人以躬行實踐，與諸儒訓詁不同，學者固當奉爲圭臬。是編所集，乃先生因人傳授，隨事提撕，尤足以振聾發聵，爲道岸之階梯。竊願吾邑人士讀先生之書，體先生之教，勉自樹立，明學術以正人心，正人心以維風俗，則先生餘澤，山高水長，幽光潛德，積久而發，俎豆馨香，以俟明公論定焉。

光緒九年歲次癸未重陽前三日，盩厔縣知縣新鄭劉大來心蘭氏謹識

重印二曲集序

宋伯魯

昔顧氏亭林有云：「堅苦力學，無師而成，吾不如中孚。」當時海内三大儒，一容城孫夏峰，一餘姚黄梨洲，其一則二曲先生也。先生之學以反身悔過爲本，一掃門戶之見。其論學則謂大學「明德」與「良知」無分，而議者但以陸清獻不右姚江，遂使數百年後從祀之典闕如，然先生豈以從祀與否爲重輕哉？自先生歿，後三百年子孫式微殆盡，不佞昔在諫垣，曾寓書魏午莊中丞爲之買薄田，使奉丞嘗不絕，而其邑人宫伯明孝廉實左右之。惜其後無讀書者，先生之澤邈矣！是集始刊於王豐川先生，繼之者則石泉彭小皋先生，今靜海聞君樸庭來長吾陝農礦廳，視事之餘，慨然有志於關學，謀出貲用聚珍字重印是集，以廣其傳，以爲是書流傳可以輓三輔之頹風，拯九州之陷溺，其志不可謂不盛。不佞，秦人也，竊嘗讀先生之書，慕先生之爲人，以反身寡過自欺，而忽忽耄老，卒無成就；又干戈隔並，深愧無所闡揚。而君顧毅然思紹王彭兩先生之志，力謀所以推廣之，其有功於關學顧不偉哉！印既竣，屬爲弁首之文。不自揣量，粗最其厓略如此。

庚午夏六月醴泉後學宋伯魯序

重印二曲集序

路孝愉

李二曲先生與河南孫鍾元、浙江黄梨洲兩先生齊名當時，兒童走卒都熟悉之，有「海内三大名儒」之稱，其著作如二曲集、四書反身録二書，充實光輝，皆足以羽翼經傳。僕幼年隨宦淮土，受父師之訓，耳其名，未讀其書也，時以爲憾。癸丑歸故里，得其書而朝夕誦之，乃知先生所學毫不畸重一偏，脱盡晚儒門戶之習。其論學也，無朱陸無王薛，惟是之從。自明儒馮少墟先生而後，特振宗風者，惟吾二曲夫子一人而已。蓋先生起自孤寒，學不由師，未冠卽卓爾不羣，志道據德；中年以還，諄諄以躬行實踐拔示來者，揭悔過自新爲日課，盡性無欲爲究竟，以反身爲讀書要領，名節爲衛道藩籬。凡讀先生書者，當知天德、王道自有本源，未可强論也。惜夫關中喪亂，聖學久湮，先生之書既少流傳，先生之學亦將中墜，此又僕戚戚於心者焉。

客歲，聞君樸庭遊陝得石泉彭小皋氏刊本，誦讀而潛修之，不期月終其卷。暇時津津談道，亦以是書獨少流傳爲憾，遂發願重印二曲全集於北平，而命僕爲之序。近歲關中大饑，僕救死不遑，遑論文字；况學識簡陋，何敢以粗疏之筆弁冕先賢經傳，奈使書交迫，不可避免。因思晚近之士，學説龐雜，倘以先生之書家喻而戶曉之，則反身悔過而自新者、盡性無欲而重名節者比比皆是，從此正道昌明，安知不可以救人心，挽浩劫哉！此固僕之素志也。士不苦於不得志，獨苦於不遂其志。今樸庭重印是書也，能遂僕未遂之志，豈惟邦家之光，斯眞可爲僕之同志矣！謹爲序。

二曲後學路孝愉

重印二曲集序

范凝積

烏呼，士之不能立身、知命、明道、進德，牽制於物欲氣稟之累，浮沉於聲華靡麗之中，卒至陷溺日深，而不克自拔；甚或廉恥淪胥，身敗名裂，爲世詬病，此其人非必無入聖之資、希賢之地也！其受病之處，可一言以蔽之曰：不能安貧而已矣。人不安於貧，則外誘移志，妄念生心，正如出圈之豚，愈追愈遠；脱韁之馬，且奔且驚，從此營營無已，逐之不休，而固有之本心、本性、良知、良能，又何怪其喪失殆盡，而不可究詰哉！孔子所謂「患得患失無所不至」者，正謂此也。二曲學派出入於考亭、陽明之間，而得其精髓，其精深光大固已前無古人後無來者，而安貧樂道，不慕榮利，儼然洙泗間，疏食飲水、簞瓢陋巷之遺風。至於入手工夫，則以改過自新爲其最得力之處。蓋人苟安貧，則本源已清，病根早除，固已無過可言；卽有之亦如日月之食，夫何損於明哉？而又寡過自新，以淬勵之洗濯之，宜其大受實悟，升堂入室，紹東魯之薪傳、承關學之遺緒也。績凡庸根器，尤悔滋多，景仰前修，津梁未泯，幸聞樸庭先生慨捐鉅貲，重印二曲集若干部，嘉惠後學，良非淺鮮，爰就管見，謹綴弁言，敬誌嚮慕云爾。

中華民國十九年八月乾陽范凝績敬序

重印二曲集序

李時品

悲乎哉！數千年聖學不明不行，穴空來風。邪説滋起，至今幾成禽獸之社會矣！其何以救之？亦惟昌明經籍乎？然卷帙浩繁，師説每失眞，斯事甚難！求其精悍無倫，一可當千百，足以發蒙啟憒，此二曲集其選也。是集掃盡浮言，獨標眞諦，深入顯出，明體適用，窮不失義，達不離道，獨善可兼善，亦可下學可上達，亦可宜其膾炙人口，靈光獨存，使士人皆心其心，學其學，行其行，則斯道無蔽無偏，放諸四海而準，可以開腐儒之胸，祛狂士之惑，杜小人之口，學風蒸蒸日上，彌世道之患無難。靜海閩君樸庭有鑑於此，倡付手民，品聞而善之，特囑天華舘加印，以供同好者之購，請工將竣，述懷如此，是爲序。

庚午十月西昌李時品敬序

重印二曲集序

閩承烈

己巳春，于役西安，得讀盩厔李中孚先生遺著二曲集，其修己治人、化民成俗之方備矣。而悔過自新説、學髓、傳心録、四書反身録、垩室録感諸作，尤令人不忍釋卷。是書也，不第今日社會人心之良醫，亦研究國學者之利器。以知者尚鮮，亟待闡揚，爰以舊板，捐資重印，以餉同好，所冀展轉翻刻，廣爲流傳，亦尊崇道德之一助云爾。

庚午孟冬，靜海後學閩承烈謹序

跋二曲集後

方宗誠

顧亭林先生博物宏通，上下古今，靡不辨訂。李二曲先生曰：「堯舜之知，而不遍物，急先務也。吾人當務之急，固自有在，若捨而不務，惟騖精神於上下古今之間，正諺所謂『拋卻自家無盡藏』者也！」竊以二曲譏亭林是也。而其所自爲説，則亦未免於非。夫學問之道，不外乎孔子「博學於文，約之以禮」之一途。大學曰「致知在格物，物格而後知至」，中庸曰「明善誠身」，孟子曰「博學而詳説之，將以反説約也」，此論學之要旨也。蓋天下之理，具於吾心，而要不可但求之於心也，必博文格物，以窮其理之當然，與其所以然，而反之於身心，以求得所安焉。然後能體用一原，顯微無間，豁然而貫通。

亭林博物宏通，上下古今，靡不辨訂。余觀其所著，講用者多，而明體者少；且又不免細碎支離拘迂之失，是博文而未能約禮，詳説而未能反約。然約禮反約之功，究不能捨博文詳説而别有在也。二曲承陽明之學，故不免是内而非外，重本而輕末，而豈知内外本末固一以貫之之道哉！此所以惟程朱之學，爲孔、曾、思、孟之正脈也與！

重印二曲集反身録後跋

王驤

清初海内三大儒，南有黄梨洲，北有孫夏峰，西惟吾邑李二曲先生，道德學問早已著有定論。不學如驤，夫何敢贊一辭！第念先生所著二曲集、反身録，他邦尚有印本，普餉學人而枌榆故里獨以改革之際，集板燬於兵燹，致使讀者苦無從得，識者惜之！予久與禾父先生商榷重印，而機緣未遇，私竊耿耿。乙亥夏，江寧林先生西園來宰吾邑，訪地方利弊於禾父。因言及斯集，並邑賢文集之尚存者卽此，不思印傳，深恐久將廢墜。西園先生聞之，頗爲嘉納，商諸吾邑人士任志琦、何焕然、張孝先、羅風伯暨各界大雅仁人，亦均熱心贊成，相與量佐，足徵懿德之好，人所同然。禾父先生遂連函促予晉省力董其役，驤不敏，何幸得叨末光觀此盛舉。今付鉛印，將成，竊有感焉。二曲先生幼失怙，家窶貧，母子煢煢，極人生之艱困，而卒能以堅苦卓毅之操，繼絶關學，克成大儒。吾儕學者讀先生之書，體先生之教，果能觀感奮興，勉自樹立，嚮正學而學正人，則此舉爲不虛矣！

歲在丙子仲春月，邑後學王驤謹識

四書反身録序[一]

劉青霞

關中徵君李中孚先生昌明正學，爲國朝巨儒。康熙癸丑，制府鄂公上言，於是天子特旨徵先生。先生稱疾不就，杜門靜居，日於四書考究聖賢精義，反身而實體之。久之，其門人王子心敬輯其前後問答之語，遂成一書，名曰四書反身録。今歲，王子特郵寄示予，且囑爲序言。蓋予與先生有通家好，又佩先生之教甚久，故見委也。

明崇禎末，督師汪公喬年討賊至襄，先王父文惠公以軍門贊畫，與先生先子忠武將軍同佐汪公城守。城陷。忠武以身殉國，而先王父亦遭劓刵之慘。康熙庚戌，先生過襄招父魂以葬，時主於予家，拜予王母於堂上如家人禮，先大人爲經紀其葬事，割地營宅兆、起丘壠，復樹碑表於道，題曰「義林」。既畢事，先生乃與先君爲昆弟交，留旬餘始歸。時予尚幼，大人命之出拜，嘗侍立左右云。先生既去，歲以所著書種種見寄，大人亦以著述相酬答，雖千里睽隔而音書不絶，歷數歲以爲常。洎先君捐館，予亦稍長知向學，復蒙先生不棄，以正學相屬望，而王子復以序委其，能已於言乎。

蓋四子之書乃聖賢内聖外王之具，明體達用之學，而古今常存人心不死者恃有此也。以故國家設科取士，特重經書，蓋欲學者實踐力行，而體用備具之士得以羅而貢之大廷。是則聖賢之所以垂教萬世，與國家之所以儲養眞儒，惟篤行是尚，而不在乎辭章句讀語言文字間也。而今者求其紹聖賢之學，以慰國家之望者，抑何寡乏耶？豈非以窮年誦讀者，僅視爲口耳之事、進身之階哉？噫！此先生反身録之所由作也。人而不知「反身」，雖日事讀誦，終屬浮涉。斯録一出，世之學者，庶不徒事呫嗶，而聖賢立言之旨庶幾昭然復明於世。自茲爲理學、爲名臣，爲窮不失己、達則兼善之儒，吾知其將接踵而起矣。其有功於聖賢，有裨於國家，夫豈微哉？泗水四山許公視學三秦，讀而好之，爲授梓傳布焉。予雖固陋，受知

[一] 該序文録自劉青霞愼獨齋文集卷一，與四書反身録所收劉氏同名文多有文字不同，故録於此。

於先生最深，故爲序之，以告世之讀四書者，其各反身自省而實踐焉可也！

重刻四書反身録序

李鍾麟

粤自天開地闢，而道卽在人，渾然未覺，至三皇則修以覺人，迄於唐虞始著見文字。然其言微，後世之人漸復蒙昧。孔子出，而多方昭示，以弘其統。逮程朱諸儒，大爲闡發，且興崇理學，見於語録不下萬言，可謂至矣！而卒莫使舉世共覺者，何也？蓋智者有窮高騖遠之習，中人有媒利弋名之習，雖或小覺，罔克勤其進修耳！關中李中孚先生慨歎迫切，乃取人人攻習之書，摘其要旨，條析理解以發明之；其言至近至詳，揭「反身」〔一〕二字爲標目，令人開卷洞達。一反身間，卽見道原，而學爲有本之學。然則是録當使習四書者參觀之。欣逢盛世誕敷文德，海内英才咸趨正學，卽山陬海隅莫不彬彬向化。麟不敏，得爲一郡長，苟有關乎風教者敢不興起，以副聖天子愛養之至意。爰取斯録，與潮之人士日相討論，重授剞劂而廣行之，庶幾人易知其所本究，窮高騖遠爲害道，弋名媒利爲悖道，反其身以就正焉，則斯録之裨益於學者豈少哉！

康熙癸酉橘月武定李鍾麟序

重刻四書反身録序

湯金釗

人患不讀書，尤患讀書而不求於身，卽如四書，無人不讀，求其讀一句行一句者有幾？盩厔李二曲先生慮學者忘身以言書也，於是以「反身」名其録。讀四書者誠惟於身是反，尚何暇爲漢宋、朱陸爭是非？而亦何是非之不明哉！是録，蓋

〔一〕「反身」，原本作「反身録」，據文義改。

先生弟子王公心敬所輯，一刻於陝西學政許公孫荃，再刻於肇慶知府李公彦珵，吳中不多覯，梓而廣之，當必有因而興者已。

嘉慶二十二年歲在丁丑夏五月既望，江蘇督學使者蕭山湯金釗謹序於院署之崇素堂。

校刻四書反身録序

銘憙

朱子合論、孟、學、庸爲四書，自明以來以之命題取士，忠孝才德之儒接踵繼起，此讀四子書者之明效大驗也。沿襲既久，幾忘其爲反身求道之書，遂疑科舉之學有以累之是殆不。然讀四書者，誠能反身求道，則理愈徹，氣愈充，於科舉之業愈工，未見其相妨也。惟自視太卑，視聖賢之言太高，志之不立，讀如未讀，斯則末流之弊不可無以救之耳！余念此久矣。

聞國初鄠縣王公心敬嘗輯李二曲先生語爲四書反身録，竊喜四書之下繫以「反身」二字，卽此命名之義，奚啻清夜之鐘，是必可以救末流讀四書而不立志之弊，而惜乎未見其書。嗣得江蘇學使湯公金釗重刻之本，既而又得康熙二十五年關中學使許公孫荃原刊之本，於是捐俸付梓，使信江書院肄業諸生咸與校讐。工既竣，乃集諸生而告之曰：「『反身』二字，孔子發之，子思述之，孟子申之。我朝正學昌明，盩厔李二曲先生又逐章逐節闡釋其所以立言垂訓之意，誠患學者妄自菲薄，以聖賢之言爲高遠而難行；而非謂四書義理經前人之所發明者，猶有所未盡也。雖然反身之明效大驗與不反身之流弊，不但於讀四書見之，讀易而不反諸吾身之陰陽，讀書而不反諸吾身之政事，讀詩而不反諸吾身之性情，讀禮而不反諸吾身之節文，讀春秋而不反諸吾身之誠僞邪正，其流弊同也。諸經而外，若通鑑、若綱目、若二十三史，法戒大備，尤稱得失之林，可資之以自鏡。讀者苟不取古人所行之經權常變，是非臧否，一一反之於身，則善不知法，惡不知戒，其流弊亦同也。是故讀經讀史皆貴於反身，而尤莫切於讀四書反身。朱子融會經傳之旨，更證以羣儒之論定，爲章句集注，示人以反身之學，可謂至矣。象山陽明惟恐讀朱子書者昧反身之義，復倡爲「求放心」「致良知」之説以輔。或意在析字論文，間亦有功於章句集註，足爲吾人反身之助，是在讀四書者不陷溺於其說，則亦不至有買櫝還珠之誚也。譬如適京師者，涉江淮，渡黃河，凡所經過之小溪曲澗斷港絶潢，舉不足爲舟車之礙。惟志不在於適京師，則遂有涉江淮而思爲岷山桐柏之遊者矣，則遂有渡黃河而欲溯龍門積石以探源於星宿海者矣；抑又有徘徊於小溪曲澗斷港絶潢之地，思欲結屋以棲，裹足而不復前者矣，此其人蓋終身無抵京師之日。彼夫讀四書而不以反身爲事，徒誇知識之多以飾其僞，矜記誦之廣以長其傲，恃聞見之博以肆其辯，侈辭章之富以塗澤時人之耳目而於道茫乎，未之有聞者，何以異於是耶！諸生鍾信水靈山之奇氣，被朱、呂、二陸之流風餘韻，束髮讀四書，即知讀；如不讀者之深爲可恥，則其間反身之説，當必憬然悟，奮然興，月異而歲不同期，無負聖天子作人之意，而並有以副余之厚望也夫。」

道光辛卯春月，賜進士出身知江西廣信府事前翰林院編修三韓銘悳謹序

重校刊四書反身録識

蔣環

是編一刻於陝西學政許公孫荃，再刻於肇慶知府李公彦瑁，三刻於江蘇學政湯公金釗，四刻於湖南巡撫錢公寶琛。咸豐元年辛亥孟春長沙洪綏堂學博赴常寧任，枉顧敝廬，亟言是書不可不讀，將謀剞劂，適張子衡茂才持錢本見示，丹黃句讀，深中肯綮。竊謂人患不讀書，患讀書而不求諸身。二曲先生慮學者忘身以言書也，於是以「反身」名其録，讀四書者果能於身是反，尚何暇爲漢宋、朱陸爭是非？而亦何是非之不可明哉！不揣譾陋，校訂重刊以公同志。誠取是書而反求之，或亦淑身之一助云。

湘陰後學蔣環謹識

重刻李二曲先生四書反身録序

李際春

古人言學教人，學爲人也；今人言學教人，學爲文也。自説命言學孔子，首教人學，皆綱常名教、日用當行之事，仁義禮智、身心性命之理學，文特一事耳！自後世以詞章取士，而學術日非，惟漢舉孝廉，宋考經義，較爲近古，故人才輩出。自前代至今，以時文考校，分甲乙科，而文格且日卑矣。然猶幸以四子書、五經命題，士人未有不讀四書者。人人讀之，故人人能言之，然爲文計者多，爲人計者少，以故達而在上或恃才怙勢，窮而下或唆訟訐私，有不如鄉里老成以四書教其子弟學爲人者，此關中李二曲先生四書反身録所由輯也。先生學宗姚江，反身録一書令人以四子之言反求諸身，爲明體達用之學。夫欲反求諸身，必先知止於心，則格致其始事也。大學首言「明明德」，「明德」可言明，「良知」不可言致乎？且「良知」揭諸孟子，是姚江之所謂：「致良知」卽大學之「明明德」，中庸之「率性」「明善」「誠身」，孟子之「知言」「養氣」「存夜氣」「求放心」耳。而後儒多訾議之非，以先事靜坐近於佛老乎，故先儒以主靜不如主敬爲無弊。人誠能靜時體認天理，顧諟天之明命，緝熙敬止，舉四書所言之理，一一反身，時習日新，念茲在茲，至誠無息，不息則久，久則徵矣！程子謂大學爲入德之門，中庸爲孔門傳受心法，豈虛語哉！特人不自反耳！效先生之爲學可矣。

先生生明季，世數歲，父死於兵，賴母教以成立，十一二歲時入塾，讀學、庸、論語，未周，以貧廢。爲人傭牧而性好學，每三餘溫習曩所讀書；問人講義，久而悅心，卒業四書，復讀各經。人重其學，爭延爲童子師。益購書史縱讀之，尤嗜性理，以姚江爲宗，天下講學者多重之。先生不事聲援，闇修彌篤，年七十餘正襟危坐教授生徒，主講關中書院，遠而安徽亦延致爲山長。仁皇帝西巡華嶽，聞其名召見。先生命子上疏謝，不赴。聖祖優容，榜以「關中大儒」，誠異數也。余家藏初刻有先生本傳，行篋未攜，今購蜀本無傳，聊述梗概，俾讀是書者知先生之學有不待文王而興者，人亦可以共勉，學爲人矣，學文其餘事也。

同治五年丙寅十月重刊是書序之云爾，蔚州後學李際春謹譔

重刻四書反身録序

高春山

史果齋先生有云：學問進修之大端，其略有四：一曰尚志，二曰居敬，三曰窮理，四曰反身。學惟反身而學乃踐其實也。否則，口頭禪、敲門磚耳！又何有益於身乎？夫古今一理也，人己一身也。聖賢豈必擇人而後能哉？特人不自反之於身耳！反身云何如大學重修身，中庸言誠身，論語之書莫非操存涵養之要，七篇之旨類皆體驗擴充之端。古人以得之於身者垂諸書，今人卽以讀之於書者反諸身，其爲益固無窮也。

國初李二曲先生倡學關中，一時賢士大夫聞風向慕者不可勝紀，下逮傭工牧豎，皆受其陶成。先生果操何術而致此哉？亦不過教人讀四書，而反之於身云爾，故先生著述雖多，以四書反身録爲最切要。嗟夫！吾人讀四書有年矣。問以格致誠正之功，未盡也；問以戒愼恐懼之旨，未得也；問以子臣弟友之道，未能也；下學上達，知言養氣，茫乎其莫解也。書負人乎，人負書乎？此反身録之所以必讀也，此反身録之所以必刻也。川東向無此板，今秋文君春樓於錦城書肆購得之，予與張君晉齋鳩工倡刻以廣其傳，爰弁數言於簡端，既用以自儆自勵，且並欲爲凡讀四書者勸焉。

璧山後學高春山敬撰

重刻四書反身録序

紀大奎

自宋子朱子合論論語、大學、中庸、孟子注之爲四書，使天下人人誦習，而五常百行之道之悉具於吾身者，靡不昭昭然。衆著於斯人之心，然或童而習之，猶有白首茫然而不得其所歸者，何哉？則以其未嘗反之於身故也。反之於身，而一一求之，惡有不爲天地之完人哉！

關中李二曲先生教人必讀四書，讀四書必反之於身，口講指畫以授。其門人鄠縣王心敬悉書而録之，名之曰四書反身録。讀四書之法，未有切於是者也。顧其書流傳未廣，武定李筠巢先生守潮洲刻是編，以與潮之人士相訓勵，然亦卒，未得大行於世。世之人見是書者甚少。予偶得之京肆，攜至什邡，亦時時與什之人士論反身之説。於是，廩生戴瑤乞鈔是書，與邑紳權文璣、羅登秀、嚴智、廖詩翊、寗存文、嚴陞、鄒明玉、李成貴、李復洪、戴天良謀付梓以廣其傳，而請予爲之序，可謂得二李之心者矣。予惟論語教人必以君子小人爲兢兢，而其道莫切於曾子之省身，顔子之視聽言動、克己復禮，孟子言性善、徵之於惻隱羞惡辭讓是非之皆有是心，而必要之於反身而誠，故大學以修身爲本，中庸曰知斯三者則知所以修身。大哉，身乎！天地人之道之賴以存，反而求之，無論智愚賢不肖之皆可以知，可以能以極之於大之無外、小之無内；而非若違人爲道者，之愈求而愈遠也。今得是書而流布之，將天下之讀四書者皆確然者以知其用功之所在，莫不有以復其性而踐其形，而又豈第什之人士彬彬君子也與哉！遂書之以爲讀是書者勗。

臨川紀大奎序

重刊四書反身録識言

牛樹梅

蜀中反身録之刻頗多，而大學有缺焉，下論有缺焉，孟子之缺尤多，續録則全未有也。二曲集刻工既竣，醵資尚餘，因借善本梓之，亦譜荃趙君意也。

丁卯二月上浣牛樹梅並識

重刊四書反身録序

王世濟

二曲先生，關中大儒也。聖祖仁皇帝西巡時欲見之以疾辭，閉門教授。其高弟王子心敬隨聆隨記，輯有成書，名曰四書反身録。海内梓而行者百餘年矣，然多什襲於世家宿儒，而窮鄉僻壤見者蓋鮮。道光丙申先大夫欲重梓之，以事中格。嗣先大父棄養，世承叔父命，搜而録之，以廣其傳，非敢云嘉惠士林也，敬承先志云爾；其並著從前校梓諸姓字者不敢没其實也。至於是書發明道德性命之微，探孔、曾、思、孟之旨，紹濂、洛、關、閩之傳，則前名公諸序俱在，奚容贅一辭。

時咸豐丁巳春日，古高陽里王世濟才侯氏序於補拙齋

重刻反身録序

呂耀煒

盩厔李二曲先生本躬行心得之餘，垂覺世牖民之教，因卽人人所讀之四書與門第子相講授，名曰反身録。不騖遠，不蹈虚，不摭華，不索隱，言言平易，語語樸眞，卜子所謂「切問近思之學」也。余筮仕關中久矣，心焉嚮往上年冬承乏斯邑，下車後展墓謁祠，首訪先生遺集。惜兵燹之餘，原板□，不復存，亟謀捐俸重刻。維時雷廣文星愷與張廣文家駿慨然任校對之責，督梓者茂才楊文翰、辛逢庚、周廷瑞協力經營，方擬由是書次第及於全集，忽奉調石泉，匆遽卸篆，僅得觀是書之成。謹識數語於簡端。

時光緒八年仲冬也，陽湖呂耀煒序

重刻四書反身録序

徐炯

六經之書皆當反之於身也，而四書於人爲尤切，乃人人常讀之書。人人若未嘗讀此，白沙所謂「典籍自典籍，而我自我也」，則我之負此身也久矣，身之負此世也多矣。身世交病，其讀書者之咎乎？抑不善讀書者之咎乎？不善讀書是溺心喪本之類也，否則寇兵盜糧之齎也。朱子云：「讀書不可專就紙上求義理，須反來自家身上推究。」果能以身體之，以心驗之，從容默會於燕閒靜一之中，超然自得於書言象意之表，則讀書種子出矣。有眞讀書者，然後有眞救世者，斯言也，惜未得起二曲、豐川兩先生而問之。

宣統二年季秋華陽徐炯序

悔過自新説跋

倪元坦

范忠宣公曰：「人雖至愚，責人則明。雖有聰明，恕己則昏。」常以責人之心責己，恕己之心恕人，不患不到聖賢地位，可知悔過自新最鞭辟近裏；頂門鍼、對症藥，令人當下去病。此先生濟世良方，而吾人所當服以自療者也。

倪元坦謹識

學髓跋

倪元坦

通書云：「君子以道充爲貴，身安爲富，故常泰無不足，而銖視軒冕，塵視金玉。」朱子云：「周先生見世間人墮在火坑中，只不自覺，故叮嚀如此。可知人生天地間，惟聞道最難，亦惟聞道最貴。」今先生以學髓示人，開關啟鑰，傾吐先儒不言之隱。滴滴心血，度盡火坑。其欲立立人、欲達達人之心，蓋廓乎無垠哉！嗟夫，人誠致力於斯髓也，銖軒冕而塵金玉矣！

倪元坦謹識

學程跋

倪元坦

學程數則，句句切實，字字緊要，醒豁透露，簡便易行。讀此知學問原爲身心性命計，如飲食之不可離，生死關、人鬼關在此分路。先生覺世之功大矣哉！末一條見二曲集雜著。

倪元坦謹識

語要跋

倪元坦

學問源頭，不外尊德性而道問學，後人將二者分裂，遂各爭門戶，聚訟紛紛，更或拘守學蔀通辯，障蔽益深。今讀先生語録，如撥雲霧而睹青天。先生固關中大儒，而集諸儒之大成者，與此外尚有體用全學、讀書次第，備載全集，不及録。

倪元坦謹識

答問語要跋

謝鼎鎔

清康熙十年二月，李二曲先生來江講學。邑宰周公瑞岐偕學博郊迎，開講於明倫堂，聽者雲擁。當時有答問語要一冊，原書久佚，僅鄠縣王心敬所纂南行述中有數則，亟取以冠陶社叢書，俾研求聖賢之學者之得所問津云。

辛未夏日治盦謝鼎鎔謹識

論學書跋

倪元坦

聖學精微在中庸第一章，子貢謂夫子言「性與天道不可得而聞」，子思子已洩盡祕密矣！今學者忽之，而二氏之徒或有於未發之中，靜窺端倪，得成證果了生死者，特失格物窮理、戒懼慎獨工夫，墮入空寂，不足以開物成務，故曰「異端」。先儒嘗云：「我儒實際，學者茫然不知，轉被二氏竊去，惜墮入空寂，又成異端。」今二曲先生迴狂瀾於既倒，所著論學書，發先儒不言之隱，句句徹骨，字字透髓，如欲覺聞晨鐘，令人發深省。先生覺世之功夐乎？其莫可加矣！

醒吾倪元坦謹識

南行述跋

沈楙悳

南行述一書，關中李二曲先生招其尊人之忠魂於襄城，而其門人王爾緝所詮次也。其間足跡所經莫不倒屣以迎，環擁侍教。其學以居敬主靜爲基，以致知力行爲要。崛起關中，昌明正學，卓然爲一代大儒，借龜山楊先生自洛而南，闡道毘陵，越數百年而先生自秦而南主講東林，聞聲響應，後先同揆，所謂遡洙泗之淵源，而紹濂洛之統緒者，微先生誰與歸。

癸卯十二月吳江沈楙悳識

觀感録跋

沈楙悳

二曲先生論學以清修苦行爲宗，言性理出入朱陸，間所著觀感録皆取儒先之砥礪學行，而奮起於側微之中者。首篇載新建高第弟子心齋王先生事甚詳，所記夢扶天墜，手整列宿，覺而汗溢如雨，心量洞明，因題其座曰：「正德六年間，居仁三月半。」自此悟入云云，此與金谿言鏡象，整菴見黑帟，慈湖聞竹聲而識萬物一體，景逸宿旅店而悟宇宙皆心者，蓋無以異然。其紀録之旨，固實在於人倫日用間，精思力践，而不墮於空虛是則，讀書者所當盡心也。

癸卯季冬吳江沈楙悳識

觀感録跋

倪元坦

二曲先生云：「行詣脱乎流俗，則爲名人議論；脱乎流俗，則爲名言可知。」俗之所好，亦從而好之；俗之所爲，亦從而爲之，是隨波逐流。生與塵俗爲緣，死與草木同腐，良可惜也。尚友古人可以興起，觀感録之作，先生其有覺世之深心也夫。

醒吾倪元坦謹識

新刻司牧寶鑑敍

惠霔嗣

先是，霔嗣稟二曲夫子生平講學明道之書及他論著爲全集，司寇鄭山公先生倡，學憲高嵩侶先生相與協梓傳布。工竣後，獲睹是編，丁寧霔嗣曰：「此眞救時良劑，輔世長民者之指南也。吾子叨第，將有民社之責，不可不奉以從事。」霔嗣藏之中心，方圖涖任時壽諸棗梨，乃武功倪明府業已剞劂矣。蓋明府舊識夫子於東林書院，至是代理盩厔他務，未遑竭誠造謁，退而亟詢未梓之書；得之，遂捐俸鋟布，以廣其傳。嗟乎！今之茂宰簿書，期會之是理，已稱能吏，而明府獨惓惓留意於前哲循良之蹟，不惜捐貲問世。賈子曰：「移風易俗，使天下回心而向道，類非俗吏之所能爲也。」明府雅尚注厝如是，則其所以治武功者可知。宜乎邇来士林評吏治者，膾炙明府良法美意，不啻自其口出也。霔嗣既愧不能如明府好善之勇，而復喜覯政崇風教之大，君子於兹日奚翅空谷聞足音，而景星卿雲之獨睹爲快也。遂忘其固陋，恭題數語於簡端，旌明府以誌吾過焉。

時康熙丁丑夏仲之吉，富平門人惠霔嗣沐手謹題

重刻司牧寶鑑序

姜曾

黄君立生好讀書，尤愛梓祕本，發潛惠世，公溥彌昭。余曩序其刻朝邑志云：「使刻書者皆如黄君，則世無墜簡矣！」今又梓李二曲先生司牧寶鑑而屬余序。余嘗讀張養浩三事忠告，喜其牧民忠告之文，較廟堂、風憲二忠告倍之，誠以爲民司牧視彼二者，位卑而任重，禄薄而事難；難則必詳其事，官有所依，重則必盡其辭，民皆受福。李氏之爲此書也，初名牧民須知，殆仿張氏之意乎！中引牧民忠告切要數條，意可知矣。或曰：二曲，布衣士也，長隱土室，絕未臨民，恐言

多迂闊而遠於事情。余曰：不然！牧民忠告，雖名歸張希孟，而據志傳實出吾鄉張國瑞手。靜吾，亦布衣也，所言官箴、政體、事勢、民情能悉希孟之心，如出希孟之口，有老吏所不能及者。所謂「心誠求之，不中不遠」，大儒以誠存心，發於論政，坐言起行，一致同歸，何問臨民與否耶？况二曲之書皆引古良牧賢令已成之事，而節其辭，亦及時人之政，不没具善，皆有明文足徵，略自評贊，以示司牧遵循而已。其書皆臨民之書，不啻其身臨民也。

黄君指日入仕，臨民先梓此書，能實李氏之良法美意，鑑而行之，見諸實事，概可知矣！至君尊甫樹齋先生體張氏廟堂風憲之義，忠告已著於前，行當益顯於後。凡李氏一端、張氏三則，黄氏兼之矣。余因黄君屬序，遂連類而樂道之，使任司民之責者誠寶此書，不貪以爲寶，仁民以爲寶，誠鑑此書不照綺羅筵，專照流亡屋，則康濟斯民也大，循良著績也遠，而著書及傳刻之心亦皆不虚負也已，豈不盛哉！

道光己酉二月十九日，南昌樟圃弟姜曾拜撰

重刻司牧寶鑑跋

黄秩模

盩厔李二曲先生稱關中大儒。曩讀四書反身録，易簡精純，徹上徹下，洵窺聖道之奥窔，足示後學之津梁。比從家叔紫垣大令，獲觀先生手輯司牧寶鑑一書，其中徵引先民良法美意，率皆躬行有得，見諸實效。蓋先生雖隱居不仕，而其志無一日不與天下憂樂相關，所爲拳拳；輯録之旨，其自述小引已言之篤且摯矣。嗟乎！先生生際太平，寰宇熙皞，猶惴惴恐風俗頽敝，生民阽危；矧後世司牧之責，其用人行政，利害切己，有不僅斯民受之者哉！夫古官稱牧上及州長，下逮田畯，揆厥取義，養民爲優。先生以儒者之學求儒者之治，此書之存謂作鑑於千秋可也。爰亟爲校正，付剛氏排印，工竣，謹綴數語簡末云。

道光二十九年三月宜黄黄秩模跋於松陽旅舍

李二曲先生司牧寶鑑　匡時要務合刊序言

王露洪

自來言政治者，必以慎選牧令爲先務。蓋國者，民之積也；牧令者，又父母斯民者也。今之人動曰愛國。愛國及觀其臨民，則惟以心計爲專長，以掊□爲職事，以趨承奔走爲盡職、爲讓者執此以殿最之，黜陟之，而吾民遂不可問矣。若夫稗官説部，列於教材，曲技旁門概稱學術，棄固有之文化，潰禮教之大防。近復赤燄高張，肆爲凶殘，流毒所至，甚於洪水。由前之説，其害之中於民生者，一時之患也；由後之説，其害之中於人心者，數世之患也。夫今日之中國合兩患爲一患，救亡圖存豈容再計？今不挽救中國則已，苟欲挽救，捨慎選牧令、改正學術，其道無由！

清初李二曲先生品節學術，照耀今古，其所輯司牧寶鑑一書及匡時要務筆記一種，立論不依於激切，講學力崇乎純正，雖寥寥萬餘言，丁寧反復，至詳且盡。誠哉，其寶鑑也！誠哉，其要務也！夫以先生之時與今日較，其間相去殆不可道里計，顧猶咨嗟勖勉，兢兢致慎如此，況中國今日正如久病之夫，一息僅屬，無論攻伐烈劑所不克當，即參苓峻補亦不敢輕投，正須内固榮衛，外嚴侵襲，然後輔之以藥石，飫之以湯餌，斯可耳。得先生是書而存之，俾知政教兩端具有本原，勤慎三箴，攸關治理，所以培國本扶元氣者舉不外此；且今日承黨化之后，正義已乖，公論已泯，視聽已淆，隄防已潰，膺民社之責者勞來拊循以外，首宜扶教化之根本，糾思想之錯誤。若拘拘於先富後教之言，及魯兩生百年興禮之説，坐視横流之汎濫而莫之救，是烏可哉？是烏可哉！方今朝宁諸老宵旰憂勤，殫精治理；省長唐公側席求賢，期與斯民刷舊染而闢新機。露洪不敏，竊思追隨諸公之後以盡匹夫有責之義，爰捐貲印數百冊，俾司牧者人手一編，毖懲前福後被遺黎，豈有涯涘！然則露洪此舉，亦猶賈生立談之哭、孝經望門之誦耳，庶亦留心世事者所不加譴斥者乎？是爲序。

民國二十八年一月曹縣王露洪

重刻堊室録感序

吴大澂

天下惟至眞者發於不自已，而至眞之所動亦相感於不自已。墟墓之間未施哀於民而民哀，社稷宗廟之中未施敬於民而民敬，而況父子骨肉之愛，至性至情之所結，一歌泣而塗人爲之流涕，婦孺爲之痛心者，其理同，其性同！其卒相遇而若相感者，不期同而自無不同，有子所謂「孝弟爲仁之本」，孟子所謂「良知」「良能」，皆指其至眞至切近者言之也。

余讀二曲先生堊室録感一書，不自知其忽悲忽痛、忽愧忽懼之心，交集於中而不能已，於是矍然愕然起而自責曰：「大澂誠不可以爲人，不可以爲子矣！」大澂失怙十二年，中更變亂，奉母往來大江南北，不能一日善其養。庚申之難，吾母陷賊中四十餘日，吾兄得維持調護其間，而大澂獨不獲從，其抱憾爲何如！迄時平歸鄉里，母目幾瞽而復明，自幸得侍晨昏，而又以功名衣食奔走四方，視任元受之朝夕未嘗離左右，其抱愧又何如耶？人非木石，有讀是書而不知感者耶？抑先生至性過人，無一句一字之不眞切耶！嗚呼！先生之行至孝也；先生之言，至言也！推先生之心，欲使天下後世之人皆感而爲孝子，其父母皆爲孝子之父母，至仁也！先生有所感而録爲是書，而其書又足以感天下後世之人，非至眞，其孰能與於斯？吴中同志得是書而讀之，集資重付剞劂，以廣流傳，其亦有感於先生之所感，而聞風興起與！爰樂得而爲之序。

同治八年己巳仲冬，吴縣後學吴大澂

重刻堊室録感跋

張生洲

李二曲先生堊室録感一卷，岐山令茹儀鳳於康熙壬戌梓行，友人王君亮生得其本示余。按：先生早歲，父從軍沒，母子煢煢相依，飢寒内迫，寇侮外至。卒能從萬死一生中，堅忍攻學，極博反約，爲關中大儒，名震天下。嘗至襄城求父屍不獲，官紳士庶爲舉祠起塚，而當道以其母苦貞，疊表門閭，學使鍾公表其墓，督臣鄂公爲建賢母祠。嗚呼！孝以顯親爲大，致身聖賢，使其親流光百世，若先生者眞其人矣。顧其躬居「堊室」，心喪終身，自痛自責，若無所容，至憾少時恥於失身，不屑給事縣庭，及陰陽卜晝之業，致母困厄。嗚呼，此誠難言之矣！

昔鄭康成與其子書曰：「吾家舊貧，不爲父母羣弟所容，去廝役之吏，遊學周秦之郊。年過四十，迺歸供養。」余覽至此，竊有疑焉；及觀其所謂「顯譽成於僚友，德行立於己志。若致身稱，亦有榮於所生」，則復念康成之事其親，意在斯乎！然康成不樂爲吏，其父怒之；先生矢志讀書，其母欣然送塾。故康成猶有未安，而先生庶可無憾。況康成年已七十，猶恨亡親墳壟未成，而先生之親祠墓光昭，則先生彌可慰矣。然痛定之痛，考其事者猶悲之，在先生自宜爾也。

是編所録凡十七則，上自士大夫，下至傭販末流，而有感之詞附焉。展卷讀之，如聞風雨悲號之聲，洵可以動天地，泣鬼神。人非木石，誰不爲之心慟哉！王君既得是編，謂其可興孝也；而徐君春帆遂重梓以行，屬一言於余。余孤露餘生，顯養俱虧，方自忝無以爲人，尚復何言。而既大先生顯親之事，又原先生順親之心，嘉王徐二君之知所本也，爲著其説如此。至讀是書者宜何如，其感發自盡，則人自知之，無待予云。

道光壬午季冬震澤後學張生洲淵父氏謹跋

重刻堊室録感跋

徐學巽

壬午之歲，王君亮生主余家，持二曲先生堊室録感一書示余。余覽未終卷，愴然興風木之悲，拊膺悼歎，蓋不禁感其言之沉痛也。王君因言此書可以勸孝，屬余重梓。余念二親往矣，曩時侍奉無狀，於此編所記未能行其一二，而欲以孝勸世，不幾於捨己芸人，而徒致人之不信耶！雖然此非余書也，二曲先生之書也。先生關中大儒，固無人敢不信從者也；且人子事親，要以終身。終身者，非終父母之身，終其身也。盡歡之道，既無以自致於親存，而如在之誠，猶冀稍伸於親沒。誠以此書時時警惕，一言一動，庶不致流於不肖，以貽先人羞，此亦先生悔過自新之教也。既以警己，亦以警人，重梓之不爲無益。顧余竊有感焉，先生之孝大矣，而是編之末，傷親貧厄，以不得盡養爲憾。若有羨於尋常之溫飽者，何歟？蓋顯揚之道，口體之奉，人子必期於兩盡，故南陔戒養，白華表潔，詩義兼之。至不得已，則全其大而缺其小，終不以彼易此。然而，聖賢處此，不能無痛心焉。今以他人視先生，則先生爲大孝；而先生自視，祇見爲不孝。苟先生而自以顯揚爲孝，何以爲先生哉？

刻既竣，因屬吳君清如爲小傳冠於卷首，以略見先生梗概，而識其緣起於此，使讀者景仰盛德，而並以鑑予覆轍云。

東山後學徐學巽謹跋

重刻堊室録感跋

王仲鎏

二曲先生以父死沙場，求骸不得。母貧守節，惸苦相依，遂抱終身之痛，爲堊室録感一書。余從費君金城得其本，讀之如淒風苦雨之至，淚涔涔下。念昔侍先母時，子職常虧，罪愆山積，使早得是編以自警，或不至此。顧今家大人年近六旬，舌耕自給，區區問安視膳，猶病未能，遑問其他，又安能無跼天蹐地耶！夫孝經之旨備矣，顧其詞或引而不發者。蓋孝經主於教人，其情婉以摯，此編歸於責己，其情痛以迫。故道本同歸，而警惕凡愚，於斯尤切，即以爲孝經之羽翼可也。嗚呼！先生以天挺豪傑，遭遇奇窮，從九死一生中堅忍力學，卒成大儒，揚名顯親，斯謂孝矣。而身棲「堊室」，悔恨自責猶如此，以視世之安常處順，不克盡心於所事，與夫獲一官，取一第，徒以溫飽奉其親，而無得於聖賢之道者，其賢不肖之相去爲何如耶？此編徵引凡十七條，而附以感語，字字刺心，人人警目，誠勸孝之鴻寶也！

徐君春帆喜刊善書，余以此編示之。是時徐君葬親甫畢，念色養無可自盡，惟謹身寡過，庶慰先靈於冥漠，睹此欷歔不自勝。余因言：「赤子之心，生人同具，特無以感動之，遂日即於亡耳。」今使得見此編，親存者必惕然以驚，親没者必悄然以悲，順令者必欿然知其不足，拂逆者必皇然無以自容，舉此心而擴充之，又何人不可以爲二曲先生也哉？徐君以爲然，遂重梓之。嗚呼！讀書萬卷，不如識一孝字。誰非人子，蓋以此書一日三復也夫！

道光壬午歲杪東洞庭後學王仲鋆亮生氏謹跋

重刻堊室録感跋

楊筠

二曲徵君不以著述顯，而此數頁者，則取近代之孝行以自刻責，非博名也，非著書以勸人也。而人之有心於孝者，莫不撫卷徬徨，泚流心痛。筠鈔讀廿有餘年，私念天壤之衆，孰非孝子，若得此篇以爲鵠，而反己自鏡，有不愈感動奮發，以自竭其力耶。或曰二曲先生何如人，而子獨有心於此，得毋偏甚？予曰：反身録，聖賢之業也。二曲集，理學之宗也。履歷紀畧，則凡攻苦於學者，罔不取以爲立德之助。由後觀之，安貧樂道，海内眞儒。聖主三聘，長臥不起，仁皇帝不能強之起也。事在康熙十七年戊午，時年五十有二。由前觀之，則鄉曲中之一孝子而已。烏呼，此即予所以重刻之意也！謂予爲偏奚庸辭。

道光八年歲次戊子春正月驚蟄前五日敕授修職郎庚午科舉人借補成縣訓導南鄭楊筠謹跋

重刻堊室録感跋

悔廬居士

嗚呼！無父母之痛，沒世之痛也。讀李二曲先生堊室録感，銜哀負疚，無以自容。先生沉潛理學，蔚爲名儒。篇中所云「自家是聖賢人，父母是聖賢人的父母」，先生足以當之，復何遺憾？顧其書以現身說法，激厲深至，言與淚俱，足令觀者愾歎悚惶，天良勃發，重刊之，益廣其傳。凡爲人子者，撫卷有省。幸而逮事其親，亟須勉力盡孝，惟日不足，無待抱風木之悲，呼搶莫及，長爲罪人，是則二曲先生之微意也夫。

同治六年丁卯季夏悔廬居士謹跋

重刻堊室録感跋

知非子

是書爲李二曲先生手録，悔廬居士刊行。今春予從呂氏書塾字紙簍中檢得，已被扯破，粘而合之，幸無殘闕，恭讀之下，字字椎心，言言泣血，不自知涕淚之汍瀾也。先生以其尊人從軍，歿於行陣，遂賫志不仕。國朝定鼎之初，屢徵不起。與孫夏峰、黄梨洲二先生，同稱「海内三大儒」，學術文章之粹，不待言矣。卽其終身孺慕，至性愔愔，眞所謂「永言孝思，孝思維則」者。乃觀此書所録，猶復痛自刻責，一則曰罪人，再則曰罪人，則如予之存不能順親，沒不能安親，忤逆之罪，擢髮難數。誠然覆載難容，靦顔倫常之内，不可託於人類矣。爰出微貲，重梓而廣布之，非敢云爲人勸孝，庶藉以稍贖不孝之罪於萬一云。

戊子年冬仲上浣婺東知非子熏沐敬誌

重刻堊室録感跋

劉質慧

嗚呼！質慧今爲無母之人矣，尚忽讀堊室録感耶？尚忍不讀堊室録感耶？同治辛未汪柳門師視學秦中，三原試竣，先生適丁内艱歸。既而，從南中發寄堊室録感多部，以視秦土。蓋先生仁孝之心拳拳如此，而質慧亦得一部，讀而感之，不知其涕泗之何從也。乃不踰年，而吾母亦歿，益痛不孝之罪，百身莫贖！苫塊中啜泣屢讀，愈讀愈泣，愈泣愈感，感質慧平日事母無狀。今既不能補報萬一，思是録，首條所謂「自家是甚人，父母便是甚人之父母」，二曲先生猶自責，以無顔視息人間。然則如質慧者，其愧死又當何如？顧念柳門師以二曲先生之自感者自感，並謂可以感人人。質慧不幸至於大故，一若感質慧者爲獨深，雖至愚不肖，寧都無所自感耶！今學憲吴公清卿先生於柳門師爲同鄉且姻戚，既嘗序是録矣。甲戌春，邀諸紳士講行鄉約於邑之學古書院，尤以是録，首條爲諄諄發明懇摯，當時聽者，或至泣下，然人人思觀是録不可多得。質慧本其意而重刻之，匪惟可以廣二曲先生與柳門師及吴公錫類之仁，亦謂誰無父母，誰非人子？使得早讀是録，及時盡道貽親令名，且重以質慧不能養體養志者爲戒，而毋徒抱終天之憾也。嗚呼，質慧尚忍不讀是録，而並欲人人之讀之也哉！

光緒元年乙亥六月既望，三原東里劉質慧謹跋

重刻堊室録感序

賀瑞麟

予年甫踰冠，迭遭大故，愧此生不得自比人數，時一追念，忽不知涕泗之横落也。嗣讀二曲先生此書，不忍終篇。然嘗誦首條辛天齋「自家是禽獸，父母便是禽獸之父母；自家是小人庸人，父母便是小人庸人之父母；自家是賢人聖人，父母便是賢人聖人之父母」數語，悚然大懼，恐終貽父母羞辱，不可爲人，不可爲子。孰無父母，讀此書而不動心、不立志，則亦覆載間一庶物而已。今老矣，尤覺此書不啻砭肌換骨神丹，人人得之則生。每一把卷，又不欲釋手，復刻以公世，使讀者卽以先生之所感者爲感。先生感之而爲純孝、爲大儒，而我乃不免於禽獸，小人、庸人之歸，是尚爲能知感也乎？豈惟得罪録中諸人，抑亦先生之罪人也，可不悲哉！可不悲哉！

光緒辛卯孟夏清麓賀瑞麟

重刊堊室録感序

吴良棻

堊室録感者，關中大儒李二曲先生居母憂時所輯録也。先生名顒，字中孚，自署二曲土室病夫。明崇禎壬午，先生父信吾以材官率五千人從監紀孫兆禄赴襄城剿賊，隸督師汪喬年麾下，臨發，抉一齒與其婦彭而後行。兵敗，死之。彭夫人葬信吾之齒曰「齒冢」，以待身後合葬。先生屢欲之襄城招魂，以母老不能遠出。迨母卒，先生徒跣之襄城，遍覓遺蜕不得，乃爲文禱於社，服斬衰，晝夜哭不絕聲；又設招魂之祭，願以五千人國殤魂歸返關中。襄城令張允中爲立信吾祠，且造冢故戰塲以慰孝子心。祠成，先生宿祠下，夜分鬼聲大作，悽愴悲涼。允中爲先生設祭，遍及死事者。立碑曰「義林」。先生奉招魂之主，取冢土而歸，告於母墓，更持服如初喪。崑山顧寧人作襄城紀異詩云：「躑躅荒郊酹一樽，白楊青火近黄昏。終天不返收峭骨，異代仍招復楚魂。湛阪愁雲隨獨雁，潁橋哀水助啼猿。五千國士皆忠魂，孰似南山孝子門。」此録坊刻二曲集不載，惟見其寄子書云「我日抱隱痛，詳見堊室録感一書。我死後，宜懷藏録感，以斂粗服，三年後方可附葬吾母墓傍」云云，則是書爲二曲先生所重視也，審矣！夫人百行莫先於孝，是書内容本無待於贅述，兹因施君悟甘讀此書而善之，爰爲刊布，以广其傳，庶人心可正，天意可回，劫運潛消而昇平有慶矣！

歲在乙丑年五月商城吴良棻謹序

重刊堊室録感跋

艮齋居士

謹按：李二曲先生爲明季大儒，學行卓絕。少孤，事母至孝。堊室録感一書，乃居憂時所撰，述當世之孝範，輒反躬自責，若無所容，字字從血淚出。嗚乎！以先生具曾閔之行，且猶若此，則世之事親而有歉於心者，取先生之書而一一自鏡，不孝之罪可擢髮數耶。某得是書於龍江，讀之撫膺，傷感恨愧交縈，自維負釁山積，不能逮吾親之存，勉盡子職；及茲追悔，何補幽冥？因將是書編廣爲刊布，願天下之爲人子者，今親恩之罔極，凛先哲之哀思，及時盡孝，勿貽他日無涯之悔，是示二曲先生之遺意也。

夫癸亥秋七月艮齋居士謹跋

黄鵠磯頭釣徒

重刊娙室録感跋

娙室録感爲明季李二曲先生居母憂時所輯，共録名賢暨時人之孝烈言行十七則，每則後附痛自刻責之語，以至性發爲至文，洵千古孝範也。吾友施君悟甘獲讀其書，感觸甚深，血淚俱下，擬卽捐資印送勸世，屬爲之跋。昔聖門之徒曾子最孝，是以受師之説，著孝經十八章，而戰戰兢兢，至死不懈。二曲生平母至孝，而猶以爲未盡人子之職，故有娙室録感之輯，上躋曾子，誠無愧矣！近來人心不古，邪説繁滋，勢利日深，倫常日壞，往往詩書世族閥閱，名家其子弟對於尊親，動輒德色誶語，與村甿田婦無異，甚或平權非孝，見諸論説，江河日下，有識者咸以爲憂。悟甘平日敦崇道德，不爲習俗所囿，茲讀是編，至於感悔泣血，其天性之厚，更加人一等矣！然愚以爲孝弟之事，發乎性情，而亦由於觀感。觀感既深，性情自改，使天下之爲人子者，日以是編濡染耳目，而激發其良知良能，則乖戾之習消、和順之氣作，人人不敢犯上作亂，而劫運可消，治平可望矣。詩云：「孝子不匱，永錫尔類。」夫孝其親，施及一二人，錫類之小者也。今將是編重印分送，既可表彰前賢，又令天下後世有所觀感，錫類之大無過於此！

歲在乙丑年夏五月黄鵠磯頭釣徒謹跋

重刊堊室録感跋

朱啟灡　朱啟濂

堊室録感一書，藏之已二十餘年，兢兢自惕，矢志匪懈。先考妣在日，以此書之足以勸孝，關係世道人心不淺，曾命付梓。當時因高堂春永，芘蔭方濃，讀禮倚廬，竊所深諱，故爾懋置。不料纔閱星週，二親先後棄養，蓼莪茹痛，罔報劬勞，既色養之有虧，復顯揚之未遂，始知盩厔先生之所感者，無一非不孝等之所感。每當展卷，悲從中來，不自知涕泗之何從。嗚呼！人人同此方寸，有觸斯發，自然而然，特不經提醒，無以激動良知。兹又三年服闋，爰亟刊布，俾廣其傳，藉以上副親命，並誌不孝等無窮之隱慟云爾。

中華民國二年癸丑秋七月不孝朱啟灡朱啟濂謹跋

重刊堊室録感書後

嚴釗

藕舫、萸君兩世兄既重刊李二曲先生堊室録感成，以一帙視余。余讀之既竟，竊願此書愈推愈廣，家家有此書，人人有此書，庶幾開宗明義，注重天倫。近時之醉心自由，倡爲父子平等家庭革命諸謬説者，或可因之挽回萬一，薰德善良，蒸爲太平，抑亦共和之幸福。兩世兄爲余執友玉綸朱封公令嗣。封公之德配，爲陳太恭人，平時均能以義方訓子。觀於兩世兄篤念天顯，惓惓不忘遺命，亦可見學有本原矣。至二曲先生，爲明季遺老，不應徵辟，采薇終老，其膏馥所留，尤當重其書，並重其人，無俟余之辭贅也。

中華民國二年癸丑秋七月午祺嚴釗手筆，時年七十有一

李二曲先生談道録　堊室録感合刊序

李時品

一眞法界，寂妙常凝。出生世間、出世間、出出世間，一切諸法，以同本一眞故，全妄卽眞；以出生諸法故，全眞卽妄。全眞卽妄故，一卽一切；全妄卽眞故，一切卽一。一者是體，一切是用。一念泯絶，則攝用歸體；一念發見，則由體起用。卽體卽用，全妄全眞，主伴相成，隨心變化，此一念心，具含三世間、十法界，普融無盡。迷之非凡，悟之非聖，在凡不減，在聖不增。不減者知而不知，恆常日用。不增者無知而知，日用恆常，如是則諸佛不可思議，衆生不可思議，一心無二心，一如無二如。何念何修？何證何求？何取何捨？何作何不作？皆是清淨道場，無非究竟境界。大哉性乎！自在受用，蔑以加矣。卽起隨緣之化，豈外稱性之施？

爰有南瞻部洲中華帝京，善男子魏有萬、王恩第、賈秉銓其人者，夙種善因，同生此土，一心不動，衆善奉行，因應時宜，廣施化導。憫國人之好亂，由倫紀之不修。倫紀之不修，由本性之沉沒。因取明儒李二曲先生譚道勸孝之文泐爲一書，以詔當世。書成，出示時品，屬爲序言。時品乃喟然曰：「法性融通，因時顯化，機緣有異，隨事立言，余將何說以序此書也？」思惟久之，復躍然曰：「嗟乎，不在是乎，余因之有詞矣！」

夫欲遊戲一乘寂滅塲地，自在解脱，圓滿無礙，必先究明心要，遠契如來出世上上法。然法本不異，豈有法名爲出世上上者？了一齊休，焉有彼此？世出猶未，遑問出出？則欲契如來出世上上法者，出世法是。根塵同源，縛脱無二，本此無往，建立世間，則欲求出世法者，世間法是。一性無分，降本流末，能所既立，遂有我人，則欲知世間法者，生生之本是。一念心動，倏分男女，愛緣相結，厥成夫婦。以生我故，捨彼佛身；以育我故，廣造諸業。毫釐繫念，三塗苦困，況復多業，窮未來際，則欲報生生之本者，孝父母是。親生我身，幾捨彼身，故我此身，卽是親身，愛我愛親，愛親愛我，敬我敬親，敬親敬我，則知欲孝父母者，全受全歸是。非父不生，非母不生，非天不生，三合然後生。是以性本乎天，身本乎親，天命謂性，率性謂道，則欲全受全歸者，惟修道是。存心養性，所以事天；立身行道，所以事親。惟我身心，通天與親。身心不分，天親我一。道超三界，爲孝父母。道濟羣生，爲孝天地。我身父母，與道合眞。世間父母，同歸至道。欲備揭斯義，人我胥度者，則此書是。以是因緣，刊印流布。

時品乃更端有言曰：「夫修道者，十事應知：禁以防非，靳以窒慾，近以求道，靜以修身，敬以涖事，鏡以照物，進以達德，淨以明心，竟以致果，盡以造極。凡事親者，十事應知：竭誠奉養，報生我恩；先意承志，報體貼恩；備陳甘旨，報受苦恩；娱親安享，報忘勞恩；捶詈不怨，報憂惱恩；怡色婉容，報愛憐恩；幾諫無違，報教訓恩；揚名顯親，報期望恩；死事盡思，報憶念恩；證道超脱，報捨身恩。凡度人者，十事應知：一者滿人之願，二者救人之苦，三者導人之善，四者去人之惡，五者破人之迷，六者啟人之悟，七者解人之惑，八者堅人之信，九者策勵眞修，十者揀辨實證。此三十事，世出世法、成己成物。略具於斯，附質高明，其無擇焉，是爲序。

天運癸亥年冬十一月乙卯朔越十日甲子西昌圓照居士李時品敬撰

李中孚太極圖序

李楷

二曲李中孚氏近日遊馮翊，語人曰「比者理太極圖，欲會河濱爲之序」，他日華嶽客亦傳此語。蓋心許之，未見其作不敢爲。比聞駱侯既入爲司城，今又分符京兆，中孚之道將行。而二曲侯楚司馬與予數論文，乃爲之言曰：太極圖説，此宋儒周夫子之所作也。人皆於秀才時，得宣廟性理書誦而習之；然身體而力行焉，遂以理學從祀孔子者，惟河津薛夫子，今所傳讀書録者可考也。夫宋之親炙濂溪者非程子兄弟乎？何以至朱考亭而始大發明之，其以爲與先天圖穆伯修、陳希夷傳授之異同，大抵皆本於易。而竊以圖馬書龜，窺五行立名之始，則圖之有五行兼禹箕之疇而言之，不盡本於易也。解者亡慮百千世百千人，即以先儒之稱李氏者爲端伯，爲樂菴，衡爲果齋、正叔，爲士英，爲吳郡韶，爲希濂，此上又有延平焉，朱之師也。夫「太極」，孔子之言也；「無極而太極」，周子之言也。愚雖未見中孚之所繹，而知濂溪之道人皆可知，人皆可行，人亦自知之，自行之耳！不必瑣瑣然剖析而疑信之矣。中孚氏非聖賢大儒之書不以寓目，自任勇已然，太極無極當自得之；後必有晦菴、敬軒其人者，即「中孚」二字觀中虛中實之易，皆太極也，皆無極也。

李中孚講義序

陳玉璂

士操獨立不懼之行，而能不牽於衆論，不惑於流俗，則可謂有守矣。夫俗習移人，賢者不免，何況於衆人？太史公言：「田文之里，多輕薄子弟與鄒魯殊。」蓋言俗習之移人也。今有十人於此，其先十人皆冠也。忽有一人焉棄其弁而不冠，彼九人者莫不相與非笑之。迨久之，而從之者三四人矣；又久之，而從之者五六人矣；又久之，而從之者七八人矣；比其後也，則不冠者九人，冠者止一人而已。若是乎此一人者，亦必將從而不冠也。然而，此一人者則毅然持之，曰：「我必冠也，我必不不冠也，彼九人者自爲九人，而我則自爲我。」於是岌岌焉，而冠望之者亦且以爲是人也，終能以禮自克者也，此之謂「獨立而不懼」。吾嘗上下古今於晉得一人焉，陶淵明是也。其次，則楚之靈均，然靈均獨清獨醒，而至於自沉其於不懼，猶未善焉！視淵明之安於貧賤，而樂天知命爲少間矣。今吾觀中孚之爲人，眞所爲獨立不懼者也。方舉世尚詞章之學，而中孚棄而不顧；舉世重制科之選，而中孚若將浼己，窮居樂道，義命自由，方之淵明庶乎不忝；然淵明之寄意止在聲詩，若中孚則於濂、洛、關、閩諸書，伐毛□髓，多所發明。

來吾毘陵也，會講延陵書院，微言奥旨，闡無遺藴，一時環聽者十百人，又之梁溪，之江上，之姑蘇，莫不如是。嗟乎！吾吳之習俗，正所謂「田文之里多輕薄，子弟與鄒魯殊」者。今一聞中孚之緒論，莫不駸駸乎以聖賢之理道爲歸。中孚之爲功顧不大哉！一日中孚肅衣冠摳拜予庭，出尊公及母夫人行述，乞予爲傳，淚盈盈不止。予謝不敏，則又大哭失聲，由是知中孚之摯性有過於人，而又嘆今高語道學者，日講正心誠意、孝弟廉節而求其躬行實踐，百不一二得；且有與其言大相刺謬者，其視中孚不當發愧哉！中孚每登講席，滔滔滾滾如江河之莫能禦，其門弟子述而彙梓之，名曰二曲先生講義。二曲，中孚別號也。

李二曲集録要序

倪元坦

戊辰夏，元坦在亭林族弟處得二曲先生遺集，歸而讀焉，知先生以新建致良知見本體，以紫陽主敬窮理爲工夫，一洗分門立戶、支離錮蔽之陋，言言血脈，字字骨髓，令人如夢方覺，如醉初醒，有躍然不能自已者。竊謂自有明以來，重悟者眇實修，重修者罕實悟；重悟者以力行爲徇跡，重修者以眞知爲騖空。至先生出，而學者皆知實修、實悟兩不可缺，確然有所宗守。

或曰：「集中言靜坐，得毋近於禪耶？」予曰：「此學髓也，小子何敢妄言。」試證諸濂、洛、關、閩之說：昔周子作太極圖說曰「主靜，立人極」，作通書曰「一者無欲也，無欲則靜虛動直」。周子之學傳於二程，明道謂謝顯道曰：「爾輩在此相從，只是學某言語，故其學心口不相應，蓋若行之。」請問焉，曰：「且靜坐。」伊川每見人靜坐，便歎其善學。程子之學傳於横渠，又傳於龜山，嘗曰：「中立最會得容易，指喜怒哀樂未發之中，令靜坐反求，渙然有覺也。」豫章初見龜山，三日卽驚汗浹背，曰：「不至是，幾虛過一生矣。」侍席二十餘載。卽而，築室山中，絶意仕進，終日端坐。延平從豫章遊，相對靜坐累年，盡得所傳之奧。退而屏居山田，結茅水竹之間，謝絶世故餘四十年，食飲或不充，而怡然自得。講誦之餘，危坐終日。嘗答朱子書曰：「某曩時從羅先生學問，終日相對靜坐，只說文字，未嘗及一雜語。先生極好靜坐，某時未有知，退入室中，亦只靜坐而已。先生令靜中看喜怒哀樂未發之謂中，未發時作何氣象。此意不惟於進學有力，兼亦是養心之要。」又曰：「學問之道，不在多言，但默坐澄心，體認天理。若眞有所見，雖一毫私欲之發，亦退聽矣。久久用力於此，庶幾漸明，講學始有力耳。」朱子從延平遊，時時靜坐。嘗曰：「靜坐則收拾得精神，定道理方有湊泊處。」又曰：「須是靜，方看得道理出。廬山諸人如蔡元思、胡伯量輩，皆不肯於此著功，見某有時靜坐，諸公皆見攻，以爲學禪，雖宏齋亦不能不以爲慮也。」又曰：「李先生教人，大抵令於靜中體忍，大本未發時氣象分明，卽處事應物，自然中節，此乃龜山門下相傳指訣。然當親炙之時，貪聽講論，又方竊好章句訓詁之習，不得盡心於此，至今若存若亡，無一的實見處，辜負教育之意。每一念此，未嘗不愧汗沾衣也。」以是知學從靜坐入手，乃濂、洛、關、閩相傳指訣。昔人謂「有眞師友，然後有眞口訣；有眞口訣，然後有眞工夫」，此學問所以貴親炙也。今二曲先生發聾振聵於薪火將絶之時，示人以直達之路，俾人皆知正學非迂闊難行，而爲身心性命刻不可緩之事，則有功於天下萬世、風俗人心，爲何如哉！此書盛行關中，江浙尚未流播，爰輯録其要，分爲四卷，付諸梓人。

時嘉慶戊辰八月望日，雲間後學醒吾倪元坦謹序

李二曲集録要跋

倪元坦

著雍執除閏五月，十九夜坐已三更。忽發深省悔夙昔，瞪目達旦心怦怦。官骸手足非徒具，良知炯炯本天成。捨眞逐僞入夢幻，塵緣得失何縱横。天誘厥衷逢二曲，遺編豁眼使人驚。蘧賢改過年非晚，衛武九十矢精誠。撇開名利兩重障，冥冥修行如耳鳴。喜怒哀樂看未發，焚香默坐端倪萌。安身立命得眞宰，處事應物毋將迎。吁嗟乎！人生百歲亦有盡，而今而後尚其無忝爾所生。嘉慶戊辰閏五月十九夜半，讀二曲集有感，作此以自警。

醒吾又識

重訂李二曲集録要序

趙兆熙

儒者之學在明心見性而已，而入门之始，則以靜坐爲第一要義。或謂子言，若是得毋近於禪乎？曰：「非也，聖賢明體達用，實踐躬行，異於禪家之枯槁寂滅。以爲靜者不於喜怒哀樂未發之中，驗靜時氣象工夫從何處著力？此宋儒講學每教人靜坐之實證也。」二曲先生值鼎革之際，昌明正學，爲關中鉅儒。集中籲天約、悔過自新説、學程等篇，皆省身克己聖賢切近之學，而其教人先以靜坐爲主。生平宗旨本於姚江之致良知，而不悖乎紫陽主敬窮理之説。讀四書反身録，可以知先生踐履之所在矣。余幼年於友人處得先生此本，時習帖括，未暇服膺，今周君翰廷重爲梓刊，屬余綴言。余於儒先奥窔未窺萬一，何敢妄事臆説，顧重以周君之命而不獲辭也。謹述其大略如此。

道光二十五年仲秋朔日，太倉後學趙兆熙謹序

重訂李二曲集録要自序

周文進

余生質魯鈍，童時又因家貧多疾，輒廢書就業；然雖日處於闤闠，凡聞一善言，見一善行，竊欣然慕之，以爲士不通經，不足以致用，且不足以明理。既奮且慚，仍欲棄業讀書，而願卒不遂。每於風塵擾攘中返躬自問，有許多理欲爭衡，心不自安處得已，而不得已時爲之，亦命爲之也。先大夫察余志，命讀感應篇、陰騭文暨覺世等經，以爲立身行己之防。余敬領庭訓，日必虔誦數過而驗之日用，多有違礙難行者。於是，用力懲創，且悔且改。積三載餘，始覺從前習染之深，漸洗漸淡，及至臨事仍不覺故態復萌，動輒多咎。然猶幸理欲之際，尚不至自昧。復參讀四子書及先賢諸語録，推尋「精一執中」之旨，乃知心外無道，道外無心，乃嘆吾人學問誠不假他求也。時又值高明寺僧持督學湯敦夫先生所遺禮教七册見贈，余

檢其中有李二曲先生集二本，爲前輩倪畬香輯録。展讀之下，喜不自勝，言言性命，字字工夫，鞭辟近裏，直截了當，不假比喻，不容旁貸，俾千古學人皆知從切近處著力，存理遏欲，此書莫之能過洵語録中之綱領矣。余奉時順命行持數十年未敢少懈，今年已垂暮，奈志仍弗勝氣，既克復縱而讀是集，未嘗不神爲之凝、氣爲之振，眞不啻親炙於先生之門而爲之提命也。日思自利利人，公諸同好無知，遍求善板而不可得。適郡學邵子顯外翰敦勸梓行，乃商於同志，共相貲助，壽諸梨棗，並附梓畬香先生慎復圖説，庶二曲先生内聖外王之學與畬香先生闡發道學之心，賴以不墜，並以誌余生平折衷之所自。倘後之學者勤披不倦，能嚴辨理欲之界，而復以慎獨爲本，不亦可同躋聖域乎？時乎？命乎？均置之不論可也。

道光二十四年甲辰冬臘，廣陵後學周文進謹序

重訂李二曲集録要序

邵廷烈

道光二十二年之夏，余以襄理江邑災賑局務，始識翰廷先生，貌清而癯，意怡而泰，望而知爲潛修之士，心折久之而未暇叩其所得也。是年冬，以同舟赴鄉勸捐之役，連宵敍話，獲領指陳，乃知先生之於理學，講明切究已數十年於兹矣。二十三年秋，曾以所著隱樓管窺論、自述編、述遇篇、原道、眞僞辨各書示余。余受而讀之，益知先生之窮理盡性以至於命，而實有所得，非僅講明切究之而已也。今年十月，復出示手批李二曲集倪氏節本，欲壽諸梨棗，昌明正學，以廣流傳。是又先生成己成物之心，而願盡人能講明之切究之也。先生之志亦偉矣哉！余承先生之命，遂慫恿而爲之梓，並誌原委於簡末。

道光二十四年十二月下浣，鎮洋後學邵廷烈拜書於竹西鋤蓿之舘

重訂李二曲集録要序

方長湰

李二曲先生，諱顒，字中孚。特起於陝西盩厔邑，關中一大儒也。著述甚富，而其切實工夫則四書反身録外，惟二曲集詳之。嘉慶戊辰，經倪畬香前輩輯刊録要四卷，其書爲周翰廷叔外舅藏讀。湰童時承示心學，因以此集並畬香前輩愼復圖說授讀。湰自是悚然，學不敢廢，及參讀各理家書，益見痛下鍼砭使人愧勵者，李集最得闡發本原；使人存養者，倪圖最得，湰甚寶之。以叔外舅潛心理學數十年矣，讀此書而有所得，復以其書教湰也，玉成之功至哉！湰方求李先生全集並倪前輩易準等書讀之，乃購覓寥寥，即此録要圖說未全見也，僅有平江薛心香業師，以李集學髓、語要註釋，訂爲研幾録，刊入儼若思齋專集。倪前輩以愼復圖說附入儒門語要，餘無別刻，深以爲憾。去冬，叔外舅積腋同人爰以所授二書，命湰各録底本校刊，洵一大快事也！先後四月間，幸與行之内兄告成。湰知此書一出，傳播藝林固不朽兩先生救世之心，亦可見叔外舅教世之心也。惟二曲先生事略及原序載在卷首者，均闕落無存，尚希同志補所不備云爾。

道光二十五年乙巳三月下浣，揚州後學方長湰百拜謹序

二曲先生集以「悔過」二字立說，發人猛省，澈始澈終，最有功於後學。書成後，湰甚以未得先生事略爲憾，僅於反身録序及鮚埼亭集、亭林集内得知先生大概，究非原刻。五月間，翰廷叔外舅於友人處鈔得先生全集各序，洪桐范氏鄗鼎序有先生事實原委。叔外舅正擬補刊，湰適接到沈松巢知交原本，係得於平江薛心香業師處，其中事略較范序所述尤詳，並有倪畬香前輩原序，叔外舅命湰敬謹鈔録，補諸卷首，幸爲此集之完備。

乙巳立秋前一日，後學方長湰復記於聽雨樓

二曲粹言自序

吴鳳藻

二曲粹言，余於先生全集中摘録成帙者也。往余讀四書反身録，憬然於先生之學，一以躬行實踐爲率，鞭辟入裏，不尚炫耀，蓋以身言，而不徒以言言者也。兹復讀二曲全集，不覺半生迷障，一旦豁然，緣取論説之簡明者集成四卷，以爲銘座書紳之助。

按：先生名顒，字中孚，盩厔人也。山曲曰「盩」，水曲曰「厔」，故所著集以「二曲」名。先生父名可從，明崇禎間從軍禦寇，臨行抉一齒於家，以示必死，已而戰歿襄城。先生年尚幼，凶聞至，母彭氏欲以身殉，先生哭曰：「母殉父，兒必殉母，則父絶矣！」母乃止。先生事母孝，母督課嚴，自經史子集及百家書，靡所不覽，關中士子翕然宗之。母卒，廬墓三年。先是，先生欲至襄城求父骨，以母老不可一日離，乃奉父遺齒以葬。至是，徒步詣襄城，遍覓遺骸不可得，晝夜哭不絶聲，淚盡繼之以血。襄城令感先生孝，爲作大塚，名曰「義林」。

本朝康熙間，陜督鄂公薦先生疏，略曰：「以人事君，人臣之義。伏見盩厔李某奉母讀書，不求仕進垂四十年。學爲帝師，道足王佐。若在侍從之間，必有沃心之助。」得旨「地方起送」。先生以母在時未嘗盡養，不忍膺禄仕，以疾辭。聖祖西巡，欲見之，先生仍以疾辭，乃御書「關中大儒」四字以旌其閭。時海内碩望，北方則孫先生夏峰，南方則黄先生梨洲，西方則先生也，世稱「三大儒」。

先生之學，以新建致良知爲本體，以紫陽主敬窮理爲工夫，故其自修以力行爲宗，而其匡時則以講學爲要，眞關中横渠先生、馮恭定公後一人也！全集，大半門人所録述，惟悔過自新説、觀感録自爲編次云。

同治柔兆攝提格相月

重刻二曲集鈔誌

趙梯青

二曲教人直揭良心，令聞者如大夢初覺，其警快過於姚江。余得王心敬二曲全集選，服習有年，獲益匪淺，兹由吾友商丹石增鈔若干條，重寫付印，广其流傳，欲以挽斯世陷溺之人心，同志諸公有能翻刻，尤所歡忭。

趙梯青誌

二曲集鈔序

商衍瀛

大學言「明德」，中庸言「誠」，論語言「仁」，孟子言「性善」，皆言人之本體。大學之「修身」，中庸之「慎獨」，論語之「改過」，孟子之「集義」，皆教學人入德，下手處而最切要者，莫如「改過」。改過要先知過，知過要内自訟，勿憚改。過改卽德進，實爲作聖之基。然有過而改，不如未過能寡，故事物未交，則正心誠意戒慎恐懼於不睹不聞。事物既交，則非禮勿視，非禮勿聽，非禮勿言，非禮勿動，此孔門心法，亦卽「危微精一」之心法也。孔子既没，道喪文敝，異端並起，宋儒起而振拔之，以上承往聖一脈薪傳。宋五子之書，體用兼賅，其粹處如精金美玉，不可磨滅，尤以程門「主敬」能直探誠正根源。自宋而後，理學日興，所言天道人事，大端不出宋五子範圍。余獨喜象山之「先立乎其大」、陽明之「致良知」，令人自見本心，掃去物欲障蔽，頓見光明。二曲先生繼之，其言改過自新處瞭然日明，渙然冰釋，爲有志向上之士切己功夫。鄠縣王心敬從先生久，時時記録先生之言，慮人之難遍讀也，乃撮其要爲是編。吾友趙雲平見而喜之，每謂余曰：「近世人心日肆，風俗日漓，叢過不知習，非成是牿之，反覆則幾希不存。今欲發其仁義之良心，當從知過改過始，則此書實當頭之棒喝也。」余善其言，爰謀重印以成吾友之志，世無久亂而不一治，秉彝之好，人心所同。他日學術昌明，聖道大光，則此書或爲救時之助乎！

乙亥夏五月後學商衍瀛拜手序

關中三先生要語録序

李元春

予既刻四先生要語録，因輯少墟、仲復、二曲三先生語續之，與關學編、張子釋要合刻，統名曰關中道脈書四種。或問曰：「少墟、二曲兼講象山、陽明者也，仲復專守朱子者也，何所衷諸？」予曰：「豈惟三先生，關學編中涇野爲薛文清門人，學朱子之學，渭南二南則陽明受業弟子，各不相是，而未始不交重也。朱子爲功令所尊，講朱子者，斥象山心學、陽明良知爲非，雖以涇野與陽明同時，亦持此論。予少讀程朱書，繼又由薛文清、陸當湖、涇野、仲復入，守其初見，見右象山、陽明，抑朱子者，輒覺不平，時亦或著之於言。今思之，皆客氣矣。夫心學、良知，皆不誤也。心學本於虞書，良知本於孟子，良知在心，即性也。主良知似遺良能，然二曲固言之。孟子始言『知』『能』，繼即以『知』該『能』，可知『知』在『能』先，孔子之聖由於『知』。朱子注『尊德性』爲『存心』，注『道問學』以『行』，並屬致知，正此意也，特學有内外本末。朱子之學，自兼綜融貫。講象山、陽明者，未免有置外遺末之意，此則其小失爾。少墟、二曲調停於程朱、陸王之間，而終似以陸王爲主，仲復守朱子及文清、清獻，絶無駁雜，故予嘗謂仲復才不及二曲，其學之醇細有主，在二曲之上。如稼書直斥陸王爲異端，則過矣。要之，學聖人之學，繼聖人之後，程朱宗子也，陸王亦衆子之賢者也。久而生變，遂至兄弟操戈，各立門戶，豈所望於奕葉哉？故予録此，既擇其要，間亦微寓别裁，欲折衷以歸於一也。」問者釋然而去。因並次其語，書之卷首。

雲臺山人李元春

四庫全書總目　二曲集提要

二曲集二十二卷，浙江巡撫採進本。國朝李顒撰。顒有四書反身録，已著録。集爲其門人王心敬所編。每卷分標篇目，曰悔過自新説，曰學髓，曰兩庠彙語，曰靖江語要，曰錫山語要，曰傳心録，曰體用全學，曰讀書次第，曰東行述，曰南行述，曰東林書院會語，曰匡時要務，曰關中書院會約，曰盩厔答問，曰富平答問，曰觀感録，皆其講學教授之語。或出自著，或門弟子所輯，凡十六種。本各自爲書，故卷前間録原序。其第十六至二十二卷則顒所著雜文也。二十三卷以下曰襄城紀異，乃顒父可從明末從汪喬年擊流寇戰殁，顒建祠襄城，有聞鬼語之事，各作詩文記之，而劉宗泗裒輯成帙。曰義林記，則記顒招魂葬父事，亦宗泗所輯。曰李氏家乘，曰賢母祠記，則皆爲可從及顒母彭氏所作傳記詩文，而富平惠竈嗣彙次之。刊集時並以編入，蓋用宋人附録之例。然卷帙繁重而無關顒之著作，殊爲疣贅。

二曲全集湘陰蔣氏小瑯嬛山舘重校刊本

張舜徽

盩厔李顒撰。顒字中孚，別署曰二曲土室病夫，學者因稱之爲二曲先生。少孤家貧，無由得書，常從人借鈔。比長，博涉經史，考正訛謬。四十以前，著有十三經糾謬、廿一史糾謬諸書，以及象數之學，無不有述。既而自悔所學不實，乃盡棄之，以從事於明體適用之學。顒之言曰：「儒者之學，有體適用之學也。秦漢以來，此學不明。醇厚者牿於章句，俊爽者流於浮詞，獨洛閩諸大老，始慨然以明體適用爲倡，於是遂有道學俗學之別。其實道學卽儒學，非於儒學之外，別有所謂道學也。」是集卷十四盩厔答問又曰：「六經、四書，儒者明體適用之學也。讀者果明體乎？果適用乎？夫讀書而不思明體適用，研究雖深，論著雖富，欲何爲乎？不過誇精鬥奧，炫耀流俗而已矣。以此讀書，雖謂之未見六經面，弗識四書字，可也。聖賢立言覺世之苦心，支離於繁説，埋沒於訓詁，其來非一日矣。是六經、四書不厄於嬴秦之烈火，實厄於俗學之口耳。」卷十五富平答問又曰：「君子爲學，貴博不貴雜。洞修己治人之機，達開物成務之略，推其有足以輔世而澤民，而其流風餘韵，猶師範來哲於無窮，此博學也。名物象數，無賾不探；典故源流，纖微必察；扣之而不竭，測之而益深，見聞雖富，致遠則乖，此雜學也。自博雜之辨不明，士之繙故紙、泛窮索者，便侈然以博學自命，人亦翕然以博學歸。殊不知役有用之精神，親無用之瑣務，内不足以明道存心，外不足以經世宰物，亦祇見其徒勞而已矣。以余之不敏，初昧於所向，於經史子集，旁及二氏兩藏，以至九流百技，稗官小説，靡不泛涉。中歲始悟其非，恨不能取疇昔記憶，洗之以長風，不留半點骨董於藏識之中，令中心空洞，一若赤子有生之初，其於眞實作用，方有入機。乃同志反以爲尚，亦可謂務非其所務矣。」同上

蓋顒晚年治學，與早歲宗尚，截然不同。其教人及所以自飭者，皆以悔過自新爲始基，宗主陸王，而亦不廢程朱。惟於當時嗜博嗜瑣，從事著述辨訂，而無裨於身心家國者，目爲骨董積，作消積篇以箴之。所論至爲透闢，足以知其爲學宗旨也。顒拔起孤寒，卒成關中大儒。明亡後，隱居土室，不赴徵召。顧炎武遊關中時，特往訪之，欽其高節，至比之後漢書獨行傳中之李業。業乃廣漢梓潼人，顧氏因作長詩梓潼篇以贈顒。而其一生刻苦自學之精神，尤爲顧氏所傾服，故顧氏所撰廣師篇有云：「堅苦力學，無師而成，吾不如李中孚。」非溢美也。是集及四書反身録，四庫皆已著録。集爲其門人王心敬所編，每卷名標分題，曰悔過自新説，曰學髓，曰兩庠彙語，曰靖江語要，曰錫山語要，曰傳心録，曰體用全學，曰讀書次第，曰東行述，曰南行述，曰東林書院會語，曰匡時要務，曰關中書院會約，曰盩厔答問，曰富平答問，曰觀感録，皆其講學施教之語，或出自著，或由門弟子所記。自卷十六至二十一，爲顒所撰各體雜文。卷二十二以下，分題襄城記異、義林記、李氏家傳、賢母祠記諸目，皆言顒之父母身後事，刊集時援宋人附録之例，以編入者，非顒之著作也。

四庫全書總目　四書反身録提要

四庫反身録六卷、續補一卷，浙江巡撫採進本。國朝李顒撰。顒字中孚，盩厔人。康熙己未薦舉博學鴻詞，以老不能赴京而罷。康熙四十二年，聖祖仁皇帝西巡，召顒入見。時顒已衰老，遣子慎言詣行在陳情，以所著二曲集、反身録奏進。上特賜御書「操志高潔」以獎之。

是書本題曰「二曲先生口授，鄠縣門人王心敬録」。「二曲」者，顒之别號。水曲曰「盩」，山曲曰「厔」，盩厔當山水之曲，故因其地以稱之。是此書成於心敬之手，顒特口授。然核其序文年月，則是書之成，顒猶及見，非身後追録之比，實仍顒所自定也。顒之學，本於姚江。書中所載，如大學「格物」之物，爲「身心意知家國天下」之物，即「物有本末」之物。又謂「明德」與「良知」無分别，念慮微起，良知即知善與不善，知善即實行其善，知惡即實去其惡，不昧所知，心方自慊云云。其説皆仍本王守仁。又書中所引呂原明渡橋，輿人墜水有溺死者，原明安坐橋上，神色如常，原明自謂未嘗動心。顒稱其臨生死而不動，世間何物可以動之？夫死生不變，固足徵學者之得力。然必如顒説，則孔子之微服過宋，孟子之不立巖牆，皆爲動心矣。且廄焚必先問傷人，乍見孺子入井必有怵惕惻隱之心。輿夫溺死，而原明安坐不動，此乃原明平時強制其心，而流爲豁刻之過！顒顧稱之爲不動，則與告子之「不動心」何異乎？是亦主持太過，而流於偏駁者矣。

續修四庫全書總目（稿本）　讀書次第提要

讀書次第一卷，清盩厔李顒撰。李顒，字中孚，學者稱爲二曲先生。其學以陸子靜、王陽明爲宗，而論學以改過自新爲極則，著有二曲集、四書反身録，已並著録。是編爲教初學讀書之次第，始朱子小學，次近思録、次四書蒙引，次四書疑思録，次四書因問，次禮記大全，次禮記疏，次周禮註疏，次儀禮註疏，次儀禮經傳通解，次文公家禮儀節，次四禮翼，次詩經大全，次詩經註疏，次書經大全，次春秋大全，次春秋穀梁傳，次春秋公羊傳，次春秋胡氏傳，次春秋啖氏傳，次周易大全，次周易古今文全書，次周易程氏傳，次易經本義，次五經，次九經解，次資治通鑑胡氏註，次宋元通鑑，次皇明憲章，次函史上編，次八大家文鈔，次皇明十大家文選，皆顒所口授，其門人同州李士璸所收録也。後有士璸跋一首，言顒己酉遊太華、客同州時授士璸讀書次第，由小學漸入大學，自經理徐及文史，步步有正鵠，書書有論斷，自童蒙以至大人皆不外此，學人據此固無偏駁支離之弊，文人據此亦自無風月雲露之習。過此以往，又有全體大用之目、入聖之正門，爲學之上路，是士璸於此書備致推範。今據録之，以爲初學讀書者之參考焉。

續修四庫全書總目（稿本） 觀感録提要

觀感録卷，昭代叢書本。明李顒撰。顒事蹟見前。是書輯出身微賤而能砥礪卒成巨儒者，以爲觀感。若王心齋一鹽丁，朱光信一樵夫，李珠一吏胥，韓樂吾一窯匠，下至販夫走卒，苟能敦品立行，皆可身躋聖賢。至記心齋一夕夢天墜壓身，萬人奔號求救，先生手托天起，見日月列宿失次，遂整布如故，萬人歌舞拜謝，醒則汗溢如雨，頓覺心量洞明，天地萬物爲一體，自此行住語默皆在覺中，因題其座曰：「正德六年間，居仁三月半。」此先生悟入之始。其他諸人亦多因明心而見性，蓋不出於王學末流、鏡花水月一塗；然二曲之學，以清修苦行爲宗，而其論學則謂須有主宰，致篤力行，精思實踐，而不墮於空虛，此固與心齋之學有異者也。

續修四庫全書總目（稿本）　堊室録感提要

堊室録感一卷，明李顒録。禮：「人子居親喪，塗壁令白，名曰『堊室』。」顒時居母喪日，雜舉諸孝子事以寓所感，故名之也。所録辛復元、曹眞予、賀文忠公、何北山、呂涇野、費文憲公、王心齋、陳雲逵、李霖雨、任元受、夏暘、顧忻、李瓊、曹良良、相城乞兒、襄城男子，凡十六人，其中呂涇野録二事；夏暘是石工，李瓊以販繒爲業者，曹良良乃僕人之子，且採及乞兒，孝無分於貴賤也。襄城男子至殺身以供父一飯，極人生之至慘矣！每條顒皆有論，不外反身自省，讀之眞一字一淚。卷首及末有顒自識，又有其門人王吉相序。

續修四庫全書總目（稿本）　盩厔三義傳提要

盩厔三義傳一卷，道光刊本。明李顒撰。顒有四書反身録，已著録四庫。三義傳者：一貧婦侯氏以餓死全節，一明經馬始復與其弟大復友愛無間，一孝婦武氏事姑盡孝。三人者，事皆庸行，而顒特表章之，其意殆以風世。卷首有門人王心敬序，侯氏傳後又有論，謂「史傳所載某某諸人者，始負文章之望，舉朝有國士之目，卒之背主事讐，靦涊偷生，甘心犬彘，爲萬世唾駡」云云。而馬始復固以明經家居不仕者，則作傳之意徑可識矣！

續修四庫全書總目（稿本）　司牧寶鑑提要

司牧寶鑑一卷，清李容撰，字中孚，陝西盩厔人。有四書反身録、二曲集等書。國朝先正事略本傳作李顒，是書刻本作李容，耆獻類徵作李中孚。前有無錫倪雝梧、鄠縣王心敬之序。雝梧嘗知武功、盩厔，心敬□其門人。容亦有自序，言「目睹風俗頹敝，生民阽危，不禁潸然悽愴，藥餌之餘，聊輯是編，備牧民者寓目」云云。是書首列宋眞德秀、明呂坤論屬之文，今皆見本集。眞公論屬有「十害」，曰「低價買物，今州縣有所謂行戶，每官司敷買，視市減率，減十之二三」。按：此弊清末仍有，名之曰「官價」，所云或不卽還者，亦往往同之。民國改革，正無此名目。又按：眞氏所云「四事」「十害」、呂氏所云「第一等人」至等「第八等人」，皆深切著明，可昭法戒。分晰知府之職、知州知縣之職，尤爲警切。次録魏莊渠、張希孟論牧令之言。最後則録牧民之蹟，卽序所謂「不習爲吏，視已成事」。自海瑞外，所引段堅知福山，張需知霸州，徐九思知句容，顧光遠知泰和，王印長知澤州，諸實蹟既爲牧令表示模範，且可補史傳循良之闕。又所列任楓知靈石題署中諸聯，及王永命禁革火耗、供應官役，預免鋪墊等文，皆極誠懇痛切。惟就此觀之，明末清初，民間受火耗及供應鋪墊諸累者，直有萬分不堪之勢。清自耗羨歸公，凡所謂火耗平餘等者皆沿習慣，定有限制，不致如明末清初州縣之可以任意科派。末列絳州虞生辛全所著救急單方、爲論語答季康子問患盜之言，及王陽明撫江西之求通民情、願聞己過之畫，則又不専爲州縣言矣。

李氏本關西大儒，以父事死流寇，終身盡孝。清室累徵，稱疾不起，出處大節，可稱卓越人寰；然猶輯爲是編，以爲吏樹型，爲民造福，因有迥異於疾俗□世者。今國體雖更，而司牧之職責如薦，果能卽是書，率循而省惕之，民治自進，□氣可消，是亦長縣邑者所宜手置一編也。

附録二

祭文　墓表　窆石文

祭二曲夫子文

王心敬

嗚呼！茫茫宇宙，匪道奚經？悠悠世道，匪人孰明。蓋三代以前，斯道明於明良之會合；而三代以後，斯道明於賢哲之踵生。故漢之世江都發正誼明道之訓，隋之代文中主繼往開來之盟，逮宋則更盛於濂、洛、關、閩，而明亦並產夫河、會、姚、涇。良以天之愛斯世斯道也恒至，故其鍾豪傑名世者匪嗟。惟先生萃終南、二華之間氣，毓黄河、八水之精英，髫年失怙，初非有蒙以養正之家教，而弱冠特立，蚤已擅關學傳薪之鴻名。暨乎學與年而俱進，卓乎實與聲其並宏，彼不知者徒羡其天分之高、見聞之富、氣宇之嶸，而不知其遜志之愨、考索之勤、密詣之精也！此非以程之「居敬窮理」、朱之「循序致精」爲心行乎？自旁求之風緬邈，致進身之塗岐興，叩角之歌不無，致憾於時命之乖，商山之隱亦且未終乎茹芝之清。彼春秋炎漢之處士，原未足語遁世無悶之高縱。至道大如仲淹而且有十策之獻，守嚴如伊川而且爲請闕之呈，獨至先生隱非鳴高，時止爲義，雖旌帛之屢賁，終肥遁其彌貞，此非以乾之初九、蠱之上九爲制行乎？然要之學極正矣！守極高矣！初非有駕出諸儒之意與矜尚古逸之情，總之本養不逮親之隱痛，實踐乎立身行道之儀型，故雖親顯名揚，而百年之痛不釋，白髮皤然而孺慕之，淚輒傾也。

嗚呼！先生又非以行在孝經之志，爲終身之行者乎。乃今一旦而溘然逝也，煌煌大道，疇爲防維？凜凜名教，孰爲干城？千秋之絶學，自此而闡之者吾黨無人矣！後學之津梁，自此而開之者吾黨無人矣！矧如敬等不狂不狷之駑質，過猶不及之冥行，一旦而泰山其頽、梁木其壞、哲人其萎，能不悼心於仰之、仗之、放之之安，從而潸然涕零。嗚呼，傷哉！古之期頤悼耄衆矣，胡獨於先生？世道攸關，吾黨攸關之，身未八十而奪之令逝也。彼蒼者天，眞無情矣！自今以往，亦惟是策駑劣之餘力，少慰吾師囑望之至意，更勉推未忘之緒言，以廣吾師心印之傳燈乎！嗚呼，傷哉！衷情之辭，根心之痛，神明不昧，應鑒九京。尚饗！

録自豐川全集卷二十二

盩厔李徵君二曲先生墓表

劉宗泗

今上皇帝御極，四十有三年西狩，陝西總制華公迎駕平陽。上首以先生起居爲問，且云「召至關中相見」。華公承旨，即遣使造先生廬，具道上意，欲邀先生先期至關，先生以疾辭。使者數返，先生辭益堅。華公知不可屈，乃具以上聞。上曰：「高年有疾，不必相強。」因索先生所著書。於是，先生之子慎言齎四書反身録、二曲集二書詣行在。召入，上問：「爾父何病？歷年幾何？」慎言對曰：「臣父早孤，臣祖母彭矢節鞠誨。臣父仰承母志，發憤爲學，無屋可居，無田可耕，養親讀書，復營家計，以此積勞成疾，未及五十，髮白齒落。今年七十有五，衰病益甚，時臥牀褥，不能動履。久荷徵召，又蒙天語存注，咫尺乘輿，不能一睹聖顔，此臣父子終天之憾也。」上曰：「爾父平日所讀何書？」慎言對曰：「臣父少無師承，百家之書，靡不觀覽。及壯，則一歸於聖經賢傳，不復泛濫涉獵。晚年，非六經、四子、性理、通鑑及儒先語録，不輕入目。其教門人子弟，亦以此相勖勉。」上曰：「爾父讀書守志，可謂完節。朕有親題『志操高潔』扁額，並手書詩幅，以旌爾父之志。爾宜歸去侍養。」及上回鑾，慎言送至臨潼，上尤諄諄以善事先生爲諭。抵關，復傳盩厔令張公芳詢先生體貌奚似、家計子弟之詳。先是，康熙癸丑，總制鄂公以「關中隱逸」疏於朝也，上即徵召於家，先生辭以病。後屢被召，先生終不就，宸衷懸切已數十年矣。及西巡，欲式廬一晤而不可得，溫綸藹藹，褒嘉備至。我皇上崇儒重道，求賢若渴，又能曲遂高蹈之節，不欲強奪其志；而先生抱道自重，浮雲富貴，甘爲盛世逸民，不肯少易其操，豈不主臣交得也乎？猗歟，休哉！

先生姓李氏，諱顒，字中孚，陝西盩厔人。父可從，慷慨有志略。明季李自成犯河南，汪公喬年奉命督師討賊，中軍監紀同知孫公兆禄招壯士，可從遂與俱東。將行，抉一齒留其家，不滅賊誓不生還。及至襄，汪公死城守，兆禄、可從俱從死。妣彭氏痛夫殉國，誓志完節。立孤，紡績縫紉，易粟以食。稍長，使先生就塾，不能具脯，師不納。母恚曰：「無師遂可以不學耶？古人皆汝師。」先生感泣，遂發憤讀書。然家貧不能得，從人借觀，自六經、諸史、百家、列子、佛經、道藏、天文、地理，無不博覽。久之，恍然大悟，獨慕聖賢之學，於是潛心濂、洛、關、閩、陸、王之書，以上溯孔孟之心傳。

其學以尊德性爲本體，以道問學爲工夫，以悔過自新爲始基。其言曰：「李延平云『爲學不在多言，默坐澄心，體認天理』，實爲用功之要務。莊敬靜默，從容鎮定，靜以培動之基，動以驗靜之存，刻刻照管，步步提撕，須臾少忽，則非鄙滋而悔吝隨矣。」又曰：「天人理欲之界，所差只在毫釐，間非至明不能晰其幾，此君子所以貴窮理也。」又曰：「用功莫先於主敬。『敬』之一字，徹上徹下功夫，千聖心傳，總不外此，須實下苦功，如人履危橋，惟恐墮落。」又曰：「每日默檢意念之邪正、言行之得失，苟一念稍差，一言一行稍失，即痛自責罰，日消月汰，久自成德。」又曰：「無一念不純於理，無一息或間於私，而後爲聖人之『悔過』。與天地合德，與日月合明，四時合序，鬼神合吉凶，而後爲聖人之『自新』。夫卑之至，愚夫愚婦有可循；高之至，神聖有所不能外，此『悔過自新』所以爲爲人喫緊處。」又嘗謂：「陸之教人，一洗支離蔽錮之陋，在吾儒中最爲緊切，令人言下爽暢醒豁。朱之教人，循循有序，恪守尼山家法，中正平實，均有功於世教，不可置低昂於其間。」於是，並參互考，折衷盡善，由象山以迄陽明，識心性之源；由紫陽以迄敬軒，得積漸之功。下學上達，一以貫之，此先生平生得力之由，亦其學術之大較也。

先生少時慕程伊川上書闕下，邵堯夫慷慨功名，遂有康濟斯世之志。嘗著帝學宏綱、經筵僭擬、經世蠡測、時務急策等書，憂時論世，悲天憫人，蓋不啻三致意焉。既而，盡焚其稿，謝絶世故，閉戶深居，獨以明學術、正人心、繼往開來爲己任。里黨咸非笑，甚且造作蜚語以傾陷之，而先生日與其徒講論不輟。久之，鄉人化服，遠近從遊者至舍不能容，而學官、郡將、方伯、連帥以及海内賢士大夫，聞聲敦請者日造其門。如靖江、無錫、常州、武進、富平、華陰，關中書院、東林書院，皆其平生歷聘講學之地，而門人友朋多彙集其語以成書。蓋先生之教，因人而施，資之高下，學之淺深，誘之固各不同，而要無不以一念之不昧者擴充而實踐之，以爲希聖希賢之基。凡有答問，窮晝夜不倦，必使其人豁然於心目之間而後已。以故遊歷所至，衲子黄冠，皆爲感化，卽宿學名儒，亦退就弟子之列而北面師事焉。

先生資稟英敏，氣節高邁，其於出處去就、辭受取與之間尤嚴。當其被徵也，催檄雨至，嚴如秋霜，絶飲食者六晝夜，幾欲自刎，而卒不肯起。與當事書曰：「顒幼孤失學，庸謬罔似，浮慕曩哲，浪招逐臭，誠所謂純盜虚聲、毫無實詣者也。前當事體朝廷旁求盛懷，誤加物色，遂塵宸聰。蓋以顒或有微長可充葑菲，而不知顒學不通古今，識不達世務，上之既不足以備顧問，次之又不足以任器使，儻不審己量力，冒膺榮命，不亦辱朝廷而羞天下士哉！此其不敢一也。顒父喪時，遺顒隻身，再無次丁，顒母彭氏守寡鞠顒，艱難孤苦，蓋不啻出萬死而得一生。顒後雖成立，然無一椽寸土之產，三旬九食，衣不蔽形。顒母形影相弔，未嘗獲一日之溫飽，竟以是亡。亡之日，無以爲殮，縣令駱公鍾麟聞而傷之，捐俸具棺，始克襄事。使爾時稍有意外之遇，顒當如毛義捧檄。顒母之苦，豈遂如此其悽愴？顒風木之感，豈遂永抱於終天？今九原不可作矣！昔賢云：『祭之豐，不如養之薄；殺牛而祭，不如鷄黍之逮親存。』顒每念及此，未嘗不涕泣自傷，不孝之罪，終身莫贖。今上方以孝治天下，豈可使不孝之人，忝竊禄位耶？昔朱百年之母以冬月亡，亡時身無棉衣，遂終身不復衣棉。孫倅早孤事母，志於禄養未遂，及母病革，自誓終身不仕。後客江淮間，劉敞知揚州，特疏薦聞，不赴。既而沈遘、王陶、韓維連薦之，終不赴。當時亦憐其情而曲全之，史策至今傳爲美談。顒雖無二子之孝，而心則二子之心。今日之事，顒母既不及見，顒亦何忍遠離墳墓，獨冒其榮，此其不敢二也。先儒謂士人辭受出處，非獨一身之事，乃關風俗盛衰，故尤不可以不愼也。今既以顒爲隱逸矣，若以隱而叨榮，則美官要職，可以隱而坐致也，開天下以飾僞之端，必將外假高尚之名，內濟梯榮之實，人人爭以終南作捷徑矣。顒雖不肖，實不忍以身作俑，使風俗由顒而壞，此其不敢三也。顒雖病廢草野，實蔭息今上化育之中，踐土食毛，莫非今上之恩。恆居深念可以報稱於萬一者，惟有提撕人心，勸人遷善改過耳。以故謬不自揆，逢人開導，人見顒寒素是甘，以爲超然於名利之外，多所信嚮。今若一旦變操，人必以平日講勸爲立名之地、媒利之階，轉相嗤鄙，灰其向善之念，顒亦何由而藉以默贊今上之化育耶？此其不敢四也。方今高賢大儒，濟濟盈廷，亦何須顒一人，而使之内違素心，外滋罪戾，恐非所以保全之也。況自古聖帝明王，莫不嘉幽隱、獎恬退，故堯舜之於巢許，湯武之於隨光，西漢之於「四皓」，东漢之於嚴光及周黨、徐穉，以至宋之陳摶、邵雍、林逋、魏野，元之許謙、劉因、杜本、蕭𣂏，皆安車蒲輪，屢徵不起，從而褒之以端風化。蓋以其道雖未弘，志不可奪，足以立懦夫之骨，息貪競之風，所謂以無用爲用，乃激勵廉恥之大機也。顒昏愚庸陋懿修，固不敢望古人而絶跡紛華，亦不敢自外於古人，若隱居復出，是負朝廷之深知，翻辱闡幽之盛典，其爲罪豈不大哉？」噫，觀此可以識先生志趨操守之大概矣。

性至孝，母夫人病，籲天求代，跪接矢溺，以辨重輕。以父死王事於襄，終身不衣采，每忌日，必爲文以祭，哀慕之私，時時不能去於懷。徒步走二千里至襄，禱於社，號呼於道，自呼其乳名，從曩所戰死地招魂以歸而葬焉。嘗泣語人曰：「吾母之生也寢無席，吾父之亡於外也，求其骨而不得，吾實天地之罪人矣！」因自號曰「慚夫」。長身方面，大鼻修髯，儀觀甚偉，飯可兼三人食，飲酒盡數斗，終不及亂。每日黎明卽起，獨居一室，整衣冠危坐，竟日无怠容。晚歲閉關，不與世人相接者幾二十年，然海内學者莫不知有二曲先生云。所著四書反身録若干卷、二曲集若干卷。以康熙四十四年四月十五日卒，得年七十有六。葬於先塋之次。子二：愼言，拔貢生；愼行。

嗚呼，聖賢遠矣！其所以垂訓後世者，平易切實，固兼精粗、該本末、統人己、合内外而一之者也。顧近世學者爭持門戶，入主出奴，穿鑿附會，僻固狹陋，而道學之旨愈晦。善哉，子朱子之言曰：「道不明於天下，而士不知所以爲學，言天者遺人而無用，語人者不及天而無本，專下學者不知上達而滯於形氣，必上達者不務下學而溺於虛空，優於治己者或不足以及人，而隨世以就功名者又未必自其本而推之也。」若先生者，澄心主靜，而不失之恍惚虛寂；居敬窮理，而不流於訓詁章句；學非獨善，以世道人心爲己任；義非襲取，本躬行實踐以立言。其於精粗、本末、内外、人己之間，豈不同條而共貫也哉！當其少時，不由師資，毅然以聖人爲師，疑謗交集，而其志彌確。迨其後，大臣屢薦，徵召頻加，而終堅臥不出，其視當貴利達，又不啻敝屣矣。傳所謂「中立不倚」「遁世無悶」者，殆庶幾焉。

初先生之過襄也，求父殉難地不得，訪於故老，知先君子昔以贊畫從汪公城守，遂主泗家，涕泣以叩其詳，是時，泗與伯氏孝翁、仲氏友翁方同爨養母，聞先生言，亦感激泣下，因備述汪公及諸從軍死事顛末，又出先君子所作汪公殉難紀略一篇共讀，復相向哭失聲。乃割西郭田，具兆禄公，可從公姓氏而葬，以「義林」表於道，用慰先生之哀思焉。先生遂與愚兄弟修通家好而訂昆弟交，拜吾母於堂，謁先君子畫像，聚處講論者累朝夕。自後數十年，書疏往來，無不以敦倫講學相期勉。故聞先生没，爲位而哭，汍瀾涕洟，悼吾道之孤立，嘆典型之凋謝，豈徒遊好之私情也哉！然則宜銘先生者，非泗而誰？況重以其子愼言之請，與其門人王子心敬之屬也，因爲之銘曰：

聖遠言湮，誰明斯道？濂洛授受，闡微抉奥。朱陸繼生，各倡世教。下迨王薛，亦從所好。尊聞行知，派别川導。嗟我二曲，崛起西方。融會貫通，參考衡量。苟裨人心，何言不臧。苟利世道，何方不良。一默不昧，作聖津梁。烔烔惺惺，勿使心盲。曰維百行，曰維五常。式履式踐，尼父皇王。江西新安，關中姚江。紛紛聚訟，徒事猖狂。操存益固，涵養益精。積厚流光，名徹帝廷。聖眷有德，徵召頻仍。堅不可屈，高不可淩，清介絶俗，聖世逸氓。憶昔在襄，相從日久。憫世憂俗，痛心疾首。盛德大業，共期不朽。緬懷泰岱，益慚培塿。山水之曲，巍巍斯碣。知德君子，羣仰前哲。

録自國朝耆獻類徵初編卷四百六

二曲先生窆石文

全祖望

慈谿鄭義門西遊，拜於二曲先生之墓，曰：「吾不及登其門也夫！」因願爲之碑其墓，而屬予以文。予曰：「夫不有豐川諸高弟之作乎？」義門曰：「吾以爲未盡也。異日國史將取徵焉，子其更爲之。」惟予豈足以知先生之學，而義門之睠睠，則固古人之意，不敢辭。

按：先生姓李氏，諱顒，字中孚，其別署曰二曲土室病夫，學者因稱之爲二曲先生，西安之盩厔縣人也。其先世無達者，父可從，字信吾，烈士也。以壯武從軍爲材官。崇禎壬午，督師汪公喬年討賊，信吾從監紀孫兆禄以行，時賊勢已大張，官軍累敗。信吾臨發，抉一齒，與其婦彭孺人曰：「戰，危事。如不捷，吾當委骨沙塲，子其善教兒矣！」中途三寄書，以先生爲念。當是時，先生甫十有六歲，家貧甚。督師竟敗，死之，監紀亦死之；信吾衛監紀不克，亦死之。五千餘人盡沒。彭孺人聞報，欲以身殉，先生哭曰：「母殉父固宜，然兒亦必殉母，如是則父且絶矣。」彭孺人制淚撫之，然而無以爲生。其親族謂孺人曰：「可令兒爲傭，得直以養。」或曰「令其給事縣廷」，孺人不可，令先生從師受學，而脩脯不具，師皆謝之。彭孺人曰：「經書固在，亦何必師！」時先生已粗解文字，而孺人能言忠孝節義以督之，母子相依，或一日不再食，或連日不舉火，恬如也。但聞其教先生甚遠大，里巷間聞而哂之。乃先生果能自拔於流俗，以昌明關學爲己任。家無書，俱從人借之。自經史子集以至二氏之書無不觀，然非以資博覽，其所自得，不滯於訓詁文義，曠然見其會通。

其論學曰：「天下之大根本，人心而已矣；天下之大肯綮，提醒天下之人心而已矣。是故天下之治亂，由人心之邪正；人心之邪正，由學術之晦明。」嘗曰：「古今名儒倡道者，或以主敬窮理爲宗旨，或以先立乎大爲宗旨，或以心之精神，或以自然，或以復性，或以致良知，或以隨處體認，或以正修。愚則以悔過自新爲宗旨，蓋下愚之與聖人，本無以異，但氣質蔽之，物欲誘之，積而爲過，此其道在悔，知悔必改，改之必盡。夫盡，則吾之本原已復，復則聖矣。曷言乎自新？復其本原之謂也。悔過者不於其身，於其心；於其心，則必於其念之動者求之。故易曰『知幾其神』，而夫子以爲『顔子其庶幾』，以其有不善必知，知必改也。顔子所以能之者，由於心齋，靜極而明，則知過矣。上士之於過，知其皆由於吾心，則直向其根源剗除之，故其爲力易。中材稍難矣，然要之以靜坐觀心爲入手，靜坐乃能知過，知過乃能悔過，悔過乃能改過以自新。」其論朱陸二家之學曰：「學者當先觀象山、慈湖、陽明、白沙之書，闡明心性，直指本初。熟讀之，則可以洞斯道之大源；然後取二程、朱子以及康齋、敬軒、涇野、整菴之書玩索，以盡踐履之功，收攝保任，由工夫以合本體，下學上達，内外本末，一以貫之。至於諸儒之説，醇駁相間，去短集長，當善讀之。不然，醇厚者乏通慧，穎悟者雜竺乾，不問是朱是陸，皆未能於道有得也。」於是，關中士子，爭向先生問學。關學自横渠而後，三原、涇野、少墟，累作累替，至先生而復盛。

當事慕先生名，踵門求見，力辭不得，則一見之，終不報謁，曰：「庶人不可入公府也。」再至，並不復見。有饋遺者，雖十反亦不受。或曰：「交道接禮，孟子不卻，先生得無已甚？」答曰：「我輩百不能學孟子，即此一事，稍不守孟子家法，正自無害。」當事請主關中講院，先生方謀爲馮恭定公設俎豆，勉就之，既而悔曰：「合六州鐵，不足鑄此錯也。」亟去之，陝撫白君欲薦之，哀籲得免。陝學許君欲進其所著書，亦不可。然關中利害在民者，則未嘗不爲當事力言。少墟高弟隱淪不爲世所知者，言之當事，皆表其墓以傳之。

初彭孺人葬信吾之齒曰「齒塚」，以待身後合葬，先生累欲之襄城招魂，而以孺人老，不敢遠出，且懼傷其心。乙巳，彭孺人卒，居憂三年。庚戌，始徒步之襄城。繞城遍覓遺蜕不得，乃爲文禱於社。服斬衰，晝夜哭不絶聲，淚盡繼之以血。知襄城縣張允中聞之出迎，適館，不可，乃亦爲先生禱於社，卒不得。先生設招魂之祭狂號，允中議爲信吾立祠，且造塚於故戰場，以慰孝子之心。知常州府駱鍾麟前令盩厔，師事先生，至是聞已至襄城，謂：「祠事未能旦夕竣，請先生南下謁道南書院，以發顧高諸公遺書，且講學以慰東林學者之望。」先生赴之，來聽講者雲集。凡開講於無錫、於江陰、於靖江、於宜興，晝夜不得休息。忽靜中涕下如雨，搥胸且悔且詈曰：「嗚呼！不孝！汝此行爲何事，而竟喋喋於此間，尚爲有人心者乎？雖得見顧高諸公書，亦何益！」申旦不寐，即戒行，毘陵學者固留不能得。時祠事且畢，亟還襄城，宿祠下，夜分鬼聲大作，蓋先生祝於父祠，願以五千國殤之魂，同返關中故也。聞者異之。允中乃爲先生設祭，上則督師汪公、監紀孫公，配以信吾；下設長筵，徧及同時死者。先生伏地大哭，觀者皆哭，於是立碑曰「義林」，奉招魂之主，取其塚土西歸，告於母墓，附之齒塚中，更持服如初喪。

癸丑，陝督鄂君竟以隱逸薦，先生遺之書曰：「僕少失學問，又無他技能，徒抱皋魚之至痛，敢希和靖之芳蹤哉？古人學眞行實，輕於一出，尚受謗於當時，因辱其身，況如僕者而使之應對殿廷？明公此舉，必當爲我曲成，如必不獲所請，即當以死繼之，斷不惜此餘生，以爲大典之辱。」辭牘八上。時先生以病爲解，得旨：「俟病愈，敦促入京。」自是大吏歲歲來問起居，欲具車馬，送使覲天子。先生遂自稱廢疾，長臥不起。戊午，部臣以「海內眞儒」薦，復得旨召對。時詞科薦章遍海內，而先生獨以昌明絶學之目，中朝必欲致之，且將大用之。大吏勸行益急，檄屬吏守之。先生固稱病篤，舁其牀至行省，大吏親至榻前從臾，先生遂絶粒，水漿不入口者六日，而大吏猶欲強之。先生拔刀自刺，陝中官屬大駭，乃得予假治疾。先生嘆曰：「將來強我不已，不死不止，所謂『生我名者殺我身』，不幸而有此名，是皆平生學道不純，洗心不密，不能自晦之所致也。」戒其子曰：「我日抱隱痛，自期永棲堊室，平生心跡，頗在堊室録感一書。今萬一見逼而死，斂以粗衣白棺，即懷堊室録感以當含飯，權厝堊室，三年方可附葬母墓，萬勿受弔，使我泉下更抱憾也。」當道亦知其必不肯出，不復迫之。自是以後，荆扉反鎖，遂不復與人接，雖舊生徒亦罕覿，惟吳中顧寧人至則款之。已而天子西巡，欲見之，令陝督傳旨，先生又驚泣曰：「吾其死矣！」辭以廢疾不至，特賜「關中大儒」四字以寵之。大吏令表謝，先生曰：「素不諳廟堂文字，奈何！」強之，乃上一表，文詞蕪拙，大吏哂曰：「是恐不可以塵御覽也。」置之。時有宰相自負知學，遂以文采不足誚先生，君子哂之。

先生四十以前，嘗著十三經糾繆、廿一史糾繆諸書，以及象數之學，無不有述，其學極博。既而以爲近於口耳之學，無當於身心，不復示人。所至講學，門人皆録其語；而先生曰：「授受精微，不在乎書，要在自得而已。」故其巾箱所藏，惟取反身録示學者。晚年遷居富平，四方之士，不遠而至。然或才名遠播，著書滿家，而先生竟扃戸不納，積數日悵然去者；

或出自市廛下戶，而有志自修，先生察其心之不雜，引而進之。當是時，北方則孫先生夏峰，南方則黃先生梨洲，西方則先生，時論以爲「三大儒」。然夏峰自明時已與楊左諸公稱石交，其後高陽相國折節致敬，易代而後，聲名益大；梨洲爲忠端之子、證人書院之高弟，其後從亡海上，故嘗自言平生無責沈之恨，過泗之慚。蓋其資格皆素高。先生起自孤根，上接關學六百年之統，寒餓清苦之中，守道愈嚴，而耿光四出，無所憑藉，拔地倚天，尤爲莫及。

子二：慎言、慎行。慎言雖以門戶故出補諸生，終未嘗與科舉之役；其後陝學選拔，貢之太學，亦不赴。兄弟皆能守其父之志。嗚呼！先生所以終身不出，蓋抱其二親之痛，然而襄城有其父祠，盩厔有其母祠，立身揚名，其道愈尊，斯可謂之大孝也矣。乃更爲之銘以復義門。其詞曰：

匡時要務，在乎講學。當今世而聞斯言，或啟人之大噱。又惡知夫世道陵夷，四維安託？架漏過日，駟將崩剝。一旦不支，發蒙振落。斯則甚於洪水猛獸之災，其能無驚心而失魄！先生崛起，哀茲後覺。苦身篤行，振彼木鐸。格言灌灌，廉頑敦薄。嗟江河之日下，渺一壺之難泊。誰將西歸，先民可作。試看墓門，寒芒嶽嶽。

錄自鮚埼亭集卷十二

附録三

傳記資料選編

李二曲集録要二曲先生事略

倪元坦

先生姓李氏，諱某，字中孚，學者稱爲二曲先生，蓋以生居盩厔，山曲曰「盩」，水曲曰「厔」也。其先世無達者。父可從，字信吾，私謚忠武。母彭孺人。先生生而穎悟，事親至孝。母患痢，遍延醫診視，每夜籲天求代，嘗跪接糞溺以辨重輕：輕則喜躍進餐，飯重則號泣卻食。其他孝行類如此。忠武以壯武從軍，爲百夫長。崇禎壬午，督師汪公名喬年討賊，忠武從監紀孫公名兆禄以行。時賊勢已大張，官軍累敗，忠武臨發，抉一齒與孺人曰：「戰，危事。如不捷，吾當委骨沙場，子其善教兒矣。」督師戰死襄城，監紀與忠武等五千餘人並死之。孺人聞報，願以身殉，先生哭曰：「母殉父固宜，然兒亦必殉母，如是則父且絶矣！」孺人制淚撫之。時先生方十有六歲，飢寒坎壈。鄰里勸之給事縣庭，或謂傭力於人，可得値以養。孺人皆不可，惟督以讀書勵行。母子相依，或一日不再食，或連日不舉火，恬如也。但聞其教先生甚遠大，里巷間聞而笑之。

乃先生果能力肩聖道，一洗支離錮蔽之陋，而以明體適用、躬行實踐爲首務，自人倫日用、語默動静，無不軌於聖賢中正之塗，而有以見其大原。其言曰：「眞知乃有實行，實行乃爲眞知，有眞本體乃有眞工夫，有眞工夫乃爲眞本體。體用一原，天人無二，此其道在悔過自新，而以靜坐爲入門之要。有未發之中，然後有中節之和，日新又新，吾之本原已復，復則聖矣。」或問姚江之學，先生曰：「姚江倡致良知，令人洞悟本性，簡易痛快，大有功於世教。而末流多玩實致者鮮，往往捨下學而希上達，不失之空疏杜撰，卽失之恍惚虛寂，故須救之以紫陽。然世之從紫陽者多闢姚江，而竟至諱言上達，惟恃見聞淵博，辨訂精密；又或摹擬，仿效義襲，於外而究無關於性靈，亦非所以善學紫陽也。卽有稍知向裏者，又祇以克伐怨欲不行爲究竟，大本大原，類多茫然。必也以致良知見本體，以主敬窮理、存養省察爲工夫，由一念之微致慎，從視聽言動加修，庶紫陽、姚江不致偏廢。」於是，關中士子爭向先生問學。關學自横渠而後，三原、涇野、少墟累作累替，至先生而復盛。當事慕先生名，踵門求見，立辭不得，則一見之，終不報謁，曰：「庶人不可以入官府也。」再至，並不復見。有饋遺者，雖數返亦不受；或引「交以道，接以禮，雖孔子亦受」爲言，先生笑曰：「僕非孔子，況孔子家法，吾人不效者多矣，豈可偏效其受饋一事？」卒不能強。葉郡伯闢關中書院，延以式多士，不應。陝督莫公、陝撫白公欲疏薦之，先生聞知，被衰經遁跡，因中止。陝學許公刻其所著四書反身録卽欲進呈，亦不可。然關中利害在民者，未嘗不爲當事剴切言之，百萬生靈，由先生一言而甦。

初，彭孺人葬忠武之齒曰「齒塚」，以待身後合葬。先生累欲之襄城招魂，而以孺人老不能遠出，且懼傷其心。孺人卒，廬墓三年。庚戌，徒步至襄城，繞城遍覓遺骨不得，乃爲文禱於社；服斬衰，晝夜哭不絶聲，淚盡繼之以血。襄城令張公名允中聞之，出迎適舘，不可，乃亦爲先生禱於社。先生設招魂之祭狂號，張公議爲忠武立祠，且造塚於古戰場，以慰孝子之心。常州太守駱公名鍾麟，前令盩厔，師事先生，至是聞已至襄城，謂：「祠事未能旦夕竣，請南下謁道南書院，以發顧高諸公遺書；且講學以慰東林學者之望。」先生赴之。凡講學於武進，於無錫，於江陰，於靖江，不開知見戶牖，各隨根器，直指要津。於是，請益者雲集，寓不能容，當事約間日統會於明倫堂。上自府僚紳衿，下至工賈耆庶，每會無慮數千人，旁及緇流羽士，亦環擁拱聽，無不歡忭鼓舞，風俗人心翕然丕變。先生忽靜中涕下如雨，搥胸而泣曰：「不孝此行爲何事，而竟喋喋於此間耶？雖得見顧高諸公書亦何益！」申旦不寐，卽戒行。衆固留不得，乃爲先生肖像，撰文賦詩，分袂大慟。

既去，常州、武進兩庠弟子，環叩當事，建延陵書院，仿鵝湖、白鹿成規，以先生肖像安奉，遵教規，四時會講。

先生抵襄，祠事將竣。有南郭工徒十餘人砌案，夜分就寢，忽鬼聲大作，蓋先生禱於隍神，又祝於父祠，約牒五千遊魂同返關中故也。聞者異之。冢既成，襄人共樹松柏、楸楊，鬱然成林。張公乃爲設祭，先生伏地大哭，觀者皆哭。於是，立碑曰「義林」。奉招魂之主，取其冢土西歸，告於母墓，附之齒冢中，更持服如初喪。

癸丑，陝督鄂公名善，爲先生葺關中書院，延主講席，至再至三，先生方謀爲馮恭定公設俎豆，勉就之。立規約曰：

「某不敢向同人妄談理學，輕言聖賢，惟願十二時中念念切己自反，以改過爲入門，自新爲實際。諸同人質美未鑿，即無過可改，亦不妨愈加淬礪，勉所未至。大堂人士衆多，規模宜肅，只統論爲學大綱，而質疑晰惑，未必能盡。統論之外，如果有志進修，不妨次日枉顧某寓，從容盤桓，披衷相示。」先生每上堂申講，必先端坐觀心，待規模靜定，然後剖示，學者砥礪爭先。先生聞鄂公欲以薦引，深自悔曰：「合六州鐵，不足鑄此錯也！」亟辭歸。鄂公果以隱逸薦於朝，其疏曰：「以人事君，人臣之義。臣愚伏見盩厔隱士李某，少遭孤苦，奉母讀書，不求仕進且四十年，學爲帝師，道足王佐。若蒙侍從之間，必有沃心之助。」奉詔地方起送，先生固辭以疾，牘八上，乃有「力疾以副旁求」及「疾病稍痊，督撫起送」之旨。自是，督撫歲歲來問起居，欲具車馬伴送。先生遂自稱「廢疾」，長臥不起。戊午，部臣以「海內眞儒」薦，復得旨召對。時詞科薦章遍海內，而於先生獨以「安貧樂道，昌明絕學」推舉，中朝必欲致之，且將大用之。督撫檄屬吏晝夜守催，先生固稱疾篤。舁其牀至行省，大吏親至榻前慫恿，先生遂絕粒，水漿不入口者六日，囑其子曰：「我日抱隱痛，詳具《堊室録感》一書，祇緣身本奇窮，不能事吾母於生前，滿期永棲堊室，聊事母像於歿後，不意爲虛名所累，倘強之不已，惟有一死。死後宜懷藏《録感》，斂以粗衣白棺，權厝像側三年，方可附葬吾母墓旁。汝事母以孝，待弟以恩，刻意耕讀，謹身立德，則汝父爲不亡矣。」大吏知其必不肯出，乃爲奏假治疾。自是以後，荆扉反鎖，遂不復與人通，雖舊生徒亦罕覯，惟顧寧人及惠含眞至，則啟鑰接言。已而天子西巡，欲見之，令陝督傳旨，先生又以廢疾辭。特寵賜「關中大儒」四字。大吏令表謝，先生草表，詞拙樸，大吏以爲文采不足，置之。

先生生當明季，少時即以康濟爲心，嘗著帝學宏綱、經筵僭擬、經世蠡測、時務急著讀書，凡政體所關，靡不規畫。鼎革以後，原稿盡付祖龍，絶口不道。旋著十三經註疏糾繆、二十一史糾繆、易說、象數蠡測，既而以爲無當於身心，不復示人，故其巾箱所藏，惟取四書反身録示學者。所至講學，官紳學士皆録其語梓行，而先生曰：「授受精微，不在乎書，要在自得而已。」一時從遊遍海內，鄠縣門人王公名心敬傳其學。

晚年，因兵氛流寓富平，邑令郭公名傳芳爲築室幽阿，四方之士不遠數千里而來。然或才名遠播，著書滿家，而先生竟扃户不納，積數日悵然去者；或出自市廛下户，而有志闇修，先生察其心不雜，引而進之。當是時北方孫先生夏峰，南方黄先生梨洲，西方則先生，時論以爲「三大儒」。然先生獨於飢寒清苦中篤志潛修，直接洙泗、鄒嶧之眞傳，守道愈嚴，而耿光四出，無所憑藉，拔萃超羣，尤爲莫及。子二，名愼言、愼行。長君雖以門户故出補諸生，終未嘗與科舉，其後陜學選拔貢之太學，亦不赴。兄弟皆能守其父志。

嗚呼，先生所以終身不出，蓋抱其二親之痛！然而，九重屢聘，温詔頻頒，繼以宸翰寵榮，自督撫、提鎮、部臣、學使，以至道、府、縣尹，皆折節問道。爲其親立「義林」，構特祠，勒碑、增廡、建坊、表閭、表墓、致祭，以慰孝思。又刊著作，闢書院，振關學六百餘年之統，繼往開來，其道愈尊，斯可謂大孝矣！先生蓋天啟丁卯年癸卯月癸巳日己未時嶽降也。

倪元坦曰：余讀二曲集，稱述遺事，或曰此山林隱逸，無裨於當世者之所爲。嗟乎！烈士殉忠，賢母苦節，先生生當鼎革，苟出而獨享其榮，固足匡濟天下，然後世不能無遺議。蓋古今有孝子，然後有忠臣，君子所爲，衆人不識，若先生者，又何間然哉！

全謝山集載二曲先生窆石文，其中有云：「自經史子集以至二氏之書，無不遍觀，然非以資博覽，其所自得不滯於訓詁之義，曠然見其會通。」洵如是，則先生爲三教同源之説矣。殊不知先生崇儒闢佛，以昌明關學爲己任。當與顧寧人先生書云：「老莊之虚，是虚其心，而猶未虚其理。佛氏之虚寂，則虚其心而並欲虚其理。捨其昭昭而返其冥冥，雖寂然不動，而究不足以開物成務，以通天下之故，此佛氏所以敗常亂倫，而有心世道者不得不爲之辨正也。」又云：「吾人祇爲一己之進修，則六經、四子及濂、洛、關、閩遺編僅足受用；若欲研學術同異，折衷二氏似是之非，以一道德而砥狂瀾，釋典、玄藏，亦不可不一寓目。譬如鞫盜者，苟不得其贓之所在，何以定罪？」讀此，益見先生之學，上接孔孟眞傳，平生踐履在四書反身録。若夫二氏之學，豈可以混而稱之？作者語意不明，且於出處心跡尚未曲達，敘事亦間有錯謬，故改作事略以存梗概。先生學問品行，有關風俗人心，故不得不爲辨正云。

醒吾倪元坦謹識

録自李二曲集録要

重刻堊室録感二曲先生傳

吴嘉淦

先生姓李氏，名顒，字中孚，盩厔人，學者因其地稱爲二曲先生。先世無達者。父可從，爲材官，崇禎壬午從督師汪喬年討賊。臨發，抉一齒與婦彭曰：「戰，危事也。不捷，當死，子其善教吾兒。」至襄城，師敗，督師及可從等五千人並沒。報至，婦彭欲自盡，先生泣曰：「母殉父，宜也；然兒亦必殉母，父且絶矣！」乃止。時先生年十六，貧甚，或勸其給事縣庭，或授以卜晝業，母皆不可；惟督以讀書勵行，自以紡績佐之。先生拾薪採蔬，恆至絶粒，而手不釋卷，人或笑之，晏如也。

其學以慎獨爲主，以養静爲功，以明體達用爲務，合紫陽、姚江論學之旨而會通之，一袪儒者門戶之見。嘗曰：「名儒倡道，各標宗旨，某以爲皆欲人悔過自新耳！蓋人性一也，囿於氣，蔽於物，積而爲過。知過必悔，悔必改，改必盡，盡則復其本原而聖矣。」少時著帝學宏綱、經筵僭擬、經世時務諸書，鼎革後，悉焚之。又著十三經、二十一史糾繆，易說，象數，亦以無當身心，不出示人；惟取四書反身録爲教，士皆翕然從之。當事慕其名請見，一見之，終不報謁，曰：「庶人不可入官府也。」陝撫白公欲薦之，學使許公欲進其書，皆哀籲求免；然關中利害在民者，未嘗不以告也。

母卒，廬墓三年，遂徒步往襄城，滴血以求父骸，不得，乃服斬衰，禱於社，晝哭，哭不絶聲。設祭招魂，以父去時未命名，呼乳名以告。邑令張允中議爲可從立祠，且造塚戰場，以慰其心。常州太守駱鍾麟故爲盩厔令，師事先生，聞在襄城，遣使敦請。先生以祠事未卽竣，赴之，遂往來無錫、靖江、江陰、宜興間三月。所至開講，從學日衆。忽一夜拊膺大慟曰：「不肖此行爲何事，而喋喋於此耶？」待旦而行。至襄城，祠成，允中爲設主祭，先生伏地大哭，祝於父，願以五千國殤魂同返。夜半，鬼聲大作，聞者異之。初，彭氏葬可從齒曰「齒塚」。先生至是取塚土西歸，附之其旁，更持服如初喪。

當是時，先生名聞天下，而里中宵小輩疾先生耿介，思中傷之，誣謗百端。邑令馬某欲文以重罪。先生處之夷然。或勸之申辨，先生曰：「横逆不已，吾自守孟子家法，奚辨爲？」或又勸以避地，曰：「禍患之來，命也。」卒不從。總督鄂公屢請主關中書院，應之。立學規、會約，每値講期，環几席而聽者數千人，爲之更化。已聞鄂公欲以隱逸薦，大悔，辭歸。旋有詔地方起送，先生以疾辭。牘八上，乃得旨「俟疾痊入京」。時雲貴寇陷蜀漢，諜者傳敵營慕先生風烈。先生聞之大驚，移家富平。自是大吏歲問起居，欲具車馬催送，遂稱廢疾。而部臣又以「海内眞儒」薦，復得旨召對。時詞科薦章遍海内，獨先生以「昌明絶學」稱，故朝廷必欲致之，且將大用。大吏檄所屬敦迫，先生固稱疾篤。舁牀至行省，水漿不入口者六日，大吏猶欲强之，乃拔刀自刺，官屬大駭，知終不肯出，不復迫之。先生歸卽反扃其户，不與人接，雖舊生徒罕得見也。後天子西巡，欲見之，陝督傳旨。先生辭以廢疾，不至。詔賜「關中大儒」四字。大吏令表謝，文詞蕪拙，置之。尋卒於家。

先生在勝國時一布衣耳，雖仕無害於義，況逢聖人在位，側席求賢，出可以濟蒼生，而終不起，論者或疑其褊，不知先生蓋抱其隱痛也。父喪鋒鏑，母茹荼蓼，其所著堊室録感，苦衷見於詞矣。夫遭遇立功，於時多有，而先生獨從萬苦中，力肩聖學，躬行實踐，卒貽令名，此其顯親之孝，所由風師百世也歟！

吳縣後學吳嘉淦譔

録自毋自欺齋重刻堊室録感

增輯關學續編本傳　一時同志並及門諸子附

王心敬

先生名顒，字中孚，學者稱二曲先生，西安府盩厔人。前明天啟丁卯正月二十五日，母彭氏感震雷之夢而生，生而氣貌偉特。甫周歲，識者謂其必非常人。年九歲，入小學，從師發蒙讀三字經，私問學長曰：「性既本善，如何又説『相近』？」已穎慧異人。在小學，僅誦學庸，以嬰疾輟讀。既而，父可從從汪督師征逆闖於河南，殉義襄城，母子煢煢，至日不再食。然每過學舍，輒欣然動心，而以束脩無出，母子輒相對涕泣。於是，取舊所讀學、庸，依稀認識，至論孟則逢人問字正句。不一年，識字漸廣，文理漸通，讀書遂一覽輒能記其大略。故年十五六時，已博通典籍，有「奇童」之稱。然泛覽博涉，殊無統紀也。

年十七，得馮少墟先生集讀之，恍然悟聖學淵源，乃一意究心經史，求其要領。甫冠，邑令山西樊侯辛，文敬高弟也，聞其名，就家顧之，坐語移時，驚曰：「此關洛輩人也！」即以「大志希賢」扁其門。而是時邑之舊家如二趙、南李及鄠邑杜氏者，皆博藏書，借先生一一籍而觀之，遂無所不窺，亦遂無所不知，而守則益嚴，雖簞瓢屢空，一介不以苟取。遠邇咸以「夫子」推之，本省大僚表閭者後先相望。三十三歲，臨安駱侯蒞邑，親睹其言行丰采，大詫爲「振古人豪，不當求諸今人」！遂事以師禮，時時詣廬請益。而同時東西數百里間，耆儒名士，年長一倍者，亦往往納贄門牆，彬彬河汾之風焉。三十九歲，母彭孺人病，先生百方延醫，衣不解帶者數月。及卒，慟母終身食貧，哀毁幾於滅性。四十四歲，訪父骨於襄城。蓋先生久懷此志，以母老無依，故至此決計往也。至襄城，一時士大夫高其義，爲之舉祀置塚，歲時祀焉，今之義林、忠烈祠是也。而是歲駱侯晉守常州，乃遣人迓先生爲常人開導聖學。來使遇於襄城，遂敦迎至常。所屬五邑皆設臯比明倫堂，次第會講。注籍及門者至四千人，一時故老咸詫爲百年未有之盛事。去後，五邑追憶風徽，梓語録一十八種，鼎建延陵書院祀焉。

四十七歲，制軍鄂公修復關中書院，造士延禮，啟迪諸生，先生三辭不得，而後應命。鄂公既見，親其儀範，聽其議論，則信尚益深，隨以「大儒」疏薦，兵部主政房公廷禎〔二〕又以「大儒宜備顧問」薦，撫軍又以「博學鴻辭」薦，交章上請，先後皆奉旨特徵。守令至門，敦逼上道，先生臥病終不赴。自是閉戶毋祠，終歲不出。遠方問學至者，啟戶與會。先生因人指授，無不各厭其望而去。由是「海内三大名儒」，雖兒童走卒熟悉之。三大儒者，河南孫鍾元先生奇逢，浙江黃梨洲先生宗羲，並先生也。七十六歲，聖祖仁皇帝西巡，詔見行宮，並索著述。先生時以老病臥牀懇辭召命，特所著之書進奉。溫旨處士既高年有疾，不必相強，特賜御書「操志高潔」扁額，並御製金山詩幅賜焉。所呈二曲集、反身録二書，則並荷「醇正昌明，羽翼經傳」之褒，蓋康熙癸未冬也。歲乙酉，年七十八歲，四月十五日迺以疾卒。

先生之學，幼無師承，故早歲不無馳騁於三教九流。自十七知學後，則天德王道，源源本本，由宋唐直溯於孔孟。其生平論學，無朱陸，無王薛，惟是之從。嘗曰：「朱子自謂某之學主於道問學，子靜之學主於尊德性。自今當去兩短，集兩長。某生也愚，然如區區素心，則竊願去短集長，遵朱子明訓，敢執私意、昧公道，自蹈於執德不弘耶？」故所學不畸重一偏，落近儒門戶之習。而如其事母之孝，則根於天性，至老彌篤。識者謂先生生平造詣，充實光輝，要自行道，顯揚一點血誠，擴而充之，暢茂條達，故道德風節，不至不休。嗚呼，吾夫子行在孝經之志，先生允蹈之矣！葬之日，海寧大宗伯陳公題其碑，襄城劉恭叔先生表其墓，督學逢公檄祀鄉賢。蓋關中道學之傳，自前明馮少墟先生後寥寥絶響，先生起自孤寒，特振宗風。然論者以爲少墟尚處其易，而先生則倍處其難。至如學不由師，未冠即能卓然志道據德；中年以還，指示來學，諄諄揭「改過自新」爲心課，「盡性無欲」爲究竟，以「反身」爲讀書要領，「名節」爲衛道藩籬，則於聖學宗傳，益覺切近精實。雖顔、孟、周、程復起，無以易也。中州潛谷張公嘗謂先生「殆曾子所謂任重道遠之弘毅，孟子所謂先覺任重之天民」，士林以爲篤論云。

〔二〕「禎」，原本作「正」，據歷年紀略改作「禎」。

附同時向學暨同志切磨諸子：

王化泰號省菴，性剛，尚氣誼。與同邑單元洲先生厚善，時時講明忠孝性命之學。及國變，單以死殉國，公乃身隱於醫，遂與同州白、張、党、馬諸君子以學術相切砥，而於党兩一尤稱莫逆。然諸老皆敦尚行履，而省菴則中有獨契。嘗據靜中所得連吟三絶，識者歎爲見道之言。年幾古稀，不遠數百里造訪二曲先生於盩厔，求質所學。一見心折，直欲納贄門牆，先生以其年高幾倍，固辭。後又與同州泊如白公肅車迎先生於白齋。晚而每自憾日汨歲暮，虚度此生，輒欷歔涕零。生平性至直，見人過，輒面斥不貸，遇人一長一善，則又欣羡推許不啻，若其口出。刊布迪吉録、僞學禁二書，寓淑人成物意，蓋於爲善惟日不足者也。卒年七十五。二曲先生爲之傳，太守董公爲樹墓道之碑。

王建常字仲復，朝邑人。性篤樸，有堅守。前明邑庠弟子員。及代革，不復應試事，日惟讀宋明諸儒先書，或有心得，即記録於册。家素貧，淡泊自甘，數十年如一日。晚病重聽，尤深居簡出。蓋生平確守孝經始於立身之義，雖盛暑衣冠不去，其守爲人之極難。至其生平述作，於吾儒、二氏之分辨之，尤不遺餘力。其諸尚志守節之逸民，與同時又有關獨鶴〔二〕者，亦朝邑人，逸其名，與其弟某者俱爲前代邑庠生。兄弟咸與仲復同操，亦不復應試而好理學家言，朝邑人推爲「一門兩高士」。二曲先生過朝邑，嘗一見之，後每稱其篤實樸茂，淵乎見太古醇龐遺風於仲復、獨鶴〔三〕伯仲之間。惜乎其學術之詳無考，無從紀述云。

党湛字子澄，同州人。嘗以「人生須做天地間第一等人，爲天地間第一等事」，故號「兩一」以自勗。父兄皆籍邑庠，兩一獨不事帖括，勵志正學。常日手宋明諸儒先書，恆不去手，會心者輒書之壁，壁爲之滿。性至孝，父患癩，家人莫敢近，兩一獨晝夜侍調養，及父殁，兩一獨廬墓三年，遠邇稱「党孝子」焉。生平不營産業，薄田自給，簞瓢陋巷，恬不爲意。晚年獨

〔二〕「鶴」，原本作「河」，據李元春增訂關學編改。
〔三〕「鶴」，原本作「河」，據李元春增訂關學編改。

處一窯，靜久有得，覺動靜云爲，卓有持循。每遇同志，講切輒娓娓不倦。年躋八旬，猶冒履冰雪，於五百里外訪李二曲先生於盩厔，商證所學，留住積日，嘗至夜分，未嘗見有惰容，亦不以己年倍長恥於請益。卒年八十四。張忠烈公深重其品，二曲先生爲之傳。既葬，郡丞郝公署州守，豎碑墓前，大書「理學孝子兩一党先生之墓」以表之。

同時，本州有白煥彩者，白希彩之弟。以積廩貢成均，每聆兄敍述師説，輒私竊向往。後乃博集羣書，與鄉先達太乙張公、陸海武公集同志講明正學，既又與元昭馬公講學於寄菴。晚而與蒲城省菴王公肅車迎二曲先生於盩厔，集同志日會家塾。前後凡兩度爲之，賓客滿堂，略無倦色，一時同志依爲主盟者積年。至於祀先、孝親、恭兄、敦宗，與夫信友周急，美行縷縷，蓋惟恐善之有一或缺於己焉。年七十八卒，二曲先生爲之傳，署州守郝公表其墓。

張珥號敦菴，同州人。爲人好正學，尚德行。以進士林居，言行動止，非禮不爲。至與鄉人處，則退讓謙恭，絶不以等威自異。同時，党兩一向道而至貧，白泊如年等而守正，敦菴皆折節下之，州人無少長士庶，無不敬愛其爲人者。歲戊申，二曲先生爲其鄉肅迓至白齋，公之年幾長先生一倍，有所請益，必跪而受教，先生每力辭之，不從。二曲先生每歎謂：「生而後時，不及見成。弘、嘉、隆間，先正風範如敦菴之篤雅謙恭，即前輩名世諸老，其質行何加焉？」蓋明之一代，崇尚性理一書，宗法有宋濂、洛、關、閩五子。同州則風氣之醇本甲三輔，兼浸被馬二岑先生風澤；暨萬曆、天啟間，西南二百里，則馮少墟先生提唱正學者數十年，鄰邑則蒲城單元洲先生以性命氣節之學鼓舞同志。故一時同蒲諸邑，流風廣被，人士往往向往理學，惟恐或後，有宋道學之盛，不能過也。惜乎時移代易，記載缺然，可勝嘆哉！

附二曲先生及門諸子以年齒生卒分先後：

李士璸字文伯，同州人。未冠即知向學。甫四十，以積廩貢成均，不就延試，惟文史自娱。性至孝，父疽發於背，衣不解帶者月餘，口咀瘡毒而愈。庚申奇荒，以應聘入幕之金，糴粟活其親眷數家。又嘗拾五十金，仍訪還其人。前後州守，聞名優禮。歲戊申，二曲先生爲其鄉諸公敦邀，因聞性命之旨，欣然當心，乃首先納贄，其實齒倍先生也，一時謂其「忘年向道，有古人風」。垂年九十，手不釋卷。所著有理學宗言九種，藏於家。其歿也，二曲先生爲之傳。

蔡啟胤字紹元，天水人。弱冠入庠食餼，而性喜宋儒書，每至忠孝節烈，則往往拊膺向往，欲即其人。父病，籲天祈代，不時之需，旁求必獲。嘗爲親預營壽器，入山採漆，虎遇之輒避。寇起陷城，母被獲，則哀號請代。寇感其孝，遂並釋以歸。待三同胞弟，教訓課業則甚嚴，而家庭居處恒怡怡如也。癸未，逆闖入關，兵薄秦隴，迺衣冠趨學校龍亭，九叩慟哭，欲以身殉，其父固諭而止，然心終於此耿耿也。及以積廩將貢，遂堅謝不應，日惟耽玩濂、洛、關、閩諸書。後聞二曲先生風，乃執贄門牆。每得書，必拜而後讀，每發書請益，必拜以送使。逮後病危，兩親皆年及期頤，尚在，子蕃問後事，則大慟曰：「先親而逝，吾罪人也，尚何言？」戒之斂以斬衰，暴棺野次，以明未能送終之罪。前後督學使者，多旌其門。所著有四書洞庭集、蒙解集、鑑觀録、溪巖集，藏於家。弟啟賢孝友，性成，亦知向正學。司鐸盩厔，自處清潔，學政整嚴，盩厔士至今悉之。

張承烈字爾晉，晚年自號澹菴，武功人。生而性任俠，年幾五十，一旦悔其前非，奮志心性之學，嘗對人曰：「少無師承，爲俠客誤我二十年，爲諸生誤我二十年，今尚可爲鄉愿誤耶？」乃節讀程朱書，交遠邇正人。時長子志坦幾冠，亦篤向正學，乃率之受業二曲先生門。自是父子刻意砥礪，期於必若心齋父子而後已。不幸志坦年三十亡，澹菴遂摧殘不勝而卒，同人惜焉。

馬棫士，同州人，馬二岑先生子。生而習聞家學，兼氣質醇慤，讀書寫字外，更不復識世有可榮可慕事，亦不知世機械變詐事。中年納贄二曲先生門，益向學守禮。先生嘗言：「使世皆棫士，朝廷刑罰可使盡措。卽理學家規矩準繩，亦可無事諄諄矣！」年踰七十卒。

楊堯階、舜階胞兄弟，商州洛南人。早歲皆入庠食餼，同納贄二曲先生門。洛南居商州東南萬山中，風俗素稱樸醇，堯階兄弟本自潔修，自是益循禮矩，事事遵奉師訓惟謹。制學外，讀諸先儒書，講反身悔過之旨，商州人有「洛南二士」之目。

王吉相字天如，邠州人。生而恬退端諒，非禮不行。中壬子鄉試第一。丙辰，成進士，選庶常。每自嘆：「學不見道，何容以未信之身，立朝事主？」請告歸，受業二曲先生門。先生授以知行合一之旨，天如躬行力踐，期於必至。未三年，一病不起，君子以爲如天如之行已有恥使其造詣有成，當必不愧先賢，而一旦摧折，蓋吾道之不幸云。

李彦玏字重五，三原人。生而清謹孝友。母歿，恪遵禮制，不飲酒食肉，居宿內室者三年。以孝廉考中書，待補家居。兄彦瑁坦衷好施，歷官凡數十年在外。彦玏代兄應門，恪恭愷悌。歲荒，尤悉心賑濟宗戚。於二曲先生，以宗屬事如胞兄。凡砥德進道之訓，一一循奉惟謹。晚年應酬之餘，輒閉門靜坐，體認未發氣象。二曲先生嘗稱之曰：「重五孝友性成，晚年尤篤信好學，吾黨矜貴之品也！」及補授中書，爲同官獨受公共之過。一旦，聞兄卒黄州，大慟得病而亡，士林惜焉。

羅魁字仲修，咸寧人。爲人敦篤好學，尤孝於事親。自爲諸生時，士林即重其爲人，省中大僚每敦延以訓子弟。後受業二曲先生門，尊聞行知，以選拔教諭麟游，修學宮，振學規，梓布聖諭，旌表節孝，諸生中極貧者往往節口賑恤之。及謝病歸里，麟庠士追憶教澤，爲立「去思碑」。聞其卒，則舉祀名宦，蓋入本朝來關以西教諭之僅見云。同時如：富平孫長階，清醇孝友，志期正學，僅三十餘，以副榜坐監成均，卒；武功諸生張志坦，生於宦家，父子同心，勵志希賢，年僅三十卒；韓城賈綈芳，生爲貴公子，未冠卽修潔好禮，崇尚正學，亦僅三十餘卒，識者咸爲吾道惜焉。外如寶鷄李修，秉心慈良，天眞未鑿，蓋亦不失爲有恆，而如富平惠龗嗣，則篤於事師，及出宰通海，雅意循良，則亦師門之先覺云。

文佩字鳴廷，平凉府涇州人。弱冠入庠食餼，而性嗜正學。年二十五，徒步五百里外，納贄二曲先生門。歸而倡率同志郭、張、李等四十餘人爲「正學會」，商證師門宗旨。后又以會聚無地，又竭力倡衆建師祠於居旁，定以朔望會講之規，凡數十年不替不幸。年六十一，訓導漢中府寧羌州，甫踰一年，而遽以疾卒。鳴廷自少至老，孝友溫恭，行誼修潔，而如其篤信好學，樂誨後進，尤爲出於天性。凡交與者，無不愛敬其人，以爲卽古篤行之士，當無以過。及是以所施未究其志而卒，士林蓋無不爲之感慨悼惜云。

王承烈字遜功，號復菴，涇陽橋頭人，端節王先生四世孫也。少以精舉子業，兼博通聲、詩、古文、詞，士林雅重其品。久困場屋，四十三歲以五經發解，名噪藝林，而遜功不以爲榮也。及鄠邑令蕪湖張侯開館造士，以重幣敦延師多士館余家，講明心性及修己治人之學，乃捨其學而惟余言之是從。逮捷南宮，館庶常，辨諸儒眞僞，務求力行，甘貧守志，勤學不替。世宗皇帝纘承大統，聞其品操學行，不次擢臺垣，剛方守正，不避權要。奉有督糧湖北之命，講「明明德」之旨於養心殿，上爲稱賞，謂其學有本源。隨藩江右，操嚴而行惠，向學益篤，冀於斯道大明，展其所學以報國恩。復由副憲歷少司寇，未及期而卒。嗚呼，年六十有四，學未究其施，朝野同志蓋不能不爲吾道惜也。養廉，偶有贏餘，即用以惠民濟貧及修廢興學，不問私殖，亦不爲子孫計。殁之日，幾無以殮。蓋其清操，實爲絶德。著有日省録、毛詩解、書經解，行於世。

録自王心敬等增輯關學編卷六

清史列傳本傳

李顒〔一〕，字中孚，陝西盩厔人。父可從，爲明材官。崇禎十五年，張獻忠寇鄖西，巡撫汪喬年總督三邊軍務，可從隨征討賊。臨行，抉一齒與顒母彭曰：「如不捷，吾當委骨，子善教兒矣。」兵敗，死之。顒母葬其齒。時顒年十六，母日言忠孝節義以督之。顒事母孝，飢寒清苦，無所憑藉，而自拔流俗，以昌明關學爲己任。自經史子集，以至二氏書無不博觀，而不滯於訓詁，文義曠然，見其會通。其學以尊德性爲本體，以道問學爲工夫，以悔過自新爲始基，以靜坐觀心爲入手，關學自馮從吾後漸替，顒日與其徒講論不輟。當事慕其名，踵門求見，力辭不得，則一見之。不報謁，曰：「庶人不可入公府也。」有餽遺者，雖十反不受。或曰：「交道接禮，孟子不卻。」顒曰：「我輩百不能學孟子，即此一事不守孟子家法，正自無害。」陝撫欲薦之，哀籲得免。然關中利害在民者，亦未嘗不爲當事言之也。

先是，顒欲求父遺骸，以母老而止。既而母殁，廬墓三年，乃徒步之襄城，遍覓不得，服斬衰晝夜哭。知縣張允中感其孝，爲其父立祠，且造塚戰場，名之曰「義林」。常州府知府駱鍾麟官陝時，嘗師事顒，謂：「祠未能旦夕竣，請南下詣道南書院，發顧高遺書，且講學以慰東林學者之望。」顒赴之，凡講於無錫，於江陰，於靖江、宜興，所至學者雲集。既而幡然悔

〔一〕「顒」，原本爲「容」，統一改爲「顒」。以下史傳並改，不註明。

曰：「不孝此行何事，而喋喋於此？」卽戒行赴襄城。常州人士思慕之，爲建延陵書院，肖像其中。顒既至襄城，適祠成，乃哭祭招魂，取塚土西歸附諸墓，持服如初喪。

康熙十二年，陝督鄂善以隱逸薦，有詔起之，固辭以疾，十八年，詔舉博學鴻儒，禮部以「海內眞儒」薦，大吏親至其家促之起，舁牀至省，顒絶粒六日，至拔刀自刺，大吏駭去，乃得予假治病。顒戒其子曰：「我日抱痛，自期永棲堊室，平生心跡，頗在堊室録感一書。萬一見逼而死，斂以粗衣白棺，勿受弔也。」自是閉關不與人接，惟崑山顧炎武及同邑惠思誠至則款之。思誠，顒四十年所心交也。四十二年，聖祖西巡，召顒見，時顒已衰老，遣子慎言詣行在陳情，以所著四書反身録、二曲集奏進。上謂慎言曰：「爾父讀書守志，可謂完節。」特賜御書「志操高潔」及詩幅以獎之。

顒學亦出姚江，謂學者當先觀陸九淵、楊簡、王守仁、陳獻章之書，闡明心性，然後取二程、朱子以及吳與弼、薛瑄、呂柟、羅欽順之書，以盡踐履之功。初有志濟世，著帝學宏綱、經筵僭擬、經世蠡測、時務急策等書，既而盡焚其稿。又著十三經註疏糾繆、二十一史糾繆、易說、象數蠡測，亦謂無當身心，不以示人。居恆教人一以反身實踐爲事，謂：「孔、曾、思、孟立言垂訓，蓋欲學者體諸身，見諸行，充之爲天德，達之爲王道，有體有用，有補於世。否則，假塗干進，豈聖賢立言之初心，國家期望之本意耶？」時容城孫奇逢之學盛於北，餘姚黃宗羲之學盛於南，與顒鼎足，世稱「三大儒」。惟顒起自孤根，上接關學之傳，尤爲難及云。晚年寓富平，有富平問答。四十四年卒，年七十六。門人王心敬傳其學。其四書反身録七卷、二曲集二十二卷，亦心敬所摭次。

録自清史列傳卷六十六

清史稿本傳

李顒，字中孚，盩厔人。又字二曲。二曲者，水曲曰「盩」，山曲曰「厔」也。布衣安貧，以理學倡導關中，關中士子多宗之。父可從，爲明材官。崇禎十五年，張獻忠寇鄖西，巡撫汪喬年總督軍務，可從隨征討賊。臨行，抉一齒與顒母曰：「如不捷，吾當委骨沙場。子善教吾兒矣。」遂行。兵敗，死之。顒母葬其齒，曰「齒塚」。時顒年十六，母彭氏，日言忠孝節義以督之，顒亦事母孝。飢寒清苦，無所憑藉，而自拔流俗，以昌明關學爲己任。有餽遺者，雖十反不受。或曰「交道接禮，孟子不卻。」顒曰：「我輩百不能學孟子，即此一事不守孟子家法，正自無害。」

先是顒聞父喪，欲之襄城求遺骸，以母老不可一日離，乃止。既丁母憂，廬墓三年，乃徒步之襄城，覓遺骸，不得，服斬衰晝夜哭。知縣張允中爲其父立祠，且造塚於戰場，名之曰「義林」。常州知府駱鍾麟嘗師事顒，謂：「祠未能旦夕竣，請南下謁道南書院，且講學以慰學者之望。」顒赴之，凡講於無錫，於江陰、於靖江、宜興，所至學者雲集。既而幡悔曰：「不孝汝此行何事，而喋喋於此？」即戒行赴襄城。常州人士思慕之，爲肖像於延陵書院。顒既至襄城，適祠成，乃哭祭招魂，取塚土西歸附諸墓，持服如初喪。

康熙十八年，薦舉博學鴻儒，稱疾篤，舁牀至省，水漿不入口，乃得予假。自是閉關，晏息土室，惟崑山顧炎武至則款之。四十二年，聖祖西巡，詔顒見。時顒已衰老，遣子慎言詣行在陳情，以所著四書反身録、二曲集奏進。上特賜御書「操志高潔」以獎之。顒謂：「孔、曾、思、孟，立言垂訓，以成四書，蓋欲學者體諸身，見諸行。充之爲天德，達之爲王道，有體有用，有補於世。否則假塗干進，於世無補，夫豈聖賢立言之初心，國家期望之本意耶？」居恒教人，一以反身實踐爲事，門人録之，爲七卷。是時容城孫奇逢之學盛於北，餘姚黄宗羲之學盛於南，與顒鼎足稱三大儒。晚年寓富平，關中儒者咸稱「三李」。「三李」者，顒及富平李因篤、郿李柏也。

録自清史稿卷六十七

儒林傳稿本傳

阮元

李顒避御名改为容字中孚，盩厔人。布衣，又字二曲者。水曲曰「盩」，山曲曰「厔」也四書反身録提要。顒幼起孤根鮚埼亭集，安貧改過范鄗鼎二曲集序。以理學倡導關中池北偶談，其所自得不滯於訓詁，文義曠然，見其會通鮚埼亭集。康熙十八年薦舉博學鴻詞提要，疾篤鮚埼亭集，不出池北偶談，舁牀至省，水漿不入口，乃得予假。嘆曰：「平生道學不純，洗心不密，不能自晦也鮚埼亭集。」自是閉關，宴息土室反身録序。惟吴中顧炎武至，則款之鮚埼亭集。故炎武曰：「堅苦力學，無師而成，吾不如李中孚亭林集廣師編。」四十二年按：是年癸未四庫提要作四十三年誤聖祖仁皇帝西巡，召顒見時，顒已衰老，遣子慎言詣行在陳情。以所著四書反身録、二曲集奏進，上特賜御書「操志高潔」以奬之反身録提要，又鮚埼亭集作「關中大儒」四字，今不同。顒謂：「孔、曾、思、孟立言垂訓，以成四書。蓋欲學者體諸身，見諸行。充之爲天德，達之爲王道。有體有用，有補於世。否則假塗干進，於世無補。夫豈聖賢立言之初心，國家期望之本意耶。」於是，恆居教人，一以反身實踐爲事，門人録之爲七卷提要。是時容城孫奇逢之學盛於北，餘姚黄宗羲之學盛於南，與顒鼎足松陽講義提要、鮚埼亭集。平湖陸隴其，皆不以爲然。隴其一生精力盡於朱子，於姚江一派，如分黑白，不肯假借一詞松陽講義提要。顒謂大學「明德」與「良知」，無分其學，亦出姚江反身録提要。故論朱陸二家曰：「學者當先觀象山、慈湖、陽明、白沙之書，闡明心性，直指本初。然後取二程、朱子以及康齋、敬軒、涇野、整菴之書，以盡踐履之功，以悔過自新爲宗旨。」

顒之先世無達者，父可從爲材官。崇禎十五年，從汪喬年討賊。敗，死之。顒年十六按：二曲集父忌日祭文，康熙二十七年，顒自稱六十二歲，推知十六也。母彭氏言忠孝節義以督之，飢寒清苦無所憑藉。顒自拔流俗，以昌明關學爲己任，有餽遺者，雖十反不受。或曰：「交道接禮，孟子不卻。」答曰：「我輩百不能學孟子，即此一事不守孟子宗法，正自無害。」嘗一主關中講院，既而悔曰「錯也」，亟去之。

初顒父從軍，臨發決一齒與顒母曰：「如不捷，吾當委骨，子善教兒矣。」顒母葬其齒，曰「齒塚」，以待合葬。母卒，康熙九年免喪。徒步之襄城覓遺骨，不得。服斬衰，晝夜哭，乃設招魂之祭。知縣張允中爲其父立祠，且造塚戰場，又爲「義林」，遍及五千國殤以慰孝子之心。常州府知府駱鍾麟師事顒，謂祠未能旦夕竣，請顒南下謁道南書院，且講學以慰東林學者之望。顒赴之，凡講於無錫、於江陰、於靖江、於宜興。從者雲集，不得休息。忽悔曰：「不孝汝此行何事，而喋喋於此。雖見顧高何益？」卽成行，還襄城。祠成，奉招魂之主，取塚土西歸告母墓，附齒塚中鮚埼亭集及二曲詩集。晚年，因兵氛寓富平。門人鄠縣王心敬，字爾緝。自壬戌卽傳顒學。二曲集二十二卷，皆心敬所摭次見二曲本集。

錄自儒林傳稿卷一

國朝先正事略　李二曲先生事略

李元度

先生先世無達者。父可從，字信吾，以壯武從軍，爲材官。崇禎壬午，督師汪公喬年討賊，信吾從監紀孫兆禄以行。臨發，抉一齒與其婦彭，曰：「戰，危事；不捷，當委骨沙場。子其善教兒矣！」亡何，督師死事，信吾衛監紀不克，亦死。彭聞報，欲身殉；以子幼，制淚撫之。然無以爲生。或謂彭曰：「可令兒傭，取直以養；或令給事縣庭。」彭不可；令先生從師學，脩脯不具，皆謝之。彭曰：「經書固在，何必師！」時先生年十六，粗解文義，母夫人日言忠孝節義事以督之。母子相依，或數日不舉火，泊如也。

先生以昌明關學爲己任。家無書，從人借讀。自經史百家至二氏之書，無不觀。其論學曰：「天下大根本，人心而已矣；大肯綮，提醒天下之人心而已矣。是故天下治亂視人心，人心邪正視學術。凡學在反身、道在守約、功在悔過自新，而必自静坐觀心始。静坐乃能知過，知乃能悔，悔乃能自新。」又言：「學者當先觀象山、慈湖、陽明、白沙之書，闡明心性，直指本初，以洞斯道之大源；然後取二程、朱子及康齋、敬軒、涇野、整菴之書玩索，以盡踐履之功。否則，醇謹者乏通慧、穎悟者雜異端，無論言朱言陸，皆於道未有得也。」於是，關中士爭向先生問學。關學自横渠後，三原、涇野、少墟累作累替，至先生而復盛。當事慕其名，踵門求見，力辭不得，則一見之，終不報謁；曰：「庶人不可入公府也。」再至，並不復見。有饋遺者，雖十反亦不受。或曰：「交道接禮，孟子不卻；唯何甚？」曰：「我輩百不能學孟子。即此一事，稍不守孟子家法，何害！」當事請主關中書院，先生嘗謀爲馮恭定公設俎豆，勉就之。已而深悔，急去之。陝撫白君欲薦諸朝，哀籲得免。督學許君孫荃議進其所著書，亦不可；然關中利害在民者，未嘗不爲當事力言也。少墟高弟隱淪不爲世所知者，言之當事，表其墓以傳之。

初，母夫人葬信吾之齒曰「齒塚」，以待身後合葬。先生累欲之襄城招魂，以母老不敢遠出。乙巳，母夫人卒；庚戌，徒跣之襄城。遍覓遺蜕不得，乃爲文禱於社，服斬衰；晝夜哭不絶聲，淚盡繼以血。襄城令張允中出迎，請適館，不可；乃亦爲之禱，卒不得。先生設招魂之祭，狂號。允中請立信吾祠，且造塚故戰塲，以慰孝子心。揚州守駱鍾麟，前令盩厔時師事先生者也。聞先生至襄城，謂：「祠事未能旦夕竟，請南下謁道南書院以發顧高諸公書，且講學以慰東林學者之望。」先生應之。從者雲集，開講於無錫，於江陰，於靖江、宜興，晝夜不獲休；忽靜中涕下如雨，搥胸自詈曰：「不孝汝此行爲何事？竟喋喋於此間，尚爲有人心者乎！雖得見高顧諸公書，何益！」申旦不寢，即戒行。時祠事且畢，急詣襄城，宿祠下。夜分，鬼聲大作，悽愴悲涼；蓋先生祝於父祠，願以五千國殤魂同返關中故也。允中乃爲先生設祭，上祀督師汪公、監紀孫公，配以信吾；下設長筵，遍及死事者。先生伏地大哭，觀者皆哭。於是立碑曰「義林」，奉招魂之主；取塚土而歸，告於母墓，附齒塚中，更持服如初喪。崑山顧寧人作襄城紀異詩，傳寫遍海内。

癸丑，陝督鄂善以隱逸薦，先生誓死辭；書八上，皆以病爲解。得旨：「俟病愈，敦促入京」。自是大吏歲歲來問起居，先生遂稱廢疾，長臥不起。戊午，部臣以「海内眞儒」薦，有旨召對。時詞科薦章遍海内，先生獨被「昌明絶學」之目，中朝必欲致之。大吏趣行益急，先生固稱疾篤，舁其牀至行省，大吏親至榻前縱臾。先生絶粒六日，至欲拔佩刀自刺。於是諸官屬大駭，得予假治疾。先生嘆曰：「生我名者殺我身，是皆生平洗心未密，不能自晦之所致也！」當道知其不可屈，姑置之。自是荆扉反鎖，不復與人接，惟顧寧人至，則款之。已而天子西巡，將召見，命陝督傳旨。先生驚泣曰：「吾其死矣！」辭以廢疾不至。遣子慎言詣行在，進所著四書反身録、二曲集。御書「關中大儒」四字以寵之。晚年，遷富平；學者日至。

先生學極博，嘗著十三經糾繆、廿一史糾繆及象數諸書；既自以爲近於口耳之學，不復示人，惟以反身録示學者。然或才士著書滿家，先生竟扃戶不納，積數日，悵然去。或出自市廛下戶，先生察其心之不雜，引而進之。當是時，北則孫先生夏峰、南則黄先生梨洲、西則先生，時論以爲三大儒。然夏峰自明時已與楊左諸公爲石交，其後孫高陽相國折節致敬，易代後聲名益大；梨洲爲忠端之子、蕺山之高弟，又從亡海上，資望皆素高。先生起自孤童，上接關學六百年之統，寒飢清苦中耿光四出，無所憑藉，拔地倚天，視二先生爲尤難云。

先生名顒，字中孚，自署曰二曲土室病夫，陝西盩厔人。子二：慎言、慎行。慎言以門戶故，出補諸生，終不與科舉；後以選拔貢太學，亦不赴。先生晚年因兵氛遷寓富平，與富平李因篤、郿縣李柏稱「關中三李」。門人王心敬能傳其學。因篤自有傳。

録自國朝先正事略卷二十七

文獻徵存録　李顒

錢林　輯　王藻　編

李顒，字中孚，西安盩厔人。父可從，爲材官。崇禎中，從總督汪喬年、監紀孫兆禄討賊，敗死襄城。顒時年十六，及壯不肯求仕進，於山中築一土室居之，自署曰二曲土室病夫，以水曲曰「盩」、山曲曰「厔」也。時人稱二曲先生。養閒慕道，於世事泊然無所累；嘗讀横渠、藍田之書，慨然有修明關學意，勤於誨誘。從遊者日至，所居庳狹，乃至於無所容。

論學以自新改過爲極則，論之曰：「曷言乎自新？復其本原之謂也。悔過者，不於其身於其心，於其心則必於其念之動者求之。易曰『知幾其神』，夫子以爲顔子其庶幾，謂其有『不善必知，知之必改』也。顔子所以能之者，由於心齋靜極而明，則知過矣。上士之於過，知其由於吾心，從心之所未發，遏之除之，其爲力易；中材稍難矣，然要以靜坐觀心始。靜坐乃能知過，知過乃能悔過，悔過乃能改過，以自新也。」以學者於朱陸，各有所宗，誡之曰：「諸儒之說，醇駁相間，捨短取長，當善讀之，不然醇厚者乏通慧，穎悟者雜竺乾，不問是朱是陸，皆未能於道有得也。」異日，謂：「『大學』『明德』與『良知』無分。」又曰：「學者當先觀象山、慈湖、白沙之書，闡明心性；然後取二程、朱子以及康齋、敬軒、涇野、整菴之書，以身踐履之。」則其趣頗近乎姚江矣。嘗著十三經糾繆、二十一史糾繆。既而，悔爲記問之學，巾箱中惟置四書反身録一冊。有來學者，輒授之曰：「道在是耳」。所至講學，門人皆録其語。則曰：「授受精微，不在乎書，要在自得而已。」是時孫奇逢講學蘇門爲北學，餘姚黄宗羲繼之有南學，關中之士則羣奉顒以爲模楷焉。人有餽遺者，雖十反不受。或謂：「交以道，接以禮，孟子不卻。」顒曰：「我輩百不能學孟子，此一事不學孟子，是亦孟子之所許也。」一主關中書院。

康熙十年，秦督鄂濟以隱逸薦，辭。後徵博學鴻詞，復推上顒，顒固稱病不就。强之，遂發狂，用刀自刺，乃得予假治疾。因嘆息曰：「生我名者殺我身，不幸而有此名，是乃學道不醇，洗心不密，不能自晦，以至於是也。」由是杜門斷交接，朋友詣之者絕不得見。一日，白崑山顧炎武、元和惠周惕至，倒屣迎之。人驚曰：「彼何人斯？二曲先生乃敬之如是耶！」

初顒父臨去，抉一齒付顒母，顒母彭氏葬其齒，名曰「齒塚」。顒既除母服，徒步之襄城，求其父遺骨不得，爲文禱於社，斬衰而哭，晝夜不絕聲，淚盡繼之以血，麻衣皆色爲變。知縣張允中聞之，請適館，不可。請爲其父置一祠，起墳於戰地，慰孝子罔極之恤，乃可之，方鳩工匠度費務。前盩厔令駱鍾麟，嘗執弟子禮，及是守常州，甚敬異顒，乃請顒謁道南書院，因講學東林，以待祠事之庀。顒至無錫縣，既而至江陰，移靖江，又至宜興，初若安焉，中夜忽有所感，自責曰：「不孝汝此行何事，而棲棲於此，雖見顧又何益乎？」謝學者詰朝竟行還。次襄城，酹父之靈。又釃酒告諸部曲，曰：「壯士死矣，死而有知，魂當從吾返故鄉也。」其夜宿祠下，聞揚聲悲嘆不絕。人咸以爲異，允中遂爲設奠，立督師監紀位，以顒父配國殤五千，則設長筵祀之。顒伏地哭，允中哭，觀者皆哭。既罷，立碑於墳上，題爲「義林」。載招魂之主，取其墳土西歸，告於母墓而坿之齒塚中，更持服如初喪。晚又遷富平。

聖祖幸關中，欽顒風素，敕大吏致顒。顒年老，遂稱病，篤遣其子詒行在陳情；且獻所著四書反身録一部。聖祖嘉其意，賜御書美之。顒居富平，以壽終。有二曲集二十二卷，門人王心敬所論次也。王士正曰：「种放賜告西歸，有一高士隱居三世，以野蔌一盤、詩一章贈放，云：『接得山人是舍人，朱衣前引到蓬門。莫嫌野簌無多味，我是三追處士孫。』」宋史列放隱逸傳，予嘗非之。若此，此君差無愧耳！近盩厔李顒以理學倡導關中，兩經徵聘不出，有三追處士風矣。全祖望曰：「癸丑，陝督鄂公以隱逸薦。戊午詞科中朝必欲致之，大吏勸行。因稱病篤，舁其牀至行省，遂絶粒水漿不入口者六日；戒其子曰：「我日抱隱痛，自期永棲堊室，平生心跡頗在堊室録感一書。死，斂懷堊室録感以當飯含，權厝堊室，三年方可坿葬母墓，勿受弔，使泉下更抱憾也。」當道知其不肯出，不復追之。嗚呼！先生所以終身不出，蓋抱其終身之痛。然而襄城有其父祠，盩厔有其母祠，立身揚名，其道愈尊，斯可謂之孝也。子慎言、慎行。慎言補諸生亦不仕。

録自文獻徵存録卷一

國朝學案小識　盩厔李先生

唐鑑

先生，諱顒，字中孚，號二曲，布衣，至孝。其父信吾翁從軍討賊，以身殉難，於崇禎壬午年與五千人同死襄城。先生幼不逮事，孝思殷摯，哀慕不已，淚盡繼之以血。閲三十年，抵襄招魂，撰文禱於隍神之廟，約牒五千遊魂隨信吾翁歸宿華嶽。襄令張某於其歸也，爲之勒碑構祠，俎豆千秋，以慰孝思，以彰義烈。將歸前一夕，邑之襄事於祠者，凡數十人，聞鬼聲號泣，悽愴悲涼，沁人肌骨，共駭異焉，而縮舌不敢吐。諸工役中有一人，強出數語，妥其靈，乃止。嗚呼，誠之所感，若是其神乎！先生母歿，終身堊室，作堊室録感以寄蓼莪之痛。其示子云：「我日抱隱痛，詳具録感一書。衹緣身本奇窮，不能事吾母於生前。服滿，永棲堊室，晨夕瞻禮供奉，聊事母像於沒後。不意爲虛名所累，矰弋屢及，儻見逼不已，惟有一死。死後宜懷藏録感，斂以粗衣白棺，權厝像側。三年後，方可附葬吾母墓旁。我生爲抱憾之人，死爲抱憾之鬼，斷勿掛紙開弔，輕受親友之奠。惟望封鎖祠宇，勿令閒人出入，以時灑掃，毋斷香火。稍有資力，即圖葺治，垂戒子孫，虔修時祀。」是可知先生之孝、先生之志矣！

先生學在反身，道在守約，功在悔過自新。於人問入門下手之要，曰：「我這裏論學，卻不欲人閒講泛論，只要各人自覓各人受病之所在，知有某病，即思自醫某病，即此便是入門，便是下手。」又於人問格物，曰：「格物窮理，貴有補於修齊治平。否則，誇多鬬富，徒雄見聞。若張茂先之該博，陶弘景之以一事不知爲恥，是名玩物，如是則喪志愈甚，去道愈遠矣。」又其授受紀要曰：「重實行，不重見聞；論人品，不論材藝。夫君子多識前言往行，原爲畜德，德既畜矣，推己及人，有補於世。若多聞多識，不見之實行以畜德，人品不足而材藝過人，擅美炫長，於世無補，徒以誇閭里而驕流俗，烏足齒於士君子之林乎！」又其錫山語要曰：「求易於易，不若求易於己。人當未與物接，一念不起，即此便是無極而太極，及事至念起惺惺處，即此便是太極之動而陽；一念知斂處，即此便是太極之靜而陰；無時無刻，而不以去欲存理爲務，即此便是天行健，君子以自強不息；人欲淨盡，而天理流行，即此便是乾之剛健中正，純粹精；希顔之愚，效曾之魯，斂華就實，一味韜晦，即此便是歸藏於坤。親師取友，麗澤求益。見善則遷，如風之疾；有過則改，若雷之勇。時止則止，時行則行。見可而進，知難而退，動靜不失其時。繼明以照四方，則兑、巽、震、艮、坎、離，一一在己，而不在易矣！」嗟乎！先生處處從身上驗眞修，事事從約中求實踐；而猶謂踐履弗篤，躬實未逮，口頭聖賢，紙上道學，張浮駕虛，自欺欺人，墮於小人禽獸之歸。自反之嚴亦至矣！曾子十目、十手何以異乎！夫先生之嚴若此，篤守程朱又何疑？而門人所記體用全學謂：「象山、陽明之書爲斯道大原，程朱諸録及康齋、敬軒等集，可以盡下學之功。」或者自反之初，亦有取於陸王之本體乎！觀其謂「六經皆我註腳，爲象山之失；滿街都是聖人，爲陽明之失」，則其確宗程朱家法，亦大可知矣。所著有二曲集、四書反身録。

從學諸子：白煥彩、吳發祥、陸士楷、吳發育、張光復、尤霞、朱士蛟、鄒隆祚、羊球、徐超、張濬生、張〔一〕珥、李士璸〔二〕、趙之俊、王心敬、駱鍾麟、李修、王天如、李鍾麟、樊嶷、岳宏譽、吳光、高世泰、唐獻恂。

録自國朝學案小識卷四

小腆紀傳本傳

徐鼒

李顒，字中孚，別署曰二曲土室病夫，學者稱爲二曲先生，陝之盩厔人也。父可從，以壯武從軍。崇禎壬午，督師汪喬年討賊，監紀孫兆禄偕可從以行。時賊勢大張，官軍累戰不利。可從瀕行，抉一齒與婦彭氏曰：「戰，危事。不捷，吾當委骨沙塲，子其善教兒矣。」時顒年十六，家貧甚。已而兵敗，可從死，從者五千〔三〕人盡歿。訃聞，彭欲以身殉，顒哭曰：「母殉父，兒亦必殉母，如是則父且絕矣。」彭氏乃制淚撫之，然無以爲活。親族謂可令兒傭，或言給事縣廷，彭氏皆弗許，乃令之從師受學，顧脩脯不具。已而彭氏曰：「經書固在，亦何必師？」時顒已粗解文義，母能言忠孝大節以督課之。煢煢相依，或一日不再食，或數日不火食，恬如也。

顒以昌明關學爲己任，家故無書，從人借之，自經史子集至二氏書，無不博覽。其論學曰：「天下大根本，人心而已；天下大肯綮，提醒天下之人心而已。是故天下之治亂，由人心之邪正；人心之邪正，由學術之晦明。」嘗曰：「下愚之與聖人，本無以異，但氣質蔽之，物欲誘之，積而爲過。此其道在悔，知悔必改，改之必盡，盡則吾之本原已復，復則聖矣。易

〔一〕「張」前衍「左輔」，刪去。
〔二〕「璸」，原本作「瑄」，據二曲集改。
〔三〕「千」，原本作「十」，據二曲集改。

曰：『知幾其神。』夫子謂顔子庶幾，以其有不善必知，知必改也。顔子所以能之者，由於心齋，靜極而明，則知遇矣。上士之於過，知其皆由於吾心，則直向根源剗除之，故爲力易；然中材稍難矣。要之以靜坐觀心爲入手：靜坐乃能知過，知過乃能悔過，悔過乃能改過。」其論朱陸之學曰：「學者當先觀象山、慈湖、陽明、白沙之書，闡明心性，直指本初，熟讀之，則可以洞斯道之大源；然後取二程、朱子以及康齋、敬軒、涇野、整菴之書玩索，以盡踐履之功。由工夫以合本體，下學上達，内外本末，一以貫之。至諸儒之説，醇駁相間，去短集長，當善讀之。不然，醇厚者乏通慧，穎悟者雜竺乾，不問是朱是陸，皆未能於道有得者。」於是，關中士子爭就之學。關中自横渠而後，三原、涇野、少墟累作累替，至顒而復盛。當事慕顒名，踵門求見，力辭不得者，則一見之，終不報，曰：「庶人不可入公府也。」再至，並不復見。有所餽遺，雖十反亦不受。或曰：「交道接禮，孟子不卻，先生得無已甚？」答曰：「我輩百不能學孟子，即此一事，稍不守孟子家法，正自無害我。」當事請主關中講院，勉就之，既而悔曰：「合六州鐵，不足鑄此錯也。」亟捨去。尋陝撫欲薦之，哀籲得免；督學使將進其所著書，亦不可；然關中利害在民者，則未嘗不言也。

初，彭氏葬可從之齒，曰「齒冢」，留穴以待身後。母卒，服闋。庚戌，徒步往襄城，繞城走，覓父遺蜕，不得。乃爲文禱於社，斬衰晝夜哭，淚盡繼以血。襄城令聞之，出迎適館，辭不受，令亦爲之禱，卒不得。顒遂設祭招魂，狂號不絶聲。令因議爲可從立祠祀，且造冢於故戰場，以慰孝子心。知常州府駱鍾麟，前令盩厔，嘗執贄門下，聞已至襄城，謂：「祠事未能亟具，請南下謁道南書院，發顧氏、高氏諸遺書，講學以慰東林餘望。」顒赴之，遠近從遊者雲集，凡開講於無錫、江陰、宜興間，晝夜不息。忽靜中雪涕如雨，搥胸自詈曰：「不孝！汝此行爲何事，竟喋喋於此，尚爲有人心乎？雖得見諸賢遺籍，何益？」申旦不寐，即戒行。毘陵學者固留之，不可。時祠事已畢，還宿襄城祠下。夜分，鬼聲大作，蓋嘗祝於父，願以同死國殤，魂同返關中故也。襄城令爲設祭，上立督師汪喬年、監紀孫兆禄主，以可從爲配；下列長筵，遍及當時之殉國者。顒伏地大哭，觀者亦哭。於是，立碑於冢，曰「義林」，取其冢土西歸告母墓，附之齒冢中，更持服如初喪。

既而，制府以隱逸薦，顒辭以書曰：「僕少失學問，又無他技能，徒抱皋魚之至痛，敢希和靖之芳蹤哉？古人學貞行實，輕於一出，尚受謗於當時，困辱其身，況如僕者，而使之應對殿廷？ 明公此舉，必當爲我曲成。 如必不獲所請，即當以死繼之，斷不惜此餘生以爲大典之辱。」牘凡八上，更辭以病，得旨「俟病愈，敦促至京」。 自是大吏歲時問起居，遂稱廢疾，長臥不起。 戊午，部臣以「海内眞儒」薦。 時鴻詞科薦章遍海内，而顒獨有「昌明絶學」之目。 官司勸行益急，檄縣守之。 不獲已，舁牀詣行省。 布政使而下，親至榻前慫恿之。 顒乃絶粒，水漿不入口者六日。 大吏猶强之，突出佩刀自刺，於是諸官屬駭絶，始得予假療治。 已復嘆曰：「此事恐不死不止，所謂生我名者殺我身。 不幸有此，皆生平學道不純，洗心不密，不能自晦所致。」戒其子曰：「我日抱隱痛，自期永棲堊室，平生心跡，惟在堊室録感一書。 萬一見逼死，宜粗衣白棺，以是書殉，厝室中三年後葬，毋受弔，使我泉下重有憾。」自是當道亦不復敦迫，荆扉反鐍，弗與世通，惟吳中顧炎武至，則具鷄黍盡驩。 越年，天子西巡狩，令督臣傳旨引見，顒以廢疾辭。 御書「關中大儒」四字以顔其室。

顒年四十以前，著有十三經糾繆、二十一史糾繆及象數諸書，既以爲近口耳之學，不復示人。 晚歲遷居富平，四方之士，不遠而至。 當是時，北方孫奇逢，南方黄宗羲暨顒稱「海内三大儒」，惟顒起自孤根，一無憑藉，尤爲人所莫及。 子二：愼言、愼行。 愼言以門戶故，出補諸生，終未嘗與科舉之役。 陝學使者以選拔貢之太學，卒不赴。 兄弟皆克守父志云

録自小腆紀傳卷五十三

皇明遺民傳本傳

孫靜菴

明李容，一名顒，字中孚，自署曰二曲土室病夫，陝西盩厔人，人稱爲二曲先生。 父可從，字信吾，崇禎壬午應募從軍，隸監紀孫兆禄軍，從陝西總督汪喬年討賊。 臨發，抉一齒，與其婦彭曰：「戰，危事。 不捷，當委骨沙塲，子其善教兒矣。」亡何，喬年戰死襄城，兆禄與可從等五千人同日死難。 彭聞報欲身殉，以子幼，制淚撫之，然無以爲生。 或謂彭曰：「可令兒傭，取值以養，或令給事縣庭。」彭不可，令二曲從師學，脩脯不具，皆謝之。 彭曰：「經書固在，何必師？」時二曲年十

六，粗解文義，母夫人日言忠孝節義事以督之。母子相依，或數日不舉火，泊如也。

二曲以昌明聖學爲己任，家無書，從人借讀，自經史百家至二氏之書無不觀。其論學曰：「天下大根本，人心而已矣；大肯綮，提醒天下之人心而已矣。是故天下治亂視人心，人心邪正視學術。凡學在反身，道在守約，功在悔過自新，而必自靜坐觀心始。靜坐乃能知過，知過乃能悔，悔乃能自新。」又言：「學者當先觀象山、慈湖、陽明、白沙之書，闡明心性，直指本初，以洞斯道之大源。然後取二程、朱子，及康齋、敬軒、涇野、整菴之書，玩索以盡踐履之功。否則，醇謹者乏通慧，穎悟者雜異端，無論言朱言陸，皆於道未有得也。」於是，關中士爭向二曲問學。關學自横渠後，三原、涇野、少墟累作累替，至二曲而復盛。當事慕其名，踵門求見，力辭不得，即一見之，終不報謁，曰：「庶人不可入公府也。」再至，並不復見。有饋遺者，雖十反亦不受。或曰：「交道接禮，孟子不卻，唯何甚？」曰：「我輩百不能學孟子，即此一事，稍不守孟子家法，何害？」當事請主關中書院，二曲嘗謀爲馮恭定公設俎豆，勉就之。已而深悔，急去之。陜撫白某欲薦諸朝，哀籲得免。督學許孫荃，議進其所著書，亦不可。然關中利害在民者，未嘗不爲當事力言也。少墟高弟隱淪不爲世所知者，言之當事，表其墓以傳之。

初，母夫人葬信吾之齒曰「齒塚」，以待身後合葬。二曲屢欲之襄城招魂，以母老不能遠出。乙巳，母夫人卒。庚戌，徒跣之襄城，遍覓遺蜕不得。乃爲文禱於社，服斬衰，晝夜哭不絕聲，淚盡繼以血。襄城令張允中出迎，請適館，不可。乃亦爲之禱，卒不得。二曲設招魂之祭狂號，允中請立信吾祠，且造塚故戰場，以慰孝子心。常〔二〕州守駱鍾麟前令盩厔時，師事二曲者也。聞二曲至襄城，謂：「祠事未能旦夕竟，請南下謁道南書院，以發顧高諸公書，且講學以慰東林學者之望。」二曲應之。從者雲集，開講於無錫，於江陰，於靖江、宜興，晝夜不獲休。忽靜中涕下如雨，搥胸自詈曰：「不孝汝此行爲何事，竟喋喋於此間，尚爲有心人者乎？雖得見高顧諸公書，何益？」申旦不寐，即戒行。時祠事且畢，急詣襄城，宿祠下，

〔二〕「常」，原本作「揚」，據二曲集改。

夜分鬼聲大作，悽愴悲涼。蓋二曲祝於父祠，願以五千國殤魂同返關中故也。允中乃爲二曲設祭，上祀督師汪公、監紀孫公，配以信吾；下設長筵，遍及死事者。二曲伏地大哭，觀者皆哭。於是，立碑曰「義林」，奉招魂之主，取塚土而歸告於母墓，附齒塚中，更持服如初喪。崑山顧寧人作襄城紀異書，傳寫遍海内。

癸丑，陜督鄂善以隱逸薦，二曲誓死辭，書八上，皆以病爲解。得旨「俟病愈，敦促入京」。自是大吏歲歲來問起居。二曲遂稱廢疾，長臥不起。戊午，部臣以「海内眞儒」薦，有旨召對。時詞科薦章遍海内，二曲獨被昌絕學之目，清廷必欲致之，大吏趣行益急。二曲固稱疾篤，舁其牀至行省。大吏親至榻前慫恿，二曲絕粒六日，至欲拔佩刀自刺。於是，諸官屬大駭，得予假治疾。二曲嘆曰：「生我名者殺我身，是皆生平洗心未密，不能自晦之所致也。」當道知其不可屈，姑置之。自是荆扉反鎖，不復與人接，惟顧寧人至，則款之。已而康熙西巡，將召見，命陜督傳旨。先生驚泣曰：「吾其死矣。」辭以廢疾不至。乃就其家，取所著四書反身録、二曲集，賜額曰「關中大儒」。大吏強使作表謝，乃詭書數語付之，而其詞亦甚拙，大吏笑置之。

二曲學極博，嘗著十三經糾繆、廿一史糾繆，及象數諸書。既自以爲近於口耳之學，不復示人，惟以反身録示學者。晚年遷富平，學者日至。然或才士，著書滿家，二曲竟扃戶不納，積數日，悵然去。或出自市廛下戶，二曲察其心之不雜，引而進之。當是時，北則孫夏峰，南則黄梨洲，西則二曲，時論以爲「三大儒」。然夏峰自明時已與楊左諸公爲石交，其後孫高陽相國折節致敬，易代後聲名益大。梨洲爲忠端之子、蕺山之高弟，又從亡海上，資望皆素高。二曲起自孤童，上接關學六百年之統，寒飢清苦中，耿光四出，無所憑藉，拔地倚天，視二先生爲尤難云。

録自明遺民傳卷十五

己未詞科録　李顒

秦瀛

李顒，字中孚，號二曲。陝西盩厔人，布衣。著有四書反身録六卷、續補一卷，二曲集二十二卷，十三經糾繆十卷，廿一史糾繆三十卷。

李顒，字中孚，盩厔人。康熙己未薦舉博學鴻詞，以年老不能赴京而罷。康熙四十二年，聖祖仁皇帝西巡，召顒入見。時顒年已衰老，遣子慎言詣行在陳情，以所著二曲集、反身録奏進，上特賜御書「操志高潔」以獎之。是書本題曰：「二曲先生口授，鄠縣門人王心敬録。」二曲者，顒之別號。水曲曰「盩」，山曲曰「厔」。盩厔當山水之曲，故因其地以稱之。是此書成於心敬之手，顒特口授。然核其序文年月，則是書之成，顒猶及見，非身後追録之比，實仍顒所自定也。

顒之學本於姚江，書中所載，如大學格物之物爲身心意知家國天下之物，卽物有本末之物。又謂「明德與良知無分別，念慮微起，良知卽知善與不善。知善卽實行其善，知惡卽實去其惡。不昧所知，心方自慊」云。節録四庫書目四書反身録提要。

集爲門人王心敬所編，每卷分標篇目：曰悔過自新說，曰學髓，曰兩庠彙語，曰靖江要語，曰錫山要語，曰傳心録，曰體用全學，曰讀書次第，曰東行述，曰南行述，曰東林書院會語，曰匡時要務，曰關中書院會約，曰盩厔答問，曰富平答問，曰觀感録，皆其講學教授之語，或出自著，或門弟子所輯，凡十六至二十二卷則顒所著雜文也。二十三卷以下曰襄城記異，乃顒父可從明末從汪喬年擊流寇戰歿，顒建祠襄城，有聞鬼語之事，各作詩文記之，而劉宗泗裒輯成帙者。曰義林記，則記招魂葬父事，亦宗泗所輯。曰李氏家乘、曰賢母祠記，則皆爲可從及顒母彭氏所作傳記詩文，而富平惠龗嗣彙次之，刊集時並以編入，蓋用宋人附録之例。然卷帙繁重而無關顒之著作，殊爲贅尤。節録四庫書目二曲集提要。

中孚幼孤，事母至孝。年十六，就塾。塾師嫌其貧不納，母乃聽其無師而學。母教之識字，隱君心自開悟，未幾通制義。學博延安左君覽之，大驚曰：「天下有不從帖括而竟爲邁俗之文若此者乎！」勸之就童子試，不應。自是厭棄俗學，求聖賢所以爲學之道。龔百藥撰本傳。

盩厔李中孚兩經徵聘不出，有古人之風，以理學倡導關中。池北偶談。

先生姓李氏，字中孚，別署曰二曲土室病夫，學者稱二曲先生。以昌明關學爲己任，自經子史集以至二氏之書無不觀，然非以資博覽；其所自得，不滯於訓詁、文義，曠然見其會通。陝督鄂君以隱逸薦，辭牘八上，時先生以病爲解，得旨「俟病愈，敦促入京」。遂自稱「廢疾」，長臥不起。戊午，部臣以「海內眞儒」薦，時詞科薦章遍海內，而先生獨以昌明絶學之目。中朝必欲致之，固稱病篤，舁其牀至行省，水漿不入口者六日，拔刀自刺，乃得予假治疾。嘆曰：「將來強我不已，不死不止，是皆平生學道不純，洗心不密，不能自晦之所至也！」自後荆扉反鎖，不復與人接。惟吳中顧寧人至，則款之。已而天子西巡欲見之，令陝督傳旨，又驚泣曰：「吾其死矣！」辭以廢疾不至，特賜「關中大儒」四字以寵之。四十以前嘗著十三經糾謬、廿一史糾謬諸書以及象數之學無不有著述，其學極博。既而，以爲近於口耳之學，無當於身心，不復示人。所至講學，門人皆録其語。先生起自孤根，上接關學六百年之統。寒餓清苦之中守道愈嚴，而耿光四出，無所憑藉，拔地倚天，尤爲莫及。子二：愼言、愼行，皆能守其父之志。節録鮚埼亭集墓誌。

瀛按：先生之講學無錫也，實主吾家。先燈嚴公從之遊，稱先生識見高明，踐履篤實，以雪府君墓表蓋出先生撰著云。

瀛又按：二曲父可從，明才官。從汪喬年擊流寇，戰歿。方望溪云：「當吾之世，志行越衆者三人：睢州湯潛菴之母爲流賊所膊，關西李中孚之父糜爛於戰場，博野顏習齋父流亡母改適，匍匐萬里，始得父墓，見異母之妹，招魂而歸。」顧亭林云：「堅苦力學，無師而成，吾不如李中孚。」駱鍾麟爲西安府同知，執弟子禮事之；後守吾郡，建延陵書院，延中孚主講席，嘗會講於吾邑東林書院，有錫山要語，其門人王心敬編録。

録自己未詞科録卷五

附録四

二曲先生年譜[一]

山陽吳懷清

明天啟七年正月二十五日未時，先生生。

劉宗洙二曲先生傳：「先生蓋丁卯年癸卯月癸巳日己未時嶽降也。」懷清按：「丁卯」爲明天啟七年，「癸卯」爲二月。考明熹宗紀：是年二月未紀朔。東華録：天聰元年，即天啟七年；二月己亥朔，有癸卯、癸丑、癸亥，而無癸巳，惟正月有癸巳，在下旬。又考豐川集涇州新創二曲先生祠記云：「文子鳴廷嘗以某年春從遊先生之門，自此每於正月念五，先生壽前，必策一蹇，衝冒風雪而至。」始悉先生之生在正月二十五日癸巳。由此後推，若大建則距二月己亥朔六日，適合劉傳言「癸卯」而不言「壬寅」者。蓋正月交二月節，星家排八字，即作二月推算也。

先生名顒，以避仁廟諱，他書多追改作「容」。字中孚，嘗自號慚夫，劉宗泗二曲先生墓表：「嘗泣語人曰：『吾母之生，寢無席；吾父之亡於外也，求其骨而不得。吾實天地之罪人矣！』因自號曰『慚夫』。」別署「二曲土室病夫」，學者因稱之爲二曲先生。世居盩厔，先世無達者，故名字無考。父可從，字信吾，私謚忠武。母邑彭氏。以上懷清據各書增輯。

[一] 按：本年譜以民國十七年（一九二八）默存齋刻本關中三李年譜之二曲先生年譜爲底本，以民國二十五年（一九三六）關中叢書本關中三李年譜之二曲先生年譜爲校本，兼與二曲集、歷年紀略、年譜中所徵引部分著述對校。

崇禎七年　乙亥，九歲。

先生家世甚微，貧不能早學。九歲始入小學，從師發蒙。讀三字經，私問學長云：「性既本善，如何又說相近？」學長無以答。在小學僅二旬，嬰疾輟讀，後隨母舅讀學、庸，舊疾時發，作輟不常。二曲歷年紀略。後均省稱紀略。

懷清按：是年以後，多依二曲歷年紀略，特爲註出，其有依他書增輯者，亦分別註出。

崇禎十四年　辛巳，十五歲。

是年，李自成擾河南。及冬，連陷葉縣、南陽、洧川、許州、長葛、鄢陵，攻開封。總督陝西都御史汪公喬年奉命出關討賊，先生父信吾公以材官隨監紀西安同知、前盩厔令孫公兆禄出征。十二月二十四日，離家。至省垣數日，慮先生爲讐人所陷，寄書先生伯父及舅氏以致丁寧。據明史及二曲集跋父手澤增輯。明史列傳：汪喬年，字歲星，遂安人。天啟二年進士，授刑部主事，歷郎中，累遷青州、平陽知府，陝西提學、按察使。十四年，擢巡撫。時李自成破河南，擢喬年總督三邊軍務，數趣出關。十五年正月，率總兵賀人龍、鄭嘉楝、牛成虎出潼關。自成攻左良玉郾城，喬年兼程，進次郟縣，襄城人迎喬年。二月二日入襄城，賊果解郾城而攻襄城。賊至，三帥奔，軍大潰。二十七日，城陷，自剄不殊，賊割其舌，磔殺之。時監紀西安同知孫兆禄、材官李可從皆死之。兆禄，鹽山人；可從，盩厔人。跋父手澤：「吾父崇禎十四年臘月二十四日離家，隨邑侯孫公征賊河南。至省數日，慮顒爲仇人所陷，託人寄書於〔二〕吾伯、吾舅以致丁寧。」

崇禎十五年　壬午，十六歲。

正月，信吾公至潼關，復寄書先生伯父及舅氏，以先生爲託。既而，訛傳先生被官收倉，急函召先生從兄居暨舅僕彭守己赴關，欲面有所囑。比二人至，信吾公已於十八日出關，二月十一抵襄城，被賊圍攻。十七日，城陷，汪公被執遇害，信吾公偕監紀孫公俱死之。二曲集跋父手澤。跋云：「次年正月至潼關，又寄書以顒爲託。既而，側聞訛傳，言顒被官收倉，即寄書伯舅，呼

〔二〕「於」，原本脫，據二曲集補。

吾堂兄居暨舅僕彭守己赴關，欲面有所囑。及二人到關，而吾父正月十八日已出關矣。二月十一日薄暮，抵襄，被圍。逆闖晝夜攻城。知必不免，與同儕泣語，深以顒幼弱無倚爲痛。十七日，城陷，竟及於難。」按：跋紀汪師抵襄及城破之日與明史異，可訂史家之訛。又，跋不及先生父離家抉齒事，蓋因有葬落齒事，文人遂附會爲臨行抉之者，茲亦不闌入譜中。襄城志忠烈：李可從字信吾，沉毅有大略，汪督援鄖，壯志請纓，汪奇之，署爲材官，命副孫郡丞掌賞功。賊圍城，將陷，其猶子爲畫遁計，乃曰：「出吾門抉齒，誓不與賊共戴！敗即遁，毋寧貽汪公羞乎！」血戰巷口，體無完膚，猶撼聲號衆曰：「殺賊！殺賊！」烈哉！襄人私謚忠武。按：忠武生明萬曆十八年己亥十一月十九日子時，没年四十有四。

崇禎十六年　癸未，十七歲。

太翁既征賊陣亡，母子煢煢在疚，形影相弔。是時，無一椽寸土之産，所僦邑内小屋，房租不繼，被逐，東移西徙，流離失所。癸未之秋，始得茅廈於邑西新莊堡，遂定居焉。是冬，駐防兵變，殺掠甚慘。先生偶出堡拾薪，被獲，刃將及頸，同伍異其氣概，亟格刃獲免。居恆餬口罕資，三黨無一可倚，朝不謀夕，度日如年。鄉人憫其危甚，勸之給事縣庭，充門役，謂可以活母命，免溝壑，謝而拒之。紀略。按：堊室録感跋云：「某母子日日大飢，里人憐其危甚，勸顒[一]給事縣庭充門役；迨長，又導之習陰陽卜畫，業他技。某皆謝而弗爲，蓋恥於失身也。束手受困，吾母居恆菜色，屢瀕於危。」

崇禎十七年　甲申三月，李自成陷燕京。大清兵入關。冬十月爲順治元年，十八歲。

是年，艱窘困憊，突常無煙。時父執之子與先生同等者，多入籍衙役，或作胥吏，或爲皂快，咸招先生共事，堅不之從。里中惡少以其不應役養母，目以不孝亦不恤。家僅一桌，鬻以易食。一卜者哀而授以子平，俾藉以聊生。將從其術，塗經社學，聞誦書聲有感，遂卻步返，矢志讀書。母欣然引送舅塾，拒不納。鄰邨有教授者，知不能具束脩，亦弗收，退而自傷者久之。於是，取舊所讀學庸，依稀認識，至論孟則逢人問字正句。自是，母爲人紡棉，得米則雜以糠粃野蔬，併日而食。先

[一]「顒」，原本作「其」，據二曲集改。

生拾薪採蔬之暇，手不釋卷，書理不解，則憤悱終日。親友有貽以海篇者，遂隨讀隨查，由是識字漸廣，書理漸通，熟讀精思，意義日融，然後遞及於經。鄉人聞而詫異，以爲貧至此，救死弗暇，乃近書册乎？紀略。

順治二年　乙酉，十九歲。

是春，壁經既治，乃借易以讀。入夏，偶得周鍾制義全部，見其發理透暢，言及忠孝節義則慷慨悲壯，遂流連玩摹，每一篇成，見者驚歎。既而，聞鍾失節不終，亟裂毁付火，以爲文人之不足信、文名之不足重如此，自是絶口不道文藝。人有勉以應試者，笑而不答。始借讀春秋公穀左氏、性理大全、伊洛源淵録。見周、程、張、朱言行，掩卷歎曰：「此吾儒正宗，學而不如此，非夫也！」至是，步趨遂定，嚮往日篤，枵腹忍凍，有以自堅。人見其居恆菜色，咸呼爲「李菜」。紀略。金壇志：周鍾，字介生。崇禎十六年進士，官庶吉士。兄銓，字簡臣，崇禎十年進士，授上虞令。少負異才，與弟鍾齊名。説鈴談往：崇禎十七年，流賊破帝都，周鍾時主王百戶家，王擬同巷戰而死，事迅不及，主人自縊，周亦投繯，徐爲一友解焉，固守泣勸。周擲身倒牀，顧友人曰：「吾豈前世殺爾父母，奈何不成人美！」其痛言如此。初念有足取者。介生與梓里多齟齬，先聞鍾從賊，宗親鄰社方振臂奮拳，至鍾歸，遂聲罪擒解金陵詔獄。西蜀高倬會擢大司寇，披牘見情。恨介生平日談忠説孝，假仁義以罵天下者二十年，乃提出痛責二十，以快人心。即日題請肆市正法。明季國初進士履歷跋後：崇禎十六年癸未科云：「南京逆案庶吉士周鍾二等，應斬。闖登極詔出鍾手。乙酉春，遂正辟。有旨：『新榜進士盡污僞命，不當復玷清班。』則是科之有愧於科名者多矣。」又云：「余嘗得流賊所授降官簿一册，與諸野史所紀不同，金壇周鍾以勸進撰表得檢討，最幸。」

是冬，賀賊大營環屯堡側，左右邨堡俱陷，屠男掠婦，焚蕩一空。先生所居之堡，人不滿百，賊已蟻附而登，垂陷復墜，卒獲保全，識者以爲天幸。紀略。盩厔志兵事：順治二年十二月二十三日，賀貞自西來，邑令崔遁去，城守楊居士死之，而邑中房屋盡燬。國史張勇傳：順治二年，自成餘黨賀珍、賀宏器等分踞興安、固原，窺犯西安。按：賀貞卽賀珍。

當賊攻堡時，堡人震怖悲號，先生不異平時。適邑廣文左君之宜避難在堡，見而異之，與之語，斂衽起敬。賊退，從容盤桓連日夜，乃大驚曰：「吾生平足跡半天下，未嘗見此子！丰標既偉，才識又卓，眞世間之傑也。」瀕別，贈之以金，不受。逢人語必云：「汝邑有『生知』之人，不經師匠，自奮自成，汝知之乎？」聞者愕然。紀略。盩厔志：左之宜，鄜州人，由貢生順治元年任教諭。品端操潔，後以失城去。

順治三年　丙戌，二十歲。

借讀小學、近思録、程氏〔一〕遺書、朱子大全集。邑宰樊公嶷，河汾復元辛子之高足也，宰邑一年矣。是夏，聞先生好學，遣吏敦延，先生以「庶人無入公門之理」力辭。公遂屏騶，會晤於公所。時亢旱酷熱，先生身無別衣，止一襤褸絮襖，氈襪破履，而品宇軒昂，襟懷瀟灑。公一見竦異，相與論學，不覺心折，退卽送扁表其門，曰「大志希賢」，題詩以自慶。詩云：「漫道高賢不易逢，而今此地有潛龍。英年獨步顔曾武，定識遥承孔孟宗。濁世狂瀾堪砥柱，俗儒圭角已陶鎔。千秋聲氣還應在，濂洛關閩豈絶蹤。」次日，製布單衣，先令蔽形。方欲規畫資生之策，越五日，以守正不獲於上，被論謝事。瀕別，手書致意云：「昨晤吾子，知吾子必爲大儒無疑也。幸陳人有緣，得一見之；悵陳人無緣，將不得常常而見之。雖然，聲氣自在，一日亦千古也。喜甚！快甚！擔當世道，主持名教，非吾子其誰耶？區區行且拭目以望矣！」紀略。盩厔志：樊嶷字疑山，山西平陽人，由貢生順治五年任。慈良厚重，禮賢愛民，有循吏風。卒以謗去，時論冤之。按：志作「五年任」，與紀略異。志載順治二年賀貞自西來，邑令崔遁去；又載崔鹿鳴字文臺，遼東人，由貢生順治三年任。既三年始任，安得有二年遁去之事？足證志紀年月之不足據，自應以紀略爲信。絳州志：辛全字復元，號天齋，少稱「神童」。方總角，講河圖、洛書，輒能驚其長老。弱冠卽有志聖賢之學，每讀程朱書，焚香端坐，録其言行以爲法則，一時有「辛夫子」之稱。畢守道自嚴聞名造訪，南提學居益駐節州中，召試明體達用策，列諸生，俾餼於庠；尋奉安邑曹眞予爲師，學益進。或言：「中庸『無聲無臭』兩『無』字最爲玄妙。」全曰：「不如孟子『父子有親』五『有』字更爲切實。」聞者咸頫首。老儒李承賜年七十餘，願北面稱弟子；關中馮少墟、楚中賀陽亨各以所學來質；吳相國甡、倪祭酒元璐、路御史振飛等推挽恐後。崇禎間，膺貢入京

〔一〕「氏」，關中叢書本關中三李年譜作「子」。

師，賀相國逢聖特疏聞於朝，詔以知府用，全亦欲舉素所論著如衡門芹、經世碩畫見諸行事，未幾以内艱歸，遽嬰疾卒。門人私謚文敬，祀鄉賢。著有理學言行録、養心録、四書記、五經管窺、神京偶記、衡門芹、聖諭解。

順治四年　丁亥，二十一歲。

母連年多病，傭紡不常，穀食不能常得，春夏所恃，惟藜藿樹葉，秋冬則木實蕪菁。母緣是傷脾致瀉。力不能延醫，朝夕惟禱神籲天而已。雖獲平復，而肢體日弱，自是不復爲人代紡矣。紀略。

是年，借讀九經郝氏解、十三經註疏，駁瑕糾謬，未嘗盡拘成説。紀略。按：先生著有十三經註疏糾謬，應在是時。後以非切己之學，盡焚其稿。

順治五年　戊子，二十二歲。

春月，邑宰審編里書，僱先生寫册，得資聊給晨夕，而以其半買布，俾妻製履以鬻。又得小僕李喜，代先生薪水之勞，得以探討。是年，借讀司馬公資治通鑑、文公綱目暨紀事本末等集。謂：「綱目繼『獲麟』而作，誠史中之經，第成於文公晚年，未及更定，中間不無牴牾。尹氏發明，固有補世教，而持論時偏亦多，不得文公之心。如鄧艾兵至成都，後主出降，大書『帝降漢亡』者，言漢至是而始亡也。此正文公帝漢賊魏，申明正統，力扶人紀之初心。尹氏不得其解，乃云：『後主信任中官黄皓，以喪其國，是漢之自亡也。』若然，則孫皓之暴亦足自喪其國，於其亡也，何不亦書『吴亡』？如此之類甚多。」欲一一釐正，念著述非切己急務而止。紀略。按：先生著有廿一史糾謬，後亦焚之。

是年，與郿李雪木柏始相見於沙河東村。據檞葉集增輯。集與家徵君中孚先生書：「憶昔與兄相見於沙河東村，兄年廿一，弟年十九。」

順治六年　己丑，二十三歲。

是年，借讀大学衍義、文獻通考、杜氏通典、鄭樵通志、二十一史。謂：「函史下編與治平略、文獻通考相表裏，有補治道。函史上編、史纂左編不過分門別類，重疊可厭，然猶不失爲史學要册。若夫卓吾藏書，反經横議，害教不淺；其焚書可焚，而斯書尤可焚也。」紀略。山志：「近從實録中得萬曆三十年都給事中張問達劾李贄疏云：『李贄壯歲爲官，晚年削髮。近又刻藏書、焚書、卓吾大德等書，流行海内，惑亂人心。以吕不韋、李園爲智謀，以李斯爲才力，以馮道爲吏隱，以卓文君爲善擇佳偶，以司馬光論桑弘羊欺武帝爲可笑，以秦始皇爲千古一帝，以孔子之是非爲不足據，狂誕悖戾，未易枚舉；刺謬不經，不可不燬；尤可恨者，寄居麻城，肆行不簡，與無良輩遊菴院，挾妓女白晝同浴，勾引士人妻女入菴講法，至有攜衾枕而宿菴觀者，一境如狂。又作觀音問一書，所謂觀音者，皆士人妻女也。後生小子喜其猖狂放肆，相率煽惑；至於明劫人財，強摟人婦，同於禽獸而不之恤。邇來縉紳士大夫亦有捧呪念佛、奉僧膜拜者，手持數珠以爲戒律，室懸妙像以爲皈依，不知遵孔子家法而溺意〔一〕於禪教沙門者，往往而然。近聞贄且移至通州。通州離都下僅四十里，倘一入都門，招致蠱惑，又爲麻城之續。望敕禮部，檄行通州地方官，將李贄解發原籍治罪。仍檄行兩畿、各省，將贄刊行諸書，並搜簡其家未刻者，盡行焚燬，毋令貽亂後日，世道幸甚。』奉聖〔二〕旨：『李贄敢倡亂道〔三〕，惑世誣民，便令廠、衛、五城嚴拿治罪。其書籍已刻者，令所在官司盡搜焚燬，不許存留。如有徒黨曲庇私藏，該科及各有司訪參奏來，並治罪。』已而，贄懼罪自盡。馬經綸爲營葬通州。聞今有大書二碑，一曰『李卓吾先生墓』，焦竑題；一曰『卓吾老子碑』，汪可受題。表彰邪士，陰違聖人之教，顯倍天子之法，亦可謂無恥矣！恨當時無有聞之於朝者，仆其碑，並治其罪耳。」又「溫陵李贄頗以著述自任。予考其行事，察其持論，蓋一無忌憚之小人也。不知當時諸君子，如焦弱侯輩何以服之特甚？予疑其出言新奇，辨給動聽，久之遂爲其所移而不覺也。及閱弱侯所爲藏書序云『被其容接，未有不爽然自失者』，益信。贄所著書，惟易因説書尚可採，焚書固不足觀，藏書則率本他人成稿，而增刪無法，敍述失詳，間附己意，故作畸論，語不雅馴，多失體。至爲總目論云：『人之是非初無定質，覽者〔四〕但無以孔子之定本行賞罰。』又以孟子論王伯爲舛謬不通，此艾千子所謂『敢於非聖』，陳百史所謂『其學悠謬』者也。予既取其書細爲評駁，而復書此以告後世之學者，慎勿墮彼雲霧中。」

盩邑士俗，自四書、八股之外，餘書不知寓目，言及性鑑，便以爲涉雜。聞先生嗜古博稽，目之若怪物，共相非笑，咸

〔一〕「意」，原本脱，據中華書局本山志補。
〔二〕「聖」，原本脱，據中華書局本山志補。
〔三〕「亂道」，原本作「逆亂」，據中華書局本山志作改。
〔四〕「覽者」，原本脱，據中華書局本山志補。

謂：「李氏子素無師友指引正路，誤用聰明，不知誦文應考，耽誤一生，可惜！」於是，父兄子弟相戒不與先生相接，一則嫌其寒寠不屑，一則恐其效尤妨正也。紀略。

懷清按：科舉時代，四書、八股外餘書不知寓目，舉世皆然，匪獨盩邑士俗也，言之可慨。自科舉廢而學堂代興，終日疲精科學，並四書亦不寓目矣，流弊所極，安有窮哉！

是秋，里什催納丁銀，貧無以應，拘繫陵轢。入室搜所製之履，見炕〔一〕無席，瓶無粟，妻餒面腫，母僵臥不能起，惻然周之以錢，先生不受。紀略。

順治七年　庚寅，二十四歲。

邑藏書之家，漸知先生貧而力學，恣其翻閱，於是隨閱隨璧。數載之間，上自天文河圖、九流百技，下至稗官野史、壬奇遁甲，靡不研極，人因目爲「李夫子」；雖兒童走卒，咸以「夫子」呼之矣。紀略。

順治九年　壬辰，二十六歲。

某親素惡先生，是春又中鄰惡之讒，適女家被盜事發，某遂嗾盜誣扳先生之僕，欲因而陷先生。盜以「良心難昧」而止。紀略。

是年，閱道藏。嘗言：「學者格物窮理，祇爲一己之進修，肄業須純，勿讀非聖之書。若欲折衷道術，析邪正是非之歸，則不容不知所以然之實。」故玄科三洞、四輔、三十六類，每類逐品一一寓目，覈其眞贋，駁其荒唐。紀略。

冬月，製履無本，絕糧幾殆。友人貽之以豆，食之，始有起色。紀略。

順治十年　癸巳，二十七歲。

是年，閱釋藏，辯經、論、律三藏中之謬悠。他若西洋教典、外域異書，亦皆究其幻妄，隨説糾正，以嚴吾道之防。紀略。

〔一〕「炕」，原本作「坑」，據歷年紀略改。

順治十一年　甲午，二十八歲。

時邑宰張某者，本營伍出身，粗戾不學，信任衙蠹。先生季父爲其寵吏凌辱殞命，季父之子具狀呼寃，反中吏讒，謂爲先生指使，發役嚴捕，欲斃於獄，賴通邑紳衿營解而免。紀略。按：盩厔志：順治年知縣有二張：一張超芳，江南進士，九年任；一張成功，字魁吾，山西文水籍，漢軍正紅旗人，貢生，十一年任。謂爲「營伍出身」，必正紅旗之張成功也。

順治十二年　乙未，二十九歲。

是年，究心經濟，謂：「天地民物，本吾一體，痛癢不容不關。以學須開物成務，康濟時艱。史遷謂『儒者博而寡要』，元人進宋史表稱『議論多而成功少』，斯言切中書生通弊。」於是，參酌經世之宜，時務急著，中窾中會，動協機宜。紀略。

懷清按：駱挺生匡時要務序云：「先生嘗著帝學宏綱、經筵僭擬、經世蠡測、時務急著，其中天德王道，悲天憫人，凡政體所關，靡不規畫。既而，雅意林泉，無復世念，原稿悉焚去。」應此數年事，年次不定，姑識於此。

順治十三年　丙申，三十歲。

先生目擊流寇劫掠之慘，是年究心兵法。嘗謂：「自太公、武侯而後，儒者之中惟王文成通變不迂，文武兼資，肅皇稱爲『有用道學』。誠哉！其爲有用道學也。故道學而無用，乃木石而衣冠耳！烏睹所謂『道』？所謂『學』耶？」紀略。

按：盩厔志兵事：順治九年至十七年，賊首王才、周禹、劉四、王友、權必強、王根害、祁克贊、楊剛、白守愛、李沙鶴、李廣等，先後盤踞南山一帶，劫掠村堡，焚燒廬舍。防將張世美、程福亮剿撫兼施，根株俱盡，民始獲安。「流寇劫掠之慘」，應即指此。

是年夏，河南嵩縣王所錫、劉鑛嚮慕先生之論學，有補世道人心，介張密走謁先生於里塾，退而録其答語，名曰盩厔問答。據二曲集補輯。

順治十四年　丁酉，三十一歲。

夏秋之交，患病靜攝，深有感於「默坐澄心」之説，於是一味切己自反，以心觀心。久之，覺靈機天趣，流盎滿前，徹首徹尾，本自光明。太息曰：「學所以明性而已，性明則見道，道見則心化，心化則物理俱融。躍魚飛鳶，莫非天機；易簡廣大，本無欠缺；守約施博，無俟外索。若專靠聞見爲活計，憑耳目作把柄，猶種樹而不培根，枝枝葉葉外頭尋，惑也久矣。」自是屏去一切，時時返觀默識，涵養本源。間閱濂、洛、關、閩及河、會、姚、涇論學要語，聊以印心。其自題有云：「余初茫不知學，泛濫於羣籍，汲汲以撰述辯訂爲事，以爲學在是矣。三十以後，始悟其非，深悔從前之誤。自此鞭辟著裏，與同人以返觀默識相切砥。雖居恆不廢羣籍，而內外本末之辨，則析之甚明，不敢以有用之精神，爲無用之汲汲矣。」紀略。

順治十五年　戊戌，三十二歲。

是年，佃種里人之田，欲藉以聊生，值旱枯無成。自壬午〔一〕年失怙以來，母子未嘗一日溫飽，坎壈阨僿，備極人間未有之苦，危殆垂死者數矣，而卒獲不死者，幸耳。堅忍之操，不殊鐵石。平涼進士梁聯馨著論謂：「濂、洛、關、閩之傳，自陽明、近溪之後，剥蝕殆盡，先生生於百五十年之後而起續之，篤信謹守，奇貧阨之不爲變，羣毀攻之不爲恤，卒使絕學既湮而復振，大道已晦而復明。非先生之賢，而何以至是？非太君愛子若珠之賢，俯全所守，而何以至是？以視世俗之人，奉溫飽於一朝，誇聲稱於晷刻，其爲輕重，當必有辨之者。」朝邑李叔則有全文論之尤詳。紀略。陝甘進士録：梁聯馨字峒樵，平涼人。庚子解元，康熙甲辰進士。歷官工部都水司員外郎。朝邑志：李楷字叔則，晚號岸翁，學者稱河濱先生。弱冠舉天啟甲子鄉試。搆卷五齋，以五經分授從學者。屢上春官不第。築通帝樓，高十丈許，命書估日送圖籍，手自評騭。已而，避寇白門。與馬元御、王雪樵、韓聖秋等稱「關中四子」。入國朝，知寶應縣，以傲睨中讒謝去。流寓廣陵，幾二十載。搆堂名「霧」。與李太虛著二李鈺書，文名用傾海內。久之歸里，延修陝西通志，六十八而卒。所著文集若干種，合爲河濱全書一百卷。

順治十六年　己亥，三十三歲。

是春，臨安駱公鍾麟宰邑。下車之始，他務未遑，一聞先生名，卽竭誠造謁，再往乃見，長跽請誨，嚴奉師事。自是，政暇必趨其廬，從容盤桓，竟日乃去。去亦無所報謝，人或以爲倨。公曰：「李先生二十年來不履城市，豈可因鍾麟一人頓

〔一〕「午」，原本脫，據歷年紀略補。

違生平。但得不閉門踰垣，爲幸大矣！」見所居斗室，唯茅覆數椽，頹垣敗壁，不堪其憂，爲之捐俸搆屋，俾蔽風雨。時繼粟肉，以資侍養，仍具文遍報各衙門。其略云：「爲眞儒間出，聖學代興，懇憲破格宏獎，以彰道統，以光盛治事。竊惟道術係治運之晦明，理學關人心之絶續。粤自『精一』之傳，肇啟虞廷『執中』之傳，遞及三代，至東魯一儒，以布衣纘帝王之統，以筆舌司政教之權。於是，或以親炙揚休，或以私淑炳采，莫不闡微抉奥，崇正闢邪，此古今理學之大源流也。漢唐以降，董韓絶唱，寥寥寡和。逮夫趙宋應運，而濂洛關閩眞儒輩出，得不傳之祕於遺經，會百家之言而歸一。其有功於世道，有補於人心實鉅。明興，理學之家累累不一，薛湛諸公標舉於上，吳陳諸子巖藏於下，至於德功並立之人，揚『知行合一』之旨，則獨推陽明先生。顧往往困於讒間〔二〕，阨於異己，非諸正人力爲維持，其不爲元祐黨錮之禍者幾希！蓋道學之難明，而道學之人難顯易晦，若斯之甚也。我皇清定鼎以來，求賢訪道，屢奉明綸。然考所薦引，大約皆明季廢紳，其間固多雲興霞舉，黼黻〔三〕盛世之英，而所云北山、少室猿愁鶴怨之侶，亦復不少，則是旁求之意誠勤，而明揚之典未廓，是以招隱雖殷，而眞儒未出也。夫所謂眞儒者，必其巖居穴處，蕭然一室，疏水自安，簞瓢獨樂，富貴不淫，貧賤不移，威武不屈。蓋學有定旨，胸有獨得，窮則善身，達則善世，而後可紹繼絶傳，光輔皇猷。求之當今，未易數數見也。盩邑有隱士李顒者，其人生而穎異絶倫，潛心聖學。年未弱冠，即見器於前令樊嶷，知其超悟之資，必爲名世大儒。卑職蒞任之初，首重得人，因造其廬，訪其人，挹其德容，聆其談論，不覺形親神就。初猶執賓主之禮，既不覺甘拜下風而恐後矣。其學以『愼獨』爲宗，以『養靜』爲要，以『明體適用』爲經世實義，以『悔過自新』爲作聖入門。流覽著述良多，而其引進同志，開導學人，惟『悔過自新』之説。是故淺人見之以爲淺，深人見之以爲深，上下根人俱堪下手耳。年未強立，絶意進取。卑職躬行講約，屢經造請，未嘗一至偃室，其求榮干進之心，久以屏卻。但景仰高風，不敢隱蔽。」於是，一時臺、司、道、府始知先生，莫不優崇。紀略。盩厔志：駱鍾麟，順治十六年任。性和厚，多得士民心。修學宮，繕城垣，濬河渠，修邑志，於邑多所創立。去之日，士民爲之立祠。臨安志：鍾麟字挺生，順治丙戌舉人，丁亥會副任。盩厔令，尋知常州府，祀鄉賢。二曲集駱侯傳：「侯別號蓮浦，初任吉安州學正，尋移令余邑。增減藍田呂氏士約，刊布通庠。每季大會明倫堂以軌士。訓釋六言，刊布里社。朔望，躬親講勸以齊民。立社學，擇民間子弟，授以孝經、小學，以

〔二〕「間」，關中叢書本關中三李年譜作「門」。
〔三〕「黼黻」，關中叢書本關中三李年譜作「黻黼」。

端蒙養。飭保伍以清姦宄，修社倉以備凶荒。興平令缺，檄侯兼攝。鄠亦缺令，民控臺丐侯兼攝。政治所在，膾炙人口。九載奏最，擢京城北門指揮，轉余郡司馬，遷守常州，捐俸創建延陵書院。卒年五十有三。」

五月，按察司翟公鳳翥檄云：「李處士潛心正學，孝事其母。悔過自新一書，深得孔門善誘之方。下邑有士如此，可以風矣。仰縣即持本司書帖，敦請赴省一會。本司不日南行，急欲一見，非云枉召也。」駱公至廬慫恿，先生力辭。既而，布政司陳公爌心欽「悔過自新說」，爲之衍釋發明，欲因事至縣，造廬就教，病卒，未果。紀略。陝西志：翟鳳翥，山西聞喜人；陳爌，河南孟津人，均順治十六年任。聞喜志：鳳翥字象陸，順治三年進士，官刑部主事，遷饒州知府。以卓異擢屯田道，再擢陝西按察使，遷湖廣右布政使、福建左布政使，左遷福建鹽驛道，卒於官。所至號清惠，尤以培護士類爲先務。在饒州，建芝山書院；在陝西，修少墟馮公書院；在湖廣，修漢陽書院；在桑梓，建涑水書院；於絳，建啟光書院，皆日集諸生課其中。常負幹略，克肩大任。雅喜譔文章，尤好褒揚潛德，雖賣菜灑削無遺。孟津志：陳爌字去炫，號公朗。順治丙戌會魁，授編修，典試浙江。歷宏文院侍讀學士、詹事府正詹，外陞陝西左布政使。著有購遺書一疏，祀鄉賢。

九月，督學馬公之駚〔二〕呈詳撫臺，稱先生「品高月旦，行邁古今。蔬水承歡，絕意希榮干進；恬淡處己，覃懷往哲先型。允矣篤實眞儒，展也隱居君子，可謂盛世之羽儀、士林之木鐸也」。紀略。陝西志：馬之駚，直隸東光人，順治十六年任。東光志：馬之駚字元敏，順治己丑進士，授行人，擢督捕郎。值秦、閩、三楚督學缺，命取學行兼優者，親試殿前，勅督學陝右，科試諸生，甄拔悉知名士。歲試未竣，積勞成疾，告歸出關，卒於靈寶，年五十五。祀鄉賢。按：紀略作「之駇」，陝志作「之駚」，甘肅志亦作「之駚」。字書無「駚」字，茲依陝志。

十月，巡撫張公自德檄督學，表其廬曰「熙代學宗」，俾紳衿咸專嚮慕，後學知所依歸。紀略。陝西志：張自德，滿洲籍，豐潤人。順治十六年任。

〔二〕「駚」，歷年紀略作「駇」。

順治十七年　庚子，三十四歲。

是秋，母舅病故，子幼僕叛，外侮紛至。先生爲言於駱，糾回叛僕，力維門戶，以德報怨，識者咸歎爲人所難。是後每遇清明，必出戶躬祭舅墓，至老不廢。紀略。

是秋，秦安蔡琴齋啟賢司訓盩厔，不時造廬訪謁。據二曲集蔡氏家傳增輯。盩厔志：蔡啟賢，秦州人。雅誼高情，大家風範。詳見後。

十二月，同州党孝子湛，馮少墟之門人也，年八十餘，冒雪履冰，徒步就正所學。紀略。大荔志：党湛字子澄，好學安貧，性至孝。父患癲疾，家人莫敢近，湛獨晨夕侍側。父沒，廬墓三年，人稱其孝。晚年，屏居古窯中，靜反有得。每同學講集，輒娓娓不倦。年八十，矍鑠如少年。嘗步訪李顒於盩厔，留止浹旬，商證所學，至丙夜無倦。既沒，郝郡丞爲書「理學孝子之墓」以表之。二曲集党兩一翁行略：「翁嘗言『人生須作天地間第一等事，爲天地間第一等人』，故號『兩一』自勖云。居恆默坐土室，澄心反觀，久之恍然有契，自是動靜云爲，卓有柄持，神氣凝定，表裏坦夷。辛丑冬，聞余倡道盩厔，冒雪履冰，不憚數百里，訪質所學。相與盤桓數日，每至夜分，未嘗見有惰容，其志篤養邃如此。卒年八十四。」按：行略作辛丑冬，紀略列在庚子冬，均係追敍，未定孰是。

順治十八年　辛丑，三十五歲。

提學王公成功〔一〕檄學，稱先生「超世獨立，學尚實詣」，表其門曰「躬行君子」。是後，當道表閭者甚衆，或曰「理學淵源」，或曰「一代龍門」，或曰「躬超萃類」。先生深恥標榜，有妨闇修，多撤去不存。紀略。陝西志：王成功，山東博平人，康熙元年任。博平志：成功字允大，號省齋，順治六年己丑進士，授山西長治知縣，擢兵部主事，歷郎中。十八年，以副使督學陝西，所拔擢皆苦志寒士，文風大振。陞江南驛傳道，署按察使。以母老終養歸。按博平志任年與紀略合，陝志似小誤。

康熙元年　壬寅，三十六歲。

〔一〕「成功」，歷年紀略作「功成」。

三月，闔邑士庶以母貞苦迥常，相與推舉，駱公爲之彙集，呈狀申詳府道。略云：「看得李母彭氏〔一〕，青年而矢志完節，義同『剪髮』；白首而克稱賢母，功過『斷機』。家無儋石，不啻出百死而得一生；戶鮮餘丁，更且受千辛而歷萬苦。今隱士之賢，業蒙闡揚以重正學之傳，則賢者所生，自宜請憲旌異，以崇鄉國之式。」申詳由府到道，批准轉院題旌，承行書吏索常例，貧不能應，事遂寢。既而，當道檄縣，以「芳追孟母」表閭。紀略。

七月，天水蔡溪巖啟胤年倍於先生，遥肅贄受學。溪巖學古〔二〕行高，絶意仕進，弟啟賢司鐸盩邑，亦賢而慕道，數至先生之廬。溪巖因獲聞先生風範，亟欲北面及門。以二親年皆百歲，不敢離側，乃齋沐遥拜發書，託族弟千里步捧，遥投教下請學。得其條答，必爇香拜受。紀略。二曲集秦安蔡氏家傳：「蔡隱君，諱啟胤，字紹元，學者稱溪巖先生。弱冠遊庠，食餼，工制舉，治五經，而以其餘力博綜典墳。讀史至忠孝節義，拊膺流連，欷歔不自勝。事親承顔聚順，非講授接賓，未嘗離左右，疾則籲天祈代。寇起城陷，母被獲，哀號請代。寇感其孝，遂並釋。癸未，闖逆入關，兵薄秦隴。隱君趨龍亭再拜，大慟，結繯欲殉，爲父所止。甲申之變，自是絶意仕進，起貢不出，杜門奉親。晚嗜濂、洛、關、閩及河、會、姚、涇遺集，潛體默玩，多所自得。庚子秋，仲弟琴齋司鐸余邑，數造余齋盤桓。隱君由是知余，亟欲北面問道，念二親皆期頤，不敢遠離，於是齋沐遥拜發書，託其族弟千里肅贄，俾琴齋步至余齋，代以納拜。遥質所疑，書問不絶。嘗夢登西山，晉謁夷齊，題壁有『指示埋身』之句，覺而悵然自失，深以曩值闖變，見阻於親，弗獲殉難爲歉。居恒鬱鬱，更號癡癡生。久之疾作，子蕃泣問後事，惟以先親而逝爲憾。斂以斬衰。戒子姪：『勿持服，俟親終，暴己棺於野次，以明未終喪制之罪。三年喪畢，歸骨西山，以踐前夢。』言訖，泣抱親頸而卒，年六十有一。著有四書洞庭集、蒙解集、鑑觀録、文集。琴齋，諱啟賢，字景元。事親愛敬兼至。或偶他出，果蔬凡新者，必購之以獻。燕會遇珍味，恆懷以歸。及仕余邑，瀕行，辭墓，奉父至塋，同隱君躬肩板輿往返，見者色動。嘗至余齋，待以瓜茄，託腹疾弗食。蓋以隴西地寒，瓜茄視東差晚，不敢先親而食也。未幾，調富平督學，忤一生，欲黜，檄取劣款，持正弗應，坐是賦歸。及隱君卒，痛不欲生。親亡，積毁失明。年屆八旬，猶孺慕如初。」

〔一〕「李母彭氏」，原本作「李氏彭母」，據歷年紀略改。

〔二〕「古」，原本脱，據歷年紀略補。

康熙二年　癸卯，三十七歲。

四月，蒲城王省菴來學。王隱於醫，念及「性命」，堅欲北面。先生以其年倍而誼高力卻，相與交發互礪，勉所未至。一友患食積，王教以服消積保中丸。先生因言：「凡痰積、食積，丸散易療，唯骨董積，非藥石可攻。」王詢其故，先生曰：「詩文蓋世，無關身心，聲聞遠播，甚妨靜坐。二者之累，廓清未盡，卽此便是積；廣見聞，博記誦，淹貫古今，物而不化，卽此便是積；塵情客氣，意見識神，一毫消鎔未盡，卽此便是積；功業冠絕一世，而胸中功業之見，一毫消鎔未盡，卽此便是積；道德冠絕一世，而胸中道德之見，一毫消鎔未盡，卽此便是積。以上諸積，雖淺深不同，其爲心害則一，總之皆骨董積也。誠知吾性本體，原無一物，自爾忘其所長，忘而又忘，並忘亦忘，始謂之返本還源，始謂之安身立命。」在座聞之，惕然有省。紀略。按：先生論骨董積一段，見二曲集雜著消積，惟字句少異。蒲城志：王化泰，字省菴，少好性命之學。既長，與同志諸人以學術相摩勵，嘗賦靜中吟三章，直抒心得，讀者歎爲見道之言。年七十，訪李顒於盩厔，質所學。又與同州白煥彩共肅車迎顒，尊以師禮，日夕往復無倦色。每自謂「日暮塗遠，虛擲此生」，輒唏噓不已，見者悚然。二曲集題王省菴墓碣：「王省菴先生化泰，賢而隱於醫，篤志理學，潛心性命，與同州党兩一切砥密詣。既而，忘年折節，不遠數百里訪余商證。間歲一至，至必晨夕晤對，盤桓浹月。居恆屏緣寂坐，超然獨契於議擬之表。嘗連吟三絶云：『此道關心三十年，昏明定亂幾千千。此兒會得天根處，寤寐何曾離枕邊。』『個裏包羅坤與乾，人心微動便危焉。須知放下自吻合，萬古於今無間然。』『大道周流本自然，时行物育復何言？天人詎有兩般理，合正由來賦予全。』自然眞機洋溢，操縱自如，胸次清徹，天宇如洗。庚申三月逝，年七十五。」按：省菴生萬曆三十四年丙午，至康熙二年癸卯，年五十八，志作七十，誤。庚申爲康熙十九年，長先生二十一歲。

十月朔，東吳顧寧人來訪。顧博物宏通，學如鄭樵。先生與之從容盤桓，上下古今，靡不辯訂。既而，歎曰：「堯舜之知而不遍物，急先務也。吾人當務之急，原自有在；若捨而不務，惟騖精神於上下古今之間，正昔人所謂『拋卻自家無盡藏，沿門持鉢效貧兒』也。」顧爲之憮然。紀略。崑山志：顧炎武初名絳，字忠清，後改今名，字寧人，號亭林。年十四爲諸生，入復社，有名。見時多故，遂棄去舉業，講求經世之學。福王立，以貢薦授兵部司務，閩中遙授職方主事，皆不及赴。尋避訟累，盡鬻其產，寄居章丘，別治田產。久而爲士人攘奪，又遷山西。所在攜書數簏自隨，嘗五謁孝陵，兩謁天壽山、十三陵，四謁莊烈攢宮，惓惓故國之思，終身如一日。至華陰，與友人王山史、李子德輩於雲臺觀側建朱子祠，其嚮往先哲如此。康熙戊午，詔舉博學鴻詞。廷臣將薦之，炎武以「嗣母王國亡絶粒，遺命無事異代」，馳書堅辭。卒於曲沃，年七十。著有音學五書、文集、詩集、左傳杜解補正、九經誤字、石經考、金石文字記、吳才老韻補正、昌平山水記、天下郡國利病書、肇域紀、二十一史年表、歷代宅京紀。

康熙三年　甲辰，三十八歲。

是年，謝人事。先生本奮自寒微，學無師授。一旦崛起僻壤，孤倡於久晦之餘，遠邇乍聞其説，始而譁，既而疑，久之疑者釋，譁者服，桴捷響隨，臚傳風應。不惟士紳忘貴忘年，千里就正，卽農工雜技亦皆仰若祥麟瑞鳳，爭以識面爲快。每一他往，行人相與指目聚觀，先生慚赧垂首，進退維谷。歸而終日不怡，以爲犯造物之忌，將不知其所終矣。於是，斂跡罕出，謝絶應酬。紀略。

康熙四年　乙巳，三十九歲。

五月，母忽抱恙，初患膈痛，既而暴下。先生徬徨憂虞，延醫療治，具疏宰羊，密禱於城隍廟，請以身代，仍晨夕爇香籲天。夏末小愈，喜躍慶賀。中秋復作，於是遍延名醫，長跽懇療，晝夜掖侍，衣不解帶，目不交睫，朝夕率妻泣禱，凡禮拜百餘日，額爲之腫。仲冬十七日，母竟不起，伏抱擗踊悲號，痛不欲生。貧不能斂，駱公爲捐俸購棺。既斂，猶晝夜撫魄嗚咽，久之始釘，勺飲不入口者五日，哀毁幾絶。遇七，各一晝夜斷食如未斂時，僵臥柩側不能起。次月朔，始強起受唁，駱公弔奠。是月，本邑及鄰封弔者日無暇晷。紀略。按：李長祥彭孺人墓表：孺人生萬曆己亥年五月二十九日未時，卒康熙乙巳十一月十七日辰時，年六十七。

康熙五年　丙午，四十歲。

春夏，四方來弔者甚衆，當道重風教者亦遣吏致誄，茶臺梁公熙以「苦節維風」扁門，太守葉公承祧以「純貞啟後」表閭。紀略。甘肅志：巡茶御史梁熙，河南鄢陵人，康熙四年任。鄢陵志：熙字曰緝，順治乙未進士。初任咸寧令，冰潔自矢。不數月，行取補臺垣，巡視茶馬於秦，不名一錢，以疾乞歸。康熙四十三年，祀鄉賢。任京職時，往還皆名士，葉子吉、汪鈍翁、劉公㦷、王西樵、阮亭兄弟尤重之。及歸，高念東侍郎以詩送行，有「蕭然襆被燕山遠，一個嵩丘行脚僧」。人以爲知言。著有晢次齋集行世。陝西志：西安知府葉承祧，山東歷城人，康熙二年任。

八月，山右賈發之鼂自絳來弔。辛復元門人。紀略。

十月，葉太守重建關中書院，欲延先生開講，託李叔則介紹，先生不答。紀略。

十二月，舉葬。自入斂至是，晝夜未嘗離柩側，每食必呼娘以奉，門外人事盡廢，銜者成讐不恤。是月，招工砌壙，躬親經營，歠粥毁瘠之餘，嘔心勉事，墨摧無復人形。念柩將離家，晝夜悲號，涓滴不納。事竣，頓成骨立。紀略。按：彭孺人葬邑西古城，見李長祥墓表。

冬杪，駱公俸滿將陞任，念去任無以爲贍給，置地十畝，聊資耕作。紀略。

康熙六年　丁未，四十一歲。

是春，駱陞北城兵馬。先生自承殊眷，前後八載，終未嘗一詣縣署。至是駱公來別，始送之出境。先生居鄉，與流俗不同調，一齊衆楚，動多咻誚。而一二憸壬，以其落落難合，尤銜之切骨，醜詆横衊，無所不至。始以訛傳訛，久之訛遂若眞。近又目擊遠邇尊崇，妒之愈甚。因駱在任，不獲肆毒。至是，無復顧忌，日逞凶謀，不嗾人醸釁嫁禍，則挑人罵淩詬辱。會新宰馬某蒞縣，恐復優崇，相與騰讒預沮。宰雖猶豫未入，顧爲人矜而愎，以甲科自負，屢令人諷先生，欲屈以詣己，先生遜謝。既而，明向先生親友云：「本縣聞李某聰明可造，但欠指引耳。宜來見我，當授以八股之法，令其從事正路，以圖進取。」久之，因先生不至，遂嘖有訴言。羣小乘機中傷，謂先生常笑其文。宰聞之愈怒，眈眈虎視，常欲甘心焉。紀略。按盩厔志：知縣駱後有馬芝，字友蘭，湖廣公安人，由進士任。每燕居，以梵唄自娛。後因水沖田地，惑於吏言，不敢報結，遂致荒地五百餘頃，不獲除糧，至今爲邑害，因告歸云云，應卽其人。

先生性不喜遊，足未嘗踰邑境。是時因餞駱侯東行，遂登華嶽。先是，王省菴復詣質所學，盤桓者二旬，歸而偕党兩

一、王思若、白含章奉候先生於同蒲，於是過党齋、王園及白氏軒。白貯書數屋，先生覽而樂之，抽所未見，借之以西。據二曲集增輯。大荔志：王四服字思若，號枕流居士。積學善文，慷慨多大節。崇禎五年拔貢，不仕。治園種花，聚友講論，著臥園集藏於家。年八十餘卒。州刺史表其宅。沒，樹墓碑。二曲集泊如白君墓誌銘：「君諱焕彩，字含章，泊如其號，同州人。工制舉業，試優食餼。伯兄希彩嘗受学長安馮恭定公之門，歸而時以所聞語君。君自是厭帖括，息進取，一反之於經。既而玩易〔二〕洗心，詩書春秋多所自得。蓄書之富，陝以西罕儷，讐校精詳，淹貫靡遺。先達張太乙、武陸海集同志講學，君每會必往；又與別駕馬元昭論學於寄園，律身愈嚴。康熙戊申，偕王省菴肅車迎余至家塾，執禮甚恭。凡進修之要、安身立命之微，靡不究極。君年倍於余，爲先輩，而折節問道，雅誼殷勤，時紳衿聞風爭造，遠邇駢集。君適館授餐，略無倦色。既率同志結社切砥，恪守余説不替。不入城市，不謁官府，終日宴坐，手不釋卷。郝公斌攝州事，式廬聆議論，退而歎曰：『先生，關中文獻、州之宿儒也。』以『尊德樂道』顏其居。所與交，本州党兩一、王思若、張敦菴、馬立若、蒲城王省菴，以道誼相徵逐。卒康熙三十三年，壽七十八。」按：含章生萬曆三十五年丁未，長先生二十歲。」

康熙七年　戊申，四十二歲。

夏四月既望，同州耆儒白含章偕王省菴肅車令党生克材東行述作惟學。至盩厔迎先生。党趨臥室，睹四壁蕭然，牀無衾枕，泫然流涕曰：「東人雖知先生之貧，不意困頓一至如此。即黔婁衣不蓋形，然止於赤貧而已，獨先生之貧，酷不忍言！而快然自得，固自以爲足，其如室家何？」遂以所贄辦薪米安家，御之而東。紀略。

二十四日，先生徘徊妣墓，泣奠告行，次日別姊乃發。至興平，迂道謁茂陵。至畢郢，謁周文、武、成、康四陵及太公、周公二塚。次涇干，會逸士王爾德。逸士介潔有守，數詣盩厔。先生念其年逼桑榆，恐難再覿，故往會之。逸士喜甚，請曰：「敝邑人士仰先生久矣。曩有託先生姓字，寓茲古剎行詐者，敝邑至今以爲談柄，願少留以慰衆望。」先生以旅次疲極辭焉。逸士追隨，遠送至高陵之北境而別。至下邽，謁寇萊公祠，弔其遺址。渭南志：下邽故城在縣東南三十五里。又寇萊公祠在下邽縣廢城中，祀宋相寇準，今稱曰廟，

〔二〕「玩易」，原本脱，據二曲集補。

士人春秋享祀。康熙四十二年，巡撫鄂海奉敕重修。雍正十一年，知縣岳冠華重修。至蒲城，謁横渠張子祠，邑紳索雲老、王伯仁等刺見啟延，先生例不報謁，辭之。蒲城志：横渠祠舊在縣治東南崇禮書院，以弟戩及張建配，後復改祀觀音。萬曆壬子令、李燁然重建祠於龍祥觀側。載祀典。以上據東行述增輯。後只注東行述。

五月初二，抵車都，按：蒲城志作車渡鎮，在邑東南四十里。省菴預治靜室以俟，晉詣者無虛晷。先生爲之發明固有之良，有自多其知者，則迪之以忘知；有自雄其抱者，則詔之以放下。一士談鋒正暢，論辨泉湧，先生憮然歎曰：「默而存，希顔之愚，爲曾之魯，到蹇訥不能出口時，纔是有進。若馳神於舌，則行必浮，非所謂『塞兑固靈根』也。」在蒲浹旬，士紳因感生奮，多所興起，農商工賈亦環視竊聽，精神躍勃。瀕別，士庶擁送羅拜。李正等追隨至同之白塾，再拜垂泣而別。東行述。

十七日，抵戶軍里，按大荔志：西鄉有南戶軍、北戶軍，均距城二十五里，此戶軍未知爲南、爲北？館於白塾。郡紳李淮安子燮等請益踵接；張敦菴珥長跽受教；李文伯士璸、馬慄若秼、馬仲足逢年等，年倍於先生，按：仲足時年七十三，長先生三十一歲。見仲足東行述跋。咸北面從事，執侍唯謹。鄰邑人士亦聞風爭進。紀略。參東行述。陝甘進士録：李子燮，字以理，同州人。順治己丑進士，淮安府推官。大荔志：張珥，篤學敦品，順治丁亥進士，知襄陵縣。李士璸，歲貢，篤好正學。李顒至同州，士璸與同里張珥首執弟子禮，皆齒倍於顒，時謂其忘年向道，有古人風。卒年九十。著述甚富，有大學正譜、理學宗言、玉山集。二曲集李逸史傳：「逸史名士璸，號玉山逸史。居恒力行善事，檢躬綦密。及晤余談學，肅贄執弟子禮。睹余所著學髓，直指本體，自是凝神內照，敦本澄源。年垂九旬，手不釋卷。燈下楷書細字，録其會心者成册，藉以自警。州守朱表其閭曰「關中文獻」。所著有羣書舉要、孝經要義、四書要諦、小學約言、王陳〔二〕宗言、詩餘小譜、問疑録。」又曰：「康熙戊申，諸翁偕逸史迎余論學，諸翁年皆倍余，逸史亦躋古稀。」按：傳言逸史時年七十，長先生二十八歲。

六月初九日，遊州東關之廣成觀，張襄陵、李淮安來會。張李俱世家，蓄書甚富，延先生臨觀。先生例不履顯達之門，辭之。城東

〔二〕「王陳」，二曲集作「理學」。

有廣成觀，幽邃甲一郡，張邀先生避暑於中。於是，士紳聞風爭造，雖少長叢雜，而規模靜定；天时酷熱，渾若涼爽。十六日，赴朝邑，謁韓恭簡公祠，並拜墓，晤李河濱楷。明日，觀於河，遂歸廣成觀。十九日，謁馬二岑先生祠，閱遺集。二十七日，返白塾。含章録刊先生安身立命之微言，名曰學髓。東行述，參紀略。含章學髓序：「余自髫年即聞有所謂『正學』者，輒私竊嚮往，徒汩於俗學，苦無從入，荏苒積習，徒增老大之悲。茲幸天假良緣，得拜見二曲李先生，乃始抉祕密藏而剖示之，有圖有言，揭出本來面目，恍若迷津得渡，夢境乍覺。先生無隱之教，有造之德，天高地厚，何日忘之！時六月六日也。」按：恭簡名邦奇，字汝節，明南京兵部尚書。二岑名嗣煜，字元昭，以明經仕濟南通判，攝武定州。代者至，將歸濟南，百姓留共城守，城陷，死之。棫士，其長子也。

七月初六日，紀略作「初九」。西返，闔郡相送，有泣下者。東行述，參紀略。初八日，紀略作「十一日」。謁涇野祠。邑令許琬聞而迎謁。先生睹祠宇頽殘，託許重葺，恤其後裔。西安志：許琬，順天高陽人，康熙元年任。高陵志：許琬康熙七年修城隍廟，九年修文廟，十年修諸祠。邑紳于爾錫昌胤留宿文塔，涇邑、池陽士紳咸集問學。塔在涇野先生祠西二十五里，爲關中第一勝概，故過而涉眺。適高陵于翁憇息大雄殿，遥見先生，即具衣冠趨迎，曰：「此必盩厔李先生也。不才方擬入冬造訪，不意邂逅於此，此中大有機緣，殆天作之合也。」亟潔舘安置，披瀝衷悰。又兩邑名流聞之者，咸來拜謁。有一士酷好內典，細質所疑，先生一一嚮答，凡楞嚴、圓覺、心經、壇經、涅槃、止觀、廣録、宗鏡録、大慧中峰諸語録要旨，及三藏中眞似是非之辨，咸爲拈出。既而，喟然歎曰：「吾儒之道至易、至平、至實，反而求之，自有所得，故不必借津竺乾，索之無何有之鄉，空虛莽蕩，究無當於天下國家也。」遂作別。衆苦留，爲之再宿而行。

十一日，抵咸陽北郭，學博湯君日躋聞先生過，大喜，急延以舘餼，苦留不可。至興平，寧維垣別去。是行也，先生偶患痢，維垣追隨調侍，至是別焉。咸陽志：教諭湯日躋，古延人。

抵家，謁母墓告返。

先生既歸，以語門人趙之俊，於是誌厥始末曰東行述。以上俱東行述。馬仲足東行述跋：「吾見先生其人矣，式金式玉；吾聞先生之語矣，切性切身。果然朱呂之儔，展矣周程之侶。人則規圓矩方，因物而付；學則天通地徹，隨叩而鳴；窮則可以善身，達則可以淑世。斯文之寄，其在斯乎！」按：「規圓」句「人」字，紀略作「動」，茲仍依原文。

十一月十七日，三年喪畢，始飲酒茹葷。紀略。

是冬，羣小暗投匿名，明[二]肆羅織，廣設機穽，協力傾陷。宰遂乘隙票拘先生，欲文以重罪。適吳堡孫令希爽奉孫北海之命來候先生，因爲之營解。邑庠暨武功、郿士，又相與盈庭會講，宰迫於公論，始收票免拘，使人約先生來謁。次日，潔舘以俟，卒不往。既而，凶黨洶洶，又媒蘖不已，先生處之自若，寂無一言申辨。或怪其太腐，則曰：「蒙訕招毁，儒者之常。伊川受誣遭貶，幾不獲保其身；晦菴連被攻擊，開單至數十款。未嘗聞二公少動於中。正如飄風墜瓦，聽之而已。若毫有介懷，則是五嶽起方寸，非所以自靖也。」或曰：「子固坦不介懷，然含沙之蜮，工於射影，一波未已，一波又興。諺語『市虎成於三人』，而三至之讒，賢母尚且投杼，況其他乎？故險計詭毒，似亦未可全忽。」曰：「横逆不已，自有子輿氏之家法在。與鄉人較順逆，則亦鄉人而已矣。況名者造物之所忌，不肖實未至而名先彰，神怒鬼嗔有年矣，彼之紛紛多事，安知非鬼神假手以示懲耶？在不肖惟有返躬引咎，痛自淬礪，外侮之來，莫非動忍增益之助，夫何尤？」言者爽然失，肅然服，作禮而退。紀略。吳堡志：孫希爽，山东樂安人，拔貢，康熙五年任。樂安志：希爽字無逸，一字果齋，以鄉貢任吳堡知縣。勤恤民隱，剔清吏弊。後罣誤歸。年八十三以壽終。顺天志：孫承澤字耳伯，號伯海，大興人。崇禎四年進士，官至刑科都給事中。順治元年，起吏科都給事中。歷吏部左侍郎、左都御史。十年，休致。康熙十五年卒，年八十一。按：宰應卽前新宰之馬芝，欲甘心先生者。

與高陵許明府書。按：書有「昨赴同州，經貴治，承明府枉顧」語，應是年作。

康熙八年　己酉，四十三歲。

是春，以忌者凶焰正熾，深居寂處，多不見客。然四方學者肩摩袂屬，沓來座下，拒之而不去，疏之而益親。不得已，視其人果有意爲己，則迪以躬修允蹈之實，否則徒討論典故以資見聞，辨晰經書以爲詩文材料。及用工失序、持議躐等，默然不答。紀略。

[二]「明」，原本脫，據歷年紀略補。

四月朔，湖廣羅進士誥通五經，尤嗜易，策蹇來訪。適先生絶糧，不食二日矣。坐久，無以授餐，乃移寓城隍廟。宰聞之延款，語次知爲訪先生，勃然不悦，極口噂詬，聲色甚厲，且云：「斯人終不得脱我手！」羅再三維挽曰：「年翁宜因其方剛之性，始終玉成，使人知吾楚道大，賢侯能容。」瀕別，又貽書丁寧，宰怒不報。羅遂鬻所乘之蹇，儲薪水於華嶽之雲臺觀，邀先生避地讀易，隨聞姊疾而返。先生傷鮮兄弟，止寡姊一人，貧窶無以爲活，恆減口以養；疾則躬親醫藥，相倚爲命，故倉卒抵家。會駱公自北城轉本郡司馬，賴以寧息。紀略。孝感志：羅誥字八書，號東山。中順治己亥進士，以母老艱於菽水，不待對策，徒步歸。居恆極孝，力學弗輟，雖家無宿舂，泊如也。立志以聖賢爲歸，聞遠近有同志者，芒鞋襆被，不憚訪求。年及艾，病卒，人爭惜之。

六月，詔訪隱逸，巡撫白某聞先生名，欲特疏薦揚。先生致書於駱，託其從中力挽，事遂寢。紀略。按：陝西志：白清額，正白旗滿人，康熙七年任。「巡撫白某」應即其人。

八月，咸寧郭丞傳芳會先生。郭賢而好學，風雅著名，與先生一見如故，自是崇奉其道，契分日深。九月，駱公量移常州，先生祖別於長樂坡，遂遊驪山，浴[一]温泉，因與同遊發明「洗心藏密」之旨甚悉。乘便東遊太華。張敦菴聞而迎至同州，朝夕親炙，録其答語爲體用全學，李文伯録其答語爲讀書次第。冬仲，西旋，王思若偕白含章，王省菴、党兩一、馬慄若、馬棫士諸耆儒，送至境外而別。紀略。大同志：郭傳芳字九芝，順治戊子拔貢，選陝西咸寧丞。歷權郃陽、長安令。康熙十三年，除富平。以卓薦陞四川達州，抵任月餘，卒。二曲集郭公墓碑：公有康濟才，賢聲蜚三輔，諸上官莫不嚴重，事多咨決。公自咸寧時奉督撫檄主關中書院，修省志，即與余以爲己之學相切砥。其在富平，爲余築室幽阿，迎余款聚，究極性命。自是反己入微，務敦大原，葺慎廬於署，揭「四以說」自矢。其操履祗飭如此。余不肖，承公特達之知，雅意相丞，受益實宏。張敦菴體用全學序：「先生東遊太華，因便過珥，竊喜如狂，遂館先生於家塾，晨夕參究，因獲聞所未聞。郡人士亦聞風爭造，咸質所疑。先生隨資開發，諄懇不倦。其接人有數等：中年以後，惟教以返觀默

[一]「浴」，原本脱，據歷年紀略補。

識，潛心性命；中年以前，則殷殷以『明體適用』爲言。大約謂：『明體而不適用，失之腐；適用而不明體，失之霸。腐與霸，非所以言學也。』珥因請『明體適用』當讀之宜，先生遂慨然告語，珥謹〔一〕載筆而臚列之，用以自勖，並爲同臭味者勖。時康熙八年己酉十月十四日。」又李文伯讀書次第序：「己酉十月，師復遊太華，往返兩經荒郡。璸肅奉起居間，頗有緒聞。然皆因璸施教，亦未遑言讀書也。洎是月十五日，璸率兒襄以侍，蒙師垂慈，慨然呼襄而命之曰：『小子可教也。』頣璸持筆，口授讀書次第若干款，出辭若經，口占如流，令璸筆不暇泚，手不得輟，頃刻間長翰數紙立滿。由小學漸入大學，自經理徐及文史，步步有正鵠，書書有斷論，眞入聖之正門，爲學之上路也。過此以往，又有全體大用之目授張襄陵，可並傳之以爲書程合璧。」同州志：馬棫士字相九，號奚疑子，大荔人。父嗣煜，以濟南通判殉崇禎十六年三月之難。棫士年十三，徒跣迎柩，擗踊氣絶，見者下泣。葬後，廬墓茹素，三年不見齒，鄉里稱之曰「父忠子孝」。棫士孤苦無依，與幼弟稚士奮志讀書，刻意躬行，與党湛、王四服、張珥、王宏撰、李因篤等相切劘者四十餘年。康熙中，盩厔李中孚倡「反身攻過」之說，與棫士宗旨合，與李士〔二〕璸、白煥彩敦請中孚至同，會講於廣成觀。中孚年甫四十，以棫士齒長，不敢當弟子禮。棫士白髮婆娑，卒就北面，時人以爲難。中孚所著反身録、學髓，棫士皆序而刻之。中孚寄書曰：「大道無窮，吾子能竟。聖學忌雜，吾子能純。維持世風，主張名教，非吾子其誰與歸？」棫士以二十三年貢成均，四十八年卒，年八十。祀鄉賢。著有卷石齋語録、白樓存草。按：棫士以四十八年「年八十」推之，在康熙七年時方三十九，先生是年已四十二，不得言棫士齒長髮白，否則志年有誤。

康熙九年　庚戌，四十四歲。

是春，因友人言及時務有感，歎曰：「治亂生於人心，人心不正則致治無由，學術不明則人心不正。故今日急務莫先於明學術，以提醒天下之人心」。自此絕口不談經濟，惟與士友發明學問爲己爲人、內外本末之實以爲是一己理欲消長之關。君子小人之所由分，卽世道生民治亂安危之所由分也。紀略。

冬十月既望，赴襄城招魂。崇禎壬午二月，太翁隨汪總制征闖賊於河南之襄城，師覆殉難。是時先生尚幼，母子不得

〔一〕「謹」，原本作「因」，據二曲集改。
〔二〕「士」，原本脫，據二曲集補。

凶問，猶日夜望其生還。及闖賊入關，乃始絕望；居恆抱痛，思及襄城流涕，願一往，以母在也難之，惟奉太翁遺齒，晨夕嚴事。母沒，奉以合葬，名曰「齒塚」。服闋欲往，苦無資斧；至是，貸於鄉人得四金，乃齋沐籲天，哭告母墓啟行。次月初七，抵襄，訪太翁原寓主人，求其指引，不得，則訪襄人昔所瘞戰亡之骨，繞城遍覓，滴血無從，乃爲文禱於社，晝夜哭不絕聲，淚盡血繼，觀者惻然。邑令張公允中聞而哀之，詢知爲先生，亟郊迎入城，飾館設宴。先生以齋戒堅辭，宿於社。張亦爲文禱於社神。越三日，先生爲位於太翁原寓，致祭招魂。以太翁出征時尚未命名，自呼乳名以告，聞者莫不泣下，哀動闔邑。祭畢欲返，適駱公遣使來迎先生倡道於南。先生意不欲往，而襄之官紳士庶方謀爲太翁舉祠起塚，以慰孝思。先生念非旬月可就，遂南行以俟其成。紀略。襄城志：张允中字東峰，太原人。

二十五日，宿六合之南郭。邸主劉安石，色目人也，睹先生氣貌異之，與之語則大驚，遍告同類之掌教者，曰：「客學淵源，洞天人之蘊者也！」相與瞻禮，邀遊禮拜寺。入門，衆共拜天，先生因語以「事天之實，在念念存天理，言言循天理，事事合天理。小心翼翼，時顧天命，此方是眞能事天；若徒以禮拜勤渠爲敬天，末矣！」衆憮然拜謝，退而易席以待，作禮問道，徹夜不散。二十七日，至揚州，謁范文正公祠。祠有黄冠，長眉皓髯，與衆談道，見先生入，遜坐揖談，問先生：「亦好此道乎？」先生笑曰：「日用常行之謂道。吾性自降衷以來，五德俱足，萬善咸備，率性而行，自然愛親敬長。保此不失，自然君臣有義，父子有親，夫婦有別，朋友有信。惟其自然，所以爲天下之達道，切於人身日用之間，無一時一刻而可離，豈非常行之道乎？若夫服養以鍊形，結胎圖沖舉，違天地常經，乖人生倫紀，雖自謂玄之又玄，卻非可道之道。」衆躍然起，黄冠亦斂容曰：「此中庸之道也」。據南行述增輯。

十二月朔，抵常州。駱公郊迎，館於府治之左。先生喜寂厭囂，移寓郡南龍興禪院。郡人見其冠服不時，相顧眙愕。既而，知爲先生，漸就學問，至者日衆，憧憧往來，其門如市。一時巨紳名儒，遠邇駢集。答問汪洋，不開知見戶牖，不墮語言蹊徑，各隨根器，直指要津。自是爭相請益，所寓至不能容，郡人詫爲「江左百年來未有之盛事」。耆儒吳野翁光太息曰：「斯道晦塞極矣！今日之盛，殆天意也！」巨紳有治宴延款者，例不赴，亦不報謁。紀略。武進志：龍興禪院在城南隅。

萬曆間平湖冢宰陸光祖題曰「龍興禪院」。邑人唐鶴徵記。二曲集吳野翁傳：翁名光，字與嚴〔一〕，武進人。幼有至性，比就傅，日誦數千言，爲文說理而華，有聲庠序。入太学，太學士爭交之。久之，厭帖括，究心經濟，務爲有用之學，而以餘力博綜典墳，旁及九流百氏，發爲議論，自成一家。言甲申之變，太息流涕，所擬時務並雜撰付火。自是絕意人事，結廬於滆東僻壤，日惟玩易自適。自託於「野翁」，爲野翁傳以見志。著有弄丸吟、大學格致辨、論孟合參、中庸臆說、讀書録鈔、五願齋文集、耕娛集、遂初集、野翁日録，而易粕十籖象數義理並詣其極，尤足指南來學於無窮云。

懷清按：先生至常晤駱公，首以移風易俗、明學術見勉。駱録刊其語，名曰匡時要務。駱挺生匡時要務序：去秋予量移毘陵，恐典型日邁，鄙吝復萌，臨歧訂先生爲東南遊，先生首肯。嘉平月，空谷足音，跫然及我，首以移風易俗、明學術見勉，以爲是匡時第一要務。大約謂：「天下治亂，由於人心之邪正；人心邪正，由於學術之明晦；學術明晦，更由當事之好尚。」更歷引王陽明、馮少墟諸先達爲鑑，誠以居高而呼，牖民孔易，斯實風化之標準、致治之樞機、位育參贊之大關頭也。予聞之，爽然，遂録其語付剞劂。

與襄城令東峰張公書，撰禱襄城隍神文、祭父文。

康熙十年　辛亥，四十五歲。

正月初九日，謁唐襄文公荊川祠。荊川曾孫雲客先生宇昭、聞川先生宇量咸隱居不仕，數詣先生請益。是日，集親知於祠，宴次問學。南行述。武進志：唐順之字應德，嘉靖己丑試禮部第一，選庶吉士，調兵部主事。久之，復改編修。累官右僉都御史，巡撫江北。順之於學，無所不窺，爲古文洸洋紆折，有大家風。生平苦節自勵，輟扉爲牀，不飾裀褥。閉戶兀坐，多所自得。尊信濂、洛、關、閩之學及白沙、陽明兩先生，然以陽明津路宏闊，故多本白沙以援接後進。學者稱荊川先生，追謚「襄文」。祠在運河南天禧橋西。嘉靖三十九年，總督胡宗憲檄有司，立祠關帝廟西。四十五年，移建於此，有司春秋致祭。十一日，駱公偕張別駕榜邀遊虎丘，姑蘇人聞之，相與問學者甚衆。三日始別。顧雲臣寫先生像，鄭素居鈺題贊。贊云：「其服甚古其容舒，其情甚深其心虛。博聞多識，不讀非聖之書；

〔一〕「與」，原本作「興」，據二曲集改。

存誠立敬，不求當世之譽。遡洙泗之淵源，而繼濂洛之正統者，斯爲二曲先生與！」南行述。十四日，旋寓。次晨，駱内艱之報至，先生詣署躬弔。擬二十日西返，闔郡紳衿公懇開講於府庠明倫堂及武進邑庠明倫堂，會者千人。從遊者録其言爲兩庠彙語。紀略。教授金沙王邁兩庠彙語序：「二曲先生力學多年，毅然以斯道爲己任。太府駱公今守毘陵，先生賁然玉及。余小子司鐸郡庠，太府命傳〔一〕集多士於明倫堂彙講。先生之言，以正心術、勵躬行爲要，而下手處在静則涵養、動則省察。一時薦紳及弟子環堵而聽，無不歡忻暢悦，如夢斯覺。蘭陵陸生，篤信人也，隨録其言，付之剞劂，由此刊布海内，共知正心術、勵躬行爲入門第一義，將見斯道如日月經天、江河行地。先生之言在一時，先生之功在萬世，不甚宏鉅也哉！時康熙辛亥仲春之吉。」武進志：王邁，金壇舉人，康熙四十年任常州府教授。

二十七日，無錫宰吴公興祚同教諭郝君毓寥肅啟奉迎。月晦舟發，二月朔至錫，謁文廟畢，趨高忠憲公祠，適公姪、前學憲彙旃先生世泰來謁，遇之塗，遂陪瞻禮忠憲遺像。南行述。無錫志：吴興祚，字伯成，正紅旗人，原籍山陰，貢生，由沂州知州降調無錫知縣，超擢福建按察使，尋授巡撫，陞兩廣總督。祀名宦。郝毓寥，潁川舉人。高攀龍，字存之，萬曆十七年進士，授行人。疏救趙南星，謫揭陽典史。歸，會顧憲成亦言事罷，因相與修復東林書院，讀書講學垂三十年。天啟初，起光禄寺丞，進少卿，轉太常寺，遷太僕寺卿、都御史。鄒元標、馮從吾建首善書院於京師，攀龍時與講會。進刑部侍郎，尋擢左都御史。御史陳九錫奏部院徇私，南星、攀龍俱罷，削職，既又逮攀龍等七人。收者至，先一日拜遺表，自沉園池死。崇禎初，贈太子太保、兵部尚書，謚忠憲。祠在惠山河塘南岸。從子世泰附焉，有司春秋祀之。世泰字彙旃，崇禎十年進士。除禮部主事，典己卯廣東鄉試。歷郎中，擢湖廣提學僉事。至則修濂溪書院，遴諸名士講業其中。事竣歸。方是時，東林書院之毁幾二十年，世泰爲重修燕居廟，出舊藏先聖木主而祀之，又次第起道南祠，築再得草堂。於是講會間舉，庶幾舊觀。性嚴肅，見子弟如賓客。於儒先舊蹟，多所表章。善楷書，得黄庭法。初二日，吴公偕郝君請先生開講明倫堂，闔邑紳衿咸集。毘陵門人徐超、張濬生録其語爲錫山語要。南行述。徐超、張濬生錫山語要跋：先生深懲末俗展轉於語言文字，支離蔽錮，故其論學，因病發藥，隨説隨掃。戒超等毋得竊録，蓋恐一落言詮，咸以知解承而不以實體得也。錫山之行，庠中及東林書院講論娓娓，答問不倦，聞者莫不踴躍。惜哉！俱未之記也。郝元公先生索以付梓，超等無以應，不得已，聊録數則以復。挂一漏萬，超、濬等之罪也夫！超、濬等之罪也夫！

〔一〕「傳」，關中叢書本關中三李年譜作「備」。

康熙辛亥春仲五日。初四日，彙旃及邑名宿延先生會講於東林書院，超與濬生録之爲東林會語。初五，遊惠山。山麓有邵文莊祠，因便進謁。南行述。無錫志：邵寶，字國賢，別字泉齋，亦號二泉。成化二十年進士，授許州知州。歷遷右副都御史，總督漕運。劾，致仕。起撫貴州，累進戶部尚書。以母老，拜南京禮部尚書。卒，贈太子太保，謚文莊。著有學史、簡端二録。祠在惠山左，卽二泉書院舊址。初祠在冉涇里第，順治中督學張能鱗重葺二泉書院，乃移其像祠於超然堂。又惠山卽九龍第一峰，與錫山麓相屬，一名歷山，一名九龍。或云有西域僧慧照居之，故曰慧山。自唐以後但稱惠山第二泉在其南。初六日，秦燈巖松岱同其兄對巖太史邀先生會講於淮海宗祠，敍其答語爲梁溪應求録。南行述。秦燈巖應求録跋：「李先生應駱郡公之聘，倡道東南，而至吾邑，假舘於東林之來復齋家。伯兄對巖先生命松岱偕諸弟輩因晉陵賢從徐斗一、張子邃兩尊兄請於李先生，延講先淮海祠，會於友善堂。同志之臨斯會者，爲介夫陳君，時晉王君，芾南邵君，存華施君，從叔天乳、清聞，從弟一原、次蜚，凡十六人。各罄所懷，李先生決答如流，推誠接引，尤以會講切磋、興復東林遺緒，三致意焉。」無錫志：秦淮海祠在第六箭河上。秦松岱字燈巖，松齡弟。幼讀王文成公傳習録、高忠憲公「靜坐說」，因有志於學，後師族祖鏞。鏞，故忠憲入室弟子。自是識解益進。時盩厔李中孚顒、武進惲遜菴日初、慈溪黄梨洲宗羲，皆前朝遺老，以講學相應和，松岱馳書質證，往復累千言。家故豐而菲衣糲食，居常獨處一室。御下極嚴，惡奴搆難，遂卒，祀道南祠。松齡字留仙，幼讀四子書，輒有契悟。弱冠中，順治乙未進士，改庶常，授檢討。以奏銷罣誤，削籍。己未，舉博學鴻儒，復原官，四轉至諭德，再典鄉試。以磨勘落職。凡通籍六十年，立朝僅九載，餘率在家居讀書，故所得益邃，然未嘗著書辨論同異。平生於書無所不窺，詩、古文俱到至處。晚益耽研經訓，於詩經尤深，自毛鄭以下，旁及歐、蘇、呂、嚴諸家，而參以己見，補朱傳所未備，題曰「日箋」，凡四卷，行世。

初八日，應江陰官紳之聘，晚次澄江。念及門徐斗一超、張子邃濬生、吳英武、邵公甫等追隨嗜學，爲立學程數則，陸孝標先生卿鵠梓行。南行述。二曲集陸孝標先生傳：「先生諱卿鵠，字儁公，別號孝標，武進人。父完學，兵部尚書，謚端惠。先生其仲子，崇禎壬午副貢，蔭中書舍人。恬退自守，不求仕進。服闋代更，遂絶意世務，潛心聖賢遺訓，悠然有以自得。晚嗜學益篤，嘗取其祖聚岡公所著講義與名宿考遡淵源，刪繁就簡，重刊廣布。語季子士楷曰：『此吾家衣鉢，須實體而力踐之。』余遊武進，先生聞風，冒雪履冰，首顧余於城南龍沙，相與論學有契。自是日必至，至則咨詢維殷，凡進修之要，立命之微，靡不究極。既而，迎余養疴於家，晨夕從事，訂證綦密。命士楷北面受學，而身執弟子禮愈恭。其孳孳向道，念切性命如此。丙辰、丁巳之交，臥牀病革，猶念余不置。卒年八十有一。」按：孝標生萬曆二十五年丁酉，長先生三十歲。初九日午，抵江陰，邑宰周公瑞岐偕學博郊迎。十一日，開講於明倫堂。南行述。

十三日，靖江尹鄭公重偕教諭袁君元来迎。是日，宜興官紳擬肅啟奉迎先生臨其邑講學，而鄭公先至。次日，渡江。越二日，會講明倫堂。門人録其答語爲靖江語要。南行述。陸士楷靖江語要序：「靖江語要者，吾師李二曲先生應靖邑鄭令君及袁學博先生之聘，以答多士語也。令君政崇風教，雅意學校，聞先生闡道毘陵，遂與袁先生具舟肅迎，爲多士開示津要。先生在郡，預悉令君與袁先生之賢，力疾以赴。至則請益踵接，各質所疑。先生隨叩而鳴，人遂其欲，語多不具録，姑録其要，以誌靖邑一時之盛云。時康熙辛亥春仲既望。」靖江志：鄭重，福建建安人，由進士康熙二年任。十二年，陞吏部主政，歷官刑部侍郎。袁元，天長人，壬辰舉人。清祕述聞：鄭重，字山公。

邑宿儒鄒錫簠隆祚，號樗隱子，聆先生講言，私語同志曰：「痛切醒快，言言血脈，眞學人指南，不可以失。」俟衆退後，趨舘就教，以所著三教貌呈正。先生閱訖，笑曰：「三教貌，貌也，三教之神，非貌所能貌也。即貌其神，而一一畢肖，於自己安身立命何關？翁年踰古稀，此非所急，盍於當急是急乎？」鄒竦然再拜請示，遂告以反己自認之實。於是，深慶晚始有聞，知所歸宿，附於及門之末。南行述。無錫、江陰、靖沙之講會畢，當事及鎮将、學博感先生闡明絶学，大有造於地方，各具禮幣展謝。先生概卻，未嘗納一钱一物。衆引交以道，接以禮，雖孔子亦受爲言。先生笑曰：「僕非孔子，況孔子家法，吾人不效者多矣，豈可偏效其取財一事？」衆卒不能強。紀略。

十八日，返龍興舊寓養疾，客至概不之见。其往来榻前盤桓者，惟楊雪臣瑀、龔浪霞百藥、陳椒峰玉璂、馬一菴負圖、潘易菴靜觀、楊陟瞻球暨弟逢玉珅、唐雲客昆玉，並吳野翁、鄭素居諸名德。既而，疾日甚，門人吳濬長發祥率其弟發育、子英武晝夜侍側。陸孝標以客不止，密舁先生至其家塾，聲言已歸陝，於是来者始息，得一意靜養。其子士楷偕甥張涵生濬生躬侍湯藥。楷姻楊亭玉孝廉琦時時過從，其弟虞玉琯善醫，因爲之診調，居旬日，疾愈。南行述。武進志：楊瑀字組玉，邑諸生。鼎革後棄舉子業，與惲日初講學延陵書院；又以梁溪高世泰邀請，講學東林書院，四方問業者日至。發揮奥旨，灑然傾聽。安溪李光地亟稱之，謂與明道稱康節，晦翁狀延平，始皆豪邁慷慨，而卒清明粹和者無異。著有旭樓詩集、經史詩文語類。龔百藥，顺治三年舉人。陳玉璂字賡明，康熙丁未進士，除中書科中書。負盛名，賓客輻輳，酬應旁午，詩文操笔立就，旬日間動可盈尺。著有椒峰集二百餘卷。馬負圖字伯河，號一菴，邑諸生。事孀母至孝，甲申棄舉子業，奉母避居滆湖西，業醫供甘旨。潛心理學，務期實用。婁東陸世儀，關中李顒主毘陵講，負圖與語，悉印合。嘗與邵贊、楊瑀講學書院，發圖書畫卦之藴，學者多興起。每語人以爲學之要在治心，一以朱子爲法。生平不喜著書，自記讀書所得，有皇極經世説、開方密率法及圖、律吕解、候氣説、知非録、戊申劄記。年六十有八。私謚潛德先生。潘靜觀，字爲谷，性峭直。家貧，授徒得脩脯，舉父母兄嫂凡五喪。自奉冬一袍、夏一葛，非敝盡不更也。及門有所資給，卽以施困阨者，囊中不留一錢。素好白沙、近溪之學，晚專於易。疾革前一日，邀同志聚談極歡，已而沐浴更衣，揮手爲別而逝。楊玾，八歲通毛詩，九歲屬文，弱冠名大起，楊子常、顧麟士輩俱稱之。乙亥丙子，將興鉤黨獄，行及玾。玾挺然詣之，曰：「某罪人也，今辦死來矣！」其人愧謝得免。後乃謝交遊，築土室，負牆疊石，藝花卉，取宋、元、明諸儒易解盡讀之，著周易觀玩偶鈔。楊珂，康熙三年北榜舉人，國子監學正。二曲集吴義士傳：義士名發祥，生而端謹，善屬文，邑諸生。明末之亂，潛跡荒僻。清初，出居陽羨，與同志講學采山。歸，復搆講堂，集四方宿儒説易研理，究以洛閩之傳。行必顧言，不爲空談。事親先意承顔，待弟位生友愛曲至。余至毘陵，聞而儀之，方欲造訪，適義士惠然顧余，相與談徹晝夜，退而肅贄執弟子禮。義士年長於余，謝不敢當，不獲已，乃許以師友之間互相資。既率其弟位生及子英武、姪丕武、甥邵公甫同及余門，追隨弗倦。余臥疾，義士晝夜掖侍。迨西返，泣涕遠送，踰京口，抵維揚，肖像而別。歸而鬻産建延陵書院，集同志切砥於中。壬戌，將入關訪余，中塗患疽而歸。丁卯冬，感微疾。戊辰正月逝，年七十。按：濬長生萬曆四十七年己未，長先生八歲。

初三日，旋龍興舊寓。杭州比丘素懷，春初嘗謁先生於虎丘，聽講有感，自是徘徊不捨，隨卓錫龍興，寓先生舍旁，時時竊聽，自謂：「生平遍參名宿，至此方獲聞韶，言言透頂，語語當機。儒由之固足盡性至命，釋由之未始不可明心見性。老僧從此佩先生大中至正之訓，不敢於日用平常外別涉荒幻矣。」是日，接見，喜甚。次晨告別，持卷丐題，以識不忘。先生雅不欲與二氏作緣，辭焉；退而求得傳心録以歸。南行述。陸介夫傳心録序：楷生也鈍，辛亥春始獲受學於吾師二曲先生之門，晨夕趨侍，解惑啟蔽，叨益良多，而大要歸於治心。楷聞之如飲瓊露，不覺神思融暢。今師範日遠，就正無從，謹述其概，題曰傳心録，以見儀範。雖遠而心範則存，尊所聞，行所知，庶爲無負。否則，卽日侍函文，亦何益哉？吾曹其勗諸！時康熙辛亥清和朔。

先生擬期西返，駱公衮服稽顙泣留。郡人聞之，皇皇挽留，潘易菴亦出山固留，繼之以書。書云：「竊聞大道之興廢，全賴倡導之一人。此一人者，固造物篤生，以爲天地立心、生民立命，爲一切起死回生者也。先生崛起關中，倡明正學，從姚江盱江以溯濂、洛、關、閩，以溯源於洙泗，其制行之高、任道之勇，不啻泰山喬嶽。豈非造物篤生，以爲後學倡導之一人哉！道駕甫到敝郡，春風一披，句萌畢達，上至達官貴人，下逮兒童走卒，無不傾心歸命。自非一點眞機鼓舞，何以致此？此山野觀所竭蹶而未逮，望承而恐後者也。夫斯人皆吾與宇宙總一家，亦何必終日戚戚，思戀故鄉，棄從游於中道耶？」先生答以「久違先隴，痛切於心」。三月初六日，遂行。岳進士宏譽爲文以序其事。序云：「盩厔李先生之來毘陵也，毘陵之人從之者如歸市。是何毘陵之人聞道之速而向道之篤乎？抑先生之德，有以入人之深而聞聲響應不介以孚也？竊聞先生之爲人也，澹澹穆穆，無所求於世，其學以靜爲基，以敬爲要，以返己體認爲宗，以悔過自新爲日用實際。茲何以來毘陵也？曰：與郡伯有舊也。郡伯昔爲盩厔令時，折節嚴師，養其母，舉其喪，朔望必枉駕於先生之廬。登其堂而就教焉，然先生足跡未嘗一入縣治也。郡伯在盩厔，先生不入縣治；郡伯在毘陵，而先生何以來也？曰：感郡伯之德，應郡伯之召，思欲行道設教以助郡伯德化之成，藉以報郡伯也。於是，毘陵之賢士大夫爭往候於其門，而就教者踵接焉。毘陵之下邑賢有司，爭往致於其邑，大會紳士於明倫堂，以請先生之教。就正者環四面，聞風而至者雲集，豈非毘陵之人聞道之速，而向道之篤乎？夫毘陵亦聲名文物之邦也，自龜山楊夫子講學以來，學者知所宗向。嗣後，薛唐諸公正誼明道，代有傳人。然龜山夫子居毘陵十八載，而從遊者始盛。先生來不數月，而人之徘徊眷戀於先生者，何其深也！今先生行矣，有出郭而送先生者，有裹糧買舟而送於數十里外或百里之外者，有牽衣泣下，不忍別去者，有願隨至關中受業者，非先生之德果有以入人之深，而能至此耶？先生以康熙九年十二月朔來毘陵，以十年三月六日去，勉留於毘陵者凡兩月，往來於梁溪、荆溪、江陰、靖沙之間者凡一月。毘陵之人物，大略可睹矣。自此毘陵人士循循好學，慕道不倦，人心風俗一大變焉！則先生與郡伯功豈在孟子下乎？」清祕述聞：岳宏譽，字邁亭，武進人。順治十八年進士，湖廣提學道。

初七日，士紳送者猶依依，先生力辭，乃雨泣而散。陸孝標年八十，率其子士楷、甥孫張濬生操舫遠送至丹陽，大慟分袂。吳濬長獨涕泣追隨，踰京口，渡大江，歷瓜洲，抵維揚，始肖像拜別，嗚咽不自勝。退而鬻產，倡同志鼎建延陵書院，安奉肖像，遵其教規。紀略，參南行述。請建延陵書院公呈：「近關中李二曲先生來常，闡昔賢之奧義，續先哲之正傳，披宣不下數百萬言，傳録共計一十八種，議論務在躬行，學問必期心得。聾瞶咸開，醉夢皆醒，誠毘陵之厚幸！憲臺之恩施也！但氈壇已撤，吾徒之討論無從，肄業各方，願學之諸生復渙，因思錫山有東林書院，荆溪有明道書院，下邑皆有會講之區。乃東林書院已湮，龜山書院復廢，郡中獨無考業之地。

公叩詳請特勅葺修，仿關、閩、濂、洛之成規，儼具瞻於一郡，則春夏禮樂，秋冬詩書，五邑沾時雨之化於無窮矣。康熙十年四月。」

二十五日，抵襄城。邑宰張聞先生至，迎以入城。時祠碑已就，唯供案未竣，先生齋宿於城隍廟。是夕，工徒十餘人砌案，夜分將寢，忽鬼聲大作，衆戰慄屏息，工書張文昇強出壯語以告，乃寂。次晨，闔邑驚異，爭相虔祭。邑紳劉長源宗洙捐地，偕衆起塚西郊，鐫太翁姓字、生卒年月於石以葬。先生斬衰哭奠，取塚土升餘，同魂牌捧賫以歸。張令暨鎮將、學博、闔邑紳衿，祖餞於十里鋪，泫然而别。紀略，參南行述。

四月初，至華陰，按：原作「初五日」與下「初四日抵家」不合，故不紀日。設所攜五千游魂牌告神致祭，俾各歸原籍。紀略。

初四日，按：紀略作「初九日」，兹依南行述。抵家，詣母墓告旋，擇吉以所奉塚土附墓，率家人致祭，安奉魂牌於家，持服如初喪。既而襄城官紳士庶咸樹松、柏、楸、楊於塚，森列成林，豎碑墓道，題曰「義林」。清明則劉宗洙、宗泗率子姪虔祭。祠碑之在襄城南郭者，春秋次丁，邑宰致祭。紀略，參南行述。襄城志毛會侯劉孝子傳：宗洙字長源，四沖公之子。明季流寇搆亂，闔督師汪公喬年於襄。四沖公以諸生佐城守，城陷，並執。四沖公數被創，宗洙聞父難往赴，賊復截〔二〕其耳鼻。以明經授州司馬，里中私謚曰「孝友」。宗泗字恭叔，康熙庚午舉人，内閣中書。又襄城令劉子章義林記：「治西蓋有雙忠墓云：一西安郡丞孫忠文公兆禄，一千夫長李忠武公可從也。二公共佐制府汪忠烈公喬年駐襄城剿賊。賊圍城，城陷，汪公死，二公俱死。汪之靈輭南轅矣，孫李馨骨丹血概藏之長坑古井間。前令君余補築祠，崇祀哲廡，尚未大備也。愚增飭龕位，樹立豐碑，視昔有加。康熙庚戌，李忠武之元子顒來，長號五衢，招父魂而葬之。鄉先生劉宗洙割腴田數畝，立塋兆焉，藏有文石於窀，其左曰『西安府同知私謚忠文孫公兆禄，直隸鹽山舉人』，右曰『烈士私謚忠武李公信吾可從，陝西盩厔人』。後鐫知縣某立石，吏部候選同知眷姪劉宗洙奉祀。劉紳諸父、二公以而翁文惠太先生，曾受汪督臺監紀郡丞之署，與孫公寅僚，與李公伯仲也，築土爲墓，墓表石上鐫『雙忠墓』三字。凡官是地與地之大夫士，各植松、楸一二章，蔚然成林，爲郊青選勝地。道左樹石碑，大書『義林』表義舉也。兩翼載好義姓氏云：當日二公奮不顧身以身殉國，蓋甘心如飴、無少怨痛者。推其精英昭爽，飛揚雲霄，騰督

〔二〕「截」，關中叢書本關中三李年譜作「戳」。

府之牙旗，環戰壘而依附之，首麓汝涯定是快心之區也。而林木拱抱，蔦蘿附石，松柏參天，騷人憑弔，遊士流連，必且瞻馬鬣而式之。豪歌悲壯，灑經雅之醇醪，抒忠貞之氣也。疇謂是舉爲無裨於忠武哉！」又劉青霞義林雙忠墓表：「邑西郭有壇墠樹木者，曰『義林』，監紀孫公、材官李公招魂葬處也。明崇禎壬午，流賊李自成犯河南。督師汪公喬年奉命討賊，死難於襄；其監紀孫公兆禄、材官李公可從同遇害。兩公遺骸，莫知其處。康熙初始招魂而葬，題曰『雙忠』，表其墓道曰『義林』云。方汪公討賊之命下也，欲大振軍威，滅此朝食，乃募將略可用者請以隨征。時孫公兆禄任西安府同知，有文武才。汪公與語兵事，大悅之，於是授軍門監紀，且命舉所知。孫公乃以盩厔李公可從薦，署材官。李公有志略，素以勇力著，乃應募。將行，抉一齒留其家曰：『我此行不殲賊不生還，此所以識也！』及抵襄，分汛而守。孫公參幕軍中，設法防禦，汪公倚如左右手。李公每戰先登，奮不顧身。閱五晝夜，矢盡援絕，城陷，汪公罵賊不屈死，兩公與之俱死。當是時，予王父漢臣以軍門贊畫佐汪公城守，與難更甦，強起裹創，收汪公屍，殮而權厝之，爲文紀其事；至兩公死狀則未詳也。國朝順治初，修邑乘，第曰孫同知、李材官與軍門汪公同殉難，亦不載其名字。康熙初，李徵君中孚先生尋父屍來襄，始知兩公名字籍貫云。予嘗訪之長老：邑貢士孫嶸，曰：『當城破時，見孫公立城上，狀貌魁梧，面白皙秀爽。或指曰：「此孫同知也。」賊脱其冠，繫而牽之驅之去。公徐行，其色不撓。』又老校吳姓云：『公之被執見逆闖也，以刀脅之不肯屈。有李材官者，聞而急趨，以身翼蔽，遂同死焉。』然後兩公殉節始末，乃可得而稽矣。是時全軍覆沒，横屍遍野，予王父捐貲盡瘞之長坑眢井間，蓋不可辨識矣。及中孚先生之來也，長號五衢不得。先大人孝友公宗洙以兩公與先王公同城守，同與難，又憐中孚之孝，因捐西郭地一區，爲之塋兆，鐫兩公姓字庚甲於石，殮衣冠而葬之，歲時率子姪奉其祀焉。邑令張公東峰表於道曰：『義林』。嗣後，叔父中翰公宗泗又爲種樹成林，以時拜掃。顧以歷時既久，或多傾圮。今歲丙戌，予言於邑侯陳公。公卽偕予出郊瞻拜，捐俸重修，封墓立碑，環植樹木，且禁居民勿得樵採焉。妥侑忠魂，風勵末世，誠盛舉也！或曰：『兩公之生，西北各異，其魂魄猶戀故鄉，未必憑依於是。』予曰：『不然！兩公慷慨從軍，視死如飴，齒髮骼胔啖烏鳶豺狼而不自惜，其精英昭爽，依疆埸之故地，附衣冠之潔莊，不第視俯首全歸爲可恥；卽裹革還葬者，亦不免爲兩公之所笑也。孰謂義林坯土，非兩公魂魄之所棲止也哉？』『義林』之修，塚墓巍然，林木蓊蔚，過之者廉頑而立懦，爲政敷教卽在是矣。不可沒也，故並著之。」陳公，諱治安，字晴峰，山陰人。又襄城令陳治安重修雙忠墓碑記：「有明末造，督師汪公奉命討賊，死難於襄，具見邑乘。而監紀孫公、材官李公，亦與汪公同時殉難，節烈並著。康熙初年，邑令余君二聞爲汪公建祠崇祀，而兩公與享，甚盛事也。余於丁丑承乏茲土，謁汪公祠，而未詳所謂『雙忠墓』者。劉子青霞以遺事述余，余得立石以表兩公之節烈焉。昔闖賊蹂躪中土，督師汪公奉命討賊，而兩公效命其間。按：孫公，名兆禄，直隸阜城人，由舉人爲秦盩厔令，陞西安府同知，素知兵，沉毅多大略。汪公聞其賢，題署軍門監紀。孫公稔盩厔李公名，招與俱。李公名可從，少學書，已學劍，膂力過人，負其材勇，願提桴鼓立軍門，爲知己者死，從孫公入謁。汪公壯之，拜爲標下材官；數與語，大喜曰：『若立功，題授若軍職。』李公拜曰：『敢不效死命！』既抵襄，諸帥兵皆會，分汛而守，孫公參幕中軍，李公驍勇敢戰，無不以身先士卒。越五晝夜，矢盡糧絶，城陷。汪公罵賊不屈死，兩公與之俱死。康熙辛亥，李公元子徵君中孚來襄，求遺骨不得，痛號衢巷。時劉子青霞之考、郡丞公宗洙爲捐地立塋，鐫兩公姓字庚甲於石，招魂殮衣冠而合葬之，此『雙忠』所由名也。邑令張君允中表於道曰『義林』。嗟呼，兩公慷慨就義，殺身成仁，『雙忠』之名，應不朽也！方今天子命史臣纂輯明史，褒揚忠義，督師暨兩公聲播海宇，而塚墓淒涼，得非守土之責與？爰種木立石，而誌其大概如此。」按：余一聞任襄城在順治十七年，以康熙五年去。其自撰汪忠烈祠記只及孫同知而不能舉其名，陳記所稱「兩公與享」，乃張令允中增入，非余時事也。劉青霞表稱「丙戌」爲康熙四十五年。右三文，均二曲集義林記所未收，故並録之。又劉長源及弟恭叔，與先生爲盟兄弟，見王豐川嘯林劉子別傳，云：「子李子生平不與人盟，而獨盟恭叔兄弟。」

五月，羣小復謀搆陷。爰先生者謂憸壬險〔二〕巇叵測，邑君銜之又深，勸之徙居於鄜。先生不忍遠違墳墓，謝曰：「禍患之來，命也！」卒不徙。紀略。

六月，滿洲黄旗大人會公納偕弟奮魁詣廬問道。是秋，各旗固山牛录多來瞻禮，將軍馮公尼勒往來尤殷。馮樂善好賢，先生告以嚴紀律、恤地方。馮躍然佩服。紀略。陝西志：佛尼勒，鑲紅旗，滿洲。康熙十四年任將軍。按：「馮」「佛」音轉，「十四年」小異。

十月，咸寧郭丞同閫司張公夢椒迎先生遊董子祠。祠在城隅，地頗幽僻，仲舒之墓在焉，俗謂之「下馬陵」。先生念一代大儒，秦火而後，正學所由開先，遂慨然趨謁。至則郭張偕會公納晝夜虔侍。先生因語及「正誼明道」，謂：「方今人欲

〔二〕「險」，原本作「憸」，據石泉彭氏本、静海閻氏本改。

横流，功利之習，深入膏肓，斯言在今日，尤爲對症之劑，吾儕所宜服膺者也。」郭張憮然。張以父明大司馬諱鳳翼蔭錦衣僉書，改司閫。淹雅宏博，詩文敏贍，爲人倜儻，有氣誼，名流推重，至是幡然志道，契先生尤篤，抱其子謁見。會大人率子弟北面受學。紀略。代州志參陝西志：張夢椒字鹿洲，山西代州人，明兵部尚書張鳳翼子。以父功襲錦衣衛指揮同知。康熙三年任陝西掌印都司，歷安遠營參將。陝西志：董子祠在咸寧縣學宫後。嘉靖二十年侍郎趙廷錫改建。今在城東，祀漢儒董仲舒。祠後有墓。

撰論世堂記、學文堂記，題社倉〔一〕全集、青暘先生論學全書。按：論世堂記爲龔琅霞作，學文堂記爲陳椒峰作，社倉〔二〕全集爲吴濬長題，青暘先生論學全書爲秦赤仙題，均在是年。書張雲巖墓碣。

康熙十一年　壬子，四十六歲。

是春絶糧，幾不能生。王省菴聞之，自蒲來候，爲之辦三月薪米而還。先生每值困阨，則誦「伯夷叔齊餓死」並「志士在溝壑」以自振。

五月，鍾學憲朗檄縣豎碑母塋，大書「賢母彭氏」以表墓。隨致書先生，以申嚮往。既而，深咎羈於職守，不獲造廬，耑吏託張閫、郭丞介紹肅迎。先生辭謝。

八月，至省，南謁馮少墟墓。陝西資政録：馮恭定墓在長安縣西南三里馮家村。訂其遺集。寓雁塔，鍾聞之，亟出城拜訪，館於塔下；質疑咨學，聞所未聞，深恨會晤之晚。每日就寓傾論，擊節再拜。時值大比，三邊八郡士萃省，聞風爭造，肩摩踵接。先生隨人響答，終日不倦。於是，秦人始知章句之外原自有學，興起者甚衆。詳具雁塔答問。浹旬，先生告旋。鍾聞之，亟手書致意。書曰：「斯道不講，非一日矣！振絶學於来兹，迴狂瀾於既倒，肩斯任者，非先生而誰乎？朗也無能爲役，雖然執干掫、從鞭鐙，所欣慕焉。嚮者頗聞二曲有李先生，然耳其名矣，未見其人也。及駿停雁塔，見其人矣，猶未聞其緒論也。今見其人矣，聞其緒論矣，雖未

〔一〕「倉」，原本作「會」，據二曲集改。
〔二〕「倉」，原本作「會」，據二曲集改。

能窺其堂奧，乃見獵心喜；入聞夫子之道而悅，人皆有之。朗，東海之鄙人，何獨不然。朗嘗自問，少年跌蕩於浮名，一行作吏，塵面東西，簿書鞅掌，蒙西子之面，欲自見本來，豈可得乎？今遇先生，如爐之點雪、水之沃焦，駸駸有不知其然者，方將啜飲之不可斯須去，而先生又以避喧遄歸，私心怦怦，曷勝悵惘！」乃出城躬送，臨別依依。紀略。陝西志：鍾朗，浙江石門人。康熙九年任。石門志：朗字玉行，順治己亥進士。由翰林改工部主事，陞員外郎，出視江南、江西、湖廣等處蘆政，歷刑部郎中。視陝甘學政，嚴絶苞苴，振拔寒畯。陞布政司參議，致仕歸。年七十三卒。祀鄉賢。陝西志：慈恩寺在咸寧城南一十里，曲江池北，唐高宗爲文德皇后建，内有浮圖塔六級，即今雁塔。

是冬，張闓司以先生身居姦藪，欲營室於鄠，迎先生避地遠氛，會轉安遠參戎，不果，致札。札云：「憸壬所以牴牾者，以先生名高德重，求親而不得，則忌謗生焉。然山鬼之伎倆有限，老僧之不聞不見無窮，再加以少霽巖〔一〕岸，此輩樂有附驥之望，而可以化其成心矣。如邪正分明太甚，小人愈肆其惡，願先生勿以人廢言，是禱。」瀕行，念先生清苦，捐俸三十金，託人爲先生購地十畝，聊資薪水。紀略。

康熙十二年　癸丑，四十七歲。

鄂總督善政崇風教，自巡撫時雅慕先生，知先生不履城市，難以屈致。是年，復修關中書院，拔各郡俊士於中，乃因鍾提學致飢渴，又因咸寧郭丞通禮意，四月肅幣聘先生講學。先生力辭至再，鄂公敦延愈殷，三往然後應。鍾以先生衣服寬博不時，預製小袖時袍馳送。先生笑而藏之，仍寬博以往。至城南雁塔，鍾出城奉迎，見之愕然。先生曰：「僕非官僚紳士，又非武弁營丁，窄衣小袖，素所弗便；寬衣博袖，乃庶人常服。僕本庶人，不敢自異；且庶人無入公門之理，區區生平，安庶人之分，未嘗投足公門，今進書院，諸公見顧，斷不願破戒報謁。」鍾爲之備達。鄂曰：「余等聘先生，原爲沐教，豈可令其頓違生平。」五月十四日，命府三學博士御車進城，公偕阿撫軍席熙暨三司迎候於書院之翼室，設宴，隨改其室爲「明道軒」。次日，請先生登座，公與撫軍藩臬以下，抱關擊柝以上，及德紳、名賢、進士、舉貢、文學、子衿之衆，環階席而

〔一〕「巖」，原本作「厓」，據歷年紀略改。

侍，聽者幾千人。先生立有學規、會約，約束禮儀，整束身心。三月之內，一再舉行，鼓蕩摩厲，士習丕變。故老有逮事馮少墟者，目睹其盛，謂：「自少墟後講會久已絕響，得先生起而振之，力破天荒，默維綱常，一髮千鈞。視少墟倡學於理學大明之日，其難不啻百倍！」一時院司道府莫不致餼，咸卻而不受。撫軍贈金數鎰，往返再四，亦固辭。紀略。國史傳：鄂善姓納喇氏，鑲黃旗滿洲人。由侍衛歷祕書院學士、都御使。康熙九年，授陝西巡撫。十一年，遷山陝總督，尋改督陝西，調雲南，以事戴罪立功。十六年，授甘肅巡撫。十八年，解任。又，阿席熙，鑲江旗滿洲人。康熙十年，以布政使陞任陝西巡撫。按：是時三司布政使爲吳努春，鑲白旗滿洲人。按察使巴錫，鑲紅旗滿洲人。提學卽鍾朗，道無考。西安知府邵嘉引，浙江餘姚人。二曲集關中書院會約引：「關中書院自少墟馮先生而後，學會久已絕響。今上臺加意興復，此當今第一美舉，世道人心之幸也。諸同志川至雲集，相與切劘，雖以顒之不肖，亦獲濫厠會末，振頹起懦，叨益良多。衆謂會不可以無規，促顒揭其概，誼不得固辭，謹條列於後。」

七月，新提學洪公琮甫莅任，卽具啟通幣，以申嚮往。先生不納。八月，自鳳郡馳謁先生於書院，設宴，朝夕躬陪，序先生所立院規，刊布多士。先生彙輯少墟全集，託其梓行。紀略。陝西志：洪琮，安徽休寧人，康熙十二年任。安徽志：琮字瑞玉，歙縣人，順治壬辰進士。授韶州府推官，晉刑部主事，歷官陝西提學。清祕述聞：琮字谷一。

是秋，寶鷄李汝欽茂才修始謁先生於書院，北面稟學，先生力辭。據二曲集增輯。寶鷄志：李修字汝欽。少籍諸生，從盩厔李顒學，欣然有得，遂謝舉業，有志正學，博考儒書，剖析精奧。著心心精一二録補、薛存齋四書說蘊，大有發明。邑令燕山李瑩受業於門。年七十三。鳳翔府志：修精研理學，剖析微奧。嘗自砥礪其志，不作杏壇中人不止。

鄂公欲薦先生，知先生鳳翔千仞之操，不可榮以禄，念係地方高賢，又不敢蔽，乃密戒學憲及郭丞勿洩，遂會同撫軍阿疏於朝。其略云：「一代眞儒，三秦佳士。學術經濟，實曠世之遺才；道德文章，洵盛朝之偉器。負姿英特，操履醇良，環堵蕭然。一編開適，經百折而不回，歷千迍而愈勵；刊行緒論，咸洞源達本之談；教授生徒，悉明體達〔二〕用之務。遠宗孔孟，近紹程朱。初奉詔求賢，臣等

〔二〕「達」，歷年紀略作「適」。

雖略聞其人，恐係浮名，未敢深信。恭奉皇上賜臣等大學衍義，臣等仰承聖訓，以廣文教，修復書院，聚集多士，將顒迎至，見其人品端莊，學識多博〔一〕，講論亹亹，誠難測其淵微。今皇上日御經筵，時親典謨，正需窮經博古之臣，以備顧問之班。臣等既知其人，不敢不舉。」疏上。九月朔，先生始聞其事，錯愕自咎，即貽書於鄂，一再辭謝。第一書略云：「明公以國家太平之業，必〔二〕先於正人心，故思碩儒以振起斯文，而又急無其人，不得不禮〔三〕從隗始，誠吾道之中興，而生民之大幸也！顧僕實非其人，適以重爲斯文之辱。前者懇辭不獲，靦顔應命，兩赴書院。言無可聽，行無可取，中夜自思，既負明公下問之誠，兼愧朋友琢磨之益。方欲束身告退，肆力耕耘，忽聞愚賤之名，上塵睿覽，驚魂欲墜，俯仰難安！自拜辭抵家，即染寒疾，歷久不痊，遂至右足不仁，艱於步履。夫薦賢者，國家之大典，豈容以廢疾之人，濫膺宸命哉？況今接對賓客，皆倚杖而行，猶或顛躓，其必不能舞蹈丹墀〔四〕也，不待問而可知矣。伏乞明公〔五〕格外施仁，代爲題覆，使病廢之人，得以終安畎畝，則始之終之，其恩皆出於〔六〕明公矣！」

十一月，督撫奉旨促先生起程，先生再三以疾辭。紀略，參二曲集。辭徵第一書云：「顒少失學問，無他技能，徒抱臯魚之至痛，敢希和靖之高蹤！不虞聲聞過情，上徹宸聰，部檄地方起送，蓋曠典也。顒，何人斯？敢辱斯典！若謬不自揆，冒昧奔趨，是借終南作捷徑，可鄙孰甚！有士如此，朝廷亦安用之？況顒近因汗後中溼，宿疾頓發，左足麻木，不能步履，豈堪遠涉長塗，趨走拜舞，對揚丹陛也。伏望矜鑑！特爲轉達，曲成石隱，使顒不至狼狽道塗，自速其斃，佩〔七〕德頌仁於無窮矣！」是月，至華陰，訪王山史徵君宏撰，與論「爲學出處」之義，並屬爲劉公四沖作傳。留五日去。據襄城志增輯。襄城志山史劉四沖公傳：「康熙十有二年秋，有詔徵盩厔李中孚先

〔一〕「學識多博」，歷年紀略作「學多識博」。
〔二〕「必」，原本作「莫」，據二曲集改。
〔三〕「禮」，原本脱，據二曲集補。
〔四〕「墀」，原本作「陛」，據二曲集改。
〔五〕「明公」，原本脱，據二曲集補。
〔六〕「於」，原本作「自」，據二曲集改。
〔七〕「佩」，原本作「頌」，據二曲集改。

生，中孚稱疾不就。冬仲，策杖過子草堂，留五日，論『爲學出處』之義甚悉，及指數近代人才，因得聞四沖公遺事。中孚謂予：「劉公雖已有傳，予不得無言。」同州志：王宏撰，字修文，華陰人。父之良，明進士，南京兵部右侍郎。宏撰幼嗣於季父之祚，實司馬第五子，補邑學弟子員，食餼。順治七年，土寇竊發遺貲，摽掠殆盡。乃縱遊之淮陰，抵建康，至吳門，與江左高士流連詩酒，越歲而歸。中丞賈漢復聘纂陝西通志，並命子婿受業。中丞入都，邀之偕行，數載始旋里。單心洛閩之學，而尤邃於易，以其餘爲詩歌古文，清健高超。三輔隱賢與之切劘者：王建常、李楷、李顒、李因篤、東蔭商、南廷鉉。顧炎武入關來訪，分宅舘之。康熙十七年，詔徵博學鴻辭之士，宏撰列薦剡，累辭不允。至都，會病，不入試，足不履顯者之門。而大學士馮公溥雅重其品藝，介人求文；王士禎、汪琬、施閏章等莫不就舍訂交。二十四年，再遊江南，十年乃歸。四十一年卒，年八十一。門人私謚貞文。按：山史生明天啟五年壬戌，長先生五歲。

有報鄂制臺書，報阿撫軍書，答阿撫軍辭餽金書，與當事論出處書，答洪學憲書，上鄂制臺辭薦舉書、第二書、辭徵書、第二、第三書，題馮少墟先生全集。

康熙十三年　甲寅，四十八歲。

正月，滇南變起，所在震動。鄰惡自以前計不遂，徒成嫌隙；至是，謀因亂將暗不利於先生以滅口。同黨有洩之者。二月十三日，乃離新莊堡，避地於邑南之郭家寨以居。紀略。

四月，有旨復徵。吏部咨督撫起送，藩司檄府行縣，催促起程。先生控辭。既而，府役至縣守催，縣據醫、鄰甘結以覆。五月，府提醫、鄰嚴訊，脅以重刑，衆無異辭。府轉到司，司促愈急。七月，霖雨河漲，先生長男慎言涉波冒險赴司，哀控不聽，立逼擡驗。八月朔，縣役舁榻至書院，遠邇駭愕，咸謂擡驗創千古之所未有，辱朝廷而褻大典，眞天壤間異事也！府官至榻，先生長臥不食。府以股痹回司。司怒，欲以錐刺股以驗疼否。適張參戎夢椒自安遠回省，爲之營解，免錐，立逼起程。先生閉目不語，僵臥而已。前內黄令上蔡張起菴沐自中州來訪，備述聞風嚮慕，神交有年，因出所著學道六書就正。

先生伏枕以答，語及「乾」之初爻，謂：「學須深潛縝密，埋頭獨詣[一]，方是安身立命；若退藏不密，不惟學不得力，且非保身之道。昔人謂『生我名者殺我身』，區區今日，便是榜樣。」張嘆息而去。初五日，府又差官守催，吏胥洶洶環擁，逼索起程。愼言不得已，聊具起程呈云：「俟暫歸治裝，然後就程。」司始允還。抵家數日，隨具呈以疾篤控。院司聞之，檄府鎖拏經承。縣令高君宗礪懼累，率役至廬立促，舁榻以行。先生堅不進省，寓於城南之興善寺。府役日逼起程，督促萬方，先生以死自矢，督院知不可強，乃會同撫軍以實病具題。部覆奉旨疾痊起送。十二月，還家養疾。丹陽賀君麟徵聞而歎曰：「關西夫子，堅臥養痾正是醫萬世人心之病。移風易俗，力振人紀，有造於世道不淺！」紀略。按陝西志：是年，總督哈占，巡撫杭[二]愛，布政使吳努春，西安知府阿爾親，皆滿洲人。內黃志參上蔡志：張沐字沖西，號起菴，河南上蔡人，順治戊戌進士。康熙元年任直隸內黃知縣，潔己愛民，崇尚德化。蒞邑五載，廉蹟善狀，不可枚舉。開講堂講學，每會期，邑士及鄰封之請教者常數百人。時容城孫奇逢講學蘇門，幣迎至黃，學者知所宗焉。因事降職，以大臣薦授四川資陽令。方沐赴部過黃，士民慰問遮道，有送出境者。著有道一録、學道六書、六諭敷言、女經。盩厔志：高宗礪字介公，四川梁山人。由進士康熙十三年任，值滇、蜀鄰平涼繼叛，軍興旁午，風鶴頻驚，催科饋運，日不暇給。至十七年，被論。後赴京開復，塗遇暴疾，沒於蒲東，歸葬白下。賀麟徵無考。

是年，新安汪君宏度緘書託洪學憲問學。江寧高太史人龍詣廬就正。紀略。上元志：高人龍，字霖公，蜀梁山人。父射斗，前丁丑進士，任江安督糧道，沒後寄家金陵。人龍由康熙戊戌進士授庶吉士，除檢討，歷官吏部選郎。生平博雅，於關、閩、濂、洛之學莫不窺其奧窔；尤以廉自守，官比部，有廢銅，例入督鑄者之槖，公悉給工匠，不以自私。子二：元亨，丁卯舉人；元吉，庚辰進士。汪宏度無考。

康熙十四年　乙卯，四十九歲。

有辭徵第四、第五、第六書。按：是年陝督爲哈占。集中只標曰「辭徵」，大約致督府者。

[一]「詣」，原本作「誼」，據歷年紀略改。

[二]「杭」，關中叢書本關中三李年譜作「抗」。

先生癸丑秋自書院講畢旋家，即閉關不復見客。是春，又爲謝世言，以逆拒來者。其略云：「僕幼孤失學，庸陋〔一〕罔似，衹緣浮慕先哲，以致浪招逐臭，誠所謂純盗虛聲，毫無實詣者也。年來天厭降災，疾病相仍，半身覺痿，兩耳漸聾，杜門卻掃，業同死人矣。然而朋伍中不蒙深諒，猶時有惠然枉顧者，是使僕開罪於先生長者，非愛〔二〕我之至者也。今以往，敬與二三良友約，凡有偶憶不肖而欲賜教者，竊以爲上有往哲之明訓，下有狂謬之巵〔三〕言，期與諸君私相砥礪足矣。奚必入其室而覿〔四〕其人，以致金玉在前，形我蕪穢乎？伏望迴其左顧之轍，埒僕於既化之殘魄，玉〔五〕僕爲物外之野夫，此僕所中心佩之，而父師祝之者也。嘗聞古人有預作壙穴，以爲他〔六〕日藏骨之所。僕竊有志而未逮，又豈能靦顔人世，晤對賓客，絮長論短，上下千載也耶？但使病廢之軀，獲免酬應之勞，則僕也受〔七〕賜多矣。」紀略。

四月，鄂公自荆州移駐關中。甫入關，欲望見顔色，各部院亦欲因之以見，慫恿公遣使賫手札來迎。先生以謝世言示之，乃已。紀略。按：鄂在雲南，以事戴罪立功。十四年，王輔臣叛，命赴榆林、延安剿禦。「移駐」即謂此也。

八月初六日，先生挈家避兵富平。是時，雲貴搆亂，蜀漢盡陷。盩厔密邇南山，敵人盤踞於中，土人往來私販者，傳敵營咸頌先生風烈。先生聞之大驚，亟擬渡渭遠避。會張參戎陞總鎮，肅輿迎送富平。時郭丞陞宰富平，亦遣使來迎，遂盡室以行。至富平，郭公擁篲下風，修郊勞，文學孟輿脤齋沐受學，固請棲所居之軍寨別墅。郭公於是鳩工整飾，煥然一新，又特搆一齋，題曰擬山堂。「擬山」云者，以先生喜靜厭囂，謝人事，絶應酬，無異深山窮谷也。張與郭各捐俸置器用，儲薪水，敬養備至。邑人及鄰封士紳晉謁，先生多不之見。紀略。盩厔志兵事：康熙十三年，遊擊程福亮聞蜀變，自西鄉退兵三河口，

〔一〕「陋」，原本作「謬」，據二曲集改。
〔二〕「愛」，原本作「憂」，據二曲集改。
〔三〕「巵」，原本作「危」，據二曲集改。
〔四〕「覿」，原本作「窺」，據二曲集改。
〔五〕「玉」，原本作「視」，據二曲集改。
〔六〕「他」，原本作「化」，據二曲集改。
〔七〕「受」，原本作「拜」，據二曲集改。

盩、鄠兩縣運糧給之，民大困。明年八月，漢中失守，福亮退駐黑水峪。十一月，遊擊梁甭屯兵黑水峪，勒折糧草，索取夫役，官民苦之。繼此，又有彭宣、王守鳳、陳奇謨、鄭起成、吳時泰、傅舉、吳炤、夏印、李重華等。此來彼往，首尾六年，強横騷擾。丁壯饋運於外，老弱供給於内，民不能堪，投旗入伍者不可勝計。按：亭林與先生書有「別有札與憲尼」語，憲尼應與脈字。稷山宰孟孔脈字祖尼，或其兄弟行也。

是冬，顧寧人書來。顧自癸卯盩厔別後，雖足跡徧天下，而音問時寄。至是，聞先生流寓富平，寄書略云：「先生龍德而隱，確乎不拔，眞吾道所倚爲長城，同人所望爲山斗者也。今講學之士，其篤信而深造者，惟先生。異日九疇之訪，丹書之受，必有可以贊後王而垂來學者。側聞卜築頻陽，管幼安復見於兹，弟將策蹇渭上，一敍闊悰也。」紀略。按：亭林年譜：乙卯八月自山東歷城抵山右之祁縣，主戴楓仲家。楓仲爲築室祁之南山，先生因之置書堂焉。此書應自祁之南山書堂發。

是年，李汝欽再謁先生於擬山堂，堅欲及門，先生仍固辭。據二曲集增輯。二曲集促李汝欽西歸別言略云：「寶鷄李汝欽，質淳而行篤，未弱冠，卽有志於斯道。癸丑秋，嘗謁予於關中書院，北面稟學，予力辭。乙卯夏，又謁予於富平之擬山堂，堅欲及門，予固辭。徒步負笈，往返千里，塗次罹災，幾不保身，聞者惻然；而汝欽嚮往愈殷，略弗少變，則亦可謂之天下大〔一〕有心人矣！」按：先生以是秋至富平，別言作乙卯夏，或一時誤記。特誌其事於此年，而時從略。

懷清按：先生居富平，李子德及弟因材等常趨侍。受祺堂文集田太孺人行實：「前郭明府迎兄二曲徵君寓邑東偏，母數就視，謂不孝曰：『爾〔二〕兄大賢，當敬事之。』」續刻受祺堂文集〔三〕田太孺人墓誌：「前此顒以終南播氛，避亂頻山。太孺人率闔眷出見，令因篤偕弟若子朝夕嚴事〔四〕，恩勤有加罔替〔五〕。迨亂定返里，猶時問遺不絕。」

〔一〕「大」，原本作「之」，據二曲集改。

〔二〕「爾」，原本作「汝」，據續刻受祺堂文集改。

〔三〕「續刻受祺堂文集」，田太孺人墓誌銘文不見於二曲集，存於續刻受祺堂文集，據此改。

〔四〕「事」，原本作「侍」，據續刻受祺堂文集改。

〔五〕「罔替」，原本脫，據續刻受祺堂文集補。

答秦燈巖第二書。按：書有「別來五載」語，由辛亥至此五年。其第一書年次待考。

康熙十五年　丙辰，五十歲。

四月，張總鎮有疾，回雁門原籍。瀕行，迂道富平別先生，捐俸備薪水，約以秋涼疾瘉復至，抵家未幾不起。先生聞之悼慟，爲位遥祭，仍託人唁其遺孤。自是日用所需，郭一力任之。李太史因篤撰擬山堂記。其略云：「徵君先生起自孤寒，獨立不倚，倡明聖賢之學。顧其家甚貧，三旬九食，簞瓢屢空，宴如也；而篤實之徵，光輝莫掩，上而臺司，以越郡邑之長，或單車造訪，或奉書幣通起居，先生一切謝之無所受。雖鄉里交讁，閭巷敦諭，迄不少易。當是時，先生名震關中，崇重其道往來尤密者，莫若常州太守、前盩厔令駱公，吾富平邑君雲中郭公。無何，駱遷京秩以去，凡先生所與盱衡性命，外樹宫牆之防，内庀其賓從之需者，緊吾邑君是賴。夫先生之爲人，不事王侯，飢不可得而食，寒不可得而衣者也。而吾邑君何以使之厚自託焉？豈非忠誠所感，處先生以古道，而義有超於養之外者哉？蓋邑君勤勤懇懇，所以爲先生計隱居者，甚周且至，不啻先生之自營，然先生不知也。先生不知，故受之而可安，指而美之無辭也。舊歲江漢播氛，南山烽羽之嚴，密邇二曲，故開府雁門張公曰：『徵君可以行矣，捨郭富平，不足以辱先生之從者。』而吾邑君乃備輿奉迎，而先生亦既覯止，爰擇文學孟仲子別墅，構室以棲，時時具公服儀仗，晨往上謁。而廪人繼粟，庖人繼肉，相望於路，先生弗聞也。終日匡坐不出，而遠近就業者有人，問道者有人，瞻軌範者有人，繩繩乂乂，走趨於堂，使千百年干戈之址，一變而爲俎豆之鄉，先生與吾邑君之功，詎不偉歟？」〔一〕紀略。

康熙十六年　丁巳，五十一歲。

五月既望，遥祭駱公。先生自辛亥返秦，駱亦丁艱離任，書問不絶。丙辰夏，猶自獲鹿轉致諸名公寄先生文翰，且訂是春至秦相訪，既而以疾不起。先生聞訃，號慟爲位以祭，服緦三月，語及涕不自禁。

八月，鄂督改撫甘肅，瀕行，手札言別。先生答以政教偕行，舉措務合人心。紀略。

九月，王山史至富平。先生遣子伯著往謁。山史隨詣軍寨。晤談竟日，旋以所著正學隅見述見質，復假閱先生所輯紫

〔一〕按：以上引文與道光七年刻本受祺堂文集中隱士莊擬山堂記文字多有不同。

陽通志。據砥齋集頻陽札記增輯。按：伯著應慎言字，而潛確録作伯敏。

是冬，顧寧人自山左來訪，因寓軍寨之北，密邇先生，時至臥室盤桓，語必達旦。紀略。按亭林年譜：戊午春，由太原入關中，富平令郭九芝傳芳迎先生於二十里外。閏二月，遣子德家人至曲周接衍生。及既，足期會於富平軍寨李中孚家。四月朔，九芝邀先生至署，寓南菴，旋移寓朱公子樹滋齋中。此作丁巳冬來訪，及「寓軍寨北」微異。無從訂定，姑闕疑焉。亭林集與潘次耕書：「頻陽令郭公既迎中孚而僑居其邑，令復遣人千里來迎，可稱重道之風，而天生遂欲爲我買田，結婚之計，雖未可必，然中心願之矣。」又顧譜十六年丁巳九月入陝，訪李中孚於富平東南軍寨之北，註李徵君年譜云云。按：徵君年譜系此則於丙辰冬，考衍生元譜，丙辰年未嘗入秦，其至富平實系丁巳，李譜或偶訛耳。按：李譜應即指二曲歷年紀略。紀略原列是則於丁巳冬，其云「系此則於丙辰冬」者，豈別有一譜耶？受祺堂詩集陳情賦雲中曲呈郭明府：「前年是日杯相屬，左有東吳右二曲。」註謂寧人先生、中孚家兄。按：此指十七年事。

康熙十七年　戊午，五十二歲。

自癸丑冬，督撫有「疾痊起送」之旨，自是每年檄司行縣查催。是春，復促起程。既而，兵部主政房君廷禎又以「海內眞儒」推薦。其略云：「竊惟孔門四科，文學與德行並重。有行而無文，其蔽也魯；有文而無行，其蔽也夸。若二者之兼優，則一生可概觀。職秦人也，所知有西安府盩厔縣布衣李顒者，束躬希聖希賢，無書不讀；居德惟誠惟正，有己克修。甘原憲之貧，襟捉肘露；擁張華之乘，腹便硯穿。立志冰堅，四十載如一日；秉心淵塞，三輔中僅此人。雖經督府交章，名已上徹朝陛，乃復金石不渝，趾仍下伏田廬。格物致知，誠有功於正學；揚風扢雅，亶無忝於眞儒」。吏部具題，奉旨令督撫起送，司府檄富平縣力促，先生以疾篤辭，長男慎言赴院哀控，乃以「病臥不能就程」題覆。又奉旨敦促，於是催檄紛至，急若星火。府尹手札責郭令徇庇，且題職名揭參，郭公回詳。略云：「李處士養疾久臥，遠邇共知。卑職雖至癡極愚，靈明一竅，未盡昏翳，何敢不畏法紀？不惜官箴？於非親非勢、區區流寓之一寒士，過自徇庇，干憲典於不測耶？屢蒙示行催，卑職凜遵憲檄，卽欲遣夫舁榻就道，及親臨臥室，見其委頓不食。以氣息奄奄之人，強迫就程，萬一塗有不測，卑職將何以自解於天下後世耶？」慎言又日伏轅門泣控，不聽。府役坐縣，立提職名，鎖挐經承。經承守門，伏跪哀號，舁榻以行。紀略。

八月朔，過臨潼，浴溫泉。是晚，宿周太史燦宅。臨潼志：周燦字星公，順治乙亥進士。由翰林改刑曹，奉使安南。及還，出守南康，修白鹿洞書院，聚徒講學，多所成就。督學巴蜀，甄拔皆知名士。著有願學集。祀鄉賢。先是，建威將軍吳公當亭林年譜：康熙十六年賊黨吳之茂冠秦州。十二月，朝命建威將軍吳丹略地華商。按：「丹」「當」音近，應卽此人。慕先生甚殷，介潼關胡副使戴仁按：戴仁，容城人。由拔貢官廣東香山知縣。康熙十四年，遷潼商道。後官湖北布政使。周太史暨臨潼錢太令天予臨潼志：錢天予，上元舉人，康熙十四年任。上元志：天予，順治十四年舉人。迎先生遊驪山，先生不應。至是，聞宿周宅，遂詣宅瞻禮。次晨，又至。瀕行，贈程儀二十四金，力卻。往返數四，終不納。錢令程儀〔一〕及供應亦璧。初二日，至雁塔，督撫令府尹就榻勸駕。先生伏榻，因以疾篤不能就程辭。紀略。按：是時，督撫仍哈占、杭愛。

初四日，周制臺有德國史傳：周有德，字彝初，漢軍鑲紅旗人。由貢生授編修，累遷學士。康熙二年，授山東巡撫；六年，遷兩廣總督；十三年，調川督；十八年，移雲貴；十九年，卒。就榻請教。周讀書工詩，自巡撫山東日，卽傾懷嚮往；及總督兩廣，偶得士人所攜先生教言，玩不釋手。至是，改督四川，駐節青門，聞先生寓雁塔，遂竭誠造榻，執禮甚恭。先生感其肫摯，伏枕以答，凡所咨叩，悉意酬酢。周退而且驚且喜，謂幕賓曰：「十年夢想，今日方遂『立雪』之願。初以先生有德有言之道學，今乃始知先生當代猶龍、人中天人也。」紀略。

初六日，督撫又令府尹促行。尹率咸長二縣令至榻力勸，既而又委幕僚率吏胥晝夜守催，備極囂窘。先生堅臥自如，恬不爲動。是時，先生以隱逸爲當世所注望。李太史因篤亦以博學宏詞被薦就徵，來別先生，見官吏洶洶，嚴若秋霜，恐先生堅執攖禍，勸先生赴都。一時縉紳愛先生者，咸以「明哲保身」爲言。先生閉目不答，遂絕食。周制臺暨各文武諸大僚目擊其憊，爲之向總督緩頰。總督謂：「自癸丑被徵以來，年年代爲回覆。茲番朝既注意，不便再覆。」促之愈急，且欲以

〔一〕「錢令程儀」，關中叢書本關中三李年譜脫。

違旨題參。李太史爲先生危甚，涕泣以勸。先生笑曰：「人生終有一死，患死〔二〕不得所耳。今日乃吾死所也！」遂以後事爲託。愼言號痛，門人悲泣，先生皆一一遺囑，並滴水不入口者五晝夜。總督知其不可强，不得已，又以疾篤具覆，仍一面差官慰撫，先生乃食。是時，正值大比，多士日謁候，先生概不見，朝夕惟門人孟子緝、惠龗嗣、楊堯階、馬棫士侍側。子緝，無考。富平志：惠龗嗣，天性至孝，文學優長。康熙辛未進士，授通海知縣，善政多端，上憲咸引重，蒞任八月卒。著有自新、應用二録。楊公名時、李公二曲、李太史子德咸爲立傳。陝甘進士録：龗嗣，字玉虹，祀通海名宦。雒南志：楊堯階，字元昇，景村人，邑諸生食餼。慨然有志心性之學，從李二曲於盩厔。時二曲方倡明正學，爲金谿姚江後勁。師事者無慮數十百輩，而鄠縣王心敬、蒲城寧維垣、寶鷄李修、同州白焕彩輩，皆一時陞堂弟子。堯階謁二曲，二曲以讀書法與訂期肄經史諸書，稍與講明反身之旨，能領略其意。二曲卒，嘗數至同州，主白焕彩家，手二曲學髓一篇與之。講求體認，每數月忘歸。蓋聞之同州陳生云。堯階自見二曲後，迪德敦善不怠，推爲長者。按：焕彩，卒於康熙二十三年，二曲卒於康熙四十四年。志稱二曲卒，嘗數主白焕彩家，失實。應將「二曲卒」三字汰去，始合。十三日，離雁塔，旋富平。紀略。

十一月十一日，督撫檄司行縣云：「李處士屢經薦舉，疊准部咨，雖以患病咨明，但前奉旨嚴切，勢難久臥田園，該司務令地方官不時驗視，俟疾有稍痊，即便呈報。」自是，富平縣月具驗視甘結。其看語云：「卑職遵奉憲檄，不時至李處士榻前驗視，勸其痊日就程。答言：『平昔痛母貧困而死，誓終身不享富貴；若强之使出，勢必一死報母。豈可以薦賢之故而冒殺賢之名？』卑職聽此言語，甚爲悚怯！鐵石存心，勢難轉移。但事關奉旨，不敢泄視，除一面時加驗視外，理合申報。」

十一月，部覆：「奉旨痊日督撫起送。」始寢其事，一時翕然，訝爲「鐵漢」。顧寧人詩以誌感。詩云：「益部尋圖像，先褒李巨游。讀書通大義，立節冠清流。憶自黄皇臘，經今白帝秋。井蛙分駭浪，嵎虎拒巖幽。譬旨鴻臚切，徵官博士優。里人榮使節，山鳥避車騶。篤論尊尼父，清裁企仲由。當追君子躅，不與室家謀。獨行長千古，高眠自一丘。聞孫多好學，師古接姱修。忽下弓旌召，難爲澗壑留。從容懷白刃，決絕卻華輈。介操誠無奪，微言或可投。風回猿岫敞，霧捲鶴書收。隱痛方童丱，嚴親赴國仇。尸饔常並日，廢蓼擬填溝。歲遂

〔二〕「死」，原本脱，據歷年紀略補。

糟糠老，雲遺富貴浮。幸看兒息大，敢有宦名求？相對銜雙涕，終身困百憂。一聞稱史傳，白露滿梧楸。」又貽詞林諸公書云：「李先生爲上官逼迫，舁至近郊，至臥操白刃，誓欲自裁。關中諸君有以李業故事言之督撫，得爲謝病歸。然後國家無殺士之名，草澤有容身之地，眞所謂『威武不能屈』！而名之爲累，一至於斯，可慨也已！」紀略。

省闈主考、吏部郎中前靖江令鄭山公重試畢，欲詣富平訪先生，至涇陽疾作，弗果；乃遣吏奉書幣致候，書云：「老先生以山高水長之風爲當代師表。今聖天子求賢甚殷，望老先生出而倡明正學，光贊右文，俾天下皆知悔過自新，於以正人心而扶世運，誠非淺也！」又呈詩。詩云：「關學從來擅古今，後賢誰復有知音。風高二曲聲施遠，望重三秦朝野欽。辭辟非同巢許志，安貧獨契孔顏心。當年親炙毘陵道，悔過猶思教澤深。」紀略。

是冬，胡公戴仁候先生於臥室，既而肅幣求修學宫碑記。先生例不爲應酬文，辭之。紀略。

答顧寧人先生書、第二書、第三書。按：顧譜：寧人以十六年九月入陝，訪先生於軍寨之北，李子德迎至其家。十一月，去回山西。十七年春，入關，至富平。冬，過同州之華陰，達華州，止吏目署。在富平者半載餘。此三書往返辨難，應在是年。有寄子書、答秦燈巖第三書、按：書有「丙辰春暮，接手教，尊翁太老先生大事，僕不獲躬唁，今已在禫除之日」，應在是年。第四書、按：書有「今春，部官又以『安貧樂道，倡明絕學』推舉」語，應卽是年。答建威將軍書、答四川周總督書、第二書、答友人書按：書有「此番博學鴻詞之選，官〔二〕吏立偪起程，及容回家養疴」語，應是年作。

康熙十八年　己未，五十三歲。

先生丘隴興思，浩然欲歸。二月初五日，行李先已發。次日，郭公聞之，亟就寓留行，闔寨居民百餘人擁入跪留，號泣不起。先生爲之泫然，暫止，以答其意。紀略。

三月，鄂公於鞏郡修葺學舍，遣員迎先生以敷文教，先生以杜門誼無復開辭。紀略。

〔二〕「官」，關中叢書本關中三李年譜脫。

七月，鄂公解任赴都迂道，至富平，見先生於臥室，盤桓二日而行。知先生將歸，捐金以備薪水。紀略。

八月初八日，西返。前數日，寨人聞先生束裝，知不可復留，咸悵然如有所失，爭先祖餞。是日，長少泣送，聲震原野。鄂公肅輿發役衛送，道左分袂，悲不自勝。鎮將亦祖道遠送，遣兵以護。紳士繾綣依戀，費君尚彬無考。賦長篇惜別。是晚，宿涇陽南郊，邑令錢公鈺長興志：錢鈺，字斐玉，號朗齋。順治十七年舉人，知涇陽縣，徵拜廣西道御史、順天府尹、山東巡撫。解任歸，復召督修永定河。聞先生過，亟出城請見，力邀進城。先生以素不入城市辭。遂治宴旅邸以待，擬次晨躬送，而先生昧爽已遄行矣，乃遣吏追送。初十日，抵家。十二日，謁墓告返，致祭，迎姊就養。紀略。

懷清按：先生流寓富平四載，其答人問學之語，門人録之名曰富平答問。惠玉虹富平答問小引：「富平答問者，吾師二曲先生答人問學之語也。先生原籍盩厔，頃因兵氛，流寓富平，閉關養疴，不與世通，居恆惟三五舊遊往來起居，緣是得以時近臥榻，親承謦欬，有問必答。凡進修之要、性命之微、明體適用之大全、內聖外王之實際，靡不當可而發，因人而啟。要皆口授心受，期於躬體實詣，不以語言文字爲事。以故語多未録，茲僅録其切於通病者，聊以自警。昔周子寓濂溪而濂溪著，程子寓龍門而龍門顯，以至康節之於洛，晦菴之於閩，咸地以人重，聲施無窮。今不腆下邑，亦何幸而獲先生之至止耶？隨在施教，語因地傳，是以恭題曰富平答問，紀實也。庶覩者知其所自云。」按：答問不能分年，特附於此。

康熙十九年　庚申，五十四歲。

二月，營建母祠。先是，鄂公聞先生之母彭太君守貞，貧困而死，捐俸百金，俾建「賢母祠」以風世，值地方多故，流寓富平，不果。至是，先生念西郊爲母原居之墟，遂以前金購材，建正庭三楹，以奉母像。像前置襄城所招太翁魂牌，門房三楹，門內爲斗窩棲身。自識云：「人子居親之喪，塗壁令白，名曰『堊室』，此亦余之堊室也。喪制雖已久闋，而心喪實無時或息，棲此以抱終天之憾！」自是下楗，不復出戶；竅壁以通飲食，即家人亦多不見。既而，郭公以先生眷屬僦室而居，貧無定廬，捐俸搆屋於祠之西偏，邑宰章亦捐俸協修。紀略。

是秋，郭公遷四川達州知州。先生遺愼言送至寶鷄，慟哭而別。抵任，未幾，病卒。紀略。

九月，平涼守道參政郎公廷樞肅書幣通候，扁母祠曰「曾母慈暉」，先生返幣。紀略。甘肅志：郎廷樞，康熙十九年任。

跋父手澤，與吳耕方太史暨龔楊陳[一]張毛諸公書按：書有「鄂公捐俸建賢母祠以風世」語，應是年。

康熙二十年　辛酉，五十五歲。

二月，聞郭公凶問，爲位，率家人哭祭，服緦三月，爲之表墓。

四月，爲報德龕，奉駱公、郭公暨鹿洲張公之主於中，令節則率家人虔祭。紀略。

七月，甘肅撫軍巴錫遣員修候，扁母祠曰「貞賢範世」。紀略。甘肅志：巴錫，滿洲鑲藍旗人。康熙二十二年任。按：志任年與此不合，應有誤。若陝撫巴錫係鑲紅旗人，三十六年任，應另一人。

先生鄉在富平，與顧寧人語及宋鑑，謂朱子嘗列銜主管華山雲臺觀，則雲臺觀宜爲祠以祀。至是，寧人移寓華下，倡修祠堂，肖貌以書詢先生朱子冠服之制。書略云：「華令遲君納弟言，謀爲朱子祠堂之舉，卜於雲臺觀之右，捐俸百金，弟以鹺臺所贈四十金佐之。百堵皆作，堂、廡、門、垣備制而已。祠中兼用主、像，遵先生前諭，主題曰『太師徽國文公朱子神位』。像合用林下冠服，敢乞先生考訂指正。」先生爲之圖，詳列其說以貽。紀略。按：此條原編在二十一年。考寧人年譜：康熙十九年庚申，華陰令遲屏萬造訪，因與謀建朱子祠事，遲欣然捐俸爲倡。十月，寧人往汾州。二十年二月，去汾州，至運城。鹽運使黃菉園裴延先生入署。四月五日，菉園丁内艱。寧人入弔畢，旋出署，入關至華陰，遂出菉園之餽，落成朱子祠堂。八月二日，自華陰至山西曲沃。二十一年正月九日，卒。則此書當是二十年寄答，若二十一年，寧人已卒，焉得有書問，特移次是年。

是冬，邠州詞林王吉相受業。王潛心性命，學務向裏，晉謁請教，遂北面從事，歸依誠切，有賀醫閭、鄒東郭之風。先生以其淳篤，既退而歎曰：「此眞爲己者也！」紀略。陝甘進士録：王吉相，字天如，邠州人。康熙壬子，解元。丙辰，進士，翰林院檢討。

[一]「陳」，原本脱，據二曲集補。

題達州牧九芝郭公墓碑，撰家戒、自矢、訂親友。按：家戒有「荆扉反鎖，久與世睽」語，自矢有「近宴息土室」語，與訂親友文，應皆是年作。

康熙二十一年　壬戌，五十六歲。

春三月，武功諸生張志坦偕同邑馬仲章來受學。據二曲集增輯。二曲集張伯欽傳云：「伯欽名志坦，余友武功茂才張澹菴之伯子也。補邑諸生。壬戌春暮，偕同邑馬生仲章受學於余。每旦，拜先祠暨父師畢，肅穆靜坐，儼然如對神明。余嘉其志篤而力勤，方期以遠大。丙寅秋仲，忽以疾卒，年僅三十。向令天假之年，不知所進何似？賢而夭，聞者莫不悼惜，余安能已於慟耶！故撫膺拭淚，特爲傳以寄思。」

七月，岐山宰茹公儀鳳刻先生堊室録感。茹倜儻不羣，究心理道，契先生有素。至是宰岐，政崇風化，刻録感以礪俗。官岐九載，加意於先生者，靡不周至。紀略。岐山志：知縣茹儀鳳字紫庭，顺天宛平人，河内籍監生，康熙十八年任。工詩文，有惠政，民爲建生祠。二十六年去任，官至甘肅按察使，祀名宦。王天如堊室録感序：「堊室録感，我夫子二曲李徵君自録所感也。夫子奉母遺像，嚴事如生，爲堊室於側，孤棲其中，遂録所感以自傷。」

十月，鄠縣王爾緝心敬来學。心敬弱冠遊庠，食餼，文名藉甚。聞先生論學有感，遂棄諸生，從先生，朝夕執侍，一意闇修。紀略。王豐川鶏肋集自序：「少孤失學，及年二十有五，奉母命從二曲子李子學。」鄠志：王心敬字爾緝，學者稱豐川先生。年二十五，謝諸生舉業，從二曲李徵君講正心誠意之學幾十年。歸，仍閉戶探討，事親教子，不輕一步出門。年四十後，名聞海内，一时黔、閩、吳、楚撫軍咸禮聘主講席。凡晤公卿大夫，必期以致君澤民，行義達道；遇問學之士，必期以成己成物，隱居求志，絶不隨世依阿。著有易説、江漢書院講義、荒政考、尚書質疑、詩經说、禮紀纂、春秋原經、詩草、關学彙编、文獻攬要、歷年洗冤録、南行述、家禮寧儉編。康熙五十三年、雍正元年兩次特徵，俱以疾固辭。年八十五。祀鄉賢。按：依自序及志推之，心敬生顺治十五年戊戌，少先生三十一歲。

爲王爾緝作母教，答吳濬長書。按：書有「尊札承諭，欲自燕入秦」语。二曲集吳義士傳亦云「壬戌將入關訪余」，書應是年答者。其第二、第三書不能定其年次，從闕。

康熙二十二年　癸亥，五十七歲。

秋七月，邑宰張公涵擬为先生建書院，先生力卻。公夙仰慕先生，謁銓得令盩厔，大喜。甫抵任，卽齋沐肅贄造謁。自是不時屏騶從趨侍，執弟子禮甚恭。因先生素無書室，亟欲捐俸購基，命役鳩材，鼎建講堂齋舍，以棲先生，並處四方問學之士。先生以方杜門謝絕生徒，講堂齋舍非其所需，力辭。紀略。盩厔志：張涵，山西進士，康熙二十一年任，訐告去。

康熙二十三年　甲子，五十八歲。

是年旱荒，先生家計窮甚，併日而食，玩易弗輟。紀略。

答董郡伯書。按：文係四六體，似初蒞任時答書。考董蒞任在康熙二十二年，用次於此。

答秦燈巖第五書。按：書有「湯中丞公之賢，僕所久悉，今借重江南」語。湯文正任蘇撫在二十三年，書應是年答。

爲李天生撰田太孺人墓誌銘、題唐約齋墓碣。

康熙二十四年　乙丑，五十九歲。

三月，漢陽傅良辰、江陵張子達來学。傅張舊從西蜀楊愧菴甲仁遊。愧菴與友人書云：「傅張二君，英毅樸實，篤厚有道器，具聖胎而充之，不可限量，其有得於足下並萬倉起發者多矣。良朋善友，實難同時同地，今後須時勤切摩，庶不負香山、白鹿之意。近則引之參江夏爾樸楊翁，遠則勉之參關中李中孚先生。非李先生，不足以成就斯人也。吾人既要做古今第一件事，當尋古今第一流人。李先生今幾六十，恐歲月無多，不我與矣。」二人於是徒步至秦稟學。紀略。楊愧菴自驗録與傅生良辰書：「潛齋來書，字句儘條暢，意思更懇切；但示每日工夫，只見理少欲多。既自見得如此，何故不使理勝於欲。」按：潛齋，良辰字。爾樸無考。二曲集與張伯欽第三書：「有著書立言之人，自天文、地理、禮樂、制度、兵刑，一一皆精研論撰，攜其所著全部，肅贄願北面受學，叩扉兩日，亦未之納。惟湖廣傅良辰、張君明，年未三旬，不遠三千餘〔一〕里，徒步來學。其人本市井貿易之微，能學敦大原。我嘉其學

〔一〕「餘」，原本脫，據二曲集補。

知近裏，始啟鑰納拜。侍我浹旬，終日寂坐，迴光返照，保守所得之端倪，眞機流盎，不貳以二，不參以〔二〕三。略閲先儒格言數篇，少頃，隨卽掩卷寂坐，蓋恐胸中端倪因閲書而或有散亂也。此方是篤於自修，眞實爲己。特示汝知。」按：君明應子達字。射洪趙燮元楊愧菴先生傳：先生名甲仁，字乃所，別號愧菴。祖禾以經魁授閬中教授。父嗣龍，南京刑部主事。先生幼穎悟絶倫，每授經輒曉大義。成童後，大通六經之旨，旁及諸子百家，暨釋道之書，無不究覽。順治初，流寇方熾，流離播遷，未嘗一日廢學。年十八，聞楚南有劉麗虛、楊恥菴者，當代碩儒也，徒步數千里往見之。至楚，訪恥菴不遇，晤麗虛於荆南，登樓望見顛門若裂，恍然神遊太虛。相從十餘日，頓悟道體不離人心。歸而講學金華山中，從遊甚衆。康熙乙亥，以明經入京，考取中書，與天下英傑之士同集吏部。先生於大衆中，獨發明性命之旨，同志聞者，莫不歎服。與行人羅西溪、翰林樊晦菴、部郎高惕菴交，皆有志聖賢之學者。是秋歸，到長安，因見李子中孚於盩厔。李子大喜，寓書門人王爾緝輩俱來會。每證至夜分，歎曰：「白鹿之會，朱文公云：『自有天地以來，有此溪山，無此佳客。』吾有此土室以來，亦無此佳客。」居留十餘日。每與李子參證，李輒拍案曰：『非愧菴不能説到此，非中孚不能信到此！』又歎曰：『愧菴所言，字字入髓，鍼鍼見血，滴滴歸原也。』歸蜀後，其學益進，用功益密，更獨嗜易學，不復作出山想。劉碧峰、周澹園兩學使雅重之。噶大中丞禮聘至署，就而請教。先生平生師事劉麗虛，以爲當代之神化者，惟劉夫子一人。其次則恥菴楊子、中孚李子。遠交則李禮山、周三爲，近則劉柱石、廖柴坡諸人。其及門弟子傅良辰、方辰、馬方昇、張子達、錢秋水、曾萬沱，暨同邑羅庶、羅度。諸生中惟傅良辰得聞道。羅度得而不能守，先生嘗惜之。側室周氏性警敏，通文義，每聞先生言，輒有深悟，先卒。著有了心宗傳。僕長壽亦聞義能解，每遠行，壽輒荷擔以從，途中講學不輟。子秉乾，字樞然。康熙壬午，舉於鄉，授貴州永從令，行取刑部員外郎。先生家居十餘年以終。著有易學驗來録、下學録及北遊、芙蓉等録行世。射洪志：楊甲仁，康熙三十三年貢生。又廖柴坡名有恆，官濟寧知州。

是冬，許督學孫荃捐俸梓布先生四書反身録。公自家食時，慕先生若渴，及典秦學，深慶得遂御史李識韓之願。甫蒞任，卽竭誠造謁，得反身録，實若拱璧，以爲匡時救世，捨是編無以起沉痾振積習，亟表章剞劂，頒布通省庠校。仍擬進呈，

〔二〕「以」，原本作「而」，據二曲集改。

先生貽書力阻。其略云：「此書〔一〕止期私下同病相憐，對症投劑，以『反身』二字與同人相切砥；若一進呈，適滋多事，不觸嫌招忌，則搜山薰穴，僕將不知其所終矣！不知〔二〕使君將何以爲我謀耶？幸寢斯念，曲垂保全，俾〔三〕僕永堅末路，庶不貽羞知己！」公乃止。公念先生赤貧，無以聊生，遂割俸百二十千，檄學博易負郭田，如顔子之數，延先生長子慎言、次子慎行授之耕。恐先生峻卻，託李太史再三致意，而納其券邑中，俾不獲辭。紀略。合肥志：許孫荃字友蓀，一字生洲。康熙庚戌進士，用庶吉士，改刑部主事，遷戶部郎，督學陝西，以親老歸。受祺堂文集陝西督學許使君墓誌銘：「時家二曲屢辭召聘，閉戶著書，清介孤高，不問生產。公爲謀買〔四〕花稻地，約費數百緡。知二曲〔五〕義弗受，乃檄盩厔學博代購之，不以告主人也。並刻二曲反身録，拔其子太學。」又許使君捐俸置盩厔養賢田記：「伯兄二曲先生屢卻徵聘，忍飢而不出戶。於是督學淝水許使君割俸百二十千，檄學博易負郭田，如顔子之數，延吾從子里選慎言暨弟慎行授之耕，申使君之命曰：『勿以告先生。』其二子不敢不告也。先生愀然寓書因篤曰：『任之爽予心，拒之則拂使君之義。』因篤對曰：『拒之非人情也。又使君下學博爲之，而納其券邑中，匪私也，公也，亦安得辭？』舊歲先生門人寧子維垣過予，竊謂宜有文以傳後。非敢自謂也，故久而闕如。既而思使君非以求名，先生謙於自誦，予目擊其事，復引嫌而莫之言，斯舉將湮沒而弗宣也。不揣愚賤，聊紀大略。其事在康熙二十三年某月也。」按：記謂置田在二十三年，與此小異，作記應在是年。

答許學憲書，按：書有「遠承西顧」語，應指是年蒞任趨謁事。又答第二書，按：二書均及四書反身録事、答張伯欽第三書，按：書有「傅良辰、張君明來學」語，應是年書。其第一、第二、第四、第五等書年次無考，均從闕略。撰宿儒泊如白君暨元配王孺人合葬墓誌銘。

〔一〕「書」，原本作「録」，據二曲集改。
〔二〕「知」，原本作「審」，據二曲集改。
〔三〕「俾」，原本作「使」，據二曲集改。
〔四〕「買」，原本作「賣」，據續刻受祺堂文集改。
〔五〕「二曲」，原本作「先生」，據續刻受祺堂文集改。

康熙二十五年　丙寅，六十歲。

正月，許公出巡校士，瀕行，以書請教。先生答以「所至表先哲，崇實行」，遂備列關中前修段容思、周小泉、張立夫、韓苑洛、呂涇野、馮少墟、張鷄山諸儒先，俾次第表章。紀略。皋蘭志：段堅字可久，早歲卽有志聖賢，舉於鄉，入國子監。景泰元年，上書請徵還四方監軍，罷天下佛老。疏奏不行。五年，成進士，授福山知縣。刊布小學，俾士民講誦，村落皆有弦誦聲。成化初，超擢萊州知府，期年化大行，以憂去。服除，改知南陽府，召州縣教官，具告以古人爲學之旨，使轉相勸誘。創志學書院，聚秀民，講五經要義及濂洛諸賢遺書，數年大治。引疾去，士民號泣，送者踰境不絶。及聞其卒，立祠，春秋祀之。祀鄉賢。關學編：堅初號柏軒，後更號容思，取「九容」「九思」也。年十四爲諸生，見緱山陳先生書銘於明倫堂，有「羣居愼〔一〕口，獨坐防心」語，酷愛而敬誦之，遂慨然以爲聖賢可學而至。年十七，王父沒，白其父，不用浮屠法。凡當世宿儒宦遊於蘭者，無不師之。於經史藴奥，性命精微，不究其極不止也。動作不苟，人以伊川擬之，鄉之士大夫多遣其子弟就學。景泰甲戌，登進士，以文名〔二〕差纂山西志。明年，志成，移疾歸，讀書於五泉小圃，依巖作洞，以爲會友講習之所。天順乙卯，選山東福山知縣。先生以德及民，變其風俗。以薦超擢知萊州府，如治福山時，未期月大化。以憂去。既禫，乃訪周廷芳於秦州，張立夫於鳳翔。久之，補南陽。爲政持大體，重風教，以直道不諧時，致政歸。結廬蘭山之麓，授徒講業〔三〕，相羊吟詠以自樂。然於時政闕失、民情困苦，未嘗不憂形於色。成化甲辰卒，年六十六。私謚文毅。先生著有容思集、柏軒語録行世。二曲集觀感録：周蕙，字廷芳，號小泉，山丹人。後徙居秦州，因家焉。年二十，聽人講大學首章，奮然感動。戍蘭州守墩，聞容思段公集諸儒講理學，時往聽之，有聞卽服行。久之，諸儒令坐聽，既而與坐講，以爲畏友，遂殫力就學，慨然以程朱自任。當時見者，亦翕然以爲程朱復出也，遂爲一時學者之宗。後隱居秦州之小泉，成紀之人薰化其德，稱爲「小泉先生」。秦州守數造其廬，舉鄉飲賓，謝不往。巡按杜公求見，聆其議論，不覺前席。迨老以父遊江南，歷險蹤訪，沒於揚子江。祀鄉賢。鳳翔志：張傑字立夫，登正統辛酉鄉薦，任山西趙城訓導，以講學教人爲事。父沒，徒跣奔歸。後以養母，遂不復仕，益肆力

〔一〕「愼」，原本作「防」，據中華書局本關學編改。
〔二〕「名」，原本作「明」，據中華書局本關學編改。
〔三〕「業」，原本作「學」，據中華書局本關學編改。

於學。恆瞑目端坐，至於移時，則取諸經子史，朗然諷誦，或至丙夜後已。最愛「涵養須用敬，進學在致知」二語。弟子從遊者日衆，乃拓家塾，以五經教士，名重一時。或勸之著書，曰：「吾年未艾，猶可進也；俟有所得，爲之未晚。」後竟未及著書而卒，年五十二。朝邑志：韓邦奇字汝節，學者稱苑洛先生。治尚書時，卽著蔡傳發明、禹貢詳略。弘治甲子，以書舉第二人，會試不第，歸著律呂直解見志。正德戊辰，成進士，授吏部考功司主事，陞員外郎，尋調文選司。京師地震，上疏極論時政闕失，謫平陽府通判，陞浙江按察司僉事。謂鎮守爲國之蠹，不少假借，鎮守怨之，奏邦奇擅革進貢，誹謗朝廷，逮詔獄，奪爲民。既歸，謝客講學，四方從遊者日衆，乃著周易集説。辛巳，起山東布政司參議，尋乞休。甲申，復起山西左參政。乙酉歸。戊子，起四川提學副使，尋改右庶子兼修撰。主順天鄉試，命題斥當時謫南太僕丞。己丑歸。尋陞山東按察司副使、大理寺左少卿，以左僉都御史巡撫宣大，陞南京右都御史，進南兵部尚書。五十乞身，卒遂初服，益修舊業，倡道來學。八年卽世。贈太保，謚恭簡。關學編：呂柟字仲木，高陵人。少受尚書於邑人孫昂，有志聖賢之學，搆雲槐精舍，聚徒講學。弘治辛酉，舉於鄉。正德戊辰，廷對第一。時閹瑾竊政，以枌榆故致賀，柟卻之。會西夏搆亂，疏請上御經筵親政，事不報，乃引去。瑾敗，薦起舊職。上疏勸學，上嘉納。乾清宮災，應詔言六事，不報，復引疾去。父卒，廬墓。釋服後，講學東林書屋〔一〕。世廟卽位，起原官，經筵進講。甲申，復以十三事上，言過切直，謫判解州。會牧缺，柟攝事，建解梁書院，選俊秀者歌詩、習小學；朔望令〔二〕耆德者講會典，行鄉約，廉孝弟義節者表其閭〔三〕，求子夏後，教之學。政舉化行，俗用丕變。轉南吏部郎，遷國子祭酒。以師道自任，取儀禮諸篇，令按圖習之，登降俯仰，鐘鼓管籥，有古辟雍之風。晉南禮部右侍郎。會廟災，自陳，致仕歸。卒之日，高陵人爲罷市，四方門人聞者皆爲位而哭。謚文簡。二曲集〔四〕：馮從吾字仲好，長安人。舉進士，由庶常改御史。忤要人，削籍，不出門九年。竟日危坐，問學者至，更端問難，亹亹忘倦。天啟卽位，赴召，適京師戒嚴，朝官爭遣其孥，從吾獨盡室以行。無何，廣寧陷，經撫攜手入關。從吾謂「士大夫不知節義，非講學不可」，因與鄒元標倡立首善書院，同志相切劘，羣小側目。從吾乞休，予告回籍。既而，起總留臺，不赴；卽家拜工部尚書，疏辭。閹禍益烈，尋遭削奪。會秦撫亦閹黨，借從吾以媚閹，毀書院，擲夫子

〔一〕「屋」，原本作「院」，據中華書局本關學編改。
〔二〕「令」，原本作「會」，據中華書局本關學編改。
〔三〕「閭」，原本作「廬」，據中華書局本關學編改。
〔四〕按：二曲集中無類以下援引的馮從吾相關傳記。

像於城隅。從吾痛切趺坐，二百日不就寢，飲恨而卒。崇禎改元，贈宫保，謚恭定。鳳翔志：張舜典字心虞，號鷄山，萬曆甲午舉人。自爲諸生，潛心理學，受知督學許孚遠。後遊江南，復從許講學，因遍交鄒南皋、顧涇陽、馮少墟諸先輩。謁選署開州學正，與諸生講論，皆朱程語録，不以舉業爲先。陞鄢陵令，創弘仁書院，與諸生講學。五年，陞彰德府同知，致仕歸，諸生從遊者常數百人。天啟改元，陞兵部武選員外。上疏勸聖學、遠宦〔一〕寺。時魏閹已用事，舜典特指斥之，遂罷歸。卒年七十有二。著有鷄山語要及詩文。

五月，許侍御三禮貽書許督學，云：「二曲李徵君，懷古獨行君子也，此時之祥麟瑞鳳，可欽可式。」因以所著託其轉致。先生例不答京都之書，來函受而不報。紀略。國朝御史題名録：許三禮，河南安陽人，順治辛丑進士。由海寧知縣行取福建道御史，歷陞督捕侍郎。安陽志：三禮字典三，號酉山。任海寧八年，時有白燕來巢，朱露降於庭柏，並滄海回瀾之慶，稱「海昌三異」。行取福建道御史。疏稱：漢儒董仲舒表章六經，宜從祀國學，議不果行。歷陞大理少卿。命講河圖、洛書稱旨，晉順天府尹，尋陞左副都御史，兵部督捕侍郎。卒年六十八。著有聖學直指、讀禮管見、易貫。祀鄉賢。

八月，遣僕訪迎從弟李勷歸。勷，先生季父之子也。季父與先生父明萬曆四十二年析居，遠從西鄉。康熙初，夫妻先後並亡，所遺四男二女，相繼而死，僅存勷一身，伶仃孤孑，無一椽一瓦，流落於外者十八年，族人嘖嘖以爲非餒死凍死，即展轉溝壑病死，季父之一門絶矣！每至清明，先生念季父塋内獨無血胤拜掃，未嘗不潸然盡傷。至是，友人有事渭城，邂逅遇勷，歸告。先生喜出意外，亟遣迎歸，節口分食以養，爲之娶妻生子。勷垂髫時曾從先生授書，遂令温習舊業。易名〔二〕頵，應試入庠。俾季父無後而有後，以延季父一線之脈。紀略。

撰張伯欽傳、按：傳稱「丙寅秋仲卒」，應是年作。答魏環溪先生書、按：書有「行年七十語」。考魏年譜，康熙二十五年七十歲，書應是年答。答許學憲第三、第四、第五、第六書、按：第六書及許酉山見貽所著事，應是年作。答岐山茹明府書、答布方伯書、

〔一〕「宦」，原本作「官」，據關中叢書本關中三李年譜改。
〔二〕「名」，原本作「曰」，據歷年紀略改。

按：書有「忽量移晉蕃」語。考布哈以二十五年去按察使任，應是年書。答張提臺書。按：書有「台臺欲到閩振興理學，表章名儒。此行所過地方，如有理學名儒，不妨隨在造訪」語。考福建志：張雲翼任提督在二十五年。跋思硯[一]齋記、書繼述堂詩文。按文有「許學憲已序」語，或是年作。

康熙二十六年　丁卯，六十一歲。

二月既望，致書許公，勸葺郿縣横渠鎮張横渠先生祠。公卽捐俸百金倡修，規模煥然改觀。紀略。

四月，府尊董公紹孔增修賢母祠，建坊。公篤緇衣之好，丙寅式廬，晉謁甚虔；至是又謁先生，因瞻禮賢母祠。睹規制未備，遂捐俸檄高邑丞弘啟鳩材督修，堂前增搆捲棚三楹，祠前建坊，額曰「賢母坊[二]」。西安志，參甘肅志：董紹孔，鑲白旗漢軍。康熙二十年任西安知府，三十年遷洮岷道。盩厔志：賢母祠在蔡原里，爲徵士李顒母建。里在縣西五里。又高弘啟字漢樞，浙江山陰人，由吏員康熙十六年任。魏司寇象樞聞而撰記。其略云：「太君矢志守貞，歷人世未有之艱，九死靡悔，正誼迪子，出尋常功利之外，曠代僅見。學士大夫以及田夫牧豎，無不聞風興感，歎未曾有。論者謂：盩厔之有李母，猶鄒邑之有孟母，後先一揆，卓然兩絶千古，並有補於世教，則飭祠崇奉，誠有光於祀典。二曲先生道德風節爲世儀表，海内仰若泰山北斗，祥麟瑞鳳。余傾慕有年，深以弗獲親炙爲生平一大憾。兹太君祠宇之成，以老且病，又弗獲間關瞻禮，愈滋余愧。故不揣不斐，書其概，聊誌嚮往。若夫太君懿行之詳，自有諸名公之原記在，無俟余贅。」紀略。按：祠記尚有郃陽康乃心、毘陵吳珂鳴、陳世祉、武進張侗諸作，均載二曲集李氏家乘中。

九月，邑尊程公奇略改題里名。祠在菜園堡中街，公謂「世間興廢成毀，如浮雲百變，惟道德節義之風烈，積久不磨。斯祠爲一邑添勝跡於後代，而地名弗雅，非所以樹風聲於無窮」，遂改其名曰「貞賢里」，庶地以人重，千載彪炳。題額撰記，公親督工勒石，仍豁免里役，以示優異。紀略。盩厔志：程奇略，山西祁縣人，康熙癸丑進士，二十四年任。

[一]「硯」，原本作「研」，據二曲集改。
[二]「坊」，原本作「祠」，據歷年紀略改。

爲李彦玚作諗言、按：有「丁卯捷鄉書」語，應是年作。答張子遼書、按：書有「戊亥之交相聚，別來十六載」語。由辛亥至此踰十六年，應是年答。答許學憲第七、第八書、按：第七書及横渠書院事，第八書及鷄山先生語要，均是年書。答董郡伯第三、第四書、按：第三書有「捐俸修祠」語，第四書有「夏初承枉顧」語，皆是年書。其第一、第二、第五書年次待考。與周星公第二書、按：書有「聞督蜀學」語。考四川志，督蜀學即是年。其第一書有「聞出守南康」語，出守年分待考。答康孟謀書、按：書有「四月太尊枉顧」語，應是年書。答友人第二書、按：書有「小兒叨選拔」語，應是年書。與程邑侯書、按：書有「祠工，大者告竣」語，應是年書。題張鷄山先生語要。

康熙二十七年　戊辰，六十二歲。

正月，許公任滿告歸。瀕行，徘徊繾綣，賦詩惜別。詩云：「煌煌溯關學，有宋首横渠。異時瞻王吕，自注：謂三原端毅、康僖兩尚書，高陵吕文簡宗伯。人遠運未疏。亦有鷄山子，自註：岐陽張心虞員外。愾焉世代殊。夫子欻挺出，蔚爲時眞儒。大旨在力行，春華非所需。胸能破萬卷，見不設方隅。俯仰濂洛後，淵源信其徒。痛父死行間，招魂遍蓁蕪。母也早違養，追思同厥居。緊余昨登堂，禁足立戶樞。坐我母氏祠，言言皆訐謨。識荆快平生，信宿歡有餘。自註：余訪先生於母祠，信宿流連，備承矩誨。與言瓜期及，旦暮歸田廬。各天從此遠，歧路悵何如？負姿洵蹇劣，奚以策頑愚。數公不可作，公實今楷模。願公示周行，庶免悔吝虞。」紀略。

三月，李汝欽來學。先生授以肘後牌。肘後牌者，佩日用常行之宜於肘後，藉以自警自勵，且識之於不忘也。上帝臨汝，毋二爾心，其可忽乎？汝欽〔一〕録之，名曰授受紀要。旋歸歲試，秋復至。先生微聞其父欲一意舉業，似不悦，促之西歸。據二曲集促汝欽西歸別言增輯。按：授受紀要原附刊富平答問後。而汝欽至擬山堂時，堅欲及門，先生固辭，似不有所授受明矣。別言云：「戊辰春暮，復捧其尊人翰音來學，予嘉其道念肫摯，不復辭。」則授受應於是年。

爲李汝欽西歸贈以別言，撰忌日祭文、吳義士傳。按：義士卒於康熙戊辰，傳應是年作。

康熙二十八年　己巳，六十三歲。

〔一〕「欽」，原本作「修」，李修字汝欽，故據此改。

春月大疫，老僕李喜病亡。先生念其自幼同受艱難，哭之甚慟。葬日出戸，率二子泣奠，躬送下窆。先是，同州賢紳王思若嘗爲義僕傳，其略云：「僕之事主也，非以主人之富，則以主人之貴耳，且視富貴之盛衰爲去留。朝俯首而暮掉臂者，又豈少哉？今此僕之事主，豈不知先生安貧而固有，樂道以終身，豈復有富貴之望，故爲是依依歟？昔蕭穎士有一僕，事之數十年，每加捶楚輒百餘，其苦不堪。人激之去，僕曰：『非不能去，所以遲留者，特愛其博奥耳。』夫以主人之徒博，且能令僕愛之慕之，寧甘捶楚而不忍去，況先生道德文章罔不兼備，寧僅一博雅之主而已耶？此僕之所以依依於先生而飢寒弗恤也。」紀略。

先生艱難一生，垂老尤甚。數年以來，内外交困，至是而極阨憊，無以自存，家人嗷嗷。先生自謂：「陽九、百六之厄，偏萃於己，莫非命也？吾如命何哉？亦惟順受其正而已。康節云：『上天生我，上天死我，一聽於天，有何不可。』」大書困卦「致命遂志」於壁以自堅。紀略。

懷清按：惠玉虹大令摭次二曲歷年紀略止是年。越二年辛未，玉虹成進士，除通海令，蒞任數月卒於官，故不克竣其事。當紀略初成，呈似先生。先生有書止其弗傳。並馬相九明經之跋附後，以存本來面目。

先生柬玉虹云：「昔吳康齋先生自著日録，楊椒山公自撰年譜，近世辛復元夫子自記歷年，吾讀之有感於中，當欲自敍生平因循虚度、造詣無成之實，庶及門諸子鑑吾覆車，及時淬礪。顧疏慵性成，懶於操筆而止。今承汝摭次成編，足徵有心。然中間微有未安，鈔本附便返璧，姑存之可也。」紀略。

馬相九跋云：「余同門友惠孝廉纂先生歷年紀略，初成，呈似先生。先生始柬止其勿傳。既而，邠州王太史一見如獲拱璧，謂：『惟天下大豪傑，方受天下大磨折！蓋天欲留榜樣於天下後世也。先生一生偃蹇坎坷，歷人世未有之艱，受盡磨折，而堅忍不拔之操，終始惟一，論者詫爲火中紅蓮，人中〔二〕鐵漢，絶無而僅有。正宜傳之以爲吾儕榜樣，何可終閟？』於是，細加釐訂，擬授之梓，會疾作弗果。頃盩厔程令君得之，亟捐俸梓行。觀者悉其生平之苦，因以堅其志，強其骨，而務有以自樹，則斯刻爲不徒矣。同州門人馬棫士沐手謹識。」

〔二〕「火中」下四字，原本脱，據歷年紀略補。

夏六月，洪洞范彪西徵君專伻貽新刊數種。據二曲集增輯。二曲集誌愧篇云：「己巳夏，洪洞范彪西先生不遠千里，專伻惠余以新刻數種，受而卒業，讀至仁者贈，不覺爽然自失，涊然汗下。」洪洞志：范鄗鼎字漢銘，號彪西，順治辛丑貢士，康熙丁未進士。鼎生明季，家窘甚，日不再食，講河、洛性理不輟。早孤，事母郇至孝。甲寅，行取告終養。戊午，以「博學鴻詞」薦，屢告免。生事極承歡之道，居喪遵文公之禮。刊有仁者贈、喪事就正草。學求切近，師法聖賢，杜門著書，老而彌篤。癸丑，聖祖西巡，溫問再四，進刻書二種，賜「山林雲鶴」四字。不入城市，不謁官府，四方士羣稱爲「婁山夫子」，壽八十。門人私謚文介。著有五經草辨、眞稿、五經論略、半千齋雜吟、傚人境草〔二〕、袁顔合刻。

作誌愧、答范彪西徵君書、又第二書。按：書有「恭讀理學備考，中間不無汎入，不能無疑，敢質」語，應謝贈佳刻。後書原次第三，似誤。

康熙二十九年　庚午，六十四歲。

先生生平至友，無踰惠君含眞，相交四十年，心孚意契，情同骨肉。自荆扉反鎖，舊遊多弗納，惟含眞至則款之。至是，含眞病劇，先生例不出戶，遣子代候。旋卒。據二曲集增輯。二曲集惠含眞傳云：「邑有粹德高士惠君思誠，字含眞。早歲遊庠。余弱冠識荆，見其沉潛簡重，興懷嚮往，自是心孚意契，歡然忘形。迨余杜門謝客，與世暌絕，惟君之臨，啟鑰晤言，無間晨昏。方期時相過從，慰余岑寂，忽脾弱食減，寂坐弗語，凝神待盡。余聞之，遣醫診視，卻藥弗進，曰：『區區行年七十三矣，當安數聽〔三〕命，何用求生？』乃操筆柬余曰：『屢蒙遣人遠視，繼以醫藥，雅誼肫摯，感切於心，奈賤軀大數已盡，勢已難挽。諸事皆已了脫，所難夷然者，弟去後吾兄再無一人談心爲可傷耳！生死交情，言盡於斯。』余得之，驚愕！亟命余兒愼言趨候。至則，見其神閒氣定。次晨，衣冠危坐，戒家人勿哭，從容告別，怡然而逝。敬次其相與始末爲傳，以誌余思。」按：依是年七十三推之，含眞生明萬曆四十六年戊午，長先生九歲。

答范彪西第三書。按：書有「去夏倉卒，謂理學備考多有可商」語，應爲第三書，而集次第二，茲爲移次。柬惠含眞書、又書二、書

〔二〕「草」，原本作「草草草」，據關中叢書本關中三李年譜改。
〔三〕「聽」，原本作「定」，據二曲集改。

三、書四、按：皆一時問疾之書。示惠海書、作惠含眞傳。

康熙三十年　辛未，六十五歲。

高嵩侶學使爾公造謁，並偕鄭司寇重捐俸，爲刊二曲集。夏六月，范彪西徵君寄撰序言。據二曲集增輯。武進志：高爾公，康熙五年舉人，九年進士，官陝西督學僉事。

與董郡伯書，又與論救荒書、答惠少靈書，按：書有「登第之始」語。考少靈康熙辛未進士。少靈，靇嗣別字。書應是年答。又第二書、答李汝欽書。按：書稱「年已六十五」，應是年答。柬欽差查荒諸公書。

康熙三十一年　壬申，六十六歲。

與布撫臺書。陝西志：布哈，康熙三十一年由甘肅巡撫調任陝西。按：書有「聞明公撫秦，莫不延頸而祝」，應是年作。

康熙三十二年　癸酉，六十七歲。

是年，二曲集刊竣。鄭司寇、高學使各爲之序。十二月，武功張澹菴承烈卒，先生爲題，哭之以文。據二曲集增輯。二曲集張澹菴傳云：「承烈，字爾晉，武功諸生。嘗曰：『少年無師承，爲俠客誤我二十年，爲諸生誤我二十年。』乃折節讀周程諸先正書，端居閉戶，終年潛心究極，期以必至於古人而後已。於余隆禮致敬，不啻自其口出，蓋幾忘其與余儕輩，而若爲北面之恭者。每月餘非君渡渭就余，則命蒼頭持證會所得求質。子志坦卒，遂摧折不自勝，竟於癸酉年十二月長逝，得壽六十有二。」按：澹菴生崇禎壬申，少先生五歲。贈高學使別言。

康熙三十三年　甲戌，六十八歲。

九月二十五日，四川楊愧菴先生自京來，行士相見禮。先生曰：「不肖某慕先生十一年矣，按：自二十四年傅良辰、張子達從其師愧菴之言來從學，至是十一年。今辱臨，實出望外。」坐論夜分。先生每拍案曰：「非四川楊愧菴說不到這裏，非關中李中孚信不到這裏。」又曰：「白鹿之會，朱子謂『自有天地以來有此溪山，無此佳客』，吾自有此土室以來，亦從無此佳客。」至十月初二日，乃別。先生寄寶鷄門人李汝欽書曰：「今西蜀楊愧菴先生遠來賜顧，喜出望外，切砥累日，受益實宏。世儒之學，由口耳聞見而入，支離葛藤，求諸外。先生之學，由性靈神化而入，直截簡易，得諸中者也。茲由貴邑進棧，機不可失，吾汝欽當竭誠請益。程伊川先生曰：『逢君一夜話，勝讀十年書。』快何如之！」原註見愧菴集。後周星公太史督學蜀中，先生與書有云：「貴部射洪縣有楊愧菴，名甲仁，其學不事標末，直探原本，見地超卓，遠出來瞿塘之上。」屬其物色而表彰之，足見相契之深也。原註見本集卷十七書二。紀略。按：是年事爲牛雪樵按察續入紀略者。考四川志，周星公督學在康熙二十六年，先生致周書應在是時，則先此七八年矣，而云後周星公太史督學蜀中，似失考。

撰張澹菴傳。按：傳稱：「澹菴於癸酉年長逝。越二年，其仲子歸葬，追爲之傳。」癸酉爲三十二年，越二年，應是年作。

康熙三十五年　丙子，七十歲。

康熙三十六年　丁丑，七十一歲。

春，無錫倪大令雝梧攝邑篆來謁。先生出示十九年前所輯司牧寶鑑，倪即序而梓行。據司牧寶鑑序增輯。倪序云：「丁丑春，攝邑篆，始得摳衣晉謁。旣而，出所著司牧寶鑑相示，爰急付之梓。」又王爾緝序云：「司牧寶鑑者，先生十五年前所輯，以貽知交也。」按：王序在三十二年，至此又四年，故云十九年前所輯。

康熙三十七年　戊寅，七十二歲。

康熙三十八年　己卯，七十三歲。

康熙三十九年　庚辰，七十四歲。

康熙四十年　辛巳，七十五歲。

康熙四十一年　壬午，七十六歲。

康熙四十二年　癸未，七十七歲。

十月，聖駕西巡。至山西，陝西督撫接見，卽問先生起居。至陝西，欲召見。十一月初十，總督華致書啟具禮，聘先生赴省。書云：「恭維先生清渭涵英，華峰毓秀。接程朱之道脈，獨繼心傳；爲禮樂之指南，振與後學。不特三秦士類共藉鈞陶，亦且四海儒纓，羣歸翼勵。方今聖明在御，實稽古以崇文。當茲翠節巡方，咸瞻雲而就日。敬敷寸牘，恭迓高軒，惟望文旆遥臨，望渴忱於三載；蒲輪夙駕，傳盛事於千秋。臨啟曷勝瞻依翹足之至。」又遣邑令桐城張侯芳手札。略云：「中孚李老先生，道學儒宗，素心景企。今聖駕西巡，實千古盛事，凡在臣子，俱切瞻依。矧老先生累承聖問，且已有旨召對，故茲特修小啟，請先生至省，知召對時，自有闡揚。特旨該縣竭誠，躬自敦請，應備禮儀，即代具繕束，車騎隨從資費，該縣支應開報。務在惠然，惟爲懇致，仍將啟請起程日期速覆。」時布政司鄂一同移文該縣，文云：「移爲公務事，仰縣官吏，即將發來督憲與該縣諭札，及請中孚先生名帖啟書。該縣即備豐厚聘禮，踵廬敦請，希即赴青門，以備皇上顧問，毋得遲緩。」又外諭邑令張侯帖。帖曰：「此係制臺親劄，該縣須親自敦請，務求先生來行在接駕。第先生隱處多年，淡薄自甘，恐衣服轎馬，盤費艱難，該縣當一一細心料理，可令的當家人服事。至衣服轎馬費直，該縣開明數目，赴司支領。仍將起程日期具文呈報，以憑報院。毋誤！」時張令在臨潼分供執事，奉布政司及制臺手札，星夜馳縣，親詣先生榻前敦請。言：「今上至山西即問及先生，故制臺此書自平陽發來。然知先生病不能赴，理合懇辭。」乃與伯敏按：伯敏，慎言字。商議，具稟上辭。伯敏稟帖云：「盩厔縣拔貢生李慎言謹稟，初十日敝邑張令奉大宗師琅函，兼以隆幣安車，親詣草舍，敦致憲臺下士盛心，此誠千古僅見，不世之遭逢也！但言父年已七十有七，自客秋臥病至今不能動履，一息奄奄，後事已爲早備，此張令素所深知而目擊者。言父子均叨太和化雨之中，兼被仁人君子之澤，倘可扶持前來，何敢推託，自蹈欺誑之罪？頒到錦緘，言即恭展捧讀，而言父昏聵中亦能省諭。言感激涕零，敢代作稟謝，並盛儀完璧，東向百拜，敬銘膏誼。言理宜奔赴轅門叩謝，實緣言父病至危篤，刻不能離。大宗師錫類之仁，或邀原宥於格外。然私衷竊念，言父一介微末，謬荷殊恩，乃以所遇不辰，自外曠典，舉家感泣，莫可名言，惟有仰天焚祝於生生世世而已。謹此叩稟。」張令據此即於是日[一]上省回覆。

十二日，驛憲金復遣人來，仍命張令即日敦請前來，而張已上省矣。乃同兩學捕廳來詣榻前，親視先生疾，且面述今上於初十日入關，首以先生致詢，內大人即傳盩厔邑令，驛憲知張公奉督憲命前來，故特命家人以速之。

[一]「日」，原本脫，據潛確録補。

十四日，張令自臨潼又奉院命，遣家人至夜分抵縣，同兩學兩衙來請先生，急於星火，俾卽刻起程。謂：「今上十五日進省，先生亦須明日到，萬不可緩。蓋皇上再三存問，當訝先生之倨。」不得已，愼言卽夜隨來人馳驛赴省，見制臺及將軍，祈以疾對。制臺及將軍各留官署二日，至十九日，聞今上知先生抱恙，遂有「高年有疾，不必相強」温旨，隨賜書「操志高潔」扁額，及御製詩章，並索先生著述。

二十一日，巡撫鄂引愼言謝恩於行宮。張令捧二曲集、反身録二書跪於左方，愼言因奏言曰：「臣父山川迂士，累蒙皇上徵聘，臣父每恨身膺錮疾，不能一睹天顔，少陳愚悃。幸今聖駕臨陝，咫尺乘輿，矧又累旨存問，不能匍匐行宮，愧恨何極！特使臣代叩天恩。至臣父生平所著，本無多書，然以〔一〕貧不能盡刊，今知友門生等所梓成者，僅有反身録、二曲集二書，謹此上呈聖覽。」上因問曰：「爾父何病？今年幾何？」愼言對曰：「臣父蚤失父教，臣祖母彭氏苦節鞠養。臣父少卽喜讀書，奈以生理艱辛，養親爲學，百倍艱辛。以此積勞成疾，年未五十，卽以羸疾時臥牀褥。今年七十有七，年老氣衰，積病愈深，遂爾動履爲難。」上問曰：「爾父生平所讀，皆屬何書？」愼言對曰：「臣父少無師承，百家之言，漫浪涉獵。及後稍知聖學路塗，則一歸於聖經賢傳，不復泛濫博觀。晚年非六經、四子、性理、通鑑及諸儒先語録，不輕入目。其教門生子弟，亦惟以此書相勸勉。」上曰：「爾父讀書守志，可謂完節。朕有親題扁額並手書詩幅，命該督撫送給爾家，以旌爾父之志。爾回去可好生侍養爾父，朕回京當更有旨也。」於是，愼言謝恩而出。所進之書，皇上手一再檢閱，隨卽發南書房，令諸學士看畢回奏。大臣閲畢，奏書曰：「臣等某某，伏蒙發下李某所著四書反身録、二曲集二書，臣等遵旨閲看。其反身録一書，皆發明四書之理，眞堪羽翼朱註，有功於聖賢之學。蓋其書大旨，欲人明體適用，反身實踐。人人能反身實踐，則人人皆可爲君子，世世可躋於唐虞。此書流行，有裨於聖治不淺。至二曲集一書，乃其平日講學語録及所著文字，亦皆醇正昌明，不愧儒者。臣等學問疏陋，向知有是書，從未細讀，今謬呈管見，伏候睿裁。」

〔一〕「以」，原本作「一」，據關中叢書本關中三李年譜改。

二十三日，慎言送駕至臨潼，復荷聖顔光霽，溫綸靄靄，諄諄以善事先生爲諭。至潼關，特傳盩厔令張侯，又悉詢先生體貌奚似，及家計子孫。及駕旋都，巡撫乃臨按：「臨」應作「摹」。御書於扁，裝畫如式，差官護送先生之家，懸於中廳。慎言乃復代先生爲謝恩呈詞，上督撫曰：「西安府盩厔縣拔貢生李慎言呈爲恭謝天恩，懇請代題事。竊慎言父李某，襁褓失怙，按：忠武公没，先生已年十六，不得云「襁褓」。言祖母彭氏守寡勤育。家貧不能從師，言祖母紡績供給，就塾學業，母子煢煢，飢寒坎壈，蓋不啻出萬死而得一生。言祖母終其身未嘗有一日溫飽，言父痛母艱難貧困而死，依依堊[一]室，日夜號泣，緣是憂勞成疾，百念俱灰。幸逢盛世，籲俊闢門，采及葑菲，屢奉徵書。言父夙抱沉痾，未遑匍赴，荷蒙溫旨，得保餘年。茲者聖駕西巡，皇仁宏被，關中士庶踴躍歡忻。尤復眷注草茅，優渥隆篤，恩賜『操志高潔』扁額，褒嘉言父，又賜御書一幅，慎言十一月二十一日於行宫謝恩。言父所著四書反身録暨二曲集皆獲進呈，此眞曠古未有之盛典。言父垂暮之年，何幸際此特恩！惜言父老病不能動履，咫尺天顔，未由一覲。言於本月二十三日在臨潼縣東十里鋪跪送聖駕後，隨大宗師委官齎捧皇上所賜御書扁額至家，安奉廳中，蓬蓽生輝，閭里增慶。言父病中聞之，喜極涕零，歎不能起；言祖母於九泉，一睹聖主恩榮也。亟命言兄弟扶掖向闕叩首，謝恩訖。伏念言父一介寒儒，三秦下士，疊受殊恩，雖捐糜頂踵，不能仰報萬一，維有銜結於生生世世而已。懇祈大宗師俯鑒下情，特准代題，言父子焚祝無既。爲此上呈。」潛確録。牛雪樵按云：「歷年紀略至康熙乙巳先生六十三歲止，因射洪胡炳奎部郎欲以愧菴與二曲會語約略續入，爰敍至癸未年聖駕西巡，接潛確録止。牛樹梅又誌。」

陝西志：華顯，正紅旗滿洲人，康熙四十年任總督。國史傳：覺羅華顯由七品旗員授宗人府主事，累遷翰林院侍講學士、內閣學士。康熙三十五年，授甘肅巡撫，未涖任，調陝西。四十年，擢川陜總督。四十二年，上幸西安，賜御書「定猷遠邇」及「凝清堂」額。十二月卒，謚文襄，祀陝西名宦。又鄂洛，鑲黄旗滿洲人，康熙四十一年任布政使。盩厔志：張芳，桐城人，貢生，康熙三十八年任。後陞西鹽捕盜，同知浙江衢州知府。西安府志：芳字次蘭，咸陽丞，署同官令。歷官至太常寺少卿。陝西志：金世楊，正黄旗漢軍人。康熙四十年任驛鹽道。又鄂海，鑲

〔一〕「堊」，原本作「坐」，據潛確録改。

白旗滿洲人，康熙四十年，以布政使陞任巡撫。國史傳：鄂海溫都氏由筆帖式授內閣中書，洊陞宗人府郎中，兼佐領。康熙三十六年，特任陝西按察使，遷布政使。四十年，擢巡撫。四十二年，上幸西安，賜御書扁額。四十九年，擢湖廣總督，調川陝。雍正元年，休致，三年卒。甘肅志：牛樹梅字雪樵，通渭人，道光辛丑進士。分發四川知縣，補彰明，歷任隆昌、雅安、資州、寧遠、茂州，請終養。服闋，湖北巡撫胡林翼及豫撫嚴澍森先後以「循良第一人」奏請調，皆以疾辭。同治初，給事中高延祐、總督駱秉璋保奏，以知府發往四川，旋簡四川按察使。爲忌者所中，以病去。歷主錦江蘭山書院講席，年八十四卒。入國史循吏傳。

懷清按：自庚午至癸未，此十四年中，牛雪樵按察惟增輯楊愧菴及潛確録二事，餘只紀年而已。

撰雲臺觀重修朱子祠記。按華山志：朱子祠，康熙四十二年巡撫檄教諭李夔龍修，記應作於是年。

康熙四十三年　甲申，七十八歲。

康熙四十四年　乙酉，七十九歲。

夏四月十五日，先生卒。葬於貞賢里南先塋之次。據劉宗泗先生墓表增輯。盩厔志：二曲先生墓在城西南蔡原堡南。按：蔡原堡已改名貞賢里。

道光九年

十一月，祀鄉賢。先是御史牛鑑請以先生從祀文廟，奉諭「李某生平學行，足爲閭里矜式，列祀鄉賢，已足彰褒旌之義。從祀兩廡之處，著無庸議」。東華録及國史傳，參陝甘進士録：牛鑑，字鏡堂，號雪樵，甘肅威武人，嘉慶十九年進士。改庶吉士，授編修，轉御史。歷官兩江總督。道光二十二年，英兵犯江寧，獲譴。

宣統元年

十一月，護理陝甘總督毛慶蕃據盩厔知縣左一芬稟，請以先生從祀，疏入，不報。政府官報，下同。毛慶蕃，字實君，江西豐城舉人。戶部主事，歷官甘肅布政使。

宣統三年

八月，陝甘總督長庚復以爲言，詔下學部議，旋武昌變作，遂閣置不行。國變後八年己未，陝當事仍申前請，下令所司，亦未及議行。長庚，字少白，滿洲正黄旗人，廕生。

圖書在版編目(CIP)數據

李顒集/［清］李顒著；張波編校．—西安：西北大學出版社，2014.10
（關學文庫/劉學智，方光華主編）
ISBN 978-7-5604-3509-1

Ⅰ.①李…　Ⅱ.①李…②張…　Ⅲ.①李顒（1627～1705）—理學—文集　Ⅳ.①B249.9－53

中國版本圖書館 CIP 數據核字(2014)第 241868 號

出品人　徐　曄　馬　來
篆　刻　路毓賢
出版統籌　張　萍　何惠昂

李顒集　［清］李顒 著　張波 編校

審定專家　劍　犁　　**責任編輯**　馬　平
裝幀設計　澤　海　　**版式統籌**　曹勁剛
出版發行　西北大學出版社
地　址　西安市太白北路 229 號　　郵　編　710069
網　址　http://nwupress.nwu.edu.cn　　**E－mail**　xdpress@nwu.edu.cn
電　話　029-88303593　88302590
經　銷　全國新華書店
印　裝　西安華新彩印有限責任公司
開　本　720 毫米×1020 毫米　1/16
印　張　50.5
字　數　776 千字
版　次　2015 年 1 月第 1 版　2015 年 1 月第 1 次印刷
書　號　ISBN 978-7-5604-3509-1
定　價　180.00 圓